ŒUVRES
DE
WALTER SCOTT,

TRADUITES

PAR M. LOUIS VIVIEN,

AVEC TOUTES LES NOTES, PRÉFACES, INTRODUCTIONS ET MODIFICATIONS
AJOUTÉES PAR L'AUTEUR A LA DERNIÈRE ÉDITION D'ÉDIMBOURG ;

ET

DE NOUVELLES NOTES HISTORIQUES ET LITTÉRAIRES PAR LE TRADUCTEUR.

TROISIÈME ÉDITION.

Tome Septième.
—
ROB-ROY.

PARIS :

Chez LEFÈVRE, Éditeur, rue de l'Éperon, 6.

POURRAT FRÈRES, Éditeurs, ‖ DAUVIN et FONTAINE, Libraires,
Rue des Petits-Augustins, 5. ‖   Passage des Panoramas, 35.

1840.

ŒUVRES

DE

WALTER SCOTT.

TOME VII.

IMPRIMERIE DE BEAULÉ, RUE FRANÇOIS MIRON, 8.

Rob-Roy
Walt. Scott.

OEUVRES
DE
WALTER SCO.

TRADUITES

PAR M. LOUIS VIVIEN,

AVEC TOUTES LES NOTES, PRÉFACES, INTRODUCTIONS ET MODIFICATIONS AJOUTÉES PAR L'
A LA DERNIÈRE ÉDITION D'ÉDIMBOURG;
ET DE NOUVELLES NOTES HISTORIQUES ET LITTÉRAIRES PAR LE TRADUCTEUR.

TROISIÈME ÉDITION.

TOME SEPTIÈME.

ROB-ROY.

Paris,

CHEZ LEFÈVRE, Éditeur, rue de l'Éperon, 6;
DAUVIN et FONTAINE, Libraires, passage des Panoramas, 35;
POURRAT FRÈRES, Éditeurs, rue des Petits-Augustins, 5.

1840.

AVERTISSEMENT

DE LA PREMIÈRE ÉDITION.

Quand l'auteur des volumes suivants[1] publia, il y a de cela deux ans environ, l'ouvrage intitulé *l'Antiquaire*, il annonça que c'était la dernière fois qu'il donnait au public des productions de cette nature. Il pourrait se retrancher derrière cette excuse qu'un auteur anonyme n'est, comme le célèbre Junius, qu'un fantôme, et qu'ainsi, bien qu'il soit une apparition plus humble et moins redoutable, il ne saurait être tenu de se justifier d'une accusation d'inconséquence. On peut trouver une meilleure excuse dans celle de l'honnête Benedict[2], qui prétend que lorsqu'il disait qu'il mourrait garçon, il ne pensait pas vivre jusqu'au jour où il serait marié. Le mieux de tout serait, comme il est arrivé à quelques contemporains distingués, que le mérite de l'œuvre, au jugement du lecteur, pût absoudre l'auteur d'avoir violé sa promesse. Sans oser l'espérer, je dois dire que ma résolution, comme celle de Benedict, a succombé à une tentation, sinon à un stratagème.

Il y a maintenant six mois environ que l'auteur reçut, par l'intermédiaire de ses respectables éditeurs, un manuscrit contenant l'esquisse de cette histoire, avec la permission, ou plutôt la prière, conçue dans les termes les plus flatteurs, de la rendre propre, par tous les changements convenables, à être offerte au public[3]. Ces changements se sont trouvés si nombreux, qu'indépendamment de la suppression de noms et d'incidents trop voisins de la réalité, l'ouvrage peut en grande partie être regardé comme une composition nouvelle.

---

[1] L'édition originale des romans de sir Walter Scott a été publiée dans le format in-12, et chaque roman formant quatre volumes.
[2] Personnage d'une comédie de Shakspeare, *Beaucoup de bruit pour rien*. (L. V.)
[3] Comme il peut être nécessaire, dans la présente édition, d'écarter le voile de l'anonyme, l'auteur croit devoir déclarer que cette communication est tout à fait imaginaire (*Note ajoutée par l'auteur à la dernière édition.*)

Plusieurs anachronismes se seront sûrement glissés dans le cours de ces changements, et les épigraphes placées en tête des chapitres ont été choisies sans aucun égard à la date supposée des événements : l'éditeur en doit être seul responsable. D'autres erreurs appartiennent aux matériaux originaux ; mais elles sont de peu de conséquence. Ainsi une exactitude minutieuse pourrait objecter que le pont sur le Forth, ou plutôt l'Avon-dhu (*rivière noire*), près du hameau d'Aberfoïl, n'existait pas il y a trente ans. Au reste, il ne convient pas à l'éditeur d'être le premier à signaler ces inadvertances, et il saisit cette occasion de remercier publiquement le correspondant inconnu et anonyme à qui le lecteur devra la plus grande part du plaisir que pourront lui procurer les pages suivantes.

1er décembre 1817.

INTRODUCTION.

Sur le point de mettre à une nouvelle épreuve la patience d'un public indulgent, l'auteur se trouva embarrassé pour le titre, un nom recommandable étant presque aussi important en littérature que dans le monde. Celui de Rob Roy fut suggéré par feu M. Constable[1], dont la sagacité et l'expérience prévoyaient la popularité qui devait s'attacher à ce nom.

Aucune introduction ne peut être mieux appropriée à ce roman que quelques détails sur l'homme singulier dont le nom lui sert de titre, et qui, à travers la bonne et la mauvaise renommée, a conservé une place éminente dans les souvenirs populaires. Cette distinction, Rob Roy ne peut la devoir à sa naissance, qui, bien que celle d'un gentilhomme, n'avait rien de remarquable et ne lui donnait que peu de droits à commander dans son clan ; et quoique sa vie ait été agitée et remplie d'événements, ses hauts faits n'égalent pas ceux de quelques autres maraudeurs qui cependant sont loin d'avoir acquis la même célébrité. Sa renommée vient en grande partie de ce qu'il résida sur la limite même et non dans le fond des Highlands, et de ce qu'au commencement du dix-huitième siècle il renouvela les exploits aventureux qu'on attribue à Robin Hood au moyen-âge; — et cela à quarante milles de Glasgow, grande cité commerçante et le siége d'une savante université. C'était donc dans le siècle même de la reine Anne et de Georges Ier, dans ce siècle qu'on a comparé à celui d'Auguste, que florissait en Écosse un homme qui réunit en lui les vertus primitives, la politique rusée et la licence sans bornes d'un sauvage américain. Addison ou Pope auraient sans doute été bien surpris s'ils avaient su avoir pour contemporain et pour compatriote un personnage de la profession et du caractère de Rob Roy. C'est de ce contraste singulier entre la vie polie et civilisée, d'un côté de la frontière des Highlands, et les aventures audacieuses qu'un homme qui s'est placé en dehors des lois et de la civilisation entreprend et achève de l'autre côté de cette ligne fictive, c'est de ce contraste que ressort l'intérêt attaché à son nom. De là vient que même encore aujourd'hui

[1] Libraire à Edimbourg, éditeur des ouvrages de sir Walter Scott. (L. V.)

« Au loin et près de nous, dans les vallées et les montagnes, tous en attestent la vérité, et au seul nom de Rob Roy, les yeux brillent comme un feu qu'on excite. »

Plusieurs avantages que possédait Rob Roy le mirent à même de soutenir le caractère qu'il avait adopté.

Le plus notable était sa qualité de descendant et d'allié du clan Mac Gregor, si fameux par ses infortunes et par l'indomptable énergie avec laquelle il maintint son existence distincte, toujours uni en un seul corps malgré les lois les plus sévères, exécutées avec une rigueur inouïe contre ceux qui continuaient de porter ce nom proscrit. L'histoire des Mac Gregors est celle de plusieurs autres anciens clans highlandais, qui furent anéantis par des voisins plus puissants, soit qu'ils aient été complètement détruits, soit que pour échapper à la destruction ils aient été forcés de renoncer à leur appellation patronymique et d'adopter celle de leurs vainqueurs; mais ce qui la distingue, c'est leur persistance à conserver une existence séparée et leur union comme clan, au milieu des circonstances les plus difficiles. Cette histoire sera courte; mais d'abord nous devons avertir qu'elle est en partie basée sur la tradition, et qu'à l'exception des cas où l'on peut s'appuyer sur des documents écrits, il faut toujours la considérer comme un peu douteuse.

Le *sept* ou clan Mac Gregor prétend tirer son origine de Gregor, troisième fils, dit-on, d'Alpin, roi des Scots, qui régnait vers l'an 787. De là vient son nom patronymique original de Mac Alpine, et son titre commun de clan Alpine. Une de ses tribus, en particulier, porte le même nom. Il est regardé comme un des plus anciens clans des Highlands, et il est certain que c'est une race d'origine celtique, et qu'il fut un temps où elle occupait, dans le Perthshire et l'Argyleshire [1], des terres d'une vaste étendue, qu'elle continua imprudemment à tenir par le *coir a glaive*, c'est-à-dire par le droit de l'épée. Leurs voisins, cependant, les comtes d'Argyle et de Breadalbane, parvinrent à faire comprendre les terres occupées par les Mac Gregors, dans ces chartes qu'ils obtenaient si aisément de la couronne; et ils se constituèrent ainsi un droit légal, sans beaucoup d'égards pour sa justice. Saisissant chaque occasion d'affaiblir ou d'anéantir les tribus limitrophes, ils étendirent graduellement leurs domaines, en s'appuyant de ces concessions royales, pour justifier leurs usurpations sur leurs voisins moins civilisés. Un certain sir Duncan Campbell de Lochow, connu dans les Highlands sous le nom de *Donacha Dhu nan*

---

[1] La terminaison *shire* est le titre spécial des divisions politiques de la Grande-Bretagne auxquelles nous appliquons le titre de comtés. Le Perthshire et l'Argyleshire sont les comtés de *Perth* et d'*Argyle*, deux des provinces de l'Ecosse centrale, dont ils occupent toute la largeur d'une mer à l'autre. *Shire* tient sûrement à la même racine que le mot anglais *share*, part, portion, division. (L. V.)

Churraichd, c'est-à-dire Duncan le Noir au Capuchon, parce qu'il aimait à se couvrir la tête de cette coiffure, eut, dit-on, de grands succès dans ces actes de spoliation sur le clan Mac Gregor.

Vouées ainsi à la destruction, et se voyant iniquement chassées de leurs possessions, les tribus opposèrent la force à la force, et remportèrent de temps à autre des avantages dont elles usèrent avec cruauté. Cette conduite, naturelle si on se reporte au temps et au pays, fut adroitement représentée, dans la capitale, comme provenant d'une férocité innée et indomptable, à laquelle, disait-on, il n'était qu'un seul remède, l'extirpation, corps et branches, du clan Mac Gregor.

Par acte du conseil privé, donné à Stirling le 22 septembre 1563, sous le règne de la reine Marie, licence est accordée aux seigneurs les plus puissants et aux chefs des clans, d'exterminer le clan Gregor par le fer et le feu. Un acte semblable, de la même année 1563, non seulement confère les mêmes pouvoirs à sir John Campbell de Glenorchy, descendant de Duncan au Capuchon, mais fait défense aux vassaux de recevoir et de secourir un membre quelconque du clan Mac Gregor, et de lui fournir sous aucun prétexte des vivres ou des vêtements.

Un nouvel acte de cruauté commis par le clan Gregor, en 1589, le meurtre de John Drummond, de Drummond-Ernoch, garde de la forêt royale de Glenartney, est rapporté ailleurs avec toutes ses horribles circonstances. Le clan jura sur la tête détachée du cadavre, de faire cause commune dans l'aveu de ce meurtre. De là, nouvel acte du conseil privé, dirigeant une autre croisade contre le « méchant clan Gregor, depuis si longtemps adonné au meurtre, au vol et au brigandage, » et par lequel il est livré pendant trois ans au feu et au glaive. Le lecteur trouvera les détails de ce fait particulier dans la nouvelle introduction de la *Légende de Montrose*.

D'autres occasions se présentèrent fréquemment, dans lesquelles les Mac Gregors montrèrent leur mépris pour des lois dont ils n'avaient éprouvé que la sévérité, jamais la protection. Quoiqu'ils eussent été graduellement privés de leurs possessions et de tous les moyens ordinaires de se procurer leur subsistance, on ne pouvait pourtant supposer qu'ils se laissassent mourir de faim, tant qu'ils auraient les moyens de reprendre sur les autres ce qu'ils considéraient comme leur propriété légitime. Dès lors ils s'abandonnèrent à des actes de déprédation habituels, et s'accoutumèrent à verser le sang. Leurs passions étaient irritées, et il fut aisé à leurs puissants voisins de les lancer dans des violences dont profitèrent leurs rusés instigateurs, et dont tout le blâme et tout le châtiment retombèrent sur les ignorants Mac Gregors. Cette politique, de pousser les clans belliqueux des Highlands et des frontières à troubler la paix du pays, est regardée par un historien de l'époque comme une pratique des plus dangereuses, à laquelle ne se prêtaient que trop les Mac Gregors.

Malgré ces mesures rigoureuses, non moins rigoureusement exécutées, quelques membres du clan conservèrent des propriétés, et le chef du nom est désigné, en 1592, par le nom d'Allaster Mac Gregor de Glenstrae. Ce fut, dit-on, un homme brave et actif; mais, d'après sa confession au lit de mort, il paraît qu'il fut engagé dans un grand nombre de querelles sanglantes, l'une desquelles lui fut enfin fatale ainsi qu'à beaucoup des siens. Ce fut le célèbre combat de Glenfruin, non loin de la pointe sud-ouest du Loch Lomond, dans le voisinage duquel les Mac Gregors continuaient d'exercer une grande autorité par ce *coir a glaive*, ou droit du plus fort, dont nous avons déjà parlé.

Une longue et sanglante querelle existait entre les Mac Gregors et le laird de Luss, chef de la famille de Colquhoun, famille puissante résidant vers la partie inférieure du Loch Lomond. La tradition des Mac Gregors affirme que la contestation commença sur un sujet bien léger. Deux des Mac Gregors, se trouvant attardés, demandèrent un abri dans une maison appartenant à un dépendant des Colquhouns, et furent refusés. Ils se retirèrent alors dans un des bâtiments extérieurs, prirent un mouton du troupeau, le tuèrent et le mangèrent à leur souper. Quoiqu'ils eussent, dit-on, offert au propriétaire de lui en payer la valeur, le laird de Luss les fit saisir, et avec les formes expéditives dont usaient à volonté les barons féodaux, les fit juger, condamner et exécuter. Les Mac Gregors appuient la vérité de ce récit sur un adage répandu parmi eux, maudissant l'heure (*mult dhu an Carbail ghil*) où le mouton noir à la queue blanche vint au monde. Pour venger ce meurtre, le laird de Mac Gregor réunit son clan, et se dirigea des rives du Loch Long vers Luss, par un défilé appelé *Raid na Gaël*, Passe de l'Highlander.

Sir Humphrey Colquhoun, promptement averti de cette incursion, rassembla des forces considérables, doubles au moins de celles des agresseurs. Il y avait avec lui les Buchanan, les Graham, et autres chefs du Lennox, ainsi qu'un parti de citoyens de Dunbarton conduit par Tobias Smollett, magistrat ou bailli de la ville, et aïeul de l'auteur célèbre de ce nom.

Les deux troupes se rencontrèrent dans le *Glenfruin*, dont le nom signifie vallée de Douleur, nom qui semblait présager les résultats de la journée, dont l'issue ne fut pas moins fatale aux vainqueurs qu'aux vaincus, car « l'enfant à naître du clan Mac Alpine eut lieu de la déplorer. » Quoique un peu découragés par l'apparition d'une force si supérieure, les Mac Gregors furent poussés à l'attaque par un Voyant ou homme doué de *seconde vue*, qui assura avoir vu les principaux chefs ennemis enveloppés d'un drap mortuaire. Le clan chargea donc avec furie sur le front de l'ennemi, tandis que John Mac Gregor, avec un fort détachement, dirigeait sur les flancs une attaque imprévue. Une grande partie de la petite armée des Colquhouns consistait en cavalerie, laquelle ne pouvait agir sur un terrain marécageux. On dit cependant qu'ils firent une courageuse défense; mais ils furent à la fin complètement mis en déroute, et alors commença un carnage sans merci. Deux ou trois cents du parti vaincu furent tués, soit durant le combat, soit dans la poursuite. Si, comme on l'assure, les Mac Gregors n'eurent que deux hommes tués dans l'action, un tel massacre n'a guère d'excuse. On dit que leur fureur s'étendit même sur plusieurs étudiants en théologie, qui imprudemment étaient venus pour être témoins de la bataille. Quelque doute est jeté sur ce fait par le silence que garde à cet égard l'acte d'accusation porté contre le chef du clan Gregor, aussi bien que l'historien Johnston, et un professeur Ross qui écrivit une relation de la bataille vingt-neuf ans après l'événement; mais il est attesté unanimement par les traditions du pays, et une pierre érigée au lieu même de l'action est appelée *Leck a Mhinisteir*, la pierre du clerc ou du ministre. Les Mac Gregors rejettent cette action cruelle sur la férocité d'un seul homme de leur tribu appelé Dugald, renommé par sa taille et sa force, et surnommé *Ciar Mohr*, ou le géant couleur de souris. C'était le frère de lait de Mac Gregor, et le chef avait commis ces jeunes gens à sa garde, en lui enjoignant de veiller sur eux jusqu'à ce que l'affaire fût terminée. Soit qu'il craignît qu'ils n'échappassent, soit qu'il eût été irrité par quelques sarcasmes qu'ils avaient lancé contre sa tribu, soit simplement qu'il ait été poussé par la soif du sang, ce barbare, tandis que les autres Mac Gregors étaient engagés à la poursuite, égorgea ses prisonniers désarmés et sans défense. Quand le chef, à son retour, lui demanda où étaient les jeunes gens, Ciar Mohr (on prononce Kiar) tira son poignard encore teint de sang, et s'écria en gaélique : Demande-le à ce poignard, et que Dieu ait pitié de moi! Ces derniers mots faisaient allusion à une exclamation proférée par ses victimes tandis qu'il les assassinait. Il semblerait donc que cet horrible épisode soit fondé en fait, quoique le nombre des jeunes gens ainsi égorgés ait probablement été exagéré dans les récits des Lowlanders. Le bas peuple croit que le sang des victimes de Ciar Mohr n'a jamais pu être effacé de la pierre. En apprenant leur sort, Mac Gregor en témoigna la plus grande horreur, et reprocha à son frère de lait un crime qui amènerait sa destruction et celle de son clan. Le meurtrier était un ancêtre de Rob Roy, et de la tribu dont celui-ci descend. Il est enterré dans l'église de Fortingal, où l'on voit encore son tombeau couvert d'une large pierre [1],

---

[1] J'ai été informé qu'à une époque encore peu éloignée, on avait proposé d'enlever cette large pierre qui marque le tombeau de Dugald Ciar Mohr, pour en faire soit un linteau de fenêtre, soit un seuil de porte, soit quelque autre usage analogue. Un

INTRODUCTION.

et où sa force et son courage sont le thème d'un grand nombre de traditions [1].

Le frère de Mac Gregor fut du très-petit nombre de ceux de sa tribu qui furent tués. Il fut enterré près du lieu de l'action, et la place est marquée par une pierre grossière appelée la Pierre grise de Mac Gregor.

Sir Humphrey Colquhoun, qui était bien monté, parvint à se réfugier dans le château de Banochar ou Benechra. Il n'y trouva pas un abri sûr, cependant, car peu après il fut massacré dans un cachot du château par les Mac Gregors, s'il faut en croire les annales de la famille, quoique d'autres autorités mettent le fait à la charge des Mac Farlanes.

Le combat de Glenfruin et la cruauté que les vainqueurs avaient montrée dans la poursuite furent présentés au roi Jacques VI sous les couleurs les plus défavorables au clan Mac Gregor, qu'une réputation générale de bravoure indisciplinée ne pouvait guère servir en cette occasion. Le roi, d'ailleurs, put apprécier toute l'étendue du massacre, car les veuves des morts, au nombre de deux cent vingt, en grand deuil, montées sur de blancs palefrois, et portant chacune au bout d'une lance la chemise ensanglantée de leur mari, se montrèrent à Stirling en présence d'un monarque particulièrement accessible à de telles impressions de crainte et de douleur, et demandèrent vengeance pour leurs

---

homme du clan Mac Gregor, dont le cerveau était un peu dérangé, prit feu à cette insulte; et quand les ouvriers vinrent pour enlever la pierre, il se plaça dessus, une hache à la main, jurant qu'il fendrait le crâne du premier qui toucherait au monument. Vigoureux de sa personne, et assez fou pour ne s'inquiéter nullement des conséquences, il inspira assez de craintes pour qu'on jugeât prudent de lui céder. Le pauvre insensé fit jour et nuit sentinelle sur la pierre, jusqu'à ce que le projet qu'on avait eu de l'enlever fût entièrement abandonné. (W. S.)

[1] J'ai trouvé les détails ci-dessus dans une histoire manuscrite du clan Mac Gregor, dont feu le major Donald Mac Gregor, Esq., du 33e régiment, avait bien voulu me laisser prendre communication, et où on s'était donné de grandes peines pour rassembler les traditions et les documents écrits concernant la famille. Mais une tradition ancienne et constante, conservée parmi les habitants du pays, et particulièrement parmi ceux du clan Mac Farlane, justifie Dugald Ciar Mohr de l'assassinat des jeunes gens, et en rejette le blâme sur un certain Donald ou Duncan Lean, qui aurait commis cet acte de cruauté avec l'assistance d'un homme attaché à son service, nommé Charlioch ou Charlie. On dit que les homicides n'osèrent pas rejoindre leur clan, mais qu'ils se retirèrent et vécurent en outlaws dans un lieu sauvage et solitaire du territoire des Mac Farlanes. Ils y restèrent quelque temps sans être troublés, jusqu'à ce qu'ils commirent un acte de violence brutale sur deux femmes sans défense, la mère et la fille, du clan Mac Farlane. Pour venger cette atrocité, les Mac Farlanes leur donnèrent la chasse et les tuèrent. On dit que le plus jeune des deux scélérats, Charlioch, aurait pu échapper, grâces à son agilité peu commune. Mais son crime devint son châtiment, car la femme qu'il avait outragée s'était défendue avec courage, et lui avait porté à la cuisse un coup de son propre dirk. Boitant par suite de sa blessure, il fut aisément pris et tué. J'inclinerais à croire que cette dernière version est la véritable, et que c'est une équivoque de noms qui a fait accuser du crime Dugald Ciar Mohr. Il est possible aussi que les deux assassins n'aient fait qu'exécuter ses ordres. (W. S.)

maris massacrés, contre ceux qui les avaient réduites au désespoir.

Les mesures auxquelles on eut recours égalèrent au moins en cruauté le fait qu'on voulait punir. Par un acte du conseil privé en date du 16 avril 1603, le nom de Mac Gregor fut expressément aboli, et ceux qui le portaient durent en changer sous peine de mort. Sous la même peine il fut interdit à tous ceux qui avaient assisté au combat de Glenfruin, ainsi qu'à un certain nombre d'autres affaires spécifiées dans l'acte, de porter des armes, excepté un couteau sans pointe pour prendre leurs repas. Par un acte subséquent du conseil, daté du 24 juin 1613, la mort fut portée contre toutes personnes de la ci-devant tribu Mac Gregor, qui se rassembleraient au delà de quatre. Un nouvel acte du parlement, 1617, ch. 26, confirma ces dispositions, et les étendit à la génération suivante, se fondant sur ce qu'un grand nombre d'enfants de ceux contre qui les actes du conseil privé avaient été dirigés, approchaient alors de l'âge adulte, et que leur permettre de reprendre le nom de leur père serait rendre au clan toute sa première force.

L'exécution de ces mesures rigoureuses fut confiée, pour les tribus de l'ouest, principalement au comte d'Argyle et au clan puissant de Campbell; le comte d'Athole et ses adhérents en furent chargés pour les Highlands plus orientales du Perthshire. Les Mac Gregors opposèrent la résistance la plus désespérée; bien des vallées, dans les Highlands du nord et de l'ouest, gardent la mémoire de rencontres sanglantes, où les tribus du clan proscrit obtinrent parfois des avantages temporaires, et vendirent toujours chèrement leur vie. Enfin la fierté d'Allaster Mac Gregor, le chef du clan, fut tellement abattue par les souffrances de son peuple, qu'il prit la résolution de se rendre au comte d'Argyle avec les principaux de sa suite, sous la seule condition qu'ils seraient conduits hors de l'Écosse. Si les allégations du malheureux chef sont exactes, il avait plus de raisons que personne d'attendre quelque protection du comte, dont les conseils et les encouragements secrets l'avaient poussé à beaucoup d'actions désespérées, pour lesquelles il avait à rendre un compte si terrible. Mais Argyle, selon l'expression du vieux Birrell, leur donna une parole de montagnard, bonne à l'oreille, mauvaise quant au sens. Mac Gregor fut mené sous bonne garde jusqu'à la frontière d'Angleterre, et l'ayant ainsi à la lettre conduit hors d'Écosse, Argyle fut regardé comme lui ayant tenu sa foi, quoique la même escorte qui l'avait conduit là l'eût ramené prisonnier à Édimbourg.

Mac Gregor de Glenstrae parut devant la cour de justice le 20 janvier 1604, et fut déclaré coupable. Il paraît qu'il fut immédiatement conduit de la barre à la potence; car Birrell, sous la même date, rapporte qu'il fut pendu sur la grande place (*at the cross*), et, par distinction, accroché de toute sa hauteur au-dessus de deux de ses parents et amis. Un plus grand nombre d'hommes de son clan furent exécutés le 18 février suivant, après un long emprisonnement, et quelques autres encore dans le commencement de mars.

Le service rendu par le comte d'Argyle en travaillant à l'extinction de la race insolente et méchante et du nom des Mac Gregors, tous brigands insignes, et en s'emparant de Mac Gregor et de beaucoup d'autres chefs principaux du clan, dûment mis à mort pour leurs méfaits, est reconnu avec gratitude par un acte du parlement, 1607, ch. 16, et récompensé par le don de vingt *chalders*[1] de provisions tirées des terres de Kintire.

Les Mac Gregors, nonobstant les proscriptions répétées dont on les avait frappés, et les exécutions militaires dirigées contre eux par la législature écossaise, qui paraît perdre toute conscience de sa dignité quand il s'agit d'eux, et qui ne peut même prononcer sans colère le nom du clan proscrit, les Mac Gregors ne se montrèrent nullement disposés à se voir rayés de la liste des clans. A la vérité ils se soumirent à la loi, dans ce sens qu'ils prirent les noms des familles voisines parmi lesquelles ils se trouvaient, devenant ainsi en apparence, selon leur convenance, des Drummond, des Campbell, des Graham, des Buchanan, des Stewart et autres; mais dans tous les cas où il s'agissait de se rallier d'intention et de se donner des preuves d'attachement mutuel, c'étaient toujours des membres du clan Gregor, unis par le droit et la persécution, et menaçant d'une vengeance générale quiconque se rendait coupable d'agression contre un des leurs.

Ils continuèrent d'attaquer et de se défendre avec aussi peu d'hésitation qu'avant la dispersion légale qu'on avait tentée contre eux, comme il paraît par le préambule du statut de 1633, ch. 30, où il est dit que le clan Gregor, qui avait été supprimé et réduit à l'impuissance de nuire par les soins persévérants du feu roi Jacques, d'éternelle mémoire, s'était cependant remontré dans les comtés de Perth, de Stirling, de Clackmannan, de Monteith, de Lennox, d'Angus et de Mearns; pour laquelle raison le statut rétablit les interdictions prononcées contre le clan, et accorde une nouvelle commission pour redonner force aux lois portées contre cette race méchante et rebelle.

Malgré les rigueurs extrêmes de Jacques Ier et de Charles Ier contre ce peuple infortuné, rendu furieux par la proscription et puni ensuite our avoir cédé aux passions qui avaient été adroitement excitées, tous les Mac Gregors, durant la guerre civile, embrassèrent la cause de ce dernier monarque. Les bardes ont attribué cette conduite au respect natif des Mac Gregors pour la couronne d'Écosse qu'avaient portée leurs ancêtres, et en ont appelé sur ce point à leurs armoiries, lesquelles montrent un pin en sautoir avec une épée nue dont la pointe

---

[1] Le *chalder* est une mesure de trente-six boisseaux. (L. V.)

supporte une couronne royale. Sans nier que de tels motifs aient pu avoir leur poids, nous sommes disposé à croire qu'une guerre qui ouvrait les basses terres aux bandes du clan Mac Gregor avait plus d'attrait pour eux qu'aucun motif d'épouser la cause des covenantaires, qui ne les aurait mis en contact qu'avec d'autres Highlanders aussi aguerris qu'eux-mêmes et ayant aussi peu à perdre. Leur chef Patrick Mac Gregor était lui-même fils d'un chef distingué, nommé Duncan Abbarach, à qui Montrose écrivit comme à un ami sûr et intime, en lui exprimant la confiance qu'il mettait dans sa loyauté éprouvée, et en lui donnant l'assurance qu'une fois les affaires de Sa Majesté remises sur un bon pied, les injures faites au clan Mac Gregor seraient réparées.

A une époque déjà éloignée de ces tristes temps, nous trouvons les Mac Gregors réclamant les immunités des autres clans, lorsqu'ils furent sommés par le parlement d'Écosse de s'opposer à l'invasion de l'armée républicaine, en 1651. Le dernier jour de mars de cette année, une supplique au roi et au parlement, de Callum Mac Condachie Vich Euen, et d'Euen Mac Condachie Euen, tant en leur nom qu'au nom de tous les Mac Gregors, expose que, tandis qu'en obéissance aux ordres du parlement, enjoignant à tous les clans de se réunir sous leurs chefs pour la défense de la religion, du roi et du pays, les pétitionnaires avaient envoyé des détachements de leurs hommes pour garder les passages à la tête du Forth, ils avaient été rencontrés par le comte d'Athole et le laird de Buchanan, qui avaient requis un grand nombre de Mac Gregors de passer dans leurs rangs. Cette prétention provenait sans doute des changements de noms, qui semblaient donner droit au comte d'Athole et au laird de Buchanan d'enrôler les Mac Gregors sous leurs bannières, comme des Murrays ou des Buchanans. Il ne paraît pas que la demande des Mac Gregors de marcher en corps comme les autres clans ait alors eu de suite. Mais après la restauration, le roi Charles, dans le premier parlement écossais de son règne (statut 164, ch. 195), annula les divers actes rendus contre le clan Gregor, et les rétablit dans le plein usage de leur nom patronymique et dans les autres priviléges de sujets fidèles, alléguant, pour raison de cette clémence, que ceux désignés antérieurement sous le nom de Mac Gregors avaient montré, durant les derniers troubles, tant de loyauté et d'affection à Sa Majesté, que leur conduite effaçait pleinement le souvenir de leurs fautes passées et des châtiments qu'ils avaient encourus.

Il est assez singulier que le mécontentement des presbytériens non-conformistes augmenta lorsque les rigueurs qui pesaient très-injustement sur eux-mêmes furent adoucies à l'égard des pauvres Mac Gregors; tant il est vrai que les hommes les meilleurs ne sont pas beaucoup plus que les autres capables de juger avec impartialité les mêmes mesures, selon qu'elles sont appliquées à eux-mêmes ou à d'autres! Pendant la restauration, une influence ennemie de ce malheureux clan, la même, dit-on, qui plus tard inspira le massacre de Glencoe, provoqua le rétablissement des édits contre les Mac Gregors. On ne donna aucun motif valable du rétablissement de ces actes, et l'on ne dit pas non plus que le clan se soit rendu coupable de nouvelles fautes. On peut croire avec quelque raison que la clause fut présentée à dessein sous une forme qui échappait à l'observation; car bien qu'elle contienne des conclusions fatales aux droits de tant de sujets écossais, elle n'est mentionnée ni au titre, ni sous la rubrique de l'acte du parlement où elle est placée, et on en jette légèrement deux mots à la fin du statut de 1693, ch. 61, intitulé *Acte pour l'administration de la justice dans les Highlands*.

Il ne paraît pas cependant qu'après la révolution, les lois contre ce clan aient été sévèrement exécutées, et dans la dernière moitié du dix-huitième siècle elles tombèrent tout à fait en désuétude. Des commissaires des subsides sont désignés dans le parlement par le titre proscrit de Mac Gregor; des arrêts sont prononcés par les tribunaux et des actes légaux enregistrés sous le même nom. Les Mac Gregors, cependant, tant que subsista l'acte de prohibition, souffrirent de la privation du titre qui leur appartenait par droit de naissance, et diverses tentatives furent faites pour en adopter un autre; on proposa pour nom futur de tout le clan ceux de Mac Alpine et de Grant. Mais on ne put s'entendre, et on se soumit au mal comme à une nécessité, jusqu'à l'époque où pleine réhabilitation fut obtenue du parlement britannique, par un acte qui abolit à jamais les lois pénales qui avaient si longtemps pesé sur cette ancienne race. Ce statut, bien justifié par les loyaux services d'un grand nombre de gentilshommes du clan pour leur roi et leur pays, passa enfin, et le clan s'en prévalut avec cet enthousiasme des temps passés, qui leur avait fait si cruellement ressentir une privation dans laquelle une grande partie des autres sujets du prince n'aurait vu qu'un objet de peu de conséquence.

Ils reconnurent John Murray de Lanrick, esq. (dans la suite, sir John Mac Gregor, baronnet), pour le représentant de la famille de Glencarnock, comme descendant direct et légitime de l'ancienne souche des lairds et lords de Mac Gregor, et en conséquence ils le proclamèrent leur chef pour toutes les occasions légales et pour tous les cas, quels qu'ils fussent. Cette reconnaissance fut souscrite par huit cent vingt-six personnes du nom de Mac Gregor en état de porter les armes. Pendant la dernière guerre, en 1799, une grande partie du clan se réunit dans ce qu'on appela le régiment du clan Mac Alpine, sous les ordres de son chef et de son frère le colonel Mac Gregor.

Après avoir succinctement raconté l'histoire de ce clan, rare et intéressant exemple du caractère indélébile qu'offre le système patriarcal, l'auteur doit maintenant entrer dans quelques détails sur l'homme dont le nom sert de titre à cet ouvrage.

Lorsqu'il s'agit d'un Highlander, le premier point à considérer est sa généalogie. Celle de Rob Roy remonte à Ciar Mohr, le géant couleur de souris, que la tradition accuse du meurtre des jeunes étudiants à la rencontre de Glenfruin.

Sans nous engager, ainsi que nos lecteurs, dans le labyrinthe d'une généalogie highlandaise, il suffira de dire qu'après la mort d'Allaster Mac Gregor de Glenstrae, le clan, découragé par une persécution sans relâche, ne paraît avoir pu se replacer sous la domination d'un seul CHEF. Selon les lieux de leur résidence et leur descendance immédiate, les diverses familles étaient soumises à des *chieftains*, mot qui, dans l'acception highlandaise, désigne le premier ou la tête d'une branche particulière d'une tribu, par opposition au titre de chef (*chief*), qui est le conducteur et le commandant du *nom*, c'est-à-dire de la tribu tout entière.

La famille et les descendants de Dugald Ciar Mohr résidaient principalement dans le canton montagneux qui s'étend du Loch Lomond au Loch Katrine, et ils y occupaient d'assez vastes propriétés, soit par tolérance, soit par le droit de l'épée, droit qu'il n'était jamais sûr de leur contester, soit enfin à divers titres légaux qu'il est inutile de rechercher et de détailler. Ils demeuraient donc dans ce canton, et c'était une race que leurs plus puissants voisins avaient à cœur de se concilier, leur amitié en temps de paix étant aussi nécessaire au repos du voisinage, que leur concours en temps de guerre était prompt et efficace.

ROB ROY MAC GREGOR CAMPBELL (il portait ce dernier nom par suite de l'abolition du sien propre par les actes du parlement) était le plus jeune fils de Donald Mac Gregor de Glengyle, qu'on dit avoir été lieutenant-colonel (probablement au service de Jacques II); sa femme était une fille de Campbell de Glenfalloch. La dénomination particulière de Rob était d'Inversnaid; mais il paraît que d'une manière ou de l'autre il avait acquis le droit de propriété ou de possession de Craig-Royston, domaine de rochers et de forêts s'étendant sur la rive orientale du Loch Lomond, où ce beau lac se perd dans les sombres montagnes de Glenfalloch.

La date de sa naissance est incertaine; mais on assure qu'il prit une part active aux scènes de guerre et de pillage qui suivirent la Révolution, et la tradition affirme qu'il fut le chef d'une incursion dévastatrice dans la paroisse de Kippen, de la province de Lennox, laquelle eut lieu en 1691. Cette expédition ne fut pas, comme tant d'autres, marquée par des actes de cruauté sanguinaire, et une seule personne y perdit la vie; mais à raison des déprédations qui la signalèrent, elle fut longtemps distinguée par la désignation de *pillage de Kippen*[1]. Le temps de sa mort n'est pas moins incertain; mais comme elle n'est arrivée, dit-on, qu'après l'année 1733, et qu'il atteignit un âge fort avancé, on peut supposer qu'ayant environ vingt-cinq ans lors du pillage de Kippen, sa naissance peut se reporter au milieu du dix-septième siècle.

Dans les temps plus calmes qui succédèrent à la Révolution, Rob Roy, ou Robert le Roux, paraît avoir appliqué les talents et l'activité remarquables dont l'avait doué la nature au commerce des bestiaux sur une grande échelle. On peut bien supposer qu'à cette époque, ni les habitants des basses terres d'Écosse, ni, à plus forte raison, les marchands anglais, ne s'aventuraient dans les montagnes des Highlands. Le bétail, qui en était la principale richesse, était conduit aux foires tenues sur la frontière des Lowlands par un parti de Highlanders[2] armés, qui cependant montraient honneur et bonne foi dans toutes leurs transactions avec leurs acheteurs du Sud. Une querelle s'élevait-elle, les Lowlanders[3], qui pour la plupart étaient des hommes de la frontière[4], et qui avaient à approvisionner les marchés anglais, avaient coutume de tremper leurs bonnets dans le prochain ruisseau, et, les entortillant autour de leurs mains, opposaient leurs gourdins aux claymores nues, qui n'avaient pas toujours le dessus. J'ai entendu dire à des personnes âgées, qui avaient pris part à ces querelles, que les Highlanders jouaient toujours beau jeu, ne se servant jamais de la pointe de leur épée, bien moins encore de leurs pistolets ou de leurs poignards; de sorte que

> Résonnant bruyamment, le fer et le bâton
> Distribuaient les coups à foison.

Mais une ou deux balafres, ou une tête cassée, n'étaient pas une grande affaire, et comme le trafic était avantageux aux deux parties, ce n'étaient pas quelques légères escarmouches qui pouvaient troubler longtemps la bonne harmonie. Ce commerce était surtout d'un intérêt vital pour les Highlanders, dont les revenus que pouvaient fournir leurs domaines étaient entièrement basés sur la vente du gros bétail; et les spéculations d'un marchand adroit et expérimenté, non-seulement lui profitaient à lui-même, mais aussi tournaient à l'avantage de ses voisins et de ses amis. Celles de Rob Roy furent si heureuses pendant plusieurs années, qu'elles lui valurent une confiance générale, et l'estime universelle du pays où il résidait.

---

[1] *Her-ship of Kippen.* Voyez le *Statistical account of Scotland*, vol. XVIII, pag. 332. Paroisse de Kippen. (W. S.)

[2] Hommes des *hautes terres*, montagnards. (L. V.)

[3] Hommes des *basses terres*.

[4] *Borderers*.

Son importance s'accrut encore par la mort de son père, qui lui laissa l'administration des biens de son neveu Gregor Mac Gregor de Glengyle; comme son tuteur, il acquit sur le clan l'influence que devait avoir le représentant de Dougal Ciar, influence d'autant plus illimitée, que cette famille de Mac Gregors paraît avoir refusé obéissance aux Mac Gregors de Glencarnock, ancêtres du seigneur actuel sir Ewan Mac Gregor, et s'être arrogé une sorte d'indépendance.

C'est à cette époque que Rob Roy acquit un droit, par achat, fermage ou autrement, sur le domaine de Craig-Royston déjà mentionné. A cette période prospère de sa vie, il fut en grande faveur près de son plus proche et de son plus puissant voisin, Jacques, premier duc de Montrose, dont il reçut de nombreux témoignages de considération. Sa Grâce consentit à lui abandonner, ainsi qu'à son neveu, un droit de propriété sur les domaines de Glengyle et d'Inversnaid, qu'ils n'avaient jusque-là possédés qu'en qualité de tenants. Le duc, en outre, dans une vue d'intérêt pour le pays et pour ses propres domaines, fit à notre aventurier l'avance d'une somme d'argent considérable, pour le mettre à même d'agrandir ses spéculations dans le commerce des bestiaux.

Malheureusement ce genre de commerce était alors comme aujourd'hui sujet à bien des fluctuations; et Rob Roy, — par une soudaine dépression des prix des marchés, et, s'il faut en croire une tradition bienveillante, par la mauvaise foi d'un associé appelé Mac Donald, à qui il avait imprudemment donné toute sa confiance, et confié une somme importante, — Rob Roy devint complètement insolvable [1]. Naturellement il se cacha, — mais non les mains vides, s'il est vrai, comme le porte un mandat d'arrestation lancé contre lui, qu'il eût en sa possession des sommes montant à une valeur de mille livres sterling, obtenues par lui de divers seigneurs et gentilshommes, sous prétexte de faire pour eux acquisition de vaches dans les Highlands. Ce mandat est du mois de juin 1712, et fut plusieurs fois répété. Il fixe l'époque où Rob Roy changea ses spéculations commerciales pour d'autres d'une tout autre nature [2].

Il paraît que vers ce temps il abandonna sa demeure ordinaire d'Inversnaid, pour s'éloigner de dix ou douze milles d'Écosse (ce qui fait le double de milles anglais) plus avant dans les Highlands, et c'est alors que commença cette vie en opposition avec les lois, qu'il a menée depuis. Le duc de Montrose, qui se crut joué et trompé par Mac Gregor, eut recours à des moyens légaux pour recouvrer l'argent qu'il lui avait prêté. Les terres, meubles et autres possessions de Rob Roy furent saisis et vendus.

---

[1] *Voyez* note A, à la fin du volume, quelques nouveaux détails sur ces diverses circonstances, empruntés à l'ouvrage du colonel Stewart sur les Highlands. (L. V.)

[2] *Voyez* l'Appendice, n° 1, à la fin de cette Introduction.

On dit que cette saisie fut effectuée avec une sévérité inaccoutumée, et que les agents légaux, qui d'habitude ne sont pas les gens les plus doux du monde, insultèrent la femme de Mac Gregor d'une manière qui aurait pu inspirer à un homme plus patient que lui des idées de vengeance. C'était une femme d'un caractère fier et hautain, et il n'est pas improbable qu'elle ait pu troubler dans leurs fonctions les officiers de la loi, et encouru ainsi leurs mauvais traitements, bien que, pour l'honneur de l'humanité, on doive espérer que ce qu'on rapporte à cet égard soit une exagération populaire. Ce qui est certain, c'est qu'elle éprouva un chagrin extrême d'être expulsée des rives du Loch Lomond; et elle épancha sa douleur dans un chant éloquent pour la cornemuse, bien connu encore des amateurs sous le titre de *Lamentations de Rob Roy* (*Rob Roy's Lament*).

On croit que le fugitif trouva un premier refuge dans le Glen Dochart, sous la protection du comte de Breadalbane; car, bien que les membres de cette famille se fussent montrés dans les anciens temps au nombre des plus actifs agents de destruction des Mac Gregors, dans ces dernières années ils avaient offert à un grand nombre d'entre eux un asile dans leurs antiques possessions. Le duc d'Argyle était aussi un des protecteurs de Rob Roy, et, pour employer la phrase highlandaise, il lui accordait *le bois et l'eau*, — c'est-à-dire l'asile que peuvent offrir les forêts et les lacs d'un pays inaccessible.

Les grands propriétaires des Highlands, outre leur ambition commune d'entretenir ce qu'ils appelaient leurs suivants, c'est-à-dire leurs adhérents militaires, étaient en outre, à cette époque, jaloux d'avoir à leur dévotion des hommes résolus, médiocrement amis des hommes et des lois, et qui pussent au besoin ravager les terres et ruiner les tenants d'un ennemi féodal, sans engager la responsabilité de leurs patrons. La rivalité des Campbell et des Graham, durant les guerres civiles du dix-septième siècle, avait été marquée par de mutuels désastres et une haine invétérée. D'un côté, la mort du grand marquis de Montrose; de l'autre, la défaite d'Inverlochy et la dévastation cruelle de Lorn, étaient des injures qui de part ni d'autre ne pouvaient être oubliées. Rob Roy était donc assuré d'un refuge dans le pays des Campbell, d'abord comme ayant pris leur nom et comme étant allié par sa mère à la famille de Glenfalloch, puis comme ennemi de la maison rivale de Montrose. L'étendue des possessions du duc d'Argyle, et la certitude d'y trouver toujours une retraite facile, étaient pour Rob Roy un encouragement puissant à l'audacieux plan de vengeance qu'il avait conçu.

Ce plan n'était rien moins qu'une guerre permanente de pillage et de déprédation contre le duc de Montrose, qu'il regardait comme l'auteur de son exclusion de la société, et de la proscription à laquelle l'avaient réduit les *lettres de chasse et de prise* (c'est le titre légal **des mandats** délivrés contre lui), aussi bien que de la saisie de ses meubles et de la vente de ses terres. Il se disposait donc à employer contre Sa Grâce, contre ses tenants, ses amis, alliés ou parents, tous les moyens de nuire qui seraient en son pouvoir ; et quoique ce fût déjà un cercle assez étendu pour une déprédation active, Rob, qui professait l'opinion jacobite, prit la liberté d'étendre sa sphère d'opérations contre tous ceux qu'il lui plairait de regarder comme partisans du gouvernement révolutionnaire, et du plus funeste des actes politiques, — l'union des deux royaumes. Sous l'un des deux prétextes, tous ses voisins des basses terres, chez lesquels il y avait quelque chose à prendre, ou qui refusaient de venir à composition, en lui payant une somme annuelle à titre de sauvegarde ou de droit de protection, étaient exposés à ses attaques.

Le pays sur lequel devait être exercé ce système de guerre déprédatrice était, avant que des routes en eussent ouvert l'accès, singulièrement favorable à ce dessein. Coupé de vallées étroites, dont la partie habitable était hors de proportion avec la vaste solitude des forêts, des rochers et des précipices qui les environnait, et qui, de plus, était remplie de passes inextricables, de marécages et de lieux naturellement fortifiés, connus des habitants seuls, un petit nombre d'hommes familiers avec les localités pouvaient y braver sans peine la poursuite d'ennemis supérieurs en nombre.

La manière de voir et d'agir des habitants highlandais les plus rapprochés de la frontière des basses terres était d'ailleurs tout à fait favorable au dessein de Rob Roy. Beaucoup étaient comme lui du clan Mac Gregor, et prétendaient à la propriété de Balquhidder et de plusieurs autres districts des montagnes, comme ayant autrefois dépendu des possessions de leur tribu, bien que les lois sévères de la rigueur desquelles ils avaient tant souffert en eussent attribué la propriété à d'autres familles. Les guerres civiles du dix-septième siècle avaient accoutumé ces hommes à l'usage des armes, et le souvenir de leurs souffrances excitait encore leur bravoure et leur animosité. Le voisinage d'une partie des Lowlands, riche en comparaison de leur propre pays, était pour eux une forte tentation. En outre, un assez grand nombre d'hommes appartenant à d'autres clans, habitués à mépriser le travail et à manier les armes, descendaient vers une frontière qui leur promettait un pillage facile ; et l'état de la contrée, maintenant si paisible et si tranquille, justifiait alors l'opinion que le docteur Johnson révoque en doute, que les districts highlandais les plus indisciplinés et les plus ennemis de l'ordre étaient ceux qui avoisinaient le plus la frontière des basses terres. Il n'était donc pas difficile à Rob Roy, issu d'une tribu répandue au loin sur le pays que nous venons de décrire, de rassembler un nombre d'adhérents qu'il pût tenir constamment en action et entretenir au moyen de ses opérations projetées.

Lui-même paraît avoir été singulièrement propre au genre de vie qu'il se proposait d'exercer. Sa stature n'était pas des plus grandes, mais ses membres trapus étaient d'une force peu commune. Les particularités les plus remarquables de sa conformation étaient la largeur de ses épaules et la longueur presque disproportionnée de ses bras, longueur si remarquable qu'il pouvait, dit-on, nouer sans se baisser les jarretières de ses chausses montagnardes, placées à deux pouces au-dessous du genou. Sa physionomie était mâle et ouverte, sévère au moment du danger, mais franche et enjouée dans ses heures de gaîté. Ses cheveux épais et d'un roux foncé retombaient en mèches bouclées autour de son visage. La mode de ses vêtements laissait à découvert, naturellement, ses genoux et le haut de ses jambes, qu'on m'a dépeintes comme presque semblables à celles d'un taureau des montagnes, couvertes d'un poil roux hérissé, et montrant une force musculaire peu inférieure à celle de cet animal. A ces caractères particuliers, il faut ajouter une extrême habileté dans le maniement de la claymore, pour lequel la longueur de ses bras lui donnait un grand avantage, et une connaissance parfaite et intime de toutes les retraites de la contrée sauvage qu'il habitait, ainsi que du caractère de tous ceux, amis ou ennemis, avec lesquels il pouvait se trouver en contact.

Ses qualités morales ne semblent pas avoir été moins adaptées aux circonstances dans lesquelles il se trouvait placé. Quoique descendant du sanguinaire Ciar Mohr, il n'avait pas hérité de la férocité de son ancêtre. Rob Roy, au contraire, évitait toute apparence de cruauté, et il n'est pas avéré qu'il ait jamais versé une goutte de sang inutile, ou qu'il se soit engagé dans aucune entreprise qui pût l'obliger d'en répandre. Ses plans de déprédation étaient conçus et exécutés avec autant d'adresse que d'intrépidité ; et presque tous réussirent, grâces à l'habileté avec laquelle ils étaient conduits, au secret et à la promptitude avec lesquels ils étaient accomplis. Comme le Robin Hood de l'Angleterre, il fut un voleur bon et humain ; si d'une main il prenait au riche, de l'autre il donnait au pauvre. Cette conduite pouvait être en partie inspirée par la politique ; mais la tradition universelle du pays en fait honneur à un motif plus pur. Tous ceux avec qui j'ai conversé, et dans ma jeunesse j'ai vu plusieurs montagnards qui avaient connu Rob Roy personnellement, s'accordaient à le représenter comme un homme doux et humain, « à sa manière. »

Ses idées de moralité étaient celles d'un chef arabe, et telles que doit naturellement les enfanter une éducation sauvage Si Rob Roy eût raisonné sur le genre de vie que, par choix ou par nécessité, il avait embrassé, sans doute il se serait représenté comme un homme brave, qui, dépouillé de ses droits naturels par la partialité des lois, essayait de les ressaisir par la force de son bras. C'est ainsi qu'il est représenté, de la manière la plus heureuse, dans les stances énergiques de mon ami Wordsworth :

Dites qu'il était sage autant que brave, aussi prudent à concevoir que hardi à exécuter ; c'est dans la nature même qu'*il* puisait sa loi morale.

Le généreux Rob disait : « Qu'est-il besoin de livres? Brûlez toutes leurs lois, que leurs bibliothèques soient toutes consumées! Elles nous excitent contre nos semblables, et, qui pis est, contre nous-mêmes.

« Nous avons une passion : vite une loi; lois impuissantes pour nous guider ou nous contenir. Et pourtant, insensés que nous sommes, nous nous égorgeons pour ces lois!

« Embarrassés, aveuglés, nous oublions alors les notions du bon sens, notions simples et peu nombreuses ; moi, je les trouve gravées dans mon cœur, et elles me disent ce que je dois faire.

« Voyez les êtres qui peuplent les eaux et les bois, ou qui parcourent les espaces de l'air ; chez eux, point de longues querelles ; ils vivent en paix et dans la paix de l'âme.

« Pourquoi? Parce que le bon vieux droit leur suffit : Prends si tu as la force, et garde si tu peux.

« C'est une leçon facile à apprendre, un phare visible à tous les yeux. Rien là ne provoque le fort à une cruauté sans but.

« Ainsi l'esprit trouve une règle et l'ambition un frein; et chacun réduit ses désirs à la mesure de son pouvoir.

« Tous les êtres animés se soutiennent ou sont renversés par la force du courage ou celle de l'intelligence ; c'est une loi de Dieu qui vous domine. Qui s'élèvera au-dessus d'elle ?

« Ainsi donc, dit Robin, mon droit est simple. Et puisque la vie la plus longue n'est qu'un jour, pour atteindre mon but et maintenir mes droits, je prendrai la voie la plus courte. »

Et il vécut ainsi au milieu de ses rochers, exposé au soleil des étés et aux neiges de l'hiver. L'aigle était roi sur les cimes, Rob était roi dans la plaine.

Il ne faut pas croire, cependant, que le caractère de ce célèbre outlaw fût celui d'un véritable héros, agissant uniformément et conséquemment à ces principes de morale que lui prête le poëte illustre qui, se dressant sur le tombeau de Rob Roy, a défendu sa mémoire. Rob Roy paraît, au contraire, ce qui d'ailleurs est commun chez les chefs barbares, avoir mêlé à ses principes une assez forte dose de ruse et de dissimulation; sa conduite pendant la guerre civile suffirait pour le prouver. On dit en outre, et avec vérité, que bien que l'aménité des manières fût un de ses traits dominants, il montrait cependant parfois une arrogance que n'enduraient pas aisément les esprits irritables avec lesquels il se trouvait en rapport, et qui entraîna l'audacieux outlaw dans de fréquentes disputes, dont il ne sortit pas toujours à son honneur. De là on a inféré que Rob Roy était plutôt fanfaron que brave, ou au moins, selon la phrase consacrée, qu'il n'était brave qu'à ses jours. Des vieillards qui l'ont bien connu l'ont même représenté comme meilleur dans un *taich-tulzie*, ou dispute de cabaret, que dans un combat à mort. Toute sa vie peut être invoquée pour repousser cette imputation ; mais en même temps il faudra convenir que la situation dans laquelle il était placé lui faisait prudemment éviter toutes querelles où il n'y aurait eu à gagner que des coups, et qui n'auraient pu que lui susciter de nouveaux et dangereux ennemis, dans un pays où la vengeance fut toujours considérée comme un devoir plutôt que comme un crime. En de telles occasions, la puissance de commander à ses passions, loin d'être incompatible avec le rôle adopté par Mac Gregor, était essentiellement nécessaire, à l'époque où il vivait, pour lui assurer une longue carrière.

Je puis citer ici une ou deux occasions dans lesquelles Rob Roy paraît avoir donné lieu aux inculpations dirigées contre lui. Feu mon vénérable ami, John Ramsay d'Ochtertyre, non moins éminent par son savoir classique que par sa connaissance approfondie de l'histoire et des mœurs de l'Écosse, m'a rapporté que dans une assemblée publique à l'occasion d'un feu de joie, dans la ville de Doune, Rob Roy ayant offensé James Edmondstone de Newton, le même gentilhomme qui se trouva malheureusement compromis dans le meurtre de lord Rollo (voyez les *Causes criminelles* de Maclaurin, n° IX), Edmondstone obligea Mac Gregor de quitter la ville, sous peine d'être jeté par lui dans le feu de joie. — Je vous ai déjà rompu une côte, lui dit-il ; maintenant, Rob, si vous me provoquez encore, je vais vous rompre le cou. Il faut faire attention qu'Edmondstone était un homme éminent dans le parti jacobite, puisqu'il portait la bannière royale de Jacques VII à la bataille de Sheriff-Muir, qu'il était à la porte de sa propre maison, et probablement entouré de ses amis et de ses adhérents. La réputation de Rob Roy eut cependant à souffrir de ce qu'il s'était retiré devant une telle menace.

Une autre anecdote bien authentique est celle de Cunningham de Boquhan.

Henry Cunningham, esq. de Boquhan, était un gentilhomme du comté de Stirling, qui, de même que tant de merveilleux (*exquisites*) de notre temps, unissait un esprit naturellement fier et un caractère hardi à une affectation de délicatesse et de grâces qui allait presque jusqu'à l'extravagance[1]. Il arriva que se trouvant un jour en compagnie de Rob Roy, celui-ci, soit par mépris des manières efféminées de Boquhan, soit qu'il le regardât comme un homme à qui l'on pouvait sans risques chercher querelle (point que les ennemis de Rob l'ont accusé d'avoir pris souvent en considération), l'insulta si grossièrement qu'il s'ensuivit un défi. La ménagère du clachan avait caché l'épée de Cunningham, et tandis qu'il remuait toute la maison pour la retrouver, elle ou quelque autre, Rob Roy avait pris les de-

---

[1] Son courage et son affectation ridicule étaient joints, ce qui est plus rare, à une modestie naturelle. Il est ainsi représenté dans les vers satiriques de lord Binning, intitulés *le Lever d'Argyle* (*Argyle's Levee*).

« Six fois Harry s'était incliné sans être aperçu, avant qu'il osât avancer. Le duc, alors, promenant autour de lui un regard complaisant, dit : Sûrement vous avez été en France ; car onc ne vis gentilhomme plus poli et plus gracieux. — Alors Harry salua, puis rougit, puis salua encore, et gagna la porte en se redressant fièrement. »

Voyez la *Collection de Poëmes originaux* par des gentilshommes écossais, tom. II, pag. 125. (W. S.)

vants au Shieling-Hill, lieu du rendez-vous, et là, en attendant son adversaire, il paradait majestueusement. Cependant Cunningham avait déterré une vieille épée, et accourant en toute hâte au champ du combat, il tomba sur l'outlaw avec une telle furie qu'il lui fit lâcher pied. De quelque temps Rob n'osa se remontrer dans le village. M. Mac Gregor Stirling a rapporté cette anecdote en l'adoucissant, dans sa nouvelle édition du *Nimmo's Stirlingshire;* cependant il fait mention de la mésaventure de Rob Roy.

Parfois Rob Roy éprouva des revers et courut de grands dangers personnels. En une occasion remarquable il fut sauvé par le sang-froid de son lieutenant Mac Analeister, ou Fletcher, le *Little John* de sa bande, — garçon vigoureux et alerte, naturellement, et célèbre comme tireur. Il arriva que Mac Gregor et sa troupe furent surpris et dispersés par une force supérieure de cavaliers et de fantassins, dont le mot d'ordre était « pourfendre et disperser. » Chacun alors ne songea qu'à lui-même ; mais un hardi dragon s'étant attaché à la poursuite de Rob et l'ayant atteint, le frappa de sa large épée. Une plaque de fer que Mac Gregor portait à sa toque empêcha seule que le coup ne lui fendît la tête ; mais telle en fut la violence, qu'il tomba sur la place en s'écriant : O Mac Analeister, n'y a-t-il plus rien dedans (c'est-à-dire dans son fusil)? Le soldat s'écriait en même temps : Dieu vous damne! ce n'est pas votre mère qui a tricoté votre bonnet de nuit! et il avait le bras levé pour lui assener un second coup, quand la balle de Mac Analeister lui traversa le cœur.

Quoi qu'il en soit du fondement de ces diverses allégations, voici ce que dit de Rob Roy un gentleman de sens et de talent, lequel, résidant dans le cercle de ses expéditions déprédatrices, en avait probablement ressenti les effets, et, ainsi qu'on peut s'y attendre, n'en parle pas avec les ménagements que leur caractère romanesque inspire aujourd'hui pour elles.

« C'était (Rob Roy Mac Gregor) un homme plein de sagacité, et qui ne manquait ni de ruse ni d'adresse ; et s'étant livré à toute espèce de licence, il se mit à la tête de tous les mauvais sujets de ce clan, de tous les vagabonds et gens sans ressource, et infesta tout le pays à l'extrémité occidentale du Perthshire et du Stirlingshire. Bien peu de ceux qui demeuraient à sa portée (c'est-à-dire à la distance d'une expédition de nuit) pouvaient se croire en sûreté, eux et leurs propriétés, s'ils ne se soumettaient à lui payer la lourde et honteuse taxe du *black-mail*. Il en vint enfin à un tel degré d'audace, qu'il commettait ses vols, levait ses contributions et soutenait ses querelles à la tête d'un corps nombreux d'hommes armés, en plein jour et à la face du gouvernement[1]. »

---

[1] *Causes des troubles dans les Highlands,* par M. Grahame de Gartmore. *Voyez* les

L'étendue et le succès de ces déprédations ne peuvent surprendre, quand on songe qu'elles avaient pour théâtre un pays où la loi commune n'obtenait ni force, ni respect.

Après avoir rappelé que l'habitude générale du vol des bestiaux avait en partie effacé, même aux yeux des classes les plus élevées, la honte de cette pratique, et que les propriétés ne consistant guère qu'en troupeaux, elles étaient toutes devenues extrêmement précaires, M. Grahame ajoute :

« De là résulte qu'il n'y a ni culture des terres, ni améliorations des pâturages, et, par les mêmes raisons, ni manufactures, ni commerce; en un mot, nulle industrie. Les femmes sont extrêmement fécondes, et, par suite, la population si nombreuse que dans l'état actuel du pays il n'y existe pas d'occupation pour la moitié des habitants[1]. Chaque village est rempli d'oisifs accoutumés aux armes et inhabiles à tout, si ce n'est au vol et aux déprédations. Comme on trouve à chaque pas dans le pays des *buddels* ou cabarets, ils y passent leur temps et souvent y consomment en eau-de-vie le produit de leur butin illégal. Là on n'a jamais reconnu ni l'action des lois, ni l'autorité des magistrats. Les officiers de justice n'oseraient ni ne pourraient y exécuter un mandat; et en plusieurs endroits il n'y a pas même un juge à trente milles à la ronde. En un mot, il n'y a là ni ordre, ni autorité, ni gouvernement. »

Lorsque éclata la rébellion de 1715, Rob Roy était déjà célèbre. Ses opinions jacobites se trouvèrent alors en opposition avec la reconnaissance qu'il devait au duc d'Argyle, pour la protection indirecte qu'il en avait reçue. Mais le désir « de perdre le bruit de ses pas dans le tumulte d'une guerre générale » le décida à se réunir au comte de Mar, quoique son patron, le duc d'Argyle, fût à la tête de l'armée opposée aux montagnards insurgés.

Les Mac Gregors, ou du moins une de leurs plus nombreuses tribus, celle de Ciar Mohr, n'étaient pas, en cette occasion, commandés par Rob Roy, mais par son neveu, que nous avons déjà mentionné, Gregor Mac Gregor, appelé aussi James Grahame de Glengyle, et mieux connu encore sous l'épithète gaélique de *Ghlune Dhu* ou le Genou Noir, qu'il devait à une tache noire sur l'un de ses genoux, laissée à découvert par la cotte highlandaise. Néanmoins, il est hors de doute que, très-jeune encore, Glengyle dut agir, en beaucoup d'occasions, par les avis et sous la direction d'un chef aussi expérimenté que l'était son oncle.

Les Mac Gregors se rassemblèrent en nombre, et même commencèrent à inquiéter les basses terres, vers l'extrémité inférieure du Loch

---

Lettres de Burt écrites du Nord de l'Écosse, édition de Jamieson, Appendice, vol. II, pag. 348. (W. S.)

[1] On retrouve ici la base des calculs économiques et statistiques si gravement déduits par le bon bailli Jarvie (Rob Roy, chap. XXVI). (L. V.)

Lomond. Ils s'emparèrent à l'improviste de tous les bateaux qui étaient sur le lac, et, probablement en vue de quelque entreprise particulière, les dirigèrent à l'autre extrémité du lac, vers Inversnaid, afin d'intercepter la marche d'un corps nombreux de tories de l'ouest, qui avaient pris les armes pour le gouvernement et s'avançaient dans cette direction.

Les whigs firent une excursion pour recouvrer leurs bateaux. Leurs forces consistaient en volontaires de Paisley, de Kilpatrick et d'autres lieux, lesquels, avec l'assistance d'un corps de mariniers, remontèrent la Leven dans de longues chaloupes appartenant à des vaisseaux de guerre alors stationnés dans la Clyde. Arrivés à Luss, ils furent rejoints par les forces de sir Humphrey Colquhoun et de James Grant, son gendre, avec tout leur monde revêtu du costume montagnard de l'époque, dont on nous a laissé une description pittoresque[1]. Tout le parti effectua sa traversée jusqu'à Craig-Royston; mais les Mac Gregors n'offrirent point le combat. Si nous en devons croire la relation de l'historien Rae, arrivés à Craig-Royston, ils sautèrent sur le rivage avec la plus grande intrépidité, et nul ennemi ne paraissant pour s'opposer à eux, ils firent retentir le rivage du bruit de leurs tambours et des décharges de leurs canons et de leur mousqueterie. Les Mac Gregors terrifiés ne sortirent point de leurs retraites et s'enfuirent, dans leur panique, jusqu'au camp général des Highlanders, à Strathfillan[2]. Ceux des basses terres réussirent à reprendre possession de leurs bateaux, à grands frais de bruit et de courage, mais avec peu de risques et de dangers.

[1] « Ils arrivèrent de nuit à Luss, où ils furent joints par sir Humphrey Colquhoun de Luss et James Grant de Plascander, son gendre, suivis de quarante ou cinquante hommes choisis, en chausses courtes, leurs plaids serrés à la ceinture, tous portant un bon fusil sur l'épaule, un fort et beau bouclier (*target*), muni au centre d'une pointe d'acier acérée, de plus d'une demi-aune de longueur, passé au bras gauche, une lourde claymore au côté, et à la ceinture un ou deux pistolets avec un dirk (poignard) et un coutelas. » (*Rae's History of the Rebellion*, in-4°, pag. 287.) (W. S.)

[2] L'expédition du Loch Lomond fut jugée digne d'une relation séparée, que je ne connais point, mais dont l'historien Rae rapporte la citation suivante :

« Le jeudi 13, sur le matin, ils partirent pour leur expédition, et vers midi ils arrivèrent à Inversnaid, le lieu du danger, où les hommes de Paisley, et ceux de Dumbarton, et plusieurs des autres compagnies, au nombre d'une centaine d'hommes, sautèrent sur le rivage avec la plus grande intrépidité, gravirent jusqu'au sommet des montagnes et s'y arrêtèrent pendant longtemps, ne cessant pas de battre le tambour. Mais nul ennemi ne paraissant, ils se mirent en quête de leurs bateaux, dont les rebelles s'étaient emparés, et ayant aperçu par hasard des cordages et des avirons cachés dans les broussailles, ils finirent par retrouver leurs bateaux, qu'on avait tirés à terre assez loin du rivage, et ils les traînèrent jusqu'au lac. Ils emmenèrent avec eux ceux qui n'étaient point endommagés; quant aux autres, ils les coulèrent bas ou les mirent en pièces. La même nuit ils revinrent à Luss, et de là, le jour suivant, à Dumbarton, d'où l'expédition était partie ; ils ramenaient avec eux tous les bateaux qu'ils avaient trouvés en chemin des deux côtés du lac, et dans les criques des îles, et ils les amarrèrent

Après cette absence momentanée de son ancienne retraite, Rob Roy fut envoyé par le comte de Mar à Aberdeen, pour soulever, à ce qu'on croit, une partie du clan Gregor établie dans cette contrée. Ces hommes étaient de sa propre famille (de la race de Ciar Mohr). C'étaient les petits-fils d'environ trois cents Mac Gregors que le comte de Murray, vers l'année 1624, avait fait venir de ses domaines dans le Monteith, pour les opposer à ses ennemis les Mac Intoshes, race aussi belliqueuse et aussi remuante que celle des Mac Gregors.

Mais pendant son séjour à Aberdeen, Rob Roy y trouva un parent, bien différent, par sa position et son caractère, de ceux qu'il avait mission d'appeler aux armes. C'était le docteur James Gregory (par son origine un Mac Gregor), le patriarche d'une dynastie de professeurs distingués par leurs connaissances littéraires et scientifiques, et grand-père de feu le professeur Gregory d'Édimbourg, humaniste accompli et physicien éminent. Ce gentleman occupait alors la chaire de médecine au collége royal d'Aberdeen; son père, le docteur James Gregory, tient une place honorable dans les sciences, comme inventeur du télescope à réflecteur. On peut croire que notre ami Rob ne devait guère avoir de rapports avec un tel parent. Mais la guerre civile est un fléau qui opère entre les hommes d'étranges rapprochements. Le docteur Gregory crut prudent, à une époque si critique, de se réclamer de la parenté d'un homme aussi formidable et aussi influent. Il invita Rob Roy à venir chez lui, et le traita si bien qu'il fit naître dans le cœur reconnaissant de notre héros une gratitude qui faillit amener de fâcheux résultats.

Le professeur avait un fils d'environ huit ou neuf ans, — un enfant vif et fort pour son âge, — dont la bonne mine frappa notre Robin Hood highlandais. A la veille de quitter la maison de son savant parent, Rob Roy, qui avait profondément réfléchi aux moyens de reconnaître la courtoisie de son cousin, prit à part le docteur Gregory, et lui parla à peu près ainsi : — Mon cher parent, j'ai songé à ce que je pourrais faire pour répondre à votre hospitalité. Or, vous avez ici votre fils, un enfant plein d'esprit, dont vous allez ruiner les heureuses dispositions en lui fourrant dans la tête les connaissances inutiles que vous prenez dans vos livres; je suis déterminé, pour vous prouver combien je vous porte d'intérêt à vous et aux vôtres, de le prendre avec moi et d'en faire un homme. » On peut imaginer la stupéfaction du savant professeur, quand son belliqueux parent lui fit cette ouverture en des termes qui montraient qu'aux yeux du montagnard

---

sous le canon du château. Pendant cette expédition, la décharge continuelle des canons (*patararoes*) des pinasses et de la mousqueterie faisait retentir, avec un tel fracas, les bruyants échos des hautes montagnes qui dominent les deux côtés du lac, que les Mac Gregors épouvantés s'enfuirent vers le corps principal des rebelles, qui était campé à Strathfillan. » *Rae's History of the Rebellion*, in-4°, pag. 287. (W. S.)

c'était une proposition qui ne devait et ne pouvait manquer d'être reçue avec la plus extrême reconnaissance. Une excuse ou une explication étaient également délicates et difficiles; et il pouvait être fort dangereux de laisser apercevoir à Rob Roy que l'avancement dont il menaçait le fils était aux yeux du père le plus court chemin du gibet. Aussi chaque excuse qu'il crut pouvoir alléguer d'abord, — le regret qu'il aurait de donner à son ami l'embarras d'un enfant dont la première éducation avait été celle des Lowlands, et autres semblables — parurent aux yeux du chef inspirées par la modestie du père, et ne firent que fortifier son dessein de servir de patron à son jeune parent. Pendant longtemps il ne voulut écouter aucune excuse, et il parlait même d'employer, pour emmener l'enfant, une violence amicale, que son père y consentît ou non. Alors le professeur, de plus en plus embarrassé, fit valoir l'extrême jeunesse de son fils, et l'état débile de sa santé, et l'impossibilité où il serait de résister aux fatigues de la vie des montagnes. Dans une couple d'années, dit-il, sa santé, j'espère, sera rétablie, et il sera en état de suivre son brave parent, et d'entrer dans la carrière brillante qu'il ouvrira devant lui. Cet arrangement conclu, les deux cousins se séparèrent, Rob Roy engageant son honneur d'emmener avec lui son jeune parent aux montagnes, à son prochain voyage dans l'Aberdeenshire, et le docteur Gregory sans doute priant Dieu dans le fond de son âme de ne jamais revoir la figure highlandaise de Rob.

James Gregory, celui qui échappa ainsi à la bonne volonté de son parent, dont il eût pu devenir le lieutenant, succéda plus tard à son père dans la chaire de médecine, et se distingua, comme presque tous les membres de sa famille, par ses vastes connaissances. Il était d'un caractère irritable et entêté, et ses amis avaient coutume de dire, quand il laissait percer ces défauts : Ah! ceci vient de ce qu'il n'a pas été élevé par Rob Roy.

La liaison entre Rob Roy et son classique parent ne finit cependant pas avec la puissance temporaire de Rob. Longtemps après 1715, il se promenait dans Castle-Street, à Aberdeen, bras dessus bras dessous avec son hôte le docteur James Gregory, quand tout à coup les tambours se mettant à battre aux armes, on vit les soldats sortir de leurs casernes. « Si ces garçons-là délogent, dit Rob Roy en prenant congé de son cousin avec un grand sang-froid, il est temps que je pense à ma sûreté. » En même temps il se glissa dans une allée, et, comme dit John Bunyan, « il continua son chemin, et on ne le vit plus [1]. »

Nous avons déjà dit que la conduite de Rob Roy, durant l'insurrec-

---

[1] La première de ces anecdotes, qui met en rapport le plus haut point de la civilisation avec un état social à demi-sauvage, m'a été racontée par feu le savant docteur Gregory, et les membres de sa famille ont eu la bonté de comparer cette histoire avec leurs souvenirs et leurs documents de famille, et de me fournir des particularités

tion de 1715, fut très-équivoque. Sa personne et sa suite étaient dans l'armée highlandaise, mais il semble que son cœur fût avec le duc d'Argyle. Cependant les insurgés furent contraints de se confier à lui comme à leur seul guide, dans leur marche de Perth à Dumblane, pendant laquelle ils avaient à traverser le Forth au lieu nommé les gués de Frew, alors qu'eux-mêmes savaient très-bien qu'ils ne pouvaient faire fond sur lui.

Ce mouvement des insurgés vers l'ouest amena la bataille de Sheriff Muir, action qui n'eut pas alors de résultats décisifs, mais dont le duc d'Argyle recueillit tout l'avantage. On se souviendra[1] que dans cette occasion l'aile droite des Highlanders rompit et tailla en pièces l'aile gauche de l'armée d'Argyle, tandis que l'aile gauche du comte de Mar, quoique composée des clans Steward, Mackenzie et Cameron, fut complètement mise en déroute. Au milieu de ce conflit de succès et de revers, Rob Roy conserva la position qu'il avait prise sur une hauteur, au centre de l'armée highlandaise; et quoiqu'on assure que son intervention eût pu décider du sort de la journée, rien ne put le déterminer à charger l'ennemi. Cette conduite fit d'autant plus de tort aux insurgés qu'une partie des Macphersons se trouvait sous les ordres de Mac Gregor. Le chef des Macphersons était âgé et infirme. Hors d'état de se mettre en personne à la tête de son clan, il se reposa de ce devoir sur son héritier présomptif, Macpherson de North; de sorte que la tribu, ou du moins une forte partie, fut incorporée avec ses alliés les Mac Gregors. Tandis que le moment favorable pour l'attaque s'écoulait dans l'inaction, Rob Roy reçut du comte de Mar l'ordre positif d'attaquer. Non, non! répondit-il froidement, s'ils ne peuvent le faire sans moi, ils ne pourront le faire avec moi. Un des Macphersons, nommé Alexandre, qui exerçait l'ancienne profession de Rob Roy, celle de marchand de bestiaux, homme vigoureux et plein de courage, fut tellement indigné de l'inaction de son chef temporaire, que jetant son plaid et tirant son épée il cria à ses compagnons : Ne souffrons pas ceci plus longtemps! s'il ne veut pas vous conduire, je vous conduirai. Rob Roy répondit avec un grand sang-froid : S'il s'agissait de mener des bœufs ou des vaches des Highlands, je reconnaîtrais votre supériorité, Sandie; mais comme il s'agit de conduire des hommes, je dois être reconnu pour meilleur juge. — S'il s'agissait de conduire des bœufs de Glen-Eigas, répliqua le Macpherson, la question avec Rob Roy ne serait pas à qui serait le dernier, mais à qui serait en tête.

authentiques. La seconde est due aux souvenirs d'un vieillard qui était présent lorsque Rob Roy prit ainsi à la française congé de son cousin le docteur, en entendant le tambour battre, et qui a communiqué cette anecdote à M. Alex. Forbes, allié par mariage au docteur Gregory, et encore vivant (1829). (W. S.)

[1] Cette formule de langage indique assez que l'auteur écrivait pour ses compatriotes, les Écossais, à qui l'histoire nationale est généralement familière. (L. V.)

Irrité de ce sarcasme, Mac Gregor mit l'épée à la main, et ils allaient se battre sur le lieu même, si leurs amis ne fussent intervenus de part et d'autre. Mais le moment de l'attaque était perdu sans retour. Rob, cependant, ne négligea pas en cette occasion ses intérêts particuliers. Dans la confusion d'une victoire incertaine, il enrichit ses hommes en leur permettant de piller le bagage et de dépouiller les morts des deux partis.

La vieille et belle ballade satirique sur la bataille de Sheriff Muir n'a pas manqué de stigmatiser la conduite de notre héros en cette occurrence mémorable.

> Posté sur sa montagne,
> Et guettant le butin,
> Rob Roy n'a pas d'autre dessein ;
> Car il ne bouge pas du lieu qu'il a choisi,
> Jusqu'à ce que tout soit fini.

Malgré l'espèce de neutralité dont il ne s'était pas départi pendant le cours de la rébellion, Rob Roy n'échappa pas à quelques-unes des punitions qui la suivirent. Il fut compris dans l'acte d'*attainder* (mandat d'amener), et la maison de Breadalbane, qui lui avait servi de retraite, fut brûlée par le général lord Cadogan, lorsque, l'insurrection comprimée, il s'avança dans les Highlands pour désarmer et châtier des clans hostiles. Mais en se rendant à Inverary avec quarante ou cinquante de ses hommes, Rob se concilia, par une soumission apparente, la faveur du colonel Patrick Campbell de Feimah, qui le prit, lui et les siens, sous sa protection. Se trouvant ainsi à peu près à l'abri du ressentiment du gouvernement, Rob Roy établit sa résidence à Craig-Royston, près du Loch Lomond, au milieu de ses parents, et ne perdit pas de temps pour réveiller sa querelle privée avec le duc de Montrose. Dans ce dessein, il eut bientôt réuni autour de lui autant d'hommes, tous bien armés, qu'il en eût jamais commandé. Il ne marchait jamais qu'accompagné d'une garde du corps de dix ou douze suivants d'élite, et il aurait pu aisément en porter le nombre à cinquante ou soixante.

Le duc ne manqua pas de recourir à tous les moyens de détruire son incommode adversaire. Sa Grâce s'adressa au général Carpenter, commandant en chef de l'armée d'Écosse ; et, par les ordres de ce dernier, trois corps de troupes partirent simultanément de trois différents points, Glasgow, Stirling et Finlarig près de Killin. M. Grahame de Killearn, régisseur du duc de Montrose et son parent, et de plus shériff-député du Dumbartonshire, accompagna les troupes, pour qu'elles agissent sous l'autorité civile, et en même temps pour qu'elles fussent assurées d'un guide fidèle dans les montagnes, dont les détours lui étaient familiers. Le but de ces trois colonnes était d'arriver à la fois dans le voisinage de la résidence de Rob Roy, afin de le surprendre lui et ses gens. Mais des pluies abondantes, la difficulté des chemins.

et les informations exactes que l'outlaw recevait de tous leurs mouvements, firent échouer leurs combinaisons. Les soldats, trouvant les oiseaux envolés, voulurent s'en venger en détruisant le nid. Ils mirent le feu à la maison de Rob Roy, mais non impunément, car les Mac Gregors, cachés dans les rochers et les halliers, tirèrent sur eux et leur tuèrent un grenadier.

Rob Roy tira vengeance de la perte qu'il avait essuyée en cette occasion, par une action singulièrement audacieuse. Vers le milieu de novembre 1716, John Grahame de Killearn, le régisseur de la famille Montrose qui a été mentionné tout à l'heure, se rendait à un lieu appelé Chapel Errock, où les tenants du duc étaient convoqués pour le paiement de leurs fermages. Ils s'y étaient rendus en effet, et le facteur avait déjà reçu une somme d'environ 300 livres sterling, quand Rob Roy parut dans la salle de réunion, à la tête d'une troupe armée. M. Grahame tâcha de mettre à l'abri la propriété du duc, en jetant les livres de compte et l'argent dans un grenier, où il espérait qu'on ne les trouverait pas; mais le rusé maraudeur n'était pas homme à se laisser tromper, quand il s'agissait d'une telle aubaine. Il trouva les livres et les espèces, prit tranquillement la place de l'intendant, examina les comptes, empocha l'argent et en donna reçu au nom du duc, disant qu'il compterait avec Sa Grâce pour les dommages et les pertes qu'il lui avait fait éprouver, tant lors de l'incendie de sa maison par le général Cadogan, que dans la dernière expédition de Craig-Royston. Il enjoignit ensuite à M. Grahame de le suivre. Il ne paraît pas qu'il ait exercé sur lui aucune violence personnelle, ni même qu'il l'ait traité avec rudesse; seulement il l'informa qu'il le considérait comme un otage, et il le menaça de mauvais traitements dans le cas où ils seraient poursuivis et en danger d'être atteints. On a vu peu de faits plus audacieux. Après quelques courses rapides (pendant lesquelles la fatigue est le seul inconvénient dont M. Grahame paraisse s'être plaint), il emmena son prisonnier dans une île du Loch Katrine, et le força d'écrire au duc pour l'informer que sa rançon était fixée à 3,400 livres d'Écosse, cette somme représentant ce que Mac Gregor prétendait lui être encore dû, déduction faite de ce que lui-même devait au duc de Montrose.

Cependant, après avoir détenu encore pendant cinq ou six jours M. Grahame dans cette île, qui a conservé le nom de Prison de Rob Roy, et qui, pendant les nuits de novembre, ne devait pas être, à beaucoup près, une résidence confortable, l'outlaw semble avoir désespéré d'obtenir de plus grands avantages de sa téméraire expédition, et il relâcha son prisonnier avec les livres de compte et les billets souscrits par les tenants, mais en ayant soin de garder l'argent[1].

---

[1] Le lecteur trouvera deux lettres originales du duc de Montrose, avec celle que

On raconte de Rob Roy d'autres tours qui ne révèlent pas moins de hardiesse et d'adresse que la prise de Killearn. Fatigué de son insolence, le duc de Montrose se procura une quantité d'armes et les fit distribuer parmi ses tenanciers, afin qu'ils pussent se défendre contre de futures violences. Mais ces armes tombèrent en des mains autres que celles à qui on les avait destinées. Les Mac Gregors firent des attaques séparées sur les maisons de chacun des tenants, et les désarmèrent tous l'un après l'autre; on supposa que ce ne fut pas contre le gré de la plupart d'entre eux.

Comme une grande partie des rentes du duc étaient payables en nature, il y avait à Moulin, et en d'autres endroits du domaine de Buchanan, des *girnels* ou greniers pour emmagasiner les grains. Il arrivait souvent que Rob Roy apparaissait devant ces réserves avec une force suffisante, et naturellement quand il y était le moins attendu, et s'y faisait délivrer des quantités de grains déterminées, quelquefois pour son propre usage, d'autres fois pour les distribuer aux pauvres du pays; toujours il en donnait des reçus réguliers, et il compterait avec le duc, disait-il, pour les avances qu'on lui aurait ainsi faites

Sur ces entrefaites, le gouvernement fit élever un petit fort, dont on voit encore les ruines à mi-route du Loch Katrine au Loch Lomond, sur le domaine même d'Inversnaid, ancienne propriété de Rob Roy. Cet établissement militaire ne put maintenir le turbulent Mac Gregor. Il parvint à surprendre le fort, désarma les soldats et détruisit les ouvrages. Rétabli plus tard, il fut de nouveau pris par les Mac Gregors, conduits par le neveu de Rob Roy, Ghlune Dhu, avant l'insurrection de 1745-1746. Finalement, le fort d'Inversnaid fut réédifié une troisième fois, après les guerres civiles; et quand nous y trouvons pour commandant le célèbre général Wolfe, l'imagination est vivement frappée par la différence des temps et des circonstances dont le souvenir se présente simultanément à l'esprit. Maintenant le fort est totalement démantelé[1].

A proprement parler, Rob Roy n'agissait pas alors en déprédateur de profession, mais bien comme une sorte de percepteur légal; c'était, comme on dit en Écosse, un leveur du *black-mail*. La nature de ce contrat a été décrite dans le roman et dans les notes de Waverley; on peut citer ici l'explication qu'en donne M. Grahame de Gartmore.

« La confusion et les désordres du pays étaient tels, et le gouver-

---

M. Grahame de Killearn lui écrivit de son lieu de détention, par ordre de l'outlaw, *Appendice*, n° II, à la fin de cette Introduction. (W. S.)

[1] Vers 1792, pendant un voyage que fit l'auteur dans les Highlands, une garnison consistant en un seul vétéran était encore maintenue à Inversnaid. Le vénérable gardien était occupé bien tranquillement à récolter son orge dans un clos; et sur la demande que nous lui fîmes d'entrer pour nous reposer, il nous dit que nous trouverions la clef du *fort* sous la porte. (W. S.)

nement y accordait si peu d'attention, que les gens tranquilles étaient obligés d'acheter la sécurité de leurs possessions par le honteux et ignominieux contrat du *black-mail*. Une personne en rapport avec les voleurs s'engageait, moyennant le paiement annuel d'une certaine somme, à préserver de toute déprédation les terres ainsi rachetées. Sur cette somme, la moitié était employée à solder les voleurs qui ramenaient les bestiaux volés, et l'autre moitié à solder ceux qui les volaient, afin de rendre toujours nécessaire ce contrat du *black-mail*. Les domaines des gentilshommes qui refusent d'accepter et de favoriser cette dangereuse pratique sont pillés par la moitié de la troupe à qui ce rôle est dévolu, afin de les forcer de recourir à la protection de l'autre moitié. Leur chef s'intitule *le capitaine du guet* (*captain of the watch*), et ses bandits portent le même nom de *watch* ou du *guet*. Et comme ce titre les autorise en quelque sorte à parcourir le pays, il leur donne aussi toute facilité pour commettre leurs méfaits. Ces différentes troupes qui parcourent les Highlands forment ensemble un corps considérable, composé d'hommes endurcis dès leur enfance aux plus grandes fatigues, et très-capables à l'occasion d'agir militairement.

« Des gens ignorants et enthousiastes, qui sont dans une dépendance absolue de leurs chefs ou seigneurs ; des gens dont la conscience est dirigée par des prêtres catholiques-romains ou par des ecclésiastiques non assermentés, et qui ne possèdent rien, peuvent aisément être formés sur tous les moules. Ils ne craignent rien, car ils n'ont rien à perdre, et on peut aisément les décider à tout. Rien ne peut rendre leur condition pire ; et les temps de trouble et de confusion leur permettent de s'abandonner à une licence qui communément l'améliore[1]. »

L'usage des contrats de *black-mail* étant un encouragement évident à la rapine, et un grand obstacle au libre cours de la justice, un statut de 1567, chap. XXI, le déclare crime capital, tant pour celui qui lève cette sorte de taxe, que pour celui qui l'acquitte. Mais je crois qu'en plus d'un cas la nécessité empêcha l'exécution de cette loi rigoureuse ; on aimait mieux se soumettre à une imposition illégale que de courir le risque d'une ruine complète. — C'est ainsi qu'aujourd'hui il serait bien difficile, sinon impossible, d'empêcher ceux à qui une somme considérable aura été soustraite, de composer avec les voleurs pour la restitution d'une partie de leur butin.

A quel taux Rob Roy portait le *black-mail*, c'est ce que je n'ai pu savoir ; mais il existe un contrat régulier, de 1741, par lequel son neveu s'engage, vis-à-vis de divers tenanciers des comtés de Perth, de Stirling et de Dumbarton, à recouvrer le bétail qui leur aurait été enlevé, ou à leur en payer la valeur dans les six mois après la dé-

---

[1] *Letters from the North of Scotland*, vol. II, pages 344-345. (W. S.)

claration, pourvu que cette déclaration lui fût faite en temps opportun, et cela à raison d'un paiement de 5 pour 0/0 de leurs rentes, ce qui n'était pas une assurance trop élevée. Les vols de peu d'importance n'étaient pas compris dans le contrat; mais le vol d'un cheval, ou d'une tête de gros bétail, ou de plus de six moutons, entrait dans la convention.

Le *black-mail* produisait à Rob Roy un revenu considérable, tant en bestiaux qu'en argent, et il en faisait un usage libéral; car il n'était pas moins bienfaisant en secret que généreux en public. Le ministre de la paroisse de Balquhidder, dont le nom était Robison, avait un jour menacé la paroisse de la poursuivre pour obtenir une augmentation de salaire. Rob Roy saisit la première occasion de l'assurer qu'il ferait bien de renoncer à cette nouvelle prétention, — insinuation que le ministre n'eut garde de ne pas comprendre; mais pour l'en dédommager, Mac Gregor lui faisait remettre chaque année une vache et un mouton gras. On ne dit pas qu'aucun scrupule sur la manière dont le donateur se les était procurés ait jamais troublé la conscience du révérend gentleman.

L'anecdote suivante sur la conduite que tint Rob Roy à l'égard d'un de ses contractants qui en appelait à lui, a pour moi quelque chose de particulièrement intéressant, comme m'ayant été racontée par un ancien compatriote du Lennox, qui se trouvait à l'expédition. Mais comme l'histoire est dénuée d'incidents remarquables, et que je ne pourrai reproduire ici le regard moitié effrayé, moitié stupéfait dont le narrateur accompagnait ses souvenirs, il peut se faire qu'en passant par ma plume, elle perde une partie de son effet.

Celui de qui je tiens le fait était, à l'époque de l'événement, un jeune garçon d'une quinzaine d'années, et vivait avec son père, en qualité de berger, sur le domaine d'un gentilhomme du Lennox, dont le nom m'échappe. On était à la fin d'octobre, époque à laquelle on avait presque toujours à craindre quelque malheur de ce genre. Un beau matin, en effet, ils s'aperçurent que les voleurs highlandais leur avaient rendu visite, et avaient enlevé une douzaine de têtes de gros bétail. Rob Roy fut aussitôt mandé, et arriva suivi de sept ou huit hommes armés. Il écouta avec la plus grande gravité toutes les circonstances qu'on put lui rapporter de la consommation du *creagh*[1], et exprima la confiance que les *herd-widdiefows*[2] ne pouvaient pas avoir conduit leur butin bien loin, et qu'il pourrait le recouvrer. Il demanda que deux Lowlanders vinssent avec lui, étant peu probable qu'aucun de ses *gentilshommes* voulût prendre la peine de ramener le bétail, quand on l'aurait retrouvé. Mon narrateur et son père furent désignés pour

[1] Excursion des maraudeurs montagnards. (L. V.)
[2] *Pâtres fous*, nom donné aux voleurs de bestiaux. (W. S.)

cette expédition. Le voyage n'était pas trop de leur goût ; néanmoins, munis de quelques provisions, et accompagnés d'un chien pour les aider à diriger le troupeau, ils partirent avec Mac Gregor. Ils marchèrent tout un long jour dans la direction du mont Ben-Voirlich, et s'arrêtèrent pour la nuit dans un *bothy* ou hutte ruinée. Le lendemain matin ils reprirent leur voyage dans les montagnes, Rob Roy dirigeant leur marche sur des signes ou des marques laissés dans les bruyères, et auxquels ses compagnons des basses terres ne comprenaient rien.

Vers midi, Rob fit faire halte à ses gens, et leur ordonna de se tenir couchés au plus épais de la bruyère. — Vous et votre fils, dit-il au plus âgé des deux Lowlanders, gravissez hardiment la montagne. Vous verrez au-dessous de vous, de l'autre côté, dans le vallon, le bétail de votre maître, paissant avec d'autres bestiaux, peut-être ; vous rassemblerez les vôtres, en ayant soin de ne pas troubler le reste, et vous les conduirez ici. Si quelqu'un vous parle ou vous menace, dites-leur que je suis ici, à la tête de vingt hommes. — Mais s'ils nous maltraitent ou nous tuent? dit le paysan lowlandais, nullement flatté de la mission dont lui et son fils se trouvaient chargés. — S'ils vous font la moindre injure, répondit Rob, je ne leur pardonnerai de ma vie. Le Lowlander était loin d'être rassuré par cette garantie, mais il ne crut pas qu'il fût prudent de se refuser aux injonctions de Rob.

Lui et son fils gravirent donc la montagne, et arrivés au sommet ils plongèrent sur une vallée profonde où, comme Rob le leur avait prédit, ils virent un nombreux troupeau occupé à paître. Ils choisirent avec précaution ceux qui avaient appartenu à leur maître, et se mirent en devoir de les chasser devant eux sur la montagne. Mais en ce moment des cris perçants se firent entendre ; regardant autour d'eux, effrayés et tremblants, ils virent une femme qui semblait être sortie de sous terre, et qui les apostropha en gaëlic. Mais dès qu'ils eurent pu lui faire comprendre, en aussi bon gaëlic qu'il leur fut possible, le message de Rob Roy, elle se tut et disparut sans les troubler davantage. Après avoir entendu leur récit, le chef parla complaisamment de son adresse pour conduire à bien et sans bruit de telles négociations. Ils reprirent alors le chemin de chez eux ; les dangers de l'expédition étaient à leur terme, mais non pas les fatigues.

Ils marchèrent presque sans s'arrêter, eux et les bestiaux, jusqu'à la fin du jour. Rob Roy proposa alors de faire halte pour la nuit au milieu d'une vaste lande, sur laquelle un vent glacial du nord-est sifflait l'air des cornemuses de Strath Dearn [1]. Abrités par leurs plaids, les Highlanders se couchèrent assez confortablement sur la bruyère, mais les Lowlanders n'avaient rien pour se garantir ; ce que voyant,

---

[1] On nomme ainsi, dans le Badenoch, le vent qui siffle dans une vallée solitaire. (W. S.)

Rob Roy ordonna à un de ses hommes de céder au vieillard une portion de son plaid. — Quant au jeune garçon, ajouta le maraudeur, il se tiendra chaud en se promenant et en veillant sur le troupeau. Mon narrateur entendit cette sentence avec chagrin, comme on peut croire ; et le froid devenant de plus en plus piquant, il lui semblait que son sang allait se geler dans ses veines. Toute ma vie, me disait-il, j'avais été exposé aux intempéries, mais jamais je n'oublierai le froid de cette nuit. Dans sa détresse, il maudissait la lune de donner si peu de chaleur avec tant de lumière. Enfin le froid et la fatigue devinrent si intolérables, qu'il se décida à quitter son poste pour chercher quelque abri et du repos. A cet effet, il s'étendit derrière un des montagnards les plus corpulents, lequel remplissait dans la troupe les fonctions de lieutenant. Non content de s'être procuré l'abri du corps de cet homme, il convoitait une part de son plaid, et insensiblement il parvint à en tirer à lui un pan dans lequel il s'enveloppa. Par comparaison il se crut alors au paradis, et il dormit profondément jusqu'au point du jour. Quand il s'éveilla, il fut terriblement effrayé en s'apercevant que ses opérations nocturnes avaient presque entièrement mis à nu le cou et les épaules du noble montagnard, lesquels, à défaut du plaid qui devaient les protéger, n'étaient plus couverts que par le *cran reuch* ou gelée blanche. Notre jeune garçon se leva, craignant fort d'être battu, pour le moins, quand on s'apercevrait combien il avait luxurieusement reposé aux dépens d'un des principaux personnages de la troupe. Mais le bon lieutenant se contenta de se secouer en se mettant sur ses pieds, et d'essuyer le givre avec son plaid, en marmottant quelque chose sur la *fraîcheur* de la nuit. Alors on se remit en route, et les bestiaux rentrèrent sans autres incidents dans l'étable de leur maître. On peut à peine décorer ce récit du titre d'anecdote, et cependant le poëte et l'artiste pourraient s'en inspirer.

Ce peut être vers le même temps que par une marche rapide dans les montagnes de Balquhidder, à la tête d'un corps de ses tenanciers, le duc de Montrose réussit à surprendre Rob Roy, et le fit prisonnier. On l'avait placé en croupe derrière un des suivants du duc, nommé James Stewart, et il avait été attaché à son gardien par une sangle bouclée. Celui à la charge duquel Rob Roy était ainsi placé est le grand-père d'un homme intelligent du même nom, mort aujourd'hui, mais qui tenait, il y a quelques années, une auberge dans le voisinage du Loch Katrine, et servait de guide aux étrangers qui venaient visiter ces lieux romantiques. J'ai appris de lui cette histoire, bien longtemps avant qu'il se fût fait aubergiste, et alors qu'il ne servait encore de guide qu'aux chasseurs de gelinottes. — Pour revenir à notre histoire, le jour tirait à sa fin, et le duc avait grande hâte de loger en lieu de sûreté un prisonnier dont la prise lui avait donné tant de peine, lorsqu'en traversant le Teith ou le Forth, j'ai oublié lequel des deux, Mac Gregor saisit une occasion de conjurer Stewart, par tous les liens d'une ancienne connaissance et d'un bon voisinage, de lui laisser quelque chance d'échapper à une mort certaine. Stewart céda à la pitié, peut-être à la crainte. Il lâcha la boucle, et Rob, se laissant glisser de la croupe du cheval, plongea, nagea et réussit à s'échapper, à peu près comme dans le roman [1]. Quand James Stewart atteignit le rivage, le duc se hâta de lui demander où était son prisonnier ; et soupçonnant Stewart, d'après sa réponse embarrassée, de connivence dans la fuite de l'outlaw, il lui porta à la tête un coup de la crosse de son pistolet, coup dont jamais, ajoutait son descendant, il ne s'était complètement remis.

Le bonheur avec lequel Rob Roy échappait constamment aux poursuites de son puissant ennemi le rendit à la fin fanfaron et facétieux. Il envoya au duc un défi ironique, qu'il fit circuler parmi ses amis pour les amuser après boire. Le lecteur trouvera ce document dans l'Appendice [2]. Il est écrit d'une bonne main, et ne pèche pas trop contre la grammaire ni contre l'orthographe. Nous ferons observer à nos lecteurs du Sud que c'était une pièce d'*humour*, — une pure boutade — de la part de l'outlaw, qui n'était pas assez maladroit pour proposer sérieusement une telle rencontre. Cette lettre fut écrite dans l'année 1719.

L'année d'ensuite, Rob Roy composa une autre épître, qui honora peu sa réputation ; car il y convient n'avoir pas été de bonne foi dans la guerre civile de 1715. Elle est adressée au général Wade, alors occupé du désarmement des clans highlandais et de l'ouverture de routes militaires à travers le pays. C'est une singulière pièce. Elle montre sans détour le désir réel qu'aurait eu son auteur d'offrir ses services au roi George, n'eût été sa crainte d'être emprisonné pour dettes à l'instance du duc de Montrose. Il reconnaît qu'ainsi empêché de prendre le bon côté, il avait embrassé le mauvais, d'après le principe de Falstaff, que puisque le roi avait besoin d'hommes et les rebelles de soldats, il eût été plus honteux de rester oisif au milieu d'un monde si agité que d'embrasser la mauvaise cause. Rob semble présenter comme un principe hors de contestation l'impossibilité où il avait été de rester neutre dans un tel débat. Mais en même temps, tandis qu'il reconnaît avoir été entraîné dans une rebellion coupable contre le roi George, il allègue pour se justifier que non-seulement il avait évité en toute occasion de prendre l'offensive contre les troupes de S. M., mais qu'au contraire il leur avait fait parvenir de temps à autre toutes les informations qu'il avait pu recueillir, assertions pour la vérité desquelles il s'en réfère à Sa Grâce le duc d'Argyle. Nous ignorons quelle influence eut cette lettre sur le général Wade.

[1] Chapitre XXXIII.
[2] N° III, à la fin de cette Introduction.

Rob Roy paraît avoir continué de mener tout à fait le même genre de vie. Sa renommée, à cette époque, avait franchi les étroites limites de son pays natal. Une histoire prétendue de sa vie parut à Londres de son vivant, sous le titre de *Highland Rogue*[1]. C'est une de ces publications à tirer l'argent du public[2], portant au frontispice l'image d'une espèce d'ogre avec une barbe d'un pied; et ses actions ne sont pas moins exagérées que son portrait. Quelques-unes des aventures les plus connues du héros y sont rapportées, quoique avec peu d'exactitude; mais la plus grande partie sont tout d'invention. C'est vraiment dommage qu'un si excellent thème, pour une narration de cette sorte, ne soit pas tombé aux mains de De Foe[3], occupé alors à traiter des sujets analogues, mais inférieurs en dignité et en intérêt.

A mesure que Rob Roy avançait en âge, il prenait des habitudes plus pacifiques, et son neveu Ghlun Dhu, avec une partie de sa tribu, renonça à ces longues querelles avec le duc de Montrose par lesquelles son oncle s'était distingué. La politique de cette grande famille a été, dans les derniers temps, de se concilier par la douceur cette tribu sauvage, plutôt que de continuer le système de violence qu'on avait jusque-là suivi avec si peu de succès. Des fermes à une rente modérée furent accordées à beaucoup de membres de la famille Mac Gregor, qui jadis avaient tenu, mais simplement à titre de jouissance, diverses parties des possessions du duc dans les hautes-terres; et Glengyle (ou le Genou-Noir), qui continuait de lever le *blackmail*, prenait le titre de commandant de l'*Highland watch*[4], au service du Gouvernement. On dit qu'il s'abstint strictement des déprédations illégales que son oncle avait si longtemps pratiquées.

Ce fut probablement après que cet état de tranquillité temporaire eut été obtenu, que Rob Roy commença à songer aux intérêts de sa vie future. Il avait été élevé dans la communion protestante, et longtemps il en avait professé la foi; mais, dans ses dernières années, il embrassa celle de l'Église catholique romaine,— peut-être d'après le principe de mistress Cole, que c'est une religion confortable pour quelqu'un de sa profession. Il allégua, dit-on, pour cause de cette conversion, le désir d'être agréable à la noble famille de Perth, dont tous les membres étaient alors de strictes catholiques. Après avoir pris, disait-il, le nom de son premier protecteur, le duc d'Argyle, il n'était plus qu'une chose digne du comte de Perth, c'était d'adopter sa croyance. Rob ne prétendait pas, cependant, lorsqu'il était serré de près sur ce sujet,

---

[1] Le voleur montagnard.

[2] *Catch-penny publication*, dit le texte, dont l'expression aussi juste que pittoresque (littéralement *attrape-sou*) n'a pas d'équivalent dans notre langue. (L. V.)

[3] L'auteur de Robinson Crusoé. (L. V.)

[4] Le guet des Highlands. Il en est question ci-dessus. (L. V.)

justifier tous les dogmes du catholicisme; il convenait que l'extrême-onction lui avait toujours semblé *une grande perte d'huile* [1].

Dans les dernières années de la vie de Rob Roy, son clan se trouva engagé dans une querelle avec un autre clan plus puissant. Stewart d'Appin, chef de la tribu ainsi nommée, était propriétaire d'une ferme des montagnes dans les braes de Balquhidder, appelée Invernenty. Les Mac Gregors de la tribu de Rob Roy réclamaient un droit sur cette ferme, à titre d'ancienne occupation, et déclaraient qu'ils s'opposeraient absolument à ce que quiconque qui ne serait pas de leur nom s'y établît. Les Stewarts descendirent avec deux cents hommes bien armés, afin de se faire justice par la force. Les Mac Gregors se mirent en campagne, mais ils étaient hors d'état de rassembler des forces égales. Rob Roy, voyant que son parti serait le plus faible, demanda une entrevue, dans laquelle il représenta que les deux clans étaient amis du roi, et qu'il ne voulait pas qu'ils s'affaiblissent mutuellement dans un conflit particulier; se faisant ainsi un mérite de céder à Appin le territoire contesté d'Invernenty. En conséquence, Appin y établit comme tenants, et pour une faible redevance, la famille des Mac Larens, dépendante des Stewarts, et dont la force et la valeur reconnues devraient garantir leurs droits, si les Mac Gregors cherchaient encore à leur nuire. Quand tout fut ainsi réglé, en présence des deux clans sous les armes, près de l'église de Balquhidder, Rob Roy, craignant apparemment que sa tribu ne l'accusât d'avoir cédé trop facilement dans cette occasion, s'avança, et dit que là où tant de braves étaient rassemblés en armes, il serait honteux de se séparer sans avoir fait preuve d'adresse; qu'ainsi il prenait la liberté d'inviter quelque gentilhomme parmi les Stewarts présents à échanger quelques passes avec lui pour l'honneur de leurs clans. Le beau-frère d'Appin, second *chieftain* du clan, Alaster Stewart d'Invernahyle, accepta le défi, et ils s'attaquèrent à la claymore et au bouclier sur le front des deux clans [2]. Le combat se prolongea jusqu'à ce que Rob eût reçu une légère blessure au bras, ce qui d'habitude marquait la fin de ces sortes de duels d'honneur, où il ne devait pas y avoir mort d'homme. Rob baissa son arme, et félicita son adversaire de ce qu'il était le premier homme qui eût jamais fait couler le sang de Rob Roy. Le vainqueur reconnut généreusement que sans l'avantage de la jeu-

---

[1] Pareille maxime est attribuée au voleur Donald Bean Lean, dans *Waverley*. (W. S.)

[2] Quelques-uns disent qu'en cette occasion Appin lui-même fut l'antagoniste de Rob Roy. Mes souvenirs, basés sur le récit même d'Invernahyle, sont conformes à ce que dit le texte. Mais il y a si longtemps que j'ai entendu raconter ce fait, qu'il est possible que je me trompe. Invernahyle était petit de taille, mais bien fait, vigoureux, et il maniait parfaitement l'épée. (W. S.)

nesse, et de l'agilité qui l'accompagne, il n'aurait sûrement pas obtenu cet avantage.

Ce fut probablement une des dernières prouesses militaires de Rob Roy. L'époque de sa mort n'est pas connue avec certitude, mais on s'accorde généralement à reconnaître qu'elle n'eut lieu qu'après 1738, et qu'il avait atteint un âge très-avancé. Quand il sentit approcher sa fin, il exprima quelque repentir sur diverses particularités de sa vie. Sa femme se prit à rire à ces scrupules de conscience, et l'exhorta à mourir comme il avait vécu, en homme. Rob Roy lui reprocha alors la violence de ses passions, et les conseils qu'elle lui avait toujours donnés : « Vous avez mis la brouille, lui dit-il, entre moi et les meilleurs du pays, et maintenant vous voudriez vous placer entre moi et mon Dieu. »

On raconte aussi, et cette tradition n'est point incompatible avec la précédente, si l'on apprécie sainement le caractère de Rob Roy, qu'étant à son lit de mort, il apprit qu'un de ses anciens ennemis demandait à le voir. « Levez-moi de mon lit, dit le moribond; jetez mon plaid autour de moi, et apportez-moi ma claymore, mon dirk et mes pistolets; il ne sera jamais dit qu'un ennemi a trouvé Rob Roy Mac Gregor sans défense et désarmé. » Son ennemi, qu'on croit être un des Mac Larens ci-dessus mentionnés, et dont il sera encore question ci-après, entra, fit ses compliments, et s'enquit de la santé de son formidable voisin. Rob Roy, durant leur courte conférence, conserva une politesse froide et hautaine, et dès que l'autre fut sorti : Maintenant, dit-il, tout est fini;—que le joueur de cornemuse joue l'air *ha til mi tudlidh* (nous ne reviendrons plus); et il expira, dit-on, avant que le chant funèbre fût terminé.

Cet homme extraordinaire mourut ainsi dans son lit, en sa propre maison, dans la paroisse de Balquhidder. Il fut enterré dans le cimetière de la même paroisse, où sa tombe n'est distinguée que par la grossière ébauche d'une claymore.

Le caractère de Rob Roy est, naturellement, composé de contrastes. Sa sagacité, sa hardiesse et sa prudence, qualités si nécessaires au succès dans la carrière des armes, devinrent en lui presque des vices, par l'emploi qu'il en fit. La nature de son éducation doit, cependant, atténuer jusqu'à un certain point ses transgressions habituelles de la loi; et quant à ses tergiversations en politique, il pouvait, à cette époque d'agitation, alléguer l'exemple d'hommes beaucoup plus puissants et moins excusables de se laisser entraîner par les circonstances que ne l'était le pauvre proscrit. D'un autre côté, il montra constamment des vertus d'autant plus méritoires qu'elles semblent peu en rapport avec l'ensemble de son caractère. Livré à la profession de chef de pillards,—selon l'expression moderne, de capitaine de bandits,—Rob Roy fut modéré dans ses vengeances et humain dans ses succès. Pas une accusation de cruauté sanguinaire, en dehors des combats, n'est portée contre sa mémoire. De même, le formidable outlaw fut l'ami du pauvre et, autant qu'il le put, le soutien de la veuve et de l'orphelin. — Il fut toujours fidèle à sa parole. — Il mourut pleuré dans son pays sauvage, où les cœurs se souvenaient de ses bienfaits, et où les esprits n'étaient pas assez éclairés pour apprécier ses erreurs.

L'auteur devrait peut-être s'arrêter ici; mais le destin d'une partie de la famille de Rob Roy fut assez extraordinaire pour mériter une continuation de ce récit déjà un peu long. Ce sera non-seulement ajouter un chapitre intéressant sur les mœurs des Highlands, mais encore éclairer d'un nouveau jour les rapports intimes d'un peuple primitif et à demi civilisé avec une nation chez laquelle la politesse et la civilisation sont arrivées au plus haut point.

Rob eut cinq fils, — Coll, Ronald, James, Duncan et Robert. Il n'y a rien à dire de trois d'entre eux; mais James, qui était un très-bel homme, semble avoir hérité en grande partie de l'énergie paternelle, et le manteau de Dougal Ciar Mohr était apparemment descendu sur les épaules de Robin Oig, c'est-à-dire du jeune Robin. Peu de temps après la mort de Rob Roy, la mésintelligence éclata de nouveau entre les Mac Gregors et les Mac Larens, à l'instigation, dit-on, de la veuve de Rob, qui justifierait ainsi le reproche que lui avait fait son mari, d'être une Até avide de querelles et de sang. Excité par elle, Robin Oig jura que dès qu'il aurait entre les mains un certain fusil qui avait appartenu à son père, et qui avait été porté à Doune pour quelque réparation, il tuerait Mac Laren, qui n'avait pas craint d'occuper les terres de sa mère [1]. Il fit ce qu'il avait promis; tandis que Mac Laren était occupé à conduire sa charrue, il lui tira un coup de fusil et le blessa mortellement.

[1] Cette arme fatale fut enlevée à Robin Oig, lorsqu'il fut pris bien des années après. Elle était restée en la possession des magistrats devant lesquels il avait été conduit, et maintenant elle fait partie d'une petite collection d'armes appartenant à l'auteur. C'est un long fusil espagnol, marqué des lettres R. M. C. Robert Mac Gregor Campbell. (W. S.)

Ce que dit ici l'auteur, du fusil de Rob Roy, nous rappelle un passage du *Voyage en Écosse* de M. Amédée Pichot, que le lecteur verra sans doute avec plaisir : c'est la description de l'arsenal (*armoury*) de sir Walter Scott à sa résidence d'Abbotsford.

« Le jour, dit le voyageur, n'y pénètre qu'à travers des vitraux gothiques, peints de diverses couleurs. Sur une large table placée au milieu de l'appartement, il y avait trois de ces anciens boucliers écossais ou targes (*targets*) qui font encore partie de l'armure des Highlanders. Cette armure consiste, pour ce qui est des armes défensives, en une longue épée ou *claymore* pendue à gauche, en un poignard ou dague (*dirk*) placé dans la ceinture à droite, et destiné à ces combats corps à corps où deux ennemis se serrent de si près que l'épée ne serait plus une arme utile; un fusil et une paire de pistolets complètent cet appareil de guerre. Autrefois les montagnards portaient aussi une espèce de hache courte; et avant qu'ils eussent des fusils, ou quand ils manquaient de munitions, ils y suppléaient par la *hache de Lochaber*, espèce de longue pique terminée par un fer terrible, également propre à pourfendre et à percer un ennemi. Tous ces instruments

On appela un médecin montagnard, qui sonda la blessure avec une sonde de *castock*, c'est-à-dire faite de la tige d'un chou. Le savant gentleman déclara qu'il ne se risquerait pas à prescrire une ordonnance, ignorant avec quelle balle le patient avait été blessé. Mac Laren mourut, et peu de temps après ses bestiaux furent mutilés et ses terres ravagées de la manière la plus barbare.

Robin Oig, après ce crime, — que l'un de ses biographes représente comme un accident malheureux, — se retira chez sa mère, se vantant d'avoir versé le premier sang dans cette querelle. A l'approche des troupes, auxquelles s'était joint un corps de Stewarts, qui avaient juré entre eux de soutenir la cause de leur tenant, Robin Oig se cacha, et parvint à se soustraire à toutes les recherches.

Le docteur déjà mentionné, dont le nom était Callam Mac Inleister, et deux des frères du meurtrier, James et Ronald, furent mis en cause. Mais ils parlèrent du meurtre comme d'une action coupable commise par « ce fou de Rob », à laquelle ils n'avaient pris aucune part, et le jury déclara leur complicité non prouvée. On ne put prouver non plus par témoins les actes de spoliation et de violence commis sur les bestiaux des Mac Larens. Mais cependant, comme il demeura bien établi que les deux frères, Ronald et James, étaient réputés voleurs de profession, ils furent condamnés à fournir une caution de deux cents liv. sterl., qui répondît de leur bonne conduite pendant sept ans [1].

---

de guerre figurent dans le cabinet de sir Walter Scott, ainsi qu'une cotte de mailles, addition au costume écossais, que les chefs adoptaient quelquefois. Parmi les fusils, il en est un qui a appartenu à Rob Roy Mac Gregor... » (Am. Pichot, *Voyage historique et littéraire en Angleterre et en Écosse*. Paris, 1825. Lettre LXXXVI.) (L. V.)

[1] L'auteur ne sait trop s'il doit rapporter que lui-même a eu occasion de se convaincre que, même aujourd'hui, les ordres du roi ne sont pas reçus sans opposition dans les braes de Balquhidder. Stewart d'Appin devait des sommes considérables (principalement à la famille de l'auteur) dans lesquelles ses créanciers ne pouvaient guère espérer de rentrer jamais, s'ils ne parvenaient à exercer leur recours sur cette ferme d'Invernenty, théâtre du meurtre de Mac Laren.

Sa famille, consistant en plusieurs vigoureux braconniers, était toujours en possession de la ferme en vertu d'un long bail, et pour une rente minime. Il n'y avait pas à espérer que personne voulût acheter ce domaine engagé dans de telles conditions; une transaction fut faite avec les Mac Larens, qui, désirant émigrer en Amérique, consentirent à vendre leur bail aux créanciers moyennant 500 liv. st., et à vider les lieux au prochain terme de la Pentecôte. Mais soit qu'ils se repentissent de leur marché, soit qu'ils en désirassent un meilleur, soit seulement par point d'honneur, les Mac Larens déclarèrent qu'ils ne souffriraient pas qu'une sommation de quitter la ferme fût exécutée contre eux, formalité indispensable, néanmoins, pour la consécration légale de la convention. Ils avaient une réputation si bien établie d'être capables de résister à force ouverte à l'exécution d'un mandat judiciaire, qu'aucun agent royal ne voulut aller le leur signifier sans être appuyé d'une force militaire. On obtint, en conséquence, d'un régiment highlandais en garnison à Stirling, une escorte composée d'un sergent et de six hommes ; et l'auteur, alors *writer's apprentice*, ce qui équivalait à l'honorable situation

L'esprit de clan était si fort à cette epoque,—et il faut ajouter à cette raison le désir de s'attacher des hommes forts, courageux, et, comme disent les Écossais, des *prettymen*[1],—que le chef de la noble famille de Perth consentit à servir ouvertement de patron aux Mac Gregors, et parut comme tel à leur procès. C'est du moins ce qu'a rapporté à l'auteur feu Robert Mac Intosh, esq., avocat. Cette circonstance pourrait bien, cependant, devoir être reportée à une époque postérieure à 1736,— année du premier jugement.

Robin Oig servit pendant quelque temps dans le 42ᵉ régiment; il était à la bataille de Fontenoy, où il fut blessé et fait prisonnier. Il fut échangé, obtint son congé et revint en Écosse. Il reparut ouvertement dans le pays de Mac Gregor; et, malgré la proscription qui pesait sur lui, il épousa une fille de Graham de Drunkie, gentilhomme de quelque aisance. Peu d'années après il perdit sa femme.

Bientôt après, l'insurrection de 1745 appela les Mac Gregors aux armes. Robert Mac Gregor de Glencarnock, généralement regardé comme le chef du nom, et grand-père de sir John, que le clan reconnut en cette qualité, leva un régiment Mac Gregor avec lequel il rejoignit les drapeaux du Chevalier. La tribu de Ciar Mohr, cependant, affectant l'indépendance, ne se réunit pas à ce corps, malgré la liaison du sang qui existait entre eux; commandée par Glengyle et son cousin James Roy Mac Gregor, elle se réunit aux levées du duc titulaire de Perth, jusqu'à ce que William Mac Gregor Drummond de Bohaldin, qu'ils regardaient comme le chef de leur branche de clan Alpine, fût revenu de France. Pour cimenter l'union à la mode highlandaise, James déposa son nom de Campbell et prit celui de Drum-

---

d'un clerc de procureur, fut investi de la surintendance de l'expédition, afin de veiller à ce que l'agent légal s'acquittât exactement de son devoir, et à ce que le brave sergent ne dépassât le sien par aucun acte de violence ou de pillage. Il arriva donc, d'une manière assez étrange, que l'auteur visita pour la première fois les sites romantiques du Loch Katrine, dont il a peut-être étendu la réputation, entouré de toute la dignité d'une mission périlleuse, précédé et suivi de soldats, armes chargées. Le chef de notre petite escorte était un véritable sergent Kite highlandais, rempli des histoires de Rob Roy et des siennes propres, au demeurant bon compagnon. Notre voyage se fit sans obstacle, et quand nous arrivâmes à Invernenty, la maison était vide. Nous nous y établîmes pour la nuit, et profitâmes de quelques provisions qui y avaient été laissées. Le lendemain nous repartîmes, et nous revînmes aussi paisiblement que nous étions venus.

Les Mac Larens, qui probablement n'avaient jamais songé à une opposition sérieuse, reçurent leur argent, et partirent pour l'Amérique, où (ayant eu une légère part à leur expulsion de leurs *paupera regna*) je désire sincèrement qu'ils aient prospéré.

La rente d'Invernenty s'éleva immédiatement de 10 liv. st. à 70 ou 80; et lorsque ensuite elle fut vendue (à feu le laird de Mac Nab, je crois), on en obtint un prix plus élevé en proportion que ce dernier taux même de la rente n'autorisait les parties intéressées à l'espérer. (W. S.)

[1] Hommes braves, alertes, dispos; littéralement des *gentilshommes*. — *Voyez* sur ce mot une note de l'auteur, chap. XXVI de Rob Roy. (L. V.)

mond, en l'honneur de lord Perth. On le nommait aussi James Roy, en mémoire de son père, et James Mohr ou Big James, par allusion à sa haute stature. Sa troupe, débris de celle de son père Rob Roy, montra une grande activité; accompagné seulement de douze hommes, il surprit et brûla pour la seconde fois le fort d'Inversnaid, construit dans le dessein exprès de tenir en bride le pays des Mac Gregors.

Il est incertain quel grade eut James Mac Gregor. Lui-même se donnait le titre de major; le chevalier Johnston lui donne celui de capitaine. Il doit avoir été subordonné à son parent Ghlun Dhu; mais son caractère actif et audacieux le plaçait au-dessus de tous ses frères. Beaucoup des hommes de sa suite étaient sans armes; il suppléa au manque de fusils et d'épées par des lames de faux placées droit sur leurs manches.

James Roy se distingua à la bataille de Prestonpans. « Sa compagnie, dit le chevalier Johnston, fit un grand ravage avec les faux. » Ils coupaient les jambes des chevaux, et les cavaliers par le milieu du corps. Mac Gregor était doué d'une bravoure intrépide, mais il était en même temps quelque peu fantasque et singulier. En chargeant à la tête de sa compagnie, il reçut cinq blessures; deux balles lui traversèrent le corps. Étendu sur la terre et la tête appuyée sur sa main, il criait à ses Highlanders : « Enfants, je ne suis pas mort; et, par Dieu! je verrai bien si quelqu'un de vous ne fait pas son devoir. » On sait que la victoire fut rapidement décidée.

Il paraît, d'après quelques lettres curieuses de James Roy[1], qu'il eut, en cette occasion, la cuisse cassée, ce qui ne l'empêcha pas de rejoindre l'armée avec six compagnies et d'être présent à la bataille de Culloden. Après cette défaite, les diverses tribus du clan Mac Gregor se réunirent en un seul corps, et elles ne se séparèrent plus jusqu'à ce qu'elles fussent revenues dans leur pays. Ils emmenèrent James Roy avec eux sur une litière; et il lui fut permis de résider parmi ses frères dans la contrée de Mac Gregor.

James Mac Gregor Drummond fut compris avec d'autres personnages plus importants dans une accusation de haute trahison. Mais il paraît qu'il avait entretenu quelques relations avec le Gouvernement; car dans les lettres citées il parle d'un passeport qu'il avait reçu du lord secrétaire de la justice, en 1747; ce qui lui assurait une protection suffisante. Cette circonstance est mentionnée d'une manière assez obscure dans une des lettres citées; mais, jointe aux incidents ultérieurs, elle pourrait donner lieu de soupçonner que James, comme son père, regardait les deux côtés des cartes. Le calme ne se rétablissant pas dans le pays, les Mac Gregors, semblables au renard qui a dépisté les chiens, se retirèrent dans leurs vieux terriers, et y vécu-

[1] Publiées dans le *Blackwood's Magazine*, vol. II, pag. 228. (W. S.)

rent sans être inquiétés. Mais un outrage infâme, dont les fils de Rob Roy se rendirent coupables, appela enfin sur la famille la vengeance des lois.

James Roy était marié et avait quatorze enfants. Mais son frère Robin Oig était alors veuf, et il fut décidé qu'il ferait sa fortune, s'il était possible, en enlevant et en épousant de force, s'il le fallait, quelque femme riche des Lowlands.

L'imagination des habitants demi-civilisés des Highlands était moins choquée à l'idée d'une violence de cette nature, qu'on ne serait porté à le croire d'après leur douceur habituelle envers les femmes qui font partie de leurs propres familles. Mais tout chez eux était inspiré par cette pensée qu'ils vivaient en état de guerre ; et dans un tel état, depuis le temps du siége de Troie jusqu'au moment « où Previsa tomba, » une captive fut toujours regardée par des vainqueurs incivilisés comme la partie du butin la plus précieuse.

« Les riches sont égorgés, les belles sont épargnées [1]. »

Nous n'avons pas besoin de rappeler l'enlèvement des Sabines, non plus qu'un fait analogue raconté dans le livre des Juges, pour établir que des actes de cette nature ont été commis sur une vaste échelle. Ces sortes d'entreprises étaient si communes sur la frontière des Highlands, qu'une foule de chansons et de ballades leur ont été consacrées [2]. Les annales de l'Irlande, aussi bien que celles de l'Écosse, prouvent que ce crime fut ordinaire dans les parties les moins policées des deux pays ; et toute femme qui plaisait à un homme de cœur sortant d'une bonne maison, et possédant, avec quelques amis dévoués, une retraite dans les montagnes, n'avait pas la liberté de lui dire Non. Il y a plus : il semblerait que les femmes elles-mêmes, plus particulièrement intéressées aux immunités de leur sexe, fussent habituées, au moins dans les classes inférieures, à approuver des mariages tels que celui dont il s'agit ici, comme étant faits « à la mode de la jolie Fanny, » ou plutôt à la mode de Donald avec la jolie Fanny. Il n'y a pas bien longtemps qu'une femme respectable, et qui n'appartenait pas aux dernières classes de la société, reprochait vivement à l'auteur la liberté qu'il avait prise de blâmer la conduite des Mac Gregors en cette occasion. Elle disait « qu'il ne convenait pas de laisser, en de tels cas, trop de choix à une jeune fille ; et que les mariages les plus heureux étaient ceux qui s'étaient faits de vive force. » Elle assurait enfin « que jamais sa mère n'avait vu son père avant la nuit où celui-ci l'enleva du Lennox avec dix têtes de bétail, et qu'il n'y avait jamais eu couple plus heureux dans le pays. »

[1] *Childe-Harold*, chant II. (W. S.)
[2] *Voyez* l'Appendice n° V, à la fin de cette Introduction

James Drummond et ses frères avaient là-dessus les mêmes opinions que la vieille connaissance de l'auteur. Cherchant par quels moyens ils pourraient relever la grandeur déchue de leur clan, ils prirent la résolution d'asseoir la fortune de leur frère sur un mariage entre Robin Oig et une certaine Jean Key ou Wright, jeune femme à peine âgée de vingt ans, et que la mort de son mari laissait veuve depuis deux mois. On n'évaluait guère sa fortune qu'à seize ou dix-huit mille livres d'Écosse; mais il paraît que ce fut une tentation suffisante pour les déterminer à se réunir dans l'accomplissement d'un grand crime.

La pauvre jeune victime vivait avec sa mère dans sa propre maison à Édinbilly, paroisse de Balfron, comté de Stirling. Dans la nuit du 3 décembre 1750, les fils de Rob Roy, particulièrement James Mohr et Robin Oig, entourèrent la maison où résidait l'objet de leur poursuite, maintinrent avec leurs fusils, leurs épées et leurs pistolets, les hommes de la famille, et épouvantèrent les femmes en menaçant de briser les portes si on ne leur livrait Jean Key, « vu, disait James Roy, que son frère était un jeune gaillard déterminé à faire fortune. » Ayant, à la fin, tiré de la place où elle s'était cachée celle qui était le but de leur expédition, ils l'arrachèrent des bras de sa mère, la placèrent sur un cheval devant un de leur bande, et partirent avec elle en dépit de ses supplications et de ses cris, qui furent entendus des spectateurs terrifiés du rapt longtemps encore après que l'obscurité leur avait dérobé la vue des ravisseurs. En se débattant pour s'échapper, la pauvre jeune femme tomba du cheval sur lequel on l'avait placée, et se blessa au côté. Alors ils la mirent en travers sur le pommeau de la selle, et l'entraînèrent à travers les landes et les bruyères, jusqu'à ce qu'enfin la douleur de la blessure qu'elle s'était faite au côté, augmentée par la gêne de sa position, l'obligea de consentir à se redresser. Dans le cours de cette expédition criminelle ils s'arrêtèrent dans plus d'une maison, mais nul n'osa s'opposer à leur attentat. Entre autres personnes qui les virent, était le savant humaniste feu le professeur William Richardson de Glasgow, qui racontait comme un songe terrible leur entrée violente et bruyante dans la maison où il se trouvait. Les Highlanders remplirent la petite cuisine, brandissant leurs armes, demandant ce qui leur plaisait et obtenant tout ce qu'ils demandaient. James Mohr était, dit-il, un homme de haute taille, la physionomie dure, l'air martial. Robin Oig était d'une apparence plus douce; son teint, quoique foncé, avait de la fraîcheur; — c'était un jeune sauvage de bonne mine. Les vêtements de leur victime étaient tellement en désordre, il y avait un tel abattement dans sa physionomie et ses manières, qu'il pouvait à peine dire si elle était morte ou en vie.

La bande conduisit la malheureuse femme à Rowerdennan, où ils trouvèrent un prêtre assez peu scrupuleux pour lire le service du mariage, tandis que James Mohr tenait par force la fiancée devant lui. Le prêtre les déclara unis, tandis qu'elle protestait contre l'infamie de sa conduite, à lui, ministre des autels. Entraînée par la même violence qui avait présidé à l'accomplissement de leur plan tout entier, la pauvre victime fut forcée d'habiter avec le prétendu mari qui s'était ainsi imposé à elle. Ils osèrent même la conduire publiquement à l'église de Balquhidder, où le prêtre officiant (le même qui avait été le pensionnaire de Rob Roy) leur demanda seulement s'ils étaient mariés. Robert Mac Gregor répondit affirmativement; la jeune femme effrayée garda le silence.

Mais les lois avaient alors acquis trop de force pour que cet odieux attentat procurât à ses auteurs les avantages qu'ils s'en étaient promis. Des partis de soldats furent envoyés en diverses directions pour s'emparer des Mac Gregors, qui, pendant deux ou trois semaines, furent obligés de se réfugier de retraite en retraite dans les montagnes, traînant après eux l'infortunée Jean Key. En même temps, la haute cour civile mit sous le séquestre les biens de Jean Key ou Wright, mesure qui tenait hors de la portée des auteurs de la violence le prix qu'ils s'en étaient promis. Ils espéraient cependant que la pauvre femme, dont l'énergie devait être brisée par la souffrance, aimerait mieux se soumettre à son sort et reconnaître Robin Oig comme son mari, que de subir la honte d'une comparution, pour une telle cause, devant une cour de justice. C'était, en effet, une épreuve délicate; mais le chef immédiat de la famille Glengyle désapprouvait par caractère toute action illégale[1], et les amis de la captive ayant eu recours à lui, ils craignirent qu'il ne leur retirât sa protection s'ils refusaient de la rendre à la liberté.

Les frères se décidèrent donc à relâcher la malheureuse femme; mais auparavant ils eurent recours à tous les moyens qui pouvaient la déterminer, par crainte ou autrement, à reconnaître son mariage avec Robin Oig. Les *cailliach* (vieilles femmes highlandaises) lui administrèrent des drogues, probablement délétères, qui étaient regardées comme des philtres. Une fois James Mohr la menaça, si elle n'acquiesçait pas à cette union, de lui prouver qu'il était dans les Highlands assez d'hommes pour lui apporter la tête de deux de ses oncles qui avaient intenté la poursuite civile. Une autre fois il se jeta à ses genoux, confessant qu'il avait été complice de l'injure qu'on lui avait faite; mais la conjurant de ne pas perdre sa femme qui était innocente, et sa nombreuse famille. On lui fit assurer par serment qu'elle ne poursuivrait pas les frères pour l'offense qu'ils avaient commise envers elle, et elle fut obligée par menaces d'apposer sa signature à des papiers qu'on lui

---

[1] Telle était du moins sa réputation; car James Mohr, lors de l'enlèvement à Édinbilly, s'étant écrié, pour intimider sa victime, que Glengyle était dans les landes avec cent hommes pour protéger leur entreprise, Jean Key lui répondit qu'il mentait, étant bien assurée que Glengyle n'autoriserait jamais une action aussi infâme. (W. S.)

présenta, où on lui faisait déclarer qu'elle n'avait été enlevée qu'à sa propre demande.

En conséquence, James Mohr Drummond conduisit sa prétendue belle-sœur à Édimbourg, où, pendant quelque temps, elle fut traînée d'une maison à l'autre, étroitement surveillée par ceux avec qui elle demeurait, n'ayant jamais la permission de sortir seule ni même de s'approcher d'une fenêtre. La cour des sessions, prenant en considération la particularité du cas, et regardant Jean Key comme étant encore sous l'influence de la contrainte, prit sa personne sous sa protection spéciale, et lui assigna pour résidence la famille de M. Wightman de Maudsley, homme respectable, qui avait épousé une de ses proches parentes. Deux sentinelles étaient placées nuit et jour devant la maison, — précaution qu'on ne crut pas superflue, dès qu'il s'agissait des Mac Gregors. Elle put aller où il lui plairait, et voir qui elle voudrait, notamment les hommes de loi chargés de suivre l'affaire. Lorsqu'elle arriva chez M. Wightman, elle semblait abattue par la terreur et les souffrances. Ses traits étaient si altérés que sa mère eut peine à la reconnaître, et son esprit avait tellement souffert des secousses qu'elle avait reçues, qu'elle-même reconnut à peine ses parents. On fut longtemps à lui persuader qu'elle n'avait plus rien à craindre. Lorsqu'enfin elle eut conscience de sa situation, elle fit une déclaration judiciaire, ou *affidavit*, relatant l'histoire circonstanciée de ses injures, attribuant à la crainte le silence qu'elle avait gardé d'abord, et exprimant sa résolution de ne pas poursuivre les coupables, se regardant comme liée par le serment qu'on lui avait fait prêter. Quoique ce serment eût été arraché par la violence, elle en fut relevée par les formules de la jurisprudence écossaise, jurisprudence plus équitable, à cet égard, que celle d'Angleterre, la poursuite des crimes étant toujours conduite, en Écosse, aux dépens et à la charge du roi, sans que la partie plaignante eût à en supporter ni les inconvénients ni les frais. Mais la malheureuse victime ne vécut pas assez pour être accusatrice ou témoin contre ceux dont elle avait reçu une aussi cruelle injure.

James Mohr Drummond était parti d'Édimbourg dès que sa proie à demi morte avait été arrachée de ses mains. Mistress Key, ou Wright, fut alors délivrée de l'espèce de confinement où elle était retenue, et elle partit pour Glasgow sous la garde de M. Wightman. Comme ils franchissaient les hauteurs de Shotts, un de ceux qui l'escortaient vint à dire : Voici un lieu bien désert ; si les MacGregors allaient tomber sur nous ? — Dieu nous en préserve ! s'écria-t-elle aussitôt ; leur vue seule me tuerait. Elle demeura à Glasgow, n'osant retourner à sa maison d'Édimbourg. Son prétendu mari fit plusieurs tentatives pour obtenir d'elle une entrevue, qu'elle repoussa toujours avec fermeté. Elle mourut le 4 octobre 1751. L'enquête du ministère public donne à entendre que sa mort fut la suite des mauvais traitements qu'elle avait subis; mais le bruit général fut qu'elle avait succombé à la petite vérole.

Sur ces entrefaites, James Mohr, ou Drummond, tomba dans les mains de la justice. Il était regardé comme l'instigateur de toute l'affaire. De plus, la défunte avait rapporté à ses amis que, la nuit de l'enlèvement, Robin Oig, touché de ses cris et de ses larmes, avait presque consenti à la relâcher, lorsque James accourut, un pistolet à la main, et, demandant à son frère s'il serait assez lâche pour abandonner une entreprise dans laquelle il avait tout risqué pour s'assurer une fortune, il força ainsi son frère à persévérer. James passa en jugement le 13 juillet 1752; les débats furent conduits avec la plus louable impartialité. Plusieurs témoins, tous de la famille de Mac Gregor, jurèrent que le mariage avait eu lieu avec toutes les apparences de participation volontaire de la part de la femme; et trois ou quatre d'entre eux, un desquels était le substitut du shériff du comté, jura qu'elle aurait pu s'échapper si elle l'eût voulu, et ajouta qu'il lui avait offert son assistance si elle désirait s'enfuir. Mais quand on lui demanda pourquoi lui, en qualité de magistrat, n'avait pas fait arrêter les Mac Gregors, il ne put rien répondre, sinon qu'il n'avait pas à sa disposition de forces suffisantes pour le tenter.

Les déclarations juridiques de Jean Key, ou Wright, attestaient la violence de son enlèvement, et elles étaient confirmées par beaucoup de ses amis, d'après les communications privées qu'elle leur avait faites, et que sa mort, d'ailleurs, ne confirmait que trop. Le fait de son *abduction*[1] (pour me servir d'un terme de la législation écossaise) fut complètement prouvé par un témoignage impartial. La malheureuse femme était convenue qu'en plusieurs occasions elle avait paru se soumettre à son sort, parce qu'elle n'avait pas osé se confier aux offres d'évasion qu'on lui avait faites, même à celles du substitut-shériff.

Le jury rendit un verdict spécial, statuant que Jean Key, ou Wright, avait été enlevée par force, de sa maison, conformément à l'acte d'accusation, et que l'accusé n'avait pas justifié qu'elle eût été consentante à cet outrage. Mais il déclara aussi non suffisamment prouvés le mariage forcé et les violences subséquentes; et ils établirent, comme circonstance atténuante pour l'accusé, que Jean Key avait ensuite acquiescé à sa condition. Onze des jurés, se servant des noms de quatre autres jurés absents, adressèrent une lettre à la cour, pour l'informer que par ce verdict spécial leur intention et leur désir avaient été de placer le cas où se trouvait l'accusé en dehors de la classe des crimes capitaux.

De savantes considérations écrites sur le sens du verdict (qu'on doit regarder comme très-indulgent, dans les circonstances de la

---

[1] Rapt.

cause) furent développées devant la haute cour de justice. Ce point fut doctement débattu dans les plaidoiries, par M. Grant, pour le ministère public, et par le célèbre M. Lockhart, pour l'accusé. Mais James Mohr n'attendit pas la décision de la cour.

Il avait été enfermé dans le château d'Édimbourg, sur quelques bruits qu'une évasion serait tentée. Cependant il réussit à s'évader même de cette forteresse. Sa fille eut l'adresse de s'introduire dans la prison, déguisée en savetier, et feignant d'apporter quelque ouvrage. James se revêtit promptement des habits qui avaient servi de déguisement à sa fille. Les sentinelles entendirent la femme et la fille du prisonnier quereller le prétendu savetier pour avoir mal fait sa besogne, et l'homme sortit bientôt après, son chapeau enfoncé sur les yeux, et grommelant de la manière dont on l'avait traité. De cette manière, le prisonnier passa devant les gardiens sans éveiller de soupçon, et se sauva en France. Il fut ensuite mis hors la loi par la cour de justice, qui, le 15 janvier 1753, procéda au jugement de son frère Duncan Mac Gregor, ou Drummond. Il était hors de doute que l'accusé avait fait partie de la troupe qui avait enlevé Jean Key; mais aucun témoignage n'étant rendu spécialement et directement contre lui, le jury le déclara non coupable, et on ne sait rien de plus sur sa vie.

Le destin ultérieur de James Mac Gregor, que ses talents et son activité, sinon son âge, doivent faire considérer comme le chef de la famille, a été longtemps mal connu; car on croyait généralement, d'après la relation des causes criminelles, ainsi que d'après d'autres sources, qu'il avait été relevé de la proscription prononcée contre lui, et qu'il était revenu en Écosse, où il était mort. Mais les lettres curieuses publiées dans le *Blackwood's Magazine* de décembre 1817 font voir que c'est une erreur. Le premier de ces documents est une pétition à Charles Édouard. Elle est datée du 20 septembre 1753, et fait valoir ses services pour la cause des Stuarts, attribuant son exil à la vengeance du gouvernement de Hanovre, et sans la moindre allusion à l'affaire de Jean Key, non plus qu'à la cour de justice. On voit que cette pétition devait être appuyée par Mac Gregor Drummond de Bohaldie, que James Mohr, comme on l'a vu plus haut, reconnaissait pour son chef.

On ignore quel fut l'effet de cette pétition. Peut-être lui procurat-elle quelques secours temporaires. Mais bientôt après, cet audacieux aventurier se trouve mêlé à une intrigue fort obscure contre un de ses compatriotes exilés, lequel se trouvait presque dans les mêmes circonstances que lui. Il convient de rappeler ici en peu de mots, à cette occasion, une histoire highlandaise assez remarquable. M. Campbell de Glenure, qui avait été nommé régisseur, au nom du gouvernement, des domaines confisqués de Stewart d'Ardschiel, tomba sous les coups d'un assassin, comme il traversait la forêt de Lettermore, à l'issue du bac Ballichulish. Un gentilhomme nommé James Stewart, frère naturel du proscrit Ardschiel, fut mis en jugement comme complice du meurtre, condamné sur des témoignages fort équivoques, et exécuté. Le reproche le plus grave que lui avait fait l'accusation était d'avoir fourni de l'argent à un de ses neveux appelé Allan Breck Stewart, pour l'aider dans sa fuite après la consommation du crime. Non contents de cette vengeance obtenue d'une manière qui fait peu d'honneur à la justice du temps, les amis de la victime, M. Glenure, désiraient ardemment avoir en leur possession la personne d'Allan Breck Stewart, qu'on supposait être le véritable meurtrier. James Mohr Drummond fut secrètement chargé d'attirer Stewart sur la côte de la mer, et de le faire embarquer pour la Grande-Bretagne, où l'attendait une mort presque certaine. Drummond Mac Gregor avait des relations de parenté avec Glenure, et en outre les Mac Gregors et les Campbells étaient amis de vieille date, tandis que le premier de ces clans et les Stewarts avaient, comme nous l'avons vu, été récemment en guerre; finalement Robert Oig était alors emprisonné à Édimbourg, et James désirait faire quelque chose qui pût servir à le sauver. Tous ces motifs réunis purent avoir sur l'esprit de James, d'après sa manière d'estimer le bien et le mal, assez de poids pour le déterminer à une semblable entreprise, qui pourtant ne pouvait réussir qu'à l'aide d'une infâme trahison. Mac Gregor demanda un sauf-conduit pour revenir en Angleterre, s'engageant à y amener Allan Breck avec lui. Mais celui contre qui s'ourdissait cette trame fut mis sur ses gardes par deux compatriotes, qui soupçonnaient les desseins de James à son égard. Il s'échappa des mains de son voleur [1], après avoir enlevé à Mac Gregor, au dire de celui-ci, quelques vêtements serrés dans un portemanteau, ainsi que quatre tabatières. Il est à remarquer qu'une telle inculpation n'eût guère pu être portée, si les parties n'avaient vécu sur un pied d'intimité, et n'eussent eu accès dans les bagages l'un de l'autre.

Quoique James Drummond eût ainsi manqué son coup au sujet d'Allan Breck Stewart, il profita, pour faire un voyage à Londres, du sauf-conduit qu'il avait obtenu, et nous voyons qu'il eut une entrevue avec lord Holderness. Sa Seigneurie et le sous-secrétaire lui firent beaucoup de questions embarrassantes, et lui offrirent, dit-il, au service du gouvernement une place qui lui aurait assuré du pain. Cet emploi était avantageux quant aux émoluments; mais, dans l'opinion de James Drummond, en l'acceptant il eût déshonoré sa naissance, et fût devenu le fléau de son pays. Si l'offre et le refus sont vrais, il est

---

[1] L'expression dont se sert le texte, *Kidnapper*, signifie littéralement un voleur d'enfants. (L. V.)

probable qu'il s'agissait de quelque plan d'espionnage contre les jacobites, plan pour lequel le gouvernement avait bien pu croire pouvoir compter sur un homme qui, dans l'affaire d'Allan Breck Stewart, n'avait pas fait preuve d'une grande délicatesse de sentiments. Drummond Mac Gregor répondit qu'il accepterait toute fonction que pourrait remplir un homme d'honneur, et non pas d'autres ; réponse qui, comparée à quelques épisodes de sa vie passée, peut rappeler au lecteur le vieux Pistol s'excusant sur sa réputation.

S'étant ainsi, d'après sa version, montré inaccessible aux propositions de lord Holderness, James Drummond reçut l'ordre de quitter immédiatement l'Angleterre.

A son retour en France, sa position paraît avoir été des plus tristes. Attaqué de la fièvre et de la gravelle, son corps succomba à la maladie en même temps que son esprit à la faiblesse et au découragement. Allan Breck Stewart lui fit des menaces de mort, pour se venger de ce qu'il avait médité contre lui[1]. Le clan Stewart nourrissait contre lui les sentiments les plus hostiles ; et sa dernière excursion à Londres avait été accompagnée de plusieurs circonstances suspectes, parmi lesquelles une des plus graves était le secret qu'il en avait fait à son chef Bohaldie. Son entrevue avec lord Holderness confirmait ses soupçons. Les jacobites étaient probablement, comme don Bernard de Castel Blazo dans Gil Blas, peu disposés à aimer ceux qui hantaient les alguazils. Mac Donnell de Lochgarry, homme d'un honneur irréprochable, porta plainte contre James Drummond devant le principal magistrat de Dunkerque, l'accusant d'être un espion, de sorte qu'il se vit obligé de

---

[1] Allan Breck Stewart était homme à tenir parole. James Drummond Mac Gregor et lui, comme Catherine et Petrucchio, étaient bien appariés « pour un couple de gens paisibles. » Allan Breck vécut jusqu'au commencement de la révolution française. Vers 1789, un de mes amis, alors résidant à Paris, fut invité à voir une procession qu'on supposait devoir l'intéresser, des fenêtres d'un appartement occupé par un prêtre, bénédictin d'Écosse. Il trouva, assis près du feu, un vieillard grand et sec, à l'air renfrogné, décoré de la petite croix de Saint-Louis. La projection irrégulière des pommettes et du menton donnait à son visage un caractère fortement prononcé. Ses yeux étaient gris ; ses cheveux grisonnants laissaient deviner qu'ils avaient été roux, et sa complexion, hâlée par les intempéries, était toute marquée de rousseurs. Quelques politesses furent échangées en français entre le vieillard et mon ami, puis ils vinrent à parler des rues et des places de Paris, jusqu'à ce qu'enfin le vieux soldat, car telle était son apparence, et il l'était en effet, dit en soupirant et avec un accent highlandais très-prononcé : Du diable si une seule d'entre elles vaut *hie-street* à Édimbourg ! Il s'ensuivit des explications, d'où il résulta que l'admirateur d'*Auld Reekie*[a], qu'il ne devait plus revoir, n'était autre qu'Allan Breck Stewart. Il vivait décemment d'une petite pension, et rien en lui, dans cette dernière période de sa vie, ne rappelait cette humeur sauvage qui l'avait poussé, du moins était-ce la croyance générale, à assassiner autrefois celui qu'il regardait comme l'ennemi et l'oppresseur de sa famille et de son clan. (**W. S.**)

[a] La *vieille enfumée*, dénomination familière d'Édimbourg. (L. V.)

quitter la ville et de venir à Paris, n'ayant pour toute ressource qu'une somme de treize livres, et en perspective que la mendicité.

Nous ne présenterons pas le fieffé voleur, le complice de l'assassinat de Mac Laren, l'instigateur de la violence faite à Jean Key, comme un objet de sympathie; mais il est triste de contempler les dernières convulsions du loup ou du tigre eux-mêmes, ces créatures d'une espèce hostile à la nôtre; et de même la détresse de cet homme, dont les fautes purent être le résultat d'une éducation sauvage sur un esprit altier, ne sera point vue sans pitié. Dans sa dernière lettre à Bohaldie, datée de Paris, 25 septembre 1754, il se représente dans un état de dénuement absolu, et exprime le désir de mettre à profit ses talents pour l'éducation des chevaux, ou comme chasseur ou oiseleur, s'il pouvait seulement se procurer quelque emploi de cette nature jusqu'à ce qu'il se présentât quelque chose de mieux. Un Anglais pourra sourire, mais un Écossais soupirera à la lecture du postscriptum, où le pauvre exilé, mourant de faim, demande à son patron de lui prêter ses cornemuses afin qu'il puisse jouer quelques airs mélancoliques de son pays. Mais la musique tire en grande partie ses effets de nos sympathies, et des sons qui pourront irriter les nerfs d'un habitant de Londres ou d'un Parisien rappellent à l'Highlander ses chères montagnes, son lac sauvage, et les exploits de ses ancêtres de la vallée. Pour montrer les droits de Mac Gregor à la compassion du lecteur, nous allons transcrire la fin de la lettre à laquelle nous venons de faire allusion.

« Selon toute apparence, je suis né pour le malheur, et il paraît que mes souffrances ne sont pas à leur terme; car telle est en ce moment ma position déplorable, que je ne sais ni où aller ni que faire, et que je manque également d'aliments pour le corps et pour l'âme. Tout ce que j'ai apporté ici se monte à 13 livres environ, et j'ai pris une chambre dans mon ancien quartier, à l'hôtel Saint-Pierre, rue des Cordiers. Je vous envoie le porteur pour vous prier de me faire savoir si vous serez bientôt en ville, afin que je puisse avoir le plaisir de vous voir, car je n'ai personne à qui m'adresser que vous seul. Tout ce que je demande, si c'est possible, c'est que vous puissiez me trouver quelque occupation qui puisse me sauver de la mendicité. Ce sera probablement difficile; mais, à moins qu'une chose ne soit accompagnée de quelque difficulté, vous ne vous en occupez pas, votre forte tête étant habituée à venir à bout d'affaires beaucoup plus difficiles et de plus de conséquence que celle-ci. Si vous vous en ouvriez à votre ami M. Butler, il est possible qu'il pût me trouver quelque emploi où je serais utile, car je crois m'entendre autant que personne en France à élever et à conduire des chevaux, outre que je suis bon chasseur, soit à cheval, soit à pied. Vous pouvez juger où j'en suis réduit, puisque j'accepterais l'emploi le plus humble jusqu'à ce qu'on pût trouver quelque chose de mieux. Je suis fâché d'être obligé de vous causer tant d'embarras, mais j'espère que vous êtes bien assuré de ma gratitude pour tout ce que vous avez fait pour moi, et je vous laisse à juger de ma triste situation. Je suis et serai à jamais,

« Cher Chef, votre devoué

« J^s. MAC GREGOR.

« *P. S.* — Si vous vouliez m'envoyer par le porteur votre cornemuse et tous les petits accessoires, je les mettrais en ordre, et je jouerais quelques airs mélancoliques bien en rapport avec ma situation d'esprit. Pardonnez-moi si je ne me rends pas moi-même près de vous; si je pouvais me montrer à vous, je n'aimerais pas à être vu par mes amis dans l'état où je suis, non plus que par aucune de mes connaissances. »

Tandis que Mac Gregor traçait ces tristes lignes, la mort, cet extrême mais sûr remède des maux humains, ce terme de tous les doutes et de toutes les incertitudes, la mort planait sur lui. Un *memorandum* tracé sur le dos de la lettre dit que celui qui l'avait écrite mourut environ une semaine après, en octobre 1754.

Il reste maintenant à faire connaître le sort de Robin Oig, car les autres fils de Rob Roy ne paraissent pas avoir fait parler d'eux. Robin fut arrêté par un détachement de soldats du fort d'Inversnaid, au pied du Gartmore, et fut conduit à Édimbourg, le 26 mai 1753. Après un délai obtenu, peut-être par suite des négociations de James pour l'arrestation d'Allan Breck Stewart, sous la promesse de la vie de son frère, Robin Oig fut amené à la barre de la haute cour de justice, le 24 décembre 1753, et appelé sous le nom de Robert Mac Gregor, *aliàs* Campbell, *aliàs* Drummond, *aliàs* Robert Oig. L'accusation portée contre lui était la reproduction exacte de celle qui avait été produite contre son frère dans la précédente instruction. Le cas où se trouvait Robert était, jusqu'à un certain point, plus favorable que celui de James; car bien qu'acteur principal dans le mariage forcé, il pouvait alléguer cependant qu'il avait paru disposé à relâcher Jean Key, lors de l'enlèvement, et qu'il n'en avait été empêché que par les reproches et les menaces de son frère James. Quatre ans s'étaient d'ailleurs écoulés depuis la mort de la pauvre femme, ce qui est toujours une circonstance favorable à l'accusé; car il y a en culpabilité une sorte de perspective, et les crimes déjà éloignés semblent moins odieux que ceux d'une date plus récente. Malgré ces considérations, néanmoins, le jury ne montra aucune sollicitude pour sauver la vie de Robert, comme il l'avait fait à l'égard de James. Il fut déclaré coupable du rapt de Jean Key [1].

---

[1] Les deux procès des fils de Rob Roy, avec des anecdotes sur lui-même et sur sa famille, ont été publiés à Édimbourg, 1818, in-12. (W. S.)

Condamné à mort, Robin Oig fut exécuté le 14 février 1754. Sur le lieu de l'exécution, il se conduisit avec une grande décence, déclara qu'il mourait catholique, et imputa tous ses malheurs à l'abandon qu'il avait fait de la vraie foi deux ou trois ans auparavant. Il confessa les violences dont il avait usé pour se rendre maître de mistress Key, ou Wright, et exprima l'espoir que sa mort arrêterait toute poursuite ultérieure contre son frère James [1].

Les journaux du temps rapportent que son corps, après être resté suspendu le temps ordinaire, fut livré à ses amis pour être porté dans les Highlands. Les souvenirs d'un vénérable ami, que nous avons perdu récemment dans la force de l'âge, et qui alors était écolier à Linlithgow, permettent à l'auteur d'ajouter qu'un corps de Mac Gregors, beaucoup trop nombreux pour s'avancer jusqu'à Édimbourg, reçut dans ce lieu les restes de Robert, au son du coronach et avec les autres emblèmes du deuil des montagnards, et les escorta jusqu'à Balquhidder. Nous pouvons ainsi terminer cette longue notice sur Rob Roy et sa famille, par la phrase classique :

ITE. CONCLAMATUM EST [2].

Il me reste seulement à ajouter que j'ai puisé tout ce qui précède dans un nombre beaucoup plus grand d'anecdotes sur Rob Roy, qui étaient et sont peut-être encore familières dans les montagnes où il habita; mais je suis loin d'en garantir l'authenticité absolue. Des partialités de clan ont pu guider la langue et la plume aussi bien que le pistolet et la claymore, et les traits d'une anecdote sont merveilleusement adoucis ou exagérés, selon que l'histoire est racontée par un Campbell ou un Mac Gregor.

---

[1] James était mort depuis près de trois mois, mais sa famille put ignorer longtemps cet événement. (W. S.)

[2] Allez. Tout est dit.

APPENDICE.

N° I.

Avertissement pour l'arrestation de Rob Roy, extrait de l'*Edinburgh Evening Courant*, du 18 au 21 juin 1712, n° 1058.

Attendu que Robert Campbell, plus généralement connu sous le nom de Rob Roy Mac Gregor, ayant reçu dernièrement de plusieurs seigneurs et gentilshommes des sommes considérables pour acheter des bestiaux à leur compte dans les Highlands, a indignement disparu avec l'argent, montant à mille livres sterling, qu'il a emporté avec lui ; il est enjoint à tous les magistrats et officiers des forces de Sa Majesté, de se saisir dudit Rob Roy et de l'argent qu'il emporte avec lui, jusqu'à ce que les personnes à qui cet argent appartient soient entendues contre lui. Il leur est également enjoint de donner immédiatement connaissance de son arrestation au maître du café de l'*Exchange*, à Édimbourg, ainsi qu'au maître du café de Glasgow, où les parties intéressées seront averties, et où ceux qui se seront emparés de lui seront convenablement récompensés.

Il est à regretter que ce haro, qui est encore répété dans le même journal, ne contienne pas le signalement de Rob Roy ; il faut supposer, d'après cela, qu'il était généralement connu. Comme le mandat est dirigé contre Rob Roy personnellement, ceci semblerait exclure l'idée que le bétail ait été enlevé par son associé Mac Donald, dont il aurait certainement été fait mention dans l'avertissement, si les parties intéressées l'avaient cru en possession de l'argent.

N° II.

Lettres adressées au duc de Montrose et écrites par lui, au sujet de l'arrestation de M. Grahame de Killearn par Rob Roy.

LE DUC DE MONTROSE A...... [1].

Glasgow, le 21 novembre 1716.

Mylord,

J'ai appris la nuit dernière, avec surprise, un nouveau et très-remarquable trait de ce scélérat bien connu, Rob Roy, que Votre Seigneurie a souvent entendu

---

[1] On ne voit pas à qui cette lettre est adressée. Sans nul doute, d'après le style et la teneur de ce document, il était destiné à quelque personne distinguée par son rang et ses fonctions, — peut-être à l'avocat du roi. (W. S.) — *Voyez* ci-après.

nommer. L'honneur du gouvernement de S. M. étant intéressé dans cette affaire, je crois de mon devoir d'en informer Votre Seigneurie par un exprès.

M. Grahame de Killearn (dont j'ai eu fréquemment occasion de vous parler, au sujet des services qu'il a rendus l'hiver dernier, durant la rébellion), étant chargé de l'administration de mes domaines des Highlands, était allé lundi soir à Monteath (qui en fait partie) pour recevoir mes rentes; son usage est d'y résider deux ou trois jours chaque année à pareille époque, et il loge dans une maison de campagne, où mes tenanciers viennent le trouver pour cet objet. Le même soir, vers neuf heures, Rob Roy, avec une troupe de ces bandits qu'il a conservés près de lui depuis la dernière rébellion, entoura la maison où M. Grahame se trouvait en affaires avec quelques-uns de mes tenanciers, ordonna à ses hommes de présenter leurs fusils aux fenêtres de la chambre où ils étaient réunis, tandis que lui-même et quelques autres franchissaient la porte, le pistolet en main, faisaient M. Grahame prisonnier et l'emmenaient dans les montagnes, avec l'argent qu'il avait touché, ses livres et ses papiers, et les obligations de mes fermiers pour eurs reliquats, montant à plus de 1000 liv. ster., dont la moitié avait été payée l'an dernier, et dont ils allaient payer le reste; et en même temps il eut l'insolence de le forcer de m'écrire une lettre (dont la copie est ci-jointe) pour m'offrir les conditions d'un arrangement.

Pour que Votre Seigneurie puisse envisager cet événement sous son véritable point de vue, je dois vous informer que cet homme s'est mis depuis longtemps à la tête du clan Mac Gregor, race qui s'est distinguée des autres, à toutes les époques, par ses brigandages, ses déprédations et ses meurtres, et qui a toujours donné asile et soutien aux vagabonds et aux gens sans aveu. Depuis l'époque de la révolution, ils se sont en toute occasion montrés contre le gouvernement, se conduisant en vrais voleurs plutôt qu'ils ne rendaient des services réels à ceux pour qui ils prétendaient être, et faisant véritablement plus de mal au pays que tous les autres Highlanders ensemble.

Quelque trois ou quatre ans avant que la dernière rébellion n'éclatât, Rob Roy, criblé de dettes, quitta sa demeure ordinaire, et s'enfonça à environ seize milles plus avant dans les Highlands, se mettant sous la protection du comte de Bredalbin. Quand lord Cadogan fut dans les Highlands, il ordonna que sa maison dans ce pays fût brûlée. Votre Seigneurie verra que Rob Roy s'en prend à moi de cette exécution.

Ceci l'obligea de retourner dans le pays d'où il venait, et qui est un lieu difficile et inaccessible; il s'y établit de nouveau au milieu de ses amis et de ses parents; mais jugeant bien qu'on pourrait l'y surprendre, il vint à Inverary, avec environ quarante-cinq de ses gens, et là ils feignirent de remettre leurs armes au colonel Campbell de Finab, commandant d'une des compagnies libres; puis il revint chez lui avec ses hommes, tous placés sous la protection du colonel. Ceci eut lieu au commencement de l'été dernier; et bientôt après il se montra de nouveau à deux reprises avec ses gens en armes, et s'opposa aux troupes du roi; une fois il les attaqua, tira un prisonnier de leurs mains, et tout ceci en même temps qu'il envoyait ses hommes à travers le pays, pillant les gens de la campagne, entre autres plusieurs de mes tenanciers.

Ayant été informé de ces désordres à mon arrivée en Écosse, je m'adressai au général Carpenter, qui ordonna à trois détachements de Glasgow, de Stirling et de Finlarig, de se mettre en marche de nuit par des routes différentes, afin de le surprendre ainsi que ses hommes dans leurs maisons, ce qui aurait certainement réussi, si de grandes pluies qui vinrent à tomber cette nuit-là même n'eussent retardé la marche des troupes, de sorte que deux des détachements arrivèrent trop tard aux stations qui leur avaient été assignées. Tout ce qu'on put faire en cette occasion fut de brûler une maison de campagne où Rob Roy résidait alors, après que quelques hommes de son clan eurent, du haut des rochers, tiré sur les troupes du roi et tué un grenadier.

M. Grahame de Killearn, étant mon substitut-shériff dans le pays, accompagnait le détachement parti de Stirling; et sans doute il n'en sera que plus maltraité par ce peuple barbare; outre qu'il est mon parent, et qu'ils savent quel zèle il a montré pour le service du gouvernement. — Tout cela, Votre Seigneurie peut le croire, me donne de grandes inquiétudes pour ce gentleman; et pourtant je ne vois pas comment je pourrais le secourir, et je suis obligé de l'abandonner au hasard et à sa propre adresse.

J'avais eu la pensée de proposer au gouvernement de faire construire quelques baraques, comme le seul expédient pour maintenir ces rebelles et assurer la paix du pays; j'en parlai dans ce sens au général Carpenter, qui a dans les mains le projet que je lui avais remis. Je suis convaincu que ce serait là le seul moyen efficace de les tenir en bride; mais cependant il serait nécessaire d'y placer quelques troupes, sur quoi je me propose d'écrire au général.

Je sens que j'ai importuné Votre Seigneurie d'une bien longue lettre; j'en serais honteux si l'affaire ne concernait que moi. Mais où l'honneur du gouvernement est atteint, je n'ai pas besoin d'excuses, et je vous demanderai seulement la permission d'ajouter que je suis, avec un profond respect et du fond du cœur,

Mylord,

de Votre Seigneurie le très-humble et obéissant serviteur,

MONTROSE.

Copie de la lettre de M. Grahame de Killearn, enclose dans la précédente.

Chappellarroch, 19 nov. 1716.

Sous le bon plaisir de Votre Grâce,

Je suis obligé d'importuner Votre Grâce, pour obéir aux ordres de Rob Roy, dont j'ai le malheur d'être prisonnier. Je me réfère au porteur pour informer Votre Grâce de la manière dont j'ai été pris, et je ferai seulement connaître à Votre Grâce, en peu de mots, les demandes, qui sont que Votre Grâce lui donnera décharge de toutes les sommes qu'il doit à Votre Grâce, et qu'elle lui comptera la somme de 3,400 livres pour les pertes et dommages qu'il a éprouvés, tant à Craigrostown qu'à sa maison d'Auchinchisallen; et que Votre Grâce donnera sa parole de ne pas le troubler ni le poursuivre davantage. Jusque-là il m'emmène avec lui, ainsi que tout l'argent que j'ai reçu aujourd'hui, mes livres et les obligations non acquittées, en me menaçant de mauvais traitements si des troupes sont envoyées après lui. La somme que j'ai reçue aujourd'hui conformément à la supputation la plus exacte que j'en puisse faire devant plusieurs de vos fermiers, est de 3,227 livres 2 sh. 8 den. d'Écosse, dont je leur ai donné reçu. J'attends la réponse de Votre Grâce, et suis pour la vie

de Votre Grâce, le très-humble, obéissant et fidèle serviteur,

sic subscribitur. JOHN GRAHAME.

LE DUC DE MONTROSE à.......

Mise en liberté de Killearn. 28 novembre 1716.

Glasgow, 28 nov. 1716.

Monsieur,

Vous ayant donné connaissance, par ma dernière du 21 courant, de ce qui était arrivé à mon ami M. Grahame de Killearn, je suis charmé d'avoir à vous apprendre aujourd'hui que je fus très-agréablement surpris hier au soir de voir arriver M. Grahame lui-même, m'apportant ainsi les premières nouvelles que j'eusse eues de lui depuis son enlèvement. Il paraît que Rob Roy, quand il a eu réfléchi plus sérieusement, a pensé qu'il n'améliorerait pas ses affaires en gardant M. Killearn prisonnier, ce qui ne pouvait que l'exposer davantage à la justice du gouvernement; et en conséquence, il crut devoir, dimanche au soir, le rendre à la liberté, après l'avoir retenu depuis la nuit du lundi précédent, captivité qui a été très-pénible, le prisonnier ayant été obligé de changer continuellement de place. Il lui a rendu les livres, les papiers et les obligations, mais il a gardé l'argent.

Je suis avec sincérité, Monsieur, votre très-humble serviteur,

MONTROSE.

Les deux curieuses lettres du duc de Montrose touchant l'arrestation de M. Grahame de Killearn par Rob Roy, qui viennent d'être rapportées, ont été transcrites sur les copies manuscrites en possession de Sa Grâce le duc actuel; qui a eu la bonté de me permettre d'en faire usage pour la présente publication. Cette édition du roman venait de sortir des presses, lorsque l'honorable M. Peel, — que ses importantes fonctions publiques ne détournent pas des intérêts de la littérature, — a transmis à l'auteur une copie des lettres originales et de leurs enveloppes, dont il ne possède qu'un grossier *duplicatum*. Les originaux ont été découverts dans les archives, grâce aux recherches infatigables de M. Lemon, qui chaque jour jette plus de lumières sur cette précieuse collection de documents. D'après les nouvelles pièces dont l'auteur a été ainsi favorisé avec bienveillance, il peut suppléer aux adresses qui manquaient dans les copies. La lettre du 21 novembre 1716 est adressée au vicomte lord Townshend, et est accompagnée d'une autre lettre sous la même date, adressée à Robert Pringle, esq., sous-secrétaire d'état; nous l'insérons ici, comme ayant rapport à ce curieux incident.[1]

---

[1] Cette note, et la lettre qui la suit, forment, dans l'édition originale, un second Appendice ou *Post-scriptum* que nous avons cru devoir replacer ici dans son ordre naturel. (**L. V.**)

APPENDICE.

Lettre du duc de Montrose à Robert Pringle, esq., sous-secrétaire d'état du lord vicomte Townshend.

Glasgow, 21 nov. 1716.

Monsieur,

Ayant eu beaucoup de dépêches à écrire cette nuit, vous m'excuserez, j'espère, si je confie à une autre main le soin de vous rendre compte en peu de mots de l'affaire qui nécessite le départ de cet exprès, par lequel j'écris à mylord duc de Roxburgh, et à mylord Townshend, à qui, j'espère, vous voudrez bien veiller qu'elles soient exactement remises.

M. Grahame le jeune, de Killearn, étant, lundi dernier, dans le Monteith, à une maison de campagne où il recevait mes rentes, fut, vers neuf heures du soir, surpris par Rob Roy, et une troupe de ses hommes armés, qui, ayant cerné la maison et gardé les approches, présentèrent leurs fusils aux fenêtres, tandis que lui-même et quelques autres entraient dans la chambre, armés de pistolets, et se saisissaient de Killearn, de son argent, de ses livres, de ses papiers et de ses obligations, et emmenaient le tout avec lui dans les montagnes, ordonnant en même temps à Killearn de m'écrire une lettre (dont vous trouverez une copie ci-incluse) par laquelle il me propose un traité vraiment fort honorable. Je dois dire que cet événement m'a surpris autant qu'il est audacieux, et j'y dois apporter d'autant plus d'intérêt, que ce gentilhomme, mon proche parent, est ainsi exposé à souffrir toutes les barbaries et les cruautés que la vengeance et la méchanceté peuvent suggérer à ces mécréants, pour le punir de sa fidélité dans le service du gouvernement, et de son affection pour moi.

Je n'ai pas besoin d'entrer ici dans de plus amples particularités, puisque je sais que ma lettre à mylord Townshend reviendra dans vos mains. Il ne me reste donc qu'à vous donner l'assurance de la sincérité parfaite avec laquelle je suis,

Monsieur, votre très-humble serviteur.

Signé : Montrose.

J'attends avec la plus grande impatience une réponse à ma précédente dépêche au secrétaire d'état, au sujet de Methven et du colonel Urquhart, et des cousins de ma femme, Balnamoon et Phinaven.

Je dois vous prier de présenter mes humbles salutations à M. le secrétaire Methven, et de lui dire que je le renvoie à la lettre que j'ai écrite à mylord Townshend, au sujet de l'affaire de Rob Roy, jugeant inutile de les importuner l'un et l'autre de mes lettres.

Certifié : Rob. Lemon, *gardien des archives.*

Bureau des archives, 4 novembre 1829.

Nota. La lettre incluse dont il est question dans la lettre précédente est une seconde copie de la lettre que M. Grahame de Killearn fut contraint par Rob Roy d'écrire au duc de Montrose, et est exactement conforme à celle incluse dans la lettre à sa Grâce lord Townshend, en date du 21 novembre 1716. R. L.

APPENDICE.

La troisième lettre de l'appendice ci-dessus (pag. LVI), par laquelle le gouvernement est instruit de la mise en liberté de Killearn, est aussi adressée au sous-secrétaire d'état M. Pringle.

L'auteur peut en outre faire remarquer ici, qu'immédiatement avant l'insurrection de 1715, il voit, par l'examen de quelques notes envoyées au gouvernement, que Rob Roy paraît avoir été employé à des missions de confiance par le parti jacobite, même pour la tâche délicate de porter des espèces au comte de Breadalbane, bien qu'il eût presque autant valu confier à Don Raphael et à Ambroise de Lamela le trésor de l'Église.

N° III.

DÉFI DE ROB ROY.

Rob Roy *à haut et puissant prince* JAMES DUC DE MONTROSE.

Par considération pour le courage et la réputation de Votre Grâce, sachez que le seul moyen de les retrouver l'un et l'autre est de traiter Rob Roy comme il le mérite, en désignant un lieu et des armes, pour qu'une bonne fois vous puissiez vous défaire de votre ennemi invétéré, ou mettre un terme à votre vie malingre en tombant glorieusement sous ses coups. Pour que des flatteurs ou d'impertinents censeurs ne me reprochent pas d'avoir défié un homme qui a la réputation d'un misérable lâche, sachez que je consens à ce que les deux plus intrépides soutiens de son honneur, et le capitaine de ses troupes, se joignent à lui dans le combat. Alors sûrement Votre Grâce n'aura pas l'impudence de réclamer de la cour une multitude pour me chasser comme un renard, sous prétexte qu'on ne peut me trouver sur terre. Ceci sauve à Votre Grâce et aux troupes tout embarras ultérieur pour ma recherche; c'est-à-dire si votre ambition de gloire vous décide à profiter de cette rencontre suffisamment inégale que vous offre Rob Roy. Mais si la piété de Votre Grâce, sa prudence et sa couardise l'empêchent de hasarder cet expédient de gentilhomme, alors que votre amour de la paix vous fasse rendre ce que vous m'avez volé par la tyrannie de votre situation actuelle; autrement votre ruine est décidée; et avertissez vos amis de ne plus compter sur les égards que nous avons eus souvent pour eux, en les renvoyant après leur avoir seulement pris leurs armes. Toutes leurs supplications n'obtiendront plus, comme précédemment, cette faveur. Ainsi j'offre la paix à Votre Grâce, si le bruit de la guerre l'épouvante, et vous avez à choisir entre un bon ami et un ennemi mortel.

Cette singulière rodomontade est incluse dans une lettre à un ami de Rob Roy, probablement quelqu'un de la suite du duc d'Argyle, à Isla; elle est ainsi conçue:

Monsieur,

Recevez le papier ci-inclus; il vous divertira vous et vos camarades, quand vous viderez une bouteille. Je n'ai pas eu de nouvelles depuis que je vous ai vu, seulement celles que nous avions eues des Espagnols se confirment. Si j'en reçois quelque autre, soyez assuré que je vous la ferai parvenir; jusque-là je ne vous écrirai plus.

Je suis, monsieur, votre affectionné cousin et très-humble serviteur,

ROB ROY.

Argyle, 1719.

Adressée à M. Patrick Anderson, à Haig.
Pour sceau, un cerf; — emblème assez convenable à un sauvage cateran.

Il paraît, d'après l'adresse, que Rob Roy continuait d'entretenir des intelligences avec le duc d'Argyle et ses agents. L'allusion qu'il semble faire à une guerre a probablement rapport à quelques bruits vagues touchant une expédition partie d'Espagne. Le débarquement des troupes qui furent prises à Glensheal l'année précédente, 1718, pouvait donner lieu à de telles rumeurs.

N° IV.

De Robert Campbell, autrement dit Mac Gregor, appelé communément Rob Roy, au feld maréchal Wade, recevant alors la soumission des chieftains et des clans suspects [1].

Monsieur,

La grande humanité que vous avez constamment montrée dans l'accomplissement de la mission qui vous avait été confiée, et l'usage que vous avez toujours fait des pouvoirs étendus dont vous êtes investi, pour rendre de bons et charitables offices à ceux que vous avez jugés dignes de votre compassion, excuseront, je l'espère, mon importunité, quand je viens me présenter à votre Excellence comme n'étant pas absolument indigne de cette miséricorde et de cette faveur qu'elle a si généreusement accordées au nom de Sa Majesté à d'autres placés dans les malheureuses circonstances où je me trouve. Je sens bien que rien de suffisant ne peut être allégué pour excuser un crime aussi grand que celui dont je me suis rendu coupable, celui de rébellion. Mais je demande humblement qu'il me soit permis d'exposer à Votre Excellence quelques particularités qui, je l'espère, atténueront ma faute à quelques égards. Mon malheur, à l'époque où éclata la rébellion, fut de me trouver sous le coup de mandats légaux de recherche et de prise de corps, obtenus à l'instance du duc de Montrose, pour des réclamations pécuniaires qu'il me faisait. Pour éviter d'être jeté en prison, comme cela aurait certainement eu lieu si j'avais suivi mes inclinations réelles en rejoignant l'armée royale à Stirling, je fus forcé de prendre part avec les adhérants du Prétendant; car tout le pays étant en armes, il n'était ni sûr pour

---

[1] Cette curieuse épître est copiée d'une narration authentique des opérations du maréchal Wade dans les Highlands, communiquée par feu Georges Chalmers, esq., antiquaire distingué, à M. Robert Jamieson, du greffe d'Édimbourg, et publiée dans l'Appendice des lettres de Burt sur le nord de l'Écosse (*Burt's Letters from the north of Scotland*). Édition d'Édimbourg, 1818. (W. S.)

moi ni même possible de rester neutre. Je n'allèguerais pas, cependant, cette contrainte où je me trouvais de prendre part à une rébellion coupable contre Sa Majesté le roi Georges, si je ne pouvais en même temps assurer Votre Excellence que non-seulement j'ai évité en toute occasion d'agir offensivement contre les forces de Sa Majesté, mais qu'au contraire j'ai fait parvenir à sa Grâce le duc d'Argyle tous les renseignements que j'ai pu me procurer de temps à autre sur les forces et la situation des rebelles ; ce que sa Grâce me rendra, j'espère, la justice de reconnaître. Quant à ma dette envers le duc de Montrose, je l'ai acquittée jusqu'au dernier farthing ; je prie Votre Excellence d'être persuadée que s'il eût été en mon pouvoir, comme il était dans mes inclinations, d'agir pour le service de Sa Majesté le roi Georges, je l'aurais toujours fait, et qu'une des raisons qui me portent à solliciter la faveur de votre intercession près de Sa Majesté pour m'obtenir grâce de la vie, c'est mon ardent désir de la consacrer au service d'un prince dont la bonté, l'humanité et la justice sont connues du monde entier.

Je suis, avec soumission et respect,
de Votre Excellence, etc
ROBERT CAMPBELL.

N° V.

Il existe un grand nombre de ballades, productions des poëtes écossais, sur l'habitude de faire l'amour à la mode du lion, commune autrefois chez les Highlanders, quand ils avaient un caprice pour la personne (ou pour les biens) d'une demoiselle lowlandaise. Nous en trouvons un exemple dans le recueil des chansons populaires d'Écosse de M. Jamieson :

La jolie Babby Livingstone était allée voir ses troupeaux ; elle a rencontré Glenlyon, qui l'a emmenée avec lui.

Il lui enleva son surtout de satin et sa robe de soie, puis l'enveloppant de son plaid de tartan, il la prit dans ses bras et l'emporta.

Une autre ballade nous dit comment

Vingt-quatre hommes des Highlands descendirent le long du Fiddoch, et firent un terrible serment que Jean Muir serait une fiancée.

Ils firent un terrible serment, chacun jurant sur son dirk, qu'ils la marieraient à Duncan Ged, ou qu'ils feraient une sanglante besogne.

La tradition seule a conservé cette dernière ballade ; mais il en existe beaucoup d'autres sur le même sujet, dans les collections de chansons écossaises.

L'entreprise de Robert Oig, ou de Rob Roy le jeune, comme l'appellent les Lowlanders, fut célébrée dans une ballade dont il existe vingt versions différentes. L'air en est vif et sauvage. Nous citons de mémoire les couplets suivants :

Rob Roy est descendu des Highlands, sur la frontière des basses terres ; il a enlevé une dame, pour qu'elle tienne sa maison.

Il la mit sur un cheval blanc comme le lait; il n'avait peur de personne. Ils arrivèrent aux montagnes highlandaises, au-delà de Balmaha[1].

Disant : Soyez contente avec moi, madame; où trouveriez-vous dans le Lennox, madame, un homme aussi brave que moi?

On appelait mon père Rob Roy; Mac Gregor était son nom, madame. Tout le pays, ici et au loin, a retenti du nom de Mac Gregor.

Il fut un rempart pour ses amis et un fléau pour ses ennemis, madame; si quelqu'un le contredisait, il sentait ses coups terribles.

Je suis aussi hardi, autant et plus, madame; celui qui doute de ma parole peut mettre à l'épreuve ma bonne claymore.

Soyez donc contente avec moi, madame; car à présent vous êtes maintenant ma femme, jusqu'au jour de votre mort.

N° VI

Ghlune Dhu.

Les notes suivantes concernant ce chef tombèrent sous les yeux de l'auteur au moment où il allait livrer ces feuilles à l'impression. Elles se trouvent dans des mémoires manuscrits écrits par une personne très au fait des événements de 1745.

Ce chef avait reçu l'importante mission de défendre le château de Doune, où le Chevalier avait mis garnison pour protéger ses communications avec les Highlands et repousser les sorties qui pourraient être faites du château de Stirling. Ghlune Dhu se distingua dans l'accomplissement de cette mission.

On fait de Ghlune Dhu le portrait suivant : « De sa personne, Glengyle est un très-bel homme et a plus de la mine des anciens héros que nos beaux gentilshommes modernes. Sa probité et son désintéressement sont passés en proverbe; — il est modeste à l'excès, — brave et intrépide, — et il s'est montré un des meilleurs partisans de l'Europe. En un mot, tous les habitants du pays déclarent que jamais on n'a vécu sous un gouvernement aussi doux que celui de Glengyle, pas un d'eux n'ayant éprouvé le tort même d'un poulet tant qu'il fut dans la contrée. »

D'après ce curieux passage, il paraîtrait que Glengyle, — et non pas Stewart de Balloch, comme il est dit dans une note de *Waverley*, — commandait la garnison de Doune. Balloch aura sans doute remplacé Mac Gregor dans ce poste.

[1] Défilé sur la rive orientale du Loch Lomond, une des entrées des Highlands. (W. S.)

ROB ROY.

> Pourquoi? Parce que le bon vieux droit leur suffisait. Prendre ce qu'on pouvait, et défendre ce qu'on avait pris, c'était là toute la politique.
> **Wordsworth**, *le Tombeau de Rob Roy.*

CHAPITRE PREMIER.

> Par quelle faute ai-je mérité l'affliction qui descend sur moi? Je n'ai plus de fils; celui-ci ne l'est plus. — Malédiction sur la tête de celui qui le changea ainsi! — Voyager? Bientôt je ferai voyager mon cheval! *Monsieur Thomas.*

Vous m'avez engagé, mon cher ami, à utiliser quelques-uns de ces loisirs dont la Providence a favorisé le déclin de ma vie, en traçant le tableau des hasards et des peines qui en ont marqué le début. Le souvenir de ces aventures, comme vous voulez bien les appeler, a réellement laissé dans mon esprit une impression à la fois agréable et pénible, mêlée, j'ose le croire, d'un sentiment profond de reconnaissance et de vénération envers l'arbitre des destinées humaines, qui a guidé ma jeunesse à travers tant de travaux et de dangers, comme pour rendre plus doux, par la comparaison et le contraste, le repos dont il a couronné ma vieillesse. Je ne puis douter non plus, ainsi que vous me l'avez dit souvent, que les événements qui me sont arrivés au milieu d'un peuple tout à fait primitif par son organisation et ses usages, n'aient en effet quelque chose d'attrayant et de rempli d'intérêt pour ceux qui aiment à entendre les récits d'un vieillard parlant des temps passés.

N'oubliez pas, cependant, que l'histoire racontée par un ami à son ami perd la moitié de son charme quand elle est confiée au papier; et que les récits auxquels vous avez prêté l'oreille avec intérêt, parce que celui qui les faisait y avait eu une part, vous paraîtront moins dignes d'attention quand vos yeux s'y reporteront dans le silence du cabinet. Mais votre vieillesse plus verte et votre constitution robuste vous promettent une vie plus longue que ne sera, selon toutes les probabilités humaines, celle de votre ami : déposez donc ces feuillets dans quelque tiroir secret de votre bureau, jusqu'à ce que nous soyons séparés l'un de l'autre par un événement qui peut arriver à chaque instant, et qui doit arriver d'ici à peu—à bien peu d'années. Quand nous nous serons quittés dans ce monde, pour nous retrouver, je l'espère, dans un monde meilleur, vous chérirez, j'en suis sûr, plus qu'elle ne l'aura mérité, la mémoire de votre ami absent, et vous trouverez dans les détails que je confie maintenant au papier un sujet de pensées mélancoliques, mais non désagréables. D'autres lèguent aux confidents de leur cœur l'image de leurs traits; — je dépose entre vos mains un miroir fidèle de mes sentiments et de mes pensées, de mes qualités et de mes faiblesses, bien assuré que les folies et l'impétueuse obstination de ma jeunesse trouveront en vous la même indulgence amicale que vous avez si souvent montrée pour les fautes de mon âge mûr.

Un avantage, entre beaucoup d'autres, d'adresser ces mémoires (si je puis donner à ces feuilles un nom si imposant) à un ami cher et intime, c'est que je puis épargner, comme inutiles, quelques-uns de ces détails qu'avec un étranger je n'aurais pu passer sous silence, et qui auraient retardé le récit des choses d'un plus grand intérêt. Parce que je vous tiens en mon pouvoir, et que j'ai devant moi l'encre, le papier et le temps, dois-je vous accabler de mes longueurs? Je n'oserais promettre, cependant, de n'abuser jamais de l'occasion séduisante qui m'est offerte, de parler de moi et de mes affaires, même quand il s'agira de circonstances aussi bien connues de vous que de moi-même. L'irrésistible entraînement de la narration, quand nous-mêmes sommes les héros de nos récits, fait oublier souvent ce qu'on doit au temps et à la patience des auditeurs; les meilleurs et les plus sages ont cédé à cette fascination. Je me bornerai à vous citer, comme exemple remarquable, les *Mémoires* de Sully, dont (avec la petite gloriole d'un amateur de livres) vous persistez à préférer l'édition originale, aussi rare qu'elle est prolixe, à celle où ils ont été ramenés à une forme plus utile et plus usuelle. Ces mémoires originaux ne me semblent curieux que parce qu'ils montrent combien un aussi grand homme put se laisser aller au faible de l'amour-propre. Si je m'en souviens bien, cet homme vénérable, cet homme d'État illustre, n'avait pas destiné moins de quatre gentilshommes de sa maison à retracer les événements de sa vie, sous le titre d'*Économies royales, ou Mémoires des royales transactions politiques, militaires et domestiques de Henry IV,* etc. Ces graves annalistes, ayant achevé leur compilation, donnèrent à ces mémoires, où étaient retracés tous les incidents remarquables de la carrière de leur maître, la forme d'un exposé adressé à Sully même, *in propriâ personâ*. Au lieu donc de raconter sa propre histoire à la troisième personne, comme Jules César, ou à la première personne, comme la plupart de ceux qui, dans un salon ou dans leur cabinet, se font les pivots de leur récit, Sully se donna le plaisir raffiné, mais bizarre, de se faire raconter sa vie par ses propres secrétaires, étant lui-même l'auditeur, aussi bien que le héros, et probablement l'auteur de tout l'ouvrage. Ce devait être chose curieuse que de voir l'ex-ministre, raide comme il devait l'être dans sa fraise empesée et son pourpoint lacé, assis dans son grand fauteuil surmonté d'un dais, et écoutant le narré de ses secrétaires, qui, debout et découverts, lui répétaient avec le plus grand flegme : « Ainsi parla le duc ; — ainsi conclut le duc ; — tel fut le sentiment de Votre Grâce sur ce point important ; — tels furent vos avis secrets au roi en cette autre occasion » — toutes circonstances qui devaient être beaucoup mieux connues de leur auditeur que d'eux-mêmes, et que, pour la plupart, ils ne pouvaient tenir que de lui.

Ma situation n'est pas tout à fait si plaisante que celle du grand Sully, et cependant il serait quelque peu ridicule que Frank Osbaldistone donnât à Will Tresham une information détaillée de sa naissance, de son éducation et de ses relations de famille. Je lutterai donc, autant que possible, avec l'esprit tentateur, comme dit le clerc de notre paroisse, et je tâcherai de ne vous rien dire de ce qui vous est suffisamment connu. Je dois pourtant rappeler à votre mémoire quelques faits que le cours des années aurait pu en avoir effacés, et qui ont été le point de départ de ma destinée.

Vous vous souvenez de mon père. Le vôtre était associé de sa maison de commerce, et vous le connûtes dès votre enfance. Cependant vous le vîtes à peine dans ses beaux jours, avant que l'âge et les infirmités eussent amorti son ardeur d'entreprises et de spéculations. Il eût été moins riche, sans doute, mais plus heureux peut-être, s'il eût consacré aux progrès des sciences cette active énergie, cette pénétration puissante d'un esprit observateur qu'il porta dans les occupations commerciales. Il est, cependant, dans les fluctuations de la carrière mercantile quelque chose qui doit captiver un esprit entreprenant, même en dehors de l'espoir du gain. Celui qui s'embarque sur cette mer orageuse doit unir l'habileté du pilote à l'intrépidité du navigateur ; encore est-il exposé au naufrage, s'il n'a pour lui le vent de la fortune. Ce mélange de prévoyance nécessaire et d'inévitables hasards, — ce doute terrible et continuel, si la prudence aura dominé la fortune, ou si la fortune renversera les plans de la prudence ; toutes ces idées remplissent l'âme, en même temps qu'elles fournissent une ample matière à la puissance de notre esprit ; et le commerce a tout l'attrait du jeu sans en avoir la réprobation morale.

C'était dans les premières années du dix-huitième siècle. J'avais alors une vingtaine d'années (le Ciel me soit en aide !), lorsque je fus subitement rappelé de Bordeaux par mon père, pour des affaires importantes. Je n'oublierai jamais notre première entrevue : vous vous souvenez de ce ton bref, quelque peu brusque et sévère, qu'il avait habituellement avec ceux qui l'entouraient. Même aujourd'hui je crois le voir encore, — la taille droite et ferme, — la démarche vive et décidée, — ses yeux d'où partait un regard subtil et pénétrant, — ses traits où déjà le souci avait imprimé ses rides; — je crois entendre sa voix, qui jamais ne prononçait un mot inutile, et dont le son semblait quelquefois accuser une dureté qui était loin de son cœur.

En descendant de cheval, je courus au cabinet de mon père. Il le parcourait d'un air à la fois calme et ferme, que mon arrivée même, moi son fils unique, et qu'il n'avait pas vu depuis quatre ans, ne put altérer. Je me précipitai dans ses bras. Il était bon père, quoique froid : une larme brilla dans ses yeux ; mais cette émotion fut bientôt réprimée.

— Dubourg m'a écrit qu'il est content de vous, Frank.

— Je suis heureux, monsieur.....

— Mais j'ai moins raison de l'être, moi, continua-t-il en se plaçant à son bureau.

— Je suis désolé, monsieur.....

— Heureux, désolé..... Frank, ce sont là des mots qui la plupart du temps ne signifient rien. — Voici votre dernière lettre.

Il tira ma lettre du milieu d'un grand nombre d'autres, réunies par un cordon rouge et soigneusement étiquetées et enfilées. Là gisait ma pauvre épître, écrite sur le sujet qui alors me tenait le plus au cœur, et conçue en termes que j'avais crus propres à toucher, sinon à convaincre mon père ; — c'est là qu'elle était enterrée parmi une foule de lettres d'affaires courantes. Je ne puis m'empêcher de sourire, quand je me rappelle le mélange de vanité et de sensibilité blessées avec lesquelles je vis ma remontrance, dont la rédaction, je vous assure, m'avait donné quelque peine, tirée de ce monceau de lettres d'avis, de lettres de crédit, de tout ce bagage, en un mot, que je considérais comme les lieux communs de la correspondance d'un marchand. Assurément, pensai-je, une lettre d'une telle importance (je n'osais pas dire si bien écrite) aurait dû être placée à part, et méritait plus d'attention que le fatras courant d'un bureau.

Mais mon père ne remarqua pas ma mortification, et il ne s'y serait guère arrêté, quand même il l'eût remarquée. Il continua, tenant ma lettre en main : — Ceci, Frank, est votre lettre du 21 dernier, par laquelle vous m'informez (il lisait ma lettre) que dans une affaire aussi importante que l'adoption d'une carrière et le choix d'un état pour la vie, vous espérez que ma bonté paternelle vous accordera du moins une voix négative ; — que vous avez des objections invincibles — oui, il y a invincibles ; — je voudrais, soit dit en passant, que vous écrivissiez plus lisiblement ; — barrez vos *t,* et ouvrez davantage le rond de vos *s ;* — que vous avez des objections invincibles contre les arrangements que je vous ai proposés. Tout le reste ne fait que répéter la même chose, et vous avez rempli quatre bonnes pages de papier de ce qui aurait pu, avec un peu d'attention, apportée à la clarté et à la propriété des termes, être resserré en autant de lignes. Car en définitive, Frank, tout se réduit à ceci, que vous ne voulez pas faire ce que je désire de vous.

— Que je ne le puis, monsieur, dans l'occasion actuelle, et non que je ne le veux pas.

— Les mots m'imposent fort peu, jeune homme, reprit mon père, dont l'inflexibilité revêtait toujours les dehors du calme le plus parfait et du plus grand sang-froid. *Je ne puis* peut être plus poli que *je ne veux pas;* mais c'est exactement la même chose là où il n'y a pas d'impossibilité morale. Mais je ne suis pas un homme à conclure une affaire à la hâte; nous reprendrons ceci après le dîner. — Owen!

Owen parut. Il n'avait pas encore ces cheveux blancs pour lesquels vous aviez tant de vénération, car il n'était guère alors parvenu qu'à la cinquantaine; mais il portait le même habit noisette, ou du moins un exactement pareil, — les mêmes bas de soie gris-perle, — les mêmes souliers à boucles d'argent, les mêmes manchettes de batiste plissées, rabattues, au salon, jusqu'au milieu des mains, mais qu'il avait grand soin, au bureau, de relever sous ses manches, pour les préserver des injures de l'encre dont il faisait une si grande consommation journalière; — en un mot, cette même physionomie grave, ponctuelle, et cependant bienveillante, qui distingua toujours, jusqu'à sa mort, le premier commis de la maison Osbaldistone et Tresham.

— Owen, dit mon père, tandis que le bon vieillard me serrait la main avec effusion, vous dînerez avec nous aujourd'hui, et vous entendrez les nouvelles que Frank nous apporte de nos amis de Bordeaux.

Owen, fit un de ses saluts bien raides de gratitude respectueuse; car à cette époque, où la distance des inférieurs aux supérieurs était maintenue avec un soin religieux, que l'époque actuelle ne connaît plus, une telle invitation était une faveur signalée.

Je me souviendrai longtemps de ce dîner. Pénétré d'inquiétude et préoccupé de pensées peu agréables, j'étais hors d'état de prendre à la conversation une part aussi active que mon père semblait s'y attendre; et trop souvent je ne faisais que des réponses peu satisfaisantes aux questions dont il m'accablait. Partagé entre le respect pour son patron et son amitié pour l'enfant qu'il avait fait sauter sur ses genoux, Owen, semblable à l'allié craintif, quoique bienveillant, d'une nation envahie, s'efforçait, à chacune de mes bévues, d'expliquer mes non-sens et de couvrir ma retraite : manœuvres qui, loin de me protéger, ajoutaient encore à la mauvaise humeur de mon père et en faisaient rejaillir une part sur mon officieux avocat. Durant ma résidence chez monsieur Dubourg, je ne m'étais pas précisément conduit comme ce petit clerc

> Qui, traversant les desseins de son père,
> Au lieu d'un rôle écrivait un couplet;

mais, à vrai dire, je n'avais fréquenté le bureau qu'autant que je l'avais cru absolument nécessaire pour m'assurer d'un rapport favorable sur mon compte de la part du négociant français, ancien correspondant de notre maison, auquel mon père m'avait confié pour m'initier dans les secrets du commerce. Mon attention, en réalité, s'était principalement dirigée vers la littérature et les exercices du corps. Mon père était loin de proscrire de telles études. Il avait trop de bon sens pour ne pas s'apercevoir combien elles prêtent de grâce à ceux qui s'y livrent, et il sentait bien qu'elles relèvent et honorent le caractère auquel il désirait me voir aspirer. Mais sa première ambition était que je succédasse non pas seulement à sa fortune, mais aux projets et aux plans par lesquels il croyait pouvoir augmenter et perpétuer le riche héritage qu'il me destinait.

L'amour de sa profession était surtout le motif qu'il faisait valoir en me pressant de suivre la même carrière; mais il en avait d'autres que je n'ai connus que plus tard. Aussi hardi dans ses plans qu'habile et hasardeux, chaque nouvelle spéculation menée à bonne fin devenait un stimulant en même temps qu'un acheminement vers une autre entreprise. Il semblait que ce fût pour lui une nécessité, comme à un conquérant ambitieux, de courir de succès en succès, sans s'arrêter pour consolider le fruit de ses victoires, et moins encore pour en jouir. Accoutumé à voir toutes ses richesses suspendues dans la balance du sort, et fécond en expédients pour la faire pencher en sa faveur, son énergie, son ardeur et son activité semblaient s'accroître avec les hasards mêmes sur lesquels il jouait sa fortune; semblable au matelot accoutumé à braver et les flots et l'ennemi, et dont la confiance s'élève à la veille d'une tempête ou d'un combat. Il ne se dissimulait pas cependant les changements que l'âge et les infirmités pouvaient apporter dans sa constitution; et il désirait ardemment s'assurer en moi, en temps utile, un aide qui s'emparât du gouvernail quand il échapperait à sa main fatiguée, et qui dirigeât le vaisseau d'après ses conseils et ses instructions. Son affection paternelle et ses vues d'avenir se réunissaient dans la même conclusion. Votre père, bien que sa fortune fût engagée dans notre maison, n'y prit jamais une part active; et quoique, par sa probité et son habileté dans les détails de la comptabilité, Owen fût un premier commis inappréciable, il n'avait ni les connaissances ni le génie nécessaire pour être mis à la tête d'une maison. Si mon père était subitement rappelé de ce monde, quel serait l'avenir des plans qu'il avait conçus, à moins que son fils, devenu un Hercule commercial, ne fût en état d'en soutenir la charge quand elle serait trop pesante pour Atlas chancelant? Et que deviendrait ce fils lui-même, si étranger aux affaires de cette nature, s'il se trouvait tout à coup enfermé dans un labyrinthe de spéculations mercantiles, sans posséder les connaissances qui seules pouvaient lui servir de fil conducteur? Par toutes ces raisons avouées et secrètes, mon père avait décidé que j'embrasserais sa profession; et personne ne tint jamais plus invariablement à une résolution arrêtée. Il était cependant nécessaire que je fusse aussi consulté à cet égard; or, j'avais pris déjà une décision précisément contraire, et j'avais en moi quelque chose de la fermeté paternelle.

Ce qui, je l'espère, pourra excuser, jusqu'à un certain point, la résistance qu'en cette occasion j'opposai aux vues de mon père, c'est que j'ignorais en partie les raisons sur lesquelles ces vues étaient fondées, et que je ne savais pas non plus combien son bonheur y était lié. Me regardant comme certain, pour l'avenir, d'une succession opulente, et pour le présent, d'un entretien suffisant, je n'avais jamais imaginé qu'il pût être nécessaire, pour m'assurer ces biens, que je m'astreignisse à un travail dont la nature répugnait à mes goûts et à mon caractère. Dans le dessein manifesté par mon père de m'engager dans les affaires, je ne vis que le désir de me voir grossir cet amas de richesses qu'il avait acquises; et me regardant comme le meilleur juge de la voie qui pouvait me conduire au bonheur, je ne pouvais le placer dans l'augmentation d'une fortune que je trouvais déjà suffisante, et même au delà, pour satisfaire aux besoins et aux jouissances de la vie.

Je suis donc forcé de répéter que mon temps, à Bordeaux, n'avait pas été employé comme se l'était proposé mon père. Les études qu'il considérait comme le but principal de mon séjour dans cette ville n'étaient pour moi que très-secondaires, et (si j'eusse osé) je les aurais négligées tout à fait. D'abord, M. Dubourg, pour qui sa correspondance avec notre maison était fort avantageuse, était un trop fin politique pour faire au chef de cette maison des rapports qui eussent pu mécontenter à la fois le père et le fils; et en outre, comme vous le verrez bientôt, il pouvait avoir des motifs d'intérêt personnel pour souffrir que je négligeasse l'étude pour laquelle j'avais été confié à ses soins. Quant aux mœurs et à la conduite, j'étais irréprochable, et là-dessus il n'aurait eu, lors même qu'il y eût été disposé, aucun mauvais compte à rendre; mais peut-être l'indulgence du rusé Français aurait-elle également fermé les yeux sur des écarts pires qu'une indolence naturelle et mon éloignement pour les affaires de commerce. Quoi qu'il en soit, comme je donnais une portion raisonnable de mon temps aux études commerciales qu'il me recommandait, il ne me contestait nullement les heures que je consacrais à d'autres travaux plus classiques, et il ne trouva jamais mauvais que je préférasse Corneille et Boileau à l'in-folio de Postlethwayte (supposé que cet auteur eût déjà existé, et que M. Dubourg fût parvenu à en prononcer le nom), ainsi qu'à Savary et à tout autre écrivain d'économie commerciale. Il avait recueilli quelque part une phrase par laquelle il terminait toutes ses lettres à son correspondant : — « Votre fils, disait-il, est tout ce qu'un père peut désirer. »

Mon père ne critiquait jamais une phrase, quelque fréquente qu'en fût la répétition, pourvu qu'elle lui parût claire et précise; et Addison lui-même n'aurait pas trouvé d'expressions aussi satisfaisantes que celles-ci : « Au reçu de la vôtre, et ayant fait honneur aux billets inclus, comme à la marge. »

Sachant très-bien ce qu'il désirait de moi, M. Osbaldistone ne doutait donc pas, d'après la phrase si souvent répétée de Dubourg, que je fusse en effet ce qu'il désirait me voir, lorsque, dans une heure de malheur, il reçut la lettre où j'avais déposé mes excuses éloquentes et détaillées pour refuser un emploi dans notre maison, avec un pupitre et un tabouret, dans un coin des sombres bureaux de Crane-Alley, plus élevés que ceux d'Owen et des autres commis, et inférieurs seulement au pupitre de mon père. Tout fut gâté dès ce moment. Les rapports de Dubourg devinrent aussi suspects que si ses billets fussent restés en souffrance. Je fus rappelé en toute hâte, et reçu comme je vous l'ai dit.

CHAPITRE II.

> Je commence fortement à soupçonner le jeune homme d'une terrible peste, — la poésie. S'il est infecté de cette maladie de fainéant, il n'y a plus rien à en espérer pour l'avenir. *Actum est* [1] de lui comme homme public, s'il met une fois le pied dans le pays des rimes.
>
> BEN JONSON, *la Foire de Saint-Barthélemy.*

GÉNÉRALEMENT parlant, mon père était parfaitement maître de lui-même, et son humeur se trahissait rarement par des mots; seulement son ton était plus sec et plus brusque avec ceux qui lui avaient déplu. Jamais il ne proférait de menaces; jamais il n'éclatait en reproches. Tout en lui était systématique, et sa maxime était d'aller droit au but sans dépenser de paroles inutiles. C'était donc avec un sourire d'amère ironie qu'il écoutait mes réponses pleines d'ignorance sur l'état du commerce en France, et il me laissait sans pitié m'enfoncer de plus en plus dans les mystères de l'agio, des tarifs et des taxes; il conserva ce calme cruel jusqu'au moment où il vit que j'étais hors d'état de lui expliquer l'effet exact de la dépréciation des

[1] C'en est fait.

louis d'or sur la négociation des lettres de change, — L'événement le plus remarquable de mon temps! s'écria mon père (qui pourtant avait vu la révolution [1]). Et il n'en sait pas plus là-dessus qu'un poteau du quai!

— Monsieur Francis, hasarda Owen, du ton timide et conciliant qui lui était habituel, monsieur Francis ne peut avoir oublié que par un *arrêt* du roi de France, daté du 1ᵉʳ mai 1700, il fut réglé que le *porteur*, dans le délai de dix jours après l'échéance, devait former une demande.....

— Monsieur Francis, interrompit mon père, se souviendra sans doute de tout ce que vous aurez la bonté de lui souffler. — Mais, sur mon âme! comment Dubourg a-t-il pu le laisser?.... Écoutez, Owen : quel jeune homme est-ce que Clément Dubourg, son neveu, ce garçon aux cheveux noirs, qui travaille dans nos bureaux?

— Un des commis les plus habiles de la maison, monsieur; un jeune homme prodigieux pour son âge, répondit Owen, dont la gaieté et la politesse du jeune Français avaient gagné le cœur.

— Oui, oui, je suppose que *lui* connaît quelque chose aux changes. Dubourg a voulu que j'eusse au moins près de moi un jeune homme qui s'entendît en affaires; mais je le devine, et il s'en apercevra quand il examinera la balance de nos comptes. Owen, que le trimestre de Clément lui soit soldé, et qu'il se tienne prêt à s'embarquer pour Bordeaux sur le vaisseau de son père, qui est ici en déchargement.

— Renvoyer Clément Dubourg, monsieur? bégaya Owen.

— Oui, monsieur, le renvoyer à l'instant. C'est assez dans nos bureaux des bévues d'un Anglais stupide, sans y garder un Français rusé, qui en profite.

J'avais assez longtemps vécu dans le pays du *grand roi* pour contracter une profonde aversion de l'arbitraire, lors même que ma première éducation ne m'eût pas pénétré de cette aversion; je ne pus m'empêcher d'intervenir en faveur d'un jeune homme plein de mérite, que l'on voulait punir d'avoir acquis ces connaissances que mon père eût désiré trouver en moi.

— Je vous demande pardon, monsieur, dis-je aussitôt que M. Osbaldistone eut cessé de parler; mais il me semble qu'il est juste que si j'ai négligé mes études, j'en porte seul la peine. Je ne puis aucunement reprocher à M. Dubourg de ne m'avoir pas fourni toutes les occasions de progrès, quelque mal que j'en aie profité; et quant à M. Clément Dubourg....

— Quant à lui et à vous, je prendrai les mesures nécessaires, interrompit mon père. Cependant c'est bien à vous, Frank, d'assumer sur vous tout le blâme; — c'est très-bien : on ne peut le nier. — Mais

---

[1] La révolution anglaise de 1688. (L. V.)

je ne peux pardonner au vieux Dubourg, ajouta-t-il en regardant Owen, de s'être contenté de donner à Frank les moyens de s'instruire en affaires, sans s'apercevoir qu'il n'en profitait pas, ou sans m'en avoir averti. Vous voyez, Owen, qu'il a les notions d'équité qui conviennent à un négociant anglais.

— Monsieur Francis, répondit le premier commis, avec sa légère inclinaison de tête habituelle, et en élevant un peu la main droite, tic que lui avait donné l'habitude de poser sa plume derrière son oreille quand il se disposait à parler; — monsieur Francis paraît comprendre le principe fondamental de tout calcul d'équité, la grande règle de trois de la morale : que A fasse à B ce qu'il voudrait que B lui fît; le produit sera la règle de conduite requise.

Mon père sourit à cette réduction aux formes arithmétiques, de la règle d'or; mais il reprit aussitôt :

— Tout cela ne signifie rien, Frank; vous avez dissipé votre temps comme un enfant : à l'avenir vous devez vous étudier à vivre en homme. Je vous mettrai, pour quelques mois, sous la direction d'Owen, afin de rattraper le temps perdu.

J'allais répondre; mais Owen me fit un signe d'avertissement, et me regarda en même temps d'un air si suppliant, que malgré moi je gardai le silence.

— A présent, continua mon père, nous allons revenir au sujet de ma lettre du 1ᵉʳ du mois dernier, à laquelle vous avez répondu d'une manière si irréfléchie et si peu satisfaisante. Mais d'abord remplissez votre verre, et passez la bouteille à Owen.

Le manque de courage, — d'audace si vous voulez, — ne fut jamais mon défaut. Je répondis d'un ton ferme : Je regrette que ma lettre vous ait paru peu satisfaisante, mais elle n'était pas irréfléchie; j'ai donné l'attention la plus grande et la plus sérieuse à la proposition que vous avez eu la bonté de me faire, et c'est avec une peine véritable que je me trouve dans l'obligation de la refuser.

Mon père tourna vers moi son œil perçant, mais il le détourna aussitôt. Comme il ne répondit rien, je me crus obligé de continuer, quoique avec quelque hésitation, et il ne m'interrompit que par monosyllabes.

— Il m'est impossible, monsieur, d'avoir pour aucun titre un plus haut respect que pour celui de négociant, alors même que ce titre ne serait pas le vôtre.....

— Vraiment!

— Le commerce est le lien des nations : il pourvoit aux besoins et contribue à la richesse de toutes; il est aux États du monde civilisé ce que les relations habituelles de la vie commune sont aux sociétés privées, ou plutôt ce que l'air et la nourriture sont au corps.

— Eh bien, monsieur?

CHAPITRE II.

— Et cependant, monsieur, je me trouve forcé de persister dans le refus que j'ai fait d'un titre que je suis si peu digne de porter.

— J'aurai soin que vous acquériez les qualités nécessaires. Vous ne serez plus ni l'hôte ni l'élève de Dubourg.

— Mais, mon cher père, ce n'est pas le manque de connaissances que j'allègue ; c'est mon incapacité à profiter des leçons qui me seraient données.

— Fadaises. Avez-vous tenu votre journal dans la forme que je vous avais indiquée ?

— Oui, monsieur.

— Veuillez nous l'apporter ici.

Le livre ainsi réclamé était une espèce de main courante, où, sur la recommandation de mon père, je devais noter tout ce qui, dans le cours de mes études commerciales, me paraîtrait digne d'attention. Prévoyant bien qu'il demanderait à voir ce mémorial, j'avais eu le soin d'y transcrire tout ce que j'avais pensé devoir lui être le plus agréable ; mais trop souvent la plume avait écrit sans être dirigée par la pensée, et il était arrivé aussi que ce livre se trouvant sous ma main, j'y avais parfois déposé des notes bien étrangères au négoce. Je le remis entre les mains de mon père, priant sincèrement le Ciel qu'il ne tombât pas sur quelque page qui pût accroître son mécontentement contre moi. La figure d'Owen, qui s'était quelque peu alongée à la demande de mon père, s'éclaircit quand il me vit en règle ; et l'espérance se peignit dans son sourire quand j'apportai de ma chambre et plaçai devant mon père un registre ayant tous les dehors d'un livre de commerce, plus large que long, agrafes de cuivre, reliure en veau. Cette vue rassura mon bienveillant ami, et son visage s'épanouit de plaisir en entendant mon père lire çà et là différents passages, qu'il entremêlait de remarques critiques faites à demi-voix.

— *Eaux-de-vie,* — *barils et barriques,* — *tonneaux.* — *A Nantes*, 29. — *Veltes, à la barrique, à Cognac et La Rochelle,* 27 ; — *à Bordeaux*, 32. — Très-bien, Frank. — *Droits de tonnage et douanes, voy. les tables de Saxby.* — Ceci n'est pas bien ; vous auriez dû transcrire le passage, cela fixe les choses dans la mémoire. — *Reports à l'extérieur et à l'intérieur.* — *Blés au débet.* — *Plombs de la douane.* — *Toiles.* — *Colle de poisson.* — *Hollande.* — *Stock-fish.* — *Titling.* — *Cropling.* — *Lub-fish.* — Vous auriez dû noter, cependant, qu'ils sont tous compris parmi les *titlings.* — Combien un titling a-t-il de pouces de long ?

Owen, me voyant embarrassé, se hasarda à me souffler une réponse, dont heureusement je pus saisir le sens.

— Dix-huit pouces, mon père.

— Et un lub-fish, vingt-quatre ; — très-bien. Il importe de se souvenir de ces détails, à cause de nos relations avec le Portugal. — Mais qu'est ceci ? — *Bordeaux fondé en l'année...* — *Château Trompette ;*

— *Palais de Galien.* — Ah! bien, bien; ceci est très-bien aussi. — C'est une sorte de livre-brouillard, Owen, dans lequel ont été notées, pêle-mêle, toutes les affaires du jour, achats, ordres, paiements, reçus, quittances, extraits, commissions, lettres d'avis.

— Afin que le tout puisse être régulièrement transcrit sur le journal et le grand-livre, répondit Owen; je suis charmé que M. Francis soit aussi méthodique.

Je me voyais revenir tellement en faveur que je commençai à craindre que mon père n'en persévérât que plus obstinément dans sa résolution de me faire entrer dans le commerce, et comme j'avais bien décidé le contraire, je commençais aussi à regretter, selon l'expression de mon ami Owen, d'avoir été si méthodique. Mais mon appréhension à cet égard ne fut pas de longue durée. Une feuille de papier couverte de ratures étant tombée du livre, mon père, qui l'avait ramassée, interrompit Owen, qui faisait remarquer l'avantage d'assujettir par un pain à cacheter les notes détachées, par cette exclamation : A la mémoire d'Édouard, le prince Noir! — Qu'est-ce que tout ceci signifie? — Des vers! — Par le Ciel, Frank, vous êtes un plus grand fou que je ne le supposais!

Mon père, comme homme de négoce, ne regardait qu'avec mépris, vous devez vous en souvenir, les travaux des poëtes; comme homme religieux, il considérait de telles occupations comme également futiles et profanes. Avant de le condamner, rappelez-vous combien de poëtes de la fin du dix-septième siècle avaient souillé leur vie et prostitué leurs talents. En outre, la secte des non-conformistes à laquelle appartenait mon père éprouvait, ou affectait peut-être, une aversion puritaine pour les moindres productions littéraires. Bien des motifs concouraient donc à augmenter la désagréable surprise de mon père à la découverte intempestive de ces malheureux vers. Quant au pauvre Owen, si la perruque ronde qu'il portait eût pu se défriser d'elle-même et se hérisser d'horreur, je suis convaincu que l'excès seul de sa surprise, à cette énormité, eût suffi pour ruiner l'édifice élevé le matin par son coiffeur. Une effraction à sa caisse, ou une rature sur son grand-livre, ou une erreur d'addition dans ses comptes, ne l'auraient pas frappé plus péniblement. Mon père lut les vers, tantôt en affectant de n'en pouvoir comprendre le sens, tantôt avec le burlesque d'une emphase héroïque, — toujours avec cette ironie amère plus insupportable que tout le reste aux nerfs d'un auteur.

> Ah! quand du cor la voix sauvage,
> Aux échos de Fontarabie
> Portant le dernier cri du héros expirant,
> Vint annoncer à Charlemagne
> Que les fils mécréants de la brûlante Espagne
> Immolaient son preux chevalier.

—*Les échos de Fontarabie!* dit mon père en s'interrompant ; vous eussiez mieux fait de vous occuper de la foire de Fontarabie.— *Mécréants!*—Qu'est-ce que des mécréants? Ne pouvez-vous aussi bien dire les païens, et écrire votre langue, au moins, s'il faut absolument que vous écriviez des sottises ?

> Remplissant la terre et les mers,
> Jusqu'aux lointains rochers des côtes britanniques,
> Ces tristes sons vinrent apprendre
> Que l'espoir d'Albion, la terreur de la France,
> Le héros de Crécy, le vainqueur de *Poitier*,
> Dans Bordeaux allait rendre l'âme.

—Je vous dirai en passant que *Poitiers* prend toujours un *s*, et je ne vois pas pourquoi l'orthographe serait sacrifiée à la rime [1].

> « Soulevez, écuyers, ma tête languissante,
> De ces volets épais écartez les panneaux;
> Que mes yeux une fois encore
> Admirent la splendeur de ce soleil couchant
> Qui colore tes eaux, ô limpide Garonne!
> De Blaye que je voie les coteaux.

—*Garonne* et *sun* sont de mauvaises rimes [2]. Vraiment, Frank, vous ne savez pas même le misérable métier que vous avez choisi.

> « Comme moi, le soleil voit la fin de sa gloire,
> Et la rosée du soir tombe en larmes amères,
> Sur son triste tombeau.
> De l'Angleterre ainsi les femmes éperdues
> En apprenant la mort de leur chevalier noir
> Pleureront sur mon sort.

> « Si l'astre de ma gloire aujourd'hui va s'éteindre,
> La France n'oubliera, non plus que l'Angleterre,
> La terreur de mon nom ;
> D'autres fils d'Albion, sous ce beau ciel de France,
> A travers un nuage et de sang et de flamme,
> Astres nouveaux, s'élèveront un jour. »

—Un nuage de sang et de flamme! Voilà quelque chose de nouveau.

---

[1] Dans l'original, *Poitier* rime avec *fear*. Je n'ai pas essayé de conserver ces rapports, qui n'auraient guère pu être reproduits qu'aux dépens du texte. J'ai cru qu'il convenait mieux de m'astreindre, dans les vers blancs par lesquels j'ai rendu les strophes originales, à une rigoureuse exactitude de traduction. (L. V.)

[2] Il y a, dans les vers originaux

> The splendour of the setting sun
> Gleam on thy mirror'd wave, Garonne.....

« La splendeur du soleil couchant, qui se réfléchit sur ton onde limpide, ô Garonne..... »

Je ne répéterai pas ici l'observation de la note précédente. (L. V.)

— Bonjour, mes maîtres, je vous souhaite une joyeuse fête de Noël[1] ! En vérité, le sonneur de cloches fait de meilleurs vers. — Alors il jeta le papier loin de lui avec un air de souverain mépris, et il ajouta : Sur mon crédit, Frank, vous êtes un plus grand fou que je ne le croyais !

Que pouvais-je dire, mon cher Tresham? — Je restai là, immobile, le cœur gonflé de colère et d'humiliation, tandis que le regard calme, mais sévère, de mon père exprimait une pitié méprisante, et que le pauvre Owen, les mains et les yeux levés au ciel, paraissait aussi frappé d'horreur que s'il venait de lire dans la gazette le nom de son patron[2]. Je retrouvai pourtant assez de courage pour prendre la parole, et tâchant que le son de ma voix ne trahît pas mon agitation, je dis à mon père :

— Je sais parfaitement, monsieur, combien peu je suis propre à remplir dans le monde le rôle éminent que vous m'y destiniez ; par bonheur, je ne suis pas ambitieux des richesses que j'aurais pu y acquérir. Monsieur Owen vous serait un aide beaucoup plus utile. J'appuyai sur ces derniers mots avec quelque malice, car il me semblait qu'Owen avait déserté ma cause un peu trop vite.

— Owen? répliqua mon père ; — cet enfant est fou, décidément fou. Puis me faisant froidement tourner vers M. Owen : — Sûrement, me dit-il, je puis attendre plus de services de qui que ce soit que de mon fils ; mais vous, monsieur, que ferez-vous, je vous prie? quels sont vos sages projets?

— Monsieur, répondis-je, m'armant de tout mon courage, je désirerais, si c'était votre bon plaisir, voyager pendant deux ou trois ans ; sinon, quoique ce fût un peu tard, je passerais volontiers le même temps à Oxford ou à Cambridge.

— Au nom du sens commun ! entendit-on jamais chose pareille? — Vous remettre sur les bancs, entre les mains de pédants et de jacobites, quand vous pouvez avancer votre fortune dans le monde ! Pourquoi, jeune homme, n'iriez-vous pas du même coup à Westminster ou à Eton reprendre la grammaire et les rudiments de Lilly, et tâter même des verges, si cela vous plaît?

— Eh bien ! monsieur, si vous pensez qu'il soit trop tard pour réaliser mes projets d'étude, je retournerai avec plaisir sur le continent.

— Vous n'y avez déjà perdu que trop de temps pour rien, monsieur Francis.

---

[1] Salut d'usage aux acteurs des *masques* de Noël, aux sonneurs et autres officiers inférieurs de l'Église, lorsqu'ils viennent demander une bonne main. Dans ces occasions, ils récitent ordinairement des vers dont la valeur poétique n'est sûrement pas fort recommandable. (L. V.)

[2] En Angleterre, comme en France, le nom des négociants en faillite est inscrit chaque jour dans les journaux du commerce. (L. V.)

— Alors donc, monsieur, je choisirai la carrière militaire, de préférence à toute autre.

— Choisissez le diable, interrompit brusquement mon père. — Mais réprimant aussitôt ce mouvement d'impatience : Vous me feriez tourner la tête, ajouta-t-il. — N'y a-t-il pas de quoi devenir fou, Owen? — Le pauvre Owen secoua la tête et baissa les yeux. — Écoutez-moi, Frank, continua mon père, je vais couper court à tout ceci. — J'avais votre âge quand mon père me mit à la porte, et fit passer mon patrimoine légal sur la tête de mon plus jeune frère. Je m'éloignai du château d'Osbaldistone, monté sur un mauvais cheval et dix guinées dans ma poche. Depuis lors, je n'en ai jamais repassé le seuil, et ne le repasserai jamais. J'ignore, et je m'en soucie peu, si mon frère vit encore ou s'il s'est rompu le cou dans quelqu'une de ses chasses au renard; mais il a des enfants, Frank, et l'un d'eux deviendra le mien si vous me contrariez encore à ce sujet.

— Vous ferez comme il vous plaira, répondis-je, avec moins de respect, je le crains, que d'indifférence obstinée; vous pouvez disposer de ce qui est à vous.

— Oui, Frank, ce que je possède est bien à moi, si le travail qui acquiert et les soins qui accroissent peuvent constituer un droit de propriété; un frelon ne dévorera pas le miel de ma ruche. Songez-y bien; ce que je vous ai dit, j'y ai réfléchi, et ce que j'ai résolu, je l'exécute.

— Mon honoré maître, mon cher monsieur, s'écria Owen, les larmes aux yeux; vous n'êtes pas dans l'usage de mettre une telle précipitation dans les affaires d'importance. Avant d'arrêter le compte, laissez monsieur Francis établir la balance. Il vous aime, j'en suis certain, et quand il fera entrer en ligne son obéissance filiale, je suis sûr que ses objections tomberont d'elles-mêmes.

— Pensez-vous, reprit mon père d'un ton sec, que je lui demande deux fois d'être mon ami, mon associé, mon confident? — de partager mes travaux et ma fortune? — Owen, je croyais que vous me connaissiez mieux.

Il me regarda comme s'il eût eu dessein d'ajouter quelque chose; mais il se détourna brusquement, et sortit aussitôt de la chambre. Je fus, je l'avoue, affecté de cette conclusion que je n'avais pas prévue, et mon père n'aurait probablement pas eu lieu de se plaindre de moi, s'il m'eût pris d'abord par cet argument.

Mais il était trop tard. J'avais une bonne part de son caractère inflexible, et le Ciel avait décidé que je serais puni par où je péchais, quoique la punition ait été moins sévère que je ne l'aurais mérité. Lorsque nous fûmes seuls, Owen continua de tenir fixés sur moi ses yeux d'où s'échappait de temps en temps une grosse larme, comme s'il eût voulu découvrir, avant d'aborder sa tâche de conciliateur, sur quel point mon obstination était vulnérable. Enfin il commença, d'une voix entrecoupée par l'émotion : Oh Ciel, monsieur Francis! — Juste Ciel, monsieur! — aurais-je pu croire, monsieur Osbaldistone! — que jamais j'aurais vu un pareil jour! — Et vous, si jeune, monsieur; — pour l'amour du Ciel! regardez les deux côtés du compte. — Songez donc que vous allez perdre — une belle fortune, monsieur, — une des meilleures maisons de la Cité, même sous l'ancienne raison Tresham et Trent, aujourd'hui Osbaldistone et Tresham. — Vous pouvez rouler sur l'or, monsieur Francis. — Mon cher monsieur Frank, s'il y avait dans les travaux de la maison quelque chose qui vous déplût par trop, eh bien (il baissait la voix en s'approchant de mon oreille), je le mettrais en ordre pour vous, chaque mois, chaque semaine, chaque jour même si vous vouliez. — Mon cher monsieur Francis, songez à ce que vous devez à votre père, afin que vos jours soient longs sur la terre.

— Je vous remercie, monsieur Owen, — je vous remercie sincèrement; mais mon père est le meilleur juge de l'usage de sa fortune. Il parle d'un de mes cousins; — qu'il dispose à son gré de ses richesses. Je ne vendrai jamais ma liberté pour de l'or.

— De l'or, monsieur? — que n'avez-vous vu la balance des profits du dernier terme! — Cinq chiffres, monsieur Frank, — cinq chiffres pour la part de chaque associé[1]! — Et tout cela irait à un papiste, à quelque lourdaud du Nord, et à un homme sans affection pour votre père, encore! — Cela me briserait le cœur, monsieur Francis, à moi qui, pour l'intérêt de la maison, ai toujours travaillé plutôt comme un chien que comme un homme. — Songez donc comme cela sonnerait bien, Osbaldistone, Tresham et Osbaldistone; — ou peut-être, qui sait (baissant de nouveau la voix) Osbaldistone, Osbaldistone et Tresham, car votre père peut bien acheter le tout.

— Mais, monsieur Owen, mon cousin s'appelle aussi Osbaldistone; la raison sociale sonnera tout aussi bien à vos oreilles.

— Fi donc, monsieur Francis! vous qui savez combien je vous aime! — Votre cousin, vraiment! — Un papiste comme son père, à coup sûr, et un ennemi de la maison de Hanovre; — ce qui est tout un, sans doute.

— Mais parmi les catholiques, monsieur Owen, il y a beaucoup de braves gens.

Owen allait répliquer avec plus de chaleur que de coutume, quand mon père rentra dans la chambre.

— Vous aviez raison, Owen, dit-il, et j'avais tort. Nous prendrons plus de temps pour penser à tout ceci. — Jeune homme, vous vous préparerez à me donner une réponse sur cet objet important d'aujourd'hui à un mois.

---

[1] C'est-à-dire au moins 10,000 liv. st., ou 250,000 fr.

CHAPITRE II.

Je m'inclinai en silence, enchanté de ce répit, qui me sembla d'un bon augure, et pensant que mon père pourrait se relâcher de sa rigueur.

Le temps d'épreuve se passa sans incident remarquable. J'allais et je venais, je disposais de mon temps comme bon me semblait sans que mon père me fît ni questions ni observations. A la vérité je le voyais rarement, si ce n'est aux heures des repas, et il évitait avec soin une discussion que je n'étais nullement pressé d'entamer, comme vous pouvez croire. Nos entretiens roulaient sur les nouvelles du jour, ou sur ces lieux communs qui alimentent la conversation d'hommes étrangers l'un à l'autre. Personne, en nous voyant ainsi, n'eût deviné qu'une discussion aussi importante était restée indécise entre nous. Cette pensée cependant m'oppressait parfois comme un rêve pénible. Était-il possible qu'il tînt sa parole, et qu'il déshéritât son fils unique en faveur d'un neveu de l'existence duquel il n'était pas même certain ? La conduite de mon grand-père, en une circonstance semblable, ne m'eût rien présagé de bon, si je l'avais envisagée comme je l'aurais dû. Mais je m'étais formé une idée fausse du caractère de mon père, d'après le souvenir de la condescendance qu'il me témoignait, ainsi que toute la famille, avant mon départ pour la France. Je ne prenais pas garde que beaucoup d'hommes ont pour leurs enfants en bas âge une indulgence qu'ils accordent à leur gentillesse, qui plus tard peuvent se montrer sévères, quand ces mêmes enfants résistent à leurs volontés. Je me persuadai, au contraire, que le plus que j'avais à craindre était un refroidissement momentané de la part de mon père ; — peut-être un exil de quelques semaines à la campagne, exil qui me souriait plus qu'il ne m'effrayait, vu qu'il m'aurait fourni l'occasion de travailler à ma version inachevée de l'*Orlando furioso*, poëme que j'avais l'ambition de traduire en vers anglais. Peu à peu cette idée s'empara complètement de mon esprit. J'avais donc repris mes ébauches, et j'étais absorbé dans une méditation profonde sur la fréquence du retour des rimes dans la stance spencérienne, lorsqu'un petit coup frappé avec précaution se fit entendre à la porte de ma chambre. C'était M. Owen. Telle était la régularité des actions et des habitudes de ce digne homme, qu'il est bien probable que c'était la première fois de sa vie qu'il se montrait au second étage de la maison de son patron, quoique demeurant à l'étage inférieur ; et je suis encore à me demander comment il avait découvert mon appartement.

Je lui exprimais le plaisir et la surprise que me causait sa visite : Monsieur Francis, dit-il en m'interrompant, je ne sais si je fais bien en répétant ce que je viens vous dire.—Hors des bureaux, on ne doit pas parler de ce qui s'y passe ; — il ne faut pas, comme on dit, confier aux piliers du magasin combien il y a de lignes dans le livre journal. Mais le jeune Twineal, qui était absent de la maison depuis quinze jours et plus, est de retour depuis deux jours.

— Très-bien, mon cher monsieur Owen; mais en quoi cela nous concerne-t-il?

— Attendez, monsieur Francis. — Votre père l'avait chargé d'une mission secrète : or, je suis certain qu'il n'a pas été à Falmouth pour l'affaire Pilchard ; et les affaires d'Exeter avec Blackwell et compagnie sont réglées; et les gens des mines de Cornwall, Trevanion et Treguilliam ont soldé tout ce que probablement ils paieront jamais ; et je n'ai dans mes livres aucune autre affaire contentieuse de ce genre.
— En un mot, ma conviction intime est que Twineal a été là-bas dans le nord.

— Supposez-vous réellement cela? dis-je, un peu alarmé.

— Depuis son retour, monsieur, il n'a parlé que de ses bottes neuves, et de ses éperons de chez Rippon, et d'un combat de coqs à York ; — aussi vrai que la table de multiplication. Plaise au Ciel, mon cher enfant, que vous vous décidiez à satisfaire votre père, et à devenir à la fois un homme et un marchand.

Je me sentis en ce moment fortement poussé à la soumission, et tout prêt à combler de joie le bon Owen en le chargeant de dire à mon père que je me mettais complètement à sa disposition. Mais l'orgueil, — l'orgueil, source de tant d'actions bonnes et mauvaises dans le cours de notre vie, — l'orgueil me retint. Mon consentement expira sur mes lèvres ; et tandis que je cherchais à vaincre ma honte, la voix de mon père appelant Owen se fit entendre. Il se hâta de quitter ma chambre, et l'occasion fut perdue.

Mon père était méthodique en toute chose. A la même heure, dans la même pièce, du même ton et de la même manière qu'un mois juste auparavant, il me renouvela sa proposition de m'associer à sa maison et de m'y assigner un emploi, et il réclama ma décision. Je trouvai qu'il avait pris une route opposée à celle qu'il aurait dû suivre, et je pense encore que la conduite de mon père fut en ceci peu politique. Un ton plus bienveillant m'eût très-probablement subjugué ; la sécheresse de son appel me raffermit dans ma résolution, et du ton le plus respectueux que je pus prendre, je refusai de nouveau ses offres. Peut-être, — car qui peut juger de son propre cœur? — peut-être trouvais-je qu'il y aurait eu lâcheté à céder à la première sommation, et attendais-je de nouvelles sollicitations pour céder du moins avec honneur. S'il en fut ainsi, je fus désappointé ; car mon père, se tournant froidement vers Owen, lui dit seulement : Je vous l'avais bien dit. — Eh bien! Frank, continua-t-il, vous êtes maintenant d'âge et aussi en état que vous le serez probablement jamais de juger de ce qui peut assurer votre bonheur; je ne vous presserai donc pas davantage. Mais quoique je ne sois pas obligé de me prêter à vos projets, plus que vous-même n'êtes forcé de vous plier aux miens, puis-je savoir si vous en avez formé quelqu'un pour lequel vous ayez besoin de mon aide?

Je répondis, fort déconcerté, que n'ayant été élevé dans aucune profession, et ne possédant rien, il m'était évidemment impossible de subsister sans quelque secours de mon père; que mes désirs étaient très-bornés, et que j'avais l'espoir que mon éloignement pour l'état qu'il m'avait destiné ne me priverait pas entièrement de son appui et de sa protection paternelle.

— C'est-à-dire que tout en vous appuyant sur mon bras, vous voulez aller où bon vous semble. Cela ne peut point être, Frank. — Cependant je suppose que vous êtes disposé à vous conformer à mes ordres, s'ils ne contrarient pas vos dispositions?

J'ouvrais la bouche pour répondre. — Silence, s'il vous plaît, continua-t-il. En admettant que je ne me sois pas trompé, vous partirez immédiatement pour le nord de l'Angleterre, afin de visiter votre oncle et sa famille. Parmi ses fils (il en a six, je crois), j'en ai choisi un qu'on m'a représenté comme le plus digne d'occuper la place que je vous destinais dans ma maison. Mais quelques arrangements ultérieurs peuvent être nécessaires, et votre présence ne sera peut-être pas inutile. Vous recevrez de plus amples instructions à Osbaldistone-Hall, où vous voudrez bien attendre de mes nouvelles. Demain matin tout sera prêt pour votre départ.

A ces mots, mon père sortit de la chambre.

— Qu'est-ce que tout ceci signifie? dis-je à mon pauvre ami, dont la physionomie exprimait le plus profond abattement.

— Vous vous êtes perdu vous-même, monsieur Frank, voilà tout. Quand votre père parle de ce ton froid et résolu, c'est comme un compte arrêté, il ne change plus.

Le fait le prouva, car le matin suivant, dès cinq heures, j'étais sur la route d'York, monté sur un assez bon cheval, et avec cinquante guinées dans ma poche, voyageant, selon toute apparence, pour aider mon père à me choisir un remplaçant dans sa maison et dans sa faveur, et peut-être même dans sa fortune.

CHAPITRE III.

> La voile détendue s'agite de côté et d'autre; l'eau remplit la barque trop légère, portée çà et là au gré du courant. L'aviron se brise et le frêle esquif perd son gouvernail.
>
> Gray, *Fables.*

J'ai mis en tête de chacune des subdivisions de cette importante histoire des rimes et des vers blancs, afin de captiver votre attention par le charme de compositions plus attrayantes que mon propre récit. Les lignes qui précèdent se rapportent à un infortuné navigateur qui eut l'imprudence de détacher de son amarre un bateau qu'il était incapable de diriger, et qui s'abandonna ainsi aux eaux gonflées d'un fleuve. L'écolier qui, moitié par vanterie, moitié par défi, aurait risqué une tentative aussi téméraire, ne se trouverait pas, entraîné par la force du courant, dans une situation plus embarrassante que la mienne, lorsque je me vis ainsi lancé sans boussole sur l'océan de la vie. C'était avec une facilité si peu attendue que mon père avait rompu un nœud qu'on a l'habitude de regarder comme le lien le plus fort des sociétés humaines, et m'avait en quelque sorte rejeté de sa famille, que ma confiance en mon propre mérite, laquelle m'avait soutenu jusqu'alors, en fut singulièrement diminuée. Le prince Joli, tantôt prince, tantôt fils de pêcheur, ne ressentait pas sa dégradation plus vivement que moi. Nous sommes si enclins, dans l'aveuglement de notre amour-propre, à regarder comme faisant une partie de nous-mêmes les accessoires dont la prospérité nous entoure, que le sentiment de notre peu d'importance réelle, quand nous sommes livrés à nos propres ressources, se change en une cruelle mortification. A mesure que l'immense bourdonnement de Londres m'arrivait moins distinct, la voix de ses clochers fit plus d'une fois retentir à mon oreille cet avertissement : « Retourne, » qu'entendit autrefois son futur lord-maire ; et lorsque des hauteurs d'Highgate je portai mes regards sur la sombre magnificence de la grande cité, il me sembla que je laissais derrière moi l'opulence, les aises de la vie, les charmes de la société, tous les plaisirs de la civilisation.

Mais le sort en était jeté. Il n'était d'ailleurs nullement probable qu'une soumission tardive, et si évidemment faite à contre-cœur, aux désirs de mon père me rendît la situation que j'avais perdue. Ferme et invariable dans ses résolutions comme il l'était lui-même, il devrait au contraire ressentir plus d'éloignement que de satisfaction pour un acquiescement tardif et forcé à sa volonté de me faire entrer dans le commerce. Et puis mon obstination naturelle vint aussi à mon aide, et l'orgueil me disait tout bas quelle pauvre figure je ferais si une promenade de quatre milles hors de Londres suffisait pour anéantir une détermination appuyée sur un mois de réflexions sérieuses. L'espérance, enfin, qui jamais n'abandonne l'homme jeune et hardi, venait aussi colorer mes projets d'avenir. Mon père ne pouvait persister sérieusement dans la menace qu'il m'avait faite avec si peu d'hésitation de me priver de son héritage Ce ne pouvait être qu'une épreuve, qui, supportée avec patience et fermeté, devait m'élever dans son estime, et amener entre nous une transaction amiable. J'établissais déjà dans mon esprit quelles concessions je devrais lui faire, et sur quels articles de notre traité supposé je devrais rester inébranlable ; et le résultat de mes calculs fut que je devrais être réintégré dans tous mes droits naturels, au prix de quelques marques extérieures d'obéissance comme expiation de ma rebellion passée.

En attendant j'étais maître de ma personne, et j'éprouvais ce premier sentiment de l'indépendance qu'un jeune homme ne ressent qu'avec une joie mêlée de crainte. Sans être abondamment garnie, ma bourse suffisait à mes désirs et à tous les besoins d'un voyageur. Pendant mon séjour à Bordeaux, j'avais été accoutumé à me servir moi-même; mon cheval était frais, jeune, actif, et la légèreté de mon esprit eut bientôt surmonté les réflexions affligeantes avec lesquelles mon voyage avait commencé.

J'aurais voulu pourtant avoir eu à parcourir une route plus propre à offrir au voyageur quelques sujets d'observation, ou une contrée plus intéressante. Mais la route du nord était alors et peut-être est-elle encore aujourd'hui singulièrement pauvre sous ces rapports; et je ne crois pas qu'en Angleterre on puisse, dans une autre direction, parcourir une semblable étendue de pays sans rencontrer aussi peu d'objets dignes d'attention. Malgré la confiance que j'avais reprise, mes pensées revenaient parfois sombres et décourageantes; ma muse elle-même, — cette coquette qui m'avait conduit dans ce désert, — pareille à toutes celles de son sexe, m'abandonna dans ma détresse; et j'aurais été réduit au plus triste état d'apathie, sans la rencontre accidentelle d'étrangers avec lesquels je liais conversation. Ces rencontres cependant ne m'offraient ni beaucoup de variété ni beaucoup d'intérêt : des ministres de campagne, trottinant vers le presbytère après quelque visite; des fermiers, des nourrisseurs de bétail, revenant d'un marché éloigné; des commis-voyageurs, parcourant les provinces pour y recueillir les créances de leurs patrons; çà et là, un officier recruteur visitant les campagnes pour son service : tels étaient, à cette époque, les gens qui donnaient de l'occupation aux gardiens des barrières et aux garçons de cabarets. Nos entretiens roulaient donc sur les dîmes et la religion, sur les bestiaux et les grains, sur les denrées humides et sèches, sur la solvabilité des détaillants, mêlés par occasion du récit d'un siége ou d'une bataille en Flandre, récit que peut-être le narrateur ne me faisait que de seconde main. Les voleurs, thème aussi terrible qu'inépuisable, remplissaient les vides; et les noms du Fermier d'or, de l'Agile détrousseur, de Jack Needham, et des autres héros de l'opéra des *Gueux*[1], revenaient à notre mémoire comme autant de connaissances. A de telles histoires, semblables aux enfants qui se pressent autour du foyer à mesure qu'un conte de revenants tire à sa fin, les cavaliers se rapprochaient l'un de l'autre, portaient les yeux en avant et en arrière, examinaient l'amorce de leurs pistolets, et juraient de se soutenir mutuellement en cas de péril; engagement qui, comme tout autre traité d'alliance offensive et défensive, s'échappe souvent de la mémoire à la première apparence d'un danger réel.

[1] Opéra de Gay. (L. V.)

De tous ceux que j'ai jamais vus en proie à des terreurs de cette nature, un pauvre homme avec qui je fis route durant un jour et demi est celui qui m'a le plus diverti. Il avait en porte-manteau une valise très-petite, mais qui paraissait très-pesante, et dont la surveillance l'occupait exclusivement ; jamais il ne la confiait aux soins de personne, et il repoussait invariablement les avances officieuses des garçons d'auberge et des palefreniers, offrant leurs bons offices pour la transporter dans l'hôtellerie. Il mettait le même soin à cacher non-seulement l'objet de son voyage et sa destination, mais jusqu'à la direction de son itinéraire de chaque jour. Rien ne lui causait plus d'embarras que des questions sur la direction qu'il comptait suivre, ou sur les relais où il comptait s'arrêter. Il inspectait avec le soin le plus minutieux la chambre où il devait passer la nuit, évitant pareillement les auberges isolées et celles qui lui semblaient de mauvaise apparence. A Grantham, je crois, il resta sur pied toute la nuit, parce qu'il avait vu entrer dans la chambre qui touchait à la sienne un homme à carrure épaisse, au regard louche, portant une perruque noire et un gilet garni d'un vieux galon d'or. Avec tout cela, mon compagnon de route, à en juger par son apparence, était, aussi bien qu'aucun homme au monde, en état de tenir tête au danger. Il était fort et bien bâti, et la cocarde de son chapeau galonné semblait indiquer qu'il avait servi, ou du moins qu'à un titre quelconque il appartenait à l'armée. Sa conversation, d'ailleurs, quoique toujours assez commune, était celle d'un homme de sens, lorsque les terribles préoccupations qui obsédaient son imagination cessaient pour un moment de le dominer ; mais la moindre circonstance suffisait pour les rappeler : une lande découverte ou une plantation close étaient également pour lui des sujets de crainte ; le sifflet d'un jeune berger devenait aussitôt un signal de brigands ; la rencontre même d'un gibet, en lui donnant l'assurance qu'un voleur avait reçu bonne justice, ne manquait jamais de lui rappeler combien il en restait encore à pendre.

J'aurais été bientôt fatigué de la compagnie de cet homme, si je n'eusse été encore plus ennuyé de mes propres pensées. D'ailleurs, quelques-unes des histoires merveilleuses qu'il me racontait ne manquaient pas d'un certain intérêt, et d'autres circonstances bizarres de sa conduite me fournissaient de temps à autre l'occasion de m'amuser à ses dépens. Dans ses récits, plusieurs des infortunés voyageurs qui tombaient au milieu des brigands n'avaient éprouvé ce malheur que parce qu'ils s'étaient liés sur la route avec un étranger de bonne apparence dont la conversation les avait séduits, et en la compagnie duquel ils avaient espéré trouver à la fois protection et amusement. L'étranger charmait leur voyage avec des contes et des chansons ; dans les auberges, il veillait à la modération des prix et à la justesse des additions, jusqu'à ce qu'enfin, sous prétexte de leur montrer un chemin plus court, par une lande abandonnée, il attirait ses victimes sans défiance loin des routes fréquentées, dans quelque chemin creux bien sombre, où, faisant tout à coup entendre un coup de sifflet, il rassemblait autour de lui ses compagnons et se montrait lui-même sous sa véritable apparence, celle d'un capitaine de bandits qui venait demander à ses imprudents compagnons de route la bourse ou la vie. Vers la fin de telles histoires, et lorsque par son récit même mon compagnon avait augmenté sa fièvre d'appréhension, j'avais remarqué qu'il me regardait toujours avec un air de doute et de soupçon, comme s'il eût songé à la possibilité qu'en ce moment même il se trouvât en compagnie d'un de ces hommes dangereux dont parlait son histoire; et de temps en temps, quand de telles pensées se glissaient dans l'esprit ingénieux à se tourmenter de mon pauvre compagnon, il s'éloignait de moi tout à coup, passait de l'autre côté de la grande route, regardait devant, derrière et autour de lui, examinait ses armes, et semblait se disposer à fuir ou à se défendre, selon les circonstances.

La défiance qu'il manifestait dans ces occasions ne semblait que momentanée, et je la trouvais trop plaisante pour m'en offenser. Mes habits, non plus que mon apparence, ne présentaient pourtant rien de particulier, quoique je fusse ainsi pris pour un voleur. A cette époque, on pouvait avoir tous les dehors d'un gentilhomme, et n'être pourtant qu'un voleur de grand chemin. La division du travail dans chaque classe n'existant pas alors comme aujourd'hui, la profession du chevalier d'industrie aux formes élégantes et polies qui vous escamotait votre argent chez White[1], ou au jeu de boule à Marybone, était souvent unie à celle de brigand fieffé, qui, dans les bruyères de Bagshot ou dans les landes de Finchley, débarrassait de sa bourse son confrère le dameret. Les manières du temps avaient d'ailleurs une teinte de rudesse et de grossièreté qui, depuis lors, s'est en grande partie adoucie ou effacée. Il me semble, en me reportant à cette époque, que les hommes sans ressource avaient moins de répugnance qu'aujourd'hui à embrasser les moyens les plus désespérés de rétablir leur fortune. Le temps n'était plus, à la vérité, où Anthony Wood déplorait l'exécution de deux beaux garçons pleins d'honneur et de courage, pendus sans merci à Oxford, uniquement parce que la misère les avait poussés à lever des contributions sur le grand chemin. Nous étions encore plus éloignés des jours « du Prince fou et de Poins[2] »; et cependant, par suite de la vaste étendue des bruyères non closes voisines de la métropole, et de la faible population des districts plus éloignés, les uns et les autres étaient fréquentés par cette classe de détrousseurs à cheval, dont un jour peut-être la mémoire se sera effacée, qui appor-

---

[1] Maison de jeu à Londres. (L. V.)

[2] Le lecteur peut voir qu'il s'agit dans tout ce passage de traditions de détrousseurs de grande route, si nombreux dans la joyeuse Angleterre. (L. V.)

taient dans l'exercice de leur métier une sorte de courtoisie, et, comme Gibbet dans *les Stratagèmes des petits maîtres*[1], se piquaient d'être les hommes les plus décents de la route, et de se conduire avec toute la politesse que comporte l'exercice de leur profession. Un jeune homme dans ma situation n'avait donc pas le droit de témoigner une trop haute indignation de la méprise qui le confondait avec cette honorable classe de déprédateurs.

Aussi ne m'en offensai-je pas. Je prenais plaisir, au contraire, à éveiller et à endormir alternativement les soupçons de mon craintif compagnon, et à troubler encore plus un cerveau que la nature n'avait pas fait des plus sains. Lorsque, par une conversation franche et ouverte, je l'avais amené à une sécurité complète, il suffisait d'une question faite en passant, sur la nature et le but de son voyage, pour renouveler aussitôt tous ses soupçons. Par exemple, une conversation sur la force comparative et l'activité de nos chevaux prit le tour que l'on va voir:

— Oh! monsieur, dit mon compagnon, pour le galop, je vous l'accorde; mais permettez-moi de vous dire que votre cheval (quoique ce soit un très-beau hongre, — il faut en convenir) est trop peu en membres pour être un bon marcheur. Le trot, monsieur (et il chatouillait de l'éperon son bucéphale), le trot est le vrai pas pour un cheval de louage; si nous étions près d'une ville et sur une route unie, je défierais volontiers le vôtre (il prenait le petit galop) pour un quart de porto à la plus proche auberge.

— Contentez-vous, monsieur, répliquai-je; voici une pièce de terre tout à fait propice.

— Hem! hem! fit mon ami avec hésitation. En voyage, monsieur, je me suis fait une règle de ne jamais essouffler mon cheval entre deux relais; on ne sait pas quel besoin on peut avoir de sa vigueur. D'ailleurs, monsieur, quand je dis que je voudrais lutter avec vous, j'entends avec la même charge; je porte au moins cinquante livres de plus que vous.

— C'est juste; je prendrais le même poids. Combien peut peser cette valise, je vous prie?

— Ma va — va — valise? répondit-il en bégayant; — oh! très-peu; — une vraie plume; — quelques bas et quelques chemises, rien de plus.

— A son apparence, je l'aurais crue plus lourde. Je vous tiendrais le quart de porto, qu'elle fait toute la différence entre votre poids et le mien.

— Vous vous trompez, monsieur, je vous assure, — vous vous trompez tout à fait, répliqua mon ami en se retirant à l'autre bord

---

[1] *The Beaux stratagem*, comédie de Farquhar. (L. V.)

de la route, comme c'était son usage dans ces occasions d'alarme.

— Eh bien! je consens à risquer le vin, ou je parie deux contre un que, portant votre valise en croupe, je vous devance à la course.

Cette proposition porta au plus haut point la terreur de mon compagnon. De rouge cuivré que l'usage un peu trop fréquent du porto ou du canaric avait rendu son nez, il devint livide, et ses dents claquèrent de peur, à la proposition trop claire qui lui semblait montrer à découvert et dans toute son atrocité un audacieux brigand. Comme il hésitait à répondre, je relevai un peu son courage par une question au sujet d'un clocher que nous commencions à apercevoir, et en lui faisant remarquer que nous étions alors trop près du village pour courir le risque de quelque fâcheuse aventure. A ces mots, sa physionomie s'éclaircit; mais je vis aisément qu'il n'oublierait de longtemps une ouverture qui lui semblait aussi suspecte que celle que j'avais hasardée. Je vous ennuie de ces détails sur le caractère de cet homme et sur la manière dont j'en agis avec lui, parce que ces particularités, quoique frivoles en elles-mêmes, eurent une grande influence sur quelques-uns des incidents qui se présenteront dans la suite de mon récit. Ultérieurement, la conduite de cet homme ne m'inspira que du mépris, et elle me confirma dans l'opinion que j'avais déjà, que de toutes les dispositions naturelles qui portent les hommes à se créer des tourments, la poltronnerie est la plus poignante, la plus féconde, la plus pénible et la plus digne de pitié.

CHAPITRE IV.

> Les Écossais sont pauvres, crient les Anglais dans leur orgueilleux dédain. L'imputation est fondée; eux-mêmes ne la nient pas. Eh bien! alors, n'ont-ils donc pas tout à fait raison, ceux qui viennent ici pour amender leur fortune?
> CHURCHILL.

A CETTE époque, il existait sur les routes d'Angleterre un vieil usage qui, je crois, n'est plus observé aujourd'hui, si ce n'est par les gens de la dernière classe. Les longs voyages se faisant à cheval, et, naturellement, à petites traites, le voyageur ne manquait jamais de s'arrêter la journée du dimanche dans quelque ville où il pût entendre le service divin; et, par la même occasion, son cheval jouissait d'un jour de repos. C'était une coutume aussi humaine pour l'animal que profitable pour nous-mêmes. Un autre usage, reste de l'ancienne hospitalité anglaise, était que le maître d'une hôtellerie un peu considérable mît de côté ce jour-là son caractère d'homme public, et invitât les hôtes qui se trouvaient chez lui à prendre une part du bœuf et du poudding de famille. Les voyageurs du plus haut rang ne croyaient pas déroger en se rendant à cette invitation ; et l'offre d'une bouteille de vin après dîner, pour boire à la santé de l'hôte, était la seule compensation qui fût jamais acceptée.

J'étais né citoyen du monde, et mon penchant me portait vers toutes les scènes où je pouvais m'instruire dans la connaissance des hommes; je n'avais, d'ailleurs, nulle prétention de me retrancher dans ma dignité, et en conséquence, je manquais rarement d'accepter l'hospitalité du dimanche, qu'elle me vînt de la *Jarretière*, du *Lion* ou de l'*Ours*. L'honnête aubergiste, plus pénétré que jamais du sentiment de son importance, tandis qu'il présidait à sa table les hôtes que les autres jours son devoir était de servir, était déjà un amusant spectacle; et autour de cet orbite principal, d'autres planètes d'un ordre inférieur venaient accomplir leurs révolutions. Les beaux esprits, les plaisants et les illustrations de l'endroit, l'apothicaire, le procureur et le ministre lui-même, ne dédaignaient pas de venir partager ce festin hebdomadaire. Réunis de tous les points du royaume, et appartenant à toutes les professions, les hôtes formaient entre eux, par le langage, les manières et les sentiments, un contraste curieux, et qui ne pouvait manquer de plaire à celui qui voulait acquérir une connaissance intime de l'humanité.

C'était un dimanche, et dans une semblable occasion. Mon craintif compagnon et moi nous allions prendre place à la table du maître à face rubiconde de l'auberge de l'*Ours noir*, dans la ville de Darlington, dépendante de l'évêché de Durham, quand notre hôte nous annonça, presque d'un ton d'excuse, qu'un gentilhomme écossais dînerait avec nous.

— Un gentilhomme? — Quelle sorte de gentilhomme? se hâta de demander mon compagnon, dont l'esprit, je suppose, était encore préoccupé des gentilshommes de grande route, comme on les appelait alors.

— Eh mais, une sorte écossaise de gentilhomme, comme je vous l'ai dit, répliqua l'hôte. Ils sont tous nobles, comme vous devez savoir, quoiqu'ils n'aient pas toujours de chemise au dos; mais celui-ci a l'air décent, — un aussi digne Écossais qu'aucun de ceux qui jamais ont traversé le pont de Berwick [1]. — Je crois que c'est un marchand de bestiaux [2].

— Il faut absolument qu'il vienne, reprit mon compagnon; et alors, se tournant vers moi, il me communiqua ses réflexions : — Je respecte

---

[1] Ville située à l'embouchure de la Tweed, sur la frontière d'Écosse. (L. V.)

[2] L'auteur met dans la bouche de l'aubergiste de Darlington le patois, ou, si l'on veut, le dialecte des provinces du nord de l'Angleterre, lequel tient de l'écossais autant au moins que de l'anglais. On sent que c'est là une des finesses de l'original, que le traducteur ne peut essayer de faire passer dans notre langue. (L. V.)

CHAPITRE IV.

les Écossais, monsieur; c'est une nation que j'aime et que j'honore pour sa moralité. On dit qu'ils sont pauvres et malpropres; mais parlez-moi de la probité sans tache, quoique en haillons, comme dit le poëte. Des gens dignes de foi, monsieur, m'ont assuré qu'un voleur de grand chemin est une chose inconnue en Écosse.

— C'est parce qu'il n'y aurait rien à prendre, dit l'hôte, applaudissant lui-même par un gros rire à son trait d'esprit.

— Non, non, dit une forte voix derrière lui, c'est seulement parce que vos jaugeurs et vos inspecteurs anglais[1], que vous avez envoyés de l'autre côté de la Tweed, se sont emparés du métier et n'ont laissé rien à faire aux voleurs du pays.

— Bien dit, monsieur Campbell! s'écria l'hôte; je ne vous croyais pas si près de nous; mais vous savez que je suis l'hôte le plus joyeux de l'Yorkshire. — Et comment vont les marchés du sud?

— Comme à l'ordinaire : les gens sages vendent et achètent; les fous sont vendus et achetés.

— Mais les sages dînent aussi bien que les fous, répliqua notre jovial amphytrion, et voici une pièce de bœuf aussi succulente que jamais ait attaquée fourchette d'homme affamé.

A ces mots, il s'empressa d'aiguiser son grand couteau, prit sa place de maître de maison au haut bout de la table, et chargea de bonne chère l'assiette de chacun de ses convives.

C'était la première fois que l'accent écossais frappait mon oreille, ou pour mieux dire que je me rencontrais familièrement avec un homme de cette antique nation. Néanmoins, depuis mon enfance, les Écossais avaient occupé mon imagination. Mon père, comme vous savez, était d'une ancienne famille du Northumberland, dont le manoir n'était pas très-éloigné du lieu où je me trouvais. La mésintelligence entre lui et les siens avait été telle qu'à peine si jamais il avait rappelé la famille dont il descendait, et qu'il regardait comme la plus méprisable des vanités cette faiblesse qu'on nomme ordinairement orgueil de naissance. Toute son ambition était d'être William Osbaldistone, le premier ou du moins l'un des premiers négociants de la Cité; et si on lui eût démontré sa descendance directe de Guillaume-le-Conquérant, sa vanité en eût été moins flattée qu'elle ne l'était du bourdonnement et de l'agitation que son arrivée occasionnait habituellement parmi les taureaux, les ours et les courtiers de Stock-Alley[2]. Son désir était sans doute que je restasse, au sujet de mes

---

[1] L'introduction des commis de douanes ou jaugeurs, inspecteurs, examinateurs, fut un des grands sujets de plainte de la nation écossaise, quoique ce fût la conséquence naturelle de l'Union. (W. S.)

[2] *Stock-Alley* est le quartier de la bourse, et le mot se prend pour la bourse elle-même. Les *taureaux* et les *ours* de la bourse sont ce que nous appelons chez nous les coulissiers, c'est-à-dire les joueurs à la hausse et à la baisse. (L. V.)

parents et de mon origine, dans une ignorance qui assurât la conformité de mes sentiments, sur ce sujet, avec les siens. Mais ses desseins, comme il arrive parfois aux plus sages, furent traversés jusqu'à certain point par une cause à laquelle son orgueil n'eût jamais accordé assez d'importance pour penser qu'elle pût les influencer en quoi que ce fût. Sa nourrice, vieille femme northumbrienne [1] qui lui était attachée dès l'enfance, était le seul être, parmi ses compatriotes, pour lequel il eût conservé de l'attachement; et quand la fortune lui eut souri, l'un des premiers usages qu'il fit de ses faveurs fut d'appeler près de lui la vieille Mabel Rickets. Après la mort de ma mère, ce fut la bonne Mabel qui fut chargée d'avoir pour moi ces soins, ces tendres attentions que la faiblesse de l'enfance réclame d'une affection de femme. Ne pouvant parler à son maître, qui le lui avait interdit, des bruyères, des clairières et des vallées de son cher Northumberland, c'étaient mes oreilles enfantines qu'elle avait prises pour confidentes de ses souvenirs de jeunesse et des longs récits des traditions du pays. J'écoutais ces histoires avec beaucoup plus de plaisir que les instructions plus graves, mais moins animées, de mes professeurs. Je crois encore voir la vieille Mabel, la tête légèrement agitée par le tremblement de l'âge, et couverte d'une coiffe serrée, aussi blanche que la neige, — les traits ridés, mais conservant encore cet incarnat de la santé qu'elle avait acquis dans les travaux champêtres; — je crois la voir encore regarder en soupirant les murs de brique et la rue étroite qu'on apercevait de nos fenêtres, quand elle achevait la vieille chanson favorite, que je préférais alors, et — pourquoi n'en conviendrai-je pas? — que je préfère encore à tous ces grands airs d'opéra sortis du cerveau capricieux d'un *maestro* italien,

>Oh! que le chêne des vallons
>Et le lierre qui l'entoure
>Sont bien plus beaux dans nos cantons!

Or, dans ces légendes, les Écossais jouaient toujours un rôle, quoiqu'ils n'y fussent mentionnés qu'avec les épithètes les plus amères que pût trouver la vieille Mabel. Les habitants de la frontière tenaient, dans ses récits, la place que les ogres et les géants, avec leurs bottes de sept lieues, occupent dans les contes ordinaires des nourrices. Comment aurait-il pu en être autrement? n'était-ce pas Douglas-le-Noir qui avait tué de sa propre main l'héritier des Osbaldistone, le jour même où celui-ci prenait possession de ses domaines, en le surprenant, lui et

---

Le Northumberland est la province la plus septentrionale de l'Angleterre, sur les confins de l'Écosse. Les usages, les traditions et même le langage du peuple de cette province se rapportent plutôt à ceux de ses voisins de la Basse-Écosse, qu'ils ne rappellent ceux de l'Angleterre. (L. V.)

ses vassaux, au milieu du festin qu'il donnait à cette occasion? n'était-ce pas Wat-le-Diable qui, du temps de mon bisaïeul, avait enlevé tous les agneaux d'un an des coteaux de Lanthorn-Side? et nous-mêmes n'avions-nous pas un grand nombre de trophées, plus honorablement acquis, s'il faut en croire les traditions de la vieille Mabel, marques de la vengeance que nous avions tirée de ces injures? Sir Henry Osbaldistone, cinquième du nom, n'avait-il pas enlevé la belle-fille de Farnington, comme autrefois Achille sa Briséis, et ne l'avait-il pas gardée dans son château, quoique attaqué par les amis de la belle Écossaise, soutenus par les plus puissants et les plus renommés des chefs de l'Écosse? Et l'épée des Osbaldistone n'avait-elle pas brillé au premier rang dans la plupart des combats où l'Angleterre avait vaincu sa rivale? Ces guerres du Nord avaient été à la fois la source de tous nos malheurs et de toute notre gloire.

Enflammé par ces récits, je m'étais de bonne heure habitué à regarder les Écossais comme un peuple ennemi par nature des habitants plus méridionaux du royaume; et cette opinion ne fut guère corrigée par la manière dont parfois mon père parlait d'eux. Il s'était engagé dans quelques vastes spéculations sur des forêts de chênes appartenant à des propriétaires de la Haute-Écosse, et il se plaignait de les avoir trouvés beaucoup plus empressés de conclure des marchés, afin d'en enlever les arrhes, que ponctuels dans l'exécution de leurs engagements. Il soupçonnait aussi les négociants écossais qu'il avait été dans la nécessité d'employer comme intermédiaires, de s'être assuré, d'une manière ou de l'autre, une part de bénéfices plus considérable que celle à laquelle ils avaient droit. En un mot, si Mabel se plaignait des guerriers écossais des anciens temps, M. Osbaldistone ne s'emportait pas moins contre la duplicité de ces modernes Sinons; et tous deux, sans en avoir eu précisément dessein, avaient pénétré mon jeune esprit d'une sincère aversion pour les habitants du nord de la Bretagne, que je m'habituai à regarder comme un peuple cruel en temps de guerre, perfide durant les trèves, intéressé, avare, égoïste et fourbe dans les relations habituelles de l'état de paix, ayant enfin peu de bonnes qualités, à moins de considérer comme telles une férocité qui, dans les combats, ressemblait à du courage, et une sorte d'habileté cauteleuse qui leur tenait lieu de prudence dans le commerce ordinaire de la vie. Pour justifier ou excuser ceux qui entretenaient de tels préjugés, je dois faire remarquer que les Écossais de cette époque étaient entachés d'une égale injustice à l'égard des Anglais, qu'ils dépeignaient sans exception comme une race d'arrogants épicuriens, orgueilleux de leurs richesses. Ces germes d'animosité nationale entre les deux pays étaient la conséquence naturelle de leur situation rivale. Nous avons vu récemment le souffle d'un démagogue tenter de ranimer ces étincelles, et allumer pour un instant un incendie qui maintenant, je l'espère sincèrement, est éteint sous ses propres cendres [1].

Ce fut donc avec une impression défavorable que je contemplai le premier Écossais en compagnie duquel le hasard m'avait placé. Presque tout en lui répondait à l'idée que je m'étais formée des hommes de sa nation. Il avait cette dureté de traits et cette vigueur de formes qu'on dit être propres à son pays, ainsi que cette intonation nationale et cette lenteur pédantesque d'expression qui proviennent du désir qu'ils ont de dissimuler les différences locales de leurs dialectes. Je pouvais observer aussi la prudence et la finesse de sa contrée natale dans beaucoup de ses remarques et de ses réponses. Mais j'étais loin de m'attendre à trouver en lui l'air de supériorité calme et naturelle qui semblait le placer au-dessus de la société dans laquelle le hasard l'avait conduit. Quoique décents, ses vêtements étaient des plus grossiers, et à une époque où la garde-robe était un objet de grande dépense, même pour ceux qui n'affectaient au titre de gentilhomme que les prétentions les plus éloignées, ces vêtements indiquaient la médiocrité, sinon l'indigence. Sa conversation montrait qu'il était occupé du commerce des bestiaux, métier peu distingué; et cependant, malgré tous ces désavantages, il semblait que ce fût pour lui chose toute naturelle de traiter le reste de la compagnie avec cette politesse froide et cet air de condescendance qui impliquent une supériorité réelle ou imaginaire sur ceux avec qui l'on en use. Quand il donnait son opinion sur quelque point, c'était avec ce ton d'aisance et de confiance en soi-même naturel aux hommes que leur rang ou leur savoir placent au-dessus de ceux qui les entourent, comme si ce qu'il avançait ne pouvait être ni réfuté ni mis en doute. Après une ou deux tentatives pour sauver leur dignité par la force de leurs poumons et la justesse de leurs arguments, notre hôte et ses convives habituels plièrent graduellement sous l'autorité de M. Campbell, qui ainsi s'empara complètement de la conversation. Moi-même, par curiosité, j'essayai de lui disputer le terrain, confiant dans la connaissance du monde que je devais à mon voyage en France, et dans les ressources dont une éducation passable avait pourvu mon esprit. Sous ce dernier rapport il ne pouvait soutenir la comparaison, et il était aisé de voir que l'éducation n'avait pas développé ses moyens naturels. Mais je le trouvai beaucoup plus instruit que moi de la situation de la France, du caractère du duc d'Orléans, qui venait d'être revêtu de la régence, et de celui des hommes politiques dont il était entouré; et ses remarques fines, malicieuses et quelque peu satiriques, étaient celles d'un homme qui possédait une connaissance intime des affaires de ce pays.

[1] Ceci semble avoir été écrit vers le temps de *Wilkes et la Liberté!* (W. S.)

Voyez l'histoire d'Écosse de Walter Scott; l'époque à laquelle notre auteur fait ici allusion est celle des troubles de 1761. (L. V.)

CHAPITRE IV.

Sur les questions de politique, M. Campbell observait un silence ou montrait une modération qui pouvaient être inspirés par la prudence. Les divisions des wighs et des tories ébranlaient alors l'Angleterre jusqu'en ses fondements, et un parti puissant, celui des jacobites, menaçait la dynastie de Hanovre à peine établie sur le trône Il n'était pas un cabaret qui ne retentît de disputes suscitées par la politique; et comme celle de mon hôte était de cette essence libérale qui ne se querelle jamais avec une bonne pratique, les discussions de ses convives du dimanche étaient souvent aussi violentes que s'il eût traité le conseil municipal. Le curé et l'apothicaire, ainsi qu'un petit homme qui ne faisait pas parade de sa profession, mais qu'aux mouvements vifs et brusques de ses doigts je crus reconnaître pour le barbier, épousèrent chaudement la cause du haut clergé et des Stuarts; le collecteur des taxes, comme c'était son devoir, et le procureur, qui visait à quelque petit emploi dépendant de la couronne, ainsi que mon compagnon de route, qui semblait prendre un vif intérêt à la discussion, ne soutinrent pas avec moins de feu la cause du roi George et la foi protestante. Des arguments on était passé aux cris, — des cris aux jurements; — et chacun des deux partis en appelait à M. Campbell, dont l'un et l'autre semblaient ambitionner vivement l'approbation.

— Vous êtes Écossais, monsieur; un gentilhomme de votre nation doit soutenir les droits héréditaires, lui criait un parti.

— Vous êtes presbytérien, criait le parti opposé; vous ne pouvez être un ami du pouvoir arbitraire.

Ce ne fut pas sans peine que notre oracle écossais put obtenir un moment de silence. — Messieurs, dit-il enfin, je ne doute nullement que le roi George mérite l'affection de ses partisans; et s'il peut garder ce qu'il a pris, eh bien! sans nul doute, il pourra faire le jaugeur ici présent percepteur des revenus de la couronne, et conférer à notre ami M. Quitam l'emploi de commissaire-général; et il pourra aussi accorder quelque bonne récompense à cet honnête gentilhomme qui est assis sur sa valise, qu'il préfère à une chaise. Et il n'est pas moins certain que le roi Jacques est aussi un homme reconnaissant, et que si la chance tourne pour lui, il puisse, s'il le veut, faire ce révérend gentilhomme archevêque de Canterbury, et le docteur Mixit premier médecin de sa maison, et confier sa barbe royale aux soins de mon ami Latherum. Mais comme je doute grandement que l'un ou l'autre des deux royaux compétiteurs voulût donner un verre d'eau-de-vie à Rob Campbell, quelque besoin qu'il en eût, je donne ma voix à Jonathan Brown, notre hôte, et je le proclame roi et prince des aubergistes, à condition qu'il nous ira chercher une autre bouteille aussi bonne que la dernière.

Cette saillie excita des applaudissements unanimes, auxquels l'hôte se joignit cordialement; et quand il eut donné des ordres pour remplir la condition attachée à sa promotion, il ne manqua pas de nous apprendre « que tout paisible gentilhomme qu'était M. Campbell, il n'en était pas moins aussi hardi qu'un lion; — et qu'à lui seul il avait mis en fuite sept brigands, qui l'avaient attaqué, comme il revenait de Whitson-Tryste. »

— Tu te trompes, ami Jonathan, interrompit Campbell; ils n'étaient que deux, et deux coquins aussi poltrons qu'un homme puisse désirer d'en rencontrer.

— Réellement, monsieur, dit mon compagnon de voyage en approchant son siége (je devrais dire son porte-manteau) de celui de M. Campbell, bien réellement vous avez, à vous seul, battu deux voleurs de grand chemin?

— Sans doute, monsieur, répliqua Campbell, et je ne vois pas qu'il y ait de quoi chanter merveille.

— Sur ma parole, monsieur, reprit ma connaissance, je serais heureux de voyager de compagnie avec vous. — Je vais dans le nord, monsieur.

Cette information gratuite donnée par mon compagnon sur la route qu'il se proposait de suivre, la première que j'entendisse sortir de sa bouche, ne provoqua pas un retour de confiance de la part de l'Écossais.

— Nous ne pouvons guère voyager ensemble, répliqua-t-il sèchement. Vous, monsieur, vous êtes bien monté sans doute; et moi, pour le moment, je voyage à pied, ou sur un poney des montagnes, qui ne me fait guère avancer plus vite.

En disant ces mots, il appela pour payer le vin qu'il avait demandé, et se leva comme pour partir. Mon compagnon le rejoignit, et le prenant par un bouton l'attira dans l'embrasure de l'une des fenêtres. Je l'entendis renouveler ses sollicitations, — probablement pour faire route de compagnie avec lui, ce que M. Campbell semblait refuser.

— Je vous défraierai de tout, monsieur, dit le voyageur, d'un ton qui indiquait que l'argument lui semblait concluant.

— Cela est tout à fait impossible, répondit M. Campbell avec quelque hauteur ; j'ai affaire à Rothbury.

— Mais je ne suis pas tellement pressé que je ne puisse m'écarter de ma route et perdre un jour pour m'assurer un bon compagnon.

— En vérité, monsieur, je ne puis vous rendre le service que vous paraissez désirer, répliqua Campbell. Je voyage pour mes affaires particulières, ajouta-t-il en relevant la tête avec fierté; et si vous voulez m'en croire, monsieur, vous ne vous réunirez pas ainsi en voyage à un homme qui vous est absolument inconnu, et vous ne direz pas la route que vous devez suivre à ceux qui ne vous questionnent pas à cet égard. Alors se rapprochant de moi, il me dit : Votre ami, monsieur, est trop communicatif, à en juger par le dépôt dont il est chargé.

— Ce n'est pas mon ami, monsieur; c'est une simple rencontre de route. Je ne connais ni son nom ni ses affaires, et vous semblez plus avant que moi dans sa confiance.

— Je voulais seulement dire, reprit-il précipitamment, qu'il me paraît un peu trop empressé d'offrir l'honneur de sa compagnie à ceux qui ne la désirent pas.

— Il connaît ses affaires mieux que personne, et je ne veux m'en constituer juge sous aucun rapport.

M. Campbell, sans autre observation, me souhaita un bon voyage, et la compagnie se dispersa.

Le lendemain je me séparai de mon craintif compagnon, et je quittai la grande route du nord pour prendre un chemin plus à l'ouest, dans la direction du manoir d'Osbaldistone, résidence de mon oncle. Je ne puis dire s'il fut content ou fâché de mon départ, en raison du jour douteux sous lequel il semblait me voir encore. Quant à moi, ses frayeurs avaient cessé de me divertir, et, à vrai dire, ce fut avec un plaisir véritable que je me vis débarrassé de lui.

CHAPITRE V.

> Avec quel plaisir je contemple une de nos aimables nymphes, l'honneur et l'orgueil de nos îles, emportée par un coursier rapide à travers les sentiers unis ou difficiles, n'hésitant ni à gravir une colline escarpée, ni à franchir une vallée profonde!
> *La Chasse.*

EN approchant de ces cantons du nord que je regardais comme mon pays natal, j'éprouvais cet enthousiasme que des sites sauvages et romantiques inspirent aux amis de la nature. Délivré du bavardage importun de mon compagnon, je pouvais remarquer combien le pays que je traversais différait de celui que je venais de parcourir. Les rivières méritaient enfin ce nom; au lieu de dormir au milieu des saules et des roseaux, leurs eaux roulaient avec bruit sous l'ombrage de forêts séculaires, tantôt se précipitant dans un lit rapide, tantôt coulant moins impétueuses au fond de petites vallées solitaires qui, s'ouvrant de temps en temps sur la route, semblaient appeler le voyageur à explorer leurs détours. Les monts Cheviots déployaient devant moi leur front majestueux, non avec la variété sublime d'escarpements et d'anfractuosités qui caractérise les chaînes de premier ordre, mais déployant sur toute l'étendue de l'horizon la teinte rougeâtre de leurs sommets arrondis, et, par leur étendue même et leur aspect désolé, exerçant sur l'imagination cet empire qui appartient aux lieux sauvages.

La résidence de mes ancêtres, dont je me trouvais alors peu éloigné, était située dans un *glen* ou vallée étroite de ces montagnes. Les domaines immenses qui avaient autrefois appartenu à la race des Osbaldistone avaient été depuis longtemps démembrés par les malheurs ou la prodigalité de mes aïeux; mais ce qui en restait attaché au vieux manoir suffisait encore pour mériter à mon oncle le titre de grand propriétaire; et il en employait les revenus (comme je l'avais appris par quelques informations sur la route) à soutenir l'hospitalité prodigue d'un écuyer du Nord à cette époque, ce qu'il regardait comme essentiel à la dignité de la famille.

Du sommet d'une éminence encore éloignée, j'avais aperçu déjà le château d'Osbaldistone, antique et vaste bâtiment dominant les chênes gigantesques d'une forêt druidique; et je me dirigeais sur ce point aussi directement et avec autant de célérité que le permettaient les sinuosités d'un fort mauvais chemin, quand mon cheval, tout fatigué qu'il était, dressa les oreilles et sembla se ranimer aux cris bruyants d'une meute de chiens, qu'avivait de moment en moment le son d'un cor français [1], qui était à cette époque l'accompagnement obligé d'une chasse. Je ne doutai pas que la meute ne fût celle de mon oncle, et je fis ranger mon cheval en dehors du chemin, dans l'intention de laisser passer la chasse sans me faire connaître, persuadé qu'un pareil moment n'était nullement celui qui convenait pour me présenter à un aussi déterminé chasseur, et résolu de me diriger ensuite à mon aise vers le château, où j'attendrais le retour du propriétaire. Je me plaçai donc sur une partie un peu élevée du terrain, et là, non sans éprouver assez vivement cette sorte d'intérêt que cet amusement champêtre est si propre à inspirer (bien qu'en ce moment mon esprit fût assez peu accessible aux impressions de cette nature), j'attendis avec impatience l'apparition des chasseurs.

Vivement lancé et presque aux abois, le renard déboucha d'un taillis qui formait le côté droit de la vallée. Sa queue traînante, son poil sali, son air d'épuisement, annonçaient l'approche de son destin; et le corbeau dévorant, planant au-dessus de lui, regardait déjà le pauvre renard comme une proie prochaine. Il traversa le courant d'eau qui divise la petite vallée, et il gravissait avec effort une ravine de l'autre côté de ses bords sauvages, quand les chiens les plus rapides, suivis bientôt du reste de la meute, puis des chasseurs et de trois ou quatre cavaliers, s'élancèrent hors du taillis. Les chiens saisirent la trace du renard avec un instinct infaillible, et les chasseurs suivirent la meute de toute la vitesse de leurs chevaux, malgré la difficulté d'un terrain

---

[1] Ce furent les Normands de Guillaume-le-Conquérant qui, avec le vocabulaire compliqué de leurs chasses, introduisirent en Angleterre, dans la seconde moitié du onzième siècle, l'usage du cor de chasse : de là l'épithète de cor français. (**L. V.**).

très-inégal. C'étaient des jeunes gens grands et robustes, bien montés et vêtus de vert et de rouge, uniforme d'une association de chasseurs formée sous les auspices du vieux sir Hildebrand Osbaldistone. Mes cousins ! pensai-je, comme ils venaient de passer devant moi avec la rapidité du vent. Puis ma seconde réflexion fut sur la réception à laquelle je devais m'attendre au milieu de ces dignes successeurs de Nembrod? Il n'est guère probable, pensai-je, que moi, étranger, ou à peu près, à ces divertissements de la campagne, je me trouve à l'aise et puisse être heureux dans la famille de mon oncle. Une apparition soudaine interrompit mes réflexions.

C'était celle d'une jeune dame, dont la physionomie, pleine de charmes, empruntait à l'ardeur de la chasse et à un exercice violent une expression encore plus animée. Elle montait un beau cheval noir de jais, en partie couvert de l'écume qui jaillissait de sa bride; et elle portait, ce qui alors était peu commun, l'habit, la veste et le chapeau pareils à ceux de l'autre sexe, mode qu'on a nommée depuis costume d'équitation ou d'amazone. Cette mode, qui avait été introduite durant mon séjour en France, était entièrement nouvelle pour moi. Ses longs cheveux noirs flottaient au gré du vent, le ruban qui les attachait s'étant dénoué dans la rapidité de la course. La difficulté du terrain à travers lequel elle dirigeait sa monture avec une adresse et une présence d'esprit admirables, l'avait laissée un peu en arrière et la firent passer plus près de moi qu'aucun des autres chasseurs. Je pus donc contempler la beauté peu commune de ses traits et de sa personne, auxquels la gaîté sauvage de la scène, la singularité de son costume et la surprise même de son apparition inattendue ajoutaient encore un charme inexprimable. Comme elle passait devant moi, et au moment où, se retrouvant sur un terrain plus uni, elle piquait des deux pour rejoindre la chasse, son cheval fit un faux mouvement. Je saisis ce prétexte de courir vers elle comme pour lui porter secours, quoique j'eusse parfaitement vu qu'il n'y avait pas le moindre sujet d'alarme, puisque le cheval n'avait pas même fait un faux pas; et cela eût-il été, la belle amazone était trop sûre d'elle-même pour s'en être inquiétée. Elle me remercia néanmoins par un sourire de mes bonnes intentions, et je me sentis encouragé à mettre mon cheval au même pas que le sien et à rester à ses côtés. Les cris triomphants des chasseurs, auxquels répondaient les fanfares du cor, vinrent au même instant nous annoncer qu'il était désormais inutile de se hâter, puisque la chasse était finie. L'un des jeunes gens dont j'ai parlé accourut alors vers nous, agitant d'un air de triomphe la queue du renard, comme pour narguer ma belle compagne.

— Je vois, je vois, dit-elle; mais ne faites pas tant de bruit pour cela. Si Phœbé (et elle caressait de la main le cou du bel animal qu'elle montait) n'avait pas été dans les rochers, vous n'auriez pas eu à chanter victoire.

Tandis qu'elle parlait, il s'était approché d'elle, et je remarquai qu'ils me regardaient l'un et l'autre en conversant un instant à voix basse, la jeune dame semblant presser le chasseur de faire une chose à laquelle il se refusait par une sorte de honte ou d'obstination niaise.

— C'est bien, c'est bien, Thornie, dit-elle en détournant brusquement vers moi la tête de son cheval, si vous ne voulez pas, ce sera moi ; voilà tout. — Monsieur, continua-t-elle en s'adressant à moi, je m'efforçais de persuader à ce jeune gentilhomme, modèle de complaisance et de politesse, de s'informer près de vous si, durant vos courses dans ce pays, vous n'auriez pas entendu parler d'un de nos amis, M. Francis Osbaldistone, qui depuis plusieurs jours est attendu à Osbaldistone-Hall.

Je fus trop-heureux de trouver cette occasion de me faire connaître, et d'exprimer à la belle amazone mes sincères remercîments pour son obligeante information.

—En ce cas, monsieur, reprit-elle, comme la politesse de mon parent ne semble pas encore bien éveillée, vous voudrez bien me permettre (quoique je pense que ce ne soit guère convenable) de me constituer maîtresse de cérémonies, et de vous présenter le jeune écuyer Thorncliff Osbaldistone, le fils de votre oncle, et Die¹ Vernon, qui a aussi l'honneur d'être la pauvre parente de votre charmant cousin.

Il y avait, dans la manière dont miss Vernon prononça ces mots, un mélange de hardiesse, de sarcasme et de simplicité. J'avais assez d'usage du monde pour me mettre à même de prendre un ton semblable dans les nouveaux remercîments que je lui adressai pour son obligeance, et en lui exprimant le plaisir extrême que me faisait éprouver *leur* rencontre. A vrai dire, le compliment était tourné de façon à ce que la jeune dame pouvait aisément s'en attribuer la plus grande part, car Thorncliff semblait un vrai lourdaud, gauche, emprunté, et quelque peu bourru. Il me secoua pourtant la main ; puis il annonça son intention de me quitter, afin d'aider les piqueurs et ses frères à recoupler les chiens, intention qu'au reste il annonçait tout simplement à miss Vernon, sans songer à s'en faire une excuse auprès de moi.

—Voyez-le, dit la jeune dame, en l'accompagnant, tandis qu'il s'éloignait, d'un regard où se peignait le plus profond dédain ; —c'est le prince des palefreniers et des maquignons ; il ne faut pas le sortir de ses chevaux et de ses combats de coqs. Par celui-ci vous pouvez juger des autres. — Avez-vous lu Markham ?

---

¹ Abréviation de Diana ; comme Thornie est l'abréviation de Thorncliff. (L. V.)

CHAPITRE V.

— Lu qui, madame? — Je ne me souviens même pas d'avoir jamais entendu le nom de l'auteur.

— Oh! la plaisante chose! Sur quel écueil avez-vous échoué? Un pauvre étranger ignorant, isolé, ne connaissant pas même le livre par excellence de la tribu sauvage au milieu de laquelle vous venez résider! — N'avoir jamais entendu parler de Markham, le plus célèbre auteur en vétérinaire! Je crains bien, d'après cela, que vous soyez tout aussi étranger aux noms plus modernes de Gibson et de Bartlett?

— Tout autant, miss.

— Et vous ne rougissez pas d'en convenir? En vérité, nous devons renier votre alliance. Alors, je suppose, vous ne pourriez ni soigner ni panser vos chevaux?

— J'avoue que je laisse tous ces soins à un valet d'écurie ou à mon palefrenier.

— Incroyable insouciance! — Et ne pourriez-vous ferrer un cheval, ou lui faire les crins, ou lui couper la queue, ou éverrer un chien, ou lui couper les oreilles, ou lui arracher une griffe, ou rappeler un faucon, ou le lancer, ou lui donner sa pitance, ou....

— Je résume en un seul mot ma profonde insignifiance : je suis absolument étranger à toutes ces qualités champêtres.

— Au nom du Ciel, monsieur Osbaldistone, que savez-vous donc faire?

— Fort peu de chose en ce genre, miss Vernon; quelque chose pourtant. — Quand mon cheval est sellé, je le monte; quand mon faucon est dans le champ, je puis lui donner son vol.

— Pouvez-vous faire cela? dit la jeune dame en mettant son cheval au galop.

En cet endroit se trouvait une sorte de barrière grossièrement construite de pièces de bois non équarries; j'allais m'avancer pour l'ouvrir, mais le cheval de miss Vernon avait déjà franchi l'obstacle. Par point d'honneur j'étais forcé de l'imiter; en une seconde je me retrouvai près d'elle.

— Tout espoir n'est pas perdu, dit-elle. Je craignais que vous ne fussiez un Osbaldistone tout à fait dégénéré. Mais, au nom du Ciel, qui vous amène au château des Ours? — c'est ainsi que nos voisins ont baptisé notre manoir. Vous n'y étiez pas obligé, je suppose?

Je sentais que déjà une sorte d'intimité s'était établie entre moi et ma belle inconnue, et en conséquence je lui répondis à demi-voix et d'un ton de confidence : J'aurais pu, en effet, ma chère miss Vernon, d'après l'esquisse que vous m'avez tracée des habitants d'Osbaldistone-Hall, regarder comme un sacrifice un séjour même temporaire que j'y aurais fait; mais je suis convaincu qu'il s'y trouve une exception qui en compensera tous les défauts.

— Ah! vous voulez parler de Rasleigh?

— Non vraiment. Je pensais, — pardonnez-moi, — à quelqu'un qui est beaucoup plus près de moi.

— Peut-être serait-il convenable que je ne comprisse pas votre compliment? — mais ce n'est pas ma manière. — Je ne vous fais pas de révérence, parce que je suis à cheval, mais sérieusement je mérite votre exception; car, sauf le vieux prêtre et Rasleigh, je suis la seule habitante du château qui puisse vous comprendre et vous répondre.

— Et qu'est-ce que Rasleigh, s'il vous plaît?

— Rasleigh est un personnage qui voudrait que chacun l'aimât pour lui-même. — C'est le plus jeune fils de sir Hildebrand, — à peu près de votre âge, mais moins... il n'est pas beau, en un mot. Mais la nature lui a donné quelques grains de sens commun, et le prêtre y a ajouté une assez bonne dose de connaissances. C'est ce que nous appelons un homme distingué, dans ce pays où les hommes distingués sont rares. Il a été élevé pour l'Église, mais il ne se presse pas de prendre les ordres.

— Pour l'Église catholique?

— L'Église catholique! Eh! pour quelle autre Église? Mais j'oubliais, on m'a dit que vous êtes un hérétique. Est-ce vrai, monsieur Osbaldistone?

— Je ne puis le nier.

— Et cependant vous avez voyagé, et dans des pays catholiques?

— Pendant près de quatre ans.

— Vous avez vu des couvents?

— Beaucoup; mais j'en ai vu peu qui rendissent le culte catholique recommandable.

— Ceux qui les habitent ne sont-ils pas heureux?

— Quelques-uns le sont, sans nul doute; ce sont ceux qu'un profond sentiment de piété, ou les persécutions et les malheurs du monde, ou une apathie naturelle, ont conduits dans ces retraites. Ceux qui n'ont adopté la vie monastique que par un enthousiasme subit et outré, ou dans le premier ressentiment de quelque injustice, sont très-malheureux. La vivacité des sensations revient bientôt; et alors, comme les animaux les plus sauvages d'une ménagerie, ils ne connaissent plus le repos dans leurs cellules, tandis que d'autres ruminent et s'engraissent dans des cages aussi étroites.

— Et que deviennent ces victimes que la volonté des autres a condamnées au couvent? A quoi ressemblent-elles? A quoi ressemblent-elles, surtout, si elles sont nées pour les sensations d'une vie active?

— Elles ressemblent à l'oiseau en cage qui cherche, par ses chants, à tromper sa captivité. Libre, ses talents eussent orné la société.

— Je serai, s'écria miss Vernon, — ou plutôt, dit-elle en se reprenant, je serais comme le faucon sauvage, qui, privé de son libre essor vers les cieux, se brise lui-même contre les barreaux de sa prison.

Mais pour revenir à Rasleigh, ajouta-t-elle d'un ton plus enjoué, vous le trouverez pendant huit jours l'homme le plus plaisant que vous ayez jamais vu. S'il pouvait rencontrer une maîtresse aveugle, jamais homme n'eût été plus sûr de sa conquête; mais les yeux rompent le charme qui a captivé l'oreille. Nous voici dans la cour du vieux château, qui est aussi sauvage et aussi gothique que les habitants du manoir. On ne fait pas grande toilette à Osbaldistone-Hall, comme vous pouvez voir; mais il faut pourtant que je change de vêtements, car j'étouffe de chaleur dans ceux-ci, et ce chapeau me serre horriblement la tête. En même temps la malicieuse miss se débarrassa de cette coiffure, et une profusion de boucles d'ébène retomba sur son beau visage et sur ses yeux brillants. Moitié riant, moitié rougissant, elle les rejeta en arrière, et ses doigts blancs et effilés les partagèrent sur son front. Si elle mit en cela une intention de coquetterie, elle sut parfaitement la cacher, du moins, sous une indifférence apparente. Je ne pus m'empêcher de dire que, jugeant de la famille par ce que je voyais, je serais en effet tenté de croire la toilette fort inutile.

— Ceci est très-galant, quoique peut-être je n'eusse pas encore dû vous comprendre; mais vous trouverez une meilleure excuse pour un peu de négligence, quand vous verrez les oursons avec lesquels vous allez vivre; la toilette ne pourrait les embellir. Mais, comme je vous l'ai dit, la vieille cloche va sonner le dîner dans quelques minutes. Le son en est un peu fêlé : c'est que le jour de la descente du roi Guillaume[1] en Angleterre, cette bonne vieille cloche s'est fendue d'elle-même; et mon oncle, par respect pour son talent prophétique, n'a jamais voulu qu'elle fût changée. Ainsi donc, tenez mon palefroi, comme un chevalier courtois, jusqu'à ce que je vous envoie un plus humble écuyer pour vous relever de la tâche.

En même temps elle me jeta les rênes, comme si nous eussions été des amis d'enfance, sauta hors de selle, traversa lestement la cour, et passa sous une petite porte latérale, me laissant dans l'admiration de sa beauté et dans l'étonnement de la franchise de ses manières, d'autant plus extraordinaire à cette époque, que les règles de la politesse, sorties de la cour du grand roi Louis XIV, prescrivaient plus que jamais au beau sexe la sévérité du décorum. Je restai assez gauchement au milieu de la cour du vieux château, monté sur un cheval et tenant l'autre en main.

L'édifice présentait peu d'intérêt aux regards d'un étranger, eussé-je même été disposé à l'examiner attentivement. Le bâtiment était de forme carrée, et ses côtés d'architecture différente. Avec ses fenêtres grillées, ses tourelles en saillie et ses massives architraves, il ressemblait à l'intérieur d'un monastère ou à l'un des collèges d'Ox-

---

[1] Guillaume d'Orange. (L. V.)

ford les plus anciens et les moins splendides. Pendant assez longtemps j'appelai vainement un domestique; ce qui était d'autant plus impatientant qu'il m'était aisé de voir que j'étais un sujet de curiosité pour plusieurs serviteurs, tant mâles que femelles, qui, de différentes parties du château, montraient et retiraient subitement leurs têtes, comme des lapins dans une garenne, avant que j'eusse pu faire un appel direct à l'attention d'aucun d'eux. L'arrivée des chasseurs et de la meute vint enfin me sortir d'embarras, et je parvins, non pourtant sans quelque difficulté, à déterminer un valet à me débarrasser de mes chevaux, et un autre rustre à me conduire vers sir Hildebrand. Il me rendit ce service avec autant de bonne grâce et de bonne volonté qu'un paysan forcé de servir de guide à une patrouille ennemie; et je fus de même obligé de veiller de près sur lui pour qu'il ne me laissât pas seul dans le labyrinthe de corridors bas et voûtés qui conduisaient à la *salle du bruit*[1], comme il l'appelait, où je devais être introduit en présence de mon gracieux oncle.

Nous arrivâmes enfin à une longue pièce voûtée et pavée en dalles, où le dîner était déjà en grande partie préparé sur une file de tables de chêne, trop vastes et trop massives pour pouvoir être déplacées. Cette salle vénérable, témoin depuis des siècles des festins des Osbaldistone, était parée en outre des preuves nombreuses de leurs succès à la chasse. D'énormes bois de daims, qui eussent pu servir de trophées pour la chasse de *chevy Chace*[2], étaient disposés le long des murs, garnis en outre de peaux de blaireaux, de loutres, de fouines, et d'autres animaux sauvages. Parmi quelques vieux débris d'anciennes armures, qui peut-être avaient servi contre les Écossais, étaient suspendues les armes plus estimées de la guerre des forêts, des arbalètes, des armes à feu de diverses sortes, des filets, des épieux de pêche et de chasse, des lances, et une foule d'autres inventions et d'engins destinés à prendre ou à tuer le gibier. Un petit nombre de vieux tableaux, noircis par la fumée et tachés de bierre, ornaient aussi les murs et représentaient des chevaliers et de nobles dames, honorés sans doute et renommés dans leur temps : ceux-ci, avec leur barbe touffue, fronçant le sourcil d'un air terrible sous leurs vastes perruques; celles-là, regardant de leurs plus doux yeux les roses qu'elles tenaient à la main.

[1] *Stun-Hall*. — La vraie signification du nom de cette salle, comme on le verra plus loin (ch. VII) était *stone-hall*, salle de pierre; mais le bas peuple du nord prononce *u* ce que dans le sud on prononce *o* : de là le jeu de mots, *stun* signifiant bruit, étourdissement. Je ne m'arrêterais pas à ces remarques, si le premier traducteur des œuvres de sir Walter Scott n'avait ou effacé ou dénaturé ces traits, ainsi que beaucoup d'autres plus importants. (L. V.)

[2] La chasse des monts Cheviots. C'est le titre d'une vieille ballade de chasseurs, dont les *borders* (frontière anglo-écossaise) sont le théâtre. (L. V.)

CHAPITRE V.

A peine avais-je eu le temps de jeter un coup d'œil sur toutes ces choses, qu'une douzaine de domestiques habillés de bleu entrèrent avec fracas dans la salle, chacun d'eux s'occupant plus de ce que faisaient ses camarades que de ce que lui-même avait à faire. Les uns jetèrent d'énormes bûches dans le feu, dont la flamme pétillante s'éleva bientôt, perçant un nuage de fumée, dans un large conduit surmontant un âtre assez vaste pour qu'un banc de pierre y fût disposé à l'intérieur, et dont la partie antérieure était décorée, en guise de chambranle, d'un lourd morceau d'architecture, où les faces contournées et les corps rampants des monstres que l'art héraldique a consacrés comme emblèmes, sculptés par le ciseau de quelque artiste northumbrien, se détachaient d'une pierre originellement rouge, mais recouverte d'un épais vernis de fumée accumulé depuis des siècles. D'autres de ces serviteurs, accoutrés à l'ancienne mode, portaient de larges plats fumants, chargés de mets substantiels; d'autres portaient des coupes, des flacons, des bouteilles, et même des barils de liquides. Tous s'agitaient, se pressaient, se poussaient, se coudoyaient, faisant autant de bruit et aussi peu de besogne que vous pouvez croire. Enfin, lorsqu'après bien des peines le dîner fut prêt à être servi, le bruit des hommes et des chiens, le claquement des fouets destinés à maintenir ceux-ci en respect, des voix rudes et fortes, des pas dont la massive chaussure de l'époque augmentait la pesanteur, et qu'on aurait pu prendre pour ceux de la statue du Commandeur dans le *Festin de Pierre*[1], annoncèrent l'approche des convives. Le tumulte augmenta plutôt qu'il ne diminua parmi les domestiques : — les uns recommandaient de se hâter, — les autres répondaient qu'il leur fallait le temps; — ceux-ci criaient de se ranger du chemin et de faire place à sir Hildebrand et aux jeunes écuyers; — ceux-là s'empressaient de se serrer contre les tables; — quelques-uns ordonnaient d'ouvrir, d'autres de fermer les portes battantes qui séparaient la salle d'une sorte de galerie ou d'antichambre décorée, comme je le vis plus tard, de boiseries noires. Enfin les portes s'ouvrirent, et hommes et chiens se précipitèrent dans la salle, — huit chiens, le chapelain du château, le médecin du village, mes six cousins et mon oncle.

[1] Ou dans le *don Juan*. Quel est l'enfant qui, ayant assisté à la représentation de la comédie de Molière ou du chef-d'œuvre de Mozart, ne conserve pas toujours dans son esprit quelque chose de l'impression formidable dont les pas mesurés, solennels, lourds et retentissants de la gigantesque statue de pierre descendue de son piédestal et s'avançant vers le pécheur endurci qui la défie, ont frappé sa jeune imagination? (L. V.)

CHAPITRE VI.

> La salle massive en est ébranlée ; — ils arrivent, ils se précipitent. — Le bruit des voix fait retentir les voûtes. — D'un pas fier et dominateur, ils s'avancent dans leurs divers accoutrements ; — tous agitent avec orgueil le cimier de leurs morions.
>
> PENROSE.

Si le vieux sir Hildebrand Osbaldistone ne s'était pas montré fort empressé d'embrasser son neveu, dont il devait avoir appris l'arrivée depuis quelques moments, il avait d'importantes occupations à alléguer en excuse. — Je t'aurais vu plus tôt, mon garçon, s'écria-t-il, après m'avoir rudement secoué la main et m'avoir cordialement félicité de mon arrivée à Osbaldistone-Hall ; mais il fallait d'abord que je fisse reconduire les chiens au chenil. Tu es le bienvenu au château, mon garçon. — Voilà ton cousin Percie, ton cousin Thornie, et ton cousin John ; — ton cousin Dick, ton cousin Wilfred, et..... attends donc ; où est Rasleigh ? — Ah ! le voilà. — Détourne donc ton grand corps, Thornie, et laisse-nous voir un peu ton frère ; — voilà ton cousin Rasleigh. — Ainsi, à la fin, ton père a pensé au vieux château et au vieux sir Hildebrand : — mieux vaut tard que jamais. — Tu es le bienvenu, mon garçon, et c'en est assez. — Où est ma petite Die ? — Ah ! la voilà qui entre. — C'est ma nièce Die, la fille du frère de ma femme ; — la plus jolie fille de nos vallons, soit la seconde qui pourra. — Et maintenant, à la besogne.

Pour avoir quelque idée de celui qui tenait ce langage, représentez-vous, mon cher Tresham, un homme approchant de la soixantaine, vêtu d'habits de chasse qui jadis avaient été richement galonnés, mais dont bien des orages de novembre et de décembre avaient terni la splendeur. Malgré la rudesse actuelle de ses manières, sir Hildebrand, à une certaine époque de sa vie, avait fréquenté la cour et les camps ; il avait commandé, avant la Révolution [1], un régiment au camp de Hounslow-Heath, et, grâce peut-être à la religion catholique qu'il professait, il avait été, vers le même temps, fait chevalier par le malheureux et imprudent Jacques II. Mais les rêves ambitieux du chevalier, s'il en avait jamais conçu, s'éteignirent lors de la crise qui renversa du trône

---

[1] Le lecteur ne doit pas oublier que toutes les fois qu'il est fait mention de la révolution contemporaine des jeunes années des parents de Francis Osbaldistone, c'est de la révolution de 1688 qu'il s'agit. — Le camp de Hounslow-Heath, ou des bruyères de Hounslow, dont il est ici question, était situé à une dixaine de milles de Londres, et avait pour objet de rassembler une armée contre le duc de Monmouth. C'est en 1686 qu'il fut formé. (L. V.)

son royal protecteur, et depuis lors il avait passé une vie obscure au milieu de ses domaines héréditaires. Sous la rusticité de sir Hildebrand, cependant, on apercevait encore les traces du gentilhomme, et il était parmi ses fils ce que seraient les débris d'une colonne d'ordre corinthien, dont les sculptures, à demi détruites, seraient couvertes de mousse et de lichens, au milieu des blocs de pierre rudes et informes de Stonehenge ou de quelque autre reste d'un temple druidique. Ses fils étaient bien, en effet, les blocs les plus lourds et les plus grossiers qu'on puisse imaginer. Grands, forts et doués d'assez beaux traits, les cinq aînés ne semblaient pas avoir reçu du Ciel le moindre rayon d'intelligence, et ils manquaient totalement de ces grâces extérieures de formes et de manières qui, dans le monde élégant, suppléent quelquefois aux défauts de l'esprit. Les plus recommandables de leurs qualités morales semblaient être la bonne humeur et le contentement peints sur leur épaisse physionomie, et la seule prétention qu'ils affichassent était d'être les meilleurs chasseurs du comté. Le robuste Gyas et le robuste Cloanthus ne se ressemblent pas plus chez le poëte, que le robuste Percival, le robuste Thorncliff, les robustes John, Richard et Wilfred, ne se ressemblaient entre eux.

Mais, comme pour se dédommager d'une uniformité si peu ordinaire dans ses ouvrages, dame Nature avait fait de Rasleigh, par la personne et les manières, par le caractère et les talents, un frappant contraste non-seulement avec ses cinq frères, mais avec la plupart des hommes que j'avais vus jusqu'alors. Quand Percie, Thornie et compagnie eurent tour à tour salué, grimacé et présenté plutôt leur épaule que leur main, à mesure que leur père les nommait à leur nouveau parent, Rasleigh s'avança et me félicita de mon arrivée à Osbaldistone-Hall avec l'air et les manières d'un homme du monde. Son extérieur n'était pas très-prévenant. Il était petit, tandis que tous ses frères semblaient être des descendants d'Anak; ils étaient assez bien faits, et Rasleigh, sans être débile, était presque difforme. Un accident de sa jeunesse l'avait rendu légèrement boiteux, et beaucoup de gens disaient que c'était là ce qui l'empêchait de prendre les ordres, l'Église de Rome, comme on sait, n'admettant dans la cléricature personne qui soit atteint d'une difformité physique. D'autres, néanmoins, n'attribuaient ce défaut désagréable qu'à une mauvaise habitude, et prétendaient que ce ne pouvait être là un obstacle à son entrée dans les saints ordres.

Les traits de Rasleigh étaient tels qu'après les avoir vus vous auriez vainement voulu les bannir de votre souvenir, et qu'on y revenait sans cesse, comme à un objet de curiosité pénible, quoique avec un sentiment d'aversion et même de dégoût. Ce n'était pas précisément sa figure, mais bien l'ensemble de sa physionomie, qui produisait cette impression profonde. Ses traits étaient irréguliers, mais non pas vulgaires; avec ses yeux noirs et vifs, couronnés d'épais sourcils, il ne pouvait être d'une laideur insignifiante. Mais dans ses yeux se lisait une expression d'artifice et de dissimulation, et, si on le provoquait, de férocité tempérée par la prudence, que la nature avait rendue évidente pour les physionomistes les moins pénétrants, peut-être par le même motif qui lui a fait donner au serpent venimeux la sonnette qui le trahit. Mais, comme pour le dédommager de ces désavantages extérieurs, Rasleigh Osbaldistone possédait la voix la plus douce, la plus moelleuse, la plus vibrante que j'aie jamais entendue, et un si bel organe prêtait à ses paroles une expression puissante. Il n'avait pas achevé son premier compliment de bienvenue, que déjà j'avais reconnu la vérité de l'observation de miss Vernon, que Rasleigh serait certain de la conquête d'une femme qui pour le juger n'aurait que ses oreilles. Il se disposait à se placer près de moi à table; mais miss Vernon, qui, comme la seule femme de la famille, disposait à son gré ces sortes d'arrangements, fit que je me trouvai entre Thorncliff et elle; et vous croirez sans peine que cette disposition fut beaucoup plus de mon goût.

— J'ai besoin de vous parler, me dit-elle; c'est pour cela que j'ai placé l'honnête Thornie entre Rasleigh et vous. Il sera comme

> Le matelas placé sur la muraille,
> Pour amortir l'effet de la mitraille;

tandis que moi, votre plus ancienne connaissance dans cette famille de gens d'esprit, je vous demanderai comment vous nous trouvez tous?

— C'est une question un peu compliquée, miss Vernon, vu le peu de temps depuis lequel je suis à Osbaldistone-Hall.

— Oh! la philosophie de notre famille est toute à la surface. — Il est des nuances distinguant les individus, qui veulent les yeux d'un fin observateur; mais les espèces, comme les naturalistes, je crois, appellent cela, les espèces peuvent être distinguées et caractérisées au premier regard.

— Alors, il me semble que mes cinq cousins les plus âgés ont à très-peu de chose près le même caractère.

— Oui, ils présentent un heureux composé de l'ivrogne, du garde-chasse, du querelleur, du jockey et du sot; mais comme on ne peut trouver deux feuilles sur le même arbre exactement semblables, de même ces heureux ingrédients étant mêlés pour chacun d'eux en une proportion quelque peu différente, il en résulte une agréable variété pour ceux qui aiment à étudier les caractères.

— Donnez-m'en une esquisse, miss Vernon.

— Vous l'aurez tout au long dans un tableau de famille; — c'est une faveur que vous demandez de trop bonne grâce pour qu'elle vous soit refusée. Percie, l'héritier présomptif[1], tient plus de l'ivrogne que

---

[1] C'est-à-dire le fils aîné. On sait qu'en Angleterre l'aîné seul hérite. (L. V.)

CHAPITRE VI.

du garde-chasse, du querelleur, du jockey ou du sot; — mon précieux Thornie tient plus du querelleur que de l'ivrogne, du garde-chasse, du sot ou du jockey; — John, qui passe ses journées à dormir dans nos bois, tient surtout du garde-chasse; — Dick est le jockey par excellence, lui qui fera deux cents milles tout d'une traite pour assister à la vente ou à l'achat d'un cheval de race; — enfin la sottise l'emporte tellement en Wilfred sur toute autre qualité, qu'on peut le nommer positivement un sot.

— C'est une collection précieuse, miss Vernon, et chacune des variétés appartient à des espèces bien intéressantes. Mais n'y a-t-il pas place sur la toile pour sir Hildebrand?

— J'aime mon oncle, répondit-elle; je lui dois quelque reconnaissance (au moins pour ses bonnes intentions), et je vous laisserai le soin de tracer vous-même son portrait, quand vous le connaîtrez mieux.

Allons, pensai-je, je suis bien aise qu'elle ait au moins cette retenue. Après tout, qui aurait attendu une satire aussi mordante, d'une personne si jeune et si admirablement belle?

— Vous vous occupez de moi, me dit-elle en fixant sur moi ses yeux pénétrants, comme si elle eût voulu lire dans ma pensée.

— Assurément, répliquai-je assez embarrassé par cette question inattendue; puis tâchant de donner à la franchise de mon aveu une tournure galante, j'ajoutai : Comment pourrais-je penser à quelque autre chose, placé comme j'ai le bonheur de l'être?

Elle sourit avec une expression de fierté concentrée qui n'appartenait qu'à elle. — Je dois vous informer, une fois pour toutes, monsieur Osbaldistone, que près de moi les compliments sont entièrement perdus; ne prodiguez donc pas vos belles paroles. — Elles sont, pour les beaux gentilshommes qui parcourent nos cantons, ce que les babioles, les grains de corail et les bracelets sont pour les navigateurs qui veulent apprivoiser les habitants sauvages d'une terre nouvellement découverte. N'épuisez pas votre assortiment; — vous en trouverez un bon emploi auprès de nos beautés du Northumberland. — Avec moi, ce serait marchandise perdue, car j'en connais la valeur.

Je restai muet et confondu.

— Vous me rappelez, continua la jeune dame, reprenant son ton d'indifférence et d'enjouement, le conte de fées dans lequel l'homme trouve tout l'argent qu'il a apporté au marché changé en morceaux d'ardoise. J'ai décrédité et anéanti toute votre cargaison de compliments par une malheureuse observation. Mais, allons, n'y pensez plus. — Votre physionomie est trompeuse, monsieur Osbaldistone, si vous n'avez pas de meilleurs sujets de conversation que ces fadeurs que tout gentilhomme se croit obligé de réciter à une pauvre fille, seulement parce qu'elle est habillée de soie et de gaze, tandis qu'ils portent de beaux habits brodés. Votre pas naturel, comme pourrait dire un de mes cinq cousins, est de beaucoup préférable à votre amble complimenteur. Tâchez d'oublier mon malheureux sexe ; appelez-moi Tom Vernon, si vous voulez, mais parlez-moi comme pourrait le faire un homme à son ami : vous n'avez pas d'idée combien plus je vous en aimerai.

— Voilà un puissant appât, répondis-je.

— Encore ! reprit miss Vernon en levant un doigt ; je vous ai dit que je ne supporterais pas l'ombre d'un compliment. Et maintenant, quand vous aurez fait raison à mon oncle, qui vous provoque avec ce qu'il appelle une rasade, je vous dirai ce que vous pensez de moi.

Lorsqu'en neveu soumis, j'eus répondu à la santé de mon oncle, et lorsqu'après quelques autres échanges de propos de table avec les différents convives, le bruit continuel et intense des couteaux et des fourchettes, et l'attention exclusive que le cousin Thorncliff, à ma droite, et le cousin Dickson, à la gauche de miss Vernon, apportaient à l'énorme quantité de viandes dont ils chargeaient leurs assiettes, en nous isolant parfaitement au milieu de la compagnie si bien occupée, nous eurent permis de reprendre notre tête-à-tête : Maintenant, dis-je, permettez-moi, miss Vernon, de vous demander franchement ce que vous supposez que je pense de vous. — Je vous dirais bien ce que j'en pense réellement ; mais vous m'avez interdit les compliments.

— Je n'aurai pas besoin de votre assistance ; je suis assez magicienne pour dire sans cela quelles sont vos pensées. Sans que vous m'ouvriez votre cœur, je puis y lire. Vous me regardez comme une fille singulièrement hardie, agissant moitié par coquetterie, moitié par légèreté ; voulant attirer l'attention par la liberté de ses manières et la bizarrerie de sa conversation, parce qu'elle est étrangère à ce que le *Spectateur* appelle les plus douces grâces du sexe ; peut-être pensez-vous que j'ai quelque idée particulière de vous terrifier d'admiration. Je serais désolée de diminuer la bonne idée que vous pouvez avoir de votre perspicacité ; mais jamais vous ne vous êtes plus complètement mépris. Toute la confiance que j'ai mise en vous, je l'aurais aussi bien donnée à votre père, si j'eusse pensé qu'il pût me comprendre. Je suis, dans cette bienheureuse famille, aussi complètement isolée de tout auditeur intelligent, que Sancho dans la Sierra Morena ; et, si l'occasion s'en présente, il faut que je parle ou je mourrais. Je vous assure que je ne vous aurais pas donné un mot de ces curieux renseignements, si j'attachais pour une épingle d'importance à ce que mes cousins sachent ou non ce que je pense d'eux.

— Il est bien cruel à vous, miss Vernon, de dépouiller vos communications de toute apparence de faveur ; mais je dois les recevoir au titre qu'il vous plaira. — Vous n'avez pas compris M. Rasleigh dans votre esquisse d'intérieur.

CHAPITRE VI.

Je crus la voir tressaillir à cette remarque, et elle se hâta de répondre d'une voix très-basse : Pas un mot de Rasleigh! Il a l'oreille si fine, quand son amour-propre est en jeu, que nos paroles lui arriveraient même à travers la massive personne de Thorncliff, toute bourrée qu'elle est de bœuf, de pâté et de poudding.

— Oui, répliquai-je, mais avant de faire ma question, j'ai jeté les yeux de l'autre côté de la cloison vivante qui me sépare de lui, et je me suis aperçu que la chaise de M. Rasleigh est vide. — Il a quitté la table.

— Ne vous y fiez pas. Croyez-moi : quand vous parlerez de Rasleigh, montez sur le sommet d'Otterscope-hill, d'où vous voyez à vingt milles à la ronde; placez-vous sur le pic même, et parlez bien bas. Et après tout cela, craignez encore que l'oiseau qui planait sur vous ne rapporte ce que vous avez dit. Rasleigh a été mon précepteur pendant quatre ans; nous sommes également fatigués l'un de l'autre, et nous nous réjouirons sincèrement lors de notre séparation prochaine.

— M. Rasleigh quitte donc Osbaldistone-Hall?

— Dans quelques jours; ne le saviez-vous pas? — Votre père alors est plus discret que sir Hildebrand. Quand mon oncle fut informé que vous alliez être son hôte pour quelque temps, et que votre père désirait avoir un de ses neveux, garçons de tant d'espérance, pour occuper dans sa maison la place lucrative que laissait vacante votre obstination, monsieur Francis, le bon chevalier réunit en cour plénière toute la famille, y compris le sommelier, l'intendant et le garde-chasse. Cette révérente assemblée des pairs et des grands officiers d'Osbaldistone-Hall n'était pas convoquée, comme vous pourriez croire, pour choisir votre remplaçant, vu que, Rasleigh seul possédant plus de science arithmétique qu'il n'en faut pour calculer les chances pour ou contre dans un combat de coqs, personne, autre que lui, ne pouvait convenir à la place. Mais une sanction solennelle était nécessaire pour transformer Rasleigh de prêtre famélique en opulent banquier ; et ce ne fut pas sans quelque répugnance que l'assemblée donna son assentiment à un tel acte de dégradation.

— Je conçois les scrupules; mais comment furent-ils surmontés?

— Par le désir général, je crois, de voir Rasleigh hors d'ici. Quoique le plus jeune de la famille, il a su prendre un entier ascendant sur chacun des autres, et tout le monde sent la sujétion sans pouvoir s'en affranchir. Si quelqu'un veut lui résister, il est sûr d'avoir lieu de s'en repentir avant la fin de l'année; si vous lui rendez un service important, vous pourrez vous en repentir encore plus.

— D'après cela, répondis-je en souriant, je prendrai garde à moi ; car je suis la cause involontaire de son changement de situation.

— Oui, certes! et qu'il s'en réjouisse ou le regrette, il ne vous en gardera pas moins rancune. Mais voici le fromage et les radis, et l'on va porter la santé de l'Église et du roi : c'est le signal de la retraite pour les chapelains et les dames; et moi, le seul représentant de mon sexe à Osbaldistone-Hall, je me retire, comme c'est mon devoir.

A ces mots elle disparut, me laissant dans l'étonnement de ce caractère mêlé de finesse, d'audace et de franchise que sa conversation révélait. Je désespère de vous donner une juste idée de ses manières, quoique j'aie aussi exactement que possible reproduit son langage. C'était un mélange de simplicité naïve, de finesse naturelle et de hardiesse extrême, le tout modifié par le jeu de la plus ravissante physionomie que j'eusse jamais vue. Il ne faut pas croire que, quelque étrange et inusitée que pût me paraître sa confiance et son abandon sans réserve, un jeune homme de vingt-deux ans sût mauvais gré à une jolie fille de dix-huit de ne pas maintenir entre elle et lui la distance convenable. Au contraire, j'étais également flatté et enchanté de la confiance de miss Vernon, et cela nonobstant sa déclaration positive qu'elle ne me l'avait accordée que parce que j'étais le premier qui se présentât, sur l'intelligence duquel elle pût compter pour la comprendre. Avec la présomption de mon âge, que n'avait certes pas diminuée ma résidence en France, je m'imaginais que des traits réguliers et un extérieur prévenant, dons que je m'accordais généreusement, n'étaient pas des qualités trop impropres au confident d'une jeune beauté. Ma vanité ainsi engagée dans la cause de miss Vernon, j'étais loin de juger avec sévérité une franchise que je trouvais assez bien justifiée par mon propre mérite; et l'intérêt que sa beauté et la singularité de sa situation étaient par elles-mêmes si propres à inspirer était grandement augmenté, dans mon opinion, par la pénétration et le jugement dont elle avait fait preuve dans le choix d'un ami.

Après le départ de miss Vernon, la bouteille circula autour de la table avec une effrayante rapidité. Mon éducation étrangère m'avait donné la plus grande aversion pour l'intempérance, vice trop commun alors comme aujourd'hui parmi mes compatriotes. Les propos qui assaisonnaient de telles orgies étaient tout aussi peu de mon goût, et si quelque chose pouvait ajouter encore à ma répugnance, c'était la parenté des convives. Je saisis donc un moment opportun, et je m'esquivai par une porte de côté, dont j'ignorais l'issue, plutôt que d'avoir plus longtemps à supporter la vue d'un père et de ses fils se livrant aux mêmes excès d'intempérance et s'abandonnant à la même licence de propos grossiers. Comme je m'y étais attendu, je fus poursuivi naturellement comme déserteur du culte de Bacchus. Lorsque j'entendis les cris de — ohé! ohé! et le bruit des lourdes bottes de mes poursuivants au haut de l'escalier tournant que je descendais, je vis clairement que j'étais pris, si je ne gagnais le large. En conséquence, j'ouvris une fenêtre de l'escalier qui donnait sur un jardin de gothique apparence; et comme la hauteur n'excédait pas six pieds, je sautai sans hésiter, et aussitôt après j'entendis derrière moi les cris de ohé! ohé! il est sauvé! il est sauvé! de mes penauds de cousins. J'enfilai une allée, puis une autre; puis, me voyant à l'abri de la poursuite, je ralentis le pas pour jouir de la fraîcheur de l'air, que les fumées du vin qu'il m'avait fallu boire, ainsi que la rapidité de ma course, me rendaient doublement agréable.

Comme je me promenais à l'aventure, je trouvai le jardinier occupé à ses travaux du soir, et m'arrêtant près de lui, je le saluai d'un — bonsoir, mon ami.

— Bonsoir, bonsoir, répondit l'homme, sans lever la tête, et avec un accent qui indiquait son extraction du nord.

— Voilà un beau temps pour vos travaux, mon ami.

— Il n'y a pas trop à s'en plaindre, répondit-il, de ce ton de demi-satisfaction avec lequel les jardiniers et les fermiers parlent ordinairement du temps même le plus beau. Alors levant la tête, comme pour voir qui lui parlait, il porta, d'un air de respect, la main à sa toque écossaise. — Eh! Dieu nous garde, dit-il, ça n'est pas commun d'voir un jeistiecor brodé en or à c't'heure dans l'jardin du château.

— Un quoi brodé en or, mon bon ami?

— Un jeistiecor¹, — c'est-à-dire une jaquette comme la vôtre. Ils ont autre chose à faire, là-bas, — c'est d'la déboutonner pour faire place au bœuf, au poudding et au vin, sûrement; — car c'est là la lecture ordinaire du soir, de c'côté de la frontière.

— On ne fait pas assez bonne chère dans votre pays, mon bon ami, pour qu'on soit tenté de rester aussi longtemps à table.

— Ta, ta, monsieur n'connaît guère l'Écosse. C'n'est pas la bonne chère qui nous manque; — nous avons les meilleurs poissons, les meilleurs bestiaux, la meilleure volaille, outre les ciboules, les ognons, les navets et nos autres légumes. Mais nous avons d'la discrétion et d'la modération, et nous n'sommes pas portés sur not'bouche; mais ici, d'puis l'église jusqu'au château et d'puis l'matin jusqu'au soir, c'est toujours manger et toujours à r'commencer. Même leurs jours de jeûne! — Ils appellent ça jeûner, quand ils ont l'meilleur poisson d'mer qu'on leur apporte, sur des chariots, de Hartlepool et de Sunderland, outre des truites, des grilses², du saumon et tout l'reste! et ainsi ils font même d'leurs jours de jeûne des jours de luxure et d'abomination; et puis les messes et les matines pour les pauvres âmes déçues... Mais je ne devrais pas parler d'tout ça, car Votre Honneur, j'en suis sûr, est un romain comme les autres.

— Non, mon ami: j'ai été élevé dans la religion réformée; je suis anglican.

---

¹ Peut-être d'après le français, *justaucorps*. (W. S.)
² Jeune saumon. (L. V.)

— Alors prenez la main d'un de vos frères, dit le jardinier, avec un air aussi épanoui que ses traits grossiers pouvaient le paraître ; et comme pour montrer que sa bonne volonté ne restait pas en arrière de ses paroles, il tira de sa poche une large tabatière de corne, ou *mull*, comme ils l'appellent, et m'en offrit une prise avec la grimace la plus fraternelle.

Ayant accepté sa politesse, je lui demandai s'il servait depuis longtemps à Osbaldistone-Hall.

— J'ai été exposé aux bêtes sauvages d'Éphèse une bonne partie de ces vingt-deux dernières années, répondit-il en tournant les yeux vers le château, aussi sûr que mon nom est André Fairservice.

— Mais, mon cher André Fairservice, si votre religion et votre tempérance sont si fort offensées par le rituel de l'Église romaine et l'hospitalité du sud, il me semble que vous n'étiez pas obligé de vous condamner à une aussi longue pénitence, et que vous auriez pu trouver des maîtres moins gourmands et plus orthodoxes. Ce n'est pas, j'en suis persuadé, faute de talent que vous n'êtes pas placé d'une manière plus convenable.

— Il ne m'sied pas d'parler d'moi et d'mes qualités, répondit André, en portant les yeux autour de lui avec une complaisance marquée ; mais, voyez-vous, j'suis d'la paroisse de Dreepdaily, où l'on cultive les choux-longs[1] sous cloche : c'est vous dire qu'on entend un peu son métier. — Et pour dire la vérité, d'puis vingt-deux ans, d'terme en terme, j'suis toujours sur mon départ ; et quand vient l'époque, il y a toujours quelque chose à semer, que j'voudrais voir semé, — ou quelque chose à recueillir, que j'voudrais voir recueilli, — ou quelque chose à mûrir, que j'voudrais voir mûr ; et ainsi d'année en année j'reste dans la famille. J'vous dirais bien que pour sûr j'partirai à la Chandeleur ; mais il y a vingt ans que j'le dis, et j'suis encore là à bêcher la terre. Et puis, pour dire toute la vérité à Votre Honneur, c'est qu'jamais y n's'est offert une meilleure place à André. Mais si Votre Honneur voulait m'trouver une condition où j'pusse entendre la saine doctrine, et avoir une petite pièce d'herbe pour une vache, et une petite maison, et une cour, et plus de dix livres de gages, et où il n'y eût pas d'femme dans la maison pour venir compter les pommes, j'vous aurais une vraie obligation.

— Bravo, André ! je vois que si vous n'avez pas d'avancement, ce n'est pas faute de modération.

— Il faut êt' modéré ; je n'ai plus, j'crois bien, vingt ans à attendre que'que chose qui m'convienne tout à fait.

— Mais il me semble que vous n'êtes pas ami des femmes.

— Non, sur ma foi ; c'est la mort des jardiniers. Ce sont de fâcheux

[1] Lang-kale.

CHAPITRE VI.

trouble-sommes ; — toujours criant après des abricots, des poires, des prunes et des pommes, hiver ou été, sans prendre garde aux saisons. Mais, Dieu soit loué ! nous n'avons pas ici d'cette engeance, excepté la vieille Marthe, et elle est toujours contente quand j'donne que'ques grappes de groseilles aux marmots d'sa sœur, qui viennent prendre le thé le dimanche chez le portier, et quand elle a d'temps à autre une bonne pomme cuite à son souper.

— Vous oubliez votre jeune maîtresse.

— Quelle maîtresse est-ce que j'oublie ? — Qui est ma maîtresse ?

— Votre jeune maîtresse, miss Vernon.

— Quoi ! cette petite Vernon ? ce n'est pas ma maîtresse, monsieur. J'voudrais qu'elle soit maîtresse d'elle-même, et qu'elle puisse ne pas être celle d'un autre. — C'est une fine matoise, celle-là.

— Vraiment ! m'écriai-je, plus ému que je n'aurais voulu me l'avouer à moi-même, ni le montrer à cet homme ; — vous paraissez connaître tous les secrets de cette famille, André.

— Si je les connais, je peux les garder ; ils ne me travailleront pas dans la poitrine comme de la bière dans une barrique. Miss Vernon est... Mais, au surplus, cela ne m'est ni de bœuf ni de potage¹.

Et il se remit à bêcher d'un air très-affairé.

— Qu'est miss Vernon, André ? Je suis un ami de la famille, et je voudrais le savoir.

— Rien d'bon, je l'crains bien, répondit-il, en fermant un œil et en secouant la tête d'un air grave et mystérieux ; — quelque chose de louche ; — Votre Honneur me comprend ?

— Pas trop, André ; je voudrais que vous vous expliquassiez plus clairement ; et en même temps je glissai une demi-couronne dans la main calleuse du jardinier. Le contact de la pièce d'argent produisit sur sa figure une sorte de grimace qu'on pouvait prendre pour un sourire ; il salua lentement, et mit l'argent dans la poche de sa culotte ; puis, en homme qui comprend bien qu'il a quelque chose à donner pour l'argent qu'il a reçu, il s'arrêta, les bras croisés sur sa bêche, et ses traits exprimant la plus grande gravité, comme quelqu'un qui se dispose à une révélation importante.

— Sachez donc alors, mon jeune monsieur, puisque cela vous importe, que miss Vernon est...

Il s'arrêta court, et aspira fortement l'air, de manière à ce que ses joues rentrées et son menton pointu prirent l'aspect d'un casse-noisettes ; il cligna de l'œil, fronça le sourcil, secoua la tête, et parut

---

¹ Proverbe écossais : *It's neither beef nor brose o'mine*; cela ne me regarde ni en bien ni en mal. Le *brose* est une sorte de potage particulier à l'Écosse, et qu'on prépare en versant soit de l'eau bouillante, soit du bouillon, sur de la farine qu'on agite à mesure qu'on verse. (L. V.)

croire que sa physionomie avait complété les renseignements que sa bouche ne m'avait donnés qu'à demi.

— Bon Dieu! m'écriai-je, si jeune, si belle, et déjà perdue!

— Perdue, vous pouvez le dire ; — perdue corps et âme. Outre qu'elle est papiste, je la tiens pour... Sa prudence écossaise l'emporta encore, et il se tut de nouveau.

— Pour quoi, monsieur? dis-je sévèrement. Je veux absolument savoir ce que tout cela signifie.

— Eh bien! pour la plus enragée jacobite de tout le comté.

— Jacobite? — Et c'est là tout?

André me regarda d'un air étonné, en voyant sa révélation traitée si légèrement ; et marmottant dans ses dents : Eh bien! c'est pourtant ce que je sais de pis sur elle! Il reprit sa bêche, comme le roi des Vandales, dans le dernier conte qu'ait publié Marmontel [1].

CHAPITRE VII.

Baraolph. Le schériff est à la porte, avec une garde nombreuse.
Henri IV, 1re partie.

Je trouvai, non sans quelque peine, l'appartement qui m'était destiné ; et m'étant assuré du bon vouloir et des attentions des domestiques de mon oncle, par les moyens qu'ils étaient le plus capables d'apprécier, je m'enfermai pour le reste de la soirée, conjecturant, d'après les belles dispositions dans lesquelles j'avais laissé mes nouveaux parents, aussi bien que d'après le bruit éloigné qui m'arrivait de la salle de pierre [2] (comme ils appelaient la salle des banquets), que ce ne seraient sûrement pas en ce moment de bien agréables compagnons pour un homme sobre.

Quelle avait pu être l'intention de mon père, en m'envoyant résider au sein de cette étrange famille? telle fut naturellement ma première réflexion. A la réception de mon oncle, il était aisé de juger qu'il me regardait comme devant faire quelque séjour près de lui, et sa grossière hospitalité le rendait aussi indifférent que le roi Hal au nombre de ceux qu'il recevait à sa table. Seulement il était clair que ma présence ou mon absence avaient aussi peu d'importance à ses yeux que celles d'un de ses domestiques à livrée bleue. Mes cousins étaient de vrais oursons, en la compagnie desquels je pourrais, si je le voulais, perdre complètement l'habitude de la décence des manières et oublier les talents d'agrément que j'avais acquis, mais où je ne pouvais rien

---

[1] Bélisaire. (L. V.)
[2] Stone-Hall (*voyez* ci-dessus la note 1, page 40).

gagner que d'apprendre à éverrer les chiens, panser les chevaux et chasser le renard. Je ne pouvais trouver à cela qu'une raison, et c'était peut-être la véritable. Considérant la vie qu'on menait à Osbaldistone-Hall comme celle à laquelle devait naturellement et inévitablement se condamner tout gentilhomme campagnard, il voulait, en me fournissant l'occasion de voir de près ce qu'il savait bien devoir ne m'inspirer que du dégoût, me réconcilier, s'il était possible, avec la vie active qu'il m'avait destinée près de lui. En même temps, il prendrait Rasleigh Osbaldistone dans sa maison de commerce; mais il avait cent moyens de le placer avantageusement, quand il voudrait s'en défaire. De façon que, quoique j'éprouvasse un certain remords de conscience d'avoir été la cause de l'introduction de Rasleigh, tel que miss Vernon me l'avait dépeint, dans la maison de mon père, — peut-être dans sa confiance, — je le faisais taire en réfléchissant que mon père était complètement maître de ses affaires, — que c'était un homme qui ne se laissait ni dominer ni séduire, et que tout ce que je savais contre ce jeune homme me venait d'une jeune étourdie dont les paroles portaient le cachet d'une franchise irréfléchie qui pouvait m'autoriser à croire que ses jugements avaient été formés à la hâte et sans beaucoup d'examen. Alors mes pensées se tournaient vers miss Vernon elle-même. Je songeais à son extrême beauté, à sa position tout à fait bizarre, qui la livrait à elle-même, à un âge qui a tant besoin de conseil et de protection; à l'ensemble de son caractère, en un mot, offrant cette variété piquante qui excite notre curiosité et captive notre attention en dépit de nous-mêmes. J'avais assez de bon sens pour sentir que si le voisinage de cette singulière femme, ainsi que la fréquence et l'intimité inévitables de nos relations, devaient adoucir l'ennui d'Osbaldistone-Hall, elles étaient de nature aussi à en augmenter le danger; mais je ne pouvais, même en faisant appel à toute ma prudence, parvenir à regretter beaucoup ce nouveau péril auquel j'allais être exposé. J'apaisais d'ailleurs ce scrupule comme la jeunesse en apaise beaucoup d'autres : — je serais d'une extrême prudence, toujours sur mes gardes ; je regarderais miss Vernon plutôt comme une simple compagne que comme une amie intime, et tout irait assez bien. Au milieu de ces réflexions je m'endormis, miss Vernon étant naturellement le dernier objet de mes pensées.

Que j'aie rêvé d'elle ou non, c'est ce que je ne saurais vous dire; j'étais fatigué, et je dormis profondément. Mais, le lendemain, ce fut la première personne à qui je pensai, lorsqu'à la pointe du jour je fus réveillé par les sons joyeux du cor de chasse. Sauter à bas du lit et faire seller mon cheval, ce fut l'affaire d'un instant; en peu de minutes j'étais dans la grande cour, où hommes, chiens et chevaux étaient déjà prêts. Mon oncle, qui peut-être n'était pas préparé à trouver dans un neveu élevé à l'étranger un chasseur très-alerte, parut surpris de me voir, et il me sembla que son salut du matin avait quelque chose de moins cordial que sa réception de la veille. — Te voilà, mon garçon? — Les jeunes gens sont toujours prêts. — Mais prends garde ; — rappelle-toi la vieille chanson, mon garçon :

> Courir imprudemment dans les rocs du Blackstone,
> C'est y chercher un casse-cou.

Je crois qu'il est peu de jeunes gens, même parmi les plus rigides moralistes, qui ne préférassent être taxés de quelque peccadille que d'entendre mettre en doute leur habileté comme cavaliers. Je ne manquais ni d'adresse ni de courage ; je fus piqué de l'insinuation de mon oncle, et je l'assurai qu'il me trouverait toujours avec la meute.

— Je n'en doute pas, mon garçon ; tu es bon cavalier, j'en suis sûr ; — mais prends garde. Ton père t'a envoyé à moi pour que je te dompte, et je doute que je puisse te conduire par la bride, si je laisse quelqu'un te mener par le licou.

Comme ce discours était totalement inintelligible pour moi, comme en outre il ne semblait pas m'être adressé directement, mais que c'était une sorte d'*aparté*, comme si mon très-honoré oncle eût ainsi exprimé à voix haute quelque chose qui lui passait par la tête, j'en conclus ou que cela se rapportait à mon escapade du soir précédent, ou que la bombance de la veille ayant un peu empiété sur les premières heures du matin, le cerveau de mon oncle en avait un peu souffert. Je fis seulement en passant la réflexion que s'il ne se montrait pas hôte gracieux, je ne serais pas longtemps son convive, et je me hâtai de saluer miss Vernon, qui s'avançait cordialement à ma rencontre. Mes cousins s'approchèrent aussi de moi ; mais comme je m'aperçus qu'ils commençaient un examen critique de mon costume, depuis le chapeau jusqu'aux éperons de fer, ricanant d'un air moqueur à tout ce qui avait une apparence étrangère ou trop nouvelle, je me dispensai de leur accorder grande attention ; et prenant, en retour de leurs grimaces et de leurs chuchottements, un air d'indifférence méprisante, je m'attachai à miss Vernon comme à la seule personne de la famille dont je pusse faire une compagnie convenable. Ce fut donc à son côté que je m'avançai, en suivant le reste de la troupe, vers le lieu qui devait être le théâtre de notre chasse ; c'était un vallon boisé longeant une lande immense. Tout en marchant, je fis observer à Diana que parmi mes cousins je n'avais pas aperçu Rasleigh. — Oh! non, répondit-elle ; c'est un puissant chasseur, mais à la mode de Nimrod : son gibier, c'est l'homme.

En ce moment les chiens furent lancés dans le bois, aux sons des cors et aux cris des chasseurs ; — tout devint bruit et mouvement. Mes cousins prenaient trop d'intérêt à l'affaire qui s'engageait pour s'occuper plus longtemps de moi ; seulement j'entendis Dick le jockey, dire à demi-voix à Wilfred le sot : Vois donc si notre cousin français ne va pas être démonté du premier coup.

A quoi Wilfred répondit : Ce serait bien fait, car il a une drôle de ganse à son chapeau.

Mais Thorncliff, qui dans sa grossièreté paraissait n'être pas absolument insensible à la beauté de sa cousine, semblait résolu à nous tenir compagnie de beaucoup plus près que ses frères, peut-être pour épier ce qui se passerait entre miss Vernon et moi, — peut-être pour jouir de ma chute prochaine. En ceci, au moins, son attente fut trompée. Après avoir en vain battu le bois la plus grande partie de la matinée, un renard fut enfin levé et nous tint deux heures à sa poursuite. Pendant tout ce temps, malgré ma ganse française de mauvais présage, je soutins mon caractère d'écuyer à l'admiration de mon oncle et de miss Vernon, et au secret désappointement de ceux qui s'attendaient à ce que je ne saurais pas y faire honneur. Le renard cependant se trouva plus rusé que ses ennemis, et mit les chiens en défaut. Je pus alors remarquer avec quelle impatience miss Vernon se voyait suivie d'aussi près par Thorncliff Osbaldistone; et comme son esprit vif et fin n'hésitait jamais à prendre le plus court moyen de satisfaire son désir du moment, elle lui dit d'un ton de reproche : Je suis étonnée, Thornie, que vous restiez pendu toute la matinée à la croupe de mon cheval, quand vous savez que les terriers ne sont pas bouchés au-dessus du moulin de Woolverton.

— Je n'en sais rien, en vérité, miss Die, car le meunier m'a juré sur ses grands dieux qu'il les avait bouchés hier à minuit.

— Fi, Thornie! Vous en rapporteriez-vous à la parole d'un meunier?
— Ces terriers nous ont fait perdre le renard trois fois cette saison, et sur votre jument grise vous pourriez y galoper et en être revenu en dix minutes.

— Eh bien! miss Die, je vais courir à Woolverton, et si les terriers ne sont pas bouchés, je frotterai d'importance les épaules de Dick le meunier.

— Allez, mon cher Thornie, et rossez le drôle comme il faut; — allez, — partez vite.

Thorncliff partit au galop. — Va te faire rosser toi-même, continua miss Vernon; mon but sera tout aussi bien atteint. — Je dois leur apprendre à tous la discipline et l'obéissance au commandement. Il est bon que vous sachiez que je vais lever un régiment. Thornie sera mon sergent-major, Dickson mon maître d'équitation, et Wilfred, avec son bredrouillement, lui qui prononce toujours trois syllabes à la fois, sera mon timballier.

— Et Rasleigh?
— Rasleigh sera mon espion en chef.
— Et ne trouverez-vous pas d'emploi pour moi, très-aimable colonel?

— Vous serez, à votre choix, payeur du régiment ou distributeur du butin. Mais vous voyez que les chiens ont perdu la voie ; ils ne la retrouveront pas. Venez, monsieur Frank ; suivez-moi. J'ai un point de vue à vous montrer.

Et en effet elle se dirigea au galop vers le sommet d'une colline doucement inclinée, qui dominait un horizon étendu. Jetant les yeux autour d'elle, pour s'assurer que personne n'était près de nous, elle dirigea son cheval derrière un bouquet de bouleau qui nous séparait de la partie de la campagne où se trouvait la chasse.—Voyez-vous là-bas cette montagne brune qui s'élève à pic, ayant comme une tache blanchâtre sur le côté ?

— Terminant cette longue rangée de hauteurs noirâtres ? — je la vois parfaitement.

— Cette tache blanchâtre est un rocher appelé Hawkesmore-crag, et Hawkesmore-crag est en Écosse.

— Vraiment ? Je n'aurais pas cru que nous fussions si près de l'Écosse.

— C'est pourtant ainsi ; et votre cheval peut vous y conduire en deux heures.

— Je ne lui en donnerai pas la peine. Mais la distance doit être de dix-huit milles à vol d'oiseau.

— Vous pouvez prendre ma jument, si vous la croyez moins fatiguée ; — je vous dis qu'en deux heures vous pouvez être en Écosse.

—Et moi je vous dis que j'ai si peu le désir d'y être, que si la tête de mon cheval était sur la limite, je ne donnerais pas à la queue la peine de la suivre. Qu'irais-je faire en Écosse ?

— Pourvoir à votre sûreté, s'il faut vous parler clairement. Me comprenez-vous, à présent, monsieur Frank ?

— Pas le moins du monde ; vous devenez de plus en plus obscure pour moi.

—Alors, sur ma parole, ou vous vous défiez très-mal à propos de moi, ou vous dissimulez mieux que Rasleigh lui-même, ou vous ignorez ce qui vous est imputé ; ce qui me paraît le plus probable, à l'air étonné avec lequel vous me regardez, et que j'ai peine à voir sans rire.

—Sur ma parole, miss Vernon, lui répondis-je, impatienté de sa gaieté d'enfant, je n'ai pas la plus légère idée de ce que vous voulez dire. Je suis heureux de vous fournir quelque sujet d'amusement, mais j'ignore tout à fait en quoi il consiste.

— Ce n'est pas une plaisanterie, après tout, dit la jeune miss en reprenant son sérieux ; c'est qu'il y a des physionomies si plaisantes, quand la curiosité les travaille ! Mais la chose est loin d'être risible. Connaissez-vous un certain Moray ou Morris, ou quelque nom semblable.

CHAPITRE VII.

—Non, que je me souvienne.

—Réfléchissez.—N'avez-vous pas dernièrement fait route avec quelqu'un de ce nom?

—Le seul avec qui j'ai fait route pendant un certain temps est un homme dont l'âme semblait être passée dans son porte-manteau.

—C'était donc comme l'âme du licencié Pedro Garcias, qui habitait avec ses ducats dans sa bourse de cuir. Cet homme a été volé, et il a porté plainte contre vous, comme complice de la violence dont il a été victime.

—Vous plaisantez, miss Vernon!

—Nullement, je vous assure;—la chose est positive.

—Et me croyez-vous donc capable de mériter une telle accusation? m'écriai-je dans un transport d'indignation que je ne cherchai pas à maîtriser.

—Vous m'en demanderiez raison, je crois, si j'avais l'avantage d'être un homme.—Faites comme si cela était, si vous voulez.—Je puis me battre tout aussi bien que franchir une barrière.

—Et qu'être colonel d'un régiment de cavalerie, ajoutai-je, réfléchissant à la sottise de m'emporter contre elle.—Mais expliquez-moi votre plaisanterie?

—Je vous répète que ce n'est pas une plaisanterie; vous êtes accusé d'avoir volé cet homme, et mon oncle a cru la chose aussi bien que moi.

—Sur mon honneur, je suis grandement obligé à mes amis de leur bonne opinion.

—Cessez donc, si vous pouvez, de vous agiter ainsi, et de souffler, et de me regarder de cet air effaré comme un cheval ombrageux.—On ne vous a pas fait l'injure que vous supposez;—vous n'êtes accusé ni d'un vol honteux, ni d'un crime ordinaire;—nullement. Cet homme était porteur, pour le Gouvernement, tant en numéraire qu'en billets, d'argent destiné à la solde de l'armée du nord; on dit qu'on lui a enlevé, en outre, des dépêches de grande importance.

—Ainsi ce n'est pas d'un simple vol, c'est de haute trahison que je suis accusé?

—Précisément; et c'est, vous le savez, un crime qui, de tout temps, a été considéré comme le crime d'un gentilhomme. Vous trouverez dans ce pays une foule de personnes, et l'une d'elles n'est pas loin de vous, qui regardent comme un mérite de nuire par tous les moyens possibles à la maison de Hanovre.

—Ni mes principes politiques, ni mes principes de morale, miss Vernon, ne sont d'une espèce si accommodante.

—Je commence réellement à croire que vous êtes un presbytérien et un hanovrien des plus zélés. Mais que pensez-vous faire?

—Repousser à l'instant cette atroce calomnie.—Devant qui cette accusation extraordinaire a-t-elle été portée?

— Devant le vieux squire d'Inglewood, qui ne l'a reçue qu'à contrecœur. Il a envoyé ces nouvelles à mon oncle, afin, je suppose, qu'il puisse vous faire passer en Écosse, hors de la portée de la prise de corps. Mais mon oncle sait que sa religion et ses anciennes prédilections politiques le rendent suspect au Gouvernement, et que si l'on venait à savoir qu'il a favorisé la fuite d'un accusé de lèse-majesté, on lui enlèverait ses armes, et probablement ses chevaux (ce qui serait encore pis), comme à un jacobite, à un papiste et à un homme suspect[1].

— Je conçois que, plutôt que de perdre ses chevaux, il abandonne son neveu.

— Son neveu, ses nièces, ses fils, ses filles s'il en avait, et toute la génération. Ne vous reposez donc pas sur lui, même un seul instant, et faites le plus de hâte possible avant qu'on soit venu vous arrêter.

— C'est ce que je vais certainement faire; mais ce sera pour me rendre chez ce squire d'Inglewood. — Où sa maison est-elle située?

— A cinq milles d'ici, dans ce fond, derrière ces arbres. — Vous pouvez voir la tour de la cloche du château.

— J'y serai dans quelques minutes, dis-je, en donnant de l'éperon à mon cheval.

— Je vais vous accompagner pour vous montrer le chemin, dit miss Vernon en mettant le sien au trot.

— Y pensez-vous, miss Vernon? Il n'est pas, — permettez-moi la franchise d'un ami, — il n'est pas convenable, il serait peu décent que vous m'accompagnassiez dans une telle occasion.

— Je vous comprends, répondit Diana, dont une légère rougeur colora le front plein de fierté; — c'est parler clairement. Et après un instant de silence, elle ajouta : Et je crois que c'est parler en ami.

— Vous avez raison, miss Vernon. Pourriez-vous me croire insensible à l'intérêt que vous me témoignez, ou me croiriez-vous ingrat? m'écriai-je avec plus d'ardeur que peut-être je n'en aurais voulu montrer. Votre offre, dans ce moment de danger, me prouve une amitié qui me pénètre de reconnaissance; mais par égard pour vous-même, — pour éviter toute interprétation défavorable, — je ne dois pas souffrir que vous écoutiez l'inspiration de votre cœur généreux. Ceci est une occasion trop publique, — ce serait presque s'aventurer devant une cour de justice.

— Et quand ce serait une cour de justice, pensez-vous que j'hésiterais à m'y présenter, si je pensais que je le dusse, et que je désirasse protéger un ami? Vous n'avez personne pour être près de vous; — vous êtes étranger; et ici, sur la frontière du royaume, la justice du

---

[1] Dans les moments d'alarme publique, au commencement du dix-huitième siècle, les chevaux des catholiques étaient souvent saisis, parce qu'on supposait leurs maîtres toujours disposés à la rebellion. (W. S.)

pays est quelquefois bizarre. Mon oncle ne veut pas se mêler de votre affaire ; — Rasleigh est absent, et, serait-il ici, on ne peut savoir quel parti il embrasserait ; tout le reste est plus stupide et plus brutal l'un que l'autre. J'irai avec vous sans crainte, croyant pouvoir vous servir. Je ne suis pas une belle dame que des livres de droit, des termes de chicane et des perruques noires font trembler de peur.

— Mais, ma chère miss Vernon.....

— Mais, mon cher monsieur Francis, soyez patient et calme, et laissez-moi faire à ma guise. Quand j'ai pris le mors aux dents, il n'y a pas de bride qui puisse m'arrêter.

Flatté de l'intérêt que semblait prendre à mon destin une si aimable créature, mais redoutant le ridicule de me faire accompagner d'une jeune fille de dix-huit ans comme d'un avocat, et sérieusement préoccupé de l'interprétation défavorable que l'on pourrait donner à ses motifs, je m'efforçai encore de combattre sa résolution de me suivre chez le squire d'Inglewood. La volontaire miss me répondit tout simplement que mes observations étaient absolument inutiles ; qu'elle était une vraie Vernon, et que nulle considération, pas même la pensée de ne pouvoir faire que peu de chose pour lui, ne serait capable de lui faire abandonner un ami malheureux ; que tout ce que je pourrais dire à ce sujet pouvait être fort bien pour une jeune demoiselle sortant de pension, bien jolie, bien élevée, bien réservée, mais ne la touchait nullement, elle qui était habituée à ne prendre conseil que de sa propre tête.

Tout en parlant, nous nous approchions rapidement d'Inglewood-Place, et miss Vernon, comme pour me détourner de plus amples remontrances, se mit à me faire un portrait plaisant du magistrat et de son clerc. Selon sa description, Inglewood était un jacobite blanchi, c'est-à-dire un homme qui ayant longtemps refusé le serment, ainsi que la plupart des gentilshommes du pays, avait fini par s'y soumettre pour exercer les fonctions de juge de paix. Il a agi ainsi, ajouta-t-elle, par égard pour les supplications d'un grand nombre de squires des environs, qui voyaient avec douleur que le palladium de leurs plaisirs, les lois sur la chasse, allaient probablement tomber en désuétude faute d'un magistrat qui les fît exécuter, le juge le plus voisin étant le maire de Newcastle, qui aime mieux le gibier mort qu'en vie, et qui naturellement favorise le braconnier plutôt que le propriétaire. Ayant donc arrêté qu'il était urgent que l'un d'entre eux sacrifiât, dans l'intérêt commun, ses scrupules de loyauté jacobite, les gentilshommes du Northumberland dévolurent cette tâche à Inglewood, dont l'apathie naturelle devait se prêter sans trop de répugnance, pensèrent-ils, à se soumettre à toute espèce de *credo* politique. Ayant ainsi trouvé le corps de justice, continua miss Vernon, ils s'occupèrent de lui chercher une âme, c'est-à-dire un greffier qui dirigeât et animât ses mouvements. En conséquence, ils gagnèrent un fin procureur de Newcastle, appelé Jobson, lequel, pour varier ma métaphore, trouve assez commode de vendre la justice à l'enseigne du squire d'Inglewood; et comme ses émoluments dépendent du nombre d'affaires qui lui passent par les mains, il recrute pour son chef beaucoup plus d'occupation que l'honnête squire n'en a jamais désiré; de sorte qu'à dix milles à la ronde, il n'est pas une marchande de pommes qui puisse régler son compte avec la fruitière sans une audience que l'alerte greffier Joseph Jobson oblige le juge d'accorder, tout en rechignant. Mais c'est quand les affaires appelées devant lui ont, comme la vôtre aujourd'hui, une couleur politique, que la scène devient surtout plaisante. M. Joseph Jobson (qui sans doute a pour cela de bonnes raisons) est un zélé défenseur de la religion protestante et un chaud ami de l'ordre de choses actuel dans l'État ainsi que dans l'Église. Le juge, au contraire, qui conserve une sorte d'attachement instinctif pour les opinions qu'il a jadis professées, avant de s'être relâché de ses croyances politiques, dans la vue toute patriotique de donner force à la loi contre les destructeurs illégaux de gros gibier, des perdrix et des lièvres, est singulièrement embarrassé quand le zèle de son aide l'enveloppe dans des affaires de justice qui lui rappellent son ancienne croyance; et au lieu de seconder les efforts de Jobson, il manque rarement de lui opposer une double dose d'indolence et d'inertie. Cette inactivité ne vient nullement du manque d'intelligence; tout au contraire, pour quelqu'un dont le premier plaisir est de boire et de manger, c'est encore un homme alerte, jovial et bon vivant, et c'est ce qui rend son inertie d'emprunt plus divertissante. En de telles occasions, Jobson, comme un cheval de race usé condamné à tirer une lourde charrette, souffle, sue et se démène pour mettre le juge en mouvement, tandis que le poids de la charge rend inutiles les efforts de l'animal, et que la charrette, dont les roues gémissent, craquent et tournent par saccades, ne peut être tirée de l'ornière. De plus, on a entendu l'infortuné greffier se plaindre que ce même char de justice, qu'en de telles occasions il trouve si difficile à ébranler, se met quelquefois à rouler tout seul et l'entraîne à la remorque, quand il s'agit des anciens amis du squire d'Inglewood. Et alors M. Jobson s'emporte et déclare qu'il dénoncerait le juge au secrétaire d'État près le département de l'Intérieur, sans son estime particulière et son amitié pour M. Inglewood et sa famille.

Comme miss Vernon terminait ce portrait fantastique, nous nous trouvâmes devant Inglewood-Place, beau bâtiment, malgré son air d'antiquité, et qui annonçait l'importance de son maître.

CHAPITRE VIII.

> Monsieur, dit l'avocat, ce n'est pas pour vous flatter, mais vous avez une cuisine aussi bonne et aussi belle qu'on puisse le désirer, et l'homme le plus fier ne la renierait pas.
> BUTLER.

AYANT laissé nos chevaux à un domestique à la livrée de sir Hildebrand, que nous trouvâmes dans la cour, nous entrâmes dans la maison. Je fus fort étonné, et ma belle compagne plus encore, de trouver dans la première salle Rasleigh Osbaldistone, qui ne put, à notre vue, cacher un égal mouvement de surprise.

— Rasleigh, dit miss Vernon, sans lui laisser le temps de faire aucune question, vous avez été informé de l'affaire de M. Francis Osbaldistone, et vous êtes venu en entretenir le juge de paix?

— En effet, répondit froidement Rasleigh, c'est là ce qui m'a amené ici. J'ai tâché, ajouta-t-il en s'inclinant légèrement vers moi, de servir mon cousin autant que je l'ai pu; mais je suis fâché de le rencontrer ici.

— Comme ami et comme parent, M. Osbaldistone, c'eût été plutôt de ne pas m'y voir que vous auriez dû être affligé, dans un moment où ma réputation attaquée exigeait que j'accourusse en ces lieux aussi vite que possible.

— C'est vrai; mais d'après ce qu'avait dit mon père, j'avais pensé qu'une retraite momentanée en Écosse, jusqu'à ce que l'affaire fût assoupie.....

Je m'écriai avec chaleur que je n'avais pas à prendre de mesures de prudence, et que loin de désirer voir assoupir cette affaire, j'étais venu pour confondre une odieuse calomnie, dont j'étais résolu à rechercher l'origine.

— M. Francis Osbaldistone est innocent, Rasleigh; il brûle de se disculper, et je viens le défendre.

— Vous, ma jolie cousine? — Il me semble que je serais pour M. Francis Osbaldistone un conseil au moins aussi utile, et peut-être plus convenable.

— Oh! sans nul doute; mais, vous le savez, deux têtes valent mieux qu'une.

— Et surtout une tête comme la vôtre, ma jolie Die, répondit Rasleigh en s'approchant d'elle et en lui prenant la main d'un air de tendre familiarité qui me le fit trouver dix fois plus laid que ne l'avait fait la nature. Elle l'entraîna cependant à quelques pas à l'écart, et ils s'entretinrent à voix basse. Elle paraissait insister sur quelque demande qu'il ne pouvait ou ne voulait pas accorder. Je n'ai jamais vu contraste plus frappant entre l'expression de deux figures. La colère se peignit bientôt sur celle de miss Vernon. Ses yeux et ses joues s'animèrent, elle joignit ses jolies mains, et frappant la terre de son pied délicat, elle semblait écouter avec un mélange de mépris et d'indignation les excuses qu'à son air de déférence polie, à son sourire calme et respectueux, en un mot au jeu de sa physionomie et de sa personne, je jugeai que Rasleigh lui faisait. Enfin elle le quitta en disant : Je veux que cela soit.

— Ce n'est pas en mon pouvoir ; — cela n'est pas possible. — Croiriez-vous, M. Osbaldistone, dit-il en se tournant vers moi.....

— Êtes-vous fou? s'écria-t-elle en l'interrompant.

— Le croiriez-vous? reprit-il, sans paraître l'entendre ; miss Vernon prétend que non-seulement je connais votre innocence (dont personne, en effet, ne peut être plus convaincu), mais que je dois savoir en outre quels sont les véritables auteurs de la violence commise sur cet homme, — si toutefois une telle violence a été commise. Cela est-il raisonnable, M. Osbaldistone?

— Ce n'est pas à M. Osbaldistone qu'il faut en appeler, Rasleigh ; il ne sait pas, comme moi, quelle est l'incroyable étendue et l'exactitude de vos informations sur toutes choses.

— Aussi vrai que je suis un gentilhomme, vous me faites plus d'honneur que je ne mérite.

— De la justice, Rasleigh, — seulement de la justice ; — c'est tout ce que je vous demande.

— Vous êtes un tyran, Diana, répondit-il en poussant un soupir ; — un capricieux tyran, qui gouvernez vos sujets avec une verge de fer. Il faudra bien faire ce que vous désirez. Mais vous ne devez pas rester ici ; — vous savez que vous ne le devez pas. — Il faut que vous reveniez avec moi.

Alors s'éloignant de Diana, qui semblait indécise, il s'approcha de moi et me dit de l'air le plus affectueux : Vous ne doutez pas de l'intérêt que je mets à ce qui vous regarde, M. Osbaldistone. Si je vous quitte en ce moment, ce n'est que pour agir en votre faveur. Mais vous devez employer votre influence sur votre cousine pour l'engager à se retirer ; sa présence ici ne saurait vous servir et ne peut que lui nuire.

— Je vous assure, monsieur, répliquai-je, que vous n'en pouvez être plus convaincu que moi-même. J'ai pressé miss Vernon de retourner sur ses pas, aussi vivement que je pouvais le faire.

— J'ai fait mes réflexions, dit miss Vernon après un instant de silence, et je ne m'éloignerai pas que je ne vous aie vu en sûreté hors des mains des Philistins. Mon cousin Rasleigh me comprend ; nous nous connaissons bien l'un l'autre. — Rasleigh, je ne partirai pas. —

CHAPITRE VIII.

Je sais, ajouta-t-elle d'un ton plus doux, que ma présence ici sera pour vous un motif de plus de faire diligence.

— Demeurez donc, fille téméraire et obstinée, dit Rasleigh; vous ne savez que trop quel est votre pouvoir sur moi. Il sortit en toute hâte de la salle, et une minute après, nous entendîmes le départ rapide de son cheval.

— Grâces au Ciel, il est parti! dit Diana. Maintenant, allons trouver le juge.

— Ne ferons-nous pas mieux d'appeler un domestique?

— Non, non. Je connais les détours de cet antre; — il faut que nous tombions sur lui à l'improviste. — Suivez-moi.

Je la suivis en effet. Elle monta vivement plusieurs marches obscures, traversa un sombre corridor et pénétra dans une sorte d'antichambre tapissée de vieilles cartes de géographie, de plans d'architecture et d'arbres généalogiques. Une porte à deux battants conduisait de cette chambre dans la salle à manger de M. Inglewood, d'où nous entendîmes la fin d'une vieille chanson, entonnée d'une voix qui avait dû être dans son temps tout à fait appropriée aux joyeux refrains bachiques.

> Dans Skipton la maudite
> Ne cherche pas un gîte
> Contre le mauvais temps.
> A fillette gentille
> Qui pourrait dire non,
> Mériterait l'étrille,
> L'étrille et le bâton.

— Oh, oh! dit miss Vernon, est-ce que le joyeux juge aurait déjà dîné; — je ne croyais pas qu'il fût si tard.

Il avait dîné, en effet. L'appétit de M. Inglewood ayant été ce jour-là aiguisé par ses occupations officielles, il avait avancé son repas méridien et s'était mis à table à midi, quoique l'usage fût alors en Angleterre de ne dîner qu'à une heure. Les diverses circonstances de la matinée nous avaient retardés jusqu'après cette heure, la plus importante de la journée pour le juge, et il n'avait pas perdu son temps.

— Restez ici, me dit Diana. Je connais la maison, et je vais appeler un domestique; votre brusque apparition pourrait surprendre le vieux juge et lui déplaire. — Et elle disparut, me laissant indécis si je devais avancer ou reculer. Il me fut impossible de ne pas entendre en partie ce qui se passait dans la salle à manger, et en particulier diverses excuses pour ne pas chanter, prononcées par une voix abattue, dont les sons croassants ne me semblèrent pas entièrement inconnus.

— Ne pas chanter, monsieur? — Par Notre-Dame, vous devez chanter. — Comment! vous avez avalé du canarie plein ma noix de coco

montée en argent, et vous me dites que vous ne pouvez pas chanter!
— Monsieur, le canarie ferait chanter un chat, et il le ferait parler, qui plus est. Ainsi vite un joyeux couplet, ou videz ma maison à l'instant même. — Pensez-vous que vous m'aurez pris le meilleur de mon temps, avec vos damnées déclarations, et puis que vous viendrez me dire que vous ne pouvez chanter?

— Votre Honneur est tout à fait dans son droit, dit une autre voix, qu'à son ton de suffisance pédantesque je pensai pouvoir être celle du clerc, et la partie doit s'y conformer. *Canet*[1] est écrit en toutes lettres sur son front.

— Dépêchez-vous donc, dit le juge de paix, ou, par saint Christophe, vous viderez plein ma noix de coco d'eau et de sel, selon les statuts établis et consacrés sur la matière.

Ainsi excité par l'exhortation et la menace, mon ci-devant compagnon de voyage, car je ne pouvais plus douter que ce ne fût lui, d'une voix semblable à celle d'un criminel chantant son dernier psaume au pied de l'échafaud, entonna cette lamentable complainte:

> Hommes de bien, venez entendre
> L'histoire d'un hardi voleur,
> Qui, jusqu'à ce qu'il se fît pendre,
> Détroussa bien des gens d'honneur.
>
> Ce brigand, digne de la corde,
> Un jour, armé jusques aux dents,
> Entre Kensington et Brentford,
> Arrêta six honnêtes gens.
>
> Ces bons bourgeois, sans défiance,
> S'en revenaient chantant gaîment,
> Lorsque ce gibier de potence
> Les arrêta subitement.

Je doute que les honnêtes bourgeois dont la mésaventure est célébrée dans ce chant pathétique aient été plus atterrés à l'aspect de l'audacieux brigand, que le chanteur ne le fut à ma vue; car fatigué d'attendre qu'un domestique vînt m'annoncer, et commençant à trouver embarrassante ma situation d'écouteur involontaire, je me présentai moi-même devant la compagnie, au moment où mon ami, M. Morris, puisque tel était le nom qu'on lui donnait, allait attaquer le quatrième couplet de sa lamentable ballade. La note élevée par laquelle commençait l'air se changea en un sourd murmure de consternation, lorsqu'il vit si près de lui un homme dont le caractère ne lui semblait guère moins suspect que celui du héros de sa complainte;

---

[1] Il chantera.

il resta muet et la bouche entr'ouverte, comme si la tête de Méduse eût frappé sa vue.

Le juge, dont les yeux s'étaient fermés sous l'influence somnifère de la chanson, fit un saut sur sa chaise lorsqu'elle cessa tout à coup, et jeta un regard étonné sur l'addition inattendue qu'avait reçue la compagnie pendant que ses organes étaient plongés dans l'assoupissement. Le clerc, que je ne pouvais méconnaître à son apparence, ne fut pas moins ému; car, assis vis-à-vis de M. Morris, la terreur de ce pauvre homme l'avait gagné par communication, quoiqu'il en ignorât la cause.

Je rompis le silence qu'avait occasionné ma brusque apparition. — Mon nom, monsieur Inglewood, est Francis Osbaldistone; j'apprends qu'un niais est venu porter plainte devant vous, et m'accuse d'avoir pris part à un vol qu'il dit lui avoir été fait.

— Monsieur, dit le juge avec quelque aigreur, ce sont là des affaires que je n'entame pas à table. — Il y a temps pour tout, et un juge de paix doit dîner comme tout le monde.

Soit dit en passant, la rotondité de M. Inglewood semblait prouver que l'amour du bien public ne lui avait pas fait souvent négliger ce soin.

— Excusez ma visite inopportune, monsieur; mais comme mon honneur est compromis et que le dîner semble terminé....

— Il n'est pas terminé, monsieur, imterrompit le magistrat. La digestion est tout aussi nécessaire à l'homme que la nourriture, et je vous proteste qu'il est impossible qu'un repas me profite, si je n'ai deux heures de tranquillité parfaite pour me livrer à une gaîté innocente et faire circuler modérément la bouteille.

— Votre Honneur m'excusera, dit M. Jobson, qui, pendant ce temps, avait disposé ses plumes et son écritoire; mais c'est ici un cas de félonie, et ce gentilhomme semble être quelque peu impatient; et comme l'attentat est *contrà pacem domini regis* [1]....

— Au diable *domini regis!* s'écria le juge impatienté. — J'espère que ce n'est pas une trahison de parler ainsi; — mais il y aurait de quoi devenir fou d'être ainsi persécuté. — Ai-je un seul moment de repos, avec vos prises de corps, vos décrets, vos instructions, vos actes, vos cautions, vos obligations et vos reconnaissances? — Je vous déclare, monsieur Jobson, que vous et la justice de paix, j'enverrai tout au diable un de ces jours.

— Votre Honneur voudra bien considérer la dignité de la charge; — un des *quorum* et des *custos rotulorum* [2]; un office dont sir Edward Coke

---

[1] Un crime de lèse-majesté.

[2] Les juges de paix du *quorum* sont investis de certains pouvoirs spéciaux et plus étendus que le commun des juges; *custos rotulorum* (garde des archives) est le titre du chef de la commission des juges de paix. (L. V.)

dit, avec raison, que le monde chrétien n'en a pas de comparable, s'il est bien rempli !

— Eh bien ! dit le juge, flatté de cet éloge de la dignité de son office, et noyant le reste de sa mauvaise humeur dans une large rasade de bordeaux, terminons donc cette affaire et débarrassons-nous-en le plus vite que nous pourrons.—Approchez, monsieur.— Vous, Morris, — chevalier de la triste figure, — est-ce ce gentilhomme, monsieur Francis Osbaldistone, que vous accusez d'avoir pris part au crime?

—Moi, monsieur? répliqua Morris, qui n'avait pu encore recueillir ses esprits ; —je n'accuse personne; —je ne dis rien contre ce gentilhomme.

—Alors nous annulons votre plainte, monsieur ; voilà tout, et c'est un bon débarras. — Faites passer la bouteille. — Monsieur Osbaldistone, servez-vous.

Jobson, cependant, n'entendait pas que Morris abandonnât si aisément l'affaire.—Que voulez-vous dire, monsieur Morris?—Voici votre propre déclaration ; —l'encre en est à peine séchée, — et vous la rétracteriez d'une façon aussi scandaleuse !

—Et sais-je, moi, murmura l'autre d'une voix tremblante, combien de brigands sont dans la maison pour le soutenir?—J'ai lu bien des choses semblables dans les vies des voleurs de Johnson. Et tenez,... la por... te... s'ouvre.

Elle s'ouvrait en effet, et Diana Vernon entra.—Votre maison est bien tenue, juge ; — pas un domestique à qui parler !

— Ah ! s'écria le juge, se levant avec une vivacité qui prouvait que ni Thémis ni Comus ne lui faisaient oublier ce qui est dû à la beauté ; — Ah ! Die Vernon, la fleur des bruyères de Cheviot et des frontières, vient voir comment le vieux garçon tient son ménage ! — Vous êtes la bienvenue, ma fille, comme les fleurs au mois de mai.

— C'est un ménage bien tenu, une maison bien hospitalière, en vérité ; — pas une âme pour vous recevoir !

— Ah ! les pendards ! ils se croient sûrs de moi pour une couple d'heures. — Mais pourquoi n'êtes-vous pas venue plus tôt ? — Votre cousin Rasleigh a dîné ici, et il s'est esquivé comme un poltron dès que la première bouteille a été vidée.—Mais vous n'avez pas dîné.— Nous allons avoir quelque chose de tendre, de délicat, — d'appétissant et de joli comme vous ; ce sera l'affaire d'un moment.

— Je pourrai me rafraîchir avant de partir, répondit miss Vernon ; —j'ai fait une longue traite ce matin ; mais je ne puis rester longtemps, monsieur Inglewood. — Je suis venue avec mon cousin, M. Osbaldistone que voici, et il faut que je lui serve de guide pour retourner au château, sans quoi il s'égarerait dans les bruyères.

— Oui-dà ! est-ce de là que le vent souffle ? dit le juge.

CHAPITRE VIII.

> Elle lui montra le chemin,
> Le chemin,
> Elle lui montra le chemin,
> Le chemin d'amourette.

Eh quoi! n'y a-t-il donc pas aussi quelque bonne fortune pour les vieux garçons, ma douce rose du désert?

— Pas la moindre, squire d'Inglewood ; mais si vous voulez être un bon juge, et dépêcher l'affaire du jeune Frank, pour que nous reprenions le galop vers la maison, j'amènerai mon oncle dîner avec vous la semaine prochaine, et nous viendrons chercher ici une joyeuse journée.

— Et vous la trouverez, ma perle de la Tyne. — Je n'envie le pas alerte de ces jeunes gens que lorsque vous venez de mon côté, ma toute-belle. Mais il ne faut pas que je vous retienne, je suppose? — Je suis complètement satisfait des explications de M. Francis Osbaldistone. — Il y a eu ici quelque méprise que nous pourrons éclaircir à notre loisir.

— Pardonnez-moi, monsieur, dis-je ; mais j'ignore encore quelle accusation était dirigée contre moi.

— Sans doute, monsieur, reprit le clerc, qui, à l'arrivée de miss Vernon, avait cru tout désespéré, mais qui se sentit encouragé à pousser en avant, en se voyant soutenu par la personne de qui, assurément, il aurait attendu le moins de secours. — Oui, monsieur, et Dalton dit que quiconque est accusé d'un crime capital ne pourra être acquitté qu'après jugement en forme, et qu'il sera tenu ou de donner caution, ou d'aller en prison, en payant au clerc du juge de paix les droits d'usage pour l'acte de cautionnement ou pour le mandat d'arrêt.

Le juge, ainsi poussé, me donna enfin quelques mots d'explication.

Il paraît que les plaisanteries dont je m'étais diverti aux dépens de ce Morris avaient fait sur lui une vive impression, car c'était la base sur laquelle reposait son accusation, avec toutes les exagérations, bien entendu, que peut suggérer l'imagination frappée d'un homme effrayé. Il paraît aussi que, le jour même où je m'étais séparé de lui, il avait été arrêté dans un lieu isolé, et soulagé de son cher compagnon de voyage, le porte-manteau, par deux hommes bien montés et bien armés, dont le visage était couvert d'un masque.

L'un d'eux, à ce qu'il lui sembla, avait beaucoup de mon air et de ma tournure, et dans un entretien à voix basse entre les deux bandits, il entendit l'un d'eux donner à l'autre le nom d'Osbaldistone. La déclaration portait, en outre, qu'ayant pris des informations sur les principes de la famille de ce nom, il avait appris, lui, ledit déclarant, qu'ils étaient des plus suspects, tous les membres de cette famille ayant toujours été papistes et jacobites, depuis le temps de Guillaume-le-Conquérant, comme le lui avait donné à entendre le ministre presbytérien dans la maison duquel il s'était arrêté après sa rencontre.

D'après toutes ces puissantes raisons, il m'accusait d'avoir été complice de l'attentat commis sur sa personne, lui, ledit déclarant, voyageant alors comme agent spécial du Gouvernement, et étant chargé de papiers importants ainsi que d'une somme considérable en espèces, qu'il devait remettre, d'après ses instructions, à certains personnages revêtus, en Écosse, de la confiance du ministère.

Après avoir entendu cette accusation extraordinaire, je répondis que les circonstances sur lesquelles elle s'appuyait ne pouvaient autoriser ni un juge de paix, ni aucun autre magistrat, à attenter à la liberté de ma personne. Je convins que je m'étais un peu amusé des terreurs de M. Morris, pendant que nous faisions route commune, mais que ce n'avait été qu'un badinage qui n'aurait pu éveiller la moindre crainte dans un esprit moins accessible à la peur et au soupçon. J'ajoutai que je ne l'avais pas revu depuis l'instant de notre séparation, et que si le malheur dont il se plaignait lui était réellement arrivé, je n'avais participé en rien à une action si indigne de mon caractère et de ma position dans le monde. Que l'un des voleurs s'appelât Osbaldistone, ou que ce nom eût été prononcé par eux, c'était une circonstance insignifiante, à laquelle on ne pouvait s'arrêter. Et quant aux opinions politiques qui m'étaient imputées, j'offrais de prouver, à la pleine satisfaction du juge de paix, du clerc et du témoin lui-même, que je professais les mêmes principes que son ami le ministre presbytérien; que j'avais été élevé, en sujet fidèle, dans les principes de la révolution, et que, comme tel, je réclamais la protection légale garantie par ce grand événement.

Le juge s'agitait, prenait prise sur prise et semblait fort embarrassé, tandis que le procureur Jobson, avec toute la volubilité de sa profession, lisait un règlement de la trente-quatrième année du règne d'Édouard IV, par lequel les juges de paix sont autorisés à arrêter toute personne qu'ils trouveraient sous le poids d'une accusation, et à les envoyer en prison. Le drôle tourna même mes propres aveux contre moi, alléguant que puisque je convenais avoir pris volontairement le caractère d'un voleur ou d'un malfaiteur, je m'étais par cela même soumis aux soupçons dont je me plaignais, et que je m'étais exposé à la susdite accusation, ayant à dessein revêtu ma conduite des couleurs et de la livrée du crime.

Je combattis à la fois ses arguments et son jargon avec autant d'indignation que de mépris, et je fis observer que je fournirais, s'il en était besoin, la caution de mes parents, caution qui ne pouvait être refusée sans faire encourir au magistrat une grave responsabilité.

—Pardonnez-moi, mon cher monsieur, pardonnez-moi, dit l'insatiable clerc; c'est ici un cas dans lequel ni caution ni cautionnement ne peuvent être reçus, l'accusé d'un crime de lèse-majesté n'étant pas

CHAPITRE VIII.

admissible à se racheter de la prison, aux termes du règlement de la troisième année du roi Édouard, portant exception expresse au droit commun à l'égard de ceux qui seraient accusés d'avoir été fauteurs ou complices d'un acte de félonie; et il insinuait que Son Honneur devait bien faire attention que c'était là précisément le cas actuel.

En ce moment, un domestique entra et remit une lettre à M. Jobson. Il n'y eut pas plus tôt jeté les yeux qu'il s'écria d'un air vivement contrarié de l'interruption, et avec ce ton d'importance d'un homme accablé d'affaires : — Bon Dieu ! — mais je ne pourrai donc vaquer tranquillement ni aux affaires publiques ni aux miennes ! — Ni repos ni tranquillité ! — Fasse le Ciel qu'un homme capable puisse être appelé à partager ici mes pénibles fonctions !

— Dieu m'en préserve ! dit le juge à demi-voix et d'un ton de supplication interne ; c'est déjà bien assez d'un de cette race.

— Sous le bon plaisir de Votre Honneur, reprit le clerc, c'est une affaire de vie et de mort.

— Au nom de Dieu ! s'écria le juge alarmé, ce n'est pas encore une affaire pour nous, j'espère ?

— Non, — non, répondit M. Jobson avec beaucoup de gravité ; le vieux Gaffer Rutledge de Grimes-Hill est cité à comparaître dans l'autre monde, et il m'envoie prier de mettre ordre à ses affaires dans celui-ci.

— Partez, — partez vite, dit M. Inglewood précipitamment ; ceci, vous savez, n'est un cas rachetable aux termes d'aucun règlement ; la mort ne reçoit caution de personne.

— Et cependant, dit M. Jobson en revenant sur ses pas, si ma présence était nécessaire ici, — j'aurais rédigé le mandat d'arrêt en un clin-d'œil, et le constable est en bas. — Vous avez entendu, ajouta-t-il en baissant la voix, l'opinion de M. Rasleigh..... je ne pus distinguer le reste.

— Je vous dis que non, répliqua le juge à haute voix ; non, mille fois non, — il ne sera rien fait jusqu'à votre retour ; ce n'est qu'une course de quatre milles. — Allons, passez la bouteille, monsieur Morris ; — ne vous laissez pas abattre, monsieur Osbaldistone. — Et vous, ma rose du désert, un petit coup de bordeaux pour ranimer les couleurs de vos joues.

Diana tressaillit, comme arrachée tout à coup à la rêverie dans laquelle elle était restée plongée durant notre discussion. — Non, dit-elle, je craindrais de porter les couleurs sur une autre partie de mon visage où elles seraient moins bien placées ; mais je vous ferai raison avec une boisson moins échauffante. Elle remplit alors un verre d'eau, et elle le but d'un trait, démentant, par la précipitation de ses mouvements, la gaîté qu'elle voulait feindre.

Mais j'étais peu disposé à m'arrêter à ces remarques, car les nouveaux obstacles qui venaient retarder le prompt examen de la désagréable et ridicule accusation portée contre moi me contrariaient au dernier point. Mais c'eût été vainement qu'on eût voulu pousser le juge à s'occuper d'affaires en l'absence de son clerc, incident qui semblait lui causer autant de plaisir qu'un jour de vacances à un écolier. Il continua de faire tous ses efforts pour égayer ses hôtes, dont aucun, placés comme nous l'étions à l'égard les uns des autres, n'était très-disposé à partager sa bonne humeur. — Allons, monsieur Morris, vous n'êtes pas le premier homme qui ait été détroussé, je pense; — votre chagrin ne vous rendra pas ce qu'on vous a pris. — Et vous, monsieur Frank Osbaldistone, vous n'êtes pas la première mauvaise tête qui ait crié « Halte-là » à un brave homme. Il y avait Jack Winterfield, dans mon jeune temps, qui fréquentait la meilleure compagnie du comté ; — aux courses de chevaux et aux combats de coqs, on ne voyait que lui ; — nous étions ensemble comme la main et le gant ; — passez la bouteille, monsieur Morris; on s'altère en parlant. — J'avais vidé bien des bouteilles et fait bien des joyeuses parties de dés avec le pauvre Jack : — bonne famille, — plein d'esprit, — l'œil vif, — un honnête garçon, sauf la peccadille qui l'a fait pendre. — Nous allons boire à sa mémoire, messieurs. — Pauvre Jack Winterfield ! — Et puisque nous en sommes là-dessus, que mon damné clerc a porté son jargon ailleurs, et que nous sommes tout à fait entre nous, si vous voulez m'en croire, monsieur Osbaldistone, j'arrangerai cette affaire. — La loi est sévère, — très-sévère. — Ce pauvre Jack Winterfield fut pendu à York, malgré ses relations de famille et de puissantes protections, — et le tout pour avoir débarrassé un épais marchand de bestiaux de l'ouest du prix de quelques bêtes. — Maintenant, voici l'honnête M. Morris qu'on a voulu effrayer ; rendez-lui son porte-manteau, et la plaisanterie sera terminée.

Les yeux de Morris s'animèrent à cette proposition, et il commençait à bégayer l'assurance qu'il ne désirait la mort de personne, quand je coupai court à cet arrangement en repoussant avec chaleur, comme une insulte, la suggestion du juge, qui semblait me supposer coupable d'un crime que j'étais venu désavouer expressément. Nous étions dans cette situation assez embarrassante, quand un domestique, ouvrant la porte, annonça qu'un étranger demandait à parler à Son Honneur ; et la personne ainsi désignée entra en même temps dans la chambre sans plus de cérémonie.

CHAPITRE IX.

> Un des voleurs revient! je serai sur mes gardes. Il n'osera m'attaquer si près de la maison ; il n'est pas besoin de donner l'alarme.
> *La Veuve.*

Un étranger, répéta le juge ; — ce n'est pas pour affaires, j'espère, car je serais.....
Il fut interrompu par l'étranger lui-même. — L'affaire qui m'amène est d'une nature assez importante, et tout à fait particulière, dit en entrant mon ancienne connaissance, M. Campbell (car c'était lui-même, cet Écossais que j'avais vu à North-Allerton), et je dois prier Votre Honneur d'y donner une attention sérieuse. Je crois, monsieur Morris, ajouta-t-il en fixant sur lui un regard ferme et presque menaçant, — je crois que vous savez fort bien qui je suis, et que vous ne pouvez avoir oublié ce qui s'est passé entre nous lors de notre dernière rencontre sur la route?

Morris était retombé dans la stupeur ; — ses joues devinrent livides, — ses dents claquèrent, et il montra tous les signes d'une extrême consternation : — Prenez courage, de grâce, dit Campbell, et ne faites pas claquer vos mâchoires comme une paire de castagnettes ; je pense que rien ne vous empêche de dire à M. le juge que vous m'avez déjà vu, et que vous me connaissez pour un cavalier de fortune et un homme d'honneur. — Vous savez bien que vous devez demeurer quelque temps dans mon voisinage, et j'aurai peut-être alors le pouvoir, comme j'en aurai la volonté, de vous servir à mon tour.

— Monsieur, — monsieur, — je vous crois homme d'honneur, et, comme vous dites, homme de fortune. — Oui, monsieur Inglewood, ajouta-t-il, en tâchant de donner de l'assurance à sa voix, je crois réellement que ce gentilhomme est ce que je viens de dire.

— Et en quoi les affaires de ce gentilhomme me regardent-elles ? dit le juge un peu sèchement. Un homme en amène un autre, comme les rimes dans « la maison que Jack a bâtie » et je ne puis avoir en compagnie un instant de paix et de conversation tranquille !

— Dans un instant vous aurez l'un et l'autre, répliqua Campbell. Je viens pour soulager votre esprit d'une affaire embarrassante, et non pour accroître vos embarras.

— Sur mon âme ! vous êtes alors aussi bienvenu que jamais Écossais le fut en Angleterre, ce qui n'est pas beaucoup dire. Mais voyons, qu'avez-vous à nous dire?

— Je présume, continua l'habitant du nord, que ce gentilhomme vous a fait savoir qu'une personne du nom de Campbell l'accompagnait, quand il a eu le malheur de perdre sa valise?

— Il n'a pas une seule fois prononcé ce nom dans tout son récit, répondit le juge.

— Ah! je conçois, — je conçois; M. Morris aura craint obligeamment de commettre un étranger dans une affaire judiciaire de ce pays; mais comme j'apprends que mon témoignage est nécessaire à la justification d'un honnête gentilhomme ici présent, M. Francis Osbaldistone, qui a été très-injustement soupçonné, je le dispenserai de cette précaution. — Veuillez donc, ajouta Campbell, en s'adressant à Morris, avec le même coup d'œil qu'auparavant et un accent déterminé, veuillez dire à M. le juge Inglewood si nous n'avons pas fait route ensemble pendant plusieurs milles, par suite de vos prières instantes et réitérées, auxquelles je m'étais refusé d'abord à North-Allerton, lors de notre première rencontre, mais auxquelles je me rendis ensuite quand je vous retrouvai sur la route près de Cloberry-Allers, ayant alors renoncé pour vous à mon intention de me rendre à Rothbury, et, pour mon malheur, vous ayant accompagné sur le chemin que vous deviez suivre.

— C'est la triste vérité, répondit Morris en baissant la tête, tandis qu'il donnait ce vague assentiment à cette longue et impérieuse déclaration de M. Campbell, à laquelle il paraissait se soumettre avec une docilité forcée.

— Et je présume que vous pouvez aussi attester à Son Honneur que personne ne peut mieux que moi porter témoignage dans ce cas, ayant constamment été près de vous durant toute l'affaire.

— Personne ne le peut mieux que vous, certainement, répondit Morris avec un soupir étouffé.

— Eh! pourquoi diable alors ne lui avez-vous pas prêté secours? dit le juge, puisque, selon la déclaration de M. Morris, ils n'étaient que deux voleurs; vous vous trouviez deux contre deux, et vous êtes l'un et l'autre assez vigoureux, ce me semble.

— S'il plaît à Votre Honneur, répondit Campbell, j'ai été toute ma vie un homme de paix et de tranquillité, ne me mêlant jamais de disputes ni de batteries. M. Morris, qui, à ce que j'ai su, appartient ou a appartenu aux armées de Sa Majesté, pouvait se défendre, si tel eût été son bon plaisir, lui qui était porteur, à ce qu'il paraît, de valeurs considérables; mais pour moi, qui n'avais à disputer qu'un bien petit bagage, et qui suis, en outre, un homme pacifique, je n'avais nulle envie de me hasarder dans la bagarre.

Je regardais Campbell tandis qu'il parlait, et je ne me souviens pas d'avoir jamais vu un plus frappant contraste que celui qu'offraient l'intrépidité audacieuse qu'exprimait sa rude physionomie, et l'air de bonhomie et de simplicité qu'affectait son langage. On pouvait même apercevoir sur ses lèvres un sourire ironique presque imperceptible, qui semblait un témoignage involontaire de son dédain pour le caractère tranquille et pacifique qu'il jugeait à propos de prendre, et qui fit naître en moi d'étranges soupçons, que la part qu'il avait pu avoir à la violence faite à Morris avait été très-différente de celle d'un compagnon de souffrance, ou même d'un simple spectateur.

Quelque chose d'un soupçon semblable traversa peut-être l'esprit du juge en ce moment; car il fit entendre cette exclamation : Sur mon âme, c'est une étrange histoire!

L'Écossais sembla deviner sa pensée; car, changeant de ton et de manières, et laissant de côté une partie de cette hypocrite affectation d'humilité qui avait éveillé nos soupçons, il ajouta d'un air plus franc et plus naturel : A dire vrai, je suis un de ces gens prudents qui ne se soucient pas de se battre quand ils n'ont rien à y gagner, et c'était justement le cas quand nous rencontrâmes ces coquins; mais, pour que Votre Honneur sache bien que je suis un homme de bonne renommée et de bon caractère, vous plairait-il de jeter les yeux sur ce papier?

M. Inglewood prit le papier de ses mains, et lut à demi-voix : « Ceci est pour certifier que le porteur, Robert Campbell, de — d'un lieu que je ne puis prononcer — est une personne de bonne famille et d'habitudes paisibles, allant en Angleterre pour ses affaires particulières, etc., etc. Donné sous notre sceau, à notre château d'Inver — Invera — rara.....   ARGYLE.

— C'est un petit témoignage, monsieur, reprit Campbell, que j'ai cru devoir demander à ce digne seigneur (il leva la main à la hauteur de sa tête, comme pour la porter à son chapeau) Mac Callum More.....

— Mac Callum quoi, monsieur? dit le juge.

— Que dans le sud on nomme le duc d'Argyle.

— Je connais très-bien le duc d'Argyle pour un seigneur de grande dignité et de grande distinction, et comme un vrai patriote. Je fus un de ceux qui se rangèrent de son côté en 1714, quand il expulsa le duc de Marlborough de son commandement. Je voudrais qu'il y eût plus de seigneurs comme celui-là. C'était alors un honnête tory, pair et compagnon d'Ormond. Il a reconnu le gouvernement actuel, comme je l'ai fait moi-même, pour la paix et le repos du pays; car je ne puis croire, comme le prétendent les ennemis de ce grand homme, qu'il ait été poussé par la crainte de perdre ses places et son régiment. Son témoignage, comme vous appelez cela, M. Campbell, est parfaitement satisfaisant; et maintenant, qu'avez-vous à dire au sujet du vol?

— Peu de mots, sous le plaisir de Votre Honneur; seulement que M. Morris pourrait aussi bien accuser l'enfant nouveau-né ou m'accuser moi-même, que ce jeune gentilhomme, M. Osbaldistone; car je puis déposer non-seulement que la personne qu'il prit pour lui était plus petite et plus grosse, mais de plus, car je pus apercevoir une partie de son visage dans un moment où son masque se dérangea, que ses traits et son teint étaient tout à fait différents de ceux de ce jeune gentilhomme, M. Osbaldistone. Et je crois, ajouta-t-il en regardant M. Morris d'un air naturel, quoique un peu sévère, que Monsieur conviendra que j'étais plus en état que lui de distinguer ceux qui étaient présents en cette occasion, étant, il me semble, celui de nous deux qui avait le mieux conservé son sang-froid.

— J'en conviens, monsieur, — j'en conviens parfaitement, dit Morris en se reculant, en même temps que M. Campbell rapprochait sa chaise de lui pour appuyer son appel ; — et je suis disposé, monsieur, ajouta-t-il en s'adressant à M. Inglewood, à rétracter ce que j'ai avancé à l'égard de M. Osbaldistone ; et je vous demande, monsieur, que vous lui permettiez, monsieur, d'aller à ses affaires, et à moi d'aller vaquer aux miennes ; Votre Honneur peut avoir des affaires à régler avec M. Campbell, et je suis pressé de partir.

— En ce cas j'annule les déclarations, dit le juge en les jetant au feu. — Et maintenant vous êtes parfaitement libre, M. Osbaldistone ; — et vous, monsieur Morris, vous voilà tranquille et à votre aise.

— Oui, dit Campbell, en fixant son regard sur M. Morris, qui approuvait avec une piteuse grimace les observations du juge, à l'aise comme un crapaud sous la herse. — Mais ne craignez rien, monsieur Morris ; vous et moi nous partirons d'ici ensemble. Je veillerai à votre sûreté. — J'espère que vous ne douterez pas de mon honneur, quand je parle ainsi. — A la grande route, nous nous séparerons ; et si nous ne nous revoyons pas bons amis en Écosse, ce sera votre faute.

Avec le même regard de consternation et de répugnance que jette un condamné en apprenant que la fatale charrette l'attend, Morris se leva ; — mais quand il fut sur ses pieds, il parut hésiter. — Je vous dis de ne rien craindre, réitéra Campbell ; je tiendrai la parole que je vous ai donnée. Allons donc, cœur de mouton ; que savez-vous si vous ne pourriez avoir quelques nouvelles de votre valise, en écoutant de bons avis ? — Nos chevaux sont prêts. Faites vos adieux à monsieur le juge, et montrez votre savoir-vivre du sud.

Ainsi exhorté et encouragé, Morris partit sous l'escorte de M. Campbell ; mais apparemment de nouveaux scrupules et de nouvelles terreurs l'avaient assailli avant qu'ils fussent sortis de la maison, car j'entendis Campbell, au moment où ils quittaient le vestibule, lui renouveler ses assurances de sûreté et de protection. — Sur mon âme, tu es aussi en sûreté que dans le jardin de ton père. — Allons donc ! un homme avec cette barbe noire, n'avoir pas plus de cœur qu'une poule ! — Allons, une fois pour toutes, venez avec moi, et conduisez-vous en homme.

Les voix s'éloignèrent, et bientôt le bruit des pas de leurs chevaux annonça qu'ils avaient quitté la demeure du juge Inglewood.

La joie que fit éprouver à ce digne fonctionnaire cette facile conclusion d'une affaire qui menaçait de devenir embarrassante fut cependant tempérée par le doute de ce qu'en pourrait penser le clerc à son retour. — A présent, je vais avoir Jobson sur les épaules pour ces maudits papiers; — peut-être aussi n'eussé-je pas dû les brûler; — mais bah! il ne s'agira que de lui payer ses droits, et tout sera dit. — Et maintenant, miss Vernon, quoique j'aie libéré tous les autres, j'ai bien envie de décerner prise de corps contre vous, et de vous confier pour la soirée à la garde de ma vieille servante, la mère Blakes; nous enverrions chercher mes voisins, M. Musgrave, et miss Dawkins, et vos cousins; nous aurions le vieux Cobs et son violon, et nous nous amuserions tous comme de jeunes filles; et Frank Osbaldistone et moi nous viderions une bouteille ensemble, et dans une demi-heure nous serions tout à vous.

— Grand merci, très-honorable juge, répondit miss Vernon; mais nous devons retourner au plus tôt à Osbaldistone-Hall, où l'on ne saura pas ce que nous sommes devenus, et rassurer mon oncle à l'égard de mon cousin; car son inquiétude sera tout à fait la même que s'il s'agissait d'un de ses fils.

— Je le crois aisément; car lorsque son aîné, Archie, trouva une triste fin dans cette malheureuse affaire de sir John Fenwick, le vieux Hildebrand avait toujours son nom à la bouche aussi bien que celui des six autres, et il se plaignait de ne pouvoir jamais se rappeler lequel de ses fils avait été pendu. Retournez donc au plus vite, et rassurez sa sollicitude paternelle. — Mais écoutez, ma jolie fleur des bruyères, ajouta-t-il en l'attirant doucement par la main, et d'un ton d'admonition amicale, une autre fois, laissez la justice avoir son cours, sans mettre votre joli doigt dans son vieux pâté moisi tout plein de fragments de baragouin légal, — français ou latin; — et puis, ma Die, ma beauté, laissez les jeunes gens se guider l'un l'autre à travers les landes : car vous pourriez perdre votre propre route, mon joli feu follet, en montrant la leur aux autres.

Après cette remontrance, il embrassa et congédia miss Vernon; puis se tournant vers moi d'un air non moins cordial :

— Vous paraissez être un brave garçon, M. Frank, me dit-il; je me souviens bien de votre père; — nous fûmes compagnons de jeu à l'école. Écoutez, mon garçon, ne voyagez pas de nuit, et ne vous amusez pas aux dépens de ceux que vous rencontrerez sur les grands chemins. Que diable! tous les fidèles sujets du roi ne sont pas obligés d'entendre la plaisanterie, et on ne doit pas badiner sur des matières de lèse-majesté. Et puis voici la pauvre Die Vernon, — en quelque sorte seule et isolée sur la face de ce bas monde, et libre de chevaucher, de courir et de décamper à son bon plaisir. Il faut avoir bien soin de Die, ou, morbleu, je redeviens jeune homme et je me bats avec vous, quoique je doive avouer que ce ne serait pas peu d'embarras pour moi. Et maintenant partez tous les deux, et laissez-moi à ma pipe de tabac et à mes méditations ; car, que dit la chanson : —

« La feuille des Indes est consumée en peu d'instants ; ainsi passe la vigueur de l'homme. Viennent les années, et le feu de la jeunesse s'amortit et s'éteint, comme s'est éteinte cette poussière blanche et aride. — En fumant ton tabac, pense à cette morale. »

Je vis avec plaisir ces rayons de bon sens et de sensibilité qui s'échappaient à travers les vapeurs d'indolence et de sensualité dans lesquelles se berçait le juge ; je l'assurai de mon respect pour ses avis, et pris cordialement congé de l'honnête magistrat et de sa demeure hospitalière.

Nous trouvâmes des rafraîchissements préparés pour nous dans la salle d'entrée ; nous y touchâmes à peine, et nous rejoignîmes le serviteur de sir Hildebrand à qui nous avions en arrivant laissé nos chevaux, et qui avait été chargé par M. Rasleigh, ainsi qu'il en informa miss Vernon, de nous attendre et de nous accompagner au château. Nous marchâmes quelque temps en silence, car, à dire vrai, mon esprit était trop rempli des événements de la matinée pour me permettre de le rompre le premier. A la fin miss Vernon s'écria, comme si elle eût donné un libre cours à ses propres réflexions : En vérité, Rasleigh est un homme bien étonnant, et qu'il faut craindre, si on ne peut l'aimer ; tout ce qu'il veut, il le fait, et tous les autres ne sont que ses instruments. — Il a toujours un acteur prêt à remplir le rôle qu'il imagine ; jamais son invention et sa présence d'esprit ne sont en défaut, — quelque cas qui se présente, et de quelque expédient il puisse avoir besoin.

— Vous croyez donc, lui dis-je, répondant plutôt à son insinuation qu'à ses paroles, vous croyez que ce M. Campbell, qui est arrivé si à propos, et qui a enlevé mon accusateur comme un faucon enlève une perdrix, était un agent de M. Rasleigh Osbaldistone ?

— Je ne soupçonne pas moins que cela, répondit-elle, et de plus, je doute fort qu'il fût arrivé si à propos, si je n'avais pas rencontré Rasleigh chez le juge de paix.

— En ce cas, c'est surtout à vous que je dois des remercîments, ma belle libératrice.

— N'en doutez pas ; mais supposez, je vous prie, qu'ils sont payés et acceptés avec un gracieux sourire, car je n'ai nulle envie de les entendre en ce moment, et ils auraient probablement pour effet de m'endormir. En un mot, monsieur Frank, je désirais vous servir, j'ai été assez heureuse pour être à même de le faire, et je n'ai qu'une faveur à vous demander en retour : c'est qu'il n'en soit plus question.

— Mais qui vient à notre rencontre, « les éperons ensanglantés et le teint animé par la course? » C'est l'homme de loi en sous-ordre, ce me semble ; rien moins que M. Joseph Jobson.

CHAPITRE IX.

C'était en effet M. Joseph Jobson, arrivant de toute la vitesse de son cheval, et, comme nous le vîmes bientôt, de fort méchante humeur. Il vint à notre rencontre et arrêta sa monture, comme nous allions passer avec une légère salutation.

— Ainsi, monsieur, — ainsi, miss Vernon, — oui, — je vois aisément ce que c'est ; — la caution a été acceptée sans doute pendant mon absence. — Mais je voudrais bien savoir qui en a dressé l'acte, voilà tout. Si Son Honneur use souvent de cette forme de procédure, je lui conseille de trouver un autre clerc, voilà tout ; car je donnerai certainement ma démission.

— Mais s'il avait toujours son clerc actuel attaché à sa manche, monsieur Jobson, ne ferait-il pas aussi bien ? dit la malicieuse Diana. Et comment va le fermier Rutledge, monsieur Jobson ? j'espère que vous l'avez trouvé en état de signer, de sceller et de tester ?

Cette question parut accroître encore la colère de l'homme de loi. Il jeta sur miss Vernon un tel regard de dépit et de ressentiment, que j'éprouvai une forte tentation de le faire sauter de cheval avec le manche de mon fouet, désir que je ne réprimai qu'en songeant à l'insignifiance de l'individu.

— Le fermier Rutledge, madame ? répondit-il dès que son indignation lui permit d'articuler ; le fermier Rutledge se porte aussi bien que vous ; — sa maladie, madame, n'est qu'un tour qu'on m'a joué, et si vous ne le saviez déjà, vous le savez maintenant, madame.

— Est-il possible ! répliqua miss Vernon, avec une apparente simplicité et en affectant un grand étonnement ; êtes-vous bien sûr de ce que vous dites, monsieur Jobson ?

— Parfaitement sûr, madame, reprit le scribe en fureur ; et je dis en outre que ce vieux ladre, ce brise-mottes, m'a appelé chicaneur ; — chicaneur, madame ; et il m'a dit que je venais à la chasse aux procès, madame ; — ce qu'on ne peut dire de moi plus que de tout autre gentilhomme de ma profession, madame, — à moi, qui suis greffier de la justice de paix, tenant et occupant ledit office en vertu des statuts rendus *trigesimo septimo Henrici octavi* et *primo Gulielmi* [1]. — la première du roi Guillaume, madame, de glorieuse et immortelle mémoire ; — le grand prince qui nous a délivrés des papistes et des prétendants, des sabots et des bassinoires [2], miss Vernon.

— Tristes choses, que ces sabots et ces bassinoires, répliqua la jeune dame, qui semblait prendre plaisir à exciter sa rage ; — mais ce qui

---

[1] La trente-septième année du règne d'Henri VIII et la première de Guillaume.

[2] C'est-à-dire des Écossais, partisans des Stuarts, et dont les sabots indiquent la pauvreté. — Par le terme de *bassinoire*, on désignait aussi vulgairement les Écossaises, parce qu'on prétendait que si un voyageur demandait que son lit fût bassiné, c'était, à défaut de l'ustensile spécial dont ils étaient dépourvus, la servante ou la maîtresse de l'auberge qui en tenait lieu. (L. V.)

vaut mieux, c'est que vous, monsieur Jobson, vous ne paraissez pas en ce moment avoir besoin de bassinoire. Je crains que Gaffer Rutledge n'ait pas borné son incivilité à des paroles ;—êtes-vous bien sûr qu'il ne vous ait pas battu?

— Battu, madame! — Jamais, — (très-sèchement) jamais homme vivant ne me battra, je vous le promets, madame.

— C'est selon comme vous le mériterez, monsieur, lui dis-je ; car le ton que vous prenez avec cette jeune dame est si inconvenant, que si vous n'en changez pas je serai obligé de vous châtier moi-même.

— Me châtier, monsieur?—Moi, monsieur?— Savez-vous à qui vous parlez, monsieur?

— Oui, monsieur. Vous vous dites greffier de la justice de paix du comté, et Gaffer Rutledge vous appelle un chicaneur; ni l'un ni l'autre de ces deux titres ne vous autorise à être impertinent envers une jeune dame de ce rang.

Miss Vernon posa sa main sur mon bras, en s'écriant : Allons, monsieur Osbaldistone, je ne permettrai pas que vous maltraitiez M. Jobson ; je ne m'intéresse pas assez à lui pour souffrir que vous le touchiez seulement du bout de votre fouet : — il vivrait là-dessus trois mois au moins. D'ailleurs vous avez déjà assez blessé sa sensibilité :—vous l'avez appelé impertinent.

— Je ne m'arrête pas à une telle épithète, miss, dit le clerc, d'un ton un peu moins rogue ; d'ailleurs impertinent n'est pas un mot actionnable. Mais chicaneur est une imputation hautement calomniatrice, et Gaffer Rutledge, aussi bien que tous ceux qui répéteraient la même injure, saura ce qu'il en coûte pour troubler la paix publique et m'enlever ma réputation.

— A quoi songez-vous là, monsieur Jobson? Vous savez : Où il n'y a rien, le roi perd ses droits; et quant à vous enlever votre réputation, je plains le pauvre diable qui s'en chargera, et je vous féliciterai de tout mon cœur le jour où vous aurez à vous réjouir de l'avoir perdue.

— Très-bien, madame ;— bonsoir, madame ;—je n'en dis pas davantage. — Seulement il y a des lois contre les papistes, et tout irait bien dans le pays si elles étaient mieux exécutées. Le statut trente-quatrième d'Édouard VI est contre les livres de plain-chant, les missels, graduels, processionnels, manuels, légendes, livres de messe, etc., et contre ceux qui ont de telles babioles en leur possession, miss Vernon ; — et il y a des peines portées contre les papistes qui se refusent au serment, par un statut de la première année du roi régnant ;— et il y a aussi des peines contre ceux qui entendent la messe. Voyez le trente-troisième statut de la reine Élisabeth, et le troisième de Jacques Ier, chapitre vingt-cinq. Les conditions doivent être enregistrées, les faits et actes consignés, en payant double taxe....

CHAPITRE IX.

— Voyez la nouvelle édition des Statuts, revus et augmentés par Joseph Jobson, greffier de la justice de paix, interrompit miss Vernon.

— En outre, et par-dessus tout, continua Jobson, — car je parle pour vous, Diana Vernon, — vous, comme fille non mariée[1] et comme papiste récusante, vous êtes tenue de vous rendre chez vous, et cela par le plus court chemin, sous peine d'être considérée comme coupable de félonie envers le roi ; — de chercher un passage par le plus prochain bac public, et de ne pas vous y arrêter plus longtemps qu'un flux et un reflux ; et si vous n'y pouvez trouver passage, de vous avancer chaque jour dans l'eau jusqu'aux genoux, pour essayer de traverser la rivière.

— C'est une sorte de pénitence protestante pour mes péchés catholiques, je suppose, dit miss Vernon en riant. Je vous remercie de l'information, M. Jobson ; je vais me hâter de regagner la maison aussi vite que possible, et je tâcherai dorénavant d'en être une meilleure gardienne. Bonne nuit, mon cher M. Jobson, miroir de la courtoisie judiciaire !

— Bonne nuit, madame, et rappelez-vous qu'on ne joue pas avec la loi.

Et nous nous séparâmes.

— Le voilà parti, cet agent de trouble et de malheur, dit miss Vernon en le suivant des yeux ; il est triste, pour des personnes honnêtes et bien nées, de se voir exposées à l'impertinence officielle d'un méchant flagorneur, et cela seulement parce que l'on croit ce que croyait tout le monde il n'y a pas un siècle : — car notre foi catholique a du moins l'avantage de l'ancienneté.

— J'ai été fortement tenté de briser le crâne de ce drôle, lui dis-je.

— Vous auriez agi là en jeune étourdi ; et cependant, si mon bras était seulement d'une once plus lourd, je crois que je lui en aurais fait sentir le poids. — En vérité, il ne sert à rien de se plaindre ; mais il y a trois choses pour lesquelles je suis digne de pitié, si quelqu'un pense à avoir compassion de moi.

— Et puis-je savoir quelles sont ces trois choses, miss Vernon ?

— Me promettez-vous, si je vous les dis, une sympathie sincère ?

— En pouvez-vous douter ? répondis-je en mettant mon cheval tout près du sien, et en n'essayant pas de dissimuler l'expression du vif intérêt qu'elle m'inspirait.

— Eh bien ! après tout, il est doux d'être plaint ; voici donc mes trois chagrins : — d'abord, je suis fille et non garçon, et je serais renfermée dans une maison de fous si je faisais la moitié de ce qui

---

[1] Et n'étant pas une *femme couverte*, dit le texte, qui emploie ces deux mots français, empruntés sans doute au style plus que naïf des vieilles lois franco-anglaises. (L. V.)

me passe par la tête ; au lieu que si j'avais, comme vous, l'heureuse prérogative d'agir à ma guise, je rendrais tout le monde fou d'enthousiasme et d'admiration.

— Je ne puis sur ce point vous plaindre autant que vous le désirez ; le malheur est si général qu'il atteint la moitié de l'espèce humaine, et l'autre moitié....

— Est si bien partagée qu'elle est jalouse de ses prérogatives ; j'oubliais que vous êtes partie intéressée. Silence, ajouta miss Vernon qui me vit prêt à répondre ; cet agréable sourire est la préface d'un très-joli compliment sur les avantages particuliers que les amis et les parents de Die Vernon retirent de ce qu'elle est née leur ilote ; mais épargnez-le-moi, mon bon ami, et voyons si nous nous entendrons mieux sur le second point de mon acte d'accusation contre la fortune, comme dirait ce vilain procureur. Je suis d'une religion ancienne et d'une secte opprimée, et au lieu qu'on me tienne compte de ma dévotion, comme on le doit à l'égard de toute bonne fille, mon bon ami le juge Inglewood pourrait m'envoyer à la maison de correction, uniquement parce que j'adore Dieu comme l'ont adoré mes ancêtres, et me dire, comme le vieux Pembroke à l'abbesse de Wilton, quand il s'empara de son couvent : « Allez filer, coquine, allez filer [1]. »

— Ce n'est pas un mal sans remède, répondis-je gravement. Consultez quelqu'un de nos savants ministres, ou plutôt consultez votre excellent jugement, miss Vernon ; et sans nul doute les points particuliers sur lesquels notre croyance religieuse diffère de celle dans laquelle vous avez été élevée.....

— Chut ! dit Diana, en plaçant un doigt sur sa bouche ; — chut ! pas un mot de plus là-dessus. Abandonner la foi de mes braves aïeux !
— J'aurais aussi bien, si j'étais homme, abandonné leur bannière quand le sort des combats se déclarait contre elle, et tourné, comme un lâche mercenaire, vers l'ennemi victorieux.

— J'honore votre courage, miss Vernon ; et quant aux inconvénients auxquels il vous expose, tout ce que je puis dire, c'est que les blessures reçues par respect pour notre conscience portent leur baume avec elles.

---

[1] Le monastère de Wilton, lors de sa suppression sous l'autorité magistrale de Henri VIII ou de son fils Édouard VI, fut accordé au comte de Pembroke. A l'avénement de la reine Marie, de catholique mémoire, le comte crut nécessaire de réinstaller l'abbesse et ses belles recluses, ce qu'il fit avec de grandes démonstrations de remords, s'agenouillant humblement devant les vestales, et les remettant à la tête du couvent et des possessions dont il les avait expulsées. Lors de l'accession d'Élisabeth au trône, la conscience facile du comte revint de nouveau à la foi protestante, et il chassa une seconde fois les nonnes de leur sanctuaire. Les remontrances de l'abbesse, laquelle rappelait à son souvenir ses expressions de repentir lors de sa première abjuration, ne purent tirer de lui d'autre réponse que celle du texte : « Allez filer, coquine, allez filer. » (W. S.)

— Oui, mais elles font souffrir et elles irritent. — Mais je vois bien, à votre dureté de cœur, que le danger que je puis courir d'aller battre le chanvre ou filer le lin vous affecte aussi peu que ma condamnation à la coiffe et aux cornettes, au lieu du chapeau et de la cocarde ; de sorte que je m'épargne la peine inutile de vous faire connaître le troisième motif de mes chagrins.

— Non, ma chère miss Vernon, ne me retirez pas votre confiance, et je vous promets que le triple tribut de sympathie dû aux causes peu ordinaires de vos plaintes vous sera fidèlement et entièrement payé au sujet de la troisième, pourvu que ce ne soit pas un malheur qui vous soit commun avec toutes les femmes, ni même avec tous les catholiques d'Angleterre, qui, soit dit sans vous offenser, forment encore une classe plus nombreuse que, nous autres protestants, dans notre zèle pour l'Église et pour l'État, nous ne le désirerions.

— C'est, reprit Diana, d'une voix affectée et avec plus de sérieux que je ne lui en avais vu encore, c'est un malheur qui mérite bien la compassion. Je suis, comme vous pouvez le voir aisément, d'un naturel franc et sans réserve ; — une bonne fille, qui voudrait agir ouvertement et n'avoir pas un secret au monde ; et pourtant le sort m'a enveloppée dans une telle complication de mystères et d'embarras, que c'est à peine si j'ose dire un mot, dans la crainte des conséquences, — non pour moi-même, mais pour d'autres.

— Ceci est un vrai malheur, miss Vernon, un malheur auquel je prends part bien sincèrement, mais que je n'aurais pas soupçonné.

— Oh! monsieur Osbaldistone, si vous pouviez seulement savoir, — si quelqu'un savait combien il est parfois pénible de cacher un cœur brisé sous un visage riant, vous auriez bien réellement pitié de moi. Je fais mal, peut-être, de vous en dire autant sur ma situation ; mais vous êtes un jeune homme de sens, vous avez de la pénétration ; — vous ne pourriez être longtemps sans me faire cent questions sur les événements d'aujourd'hui, — sur la part qu'a eue Rashleigh à votre délivrance de cette sotte intrigue, — sur beaucoup d'autres points, enfin, qui exciteront nécessairement votre attention. Moi, je ne pourrais vous répondre avec assez de finesse et de dissimulation ; — je mentirais gauchement, et je perdrais la bonne opinion que vous pourriez avoir de moi, aussi bien que ma propre estime. Il vaut donc mieux vous dire tout d'abord : ne me faites pas de questions, il ne serait pas en mon pouvoir d'y répondre.

Miss Vernon prononça ces mots d'un ton de sensibilité qui ne pouvait manquer de faire sur moi la plus vive impression. Je l'assurai qu'elle n'avait à craindre ni que je la pressasse de questions indiscrètes, ni que j'interprétasse mal son refus de répondre à celles qui pourraient me paraître les plus naturelles et les plus raisonnables. — J'étais trop pénétré, ajoutai-je, de l'intérêt qu'elle avait pris à mes affaires, pour abuser des occasions que sa bonté pourrait m'offrir de m'insinuer dans les siennes ; — seulement j'espérais et je demandais en grâce que, si mes services pouvaient en aucun temps lui être utiles, elle y recourût sans hésiter et sans douter de moi.

— Je vous remercie, — je vous remercie ; votre voix n'a pas le son monotone du compliment ; c'est celle de quelqu'un qui sait à quoi il s'engage. Si, — mais c'est impossible, — mais cependant, *si* l'occasion s'en présentait, je vous ferais souvenir de votre promesse ; et je vous assure que je ne vous en voudrais pas, lors même que vous l'auriez oubliée : il suffit que vous soyez sincère en ce moment. — Bien des circonstances peuvent changer vos sentiments avant que je réclame de vous, si cet instant arrive jamais, d'assister Die Vernon comme si vous étiez son frère.

— Fussé-je le frère de Die Vernon, m'écriai-je, je n'aurais pas un plus vif désir de la servir. — Et maintenant je n'ose demander si c'est de son plein gré que Rasleigh a travaillé à ma délivrance.

— Non, pas à moi ; mais vous pouvez le demander à lui-même, et soyez certain qu'il dira *oui* : car plutôt que de laisser une bonne action sans maître, il est toujours prêt à se l'approprier.

— Et je ne dois pas demander si ce Campbell lui-même est l'auteur de l'allégement forcé du bagage de M. Morris ; ni si la lettre reçue par notre ami le procureur n'était pas une ruse pour l'éloigner du lieu de l'action, de peur qu'il ne mît obstacle à son heureuse issue. Je ne dois pas demander.....

— Vous ne devez rien me demander, interrompit miss Vernon ; c'est donc tout à fait en pure perte que vous poussez vos suppositions. Mais vous devez penser de moi tout aussi favorablement que si j'avais répondu à vos questions et à vingt autres avec autant d'aisance que Rasleigh pourrait le faire. Remarquez : toutes les fois que je porterai ainsi la main à mon menton, ce sera signe que je ne pourrai parler de l'objet qui vous occupera. Je dois établir des signaux d'intelligence avec vous, puisque vous allez être mon conseiller et mon confident, à la seule réserve que vous ne saurez rien de mes affaires.

— Rien de plus raisonnable, répondis-je en riant ; et vous pouvez compter que la sagacité de mes conseils répondra à l'étendue de votre confiance.

Cette conversation nous amena de fort bonne humeur l'un et l'autre jusqu'à Osbaldistone-Hall, où nous trouvâmes la famille livrée à son orgie du soir.

— Apportez à dîner pour M. Osbaldistone et pour moi dans la bibliothèque, dit miss Vernon à un domestique. — Je dois avoir quelque compassion de vous, ajouta-t-elle en se tournant vers moi, et veiller à ce que vous ne mouriez pas de faim au milieu de la brutale abondance de cette maison ; autrement je ne sais si je vous aurais montré ma retraite privée. Cette bibliothèque est mon antre ; — c'est le seul coin du château où je sois à l'abri des orang-outangs mes cousins. Ils ne s'y aventurent jamais, dans la crainte, je suppose, que les in-folio ne leur tombent sur les épaules et ne leur fendent le crâne, seule impression qu'ils puissent faire sur leurs cervelles. — Suivez-moi donc.

Je la suivis à travers un labyrinthe de salles et de chambres voûtées, de corridors et d'escaliers tournants, jusqu'à la chambre où elle avait fait disposer notre dîner.

CHAPITRE X.

> Dans ce vaste édifice il est un lieu secret et solitaire, un lieu ignoré de tous, dont les sombres réduits contiennent ces précieux compagnons de nos études, aliments de l'esprit, remèdes des peines de l'âme. *Anonyme.*

La bibliothèque d'Osbaldistone-Hall était une salle obscure, dont les antiques rayons de bois de chêne ployaient sous le poids des lourds in-folio, ces favoris du dix-septième siècle, et desquels, s'il est permis de le dire, nous avons distillé la matière de nos in-quarto et de nos in-octavo, et qui, soumis encore une fois à l'alambic, pourront, si nos enfants sont plus frivoles encore que nous, être réduits en in-douze et en brochures. La collection se composait principalement de classiques, de livres d'histoire, et surtout de théologie. Elle était dans le plus grand désordre. Les ecclésiastiques qui avaient successivement rempli les fonctions de chapelains du château avaient été, pendant nombre d'années, les seules personnes qui eussent pénétré dans cette enceinte, jusqu'à ce que l'amour de Rasleigh pour la lecture l'eût porté à troubler les vénérables araignées qui avaient couvert de leurs tapisseries le front des tablettes. Comme il était destiné à l'Église, sa conduite paraissait moins absurde aux yeux de son père que si c'eût été quelqu'un de ses autres enfants qui eût montré un goût si étrange, et sir Hildebrand avait consenti à ce qu'on fît à la bibliothèque quelques réparations qui permissent d'y séjourner. Cependant il régnait encore dans la vaste salle un air de dévastation, indice évident de la négligence dont les connaissances qu'elle recélait n'avaient pu la préserver. Les tapisseries en lambeaux et les tablettes vermoulues ; les tables massives, les lourds pupitres et les chaises chancelant sur leurs pieds ; la grille rouillée de l'âtre, que récréait rarement un feu de charbon de terre ou de fagots : tout indiquait le mépris des seigneurs d'Osbaldistone pour la science, et pour les volumes qui renferment ses trésors.

—Ce lieu vous semble un peu triste? dit miss Diana, qui me vit promener mon regard sur cet appartement désolé; il me paraît à moi un petit paradis, car j'y suis tranquille et n'y crains pas les interruptions. Rasleigh en partageait la propriété avec moi lorsque nous étions amis.

—Ne l'êtes-vous plus? fut ma question naturelle.

Son doigt se porta aussitôt à la fossette de son menton, avec un air d'interdiction mystérieuse.

—Nous sommes toujours *alliés*, dit-elle, enchaînés, comme d'autres puissances confédérées, par un mutuel intérêt. Mais je crains, comme il arrive souvent, que le traité d'alliance ait survécu aux dispositions amicales qui l'avaient fait naître. Quoi qu'il en soit, nous sommes moins souvent ensemble, et quand il arrive par cette porte, je m'esquive par cette autre; de sorte que s'étant aperçu que, toute vaste qu'elle est, cette salle ne pouvait plus nous contenir ensemble, Rasleigh, appelé d'ailleurs fréquemment au dehors, m'a fait généreusement l'abandon de ses droits, et je tâche de poursuivre seule à présent les études dans lesquelles il était autrefois mon guide.

—Et puis-je demander quelles sont ces études?

—Vous le pouvez, sans le plus léger risque que mon doigt se porte à mon menton. La science et l'histoire sont mes études favorites, mais je parcours aussi les poëtes et les classiques.

—Et les classiques? Les lisez-vous dans l'original?

—Sans doute; Rasleigh, qui a fait de bonnes classes, m'a donné quelque teinture des langues anciennes, ainsi que de la plupart de celles qu'on parle aujourd'hui en Europe. Je vous assure que mon éducation n'a pas été entièrement négligée, quoique je ne sache ni bâtir une collerette, ni broder, ni faire un poudding, ni, enfin, comme la grosse femme du vicaire se plaît à le dire de moi, avec autant de vérité que d'élégance, de bienveillance et de politesse, faire aucune autre chose utile dans ce bas monde.

—Et ces études sont-elles du choix de Rasleigh ou du vôtre, miss Vernon?

—Hum! fit-elle comme hésitant à répondre;—après tout, ce n'est pas la peine de lever le doigt pour cela.—Elles sont en partie de son choix, en partie du mien. Tandis qu'au dehors j'apprenais à monter un cheval, à le brider même et à le seller au besoin, à franchir une barrière, à tirer un coup de fusil sans sourciller, enfin tous ces talents masculins pour lesquels mes brutes de cousins sont passionnés, j'aimais ici à lire avec Rasleigh les auteurs grecs et latins, et à m'approcher de l'arbre de la science, dont vous autres, hommes d'étude, voudriez vous réserver le monopole, en compensation, je suppose, de la part de notre mère commune dans la grande transgression originelle.

CHAPITRE X.

— Et Rasleigh a pris plaisir à cultiver votre goût pour l'étude?

— Oui; il désirait m'avoir pour écolière. Mais il n'a pu m'apprendre que ce qu'il savait lui-même, et je ne crois pas qu'il eût été très-propre à m'initier aux talents d'une blanchisseuse de dentelles ou d'une ourleuse de mouchoirs.

— Je conçois que l'envie d'avoir une telle écolière dut être une puissante considération pour le maître.

— Oh! si vous vous mettez à vouloir pénétrer les motifs de Rasleigh, je vous avertis que mon doigt va se lever. C'est seulement sur ce qui me concerne que je puis répondre avec franchise. — Au résumé, il m'a cédé la jouissance exclusive de la bibliothèque, et il n'y entre jamais sans en avoir demandé et obtenu la permission; aussi ai-je pris la liberté d'en faire le lieu de dépôt de quelques objets qui m'appartiennent, comme vous pouvez voir en regardant autour de vous.

— Excusez-moi, miss Vernon, mais je ne vois réellement rien dans cette salle dont il soit probable que vous soyez propriétaire.

— Sans doute parce que vous n'apercevez ni bergers ni bergères en tapisserie, coquettement encadrés dans l'ébène; — ni perroquet empaillé, — ni volière peuplée d'oiseaux, — ni boîte à ouvrage brodée en soie ternie, — ni table de toilette avec des cases de bois verni, taillée à facettes, comme un pâté de Noël; — ni épinette arquée, — ni luth à trois cordes, — ni ouvrage de rocailles, — ni ouvrage de coquillages, — ni ouvrage à l'aiguille, — ni ouvrages d'aucune sorte; — ni bichon avec une couvée de petits encore aveugles. — Je ne possède aucun de ces trésors, continua-t-elle en reprenant haleine après cette longue énumération; — mais voici l'épée de mon ancêtre sir Richard Vernon, tué à Sprensbury, et indignement calomnié par la malice d'un nommé William Shakspeare, dont la partialité pour la maison de Lancastre a dénaturé l'histoire en leur faveur. — Près de cette redoutable épée voici suspendue la cotte de mailles d'un Vernon encore plus ancien, écuyer du prince Noir, dont le destin est tout l'opposé de celui de son petit-fils, puisqu'il a plus à se louer de la bonne volonté que des talents du barde qui prit la peine de le chanter :

« Au milieu du chemin vous pouvez voir un chevalier avec flûtes sur son écu; c'est le brave Vernon. Ses coups tombent comme la foudre et répandent la terreur dans la plaine; laissant à d'autres le pillage, son épée est toujours prête à verser le sang d'un ennemi. »

— Voici, continua miss Vernon, le modèle d'une nouvelle martingale, de mon invention; — c'est un perfectionnement notable de celle du duc de Newcastle. Voici le chaperon et les grelots de mon faucon Cheviot, qui se jeta lui-même sous le bec d'un héron à Horselymoss; — pauvre

---

[1] Partie du harnachement de tête d'un cheval. (L. V.)

Cheviot! il n'y a pas en bas sur le perchoir un oiseau qui, comparé à lui, ne soit un milan et un maraudeur. Voici mon fusil de chasse, dont vous pouvez remarquer la légèreté, avec une batterie perfectionnée. Voici vingt autres trésors, plus précieux les uns que les autres.

— Et voici qui parle de soi-même.

Et elle me désignait un portrait en pied de Van Dick, dans un cadre de chêne sculpté sur lequel étaient écrits en lettres gothiques les mots : *Vernon semper viret.* Je la regardais pour obtenir d'elle une explication. — Ne connaissez-vous pas, dit-elle avec quelque surprise, notre devise, — la devise des Vernon, où,

> Comme la fausseté, le plus grave des vices,
> Nous renfermons deux sens en un seul mot[1]?

Et ne connaissez-vous pas nos armoiries, les flûtes? ajouta-t-elle en me montrant les emblèmes sculptés sur l'écusson de chêne autour duquel la devise était gravée.

— Des flûtes! — On dirait plutôt des sifflets d'un sou. — Mais ne vous offensez pas de mon ignorance, ajoutai-je en remarquant les couleurs qui venaient animer ses joues; je ne puis avoir l'intention de déprécier vos armoiries, moi qui ne connais pas même les miennes.

— Vous, un Osbaldistone! et vous en convenez! Mais Percie, Thornie, John, Dickson, — Wilfred lui-même, pourraient être vos maîtres; — l'ignorance elle-même l'emporte sur vous.

— Je le confesse à ma honte, ma chère miss Vernon; les mystères cachés sous les obscurs hiéroglyphes du blason sont aussi inintelligibles pour moi que ceux des pyramides d'Égypte.

— Comment! est-il possible? Mon oncle, mon oncle lui-même lit quelquefois Gwillym dans les soirées d'hiver. — Ne pas connaître les figures du blason! — A quoi pensait donc votre père?

— Aux signes d'arithmétique, dont l'unité la plus insignifiante lui semble plus importante que tout le blason de la chevalerie; mais, malgré mon excessive ignorance, je suis assez connaisseur, et j'ai assez de goût pour admirer cette peinture magnifique dans laquelle je crois reconnaître un air de famille avec vous. Que d'aisance et de dignité dans l'attitude! — Quelle richesse de coloris! — Quelle heureuse distribution d'ombre et de lumière!

— Est-ce réellement une belle toile? demanda-t-elle.

— J'ai vu beaucoup d'ouvrages d'artistes renommés; mais jamais aucun qui m'ait plu davantage.

— Je me connais aussi peu en peinture que vous en blason, reprit

---

[1] La devise latine signifie littéralement *Vernon est toujours vert* (ou toujours fort); mais, par un jeu de mots commun dans l'ancien blason, on peut lire, en décomposant le nom propre, *ver non semper viret*, « le printemps n'est pas toujours vert. » (L. V.)

miss Vernon; mais j'ai un avantage sur vous, c'est que, sans en connaître la valeur, j'ai toujours admiré ce portrait.

— Quoique j'aie négligé les flûtes, les tambourins et toutes les bizarres combinaisons de l'art héraldique, je sais que ces emblèmes étaient déployés sur les anciennes bannières de nos preux; mais vous conviendrez que leur représentation offre moins d'intérêt au spectateur non instruit que la vue d'un beau tableau. — Quel est le personnage ici représenté?

— Mon grand-père. — Il partagea les malheurs de Charles Ier, et, je le dis à regret, les excès de son fils. Nos domaines patrimoniaux, déjà notablement diminués par sa prodigalité, furent entièrement perdus par son héritier, mon malheureux père. La paix soit avec ceux qui les possèdent! — Ils furent perdus pour la cause de la loyauté.

— Votre père, je présume, eut à souffrir dans les dissensions politiques du temps?

— Il y a tout perdu. Et depuis lors sa fille, malheureuse orpheline, mange le pain de ceux dont elle dépend; soumise à leurs caprices, elle est forcée de se plier à leurs goûts; plus fière néanmoins de descendre d'un tel père, que si, adoptant un rôle plus prudent, mais moins loyal, il m'eût transmis les belles et riches baronnies que possédait autrefois notre famille.

En ce moment, l'entrée des domestiques qui apportaient le dîner détourna la conversation sur des sujets généraux.

Notre repas ne fut pas long. Lorsqu'on eut desservi, et que le vin fut placé sur la table, le domestique nous informa que M. Rasleigh avait recommandé qu'on l'informât quand notre dîner serait terminé.

— Dites-lui, répondit miss Vernon, que nous serons heureux de le voir, s'il veut venir jusqu'ici. — Placez un autre verre et une chaise, et laissez-nous. — Il faudra vous retirer avec lui, quand il partira, continua-t-elle; *ma* libéralité elle-même ne peut donner à un gentilhomme plus de huit heures sur vingt-quatre, et je pense qu'il y a cela au moins que nous sommes ensemble.

— Le vieux porte-faux a couru si vite, que je n'ai pu compter ses pas.

— Chut! dit miss Vernon. Voici Rasleigh. Et elle recula sa chaise, tout près de laquelle j'avais approché la mienne, de manière à laisser une plus grande distance entre nous.

Un coup modeste frappé à la porte, — la précaution avec laquelle il l'ouvrit, quand on l'eut prié d'entrer, — la grâce étudiée, l'humilité de sa démarche et tout son extérieur, annonçaient que l'éducation reçue par Rasleigh Osbaldistone au collège de Saint-Omer répondait bien aux idées que je m'étais formées des manières d'un jésuite accompli. Je n'ai pas besoin d'ajouter qu'en bon protestant ces idées n'étaient pas des plus favorables. — Pourquoi cette cérémonie de frapper à la porte, dit miss Vernon, quand vous saviez que je n'étais pas seule?

Ces mots furent prononcés d'un ton d'impatience, comme si elle eût compris que l'air de précaution et de réserve pris par Rasleigh couvrait quelque insinuation de soupçon impertinent. — Vous m'avez si bien appris à frapper à cette porte, ma belle cousine, répondit Rasleigh avec le même ton de voix et le même calme, que l'habitude en est devenue une seconde nature.

— Vous savez, monsieur, que j'estime la sincérité plus que la courtoisie.

— La Courtoisie, répondit Rasleigh, est un galant cavalier, un courtisan de nom et de profession, très-convenable, par conséquent, pour le boudoir d'une dame.

— Mais la Sincérité est le vrai chevalier, mon cousin, et à ce titre beaucoup mieux venu. Mais trêve à un débat peu amusant pour votre parent étranger; asseyez-vous, Rasleigh, remplissez votre verre et donnez l'exemple à M. Francis Osbaldistone. J'ai fait les honneurs du dîner, pour la réputation d'Osbaldistone-Hall.

Rasleigh s'assit et remplit son verre, en portant alternativement son regard sur miss Diana et sur moi, avec un embarras que tous ses efforts ne purent entièrement déguiser. Je crus qu'il cherchait à deviner jusqu'où sa confiance en moi avait pu s'étendre, et je me hâtai de donner à la conversation un tour qui pût dissiper le soupçon que Diana eût pu trahir aucun des secrets qui existaient entre eux. — Miss Vernon, dis-je, m'a prévenu que c'était à vous que j'aurais à adresser mes remerciements pour ma prompte délivrance de cette ridicule affaire suscitée par la sotte accusation de Morris; et me faisant l'injustice de croire que ma gratitude ne suffirait pas pour me rappeler ce devoir, elle a intéressé en même temps ma curiosité, en me renvoyant à vous pour la relation, ou plutôt pour l'explication des événements d'aujourd'hui.

— Vraiment? dit Rasleigh. J'aurais cru, ajouta-t-il en fixant sur miss Vernon un œil scrutateur, que Madame eût pu me servir d'interprète. Et ses yeux se portèrent de Diana sur moi, comme pour chercher sur ma physionomie si en effet les communications de sa cousine avaient été aussi limitées que l'indiquaient mes paroles. Miss Vernon répondit à son regard inquisiteur par un regard assuré et méprisant; tandis que moi, incertain si je devais mépriser ses soupçons évidents ou m'en offenser, je répliquai : Si c'est votre plaisir, monsieur Rasleigh, comme ç'a été celui de miss Vernon, de me laisser dans l'ignorance, il faudra bien que je m'y soumette; mais ne me refusez pas vos éclaircissements sous le prétexte que j'en aurais déjà reçu sur ce sujet, car je vous jure sur l'honneur que je suis aussi ignorant que ce portrait, de tout ce qui se rapporte aux événements dont j'ai aujourd'hui été témoin, si ce n'est que j'ai appris de miss Vernon que vous vous êtes chaudement employé en ma faveur.

— Miss Vernon a trop fait valoir mes humbles efforts, répondit Rasleigh, quoique j'y aie employé tout le zèle dont je suis capable. La vérité est que je revenais en toute hâte au château, afin d'engager quelqu'un de la famille à se constituer avec moi votre caution, ce qui me semblait le moyen le plus expéditif, ou même, je dois dire, ce qui était le seul moyen de vous servir qui se fût offert à mon esprit, quand j'ai rencontré ce Cawmil, — Colville, — Campbell, peu importe son nom. J'avais entendu rapporter par Morris qu'il était présent au moment du vol, et j'ai été assez heureux de le décider (non sans peine, je l'avoue) à venir donner son témoignage pour votre justification, ce qui, je suppose, a puissamment contribué à vous tirer de la situation désagréable où vous vous trouviez placé.

Vraiment? — Je vous ai une bien grande obligation pour m'avoir procuré si à propos un témoignage aussi utile. Mais je ne vois pas ce qui pouvait empêcher cet homme (ayant été, comme il le dit, compagnon de Morris au moment de l'attentat) de venir porter témoignage, soit pour confondre le coupable, s'il eût été entre les mains du juge, soit pour libérer un innocent.

— Vous ne connaissez pas, monsieur, le caractère des hommes de ce pays : discrétion, prudence et prévoyance sont leurs qualités dominantes, qualités qui seulement sont modifiées par un patriotisme étroit, mais ardent, lequel forme comme le plus excentrique des nombreux remparts dont un Écossais s'entoure et se fortifie contre les attaques de toute idée d'une philanthropie généreuse. Surmontez ce rempart, vous trouverez une seconde barrière encore plus difficile à franchir, — l'amour de sa province, de son village, ou, plus probablement, de son clan; emportez ce second obstacle, il s'en présente un troisième, — son attachement à sa famille, — à son père, à sa mère, à ses fils, à ses filles, à ses oncles, à ses tantes, à ses cousins jusqu'au neuvième degré. C'est dans ces limites que s'épanche l'affection sociale d'un Écossais, sans que jamais elle s'étende au delà, tant qu'il lui reste en-deçà quelque chose où se fixer. C'est dans ces différents cercles que sont concentrées les pulsations de son cœur, toujours plus faibles à mesure qu'il s'éloigne du centre. Et ce n'est pas tout. Auriez-vous pu surmonter ces défenses successives, il est encore en lui une citadelle intérieure plus élevée et plus formidable que toutes les autres : l'égoïsme écossais.

— Tout cela est fort éloquent et surtout très-métaphorique, dit miss Vernon, qui avait écouté avec une impatience évidente; il n'y a que deux objections à vous faire : d'abord, cela *n'est pas* vrai; en second lieu, quand ce serait vrai, tout cela n'a aucun rapport à ce qui nous occupe.

— Cela *est* vrai, ma belle Diana, reprit Rasleigh; et de plus, cela touche directement à notre sujet. Cela est vrai, car vous ne pouvez nier que je connaisse à fond le peuple et le pays, et le portrait que j'en ai tracé est basé sur une observation attentive et profonde; cela touche à notre sujet, puisque par là je réponds à la question de monsieur Francis Osbaldistone, et montre pourquoi ce circonspect Écossais, considérant que notre parent n'est ni un compatriote, ni un Campbell, ni son cousin à aucun des degrés sans fin dans lesquels ils étendent leur généalogie, et, par-dessus tout, n'apercevant aucune probabilité d'avantage personnel, mais, au contraire, beaucoup de temps à perdre et de peines à se donner....

— Avec d'autres inconvénients, peut-être, d'une nature encore plus grave, interrompit miss Vernon.

— Avec peut-être beaucoup d'autres inconvénients, reprit Rasleigh sur le même ton; — en un mot, ma théorie démontre pourquoi cet homme, n'espérant rien et craignant beaucoup, ne s'est laissé que difficilement convaincre de venir déposer en faveur de M. Osbaldistone.

— Je trouve surprenant, observai-je, que dans ce que j'ai vu de la déclaration de M. Morris, il ne soit pas dit un mot de la présence de Campbell au moment de l'attaque.

— J'ai su de Campbell qu'il lui avait fait solennellement promettre de ne pas mentionner cette circonstance, répondit Rasleigh; d'après ce que je vous ai dit tout à l'heure, vous pouvez deviner ses raisons pour exiger un tel engagement. — Il désirait retourner promptement chez lui, sans être retardé par les embarras de l'enquête judiciaire qu'il eût été dans l'obligation de suivre, si sa présence sur le lieu de la scène eût été connue tandis qu'il est encore de ce côté des frontières; mais qu'il ait une fois atteint le Forth [1], et Morris, je vous en réponds, dira tout ce qui le concerne, et peut-être beaucoup plus. D'ailleurs, Campbell fait un commerce de bestiaux très-étendu, et se trouve souvent dans le cas d'envoyer des troupeaux considérables dans le Northumberland; or, faisant un tel métier, ce serait un grand fou de se donner quelque chose à démêler avec nos voleurs Northumbriens, les plus vindicatifs des hommes.

— Je le jurerais comme vous, dit miss Vernon d'un ton qui impliquait quelque chose de plus qu'un simple assentiment.

— Cependant, dis-je, revenant à la question, tout en convenant de la force des raisons qui pouvaient faire désirer à Campbell que Morris gardât le silence, j'ai peine à comprendre comment il a pu obtenir sur cet homme assez d'influence pour le déterminer à taire une circonstance aussi importante, au risque manifeste de faire suspecter la vérité de sa déclaration.

---

[1] Rivière de l'intérieur de l'Écosse, sur l'estuaire de laquelle Edimbourg est située. (L. V.)

CHAPITRE X.

Rasleigh convint avec moi que cela était fort extraordinaire, et parut regretter de n'avoir pas questionné l'Écossais plus particulièrement sur ce sujet, qui lui semblait très-mystérieux.—Mais êtes-vous bien sûr, reprit-il aussitôt, que le fait de la présence de Campbell au moment de l'attentat ne soit réellement pas mentionné dans l'interrogatoire de Morris?

— J'ai lu cette pièce très à la hâte, répondis-je; mais je suis presque sûr que cette circonstance n'y était pas rapportée; en tout cas elle y aurait été touchée bien légèrement, puisqu'elle m'aurait échappé.

— C'est cela, c'est cela, dit Rasleigh saisissant cette induction; je suis porté à croire avec vous que la présence de Campbell doit réellement avoir été mentionnée, mais si légèrement qu'elle n'aura pas attiré votre attention; quant à l'influence de Campbell sur ce Morris, il l'aura obtenue en mettant ses frayeurs en jeu. Ce poltron de Morris va, dit-on, résider en Écosse, où il doit remplir quelque petit emploi dépendant du Gouvernement; et, doué comme il l'est du courage de la belliqueuse colombe ou de la souris guerrière, il a pu craindre d'encourir le ressentiment d'un tueur de bœufs tel que ce Campbell, dont la vue seule suffirait pour lui faire perdre le peu de bon sens qu'il a. Vous avez remarqué que M. Campbell est parfois irritable et peu endurant,— qu'il a parfois quelque chose de martial dans le ton et les manières.

— Je conviens, dis-je, que j'ai été frappé de l'expression hardie et menaçante que prenait quelquefois sa physionomie, et qui semblait peu en rapport avec sa profession toute pacifique. A-t-il servi?

— Oui et non. — Il n'a pas *servi*, strictement parlant; mais, comme la plupart de ses compatriotes, il a été élevé pour les armes. Il est de fait que, dans leurs montagnes, ils ne quittent jamais leurs armes depuis leur enfance jusqu'au tombeau; si donc vous avez tant soit peu observé votre compagnon de route, vous jugerez aisément qu'allant habiter un tel pays, il prendra soin, autant qu'il sera en lui, d'éviter une querelle avec un Écossais. — Mais je vois que votre verre reste plein. — Je suis comme vous un Osbaldistone trop dégénéré pour supporter longtemps la circulation de la bouteille. — Si vous voulez m'accompagner dans ma chambre, nous ferons une partie de piquet.

Nous nous levâmes pour prendre congé de miss Vernon, qui, pendant que Rasleigh parlait, avait paru réprimer plusieurs fois, avec peine, une violente envie de l'interrompre. Quand nous fûmes sur le point de quitter la salle, le feu étouffé éclata tout à coup.

— Monsieur Osbaldistone, dit-elle, vos propres remarques vous mettront à même de vérifier la justice ou l'injustice des suggestions de Rasleigh à l'égard d'individus tels que Campbell et que Morris. Mais dans ce qu'il a dit de l'Écosse, il a calomnié toute une nation; et je vous prie de ne donner aucune croyance à ses allégations.

— Peut-être, répondis-je, trouverai-je quelque difficulté à vous obéir en ceci, miss Vernon; car je dois convenir que j'ai été élevé dans des sentiments peu favorables à nos voisins du nord.

— Oubliez cette partie de votre éducation, monsieur, et souffrez qu'une fille d'Écosse vous conjure de respecter le pays qui a vu naître son père, jusqu'à ce que vos propres observations vous l'aient montré indigne de votre estime. Réservez votre haine et votre mépris pour la duplicité, la bassesse et l'hypocrisie, quelque part que vous les rencontriez. Vous trouverez assez de tout cela sans quitter l'Angleterre. — Adieu, messieurs; — je vous souhaite le bonsoir.

Et elle nous indiquait la porte, de l'air d'une princesse congédiant sa suite.

Nous nous rendîmes à l'appartement de Rasleigh, où un domestique nous apporta le café et des cartes. J'avais pris la résolution de ne pas l'interroger davantage sur les événements de la journée. Un mystère en apparence peu favorable me semblait envelopper sa conduite; mais pour vérifier la justesse de mes soupçons, il fallait attendre qu'il fût moins sur ses gardes. Nous engageâmes notre partie, qui bientôt nous occupa tout à fait; même dans ce simple amusement (car l'enjeu proposé par Rasleigh n'était qu'une bagatelle), je crus remarquer l'indice d'un caractère ambitieux et hardi. Il semblait parfaitement connaître toutes les finesses du jeu; mais il sacrifiait volontiers aux coups les plus hasardeux les règles et la prudence; et négligeant les chances ordinaires et trop mesquines, il risquait tout pour faire pic, repic et capot. A peine une ou deux parties, comme la musique dans les entr'actes d'un drame, eurent-elles interrompu le cours de notre entretien antérieur, que mon adversaire parut fatigué du jeu, et que les cartes furent abandonnées pour la conversation, où Rasleigh pensait avoir une supériorité plus décidée.

Plutôt instruit que savant, — connaissant mieux l'esprit des hommes que les principes de morale qui doivent les diriger, sa conversation cependant avait un attrait que j'ai vu rarement égalé, jamais surpassé. Il avait sans doute la conscience de cette puissance fascinatrice; du moins il me parut qu'il n'avait rien négligé pour fortifier les avantages naturels d'un organe mélodieux, d'une expression heureuse et facile, et d'une imagination ardente. Dominant toujours son sujet et ne se laissant jamais entraîner par lui, il savait n'excéder jamais ni l'attention ni l'intelligence de ses auditeurs. Les idées se succédaient en lui comme le cours limpide et intarissable d'une source féconde; tandis que chez la plupart de ceux qui visent à l'effet dans la conversation, elles jaillissent comme le flot impétueux d'une écluse, aussi pressées, mais aussi vite épuisées. La nuit était avancée quand je pus m'arracher d'une compagnie aussi attachante; et ce ne fut pas sans effort, lorsque je me trouvai seul dans ma chambre, que je rappelai à mon esprit le caractère de Rasleigh tel que je me l'étais représenté avant notre tête-à-tête.

Tel est, mon cher Tresham, l'effet d'un charme puissant, qu'il émousse notre pénétration et endort notre jugement; et je ne puis mieux le comparer qu'au goût à la fois doux et acide de certains fruits qui rendent notre palais tout à fait incapable de savourer et d'apprécier les mets qui nous sont ensuite présentés.

CHAPITRE XI.

> Qui donc vous fait bâiller, mes joyeux compagnons?
> D'où vient l'air de mélancolie
> Qui s'est répandu sur vos fronts
> Dans le château de Balwearie?
> *Vieille ballade écossaise.*

Le jour suivant se trouva être un dimanche, jour bien pesant aux habitants d'Osbaldistone-Hall, car après la célébration du service divin, auquel tout le monde assistait régulièrement, il serait difficile de décider sur quel membre de la famille, Rasleigh et miss Vernon exceptés, le démon de l'ennui versait la dose la plus abondante de son accablante influence. Mes embarras de la veille fournirent à sir Hildebrand un amusement de quelques minutes, et il me félicita de ne pas avoir fait connaissance avec les prisons de Morpeth ou de Hexham, du même ton qu'il aurait pu le faire si, tombé de cheval en franchissant une barrière, je m'étais relevé sans m'être rompu le cou.

— Çà a bien tourné, mon garçon, mais ne te risque pas tant une autre fois. Que diable! la route du roi est libre pour tout le monde, qu'on soit whig ou tory.

— Je puis vous assurer, monsieur, que ce n'est pas moi qui troublerai cette liberté; et c'est la chose du monde la plus irritante que chacun semble regarder comme bien convenu, que je sois complice d'un crime que je méprise et que je déteste, et qui, de plus, aurait à juste titre livré ma tête aux lois de mon pays.

— Bien, bien, mon garçon; c'est une chose entendue; je ne te fais pas de questions. — Personne n'est obligé de s'accuser soi-même. — Du diable si ce n'est pas un beau coup!

Ici Rasleigh vint à mon aide; mais je ne pus m'empêcher de penser que ses arguments tendaient plutôt à engager son père à feindre de croire à mon innocence, qu'ils n'étaient de nature à l'établir pleinement.

— Dans votre propre maison, mon cher monsieur, — et votre propre neveu, — vous ne voudrez sûrement pas persister à blesser ses sentiments en paraissant douter de ce qu'il est si fortement intéressé à affirmer. Vous méritez sans doute toute sa confiance, et je suis sûr que si vous pouviez le servir en quelque chose dans cette étrange affaire, il aurait recours à votre bonté. Mais mon cousin Frank a été déclaré innocent, et personne n'a le droit de le supposer coupable. Quant à moi, je n'ai pas le moindre doute de son innocence; et je pense que l'honneur de la famille nous oblige à la soutenir de bouche et par l'épée, envers et contre tous.

— Rasleigh, dit son père en le regardant fixement, tu es un rusé drôle; — tu as toujours été trop fin pour moi, et trop fin pour beaucoup d'autres. — Prends garde que ta finesse ne tourne contre toi. — Deux faces sous un bonnet ne sont pas reçues en blason. — Et à propos de blason, je vais lire Gwillym.

Cette annonce fut accompagnée d'un bâillement prolongé, aussi irrésistible que celui de la déesse dans la *Dunciade*, et qui fut répété par chacun de ses géants de fils, qui se disposaient à aller chacun de leur côté chercher des distractions analogues à leur caractère : — Percie, déguster à l'office un pot de bière avec le sommelier; — Thorncliff, couper deux bâtons et les fixer dans leurs poignées d'osier; — John, amorcer des lignes; — Dickson, jouer au bouchon avec lui-même, sa main droite contre sa main gauche; — Wilfred, se mordre les pouces et fredonner pour s'endormir, afin d'arriver au dîner. Miss Vernon s'était retirée dans la bibliothèque.

Rasleigh et moi restâmes seuls dans la vieille salle, d'où les domestiques, avec le bruit et leur maladresse ordinaires, étaient enfin parvenus à enlever les restes de notre substantiel déjeûner. Je saisis cette occasion de lui reprocher la manière dont il avait pris ma défense devant son père, et de lui témoigner sans détour que je regardais comme fort offensant pour moi qu'il semblât engager sir Hildebrand à cacher ses soupçons, plutôt que de chercher à les détruire.

— Eh! que puis-je faire, mon cher ami? Quand une fois mon père s'est mis quelque chose en tête, il est impossible de l'en faire sortir; et le meilleur avec lui est de détourner ses idées, au lieu de l'aigrir en les discutant. Ainsi, ne pouvant extirper les profondes racines que la prévention a jetées dans son esprit, je les coupe du moins chaque fois qu'elles reparaissent, jusqu'à ce qu'enfin elles meurent d'elles-mêmes. Il n'y a ni sagesse, ni profit, à discuter avec un esprit de la trempe de celui de sir Hildebrand, qui se raidit contre la conviction, et croit aussi fermement à ses inspirations, que nous, bons catholiques, nous croyons à celles du saint Père de Rome.

— Il m'est pourtant triste de penser que je vivrai dans la maison d'un homme, d'un proche parent qui plus est, qui continuera de me croire coupable d'un vol de grand chemin.

— La ridicule opinion de mon père, si on peut ainsi qualifier l'opinion d'un père, ne fait rien au fond à votre innocence bien réelle; et quant à l'opinion que vous pouvez craindre qu'il se forme du fait en lui-même, soyez certain que dans ses idées, tant en morale qu'en politique, sir Hildebrand le considère comme une action méritoire. — C'est affaiblir l'ennemi, — c'est dépouiller les Amalécites; — et vous avez considérablement grandi dans son opinion, pour la part qu'il suppose que vous y avez prise.

— Je ne veux obtenir la considération de personne, M. Rasleigh, à des conditions qui m'abaisseraient dans ma propre estime; et je pense que ces injurieux soupçons me fourniront une excellente raison pour quitter Osbaldistone-Hall, ce que je ferai dès que j'aurai pu en informer mon père.

La sombre physionomie de Rasleigh trahissait rarement les pensées de son maître; j'y saisis cependant un sourire presque imperceptible, aussitôt réprimé par un soupir.

— Vous êtes un homme heureux, Frank; vous allez et venez comme le vent vous pousse et où cela vous plaît. Avec votre habileté, votre goût, vos talents, vous trouverez bientôt des sociétés où ils seront mieux appréciés que par les stupides habitants de ce manoir; tandis que moi....

Il s'arrêta. — Et qu'y a-t-il donc ici dans votre condition, repris-je, qui vous puisse faire envier la mienne, à vous non plus qu'à personne? — moi, banni, en quelque sorte, de la maison et de l'amitié de mon père!

— D'accord; mais considérez tout le prix de l'indépendance que vous devrez à un sacrifice temporaire : car tel sera votre exil, j'en suis sûr. — Considérez l'avantage d'être votre maître, de cultiver vos talents et de suivre en liberté la carrière où votre goût vous pousse, et dans laquelle vous avez tout ce qu'il faut pour obtenir une place brillante : — la gloire et la liberté sont-elles trop chèrement achetées par quelques semaines de résidence dans le nord, alors même que votre lieu d'exil est Osbaldistone-Hall? — Nouvel Ovide relégué en Thrace, vous n'avez pas ses raisons pour écrire des *Tristes*.

— Comment se fait-il, dis-je en rougissant ainsi qu'il convient à un jeune auteur, que vous soyez si bien informé des études de mes loisirs?

— N'avons-nous pas eu ici, quelque temps avant votre arrivée, un envoyé de votre père, un jeune freluquet, nommé Twineal, qui m'a fait connaître vos secrets sacrifices aux Muses, et qui a ajouté que quelques-unes de vos productions avaient obtenu l'admiration des meilleurs juges?

Je ne crois pas, Tresham, que vous ayez à vous reprocher d'avoir jamais essayé d'aligner des vers; mais vous avez dû connaître plus d'un apprenti maçon, sinon beaucoup de maîtres, du temple d'Apollon. La vanité est chez eux le faible universel, depuis le poëte qui décora les berceaux de Twickenham[1] jusqu'au plus mince des écrivailleurs dont son fouet ait fait justice dans la *Dunciade*. J'avais ma part de cette faiblesse commune ; et sans réfléchir combien peu il était probable, d'après ses goûts et ses habitudes, que Twineal eût jamais eu connaissance d'une ou deux petites pièces de vers que j'avais glissées dans la feuille du café Button, non plus que du jugement qu'en avaient pu porter les critiques qui fréquentaient ce rendez-vous des beaux esprits et des littérateurs, je mordis presque aussitôt à l'hameçon. Rasleigh, qui s'en aperçut sans peine, sembla saisir cette occasion pour me presser vivement de lui communiquer quelques-unes de mes productions manuscrites.

—Vous m'accorderez une soirée, continua-t-il ; car bientôt je devrai renoncer aux charmes d'une société littéraire, pour me livrer aux ennuis du négoce, et à des occupations fastidieuses chaque jour renaissantes. Je vous assure que ma déférence aux désirs de mon père est un sacrifice que je fais à l'avantage de ma famille, surtout lorsque j'envisage la profession calme et paisible à laquelle mon éducation m'avait destiné.

J'étais vain, mais pas encore assez sot pour me laisser prendre aisément à une hypocrisie aussi exagérée. — Voudriez-vous me persuader, répliquai-je, que vous regrettez bien sincèrement d'échanger la position d'un obscur prêtre catholique, avec toutes ses privations, pour l'opulence et les plaisirs du monde?

Rasleigh vit qu'il avait porté trop loin l'affectation ; et après une pause d'une seconde, qu'il employa, je suppose, à calculer jusqu'à quel point il devait pousser la franchise avec moi (car c'était une vertu qu'il ne prodiguait jamais sans nécessité), il répondit en souriant : — A mon âge être condamné, comme vous dites, à l'opulence et au monde, ce n'est pas en effet une perspective qui paraisse aussi alarmante que peut-être elle devrait l'être. Mais, permettez-moi de le dire, vous vous êtes mépris sur ma destination ; — ce devait être celle d'un prêtre catholique, si vous voulez, mais non une destination obscure. — Croyez-moi, monsieur, Rasleigh Osbaldistone sera un être plus obscur, deviendrait-il le plus riche bourgeois de Londres, qu'il ne l'eût été, membre d'une Église dont les ministres, comme quelqu'un l'a dit, « posent la sandale de leurs pieds sur le front des rois. » — Le crédit de ma famille près de certaine cour exilée est grand, et l'influence que cette cour doit posséder, et possède en effet à Rome, est plus grande encore. — Mes talents ne sont pas absolument inférieurs à l'éducation que j'ai reçue. — Sans présomption, j'aurais pu aspirer à une dignité éminente

---

[1] Twickenham, à quelques milles de Londres, sur le bord de la Tamise, fut le séjour favori de Pope. *Voyez* la vingtième lettre du *Voyage historique et littéraire* de M. Am. Pichot en Angleterre et en Ecosse. (L. V.)

dans l'Église; — Les rêves de mon imagination pouvaient même me montrer la plus élevée. — Pourquoi, ajouta-t-il en riant (car il avait l'art de donner à la fois à son discours une teinte de sérieux et de plaisanterie), pourquoi le cardinal Osbaldistone, haut placé par la naissance et le crédit, ne régirait-il pas le destin des empires aussi bien qu'un Mazarin, né de parents obscurs, ou qu'un Alberoni, fils d'un jardinier italien?

— Je ne puis vous donner de raison contre une telle possibilité; mais, à votre place, je regretterais peu la perte d'une chance aussi précaire et aussi exposée à l'envie.

— Je la regretterais peu en effet, si la carrière où je vais entrer était plus certaine; mais elle doit dépendre de circonstances que l'expérience seule peut me faire connaître : — les dispositions de votre père, par exemple.

— Avouez la vérité sans finesse, Rasleigh ; vous voudriez bien que je vous donnasse sur son caractère quelques informations?

— Puisque, comme Die Vernon, vous vous piquez de suivre la bannière du chevalier Sincérité, je répondrai — oui.

— Eh bien! donc, vous trouverez dans mon père un homme qui a parcouru le sentier où il est entré plutôt parce qu'il y trouvait l'occasion d'exercer et de déployer ses talents que par l'amour de l'or dont il est semé. Son esprit actif eût été heureux dans toute situation qui eût donné carrière à son activité, lors même que cette activité satisfaite eût été sa seule récompense. Mais ses richesses se sont accumulées, parce que, simple et modéré dans ses goûts, ses dépenses ne se sont pas élevées avec sa fortune. C'est un homme qui hait la dissimulation dans les autres, qui lui-même n'y a jamais recours, et qui est prompt à découvrir les motifs secrets, de quelque voile qu'on les couvre. Silencieux par habitude, il a les grands parleurs en aversion; d'autant plus que ses occupations habituelles prêtent peu aux développements de la conversation. Il remplit strictement les devoirs de sa religion. Mais ne craignez pas qu'il vous gêne pour la vôtre, car, à ses yeux, la tolérance est un principe sacré d'économie politique. Seulement si vous avez un penchant jacobite, comme on peut le supposer, vous ferez bien de ne pas le laisser percer en sa présence, non plus que la moindre tendance aux principes des tories : car il les a également en horreur. Au reste, esclave de sa parole, il ne souffre pas que qui que ce soit viole la sienne. Il ne manquera à ce qu'il doit à personne, et ne souffrira pas que personne manque à ce qui lui est dû; pour gagner ses bonnes grâces, vous devez exécuter ses ordres et non approuver ses sentiments. Son plus grand faible est son affection exclusive pour sa profession, et les préjugés qui en sont la suite, et qui lui font regarder comme peu digne d'estime et d'attention tout ce qui n'a pas quelque rapport avec elle.

7

— Oh! l'admirable portrait! s'écria Rasleigh, quand j'eus cessé de parler; — près de vous, Frank, Van Dick n'était qu'un barbouilleur. Je vois là, devant moi, votre seigneur et maître, dans toute sa force et dans toute sa faiblesse; aimant et honorant le roi comme une espèce de lord-maire du royaume, ou comme chef du conseil du commerce; — vénérant les Communes, parce que leurs lois règlent le commerce d'exportation; — respectant les Pairs, parce que le lord chancelier y siége sur un sac de laine.

— J'ai fait un portrait, Rasleigh; vous faites une caricature. Mais, en retour de la carte du pays que j'ai déployée devant vous, donnez-moi quelques lumières sur la géographie des terres inconnues....

— Sur lesquelles vous avez échoué, interrompit Rasleigh. C'est vraiment inutile. Ce n'est pas l'île de Calypso, couverte de frais ombrages et de bois toujours verts; — c'est une lande northumbrienne, aride et désolée, aussi peu propre à exciter l'intérêt qu'à charmer les yeux. — Une demi-heure d'inspection vous la fera connaître dans toute sa nudité, aussi bien que si je vous en avais donné la description la plus minutieuse.

— Mais il est ici quelque chose digne de plus d'attention. — Que dites-vous de miss Vernon? Ne forme-t-elle pas dans le paysage un intéressant contraste, si tout, autour d'elle, est aussi désolé que les côtes islandaises?

Je pus voir clairement que le sujet que j'abordais ne lui était rien moins qu'agréable; mais la franchise de mes renseignements m'autorisait à le questionner à mon tour. Rasleigh le sentit et se vit contraint de me suivre sur le terrain où je l'avais amené, quelque difficile qu'il pût lui paraître de conserver ses avantages. — Depuis quelque temps, dit-il, j'ai moins d'occasions d'étudier miss Vernon que je n'en avais autrefois. Lorsqu'elle était plus jeune, j'étais son maître; mais lorsqu'elle cessa d'être un enfant, mes différentes occupations, — la gravité de la profession à laquelle j'étais destiné, — la nature particulière de ses engagements, — notre position mutuelle, en un mot, rendaient une intimité constante aussi dangereuse qu'inconvenante. Je crains que miss Vernon n'ait regardé ma réserve comme une preuve d'indifférence; mais c'était mon devoir. Il m'en coûta autant qu'elle put le regretter d'écouter la voix de la raison. Mais n'eût-il pas été plus qu'imprudent de conserver des habitudes d'intimité avec une jeune fille belle et sensible, qui doit, vous le savez, ou entrer dans un cloître ou accepter l'époux qu'on a désigné pour elle?

— Le cloître ou l'époux qu'on lui a désigné! répétai-je; — miss Vernon est-elle réduite à cette alternative?

— Vous l'avez dit, répondit Rasleigh avec un soupir. Je n'ai pas besoin, sans doute, de vous signaler le danger de cultiver avec trop d'assiduité l'amitié de miss Vernon; vous êtes homme du monde, et vous savez jusqu'où vous pouvez vous livrer au charme de sa société sans compromettre ni sa réputation ni votre repos. Mais, connaissant son naturel ardent, je dois vous avertir que vous devez mettre votre expérience en garde contre elle autant que contre vous-même ; ce qui est arrivé hier peut vous donner une idée de son extrême étourderie et de son mépris pour le décorum.

Je ne pouvais me nier à moi-même que dans tout cela il y avait du vrai et du bon sens ; ces avis semblaient donnés sous l'inspiration de l'amitié, et je n'avais pas le droit de les mal recevoir : et cependant je sentais, tandis qu'il parlait, que j'aurais eu du plaisir à me battre avec Rasleigh.

— L'insolent ! me disais-je ; voudrait-il me donner à entendre que miss Vernon est tombée amoureuse de sa face pointue, et qu'elle s'est dégradée au point d'avoir besoin de la réserve d'un Rasleigh pour se guérir de son imprudente passion? Je saurai quelle est sa pensée, dussé-je la lui arracher.

Dans ce dessein, je me contins autant qu'il me fut possible, et j'exprimai le regret qu'une dame du bon sens et du mérite de miss Vernon eût dans ses manières si peu de délicatesse et de convenance.

— Elle est au moins d'une franchise et d'un abandon excessifs, répliqua-t-il ; mais, croyez-moi, son cœur est excellent. A parler franchement, si elle persiste dans son extrême aversion pour le cloître et pour le mari qu'on lui destine, et que mes travaux parviennent à m'assurer une honnête indépendance, je pourrai bien alors renouveler nos liaisons et la partager avec miss Vernon.

Avec sa voix harmonieuse et ses périodes bien tournées, pensai-je, ce Rasleigh Osbaldistone est le fat le plus laid et le plus suffisant que j'aie jamais rencontré.

— Mais, continua Rasleigh, comme s'il eût pensé tout haut, je ne voudrais pourtant pas supplanter Thorncliff.

— Supplanter Thorncliff ! — C'est votre frère Thorncliff qu'on destine pour époux à Diana Vernon?

— Hélas ! oui. La volonté de son père et certains arrangements de famille l'avaient destinée à devenir la femme de l'un des fils de sir Hildebrand. Une dispense a été obtenue de Rome qui permet à Diana Vernon d'épouser son cousin..... Osbaldistone, esq., fils de sir Hildebrand Osbaldistone d'Osbaldistone-Hall, baronnet ; il ne restait plus qu'à choisir l'heureux époux dont le nom devrait remplir le blanc laissé sur la dispense. Or, comme Percie ne pense qu'à boire, mon père fit choix de Thorncliff, et c'est à ce second rejeton de la famille qu'est confié le soin de perpétuer la race des Osbaldistone.

— La jeune dame, dis-je, en m'efforçant de prendre un ton de plaisanterie qui, je crois, m'allait fort mal, la jeune dame eût peut-être été disposée à chercher encore plus bas sur l'arbre de la famille la branche à laquelle elle eût désiré s'unir.

— Je ne saurais dire : il y a peu de choix dans notre famille. Dick est un joueur, John un rustre, et Wilfred un âne. Je crois, après tout, que mon père ne pouvait mieux choisir pour la pauvre Die.

— Les personnes présentes étant toujours exceptées.

— Oh! ma destination pour l'Église me mettait hors de ligne; autrement je ne chercherai pas à dissimuler que, mis à même par mon éducation de servir à miss Vernon de précepteur et de guide, j'aurais été peut-être un choix plus convenable qu'aucun de mes aînés.

— C'eût été l'avis de la jeune dame, sans doute?

— Vous ne devez pas le supposer, répondit Rasleigh avec une affectation tout à fait propre à confirmer ma supposition ; — l'amitié, — l'amitié seule avait serré les liens qui nous unissaient, et avait inspiré la tendre affection d'une âme aimante pour son seul précepteur. — L'amour n'approcha jamais de nous ; — je vous ai dit que j'avais été sage à temps.

Je me sentis peu disposé à poursuivre cet entretien, et prenant un prétexte pour me débarrasser de Rasleigh, je me retirai dans ma chambre, que je parcourus à grands pas en répétant tout haut les expressions qui m'avaient le plus choqué : sensible, — ardente, — tendre affection, — amour! — Diana Vernon, la plus belle des femmes, aimer ce bancale, ce cou de taureau, ce fat boiteux! — un vrai Richard III, moins la bosse! — Et cependant, tant d'occasions que devaient lui fournir ces maudites lectures, la séduction de son langage, la sottise et la nullité de ses frères! Et puis, le dépit évident qu'elle montre contre lui, en même temps qu'elle admire ses talents, ne peut-il pas être aussi bien le résultat d'un attachement négligé que de toute autre cause? — Et que m'importe, après tout? Diana Vernon est-elle la première jolie fille qui ait aimé et épousé un homme laid? Et lors même qu'elle serait libre, et qu'elle ne serait pas engagée à un des Osbaldistone, que m'importerait encore? — Une catholique, — une jacobite, — un dragon en jupons! — Porter mes vues de ce côté, ce serait la plus grande des folies.

Ces réflexions, loin d'éteindre la flamme de mon agitation, ne firent que la transformer en un feu concentré, et je descendis au dîner d'aussi méchante humeur que vous pouvez imaginer.

CHAPITRE XII.

> S'enivrer?—divaguer?—faire le fier et le taquin?—
> jurer?—s'attaquer à une ombre?   *Othello.*

Je vous ai déjà dit, mon cher Tresham, ce qui probablement n'était pas une nouvelle pour vous, que mon défaut dominant était un indomptable orgueil, qui m'a exposé à de fréquentes mortifications. Je ne m'étais pas même avoué que j'aimasse Diana Vernon ; et cependant je n'eus pas plutôt entendu Rasleigh parler d'elle comme d'une conquête qu'il pouvait à volonté ressaisir ou négliger, que chaque démarche que la pauvre fille avait faite, dans l'innocence et la sincérité de son cœur, pour lier avec moi une liaison amicale, m'apparut comme l'effet de la plus insultante coquetterie.— C'est cela ! Elle voudrait s'assurer de moi comme d'un pis-aller, en cas que M. Rasleigh Osbaldistone n'ait pas compassion d'elle ! Mais je lui montrerai que je ne suis pas un homme dont on puisse ainsi se jouer ;—je lui ferai sentir que j'ai pénétré ses artifices, et que je les méprise.

Je ne fis pas la réflexion que toute cette indignation, souverainement déplacée, prouvait que je n'étais rien moins qu'indifférent aux charmes de miss Vernon ; et je me plaçai à table de fort mauvaise humeur contre elle et contre toutes les filles d'Ève.

Miss Vernon fut surprise de m'entendre répondre sèchement à un ou deux traits satiriques qu'elle avait lancés avec sa liberté ordinaire ; mais, ne soupçonnant pas que j'eusse dessein de l'offenser, elle riposta seulement à mes brusques reparties par des plaisanteries du même goût, quoique plus polies et mieux dirigées. Ne pouvant plus douter enfin de ma mauvaise humeur, elle repartit à une de mes boutades :

— On dit, monsieur Frank, qu'on peut quelquefois recueillir un trait de bon sens, même d'un sot. — J'entendais l'autre jour le cousin Wilfred refuser de continuer une partie de bâtons avec le cousin Thornie, parce que le cousin Thornie se fâchait et frappait plus fort, à ce qu'il paraît, que les règles du jeu ne le permettent : S'il s'agissait de se casser la tête tout de bon, disait l'honnête Wilfred, je me soucierais peu que vous fussiez fâché, car je saurais bien me défendre ; —mais il n'est pas juste que je reçoive de bons coups, quand, moi, je tape pour rire. — Comprenez-vous la morale de ceci, Frank ?

— Je n'ai jamais senti la nécessité, madame, de chercher à extraire la mince dose de bon sens dont cette famille peut assaisonner sa conversation.

— La nécessité! madame! — Vous me surprenez, monsieur Osbaldistone.

— J'en suis désolé.

— Dois-je prendre au sérieux ce caprice, ou ne voulez-vous que donner plus de prix à votre bonne humeur?

— Vous avez droit aux attentions de tant de membres de cette famille, miss Vernon, que ma stupidité ou mon humeur maussade ne doit pas vous occuper un instant.

— Eh quoi! dit-elle, dois-je croire que vous avez abandonné mon parti pour passer à l'ennemi?

En ce moment, portant les yeux sur Rasleigh, qui était assis vis-à-vis de nous de l'autre côté de la table, elle le vit nous observer avec une maligne joie, et elle continua à demi-voix, avec une sorte d'emphase déclamatoire :

Horrible pensée! — Oui, je le vois, ce n'est que trop vrai; au sourire qui se dessine sur son horrible visage, je ne le vois que trop!

— Grâces au Ciel, ajouta-t-elle, grâces à mon état d'isolement qui m'a appris à souffrir, je ne m'offense pas aisément; et pour ne pas être exposée à me quereller avec vous, que j'y sois ou non disposée, je vais, plus tôt que de coutume, avoir l'honneur de vous souhaiter une heureuse digestion de votre dîner et de votre humeur.

Elle se leva et quitta la table.

A peine miss Vernon fut-elle éloignée, que je me sentis honteux de ma conduite. J'avais repoussé des avances amicales, dont des circonstances récentes auraient dû me montrer la sincérité; j'avais presque insulté l'être charmant et malheureux qui me les avait faites. Ma conduite m'apparut dans toute sa brutalité. Pour combattre ou détourner ces réflexions pénibles, je m'adressai plus fréquemment que d'habitude à la bouteille qui circulait autour de la table.

Mon état d'agitation, joint à mes habitudes de tempérance, me fit bientôt éprouver l'effet du breuvage. Les buveurs de profession acquièrent, je crois, la faculté de se charger impunément d'une grande quantité de boissons, qui ne fait guère que troubler un peu plus leur jugement, déjà très-faible à jeun; mais les hommes étrangers à cet ignoble vice sont bien plus fortement soumis à l'influence des liqueurs enivrantes. Ma tête s'exalta bientôt jusqu'à l'extravagance. Je parlais à tort et à travers; je soutenais ce que je ne savais pas; je commençais des histoires dont je perdais le fil, puis je riais à gorge déployée de mon manque de mémoire; j'acceptai plusieurs gageures ridicules; je défiai le géant John à la lutte, quoique ce fût un des plus renommés du comté dans cet exercice, et que le seul essai que j'en eusse jamais tenté se fût borné à une chute.

Mon oncle eut la bonté de s'interposer et de prévenir les suites de ces folies de l'ivresse, qui sans cela auraient bien pu finir par me faire rompre le cou.

La malignité a même été jusqu'à dire que, sous l'influence du vin, j'avais entonné une chanson; mais comme je n'en ai nul souvenir, et qu'avant ou depuis je n'ai de ma vie essayé d'assembler deux notes, j'aime à croire que cette calomnie n'est pas fondée. Je fis assez d'absurdités sans celle-là. Sans perdre entièrement le sens, je ne fus bientôt plus maître de moi, et je m'abandonnai sans réserve à l'impétuosité de mes passions. Je m'étais assis triste, mécontent, disposé au silence; — le vin m'avait rendu bavard, hargneux, querelleur. Je contredisais tout ce qu'on avançait, et sans respect pour la table de mon oncle, j'attaquais à la fois ses croyances politiques et religieuses. La modération affectée de Rasleigh, qui était loin d'être toujours inoffensive, était plus irritante encore que les cris et les injures de ses frères. Il faut rendre à mon oncle cette justice, qu'il s'efforçait de ramener l'ordre; mais son autorité était méconnue au milieu du tumulte causé par le vin et la colère. A la fin, une insinuation injurieuse de Rasleigh, réelle ou supposée, me porta aux dernières limites de la fureur; je m'élançai sur lui et je le frappai du poing. Un philosophe stoïcien, maître de ses passions et supérieur à celles des autres, n'aurait pas reçu cet affront avec un sang-froid plus méprisant. Mais ce que Rasleigh ne paraissait pas regarder comme digne de sa colère, Thorncliff ne put le supporter si aisément; les épées furent tirées, et nous avions déjà échangé quelques passes quand on nous sépara de force. Je n'oublierai jamais le rire diabolique qui contracta les traits hideux de Rasleigh, quand je fus entraîné hors de la salle par deux de ces Titans. Ils m'enfermèrent à double tour dans ma chambre, et je les entendis, avec une rage inexprimable, rire à haute voix en descendant l'escalier. Dans ma fureur, j'essayai de forcer ma prison; mais les barreaux des fenêtres et les fortes barres de fer qui assujettissaient la porte rendirent mes efforts inutiles. Je finis par me jeter sur mon lit, et je m'endormis en roulant dans ma tête de terribles projets de vengeance.

Mais avec le jour vint le calme et le repentir. Je sentis avec amertume l'absurde violence de ma conduite, et je fus obligé de reconnaître que le vin et la colère avaient ravalé mes facultés au-dessous même de celles de Wilfred, pour lequel j'avais un si grand mépris. La tristesse de mes réflexions n'était nullement adoucie par l'idée des excuses qu'il me faudrait faire pour mon emportement déplacé, surtout quand je songeais que miss Vernon serait témoin de mon humiliation méritée. L'inconvenance et la brutalité de ma conduite à son égard, conduite pour laquelle je ne pouvais pas même alléguer la misérable excuse de l'ivresse, n'ajoutaient pas peu à la tristesse de ces pensées.

En proie à ces idées accablantes de honte et de dégradation, je descendis à la salle à manger, comme un criminel qui va entendre sa sentence. Une forte gelée n'avait pas permis ce jour-là de mettre les chiens dehors, de sorte que j'eus la mortification de trouver toute la famille, à l'exception de Rasleigh et de miss Vernon, rassemblée autour d'un pâté de venaison et d'un énorme quartier de bœuf. Lorsque j'entrai on se livrait à une joie bruyante, et je pus aisément imaginer que c'était à mes dépens. En effet, ce que j'étais disposé à regarder comme un sujet d'affliction sérieuse semblait à mon oncle et à la plupart de mes cousins un excellent texte de plaisanterie. Sir Hildebrand, tout en me raillant sur mes exploits du soir précédent, jura qu'il pensait qu'à mon âge il valait mieux s'enivrer trois fois par jour que d'aller se mettre au lit sobre comme un presbytérien, en laissant derrière soi une troupe de joyeux compagnons et une double mesure de bon vin. Et pour appuyer ses consolantes exhortations, il me versa une large rasade d'eau-de-vie, en m'engageant à avaler « du poil de la bête qui m'avait mordu ».

— Laisse-les rire, neveu, continua-t-il; ce seraient tous comme toi de vraies soupes au lait, si je ne leur avais appris à boire.

Un mauvais cœur n'était pas, en général, le vice de mes cousins; ils virent que leurs railleries me blessaient, et ils s'efforcèrent, quoique avec leur maladresse ordinaire, d'effacer l'impression pénible qu'elles avaient faites sur moi. Thorncliff seul paraissait morne et montrait de la rancune. Ce jeune homme avait eu, dès le premier moment, de l'éloignement pour moi; lui seul ne s'était jamais associé aux témoignages d'attention que, tout gauches qu'ils étaient, ses frères m'avaient quelquefois montrés. S'il était vrai, ce dont je commençais à douter, qu'il fût considéré par la famille et qu'il se regardât lui-même comme le futur époux de miss Vernon, un sentiment de jalousie pouvait s'être élevé dans son esprit par suite de la prédilection marquée que la jeune dame avait bien voulu montrer à un homme dans lequel Thorncliff pouvait peut-être voir un rival dangereux.

Rasleigh arriva enfin, le visage sombre comme un habit de deuil, et, je n'en pus douter, l'esprit plein encore de l'affront sans excuse qu'il avait reçu de moi. J'avais déjà arrêté en moi-même la conduite que j'aurais à tenir en cette occasion, et je m'étais pénétré de cette pensée, que l'honneur véritable consistait à m'excuser noblement d'une insulte si peu motivée, et non à la soutenir par les armes.

Je me hâtai donc d'aller à la rencontre de Rasleigh, et de lui exprimer vivement le profond regret que je ressentais de la violence à laquelle je m'étais porté la veille.

— Rien, ajoutai-je, n'aurait pu m'arracher un seul mot d'excuse, si je n'eusse été pénétré de l'inconvenance de ma conduite. J'espérais que mon cousin accepterait l'expression sincère de mes regrets, et voudrait bien considérer que mes torts provenaient en grande partie de l'excessive hospitalité d'Osbaldistone-Hall.

— Il sera ton ami, garçon, criait l'honnête chevalier dans l'effu-

sion de son cœur; ou que je sois damné si je l'appelle encore mon fils!
— Eh bien! Rashie[1], pourquoi restes-tu là comme une souche? *J'en suis fâché* est tout ce qu'un gentilhomme peut dire, s'il lui arrive de faire quelque sottise, surtout après avoir bu. — J'ai servi à Hounslow, et je dois connaître quelque chose, ce me semble, aux affaires d'honneur. Que je n'entende plus parler de tout ceci, et nous irons tous ensemble chasser le blaireau dans Birkenwood-Bank.

La figure de Rasleigh ne ressemblait, je l'ai déjà fait remarquer, à nulle autre physionomie que j'aie connue. Ce caractère singulier ne reposait pas tant encore dans ses traits, que dans sa manière d'en changer l'expression. Dans le passage de la douleur à la joie, du calme à la colère, il est d'ordinaire un certain intervalle, jusqu'à ce que l'expression de la passion dominante ait complètement effacé celle du sentiment qu'elle remplace. Il y a là une sorte de crépuscule, semblable à celui qui le matin sépare l'obscurité de la lumière, pendant que les muscles gonflés se détendent, que la sombre expression des yeux s'efface, que le front se dilate et s'éclaircit, que toute la physionomie, en un mot, se dégageant d'un sombre nuage, redevient calme et sereine. Celle de Rasleigh ne montrait aucune de ces gradations; elle passait presque instantanément d'une expression à une autre contraire. Je ne puis mieux comparer cet effet qu'au changement à vue d'une décoration de théâtre, lorsqu'au coup de sifflet du machiniste une caverne disparaît et un bosquet s'élève.

En cette occasion, je fus vivement frappé de cette singularité. Rasleigh était entré dans la salle, sombre et taciturne. Il entendit sans changer de visage et mes excuses et l'exhortation de son père; ce fut seulement lorsque sir Hildebrand eut cessé de parler que le nuage se dissipa tout à coup, et qu'il m'exprima, dans les termes les plus polis et les plus affectueux, sa parfaite satisfaction des excuses que je lui présentais.

— J'ai moi-même une si pauvre cervelle, ajouta-t-il, quand je veux la charger tant soit peu au delà de mes trois verres accoutumés, que je ne conserve plus, comme l'honnête Cassio[2], qu'un souvenir très-vague de la confusion de la nuit dernière; — je me souviens des choses en masse, mais d'aucune distinctement: — une querelle, et voilà tout. — Ainsi, mon cher cousin, continua Rasleigh en me secouant cordialement la main, jugez combien je suis soulagé, quand il se trouve que j'ai des excuses à recevoir, au lieu d'en avoir à faire. — Pas un mot de plus sur ce sujet; il y aurait folie à scruter trop minutieusement un compte, quand la balance, que je m'attendais à trouver contre moi, se trouve si inopinément et si agréablement pencher

---

[1] Abréviation de Rasleigh. (L. V.)

[2] Personnage de l'*Othello* de Shakspeare. (L. V.)

en ma faveur. Vous voyez, monsieur Osbaldistone, que je prends déjà le langage de Lombard-Street[1], et que je me prépare à ma nouvelle profession.

J'allais répondre, lorsque levant les yeux je rencontrai ceux de miss Vernon, qui, entrée sans bruit dans la salle durant cet échange de paroles de paix, les avait écoutées avec la plus grande attention. Confus et déconcerté, je reportai mes regards vers la terre, et je me hâtai d'aller à table me mêler à mes cousins, fort occupés de leur principale affaire, le déjeûner.

Mon oncle ne laissa pas échapper cette occasion de nous faire, à Rasleigh et à moi, une leçon de morale pratique, en nous recommandant sérieusement de nous corriger de nos habitudes de soupe au lait, selon son expression, et d'accoutumer graduellement nos cerveaux à supporter une quantité raisonnable de boisson, comme il convient à des gentilshommes, sans disputes et sans coups. Il nous recommanda de commencer par vider régulièrement une pinte de porto chaque jour, ce qui, avec la bière et l'eau-de-vie, pouvait suffire à des commençants. Et, pour nous encourager, il nous assura qu'il avait connu beaucoup de gens qui étaient parvenus à notre âge sans avoir jamais bu une pinte de vin en une séance, qui cependant, étant tombés en honnête compagnie, et ayant devant les yeux de bons exemples, avaient plus tard été comptés parmi les meilleurs vivants de l'époque, et pouvaient loger sous leur ceinture leurs six bouteilles, tranquillement et confortablement, sans bruit et sans disputes, et sans que le lendemain matin ils en ressentissent ni lourdeur ni embarras.

Quelque sage que fût ce conseil, et quelque séduisante que fût la perspective qu'il ouvrait devant moi, j'en profitai peu; en partie, peut-être, parce que chaque fois que je levais les yeux je voyais le regard de miss Vernon arrêté sur moi, et que j'y croyais lire une expression profonde de pitié, mêlée de regrets et de déplaisir. Je cherchais en moi-même le moyen d'avoir aussi avec elle une explication pour lui offrir mes excuses, lorsqu'elle me fit comprendre qu'elle avait résolu de me sauver l'embarras de solliciter un entretien. — Cousin Francis, me dit-elle, me donnant ainsi le même titre qu'aux autres Osbaldistones, quoique à proprement parler je n'eusse aucun droit à celui de son parent, j'ai rencontré ce matin un passage difficile de la *Divina Commedia* du Dante; auriez-vous l'obligeance de venir à la bibliothèque et de me prêter votre secours? Quand vous m'aurez déterré le sens de l'obscur Florentin, vous rejoindrez la compagnie à Birkenwood-Bank, et vous verrez leur adresse à déterrer le blaireau.

Je témoignai naturellement mon empressement à la suivre. Rasleigh

---

[1] Rue des négociants, à Londres. (L. V.)

offrit de nous accompagner. — Je suis plus en état de suivre à la piste le sens du Dante à travers les métaphores et les ellipses de son texte obscur et difficile, que d'expulser de sa retraite le pauvre et inoffensif ermite.

— Excusez-moi, Rasleigh, répondit miss Vernon ; mais comme vous allez occuper dans la maison de son père la place de M. Francis, vous devez déposer dans ses mains la charge de précepteur de votre élève à Osbaldistone-Hall. Nous vous appellerons cependant au besoin. Ne prenez pas cet air grave, je vous prie. Il est d'ailleurs honteux à vous de n'être pas plus habile à la chasse. — Que ferez-vous, si votre oncle de Crane-Alley vous demande comment vous chassez au blaireau?

— C'est vrai, Die, — c'est bien vrai, dit sir Hildebrand avec un soupir. Je crois bien que Rasleigh resterait court, s'il était mis à l'épreuve ; si, comme ses frères, il eût voulu acquérir d'utiles connaissances, je me flatte qu'il était à bonne école. Mais les bateleurs français et les livres de science, avec les nouveaux navets, et les rats [1], et les Hanovriens, ont changé la face de notre vieille Angleterre. — Viens avec nous, Rashie, et charge-toi de mon épieu de chasse, mon garçon. Ta cousine n'a pas besoin de ta compagnie en ce moment, et je ne veux pas qu'on contrarie Diana. — Il ne sera pas dit qu'il n'y avait qu'une femme à Osbaldistone-Hall, et qu'elle est morte faute de pouvoir faire ses volontés.

Rasleigh fut donc forcé de suivre son père ; mais avant de sortir il dit bas à Diana : Je suppose qu'il sera discret à moi de me faire accompagner du courtisan Cérémonie, et de frapper, avant d'entrer, à la porte de la bibliothèque.

— Non, non, Rasleigh, répondit-elle, laissez de côté le faux magicien Dissimulation ; c'est ce qui pourra le mieux vous donner libre accès à nos entretiens classiques.

A ces mots, elle prit le chemin de la bibliothèque, et je la suivis — comme un criminel, allais-je dire, qu'on mène au supplice ; mais il me semble que j'ai déjà employé au moins une fois cette comparaison. Sans métaphore donc, je la suivis avec un sentiment de honte et d'embarras que j'aurais voulu secouer à tout prix. Je regardais cette disposition d'esprit comme indigne et dégradante dans un pareil moment,

---

[1] Le terme de *rat* se prend au figuré pour les convertis politiques encore chancelants dans leur foi nouvelle. — Le bon sir Hildebrand, dans ses regrets pour le temps passé, *laudator temporis acti*, confond d'une façon assez bizarre tout ce qui a choqué ses vieilles idées en politique, dans les habitudes sociales et même en économie rurale. Les nouveaux navets dont il est ici question font allusion au turneps, dont lord Townshend, au commencement du dix-huitième siècle, venait d'introduire la culture en grand dans le Norfolk. Cette culture nouvelle, contre laquelle s'élève le vieux partisan des anciennes routines, changea rapidement la face de toute l'agriculture britannique. Je voudrais pouvoir transcrire ici un discours fort curieux de Walter Scott lui-même sur ce sujet, prononcé peu d'années avant sa mort dans une réunion agricole de sa contrée natale. (L. V.)

ayant assez longtemps respiré l'air du continent pour m'être pénétré de ce principe, que la légèreté, la galanterie, et quelque peu d'assurance, doivent distinguer celui qu'une belle dame a choisi pour compagnon d'un tête-à-tête.

Mes sentiments anglais l'emportèrent cependant sur mon éducation française, et je fis, je crois, fort piteuse figure, quand miss Vernon se plaçant majestueusement dans un grand fauteuil, comme un juge se disposant à entendre une cause importante, me fit signe de m'asseoir vis-à-vis d'elle (ce que je fis, tremblant comme le pauvre diable qui se voit sur la sellette), et commença l'entretien sur un ton d'amère ironie.

CHAPITRE XIII.

<blockquote>
Il fut conduit par une horrible inspiration, celui qui le premier trempa dans le poison une épée homicide ; — mais il fut plus horrible et plus digne d'exécration, celui qui versa le breuvage mortel dans la coupe hospitalière, et fit couler dans les veines la mort au lieu de la vie.   Anonyme.
</blockquote>

EN vérité, monsieur Francis Olbaldistone, dit miss Vernon, de l'air d'une personne qui pensait avoir acquis le privilége de l'ironie, son arme favorite; en vérité, vous nous avez surpassés. La journée d'hier peut être regardée comme votre coup d'essai pour gagner votre admission dans la corporation d'Osbaldistone-Hall; mais c'est un coup de maître.

— Je sens toute ma grossièreté, miss Vernon, et tout ce que je puis dire pour excuse, c'est que j'avais reçu quelques informations qui avaient bouleversé mon esprit. Je sens combien j'ai été impertinent et absurde.

— Vous êtes injuste envers vous-même, reprit l'implacable juge; — d'après ce que j'ai vu ou appris, vous avez su, dans une seule soirée, déployer à vous seul les heureuses qualités qui distinguent chacun de vos cousins : — le caractère doux et généreux du bienveillant Rashleigh, — la tempérance de Percie, — le froid courage de Thorncliff, — la patience de John, — l'esprit de gageure de Dickson; — le tout réuni dans le seul M. Francis, et cela avec un choix du temps, du lieu et des circonstances, digne du goût et de la sagacité du sage Wilfred.

— Épargnez-moi, miss Vernon, dis-je : car j'avoue que je considérais la leçon comme bien méritée, surtout venant d'où elle venait ; excusez-moi et veuillez me pardonner si je vous rappelle, comme une excuse pour des extravagances qui ne me sont pas habituelles, la coutume de cette maison et du pays. Je suis loin de l'approuver ; mais nous avons l'autorité de Shakspeare, qui dit que le bon vin est un ami intime, et que tout homme peut s'y laisser prendre une fois dans sa vie.

— Oui, monsieur Francis; mais il place l'excuse et l'apologie dans la bouche du plus grand scélérat que son crayon ait tracé. Je ne veux pourtant pas abuser de l'avantage que votre citation m'a donné, en vous accablant de la réponse que Cassio fait au tentateur Iago. Je veux seulement que vous sachiez qu'il est ici une personne, au moins, affligée de voir un jeune homme de talent et d'avenir s'enfoncer dans le bourbier où les habitants de cette maison se vautrent chaque soir.

— Je n'ai fait qu'y poser le pied, miss Vernon, je vous assure; et ce cloaque m'inspire trop de dégoût pour que j'y fasse un pas de plus.

— Si telle est votre résolution, c'est celle d'un homme sage. J'étais tellement affligée pour vous de ce que j'avais appris, que j'ai voulu vous en entretenir d'abord, avant d'en venir à ce qui me concerne.— Hier, durant le dîner, vous vous êtes conduit envers moi comme si quelque chose vous avait été dit qui fût de nature à me faire tort dans votre opinion;—puis-je vous demander ce que c'était?

J'étais fort embarrassé : car je sentais alors que les communications de Rasleigh fussent-elles exactes, elles devaient faire naître en moi un sentiment de compassion pour miss Vernon, plutôt qu'un puéril ressentiment; et lors même qu'elles eussent pu excuser ma conduite, il m'était difficile de rapporter à miss Vernon ce qui naturellement et nécessairement devait blesser sa fierté. Elle vit mon hésitation, et elle reprit d'un ton presque impérieux, quoique toujours poli et modéré :

— Monsieur Osbaldistone, je l'espère, ne contestera pas le droit que j'ai de demander cette explication. Je n'ai pas de parents qui puissent me protéger; il est donc juste qu'on me permette de me défendre moi-même.

Je tâchai, mais en hésitant, de rejeter le blâme de ma conduite grossière sur une indisposition, — sur des nouvelles désagréables que j'aurais reçues de Londres. Elle me laissa épuiser mes excuses, et m'engraver complètement, écoutant le tout avec le sourire d'une parfaite incrédulité.

—A présent, M. Francis, que vous avez débité votre prologue d'excuses, avec la mauvaise grâce commune à tous les prologues, vous plairait-il de lever le rideau et de me montrer ce que je voudrais voir? En un mot, faites-moi savoir ce que Rasleigh a dit de moi; car c'est lui qui met en jeu toutes les machines d'Osbaldistone-Hall.

—Mais en admettant qu'il y ait quelque chose à dire, miss Vernon, que mérite celui qui trahit les secrets d'un allié pour un autre? — Rasleigh, vous me l'avez dit vous-même, est resté votre allié, quoiqu'il ait cessé d'être votre ami.

— Point d'évasion, je vous prie; point de plaisanterie sur ce sujet : je n'ai ni la patience ni l'envie de les entendre. Rasleigh ne peut, — il ne doit pas, — il n'oserait pas tenir sur moi, sur Diana Vernon, un langage qu'on ne puisse me répéter. Qu'il y ait des secrets entre nous, c'est ce qui est certain ; mais ils sont tels que ce qu'il vous a dit ne peut y avoir rapport. Ce n'est pas moi personnellement que ces secrets intéressent.

J'avais, pendant ce temps, recouvré ma présence d'esprit, et je m'étais rapidement déterminé à ne rien révéler de ce que m'avait dit Rasleigh comme en confidence. Je trouvais quelque chose d'indigne à rapporter une conversation privée ; il me semblait en outre que miss Vernon n'en pouvait retirer aucun avantage, et que nécessairement elle en éprouverait une grande peine. Je répondis donc avec gravité, que rien, sauf des banalités, ne s'était dit entre M. Rasleigh et moi, touchant les habitants du château, et je lui protestai que rien dans notre entretien n'avait pu me laisser contre elle une impression défavorable. Comme gentilhomme, ajoutai-je, je ne puis en dire davantage sur une conversation privée.

Elle s'élança de son siége avec la chaleur d'une Camille prête à voler au combat. Point de détours, monsieur, s'écria-t-elle ; — il me faut une autre réponse. Sa physionomie était enflammée, — la rougeur couvrait son front, — ses yeux étincelaient. — Je demande une explication telle qu'une femme bassement calomniée a droit de la demander à tout homme qui se dit gentilhomme ; — telle qu'une créature sans mère, sans amis, seule dans le monde, sans autre guide, sans autre protection qu'elle-même, a droit de l'exiger de tout être ayant un lot plus heureux, au nom de ce Dieu qui les a envoyés ici-bas, *lui* pour jouir, *elle* pour souffrir. Vous ne me refuserez pas, ajouta-t-elle, en levant les yeux d'un air solennel, — vous ne me refuserez pas, ou vous expierez votre refus, s'il est une justice sur la terre ou dans le ciel.

Je fus étourdi de cette véhémence, mais je sentis qu'après un semblable appel ce devenait pour moi un devoir de mettre de côté une délicatesse scrupuleuse, et je lui rapportai sommairement, mais avec fidélité, ce que m'avait dit Rasleigh.

Dès qu'elle m'avait vu entamer ce sujet, elle s'était assise et avait repris son calme. Chaque fois que je m'arrêtais pour chercher un tour, une expression moins choquants, elle me disait aussitôt : Continuez, je vous prie, — continuez ; le premier mot qui se présente est le plus naturel et doit être le meilleur. Ne songez pas à ce que je puis éprouver, mais parlez-moi comme vous le feriez à un tiers non intéressé.

Ainsi pressé et encouragé, je lui répétai en balbutiant tout ce que m'avait raconté Rasleigh des engagements contractés dès son enfance pour lui faire épouser un Osbaldistone, ainsi que de l'incertitude et de la difficulté de son choix. J'aurais voulu m'arrêter là ; mais sa pénétration découvrit que ce n'était pas tout, et même devina en partie le reste.

— Il appartenait à Rasleigh de vous faire ce récit de moi. Je suis comme la pauvre fille du conte de fées, qui avait été fiancée dès le berceau à l'Ours noir de Norvége, et dont la plus grande plainte était d'être appelée par ses compagnes d'école « la fiancée de la bête. » Mais Rasleigh vous a dit de moi quelque chose de plus, — n'est-ce pas vrai?

— Il m'a en effet donné à entendre que si ce n'était supplanter son frère, il voudrait, en conséquence de son changement de profession, que le nom de Rasleigh remplît sur la dispense le blanc que doit occuper celui de Thorncliff.

— En vérité? Pousserait-il jusque-là la condescendance? — C'est beaucoup trop d'honneur à son humble servante Diana Vernon. — Et, je le suppose, elle serait ravie de joie si cette substitution pouvait s'effectuer?

— S'il faut dire la vérité, il me l'a donné à entendre, et même il a été jusqu'à dire....

— Quoi? Que je sache tout! s'écria-t-elle vivement.

— Qu'il avait rompu votre mutuelle intimité dans la crainte qu'il n'en fût résulté une affection dont sa destination à l'état ecclésiastique ne lui eût pas permis de profiter.

— Je lui suis obligée de sa prévoyance, répliqua miss Vernon, dont les beaux traits respiraient au plus haut degré le dédain et le mépris. Elle se tut un instant; puis elle reprit avec son calme habituel : Je m'attendais à peu près à tout ce que je viens d'entendre, et je devais le prévoir; parce que, sauf une seule circonstance, tout est l'exacte vérité. Mais de même qu'il est, dit-on, des poisons si actifs que quelques gouttes suffiraient pour empoisonner les eaux d'une fontaine, il est dans le récit de Rasleigh une imposture capable d'infecter le puits même dans lequel la Vérité s'est réfugiée. Cette fausseté insigne et abominable, c'est que connaissant Rasleigh, comme je n'ai que trop lieu de le connaître, il soit une circonstance au monde qui eût pu me faire songer à unir mon sort au sien. Non, continua-t-elle avec une sorte de frémissement intérieur, expression involontaire de l'horreur qu'elle éprouvait; — non, toutes les destinées plutôt que celle-là; — l'ivrogne, le joueur, le querelleur, le jockey, le sot stupide, seraient mille fois préférables à Rasleigh; — le couvent, — la prison, — le tombeau, seraient préférables à tout le reste.

Il y avait dans sa voix un accent de tristesse et de mélancolie qui s'accordait bien avec la singularité de sa situation. Si jeune, si belle, sans expérience, si complètement livrée à elle-même, entièrement privée de l'appui que son sexe reçoit de l'amitié des autres femmes, et même de cette espèce de défense qui résulte des formes et des usages de la vie civilisée; — c'est à peine une métaphore de dire que mon cœur saignait pour elle. Il y avait cependant une telle expression de dignité dans son dédain pour les vaines cérémonies, — une telle élévation de sentiments dans son mépris pour la duplicité, — une résolution si courageuse dans la manière dont elle envisageait les dangers qui l'entouraient, que ma pitié se confondait avec la plus vive admiration. On eût dit une princesse abandonnée de ses sujets, et privée de son pouvoir, mais conservant encore le mépris de ses jours de grandeur pour les règles des convenances sociales établies pour les personnes d'un rang inférieur, et, au milieu de tous les obstacles, se reposant avec confiance et courage dans la justice du Ciel, et dans la constance inébranlable de son esprit.

Je voulus lui exprimer les sentiments de sympathie et d'admiration que m'inspiraient sa situation malheureuse et son courage; elle m'imposa de nouveau silence.

— Je vous ai prévenu en plaisantant que je détestais les compliments, me dit-elle; — maintenant je vous dis sérieusement que je ne cherche pas la pitié, et que je dédaigne les consolations. Ce que j'ai eu à souffrir, je l'ai souffert; — les malheurs que je dois supporter encore, je les supporterai, si je le puis. Nulle parole de commisération ne peut alléger d'un atome les peines qui accablent un malheureux esclave. Un seul être humain pouvait me secourir, et c'est lui qui a préféré ajouter encore à ma misère: — Rasleigh Osbaldistone. — Oui! il fut un temps où j'aurais pu apprendre à aimer cet homme; — mais, grand Dieu! le motif pour lequel il s'insinua dans la confiance d'une pauvre créature entièrement isolée; — la persévérance soutenue avec laquelle il poursuivit ses abominables desseins d'année en année, sans être arrêté un seul instant ou par le remords ou par la pitié; — le but dans lequel il aurait changé en poison l'aliment qu'il présentait à mon esprit: — Dieu de bonté! que serais-je devenue de corps et d'âme, dans ce monde et dans l'autre, si je ne m'étais soustraite aux piéges de cet infâme scélérat!

Je fus si frappé de l'abominable perfidie que me révélaient ces paroles, que je me levai précipitamment, sachant à peine ce que je faisais, et, la main sur le pommeau de mon épée, j'allais me précipiter hors de la salle pour chercher celui sur lequel devait tomber ma juste indignation. Respirant à peine, et avec un regard où le mépris et la colère avaient fait place aux plus vives alarmes, miss Vernon se jeta entre la porte et moi.

— Arrêtez, s'écria-t-elle, arrêtez; quelque juste que soit votre ressentiment, vous ne connaissez pas la moitié des secrets de cette terrible demeure. Alors promenant ses yeux autour de la salle avec une expression d'anxiété, elle ajouta presque à voix basse: — Un charme protége sa vie; vous ne pouvez l'attaquer sans mettre en danger d'autres existences, et provoquer de plus grands malheurs. S'il en eût été autrement, il se fût trouvé une heure de justice où ce bras, tout faible qu'il est, aurait su venger mes injures. Je vous ai dit, ajouta-t-elle en me reconduisant vers mon siége, que je n'avais pas besoin de consolateur ;—maintenant je vous dis : Je n'ai pas besoin de vengeur.

Je m'assis machinalement, rêvant à ce qu'elle me disait, et réfléchissant en outre, ce qui m'avait échappé dans le premier transport de la colère, que je n'avais aucun titre pour me constituer le défenseur de miss Vernon. Elle se tut quelques instants, pour laisser se calmer son agitation et la mienne; puis elle reprit la parole d'un ton plus tranquille :

— Je vous l'ai déjà dit : il est entre Rasleigh et moi un fatal et dangereux mystère. Tout infâme qu'il est, et quoiqu'il sache que sa scélératesse m'est connue, je ne puis, — je n'ose rompre avec lui ni le braver ouvertement. Vous aussi, monsieur Osbaldistone, vous devez vous armer avec lui de patience, et déjouer ses artifices en leur opposant non la force, mais la prudence. Évitez surtout des scènes comme celle de la nuit dernière ; elles lui donneraient sur vous un dangereux avantage. C'est cet avis que je voulais vous donner, et pour lequel je désirais vous entretenir ; mais j'ai poussé la confiance plus loin que je ne me le proposais.

Je l'assurai qu'elle était bien placée.

— Je le crois, dit-elle. Votre physionomie et vos manières portent à la confiance. Continuons d'être amis. Vous n'avez pas à craindre, ajouta-t-elle en riant et en rougissant légèrement, quoique sa voix fût assurée et n'indiquât nul embarras, que l'amitié ne soit entre nous, comme a dit un poëte, que le voile d'un autre sentiment. Par ma manière de penser et d'agir, j'appartiens plutôt à votre sexe, près duquel j'ai toujours vécu, qu'au mien même. D'ailleurs le voile fatal est suspendu sur moi dès mon berceau ; car vous pouvez croire aisément que je n'ai jamais songé à la détestable union qui pourrait seule m'en affranchir. Le temps où je dois me prononcer n'est pas arrivé, et je veux respirer jusqu'au dernier moment l'air pur et libre de nos bruyères.—Et maintenant que le passage du Dante est éclairci, allez voir, je vous prie, ce que sont devenus les chasseurs de blaireau. — Ma tête me fait trop souffrir pour que je puisse vous accompagner.

Je sortis de la bibliothèque, mais non pour rejoindre les chasseurs. J'avais besoin, je le sentais, d'une promenade solitaire pour remettre mes esprits, avant de me retrouver en présence de Rasleigh, dont la scélératesse profonde et calculée venait de m'être dévoilée avec tant d'énergie. Dans la famille de Dubourg (qui était de la communion réformée), j'avais entendu beaucoup d'histoires de prêtres catholiques qui avaient violé les devoirs de l'amitié, ceux de l'hospitalité, et les droits les plus sacrés de la vie sociale, pour assouvir des passions qui leur sont interdites par les règles de leur ordre. Mais le plan arrêté d'avance d'entreprendre l'éducation d'une noble orpheline sans appui, et sa proche parente, dans le perfide dessein de la séduire; ce plan, que m'avait révélé la victime menacée, avec toute la chaleur d'une vertueuse indignation, me paraissait plus atroce que le plus noir des récits que j'eusse entendus à Bordeaux, et je sentais qu'il me serait bien difficile de me trouver en présence de Rasleigh sans laisser éclater l'horreur qu'il m'inspirait. Il était pourtant absolument nécessaire que je me contraignisse, non-seulement à cause des mystérieuses paroles de Diana, mais parce qu'en définitive je n'avais nul motif ostensible de lui chercher querelle.

Je résolus donc d'imiter autant que possible la dissimulation de Rasleigh, durant notre résidence commune dans la même demeure, et, lorsqu'il partirait pour Londres, de donner du moins à Owen une idée de son caractère, et de l'engager à se tenir sur ses gardes dans l'intérêt de mon père. L'avarice ou l'ambition, pensai-je, doivent exercer sur un esprit de cette trempe un empire aussi grand au moins que l'amour du plaisir; l'énergie d'un tel caractère, et la faculté dont il est doué de prendre les dehors de la vertu, sont de nature à lui assurer un degré de confiance dont on ne doit pas espérer que ni la bonne foi, ni la reconnaissance, l'empêchent d'abuser. Cette tâche était délicate, surtout dans ma position, puisque les avis que je donnerais à ce sujet pourraient être imputés à un sentiment de jalousie contre un rival, ou plutôt un successeur dans l'amitié de mon père. Il me paraissait cependant tout à fait indispensable de m'acquitter de ce devoir, laissant d'ailleurs à Owen, dont je connaissais la sagesse, la prudence et la circonspection, le soin de faire des renseignements que je lui transmettrais sur le caractère de Rasleigh tel usage qu'il jugerait convenable. J'écrivis donc la lettre, et je l'envoyai à la poste par la première occasion.

Quand je revis Rasleigh, il parut comme moi se tenir à distance, et vouloir éviter tout prétexte de dispute. Il avait probablement la conscience que les communications de miss Vernon n'avaient pas dû lui être favorables, quoiqu'il ne pût savoir qu'elles avaient été jusqu'à m'instruire de l'infamie de ses projets sur elle. Nos relations furent donc fort réservées de part et d'autre, et se bornèrent à des sujets indifférents. A la vérité, il ne demeura plus que peu de jours à Osbaldistone-Hall. Dans cet intervalle, deux circonstances me frappèrent. La première fut la facilité prodigieuse et la promptitude avec lesquelles son esprit actif et pénétrant se rendit maître des principes élémentaires de sa nouvelle profession, à l'étude desquels il se livrait sans relâche : aussi faisait-il de temps en temps parade de ses progrès, comme pour me montrer combien était léger pour lui le fardeau que j'avais repoussé par incapacité ou par faiblesse. L'autre circonstance remarquable fut que, nonobstant ce que miss Vernon m'avait dit de Rasleigh, ils eurent ensemble plusieurs longs entretiens particuliers, quoiqu'en public ils ne montrassent pas dans leurs rapports plus de cordialité qu'auparavant.

Quand le jour du départ fut arrivé, les adieux de Rasleigh furent reçus par son père avec indifférence, par ses frères avec la joie mal déguisée d'écoliers qui voient leur pédagogue s'éloigner pour une saison, et en éprouvent une joie qu'ils n'osent laisser percer, et par moi avec une froide politesse. Lorsqu'il s'approcha de miss Vernon pour lui donner le baiser d'adieu, elle se recula avec un air de fierté dédaigneuse, et lui tendant la main elle lui dit : Adieu, Rasleigh ; que Dieu vous récompense de ce que vous avez fait de bien, et vous pardonne le mal que vous avez voulu faire !

— Amen, belle cousine, répondit-il avec un air de componction qui me fit penser au séminaire de Saint-Omer ; heureux celui dont les bonnes intentions ont porté leurs fruits, et dont les mauvaises pensées sont mortes en fleur !

Ce furent ses dernières paroles en partant.—Le parfait hypocrite ! me dit miss Vernon, tandis que la porte se refermait sur lui ;—combien ce que nous détestons, ce que nous méprisons le plus, peut ressembler extérieurement aux objets de notre vénération !

J'avais chargé Rasleigh d'une lettre pour mon père et de quelques lignes pour Owen, indépendamment de la lettre confidentielle que j'ai déjà mentionnée, et que j'avais jugé plus convenable et plus prudent d'expédier par une autre voie. Dans ces épîtres, il eût été naturel que j'informasse mon père et mon ami de la situation dans laquelle je me trouvais à Osbaldistone-Hall, où je n'avais à apprendre que la chasse et la fauconnerie, et où j'étais parfaitement placé pour oublier, dans la compagnie de mes grossiers cousins, tout ce que j'avais pu acquérir jusque-là de talents et de connaissances. Il eût été naturel aussi que j'exprimasse le dégoût et l'ennui que je devais probablement éprouver au milieu d'êtres dont l'âme tout entière était concentrée dans les plaisirs de la chasse ou dans des passe-temps plus dégradants ;—que je me plaignisse des habitudes d'intempérance de la famille dans laquelle je me trouvais, et de la peine que j'avais à faire agréer à sir Hildebrand mes excuses de sobriété. Ce dernier objet eût été, sans nul doute, un point sur lequel mon père, homme de tempérance sévère, eût aisément pris l'alarme ; et toucher cette corde, eût été certainement le moyen de m'ouvrir les portes de ma prison et d'abréger mon exil, ou tout au moins de me procurer un changement de résidence.

Je dis, mon cher Tresham, que si l'on considère combien une résidence prolongée à Osbaldistone-Hall devait peser à un jeune homme élevé dans les habitudes et les principes que j'avais contractés, il doit paraître très-naturel que j'eusse informé mon père de ces circonstances, afin d'obtenir son consentement pour quitter la maison de mon oncle. Ce qui est certain, cependant, c'est que dans mes lettres à mon père et à Owen je ne touchais pas un mot de ce sujet. Osbaldistone-Hall eût été Athènes dans toute sa splendeur savante, peuplée de sages, de héros et de poëtes, que je n'aurais pas manifesté moins de disposition à m'en éloigner.

Si quelque chose de l'esprit de la jeunesse est encore en vous, Tresham, vous ne serez pas en peine d'expliquer mon silence sur un sujet en apparence si pressant. L'extrême beauté de miss Vernon, dont elle était si peu vaine; — sa situation romanesque et mystérieuse, — les malheurs qui la menaçaient, — le courage avec lequel elle semblait les envisager, — ses manières, plus libres qu'il n'appartient à son sexe, mais dont l'extrême franchise me semblait seulement provenir d'un sentiment intime d'innocence et de pureté; — par-dessus tout, la distinction flatteuse qu'elle m'accordait évidemment, tout se réunissait pour captiver mes sentiments les plus puissants, pour exciter ma curiosité, exercer mon imagination et flatter ma vanité. Je n'osais m'avouer à moi-même toute la force de l'intérêt que m'inspirait miss Vernon, ni la place presque exclusive qu'elle occupait dans mes pensées. Nous lisions ensemble, nous marchions, nous allions à cheval, nous nous reposions ensemble. Les études qu'elle avait interrompues depuis sa rupture avec Rasleigh, elle les reprit alors sous les auspices d'un précepteur dont les vues étaient plus pures, si ses talents étaient plus limités.

A la vérité, je n'étais nullement en état de la diriger dans la continuation de quelques études profondes qu'elle avait commencées avec Rasleigh, et qui me semblaient mieux convenir à un prêtre qu'à une jolie femme. Je ne puis concevoir non plus dans quel but il avait engagé Diana dans l'obscur dédale d'argumentations que les scolastiques ont décorées du titre de philosophie, ou dans les sciences plus certaines, mais non moins ardues, des mathématiques et de l'astronomie ; à moins que ce ne fût pour affaiblir et confondre dans son esprit la distinction entre les sexes, et pour l'accoutumer aux raisonnements captieux par lesquels il pourrait plus tard revêtir le mal des couleurs du bien. C'était dans le même esprit, quoiqu'ici la perfidie fût plus apparente, que les leçons de Rasleigh avaient poussé miss Vernon au mépris des formes et des convenances qui sont imposées aux femmes dans notre société moderne. Il est vrai que, séparée de la compagnie de son sexe, elle ne pouvait apprendre les règles du décorum ni par l'exemple, ni par les préceptes ; mais telle était sa modestie naturelle, et la justesse de son tact pour distinguer ce qui est bien de ce qui est mal, qu'elle n'eût pas d'elle-même adopté les manières hardies et cavalières qui m'avaient causé tant de surprise lors de notre première rencontre, si on ne lui eût fait croire que ce mépris des formes ordinaires était à la fois l'indice d'un jugement supérieur et d'une conscience pure. Son vil directeur avait sans doute eu ses vues, en renversant ces barrières que la réserve et la prudence élèvent autour de la vertu. Mais depuis longtemps il a répondu devant le tribunal suprême de ces infamies et de tous ses autres crimes.

Outre les progrès que miss Vernon, dont la prompte intelligence s'appropriait rapidement les connaissances offertes à son activité, avait faits dans les sciences les plus abstraites, je la trouvai habile dans les langues et très-versée dans la littérature ancienne et moderne. Si l'on ne savait que les esprits fortement organisés vont souvent d'autant plus loin dans leurs investigations, qu'ils sont plus dépourvus de secours extérieur, la rapidité des progrès de miss Vernon dans toutes les branches des connaissances humaines serait presque incroyable ; ils semblaient encore plus extraordinaires, quand on comparait l'étendue de l'instruction qu'elle avait puisée dans les livres à son ignorance complète de la vie réelle. On eût dit qu'elle eût tout vu et tout connu, à l'exception de ce qui se passait autour d'elle dans le monde ; et je crois que c'est précisément cette simplicité et cette ignorance des choses usuelles, offrant un si frappant contraste avec son instruction acquise, qui donnaient à sa conversation un charme irrésistible, et fixaient l'attention sur tout ce qu'elle pouvait dire ou faire : car il était absolument impossible de prévoir si le mot ou l'action qu'on attendait d'elle montreraient la pénétration la plus fine ou la plus extrême naïveté. Tous ceux qui se reporteront aux sentiments de leur jeunesse comprendront aisément quel danger attendait un jeune homme, ardent comme je l'étais, dans la constante intimité d'une femme aussi aimable et aussi séduisante.

CHAPITRE XIV.

<small>La lueur vacillante d'un flambeau éclaire sa fenêtre ;
mais à l'heure solitaire de minuit, pourquoi cette lumière ?
Vieille Ballade.</small>

LA vie d'Osbaldistone-Hall était trop uniforme pour être décrite. Diana Vernon et moi consacrions à nos études la plus grande partie de notre temps ; les autres membres de la famille tuaient le leur soit à la chasse, soit dans d'autres amusements du même genre, auxquels nous prenions part aussi quelquefois. Mon oncle était un homme d'habitudes, et par habitude il s'accoutuma si bien à ma présence et à mon genre de vie, qu'après tout, il avait pour moi plus d'amitié que d'indifférence. J'aurais pu, selon toute apparence, avancer plus loin dans ses bonnes grâces, si j'avais employé dans ce but les mêmes moyens que Rasleigh, qui, mettant à profit l'éloignement de son père pour toute occupation sérieuse, s'était peu à peu insinué dans l'administration de ses biens. Mais quoique je prêtasse volontiers à mon oncle, aussi souvent qu'il le désirait, le secours de ma plume et de ma science en arithmétique, pour écrire à un voisin ou régler le compte d'un fermier, et que je lui fusse ainsi plus utile qu'aucun de ses fils, je ne voulais pas cependant obliger en ceci sir Hildebrand jusqu'à le remplacer entièrement dans la conduite de ses affaires ; de sorte que tout en reconnaissant que le neveu Frank était un garçon actif et habile, il manquait rarement de remarquer en même temps qu'il n'aurait pas cru que Rasleigh dût lui manquer autant.

Comme il est pénible de demeurer dans une famille sans s'accorder avec ceux qui la composent, je fis quelques efforts pour gagner l'amitié de mes cousins. Je changeai mon chapeau galonné pour une casquette de chasse, et je gagnai déjà dans leur opinion ; je domptai un jeune cheval, de façon à entrer plus avant dans leurs bonnes grâces. Un pari ou deux perdus à propos contre Dickson, et quelques toasts d'extra échangés avec Percie, achevèrent de me mettre bien avec tous les jeunes squires, à l'exception de Thorncliff.

J'ai déjà parlé de l'éloignement qu'avait conçu contre moi ce jeune homme, qui, avec un peu plus de bon sens que ses frères, avait aussi un plus mauvais caractère. Sournois, bourru, querelleur, il me regardait comme un intrus à Osbaldistone-Hall, et voyait avec les yeux jaloux de l'envie mon intimité avec Diana Vernon, qu'une convention de famille lui destinait pour femme. Dire qu'il aimait miss Vernon, ce serait profaner ce mot ; mais il la regardait en quelque sorte comme sa propriété, et il avait conçu un ressentiment intérieur de ces rapports intimes qu'il ne savait comment prévenir ou empêcher. A diverses reprises je fis à Thorncliff quelques avances de réconciliation ; mais il les reçut d'une façon à peu près aussi gracieuse que pourrait le faire un dogue qui repousse, en grognant, les caresses d'un étranger. Je l'abandonnai donc à sa mauvaise humeur, et ne m'en inquiétai pas davantage.

Telle était ma situation à l'égard des différents habitants d'Osbaldistone-Hall ; mais il en est un que je dois mentionner encore, et avec lequel je causais de temps à autre. C'est Andrew Fairservice le jardinier, qui (depuis qu'il savait que j'étais protestant) me laissait rarement passer près de lui sans m'ouvrir sa tabatière écossaise et m'offrir une prise d'amitié. Il trouvait à cela plusieurs avantages. D'abord sa politesse ne lui coûtait rien, car je n'ai jamais pris de tabac ; puis c'était pour Andrew (qui n'était pas des plus âpres au travail) un excellent prétexte de mettre pour quelques minutes sa bêche de côté. Et puis, par-dessus tout, ces courts entretiens donnaient à Andrew l'occasion de

CHAPITRE XIV.

débiter les nouvelles qu'il avait recueillies, ou de placer les remarques satiriques que lui suggérait la malice de son esprit écossais.

— J'vous dirai donc, monsieur, me dit-il un soir, d'un air plus important que de coutume, que j'ai été là-bas à Trinlay-Knowe.

— Eh bien! Andrew, je suppose que vous avez appris quelques nouvelles au cabaret.

— Non, monsieur ; je n'vais jamais au cabaret ; — c'est-à-dire à moins que que'que voisin ne m'régale d'une pinte, ou d'que'que chose comme ça ; mais pour aller là d'but en blanc, l'temps est trop précieux et l'argent trop rare. — J'étais donc là-bas à Trinlay-Knowe, comme j'disais, traitant d'une petite affaire particulière avec Mattie[1] Simpson, qui avait besoin d'un quart ou deux d'poires, dont on n'manquera jamais au château ; — et comme nous étions occupés à not' marché, qu'est-ce qui arrive ? Pate[2] Macready, le marchand ambulant.

— Colporteur, vous voulez dire ?

— Comme y'plaira à Vot' Honneur d'l'appeler ; mais c'est un métier honnête et un bon gagne-pain, et qui a été longtemps commun chez nous. Pate est un peu mon cousin, et nous avons été bien aises d'nous r'trouver l'un avec l'autre.

— Et sûrement vous avez vidé ensemble une cruche d'ale, Andrew ? — Au nom du Ciel, abrégez votre histoire.

— Attendez donc, — attendez donc. Vous autres gens du sud, vous êtes toujours pressés ; mais ceci vous concerne un peu, et vous devez prendre patience pour l'entendre. — De l'ale ? — du diable si Pate m'a offert une goutte d'ale ; mais Mattie nous a donné à chacun une petite jatte de lait écrémé, et une de ses épaisses galettes d'avoine, qui était aussi humide et pas plus cuite qu'une plaque de gazon[3]. — Oh! vive nos bonnes galettes du nord ! — Ainsi nous nous sommes attablés là-bas, et nous nous sommes mis à causer d'choses et d'autres.

— Je voudrais que vous pussiez sortir de là, Andrew. Dites-moi vos nouvelles, si vous en avez appris qui valent qu'on les rapporte ; je ne puis rester ici toute la nuit.

— Eh bien! donc, puisqu'il faut vous le dire, les gens de Londres sont tout ustuberlu à propos de ce petit tour qu'on a joué par ici.

— Qu'est-ce que sont les gens de Londres[4] ?

---

[1] Abréviation de Mathilde. (L. V.)

[2] Abréviation de Patrick. (L. V.)

[3] *Divot.* C'est une plaque mince de terre gazonnée, dont on se sert communément en Écosse pour couvrir le toit des chaumières. (L. V.)

[4] Tout ce dialogue est difficile à bien traduire, parce que l'auteur a mis dans la bouche de Fairservice un patois anglo-écossais, quelquefois inintelligible pour Frank lui-même, c'est-à-dire pour un Anglais, et qui donne lieu à des équivoques impossibles à rendre en français. Ainsi, Andrew vient de dire que le bruit du vol dont Morris a été victime sur les frontières a rendu les habitants de Londres, *clean wud* (pour *clean mad,*

— Fous, — fous à lier ; — tout à fait sens dessus dessous. — Le diable est sur Jack Wabster?

— Qu'est-ce que tout ceci signifie? qu'ai-je à démêler avec le diable ou avec Jack Wabster[1]?

— Umph! dit Andrew avec un coup d'œil plein de finesse ; c'est seulement à cause..... tout c'bruit est à propos du porte-manteau d'cet homme.

— Quel porte-manteau? que voulez-vous dire?

— Oh! celui de ce Morris, qu'il dit avoir perdu là-bas ; mais si c'n'est pas l'affaire d'Vot' Honneur, c'n'est pas non plus la mienne ; et y n'faut pas que j'perde cette belle soirée.

Et comme saisi tout à coup d'un violent accès d'activité, Andrew se remit à bêcher de plus belle.

Ma curiosité, comme le fin matois l'avait prévu, était maintenant excitée ; mais ne voulant pas néanmoins montrer par des questions directes l'intérêt que je prenais à cette affaire, je restais là, attendant que son humeur communicative le ramenât sur ce sujet. Andrew continuait de bêcher avec ardeur, parlant par intervalles, mais ne disant pas un mot des nouvelles de M. Macready. Je restais à l'écouter, le maudissant dans mon cœur, et curieux en même temps de voir jusqu'à quel point l'esprit de contradiction l'emporterait en lui sur la démangeaison qu'il avait évidemment de me raconter la fin de son histoire.

— J'vais planter des asperges, et puis semer un peu d'graine de haricots ; j'garantis qui n'leur en manquera pas pour leurs ragoûts d'pourceau ; — ça les rendra meilleurs. Et quel mauvais fumier l'intendant m'a donné ! Ça devrait être de la paille de blé, ou au moins d'avoine, et c'est des cosses de pois qui f'ront là-dessus autant d'effet qu'des cailloux. Mais le piqueur fait ce qu'il veut dans la cour de l'écurie, et il vend l'meilleur de la litière, j'en réponds. Mais n'importe ; il ne faut pas qu'nous perdions ce samedi soir, car le temps est bien capricieux, et s'il y a un beau jour sur les sept, soyez sûr que c'est le samedi. — Pourtant ça peut durer, si l'ciel le permet, jusqu'à lundi matin, et à quoi bon m'briser l'dos plus longtemps à piocher? — D'ailleurs j'crois entendre l'couvre-feu, comme ils appellent le bruit d'leur cloche ; ainsi allons-nous-en à la maison.

Enfonçant donc sa bêche dans la tranchée qu'il était en train de creuser, et me regardant avec l'air de supériorité d'un homme qui se sait possesseur d'une information importante qu'il peut communiquer ou garder, selon son plaisir, Andrew rabattit les manches de sa chemise,

---

tout à fait *fous*), et Francis, qui ne comprend pas le mot écossais *wud*, croit entendre *clean wood*, ce qui signifierait *tout à fait bois* ou *bois clair*, et par conséquent n'a pour lui aucun sens. Les traits de ce genre sont communs dans ce dialogue. (L. V.)

[1] *Jean-Tisserand*, expression familière en Écosse pour désigner les Anglais, le peuple manufacturier par excellence. (L. V.)

et se dirigea lentement du côté de sa veste, soigneusement posée sur un banc voisin.

Il faut que je porte la peine d'avoir interrompu l'ennuyeux bavardage de ce drôle, pensai-je en moi-même, et je dois me résigner à entendre l'histoire de M. Fairservice telle qu'il voudra bien la raconter. Alors élevant la voix et m'adressant à lui : — Quelles sont donc, Andrew, les nouvelles de Londres, que vous tenez de votre parent, le marchand ambulant?

— Le colporteur, Vot'Honneur veut dire? Mais appelez-le comme vous voudrez; c'est une grande utilité pour un pays perdu comme ce Northumberland, où les villes sont clair-semées. — Ce n'est pas d'même aujourd'hui en Écosse. — Nous avons là le royaume de Fife[1] depuis Culross jusqu'à East-Nuik; c'est comme une seule ville; c'n'est qu'une suite de villes accouplées bout à bout comme une botte d'ognons, avec leurs rues montantes, et leurs boutiques pleines de marchandises, et leurs maisons de pierre et de chaux, et leurs montées sur le devant. — Kirkcaldy[2] elle-même est plus grande qu'aucune ville d'Angleterre.

— J'ose assurer qu'elle est tout aussi riche et tout aussi belle. — Mais vous parliez tout à l'heure de nouvelles de Londres, Andrew?

— Oui; mais je n'pensais pas qu' Vot' Honneur s'souciât beaucoup d'les entendre. — Au reste (continua-t-il en grimaçant un hideux sourire), Pate Macready a rapporté qu'ils sont tout en désarroi là-bas dans leur Maison du Parlement, à propos de c'vol de M. Morris, ou n'importe comment vous appelez l'compagnon.

— Dans le Parlement, Andrew! Comment la chose est-elle parvenue jusque-là?

— C'est justement c'que j'disais à Pate; si ça amuse Vot' Honneur, j'vous répèterai les paroles mêmes; ça n'vaut pas la peine d'en faire une histoire! — Pate, que j'lui ai dit, quel tintamare les lords[3], les seigneurs et les gentilshommes à Londres font-ils avec cet homme et sa valise? — Quand nous avions un parlement écossais, Pate, que j'lui disais (et que le diable torde le cou à ceux qui nous l'ont enlevé!), ils s'asseyaient bien mollement et faisaient des lois pour tout l'pays et pour le royaume, et ils ne fourraient jamais leurs nez dans les affaires qui ne r'gardaient qu'les juges ordinaires des comtés; mais j'crois, qu' j'ai dit, qu'une vieille femme arracherait la coiffe d'sa voisine, qu'ils voudraient les faire venir dans leur Maison du Parlement de Londres. C'est presque

---

[1] Fife, un des comtés de l'Écosse. En digne Écossais, l'honnête Andrew aime à relever l'importance de son pays. (L. V.)

[2] Ville maritime du comté de Fife, sur le golfe de Forth. (L. V.)

[3] *Lords, lairds and gentles.* Andrew transporte en Angleterre les trois degrés de la noblesse écossaise. Les *lords* sont les seigneurs de la plus haute distinction; les *lairds*, inférieurs aux premiers, sont les seigneurs d'un manoir; les gentilshommes (*gentles*) sont les plus petits seigneurs terriens, les simples *gens de condition.* (L. V.)

aussi bête, qu'j'ai dit, que notre vieux fou de laird et ses lourdauds d'fils, avec leurs piqueurs et leurs chiens, et leurs chevaux et leurs cors, courant toute une journée après une pauvre bête, qui n'pèse pas six livres, quand ils l'ont attrapée.

— C'est parfaitement raisonné, Andrew, repris-je pour flatter sa vanité ; et que dit Pate?

— Oh! qu'il a dit, qu'est-ce qu'on peut attendre de mieux d' ces sacs à poudding ? — Mais, quant au vol, il paraît que pendant qu'ils se chamaillaient entre leurs wighs et leurs tories, et qu'ils se disaient de gros mots comme des manants bons à pendre, — un gaillard à la langue bien affilée s'est levé, et il leur a dit que dans tout l'nord d'l'Angleterre c'n'était que jacobites (et d'fait y' ne s'trompait guère), et qu'ils faisaient presque une guerre ouverte, et qu'un messager du roi avait été arrêté et volé sur la grande route, et que l'meilleur sang du Northumberland avait trempé là-dedans ; et qu'on lui avait pris beaucoup d'argent et des papiers d' grande importance ; et qu'il n'y avait rien à attendre de la loi, puisque chez l'premier juge de paix où le volé avait été, il avait trouvé les deux coquins qui avaient fait le coup, chantant et buvant avec lui, rien qu'ça ; que l'juge avait l'mot, et qu'ils l'avaient encore mystifié, et qu'au bout du compte l'honnête homme qui avait perdu son argent avait été très-heureux d'quitter l'pays, dans la crainte qu'il ne lui arrivât pis.

— Tout cela peut-il être vrai? m'écriai-je.

— Pate jure que c'est aussi vrai qu'il est vrai qu'sa mesure a un yard[1] de long — (il s'en faut bien d'un intch[2] qu'elle ne la vaille) ; — et quand le parleur eut dit son mot, on demanda à grands cris les noms, et il dit les noms de ce Morris, et de votre oncle, et du squire d'Inglewood, et d'autres encore (et il me regardait malicieusement). — Et alors un autre d' la compagnie, qui n'avait pas non plus la langue dans sa poche, se leva d'un aut' côté, et dit qu'on accusait les meilleurs gentilshommes du pays sur la foi d'un poltron dégradé, — car il paraît que ce Morris a été chassé de l'armée pour avoir déserté en Flandre ; et il dit que sûrement c'était une histoire arrangée entre les ministres et lui, et qu'il n'était pas sorti d'Londres ; et que si on voulait accorder un mandat de perquisition, il pensait que l'argent se retrouverait quelque part dans les environs du palais de Saint-James[3]. Alors ils ont fait venir Morris à leur barre, comme ils disent, pour voir ce qu'il pouvait dire sur l'affaire ; mais le lord qui s'était montré contre lui lui avait fait une telle peur au sujet de son escapade en Flandre, et d'tout c'qu'il avait jamais fait ou dit d'mal dans tout l'cours de sa vie,

---

[1] Aune anglaise. (L. V.)

[2] Un pouce. (L. V.)

[3] Ce sont les Tuileries de Londres. (L. V.)

que Pate assure qu'il avait l'air plus mort que vif; et ils ne purent tirer d'lui un seul mot raisonnable, tant il était effrayé d'leurs hurlements et d'leur vacarme.—Y'faut que c'soit une vraie soupe au lait, avec une tête aussi molle qu'un navet gelé; — ça n'est pas tout leur bruit qui eût empêché Andrew Fairservice de débiter son affaire.

—Et comment tout cela a-t-il fini, Andrew? votre ami l'a-t-il su?

—Oui, oui; comme Pate était prêt à partir pour ce pays, il recula son voyage d'une semaine ou à peu près, pour être agréable à ses pratiques en leur apportant des nouvelles. Ça n'était pas plus solide que la lune dans un seau d'eau. Celui qui avait commencé se radoucit, et dit que quoiqu'il pensât que l'homme avait été volé, il convenait qu'il avait pu être trompé sur les détails de l'affaire. Alors l'autre gaillard se leva et dit qu'il se souciait peu que Morris eût été volé ou non, pourvu qu'on n'attaquât l'honneur et la réputation d'aucun gentilhomme, spécialement de ceux du nord; car, dit-il devant eux, je viens moi-même du nord, et je ne souffrirai pas qu'on en dise le moindre mal. Et c'est ce qu'ils appellent éclaircir les choses : — l'un cède un brin, l'autre aussi, et les voilà amis comme avant. Mais voilà qu'après qu'aux Communes ils furent las de se chamailler à propos de Morris et de son vol, la chambre des Lords a voulu en avoir sa part. Dans notre pauvre vieux parlement d'Écosse ils siégeaient tous ensemble, côte à côte, et ils n'avaient pas besoin d'rabâcher deux fois les mêmes histoires. Mais tant est que leurs seigneuries arrivèrent là les dents aussi longues et l'appétit aussi ouvert que si de rien n'eût été avant. Il advint que quelque chose fut dit d'un certain Campbell, qui se serait trouvé mêlé plus ou moins dans le vol, et qui aurait été porteur d'un certificat du duc d'Argyle, attestant sa probité. Or, ceci échauffa la bile de Mac Callum More [1], et c'était fait pour ça; il fit un grand saut sur son banc, et il leur lança un regard comme s'il eût voulu renfoncer dans leur gorge ce qu'ils avaient dit, et il leur soutint qu'il n'y avait jamais eu un Campbell qui n'eût été aussi sage, aussi brave et aussi digne de foi que le vieux sir John Grœme. Et si Vot' Honneur m'assure qu'elle n'a pas dans les veines une goutte du sang des Campbell, pas plus que je n'en ai moi-même, autant que je peux connaître mon parentage d'après ce qu'on m'en a dit, j'vous donnerai mon sentiment sur ce sujet.

—Vous pouvez être assuré que je n'ai de rapports d'aucune sorte avec personne de ce nom.

—Eh bien! nous pouvons donc en parler sans crainte entre nous. Sur les Campbell comme sur les autres, il y a du bien et du mal; mais ce Mac Callum More est un homme puissant que les grands personnages de Londres craignent et recherchent : car on n'peut dire précisé-

[1] On a vu plus haut que c'était le nom écossais du duc d'Argyle. (L. V.)

ment qu'il soit de l'un ou de l'autre bord, et du diable si pas un d'eux se soucierait de se faire une querelle avec lui! de façon qu'ils ont décidé que l'histoire de Morris était un libelle calomnieux, comme ils appellent ça, et s'il n'eût pas pris ses jambes à son cou, il eût bien pu aller prendre l'air au pilori, pour le conte qu'il avait fait.

En disant ces mots, l'honnête Andrew rassemblait ses pioches, ses bêches et ses houes, et les jetait dans une brouette, — sans se presser pourtant, et en me laissant tout le temps de lui faire encore les questions que je jugerais convenables, avant qu'il les transportât dans leur resserre. Je pensai que le mieux était de lui parler sans détour, dans la crainte que la fine mouche ne crût que j'avais pour me taire des raisons plus puissantes qu'il n'en existait en effet.

— Je voudrais voir votre compatriote, Andrew, et entendre ses nouvelles de sa propre bouche. Vous avez su probablement que j'avais été inquiété par suite de la sottise de ce Morris (une grimace significative se montra sur la figure d'Andrew), et je désirerais voir votre cousin le marchand, pour le questionner sur les particularités de ce qu'il a appris à Londres, si la chose est possible sans trop d'embarras.

— Rien n'est plus aisé; j'n'ai qu'à faire entendre à mon cousin qu'vous avez besoin d'une ou deux paires de bas, et il viendra avec moi aussi vite que ses jambes pourront le porter.

— Oh oui! assurez-le que je serai une bonne pratique. Et puisque la nuit, comme vous disiez, est sûre et belle, je me promènerai dans le jardin jusqu'à votre retour. La lune va bientôt se lever. Vous pourrez le conduire ici par la petite porte; en vous attendant j'aurai le plaisir de contempler au clair de lune les arbres et les gazons.

— Très-bien, — très-bien. — C'est ce que j'ai souvent dit : un chou vert ou un chou-fleur brillent au clair de lune comme une dame sous ses diamants.

En même temps Andrew Fairservice partit d'un pas joyeux. Il avait deux milles à faire, et il entreprenait cette course avec le plus grand plaisir, dans l'espoir de faire vendre à son parent quelques articles de son commerce, quoiqu'il soit bien probable qu'il ne lui eût pas sacrifié six pences[1] pour le régaler d'un quart d'ale. La bonne volonté d'un Anglais se manifesterait d'une façon tout à fait opposée, pensai-je, tandis que je me promenais le long des allées bien unies encadrées de haies élevées d'ifs et de houx, qui coupaient l'ancien jardin d'Osbaldistone-Hall.

Comme je tournais pour revenir sur mes pas, je levai naturellement les yeux vers les fenêtres de la bibliothèque, formant une longue rangée de petites ouvertures qui occupaient tout le second étage de la façade que j'avais alors devant moi. J'y aperçus de la lumière. Je n'en

---

[1] À peu près 12 sous. (L. V.)

fus pas surpris, car je savais que miss Vernon y passait souvent la soirée, quoique par délicatesse je me fusse imposé la contrainte pénible de ne jamais chercher à l'y rejoindre, à cette heure où, sachant tout le reste de la famille retenu pour la soirée, nos entretiens eussent été de véritables tête-à-tête. Le matin nous y lisions habituellement ensemble; mais à ce moment de la journée il arrivait souvent que l'un ou l'autre de nos cousins venait chercher quelques vieux bouquins, propres à leur servir de bourres, sans respect pour leurs enluminures dorées; ou pour nous dire « la chasse part », ou simplement pour tuer une heure dont ils n'auraient su que faire. En un mot, la bibliothèque, durant la première partie du jour, était une sorte de salle commune, où l'on pouvait se rencontrer comme en terrain neutre. Mais quand était venu le soir, c'était bien différent; et élevé dans un pays où l'on a, ou du moins où l'on avait alors de grands égards pour les bienséances, je voulais observer d'autant plus strictement ces points de convenances, que miss Vernon semblait y accorder moins d'attention. Je lui fis donc comprendre, avec autant de ménagements que je le pus, que lorsque nous aurions des leçons du soir, la présence d'un tiers serait convenable.

Miss Vernon rit d'abord, puis elle rougit, puis elle parut prête à se fâcher; mais réprimant aussitôt ce premier mouvement, elle me dit: Je crois que vous avez raison. Quand je me sentirai disposée à être une écolière très-zélée, je subornerai la vieille Marthe par une tasse de thé, pour qu'elle vienne ici me servir de sauvegarde.

Marthe, la vieille gouvernante, partageait le goût de la famille: un bon verre de vin lui plaisait mieux que tout le thé de la Chine. Cependant comme l'usage de cette boisson était encore réservé aux personnes du plus haut rang, Marthe ressentit quelque vanité d'être appelée à y prendre part; et à grand renfort de sucre, de paroles mielleuses, de santés et de beurre, nous parvenions quelquefois à obtenir la faveur de sa présence. En toute autre occasion, la plupart des domestiques évitaient, après la chute du jour, d'approcher de la bibliothèque, parce qu'ils avaient la sottise de croire que la partie du bâtiment où elle était située était fréquentée par des esprits. Quelques-uns des plus peureux assuraient y avoir vu des apparitions et y avoir entendu des sons étranges, quand tout le reste du château était plongé dans le silence; et les jeunes squires eux-mêmes étaient peu tentés, à moins d'une nécessité absolue, de pénétrer de nuit dans cette enceinte redoutable.

Que la bibliothèque eût été pendant un temps la retraite favorite de Rasleigh; — qu'une porte dérobée communiquât de cette salle à l'appartement éloigné et solitaire qu'il avait choisi pour lui-même, c'est ce qui augmentait, loin de les calmer, les terreurs que la terrible bibliothèque inspirait aux habitants du château. Les relations étendues qu'il avait dans le monde, — son profond savoir dans toutes sortes de sciences, — quelques expériences de physique qu'il avait faites de temps à autre, étaient, dans une maison aussi remplie de bigoterie et d'ignorance, des raisons suffisantes pour qu'on le supposât en rapport avec les puissances surnaturelles. Il savait le grec, le latin et l'hébreu; et en conséquence, comme le disait dans sa frayeur le cousin Wilfred, il n'avait à craindre ni esprits ni apparitions, ni diable ni fantôme. Les domestiques soutenaient même l'avoir entendu parler à haute voix dans la bibliothèque, lorsque tout le monde était couché dans le château; et qu'il passait la nuit à veiller avec les lutins, et la matinée à dormir dans son lit, quand il aurait dû être à conduire la meute, comme un vrai Osbaldistone.

J'avais entendu çà et là quelque chose de ces absurdes rumeurs, qu'on ne rapportait qu'en secret et à la dérobée; on peut aisément croire que je ne faisais qu'en rire et les mépriser. Mais la solitude absolue à laquelle cette salle de diabolique renommée était condamnée chaque nuit après le couvre-feu, était pour moi une raison de plus de ne pas y joindre miss Vernon quand il lui plaisait d'y passer la soirée.

Pour revenir à ce que je disais, je ne fus pas surpris de voir de la lumière dans la bibliothèque; mais je fus frappé d'étonnement en apercevant distinctement l'ombre de deux personnes se dessiner sur la première fenêtre. Ce peut être la vieille Marthe, pensai-je, que Diana aura engagée à passer la soirée près d'elle, ou je puis m'être trompé et avoir pris pour une seconde personne l'ombre même de Diana. Mais non, de par le Ciel! les ombres se montrent sur la seconde fenêtre, — deux figures nettement tracées; et maintenant elles se perdent de nouveau. Elles reparaissent sur la troisième, — sur la quatrième; — c'est la forme distincte de deux corps se dessinant en noir sur chaque fenêtre, à mesure qu'ils passent entre elles et la lumière. Qui peut être avec Diana? — Les deux ombres repassèrent successivement devant toutes les fenêtres, comme pour me convaincre que je ne m'étais pas trompé; puis les lumières s'éteignirent, et tout rentra dans l'obscurité.

Quelque futile que fût cette circonstance, je restai longtemps sans pouvoir la bannir de mon esprit. Je ne voulais pas m'avouer que mon amitié pour miss Vernon fût entachée de jalousie; cependant je ne saurais exprimer quel déplaisir je ressentis en songeant qu'elle accordait à quelqu'un des entretiens particuliers, dans un lieu et à une heure où, par égard pour elle, j'avais pris sur moi de m'interdire sa société.

— Imprudente et incorrigible fille! disais-je en moi-même, près de qui les bons conseils et la délicatesse sont peines perdues! Je me suis laissé prendre à la simplicité de ses manières, qu'elle peut affecter, j'en suis sûr, comme elle prendrait un chapeau de paille, si c'était la mode, seulement pour faire parler d'elle. Je crois vraiment que malgré tout son jugement, la société d'une demi-douzaine de rustauts pour jouer au whist lui causerait plus de plaisir que l'Arioste lui-même, s'il sortait du tombeau.

Cette réflexion me fut d'autant plus pénible, que m'étant enfin décidé à montrer à Diana ma traduction des premiers livres de l'Arioste, je l'avais priée d'inviter Marthe à venir ce soir-là prendre le thé dans la bibliothèque, arrangement auquel miss Vernon s'était refusée sous un prétexte qui m'avait paru assez frivole. J'étais livré à ces pensées attristantes, lorsque la petite porte du jardin s'ouvrit; l'arrivée d'Andrew et de son compatriote qui pliait sous le poids de sa balle, détourna alors mon attention.

Comme je m'y attendais, je trouvai en M. Macready un Écossais à face allongée, plein de finesse et de sagacité, par goût et par état grand ramasseur de nouvelles. Il put me donner une relation détaillée de ce qui s'était passé dans les deux chambres relativement à l'affaire Morris, qui ne paraissait avoir été qu'une pierre de touche pour éprouver l'esprit du Parlement. Il m'apprit, ce qu'Andrew m'avait déjà raconté de seconde main, que le ministère s'était trouvé trop faible pour soutenir une accusation qui compromettait des personnes de haut rang et d'importance, et qui reposait sur la foi fort équivoque d'un homme tel que Morris, dont l'histoire, d'ailleurs, paraissait confuse et contradictoire. Macready put même me fournir un exemplaire d'un journal imprimé, ce qui alors était une rareté en dehors des murs de Londres, dans lequel les débats étaient rapportés en substance, ainsi qu'un exemplaire du discours du duc d'Argyle, imprimé sur une large feuille, et dont il avait apporté une pacotille, parce que, disait-il, ce serait un article de bonne défaite au nord de la Tweed. Le journal ne renfermait qu'un maigre compte-rendu de l'affaire, rempli de blancs et d'astérisques, et qui ajouta peu à ce que j'avais appris de l'Écossais; le discours du duc, quoique animé et éloquent, ne contenait guère qu'un panégyrique de la contrée natale de l'orateur, de sa famille et de son clan, avec quelques compliments, non moins sincères peut-être, quoique moins chaleureux, qu'il avait pris occasion de s'adresser à lui-même. Je ne pus savoir si ma réputation avait été directement compromise, quoique je visse bien que l'honneur de la famille de mon oncle l'avait été fortement; car ce Campbell, désigné par Morris comme ayant joué le rôle le plus actif dans le vol, n'avait pas craint, était-il dit, de venir déposer lui-même en faveur d'un M. Osbaldistone, et, de connivence avec le juge, l'avait fait mettre en liberté. Sur ce point, le récit de Morris s'accordait avec le soupçon que Campbell avait fait naître en moi, dès l'instant où je l'avais vu paraître chez le juge Inglewood. Contrarié et tourmenté de cette singulière affaire, je congédiai les deux Écossais, après avoir fait quelques emplettes à Macready et un petit compliment à Fairservice, et je me retirai dans ma chambre pour réfléchir à ce que je devais faire dans une circonstance où mon honneur était ainsi publiquement attaqué.

CHAPITRE XV.

D'où viens-tu? Qui es-tu?   MILTON.

APRÈS une nuit sans sommeil, employée à méditer sur ce que je venais d'apprendre, je pensai d'abord que je devais retourner en toute hâte à Londres, et confondre par ma présence la calomnie répandue contre moi. Mais j'hésitai à prendre ce parti, en songeant au caractère absolu de mon père en tout ce qui se rapportait à sa famille. Son expérience, sans nul doute, devait le mettre tout à fait à même de me diriger dans cette circonstance, et lié avec les whigs les plus distingués alors au pouvoir, il avait assez d'influence pour me faire rendre justice. Ainsi donc, tout bien considéré, je crus que le plus sage était d'envoyer à mon père une relation exacte de toute l'histoire; et comme les communications entre le château et le bureau de poste le plus voisin étaient rares, je pris le parti de m'y rendre moi-même, quoique la distance fût d'une dizaine de milles, et d'y déposer la lettre de mes propres mains.

Je commençais à trouver étrange, depuis plusieurs semaines que j'avais quitté Londres, que je n'eusse reçu de lettre ni de mon père, ni d'Owen, quoique Rasleigh eût déjà écrit à sir Hildebrand pour l'informer de son heureuse arrivée et de la bonne réception qu'il avait eue de son oncle. En admettant que j'eusse eu des torts, je n'avais pas mérité, du moins dans mon opinion, un oubli si absolu de la part de mon père, et je pensai que ma démarche actuelle devrait du moins me valoir une lettre de lui. J'eus soin, avant de terminer ma missive, d'y exprimer le vif désir et l'espoir que mon père voudrait bien m'honorer de quelques lignes, ne serait-ce que pour me transmettre ses conseils et ses ordres dans une occurrence assez difficile, où ma propre expérience du monde ne pouvait évidemment suffire pour me diriger. Je ne pus prendre sur moi de solliciter mon rappel définitif à Londres, et je déguisai ma répugnance à quitter Osbaldistone-Hall sous une apparente soumission à la volonté de mon père, cherchant à me persuader à moi-même que cette raison ne pouvait manquer d'être admise. Seulement je demandais la permission de faire à Londres un court voyage, pour réfuter et confondre les calomnies infâmes qu'on avait publiquement accréditées sur mon compte. Ayant clos ma dépêche, dans laquelle le vif désir que j'éprouvais d'être mis à même de justifier ma réputation attaquée était fortement aux prises avec la crainte de m'éloigner du lieu actuel de ma résidence, je montai à cheval et me dirigeai vers la ville de poste, où je remis ma lettre au bureau. Ma peine fut bien récompensée, car j'y trouvai une lettre à mon adresse, qu'autrement je n'aurais pas eue de sitôt. Elle était de mon ami Owen, et ainsi conçue :

Mon cher monsieur Francis,

J'ai reçu votre lettre par la voie de M. R. Osbaldistone, et j'ai pris note du contenu. J'aurai pour M. R. O. toutes les honnêtetés qui seront en mon pouvoir, et je lui ai déjà fait voir la banque et la douane. Ce paraît être un jeune homme sobre, sûr et propre aux affaires ; il sera utile dans la maison. J'aurais désiré qu'une autre personne eût tourné son esprit de ce côté ; mais à la volonté de Dieu. Comme l'argent peut être rare dans ce pays, j'espère que vous m'excuserez de joindre ici un billet Goldsmith de 100 l. st., à six jours de vue, sur MM. Hooper et Girder, de Newcastle, auquel je ne doute pas qu'on fasse honneur. — Je demeure, comme je le dois, mon cher M. Frank, votre très-respectueux et obéissant serviteur,

JOSEPH OWEN.

Post-scriptum. — J'espère que vous m'accuserez réception de la présente. Je suis affligé que nous ayons si peu de vos nouvelles. Votre père dit être comme d'ordinaire, mais il paraît bien triste.

A la lecture de cette épître, où je reconnaissais le style laconique du bon Owen, je fus très-surpris de n'y trouver nulle mention de la lettre confidentielle que je lui avais écrite dans le but de l'instruire du véritable caractère de Rasleigh, quoique, d'après le cours ordinaire de la poste, il semblait certain qu'il dût l'avoir reçue. Je l'avais envoyée par la voie de communication habituelle du château à la ville, et je n'avais aucune raison de penser qu'elle eût pu s'égarer en route. Comme elle renfermait des choses d'une grande importance, tant pour mon père que pour moi-même, je descendis au bureau de poste, et j'y traçai une nouvelle lettre pour Owen, récapitulant sommairement ma lettre précédente, et le priant de me faire savoir, courrier pour courrier, si elle lui était parvenue. Je lui accusais en outre réception de la lettre de change, et lui promettais d'en faire usage, si j'avais besoin d'argent. A la vérité, il me paraissait singulier que mon père eût laissé à son commis le soin de pourvoir aux besoins de son fils ; mais j'en conclus que c'était une affaire convenue entre eux. D'ailleurs Owen était garçon, fort à son aise, et il avait pour moi un vif attachement ; de sorte que je ne balançai pas à lui avoir l'obligation de cette petite somme, la regardant comme un prêt que je lui restituerais sur les premiers fonds que je toucherais, si mon père ne l'en avait déjà couvert ; j'en parlai dans ce sens à M. Owen. Un marchand de la ville, à qui le maître de poste m'adressa, me compta en or le montant du billet sur MM. Hooper et Girder, de sorte que je revins à Osbaldistone-Hall beaucoup plus riche que je n'en étais parti. Ce renfort à mes finances arriva fort à propos, car j'étais, au château, assujetti à quelques petites dépenses indispensables, et j'avais vu avec inquiétude diminuer sensiblement la somme que les frais de mon voyage avaient laissée intacte dans mes mains. Ce fut pour le moment un tourment de moins. A mon arrivée au château, j'appris que sir Hildebrand et ses dignes rejetons étaient allés à un petit hameau appelé Trinlay-Knowe, « pour voir, selon l'expression d'Andrew Fairservice, une troupe de coqs de basse-cour s'éplucher la tête l'un à l'autre. »

— C'est, à la vérité, un amusement cruel ; je suppose, Andrew, que vous n'en avez pas de semblable en Écosse?

— Non, non, répondit fièrement Andrew ; à moins q'ce n'soit l'mardi-gras, ou que'que jour comme ça ; mais au bout du compte ils peuvent faire c'qu'ils voudront à c't'engeance de basse-cour, qui ne s'contente pas d'gratter et d'ratisser la cour, mais dont on a tout' les peines du monde à garder ses haricots et ses pois. — Mais j'voudrais bien savoir qu'est-ce qui laisse toujours ouverte la porte d'la p'tite tour ; à présent qu'monsieur Rasleigh n'y est plus, ça n'peut pas être lui, j'pense.

La petite porte qu'il me désignait conduisait du jardin, par un escalier tournant, à l'appartement de M. Rasleigh. Cet appartement, comme je l'ai déjà dit, était situé dans une partie isolée du château, communiquant à la bibliothèque par une porte dérobée, et avec le reste de la maison par un corridor voûté, obscur et tortueux. Un étroit et long sentier, enfoncé entre deux haies de houx, conduisait de la porte de la tourelle à une petite poterne pratiquée dans le mur du jardin. Au moyen de ces communications, Rasleigh, qui vivait tout à fait à part du reste de la famille, pouvait à volonté sortir du château ou y rentrer sans que qui que ce fût pût remarquer ses démarches. Mais en son absence personne ne passait par l'escalier tournant ni par la petite porte, et c'est ce qui fixa mon attention sur l'observation d'Andrew.

— Avez-vous souvent remarqué que cette porte restât ouverte? lui demandai-je.

— Souvent, non ; seulement une ou deux fois. Je suis sûr que c'est le prêtre, le père Vaughan, comme ils l'appellent. On n'verra pas un des domestiques aller par c't'escalier ; les pauvres païens ont trop peur des esprits et des lutins, et de tous les habitants d'l'autre monde. — Mais l'père Vaughan s'croit privilégié ; — mais qui s'élève, on l'abaisse.

— Je gagerais que l'plus mauvais prêcheur qui ait jamais estropié un sermon d'l'autre côté d'la Tweed enverrait un esprit deux fois aussi loin qu'lui avec son eau bénite et ses momeries idolâtres. Je n'crois même pas qu'il parle bon latin ; car il ne m'comprend pas, quand j'lui dis les noms savants des plantes.

CHAPITRE XV.

Je n'ai rien dit encore du père Vaughan, qui partageait son temps et ses soins spirituels entre Osbaldistone-Hall et une demi-douzaine de familles catholiques du voisinage. Je l'avais à peine aperçu. Il approchait de la soixantaine, et, à ce que j'avais entendu dire, il appartenait à une bonne famille du nord. C'était un homme d'un extérieur grave, d'une physionomie imposante et sévère, et qui jouissait d'une grande considération parmi les catholiques du Northumberland, comme un homme intègre et juste. Cependant le père Vaughan n'était pas sans quelques-unes de ces particularités qui distinguent son ordre. Il régnait autour de lui un air de mystère, qui aux yeux d'un protestant dénonçait le métier de prêtre. Les naturels d'Osbaldistone-Hall (on pouvait bien les appeler ainsi) le craignaient, ou du moins le respectaient plus qu'ils ne l'aimaient. Il était évident qu'il condamnait leurs orgies, car elles étaient suspendues jusqu'à un certain point quand il résidait au château. Pendant ce temps, sir Hildebrand lui-même s'imposait quelque contrainte; ce qui devait lui rendre la présence du père plus gênante qu'agréable. Il montrait l'adresse polie, insinuante et presque flatteuse particulière au clergé catholique, principalement en Angleterre, où le laïque de cette communion, sous le coup de lois pénales et enchaîné par les restrictions de sa croyance et les prescriptions de son pasteur, montre souvent dans la société des protestants une réserve qui va presque jusqu'à la timidité; tandis que le prêtre, que son caractère autorise à fréquenter des gens de toutes les croyances, est ouvert, actif et tolérant dans ses relations avec eux, par le désir qu'il a de parvenir à la popularité, habile d'ailleurs dans ses efforts pour y atteindre.

Le père Vaughan était une connaissance particulière de Rasleigh, et c'est à lui qu'il avait dû probablement d'être reçu au château. — Cette circonstance ne me donnait nullement le désir de cultiver son intimité, et lui, de son côté, ne semblait faire vers moi aucune avance dans ce but; nos rapports accidentels se bornaient donc à un simple échange de civilités. Je regardai comme assez présumable que le père Vaughan dût occuper l'appartement de Rasleigh, lorsqu'il couchait par hasard au château, et par sa profession ce devait être aussi un habitué de la bibliothèque. Il était donc très-probable que c'était sa présence dans ce dernier lieu qui, le soir précédent, avait excité ma curiosité. Ceci m'amena involontairement à me rappeler que dans les rapports entre miss Vernon et ce prêtre il semblait régner le même mystère que dans ses communications avec Rasleigh. Je ne lui avais pas entendu prononcer une seule fois le nom de Vaughan, ni même le désigner indirectement, depuis le jour de notre première rencontre, où elle m'avait dit que le vieux prêtre et Rasleigh étaient avec elle les seuls êtres au château avec lesquels on pût échanger quelques paroles. Cependant, malgré ce silence à l'égard du père Vaughan, son arrivée à Osbaldistone-Hall ne manquait jamais de produire sur elle une sorte d'impression de terreur et d'anxiété, qui ne se calmait que lorsqu'ils avaient échangé un ou deux regards d'intelligence.

Quel que pût être le mystère qui enveloppait la destinée de cette femme si belle et si intéressante, il était clair que le père Vaughan n'y était pas étranger; à moins de supposer que c'était l'agent chargé de ménager son entrée au couvent, dans le cas où elle refuserait l'alliance de l'un de mes cousins, — ce qui, pensai-je, expliquerait suffisamment l'émotion évidente que sa vue lui cause. Du reste, ils ne paraissaient pas avoir ensemble de bien longs entretiens, ni même se rechercher beaucoup l'un l'autre. Leur ligue, s'il en existait une entre eux, était tacite et conventionnelle; elle était toute d'action et non de paroles. La réflexion me rappela cependant qu'une ou deux fois j'avais remarqué des signes échangés entre eux. J'avais supposé alors qu'ils avaient rapport à quelque point d'observance religieuse, sachant avec quelle adresse le clergé catholique maintient, en toute occasion, son influence sur l'esprit de ses ouailles; mais en ce moment j'étais disposé à leur accorder un sens plus profond et plus mystérieux. Avait-il dans la bibliothèque des entrevues secrètes avec miss Vernon? C'était un doute qui occupait toutes mes pensées; et s'il en était ainsi, dans quel but? Et pourquoi avait-elle admis dans sa confidence intime un ami du perfide Rasleigh?

Ces doutes se pressaient dans mon esprit, avec une force qu'accroissait encore l'impossibilité de les résoudre. J'avais déjà conçu quelques soupçons que mon amitié pour Diana Vernon n'était pas aussi complètement désintéressée que l'eût voulu la prudence. L'épais et peu redoutable Thorncliff lui-même m'avait fait ressentir des mouvements de jalousie, et cette disposition m'avait fait relever avec plus de chaleur que je ne l'aurais dû, par prudence et par respect pour moi-même, les attaques grossières qu'il cherchait à diriger contre moi. Et maintenant j'épiais les démarches de miss Vernon avec un anxieux intérêt, que je tâchais en vain de me présenter à moi-même comme inspiré par la curiosité seule. Tous ces signes, comme Benedick brossant son chapeau neuf, indiquaient assez la présence de l'amour; et ma raison, cherchant à nier qu'elle m'eût laissé former un attachement aussi imprudent, ressemblait à ces guides ignorants qui, après s'être engagés eux et le voyageur dans une voie inextricable, soutiennent obstinément qu'ils ne peuvent s'être trompés de route.

CHAPITRE XVI.

> Il arriva qu'un jour, à midi, allant sur mon canot, je vis sur le rivage, avec une extrême surprise, l'empreinte d'un pied nu, qu'on pouvait reconnaître distinctement sur le sable.
> *Robinson Crusoé.*

PARTAGE entre les impressions de curiosité et de jalousie que faisait naître en moi la situation singulière de miss Vernon, je finis par épier ses actions et jusqu'à ses regards avec une persistance et une attention qui ne purent échapper à sa pénétration, malgré mes efforts pour les dissimuler. La certitude d'être ainsi observée, ou pour mieux dire épiée sans relâche, semblait tout à la fois l'embarrasser, la peiner et la mécontenter. Parfois on eût dit qu'elle cherchait une occasion de me témoigner son déplaisir d'une conduite qui ne pouvait que lui paraître offensante, après la franchise avec laquelle elle m'avait avoué les embarras au milieu desquels elle se trouvait placée; d'autres fois elle semblait prête à descendre à la prière. Mais ou le courage lui manquait, ou quelque autre sentiment l'empêchait d'en venir à une explication. Son mécontentement ne se manifestait que par saillies, et la prière expirait sur ses lèvres. Nous nous trouvions ainsi dans une situation relative assez singulière, étant par goût presque toujours ensemble, et nous cachant mutuellement les sentiments qui nous agitaient, moi ma jalousie, elle son déplaisir. Il y avait entre nous de l'intimité sans confiance : d'un côté, de l'amour sans but et sans espoir, et une curiosité sans motif que la raison pût avouer; de l'autre, de l'embarras, de l'hésitation, et parfois une colère secrète. Mais telle est la nature du cœur humain, que peut-être ce conflit de passions et de sentiments opposés, entretenu et excité par mille petites circonstances toujours renaissantes, en nous rendant, miss Vernon et moi, l'objet constant de nos pensées mutuelles, tendait, plus que tout le reste, à fortifier l'attachement auquel nous étions portés l'un pour l'autre. Mais quoique ma vanité n'eût pas tardé à découvrir que ma présence à Osbaldistone-Hall avait donné à Diana quelques raisons de plus pour détester le cloître, je ne pouvais compter sur une affection qui semblait entièrement subordonnée aux mystères de sa singulière position. Miss Vernon était d'un caractère trop décidé et trop résolu pour permettre à l'amour de l'emporter sur le devoir ou sur la prudence; elle m'en donna la preuve dans une conversation que nous eûmes ensemble vers cette époque.

Nous nous trouvions dans la bibliothèque. Miss Vernon, en feuilletant un volume de l'*Orlando furioso* qui m'appartenait, en fit tomber une feuille de papier couverte de mon écriture. Je me hâtais de la ramasser, mais elle me prévint.

— Ce sont des vers, dit-elle, en y jetant les yeux ; et elle la déployait, mais comme si elle eût attendu ma réponse avant de poursuivre. Puis-je prendre la liberté ?..... Oh ! si vous rougissez, si vous bégayez, je dois faire violence à votre modestie et supposer que la permission est accordée.

— Ce n'est pas digne de vous être soumis ; — un fragment de traduction. — Ma chère miss Vernon, j'aurais trop à redouter d'une épreuve où je vous aurais pour juge, vous qui sentez si bien les beautés de l'original.

— Mon cher ami, repartit Diana, si vous voulez m'en croire, ne montrez pas tant d'humilité ; car il y a dix contre un à mettre que cela ne vous vaudra pas un seul compliment. Je suis, vous le savez, de la famille peu goûtée des Francs-Parleurs, et je ne flatterais pas Apollon pour sa lyre.

Alors elle lut la première stance, qui était à peu près ainsi conçue :

Je chante les dames, et les chevaliers, et les armes, et l'amour, et les hauts faits d'armes chevaleresques, au temps où, conduits par Agramant, leur jeune roi, les Maures sortirent de la brûlante Afrique, et semblables à un Océan irrésistible, enflammés de fureur et pleins d'idées de vengeance, apportèrent en France tous les maux de la guerre. La mort du vieux Trojan fut l'origine de tous ces maux ; ce fut pour le venger qu'Agramant sortit des royaumes africains, et vint menacer l'empereur des Romains, Charles, le roi Chrétien.

Ma muse encore inconnue veut chanter aussi l'intrépide Roland, et dire comment ce chef, renommé pour sa sagesse non moins que pour sa bravoure, se laissa dominer par une passion insensée.....

— Il y en a beaucoup, dit-elle en mesurant le papier des yeux, et interrompant les sons les plus doux qui puissent caresser une oreille humaine, — les vers d'un jeune poëte lus par la femme qui lui est chère.

— Beaucoup trop pour mériter votre attention, miss Vernon, répliquai-je un peu mortifié ; et je pris de ses mains le papier qu'elle voulait retenir ; — et cependant, continuai-je, confiné, comme je le suis, dans cette résidence isolée, j'ai cru ne pouvoir mieux me distraire quelquefois qu'en continuant, pour mon seul amusement, croyez-le bien, la traduction de ce séduisant auteur, que j'avais commencée, il y a quelques mois, sur les bords de la Garonne.

— Il s'agit seulement de savoir, reprit Diana avec gravité, si vous n'eussiez pu trouver un meilleur emploi de votre temps.

— En me livrant à une composition originale ? répondis-je grandement flatté ; mais, à vrai dire, mon génie est plutôt propre à trouver des mots et des rimes que des idées, et je suis heureux de n'avoir

CHAPITRE XVI.

qu'à revêtir celles que l'Arioste me présente. Cependant, miss Vernon, avec les encouragements que vous voulez bien me donner....

— Dites les encouragements que vous voulez bien prendre, Frank. Je ne veux parler ni de traductions ni de compositions originales ; je pense que vous pourriez employer votre temps à des objets beaucoup plus utiles. Vous êtes mortifié, ajouta-t-elle, et je suis fâchée d'en être cause.

— Je ne suis pas mortifié, — je ne suis certainement pas mortifié, dis-je avec autant de bonne grâce que j'en pus mettre ; je vous suis trop obligé de l'intérêt que vous prenez à moi.

— Vous avez beau dire, reprit l'inflexible Diana, il y a dans ce ton de voix contraint de la mortification et un petit grain de colère ; mais ne m'en veuillez pas si je vous pousse ainsi à bout ; — peut-être ce qui me reste à vous dire vous affectera-t-il encore plus.

Je sentis la puérilité de ma conduite et la supériorité de miss Vernon, et je l'assurai qu'elle n'avait pas à craindre que je me révoltasse contre une critique que je savais n'être inspirée que par son amitié.

— Bien pensé et bien dit, répliqua-t-elle ; je savais bien que les dernières traces de l'irritabilité poétique s'évanouiraient dans la petite toux dont vous avez accompagné votre déclaration. — Avez-vous des nouvelles récentes de votre père?

— Pas un mot ; il ne m'a pas honoré d'une ligne depuis plusieurs mois que je suis ici.

— Ceci est étrange ; — vous êtes une singulière famille, vous autres Osbaldistone. Alors vous ignorez qu'il a fait un voyage en Hollande pour arranger quelques affaires urgentes qui réclamaient sa présence immédiate?

— En voici la première nouvelle.

— Et en outre ce sera encore une nouvelle pour vous, et non sans doute la plus agréable, qu'il a mis Rashleigh presque complètement à la tête de ses affaires jusqu'à son retour?

Je tressaillis et ne pus cacher ni ma surprise ni mon inquiétude.

— Vous avez raison de vous alarmer, reprit miss Vernon du ton le plus sérieux ; et à votre place je ferais tout ce qui serait en mon pouvoir pour prévenir ou arrêter les funestes conséquences d'un semblable arrangement.

— Et que puis-je faire pour cela?

— Tout est possible à qui a le courage et l'activité ; à l'homme timide et pusillanime tout est impossible, parce que tout lui paraît tel.

Miss Vernon, en prononçant ces mots, semblait une de ces héroïnes des âges chevaleresques, dont les exhortations doublaient, à l'heure du danger, le courage des preux.

— Et que me conseillez-vous, miss Vernon? lui dis-je, désirant et craignant tout à la fois d'entendre sa réponse.

Elle réfléchit un instant, puis elle reprit avec fermeté :—De quitter à l'instant Osbaldistone-Hall et de retourner à Londres. Peut-être, continua-t-elle d'un ton de voix plus doux, n'êtes-vous déjà resté ici que trop longtemps; cette faute n'est pas la vôtre. Mais chaque instant de plus que vous perdrez ici sera un crime. Oui, un crime; car je vous dis sans détour que si Rasleigh conduit longtemps les affaires de votre père, vous pouvez regarder sa ruine comme certaine.

— Cela est-il possible?

— Pas de questions; mais, croyez-moi, les desseins de Rasleigh ne s'arrêtent pas à la possession ou à l'augmentation des richesses commerciales. La disposition des revenus et de la propriété de M. Osbaldistone, Rasleigh n'en profitera que dans l'intérêt de ses vues particulières et de ses projets d'ambition. Tandis que votre père était en Angleterre, ceci était impossible; mais, durant son absence, les occasions ne manqueront pas à Rasleigh, et soyez sûr qu'il ne négligera pas d'en profiter.

— Disgracié par mon père et sans aucun contrôle sur ses affaires, comment préviendrai-je ce danger par ma seule présence à Londres?

— Votre présence seule fera beaucoup. Le droit de veiller aux intérêts de votre père, votre naissance vous le donne, et il est inaliénable. Vous aurez l'appui, sans doute, du premier commis de votre père, de ses amis, de ses associés. D'ailleurs les projets de Rasleigh sont d'une nature..... (elle s'arrêta court, comme si elle eût craint d'en trop dire), —sont, reprit-elle, de la nature de tous les plans égoïstes et mauvais, qui sont abandonnés dès que ceux qui les ont conçus voient leurs artifices découverts et surveillés. Ainsi donc, pour employer le langage de votre poëte favori :

A cheval! à cheval! hésitation c'est lâcheté.

Entraîné par une impulsion irrésistible, je m'écriai : — Ah! Diana! est-ce *vous* qui me conseillez de quitter Osbaldistone-Hall? — Alors, en effet, je n'y suis resté que trop longtemps!

Les joues de miss Vernon se colorèrent, mais elle répondit avec fermeté : Oui, je vous donne ce conseil, — non-seulement de quitter Osbaldistone-Hall, mais de n'y revenir jamais. Vous n'aurez à regretter ici qu'une amie, continua-t-elle avec un sourire forcé, et depuis longtemps elle est habituée à sacrifier ses penchants et son bonheur au bonheur des autres. Dans le monde vous en rencontrerez cent autres dont l'amitié sera aussi désintéressée, — plus utile, — moins assujettie à des circonstances ennemies, — moins exposée à la médisance et aux contrariétés.

—Jamais! m'écriai-je; jamais! Le monde ne peut rien m'offrir qui me dédommage de ce que je laisse derrière moi. En même temps j'avais saisi sa main et je la pressais sur mes lèvres.

CHAPITRE XVI.

— Quelle folie ! dit-elle ; — êtes-vous insensé? Et elle s'efforçait de retirer sa main, mais assez faiblement pour que je pusse la garder près d'une minute dans les miennes. Écoutez-moi, monsieur, continuat-elle, et soyez assez homme pour maîtriser ce transport. Je suis, par un contrat solennel, la fiancée du Ciel, si mieux je n'aime m'unir à la scélératesse dans la personne de Rasleigh Osbaldistone, ou à la brutalité dans celle de son frère. Je suis donc la fiancée du Ciel, destinée au cloître dès le berceau. Ces démonstrations sont sans objet ; — elles ne servent qu'à prouver davantage la nécessité de votre prompt départ. A ces mots elle fit un brusque mouvement pour s'éloigner, et elle me dit en baissant la voix : Quittez-moi à l'instant ; — nous nous reverrons encore ici, mais ce sera pour la dernière fois.

Comme elle parlait, mes yeux suivirent la direction des siens, et je crus voir remuer la tapisserie qui recouvrait la porte du passage secret de l'appartement de Rasleigh. Je pensai que nous étions observés, et je portai sur miss Vernon un regard inquisiteur.

— Ce n'est rien, dit-elle d'une voix faible ; quelque rat derrière la tapisserie.

« Qu'il meure donc[1], » aurais-je volontiers répondu, si j'avais osé m'abandonner à l'indignation qui me transportait, à l'idée d'être observé par un témoin dans un tel moment. La prudence, la nécessité de réprimer ma fureur, et l'ordre réitéré de Diana : Partez ! partez ! prévinrent heureusement ce mouvement de violence. Je quittai la bibliothèque en proie à une agitation extrême, que je tentai vainement de maîtriser quand je fus livré à moi-même.

Un chaos de pensées confuses venait m'assaillir à la fois, traversant rapidement mon esprit, se croisant, se confondant et se chassant tour à tour, semblables à ces brouillards qui, dans les contrées montagneuses, descendent en masses épaisses, et défigurent ou effacent les marques habituelles sur lesquelles le voyageur dirige ses pas à travers ces cantons sauvages. L'idée vague et obscure du danger dont les machinations d'un homme tel que Rasleigh menaçaient mon père ; — la demi-déclaration que j'avais faite à miss Vernon ; — les difficultés avouées de sa situation, forcée, comme elle l'était par un pacte ancien, de se sacrifier au cloître ou à un mariage mal assorti : — toutes ces idées, tous ces souvenirs se pressaient en moi, sans que je fusse en état d'en peser, d'en apprécier sainement aucun. Mais ce qui, plus que tout le reste, me déchirait le cœur, c'était la manière dont miss Vernon avait reçu l'offre de ma tendresse ; c'était ce mélange de sympathie et de fermeté qui semblait prouver que je possédais une place dans son cœur, mais non suffisante pour l'emporter sur les obstacles

[1] Allusion à la réponse d'Hamlet dans une circonstance analogue. *Voyez* l'*Hamlet* de Shakspeare. (L. V.)

qui s'opposaient à l'aveu d'un mutuel attachement. L'expression de terreur, plutôt que de surprise, avec laquelle elle avait remarqué le mouvement de la tapisserie sur la porte secrète, semblait annoncer la crainte d'un danger que je ne pouvais supposer sans fondement; Diana Vernon était peu sujette aux émotions nerveuses de son sexe, et incapable de s'abandonner à une crainte sans cause réelle. De quelle nature étaient donc ces mystères dont elle était entourée comme d'un cercle magique, et qui semblaient exercer sur ses pensées et ses actions une influence incessante, quoique leurs agents demeurassent invisibles? Ce fut sur cette réflexion que mon esprit s'arrêta, charmé peut-être à son insu de se détourner des pensées et des doutes que pouvait lui susciter ma propre conduite, pour se reporter sur ce qui regardait uniquement miss Vernon. Avant de quitter Osbaldistone-Hall, me dis-je, j'aurai fixé mon opinion sur cet être fascinateur, dont l'existence semble partagée entre la franchise et le mystère, l'une présidant à ses discours et à ses sentiments, l'autre étendant sur toutes ses actions son obscure influence.

A ces causes d'agitation, nées de la curiosité et de l'amour, venait se mêler encore une atteinte profonde, quoique vague et confuse, de jalousie. Ce sentiment, croissant avec l'amour comme l'ivraie avec le bon grain, était excité par la déférence que semblait montrer Diana à ces êtres invisibles par lesquels ses actions étaient déterminées. Plus je réfléchissais sur son caractère, plus je restais convaincu malgré moi qu'elle ne se soumettrait à aucun assujettissement qui ne serait pas commandé par l'affection; et je m'abandonnai à la violente amertume de ce soupçon rongeur, que tel était le fondement de cette influence qui la dominait.

Ces doutes pénibles rendirent plus vif encore mon désir de pénétrer le secret de la conduite de miss Vernon, et je formai, pour y parvenir, la sage résolution dont, si vous n'êtes pas fatigué de ces détails, vous trouverez le résultat dans le chapitre suivant.

CHAPITRE XVII.

> J'entends une voix que vous ne pouvez entendre, qui me dit : Ne reste pas; je vois une main que vous ne pouvez voir, qui me montre la route. TICKELL.

JE vous ai déjà dit, Tresham, si vous voulez bien vous le rappeler, qu'il était rare que je me rendisse le soir à la bibliothèque, excepté lorsque c'était convenu entre nous, et que, dans ce cas, la vieille Marthe était en tiers. Cet arrangement, cependant, n'était qu'une convention tacite qui venait de mon propre fait.

CHAPITRE XVII.

Depuis quelques jours, notre situation relative, devenue plus embarrassante, nous avait fait entièrement renoncer à nos entrevues du soir. Miss Vernon n'avait par conséquent nulle raison de supposer que je fusse disposé à les renouveler, surtout sans l'en avoir prévenue d'avance, pour que dame Marthe pût, comme de coutume, venir nous tenir compagnie; quoique après tout cette clause de prudence ne fût pas pour nous une loi expresse. La bibliothèque m'était ouverte, comme aux autres membres de la famille, à toutes les heures du jour et de la nuit, et je ne pouvais être accusé d'intrusion parce que j'y aurais fait une apparition soudaine et inattendue. J'étais fortement persuadé que miss Vernon y recevait occasionnellement Vaughan ou quelque autre personne dont les avis dirigeaient sa conduite, et qu'elle choisissait pour cela les moments où elle se croyait le moins exposée aux interruptions. La lumière qui éclairait la bibliothèque à des heures inhabituelles, — les ombres mobiles que j'y avais moi-même remarquées, — les vestiges de pas qu'on apercevait le matin depuis la porte de la tourelle jusqu'à la poterne du jardin, — le bruit que quelques-uns des domestiques, et notamment Andrew Fairservice, avaient entendu, et qu'ils expliquaient à leur manière : — tout indiquait que cette partie du château était visitée par quelque personne autre que les habitants ordinaires. Lié comme devait l'être ce visiteur aux destinées de Diana Vernon, je n'hésitai pas à arrêter un plan pour découvrir qui ce pouvait être, — jusqu'où son influence sur elle pouvait s'étendre, soit en bien, soit en mal, — surtout, quoique je tâchasse de me persuader à moi-même que c'était une considération très-secondaire, je voulais savoir par quels moyens cet être mystérieux avait acquis et conservait cette influence sur Diana, et s'il la dominait par la crainte ou par l'affection. Ce qui prouve que cette curiosité jalouse occupait la première place dans mon esprit, c'est que dans mon imagination je n'attribuais jamais qu'à une seule personne ce pouvoir secret sur miss Vernon, quoique rien ne m'indiquât qu'il ne dût pas être attribué à plusieurs. J'avais beau me faire à moi-même cette observation, je revenais toujours à ma première idée qu'un seul individu, un seul homme, sans doute un homme jeune et bien fait, dirigeait à son gré miss Vernon; et ce fut avec un ardent désir de découvrir ou plutôt de dévoiler un tel rival, que je me mis en station dans le jardin, attendant le moment où les lumières paraîtraient dans la bibliothèque.

Si grande était mon impatience que j'étais à mon poste, attendant une apparition qui ne pouvait avoir lieu avant la nuit fermée, plus d'une heure avant la fin du jour, par une soirée de juillet. C'était un samedi, et toutes les allées étaient calmes et solitaires. Je me promenai pendant quelque temps, jouissant de la douce fraîcheur d'une belle soirée d'été, et réfléchissant aux conséquences probables de mon entreprise. L'air embaumé du jardin, chargé de suaves émanations, calma peu à peu l'effervescence fiévreuse de mon sang; l'agitation de mon esprit commença à diminuer en proportion, et j'en vins à me demander de quel droit j'interviendrais dans les secrets de miss Vernon ou dans ceux de la famille de mon oncle. Que m'importait que mon oncle cachât quelqu'un dans sa maison, où moi-même je n'avais d'autres droits que ceux d'un hôte étranger? A quel titre irais-je m'immiscer dans les affaires de miss Vernon, enveloppées, comme elle l'avouait elle-même, d'un mystère qu'elle ne voulait pas qu'on approfondît?

La passion et l'opiniâtreté avaient des réponses à ces scrupules. En dévoilant ce secret, je rendais probablement service à sir Hildebrand, qui sans doute ignorait les intrigues qui se tramaient dans sa famille; je rendais un service encore plus important à miss Vernon, que son caractère franc et sans détour exposait à tant de dangers dans ces relations secrètes avec une personne indigne peut-être de sa confiance. Si je paraissais m'immiscer de force dans ses secrets, n'était-ce pas dans l'intention généreuse et désintéressée (oui, j'allais jusqu'à l'appeler *désintéressée*) de la guider, de la défendre, de la protéger contre la ruse, — contre la méchanceté, — surtout contre le conseiller secret qu'elle avait choisi pour confident. Tels étaient les arguments que j'opposais hardiment à ma conscience, et dont il me semblait qu'elle devait se payer; et ma conscience imitait le marchand qui, tout en murmurant, se voit forcé d'accepter l'offre insuffisante d'une pratique qu'il craint de mécontenter.

Je parcourais les allées de verdure, débattant ainsi le *pour* et le *contre*, lorsque j'aperçus Andrew Fairservice, planté comme une statue devant une rangée de ruches d'abeilles, dans une attitude de dévote contemplation; observant d'un œil les mouvements des citoyens irritables de la petite république, regagnant pour la nuit leurs maisons de paille, et l'autre œil fixé sur un livre de prières, qu'un long usage avait privé de ses angles et rapproché de la forme ovale; ce qui, joint à l'impression serrée et à la couleur sombre du volume, lui donnait un air d'antiquité des plus respectables.

— J'étais en train de lire *la Fleur de douce saveur semée dans la Vallée de ce Monde*, du digne maître John Quackleben, dit Andrew en fermant son livre à mon approche, et en plaçant ses lunettes de corne, en guise de marque, à l'endroit du livre où sa lecture avait été interrompue.

— Et les abeilles, Andrew, partageaient votre attention avec le savant auteur?

— C'est une race bien taquine, répliqua le jardinier; elles ont six jours par semaine pour essaimer, et vous verrez toujours qu'elles attendent pour ça au samedi, comme pour tenir les gens à la maison, et les empêcher d'aller entendre la parole. — Heureusement qu'il n'y avait pas prêché à la chapelle de Graneagain ; — mais il n'faut pas les en remercier.

— Vous auriez pu, comme je l'ai fait, Andrew, aller à l'église de la paroisse entendre un excellent discours.

— Des os d'perdrix froides, — des os d'perdrix froides, répondit Andrew avec un ricanement de dédain, — assez bons pour des chiens, sous l'respect d'Vot' Honneur. — Oui ! j'aurais pu sûrement voir le ministre s'promenant gravement dans sa chemise blanche, et entendre les musiciens jouer d'leurs sifflets, c'qui ressemble plus à une noce à deux pences qu'à un sermon ; — et par-dessus l'marché, j'aurais pu aller au chant du soir et entendre Daddie Docharty marmotter ses prières ; — j'm'en s'rais bien mieux trouvé !

— Docharty ! dis-je (c'était le nom d'un vieux prêtre irlandais, je crois, qui officiait quelquefois à Osbaldistone-Hall) ; je croyais le père Vaughan au château. Il y était hier.

— Oui, mais il est parti hier soir pour aller à Greystock, ou dans que'que autre endroit de l'ouest. Il y a du bruit de ce côté. Ils sont aussi affairés que mes abeilles ; — Dieu me pardonne d'avoir comparé les pauvres bêtes à des papistes ! Vous voyez bien, c'est le second essaim, car elles essaimeront quelquefois dans l'après-midi. Le premier est parti d'bonne heure à c'matin. Mais les voilà toutes rentrées dans leurs ruches pour la nuit. Ainsi j'souhaite à Vot'Honneur une bonne nuit, avec beaucoup d'autres, et la bénédiction du Ciel.

A ces mots, Andrew se retira ; mais en s'en allant il se retourna souvent pour jeter un coup d'œil sur les *skeps*, comme il appelait les ruches [1].

J'avais indirectement obtenu de lui une information importante, à savoir que le père Vaughan ne devait pas être au château. Si donc j'apercevais ce soir-là de la lumière dans la bibliothèque, ce ne pouvait être la sienne, à moins qu'il ne s'entourât d'un mystère suspect. J'attendais la nuit avec impatience. Les derniers rayons du soleil disparaissaient à peine, qu'une lueur pâle et douteuse vint éclairer les fenêtres de la bibliothèque. La lumière du crépuscule rendait cette lueur presque imperceptible, et pourtant j'en découvris le premier rayon aussi vite que le pêcheur attardé aperçoit dans le lointain la lueur encore faible du fanal domestique qui doit diriger sa course. Les doutes et les sentiments de convenance qui jusque-là avaient combattu ma curiosité et ma jalousie s'évanouirent dès que l'occasion de satisfaire la première s'offrit à moi. Je rentrai au château, et évitant les parties les plus fréquentées de la maison, avec la précaution d'un homme qui veut tenir sa démarche secrète, j'arrivai à la porte de la bibliothèque. La main sur le loquet, j'hésitai un instant ; — mais j'en-

---

[1] *Skep* est le nom écossais d'une ruche, en anglais *bee-hive*. (L. V.)

tends de l'intérieur un pas timide, — j'ouvre la porte, — et je trouve miss Vernon seule.

Diana parut émue ; — était-ce de ma subite apparition, ou par quelque autre cause, c'est ce dont je ne pus me rendre compte. Mais je fus frappé de l'agitation extraordinaire que je remarquais en elle, et qui ne pouvait provenir que d'une cause inaccoutumée. Il ne lui fallut cependant qu'un instant pour se remettre, et telle est le pouvoir de la conscience, que moi, qui avais voulu la surprendre, je demeurai tout interdit, et certainement le plus embarrassé des deux.

— Y a-t-il quelque chose de nouveau? demanda miss Vernon ; quelqu'un est-il arrivé au château?

— Personne que je sache, répondis-je en balbutiant ; je venais seulement chercher l'*Orlando.*

— Il est là, dit miss Vernon, en me désignant la table.

Tout en remuant quelques volumes pour trouver celui que je prétendais être venu chercher, je me préparais à une retraite honorable, ne sentant pas en moi l'assurance nécessaire pour mener à fin mon entreprise, lorsque j'aperçus un gant d'homme sur la table. Mes yeux rencontrèrent ceux de miss Vernon, qui rougit tout à coup.

— C'est une de mes reliques, dit-elle avec hésitation, et répondant non à mes paroles, mais à mon regard ; c'est un des gants de mon grand-père, l'original du beau Van Dike que vous admirez.

Et comme si elle eût pensé que quelque chose de plus que sa simple assertion était nécessaire pour en confirmer la vérité, elle ouvrit un tiroir de la grande table de chêne, et en tira un autre gant qu'elle me jeta. Lorsqu'une personne naturellement franche descend à la duplicité et au mensonge, sa gaucherie et son défaut d'assurance éveillent presque toujours le doute. Ayant jeté les yeux sur les deux gants, je répliquai froidement : — Ces gants se ressemblent sans doute par la forme et les broderies, mais ils ne sauraient former une paire, car ils sont tous deux de la main droite.

Elle se mordit les lèvres de dépit, et rougit encore davantage.

— Vous faites bien de me confondre, reprit-elle avec amertume ; quelques amis auraient seulement jugé, d'après ce que je disais, que je ne voulais pas leur donner d'explication particulière d'une circonstance qui ne regarde personne, — au moins un étranger. Vous avez mieux fait ; vous m'avez fait sentir non-seulement la bassesse de la duplicité, mais encore mon inhabileté à soutenir un mensonge. Non, comme vous l'avez bien remarqué, ces deux gants ne vont pas ensemble. L'un d'eux appartient à un ami encore plus cher que l'original de ce portrait ; — à un ami dont les conseils m'ont toujours guidée et me guideront toujours ; — que j'honore, — que j'..... Elle s'arrêta.

Irrité du ton qu'elle avait pris, je remplis la lacune. — Que j'aime, voulait dire miss Vernon.

— Et si je l'avais dit, répliqua-t-elle avec fierté, qui donc me demanderait compte de mes affections?

— Ce ne serait pas moi, miss Vernon, assurément. Je vous prie de ne pas m'imputer une telle présomption. *Seulement*, continuai-je avec quelque emphase, car j'étais piqué à mon tour, j'espère que miss Vernon pardonnera à un ami, à qui elle semble disposée à retirer ce titre, de lui faire observer.....

— Point d'observations, monsieur, interrompit-elle avec quelque véhémence, si ce n'est que je ne souffrirai ni doutes ni questions. Il n'existe personne dans cette maison par qui je voulusse être interrogée ou jugée; et si vous avez choisi cette heure inaccoutumée de vous présenter ici, dans le but d'épier mes actions, l'amitié et l'intérêt que vous prétendez me porter sont une pauvre excuse pour votre curiosité incivile.

— Je vous délivre de ma présence, dis-je avec une fierté égale à la sienne (car je n'ai jamais pu me soumettre à une humiliation, même de ceux que j'ai le plus aimés); — je vous délivre de ma présence. Je m'éveille d'un rêve bien doux, mais bien décevant; et — nous nous comprenons l'un l'autre.

J'allais sortir de la salle, quand miss Vernon, dont les mouvements étaient quelquefois si prompts qu'ils semblaient presque instinctifs, se précipita vers moi, et me saisissant par le bras me retint avec cet air d'autorité qu'elle savait si bien prendre, et qui formait un contraste à la fois si extraordinaire et si piquant avec la simplicité et la naïveté habituelles de ses manières.

— Arrêtez, M. Frank, s'écria-t-elle, vous ne me quitterez pas ainsi; je n'ai pas assez d'amis pour que je puisse rayer de ce nombre même les ingrats et les égoïstes. Souvenez-vous de ce que je vous dis, M. Francis. Vous ne saurez rien de ce gant mystérieux, — en disant ces mots elle l'avait repris, — non, rien, — pas un iota de plus que ce que vous savez déjà; et cependant je ne veux pas que ce gant soit notre gage de défi, ni une cause de discorde entre nous. Le temps que je dois encore passer ici, continua-t-elle d'un ton adouci, sera nécessairement très-court; votre séjour y doit être encore moins long. Nous allons nous séparer bientôt pour ne nous revoir jamais; que des querelles suscitées par de mystérieuses infortunes ne viennent donc pas empoisonner le peu d'heures qui nous restent à passer ensemble sur cette rive de l'éternité.

Je ne sais, Tresham, par quel charme cette fascinante créature exerçait un ascendant si absolu sur un caractère que moi-même je n'ai jamais pu dompter. En entrant dans la bibliothèque, j'étais décidé à provoquer une explication complète avec miss Vernon. Elle l'avait repoussée avec une fierté insultante, et il me semblait qu'elle m'avait avoué en face son amour pour un rival; car quelle autre interprétation pouvais-je donner à sa préférence déclarée pour son mystérieux confident? Et cependant, alors que j'étais sur le point de franchir la porte et de rompre avec elle pour jamais, il ne lui avait fallu que changer l'expression de son regard et de sa voix, il lui avait suffi de passer de l'accent d'un profond ressentiment et d'une fierté vivement blessée, à celui d'un despotisme caché sous les formes de l'amitié et de la plaisanterie, et qu'était venue tempérer ensuite une sensibilité mélancolique, pour me ramener à mon siège, esclave humble et soumis.

— A quoi bon revenir? dis-je en m'asseyant, à quoi cela peut-il servir, miss Vernon? Pourquoi serai-je témoin de peines que je ne puis adoucir, et de mystères que je ne puis sans vous offenser chercher à découvrir? Quelque ignorante du monde que vous soyez, vous devez savoir cependant qu'une femme jeune et belle ne peut avoir qu'un homme pour ami. Même dans un ami je serais jaloux d'une affection partagée avec un tiers inconnu et caché; mais avec *vous,* miss Vernon....

— Vous éprouvez dans toute sa plénitude cette aimable passion?
— Mais, mon bon ami, vous n'avez tenu jusqu'ici que les pitoyables propos que les sots répètent d'après les comédies et les romans, jusqu'à ce qu'ils aient donné à leur jargon une influence réelle sur leur esprit. Garçons et filles babillent ensemble d'amour; puis, quand l'amour est prêt à s'éteindre, ils se tourmentent en babillant sur la jalousie. Mais vous et moi, Frank, nous sommes des êtres raisonnables, ni assez simples, ni assez frivoles pour parler un autre langage que celui de la bonne et franche amitié. Tout autre rapport est aussi impossible entre nous que si j'étais homme ou vous femme. — Pour parler sans détour, ajouta-t-elle après un moment d'hésitation, quoique je cède encore assez au décorum de mon sexe pour rougir un peu à la clarté de ma déclaration, nous ne pourrions nous marier, si nous le voulions, et si nous le pouvions, nous ne le devrions pas.

Et en effet, Tresham, son front se colora d'une rougeur céleste, lorsqu'elle me fit cette déclaration cruelle. J'allais m'élever contre ses paroles, oubliant complètement les soupçons qu'elle-même venait de me confirmer; mais elle continua avec une fermeté froide et presque sévère.

— Ce que je vous ai dit est une vérité positive, incontestable, sur laquelle je ne veux ni questions, ni explication. Ainsi donc, monsieur Osbaldistone, nous sommes amis, — n'est-ce pas? Elle me tendit la main, et prenant la mienne, elle ajouta : — Et maintenant comme toujours, rien qu'amis.

Elle laissa aller ma main, que je laissai retomber en même temps que ma tête se penchait sur ma poitrine, pleinement subjugué, comme aurait dit Spencer¹, par ce mélange de douceur et de fermeté qui régnait dans ses manières. Elle se hâta de changer de sujet.

— Voici une lettre qui vous est adressée, monsieur Osbaldistone, et qui peut-être ne vous serait jamais parvenue, si elle n'était tombée entre les mains d'un certain Pacolet, un nain magique qui m'est dévoué, et que, comme toutes les demoiselles infortunées des romans, je garde secrètement à mon service.

Je décachetai la lettre et j'y jetai les yeux. — La feuille encore à demi pliée m'échappa des mains, et je m'écriai involontairement : Juste Ciel! ma folie et ma désobéissance ont ruiné mon père!

Miss Vernon se leva avec une expression d'inquiétude véritable et pleine d'affection. — Vous pâlissez, me dit-elle; — vous vous trouvez indisposé; — voulez-vous que je vous apporte un verre d'eau? Soyez homme, monsieur Osbaldistone, et ne vous laissez pas abattre. — Votre père est-il..... votre père n'est-il plus?

— Il vit, et j'en remercie Dieu! Mais à quels malheurs, à quels embarras.....

— Si c'est là tout, ne désespérez pas. Puis-je lire cette lettre? dit-elle en la ramassant.

J'y consentis, sachant à peine ce que je disais. Elle la lut avec grande attention.

— Quel est ce M. Tresham, de qui la lettre est signée?

— L'associé de mon père (votre bon père, Will); mais il n'a guère l'habitude de se mêler personnellement des affaires de la maison.

— Il parle de plusieurs lettres qui vous ont été écrites.

— Je n'en ai reçu aucune.

— Et il paraît, continua-t-elle, que Rasleigh, qui avait pris la direction des affaires durant le voyage de votre père en Hollande, est depuis quelque temps parti de Londres pour l'Écosse, emportant avec lui des valeurs considérables destinées à acquitter des effets souscrits par votre père à des personnes de ce pays, et que depuis son départ on n'a plus entendu parler de lui.

— Il n'est que trop vrai.

— Et on ajoute qu'un commis principal, un nommé — Owenson, — Owen, — a été immédiatement envoyé à Glasgow pour découvrir Rasleigh, si c'est possible, et l'on vous prie de vous rendre dans la même ville pour l'aider dans ses recherches.

— C'est vrai, et il faut que je parte à l'instant.

— Attendez donc, reprit miss Vernon; il me semble que le pis de tout ceci sera la perte d'une somme d'argent : cela peut-il vous mettre les larmes aux yeux? Fi! monsieur Osbaldistone!

— Vous me faites injure, miss Vernon; ce n'est pas la perte qui m'af-

---

¹ L'auteur se sert du vieux mot *overcrowed*, qui n'est plus en usage, et qui signifiait à la lettre placé sous un joug de fer. (L. V.)

flige, mais l'effet que tout ceci produira, je le sais, sur l'esprit et la santé de mon père, pour qui le crédit est l'honneur, et qui, s'il se voit dans l'impossibilité de faire face à ses engagements, descendra certainement au tombeau, sous le poids du chagrin, du remords et du désespoir, comme un soldat accusé de lâcheté, comme un homme d'honneur qui a perdu son rang et sa réputation dans la société. Et j'aurais pu prévenir tous ces malheurs par le léger sacrifice de mon fol orgueil et de mon indolence, qui m'ont fait repousser les travaux de cette profession utile et honorable! Grand Dieu! comment racheter les conséquences de ma faute?

— En partant à l'instant pour Glasgow, comme vous en conjure l'ami qui vous écrit cette lettre.

— Mais si Rasleigh a réellement tramé l'infâme projet de dépouiller son bienfaiteur, quelle apparence que je parvienne à déjouer un plan si profondément combiné?

— La réussite, en effet, est incertaine; mais, d'un autre côté, vous ne pouvez rendre aucun service à votre père en demeurant ici.—Souvenez-vous que si vous étiez resté au poste qui vous était destiné, ce désastre n'aurait pas eu lieu; courez à celui qu'on vous indique, et tout peut se réparer. — Mais un instant; — ne sortez pas d'ici avant mon retour.

Elle me laissa en proie à la confusion et à l'étonnement, au milieu desquels je pus cependant trouver un intervalle lucide pour admirer la fermeté, le calme et la présence d'esprit qui n'abandonnaient jamais miss Vernon, même dans une crise inattendue.

Elle revint au bout de quelques minutes, tenant à la main un papier plié et cacheté comme une lettre, mais sans suscription. Je vous confie, dit-elle, cette preuve de mon amitié, parce que j'ai la plus parfaite confiance en votre honneur. Si j'ai bien compris la nature de vos embarras, les fonds qui se trouvent dans les mains de Rasleigh doivent être recouvrés pour un certain jour,—le 12 septembre, je crois, — afin d'acquitter les billets en question; et conséquemment, si la somme nécessaire est trouvée avant cette époque, le crédit de votre père est à l'abri de la catastrophe que vous redoutez.

— Certainement; — j'ai compris ainsi ce que dit M. Tresham. — Il ne peut y avoir là-dessus le moindre doute, ajoutai-je après avoir parcouru de nouveau la lettre de votre père.

— Eh bien, reprit Diana, dans ce cas mon petit Pacolet peut vous servir. — Vous avez entendu parler d'un charme contenu dans une lettre. Prenez ce paquet. Vous ne l'ouvrirez que si tout autre moyen a échoué; si vous réussissez dans vos démarches, je me fie à votre honneur pour détruire cette lettre sans qu'elle ait été ouverte. Sinon, vous pouvez rompre le cachet dix jours avant le terme fatal, et vous y trouverez des renseignements qui peut-être pourront vous servir. —

Adieu, Frank; nous ne nous reverrons plus.—Pensez quelquefois à votre amie Die Vernon.

Elle me tendit la main, mais je la serrai elle-même sur mon cœur. Elle soupira en se dégageant de mes bras, s'échappa par la porte qui conduisait à son appartement, et je ne la vis plus.

CHAPITRE XVIII.

> Et vite, vite, ils s'avancent aussi vite que peut aller un cheval. Hurra! hurra! les morts peuvent galoper; craindrais-tu de galoper avec moi? BURGHER.

Dans une accumulation de maux différant à la fois par leur cause et par leur caractère, il y a du moins cet avantage que la distraction que produisent en nous leurs effets contradictoires nous empêche de succomber sous aucun. J'étais profondément affligé de me séparer de miss Vernon, mais non autant que je l'eusse été si les circonstances fâcheuses où se trouvait mon père n'eussent exigé mon attention; de même les tristes nouvelles de M. Tresham m'accablèrent moins que si elles eussent occupé seules mon esprit. Je n'étais ni amant perfide ni mauvais fils; mais l'homme ne peut supporter que jusqu'à un degré limité les émotions de la douleur; et si deux causes de peines agissent à la fois sur lui, sa sensibilité ne peut que se diviser entre elles, comme l'actif d'un négociant en faillite se partage entre ses créanciers. Telles étaient mes réflexions en gagnant mon appartement:—il semble, d'après ma comparaison, qu'elles s'imprégnaient déjà d'une couleur commerciale.

Je relus avec attention la lettre de votre père. Elle était assez obscure, et pour plusieurs particularités elle me renvoyait à Owen, que j'étais prié de rejoindre aussitôt que possible dans une ville d'Écosse appelée Glasgow; il m'informait en outre que j'aurais des nouvelles de mon vieil ami chez MM. Mac Vittie, Mac Fin et Cie, négociants dans cette ville, quartier de Gallowgate. Il faisait aussi allusion à plusieurs lettres qui par conséquent avaient été égarées ou interceptées, et il se plaignait de mon long silence en termes qui eussent été souverainement injustes si les miennes fussent arrivées à leur destination. Plus je lisais cette lettre, plus mon étonnement redoublait. Que l'esprit de Rasleigh veillât autour de moi, qu'il conjurât ces ténèbres et ces difficultés dont j'étais enveloppé, c'est ce dont je ne pouvais douter un instant; mais il était effrayant de songer à l'étendue des moyens que sa scélératesse féconde avait dû employer pour l'accomplissement de ses desseins. Je dois me rendre justice sous un rapport; le chagrin de me séparer de miss Vernon, quelque vif qu'il fût, quelque insupportable qu'il m'eût paru en tout autre moment, ne devint pour moi qu'une considération secondaire quand je pensai aux dangers dont mon père était menacé. Je n'attachais pas un grand prix à la fortune, et je pensais, comme beaucoup de jeunes gens à l'imagination ardente, qu'il est plus aisé de se passer de richesses que de consacrer son temps et ses facultés au travail nécessaire pour les acquérir. Mais dans la situation où se trouvait mon père, je savais qu'une suspension de paiements serait à ses yeux un irréparable déshonneur, auquel l'existence ne pourrait apporter de consolation, et dont le plus prompt, le seul remède, serait la mort.

Mon esprit se tendit donc sur la pensée de détourner cette catastrophe, avec une force dont je n'aurais pas été capable s'il se fût agi de ma propre fortune; et le résultat de ma délibération fut une résolution bien arrêtée de quitter le lendemain Osbaldistone-Hall, et de me rendre à Glasgow sans perdre de temps, pour y rejoindre Owen. Je ne crus pas devoir annoncer mon départ à mon oncle autrement que par une lettre de remerciements pour son hospitalité, en l'informant qu'une affaire importante et soudaine m'avait empêché de les lui offrir en personne. Je savais que le vieux chevalier excuserait aisément mon procédé, et j'avais une telle idée de l'étendue et de la puissance des machinations de Rasleigh, que je n'étais pas sans crainte, si mon départ était publiquement annoncé à Osbaldistone-Hall, qu'il eût ménagé quelque moyen d'empêcher un voyage qui n'était entrepris que pour déjouer ses projets.

Je résolus donc de me mettre en route le lendemain matin à la pointe du jour, et de gagner la frontière écossaise, assez peu éloignée, avant qu'au château on se doutât de mon départ. Mais un obstacle grave semblait devoir nuire à la célérité qui était l'âme de mon expédition. Je ne connaissais pas le plus court chemin, ou plutôt j'ignorais entièrement la route de Glasgow; et la promptitude, dans la circonstance actuelle, étant de la dernière conséquence, je me déterminai à consulter Andrew Fairservice, comme l'autorité la plus prochaine et la plus compétente qui fût à ma portée. Quoiqu'il fût tard, je sortis dans l'intention de régler ce point important, et en quelques minutes je fus à la porte du jardinier.

La demeure d'Andrew était à peu de distance du mur extérieur du jardin. C'était un commode et confortable cottage[1] northumbrien, construit en pierres dégrossies au marteau. Les fenêtres et les portes étaient décorées d'épaisses et lourdes architraves, ou plutôt de linteaux en pierre taillée, et le toit était couvert de larges dalles grises, au lieu d'ardoises, de chaume ou de tuiles. A l'une des extrémités du

---

[1] Le *cottage* est une chaumière, une petite habitation isolée dans la campagne. Aujourd'hui le même terme, par une extension de sa signification originaire, désigne en Angleterre une *ferme ornée*, c'est-à-dire une véritable maison de campagne. (L. V.)

cottage, un antique poirier; sur le devant, un petit parterre que bordait un ruisseau; sur le derrière, un potager, un enclos pour une vache, et un petit champ cultivé en plusieurs sortes de grains, plutôt pour l'usage du cottager que pour la vente : tout annonçait cette aisance et ce bien-être que la vieille Angleterre assure à ses plus humbles enfants, jusque dans les parties du nord les plus reculées.

En approchant de la maison du prudent Andrew, je distinguai des sons dont la nature solennelle, nasale et prolongée me firent penser qu'Andrew, selon la coutume honnête et méritoire de ses concitoyens, avait réuni quelques voisins à ses exercices de famille, comme il appelait ses dévotions du soir, quoiqu'il n'eût avec lui ni femme, ni fille, ni personne du sexe féminin. Notre premier père, qui fut aussi le premier jardinier, a eu assez de ce bétail, disait-il. Néanmoins, il se formait quelquefois un auditoire composé de papistes et d'anglicans (tisons que, selon son expression, il arrachait de la fournaise), au milieu duquel il exerçait ses talents spirituels, en dépit du père Vaughan, du père Docharty, de Rasleigh et de tous les catholiques des environs, qui regardaient son intervention en de telles matières comme un acte de contrebande hérétique. Je pensai donc que probablement quelques voisins bien disposés tenaient chez lui ce soir-là une conférence de cette nature. Mais quand je pus l'entendre plus distinctement, le bruit me parut provenir exclusivement des poumons d'Andrew; et lorsque je l'interrompis en entrant, je le trouvai seul, aux prises avec des mots sans fin et des noms barbares, et lisant à haute voix, pour sa propre édification, un volume de controverses théologiques. — J'étais en train de lire quelque chose du digne docteur Lightfoot, me dit-il en posant près de lui un énorme in-folio.

— Lightfoot[1]! répondis-je en regardant le lourd volume; jamais auteur ne fut plus mal nommé.

— Lightfoot était son nom, monsieur; c'était un théologien, et un théologien d'une autre trempe que ceux d'aujourd'hui. J'vous d'mande toujours pardon, d'vous laisser d'bout à la porte; mais j'ai été si malmené des lutins la nuit dernière (Dieu nous préserve !), qu'je n'voulais ouvrir qu'après avoir achevé les prières du soir. J'viens justement d'finir l'cinquième chapitre de Néhémie;—si ça n'suffit pas pour les t'nir en respect, je n'sais pas c'qu'il faudra faire.

— Tourmenté par des lutins ! que voulez-vous dire, Andrew?

— J'dis qu'j'ai été malmené, c'est-à-dire effrayé plus que je n'peux dire, par un esprit;—Dieu nous préserve !

— Écorché par un esprit, Andrew[2] ! Comment dois-je entendre cela?

---

[1] Pied léger.

[2] Tout ceci roule en partie sur des équivoques de mots écossais et anglais, dont il serait inutile de chercher des équivalents en français. Andrew a employé le mot écos-

—Je n'ai pas dit écorché, mais effrayé[1]; c'est-à-dire qu'j'ai gagné une frayeur, et qu'mon âme était prête à sortir de ma peau, quoiqu'je n'visse là personne pour l'enlever d'mon corps comme un homme écorcerait un arbre.

—Faites un moment trêve à vos frayeurs, Andrew; je voudrais savoir si vous pouvez m'indiquer le chemin le plus direct d'un endroit de votre pays d'Écosse, appelé Glasgow?

—Un endroit appelé Glasgow! Glasgow est une grande ville, monsieur. — Et vous m'demandez si j'connais l'chemin d'Glasgow? — Quel mal y a-t-il à l'connaître? — Glasgow n'est pas loin d'ma paroisse de Dreepdaily, qui est un brin à l'ouest. Mais qu'est-ce que Vot' Honneur peut aller faire à Glasgow?

—J'y vais pour des affaires particulières, répondis-je.

—C'est autant dire ne m'faites pas d'questions pour qu'je n'vous réponde pas d'mensonges. — A Glasgow? — Il se tut un instant. — J'pense, reprit-il, qu'vous r'connaîtriez la peine de celui qui vous montrerait la route?

—Certainement, si je rencontrais quelqu'un allant de ce côté.

—Et Vot' Honneur, sans doute, aurait égard au temps et à la peine?

—Assurément; — l'affaire qui m'appelle est pressante, et si vous pouvez me trouver un guide, je le paierai généreusement.

—C'n'est pas un jour pour parler d'affaires charnelles, dit Andrew en levant les yeux vers le ciel; mais si c'n'était pas c'soir le sabbat, j'vous d'manderais c'que vous donneriez à quelqu'un qui vous ferait sur la route agréable compagnie, qui vous dirait les noms des maisons et des châteaux des gentilshommes et des seigneurs, et vous mettrait au fait d'toute leur parenté?

—Tout ce que je demande, c'est de connaître le chemin que je dois parcourir; je paierai mon guide de manière à le satisfaire; — je lui donnerai tout ce qui sera raisonnable.

—Tout c'qui est raisonnable, ça n'engage à rien. Le garçon dont j'vous parle connaît tous les sentiers les plus courts dans les montagnes; et....

—Je n'ai pas le temps de parler de tout cela, Andrew; arrangez le marché comme vous l'entendrez.

—Ah! voilà qui est parler. — Eh bien, puisqu'il en est ainsi, j'crois que l'garçon qui vous guidera, ça sera moi.

—Vous, Andrew? Voulez-vous quitter votre place?

—J'disais dernièrement à Vot' Honneur, qu'il y a longtemps que j'pense à déménager, d'puis la première année, j'crois, que j'suis venu

---

sais *fley'd*, effrayé, et Frank, qui ne le comprend pas, croit qu'il a prononcé le mot anglais *flay'd*, écorché. (L. V.)

[1] Dans le texte : I did not say *flay'd*, but *fley'd*. (L. V.)

à Osbaldistone-Hall ; maintenant j'y pense tout d'bon. — Mieux vaut plus tôt qu'plus tard;—mieux vaut un doigt coupé qu'toujours pendant.

— Ainsi vous laissez votre service ?— Mais ne perdrez-vous pas vos gages?

— Sûrement il y aura une certaine perte ; mais j'ai encore entre les mains l'argent du laird, qu'j'ai touché pour les pommes du vieux verger ;—triste affaire pour celui qui les a achetées ;—une bonne partie de gâtées ;— et pourtant sir Hildebrand était aussi pressé d'avoir c't'argent (c'est-à-dire l'intendant, qui m'tourmentait toujours pour ça) qu'si c'eût été la meilleure reinette. — Et puis j'ai l'argent pour les semences ; — j'pense que mes gages s'trouveront raisonnablement couverts. — Et puis, sûrement Vot' Honneur aura égard à mes risques et à ma perte, quand nous serons à Glasgow. — Et quand Vot' Honneur compte-t-il s'mettre en route?

— Demain au point du jour, répondis-je.

— C'est un peu prompt. — Où trouverai-je un bidet? — Attendez ; — j'sais où trouver mon affaire.

— Eh bien donc, Andrew, demain matin à cinq heures vous me joindrez au bout de l'avenue.

— Que le diable m'emporte (c'est une manière de parler) si j'manque au rendez-vous, répliqua vivement Andrew ; mais si j'puis vous donner un avis, nous partirons deux heures plus tôt. J'connais les chemins, de nuit comme de jour, aussi bien que le vieil aveugle Ralph Ronaldson, qui parcourait toutes les landes du pays et qui r'connaissait jusqu'à la couleur des vaches des bruyères.

J'approuvai avec empressement l'amendement d'Andrew, et nous convînmes de nous trouver au lieu désigné, à trois heures du matin. Une réflexion se présenta pourtant encore à mon futur compagnon de voyage.

— Mais l'esprit! l'esprit! s'il allait tomber sur nous? — Je n'pourrais pas y résister deux fois en vingt-quatre heures.

— Bah ! bah ! m'écriai-je en me séparant de lui ; ne craignez rien des habitants de l'autre monde. — Il y a sur terre assez de démons en chair et en os, qui peuvent agir d'eux-mêmes et sans assistance, toute l'armée de Lucifer reviendrait-elle des régions infernales pour les aider et les appuyer.

Sur ces paroles, que me suggéra ma propre situation, je quittai la maison d'Andrew et revins au château.

Je fis le petit nombre de préparatifs nécessaires pour mon excursion projetée ; j'examinai et chargeai mes pistolets ; puis je me jetai sur mon lit pour tâcher de me préparer, par quelques heures de sommeil, aux fatigues et aux inquiétudes d'une longue course. La nature, épuisée par les agitations tumultueuses de cette journée, me fut plus favorable que je n'osais l'espérer, et je tombai dans un sommeil profond et paisible, dont je sortis subitement au coup de deux heures sonné par la vieille cloche d'une tourelle attenante à ma chambre à coucher. Je fus aussitôt sur pied et j'eus de la lumière. J'écrivis la lettre que je me proposais de laisser pour mon oncle, et après avoir rempli une valise des parties de ma garde-robe les moins encombrantes en voyage, je descendis les escaliers avec précaution, et gagnai les écuries sans obstacle. Sans être aussi habile palefrenier qu'aucun de mes cousins, j'avais appris à Osbaldistone-Hall à seller et brider mon cheval; et en quelques minutes tout fut prêt pour mon départ.

En parcourant au pas l'antique avenue, que les pâles rayons de la lune coloraient d'une teinte blanchâtre, je jetai encore un regard sur les murs qui renfermaient Diana Vernon. Un profond soupir s'échappa de ma poitrine; il me semblait qu'une voix intérieure me disait que je me séparais d'elle pour ne plus la revoir. Il était impossible, dans la succession longue et irrégulière des fenêtres gothiques, que la lune éclairait d'une lueur incertaine, de distinguer celles de l'appartement qu'elle occupait. Elle est déjà perdue pour moi, pensai-je, en même temps que mes yeux erraient sur la sombre façade du château; — perdue, avant même que j'aie quitté l'enceinte qu'elle habite! Quel espoir me reste-t-il donc de conserver quelques relations avec elle, lorsque tant d'intervalle sera mis entre nous?

Absorbé par ces réflexions pénibles, j'avais suspendu ma course, lorsque, comme dit le poëte, « la langue de fer du temps se fit entendre trois fois aux oreilles assoupies de la nuit, » et me rappela mon rendez-vous avec une personne moins intéressante, — Andrew Fairservice.

A la porte de l'avenue je trouvai un homme à cheval stationné à l'ombre de la muraille; mais ce ne fut que lorsque j'eus toussé deux fois et que j'eus appelé : Andrew! que le jardinier répondit : Oui, oui, c'est André.

— Montrez-moi le chemin, lui dis-je, et gardez le silence, si c'est possible, jusqu'à ce que nous ayons passé le hameau de la vallée.

André prit en effet les devants, et d'un pas plus rapide que je ne le lui avais recommandé; il obéit d'ailleurs si bien à mon injonction de garder le silence, qu'il ne répondit à aucune de mes questions sur la cause d'une hâte si excessive. Nous évitâmes, en prenant les voies les plus directes, connues d'Andrew, le labyrinthe de sentiers pierreux et de chemins de traverse se croisant dans tous les sens aux abords du château, et nous arrivâmes ainsi à une lande ouverte, qui nous conduisit aux montagnes pelées qui séparent l'Écosse de l'Angleterre, et qu'on nomme les frontières centrales [1]. Le chemin ou plutôt le mauvais sentier que nous suivions offrait une agréable succession

---

[1] *Middle marches*, marches ou frontières moyennes.

de broussailles et de fondrières; et cependant Andrew ne ralentissait pas sa course et galopait toujours en avant avec la même ardeur, à raison de huit ou dix milles à l'heure. Je fus aussi surpris qu'irrité de l'opiniâtreté du drôle; car nous ne faisions que monter et descendre des pentes rapides, sur un terrain où nous pouvions à chaque instant nous rompre le cou, et nous longions parfois le bord de précipices où le moindre faux pas de nos montures nous eût fait trouver une mort certaine. Quelquefois la lune nous prêtait le secours de sa lumière pâle et douteuse; mais en d'autres endroits plus enfoncés nous nous trouvions plongés dans une obscurité complète, et alors je ne pouvais suivre les traces d'Andrew qu'au bruit des pieds de son cheval et aux étincelles qu'ils faisaient jaillir des rochers. Cette marche forcée, jointe à l'attention que ma sûreté exigeait que je donnasse à la conduite de mon cheval, me furent d'abord utiles en me détournant forcément des pénibles réflexions qui sans cela m'eussent assiégé. Mais ensuite, après avoir crié vingt fois à Andrew de ralentir son pas, je commençai à me fâcher sérieusement de cette impudente obstination qui refusait également d'obéir et de répondre. Ma colère cependant était en pure perte. Une ou deux fois je tentai de joindre mon guide volontaire, dans le dessein de lui caresser les épaules avec le manche de mon fouet; mais Andrew était mieux monté que moi, et soit qu'il soupçonnât mes bonnes intentions, soit que son cheval se piquât d'une noble émulation, il ne manquait pas de se hâter encore davantage chaque fois que j'essayais de regagner la distance qui nous séparait. D'un autre côté, il fallait bien que j'exerçasse mes éperons pour le garder en vue; car sans lui je ne serais pas sorti du désert sauvage et infréquenté que nous traversions. A la fin, n'étant plus maître de ma colère, je criai au fougueux André que j'allais avoir recours à mes pistolets et lui envoyer une balle, qui le forcerait bien de ralentir l'ardeur de sa course, s'il ne la calmait pas volontairement. Il est à croire que cette menace fit quelque impression sur son oreille, sourde à mes prières plus modérées; car il s'arrêta aussitôt, et je le rejoignis. — Il n'y a guère de bon sens d'courir comme nous l'faisons, me dit-il du plus grand sang-froid.

— Et pourquoi courez-vous ainsi, misérable? m'écriai-je transporté de fureur; car rien n'est plus propre à augmenter votre colère, que la crainte qu'on a ressentie de quelque danger personnel. C'est ainsi que quelques gouttes d'eau tombant dans une fournaise ardente, excitent la flamme qu'elles ne peuvent éteindre.

— Que veut Vot' Honneur? reprit Andrew avec son imperturbable gravité.

— Ce que je veux, bélître? — Il y a une heure que je vous crie d'aller moins vite, et vous ne m'avez pas même répondu. — Êtes-vous ivre ou fou?

— Sous l'bon plaisir d'Vot' Honneur, j'ai l'oreille un peu dure; et je n'nierai pas qu'j'ai p't'être bien pu boire le coup d'l'étrier en m'séparant d'la vieille bicoque où j'ai demeuré si longtemps; et comme j'n'avais personne pour boire à ma santé, j'ai bien été forcé de m'faire raison moi-même, autrement il aurait fallu laisser le reste de l'eau-de-vie à ces papistes;— et Vot' Honneur conviendra qu'c'eût été du bien perdu.

Tout cela pouvait être vrai, et les circonstances exigeaient que je me maintinsse en bonne intelligence avec mon guide; je me bornai donc à lui enjoindre de se régler désormais sur mes instructions pour la conduite de notre voyage.

Enhardi par ma douceur, Andrew éleva d'une octave le ton pédantesque et suffisant qui lui était assez habituel.

— Vot' Honneur ne m'persuadera pas, et personne ne m'persuadera qu'il soit sain et prudent de prendre l'air d'la nuit dans ces marais, sans un réconfortant d'eau de giroflée musquée, ou d'une tasse de genièvre ou d'eau-de-vie, ou quelque cordial du même genre. J'ai traversé cent fois, d'jour comme de nuit, l'Otterscaperigg, et jamais j'n'aurais pu trouver mon chemin, si j'n'avais pas pris mon coup du matin. A telle enseigne que j'avais que'quefois avec moi deux petits barils d'eau-de-vie, un d'chaque côté.....

— C'est-à-dire, Andrew, que vous faisiez la contrebande. — Comment conciliez-vous vos principes rigides avec cette fraude des droits du trésor?

— C'est seulement dépouiller l'Égyptien, répondit Andrew. La pauvre vieille Écosse a assez souffert d'tous ces fripons d'jaugeurs et d'commis d'l'excise qui s'sont rués sur elle comme une nuée d'sauterelles, depuis c'malheureux acte d'Union; c'est l'fait d'un bon fils d'lui porter d'temps en temps une petite goutte qui ragaillardisse son vieux cœur, et qui n'passe pas par les griffes d'ces coquins.

En continuant d'interroger Andrew, j'appris qu'il avait fréquemment parcouru, pour faire la contrebande, les chemins de ces montagnes, soit avant, soit depuis son établissement à Osbaldistone-Hall; circonstance qui ne m'était pas entièrement indifférente, car elle me prouvait que malgré son escapade au début de notre voyage, il était très en état de me servir de guide. Même en ce moment, quoique nous avançant d'un pas plus modéré, le coup de l'étrier, ou n'importe quel autre coup qui tout à l'heure avait si vivement stimulé sa marche, paraissait ne pas avoir à beaucoup près perdu toute son influence. Il jetait souvent derrière lui un regard inquiet, et dès que la route devenait un peu plus praticable, il paraissait tout disposé à reprendre sa course, comme s'il eût craint quelque poursuite. Ces signes d'alarmes diminuaient cependant graduellement, à mesure que nous gravissions les flancs arides d'une montagne élevée, inclinée de l'est à l'ouest dans une étendue de près d'un mille, et dont l'autre pente offrait une descente beaucoup plus rapide. Les pâles rayons du crépuscule éclairaient maintenant l'horizon. Andrew jeta un nouveau regard en arrière, et n'apercevant âme qui vive dans les marais que nous venions de traverser, sa dure physionomie s'éclaircit peu à peu. Il se mit à siffler, puis bientôt, avec plus de joie que de mélodie, il entonna le refrain de l'une de ses ballades nationales :

O ma Jenny ! elle est dans nos bruyères, et leurs clans ne me la raviront jamais.

En même temps il caressait de la main le cou du cheval qui l'avait si bien porté, ce qui attira mon attention sur l'animal. Je reconnus aussitôt la jument favorite de Thorncliff Osbaldistone. — Que veut dire ceci, monsieur ? dis-je sévèrement ; c'est la jument de M. Thorncliff !

— Je n'dis pas qu'elle n'a pas pu peut-être appartenir dans son temps à Son Honneur le squire Thorncliff ; mais à présent elle est à moi.

— Vous l'avez volée, misérable !

— Non, non, monsieur ; personne n'peut me r'procher un vol. — Voici c'que c'est, voyez-vous. — Le squire Thorncliff m'a emprunté dix livres pour aller aux courses d'York ; — du diable s'il m'en a jamais rendu un penny, et il parlait de m'rompre les os quand j'lui en dirais seulement deux mots. — A présent que voilà son cheval dans les borders[1], il me paiera jusqu'au dernier plack[2], ou il ne r'verra pas un seul poil de sa queue. J'connais un habile homme à Loughmaben, un madré procureur, qui m'indiquera bien le moyen d'arranger ça. — Voler la jument ! Non, non, Andrew Fairservice n'connaît pas l'péché du vol. — Je l'ai seulement saisie *jurisdictiones fandandy causey;*[3] c'est du bon latin d'procureur ; — presque aussi bon que celui d'nous autres jardiniers et des autres gens savants. — C'est dommage qu'il soit si cher. — Ces trois mots sont tout c'qui est revenu à Andrew d'un grand plaidoyer et d'deux barils d'aussi bonne eau-de-vie qu'on en ait jamais passé par les rochers. — Hélas ! oui, monsieur ! c'est une chose bien chère que la loi.

— Elle pourra vous coûter encore plus cher que vous ne pensez, Andrew, si vous continuez à vous payer ainsi par vous-même, sans autorisation légale.

— Ta, ta ; nous sommes en Écosse a présent (Dieu soit béni !), et j'pourrai trouver des amis et des hommes de loi, et même des juges, aussi bien qu'aucun des Osbaldistone. L'arrière-petit-cousin de ma grand'mère est cousin du prévôt de Dumfries, et il ne souffrirait pas

---

[1] Pays des frontières. (L. V.)

[2] Petite monnaie de cuivre écossaise. (L. V.)

[3] Il est aisé de voir que le digne Écossais ne respecte pas plus les textes qu'il cite qu'il ne respecte la propriété d'autrui. (L. V.)

qu'on fît tort à une goutte de son sang. Oh, oh! les lois sont les mêmes ici pour tout l'monde ; c'n'est pas comme de l'aut' côté, où un homme peut être pris sur un simple mandat d'arrêt du clerc Jobson, avant qu'il sache seulement pourquoi. Mais attendez un peu, tout à l'heure ils n'auront pas assez de lois chez eux, et c'est une grande raison pour que j'leur aie souhaité l'bon jour.

J'étais vivement contrarié de l'exploit d'Andrew, et je déplorais le mauvais destin qui pour la seconde fois me mettait en rapport avec des gens à conscience aussi large. Je résolus de lui racheter la jument dès que nous serions au terme de notre voyage, et de la renvoyer à mon cousin, à Osbaldistone-Hall ; et je me proposais en outre d'en informer mon oncle par la première poste que nous rencontrerions. Il me parut inutile de faire à Andrew de plus longues remontrances, pour une action qu'après tout, dans son ignorance, il avait pu regarder comme très-naturelle. Dissimulant donc mon ressentiment, je lui demandai ce qu'il entendait par ses derniers mots, que bientôt il n'y aurait pas assez de lois dans le Northumberland?

— Des lois! dit Andrew ; ah! oui, — il y aura assez d'la loi du plus fort. Les prêtres et les officiers irlandais, et tout c'bétail papiste qui a été paître à l'étranger, parce qu'ils n'osaient pas rester par ici, est r'venu s'abattre sur l'Northumberland ; — et les corbeaux n's'assemblent que quand ils sentent la charogne. Aussi sûr que nous vivons, Son Honneur, sir Hildebrand, a fourré son pied dans l'bourbier. — On n'voit plus au château qu'des fusils et des pistolets, des sabres et des poignards ; — et ils sauront s'en servir, je l'garantis ; car ce sont d'enragés diables, j'en d'mande pardon à Vot' Honneur, que ces jeunes squires Osbaldistone.

Ce que venait de me dire Andrew rappelait à ma mémoire de vagues soupçons que j'avais déjà eus, que les jacobites étaient à la veille de quelque entreprise hasardeuse. Mais sentant qu'il ne me convenait d'épier ni les discours ni les actions de mon oncle, j'avais plutôt évité que recherché les occasions d'observer les indices qui auraient pu me mettre au courant. Andrew Fairservice n'avait pas les mêmes scrupules, et ce qu'il disait, qu'il se tramait quelque complot, et que c'était une des raisons qui l'avaient décidé à quitter le château, était sûrement la vérité.

— Tous les domestiques, ajouta-t-il, les tenants et tous ceux qui dépendent du laird ont été enrôlés et passés en revue, et ils voulaient que je prisse aussi les armes. Mais je n'marcherai pas avec une telle troupe ; — y'n'connaissaient guère Andrew, ceux qui lui proposaient ça. Je me battrai quand ça m'conviendra, mais ça n's'ra ni pour la prostituée d'Babylone, ni pour aucune prostituée d'Angleterre.

CHAPITRE XIX.

> ce clocher, dont la pointe s'élance vers le ciel ; là reposent sous un même linceul la pensée du poëte, le feu du guerrier, les soupirs de l'amour. LANGHORNE.

A LA première ville d'Écosse que nous atteignîmes, mon guide fut trouver son ami et conseiller, afin de le consulter sur les moyens à employer pour convertir en propriété la « gentille bête » qui ne lui appartenait encore que par suite d'un de ces tours de main qui n'étaient pas rares, même alors, dans cette partie de l'Écosse, longtemps privée de lois. Je ne pus m'empêcher de rire en voyant la figure alongée qu'il avait à son retour. Il paraît qu'après s'être montré d'une confiance sans réserve envers son ancien ami le procureur, il avait appris avec effroi que depuis leurs dernières relations, M. Touthope avait été nommé greffier de la justice de paix du comté, et que les devoirs de sa charge l'obligeaient d'informer la justice d'exploits tels que celui de son ami M. Andrew Fairservice. Le consciencieux magistrat n'avait pu se dispenser de saisir le cheval pour le déposer dans l'écurie du bailli Trumbull, où il devrait rester à raison de 12 shillings écossais par jour, jusqu'à ce que la question de propriété eût été duement débattue et décidée. Il avait même donné à entendre à l'honnête Andrew que la stricte et rigoureuse exécution de son devoir l'obligerait de le mettre lui-même sous la main de la justice ; mais sur les piteuses supplications de mon guide, non-seulement il avait consenti à le laisser en liberté, mais il avait fait présent à Andrew d'une méchante rosse poussive et boiteuse, pour le mettre à même de continuer son voyage. Il est vrai qu'en retour de cet acte de générosité, il avait exigé du pauvre Andrew une cession absolue de ses droits sur l'excellente jument de Thorncliff Osbaldistone ; transfert que M. Touthope avait représenté comme une formalité sans conséquence, puisque son malheureux ami, ainsi qu'il l'avait fait observer facétieusement, n'avait probablement rien à attendre de la jument, excepté le licou¹.

Ce ne fut pas sans peine que j'arrachai ces détails d'Andrew. Il était triste et déconcerté ; son orgueil écossais était cruellement mortifié d'être forcé de convenir que les procureurs étaient toujours procureurs des deux côtés de la Tweed, et que M. le clerc Touthope ne valait pas un farthing de plus que M. le clerc Jobson.

¹ Le mot anglais (*halter*) qui signifie *licou*, veut dire aussi une *corde*. Le jeu de mots repose sur cette équivoque. (L. V.)

— Il n'aurait pas, disait-il, été à moitié aussi fâché de se voir voler ce qu'il pouvait presque dire avoir gagné au risque de son cou, si la chose lui était arrivée parmi les Anglais; mais il était étrange de voir un faucon crever les yeux d'un faucon, ou un Écossais voler un Écossais. Sans doute tout était bien changé dans le pays, depuis cette triste et malheureuse Union; — car c'est à cet événement qu'Andrew rapportait tous les symptômes de dépravation et de dégénération qu'il observait chez ses compatriotes, tels notamment que les comptes d'auberge plus enflés, les pintes plus petites, et d'autres griefs qu'il me faisait remarquer dans le cours de notre voyage.

Quant à moi, d'après la manière dont les choses avaient tourné, je me regardai comme dégagé de toute responsabilité de la jument, et en informant mon oncle de la manière dont elle avait été amenée en Écosse, je lui fis savoir qu'elle était entre les mains de la justice, ou de ses dignes représentants le bailli Trumbull et M. le clerc Touthope, auxquels je le renvoyais pour de plus amples renseignements. L'animal retourna-t-il au chasseur de renards northumbrien, ou continua-t-il de servir de monture à un procureur écossais, c'est ce dont il est inutile de nous occuper en ce moment.

Nous poursuivîmes notre route dans la direction du nord-ouest, avec beaucoup moins de rapidité que nous n'en avions mis à sortir d'Angleterre. Des montagnes pelées et sans intérêt se succédèrent continuellement l'une à l'autre, jusqu'à ce que la vallée plus fertile de la Clyde s'ouvrit devant nous; nous nous hâtâmes alors d'arriver aux portes de la ville, ou, comme mon guide voulait la désigner, de la cité de Glasgow. J'ai appris que depuis peu d'années elle était devenue véritablement digne du titre que par une heureuse prévision mon guide s'obstinait à lui donner. Un commerce important et toujours croissant avec les Indes occidentales et les colonies d'Amérique a été, si je suis bien informé, l'origine de sa richesse et de sa prospérité, qui peuvent, fortifiées encore par le travail et la persévérance, devenir un jour le fondement d'une immense importance commerciale. Mais à l'époque plus éloignée dont je parle, sa splendeur n'était pas encore à son aurore. L'Union avait bien ouvert à l'Écosse le commerce des colonies anglaises; mais le manque de capitaux et la jalousie nationale des Anglais interdisaient encore en grande partie aux négociants écossais l'exercice du privilége que leur conférait cet acte mémorable. Située sur le côté le moins accessible de la Grande-Bretagne, Glasgow semblait mal placée pour participer au peu de commerce que faisait l'Écosse avec les contrées orientales ou avec le continent. Cependant, quoique annonçant peu la prééminence commerciale à laquelle elle promet aujourd'hui de parvenir, Glasgow, comme centre principal des districts occidentaux de l'Écosse, était une ville déjà considérable. La Clyde large et profonde, coulant si près de ses murs, lui ouvrait une navigation intérieure de quelque importance. Non-seulement les plaines fertiles situées dans son voisinage immédiat, mais les districts d'Ayr et de Dumfries, considéraient Glasgow comme leur capitale et lui transmettaient leurs produits, en retour desquels ils en tiraient les choses utiles ou de luxe qui entraient dans leur consommation.

Les sombres montagnes des Highlands-Occidentales envoyaient fréquemment leurs tribus incivilisées aux foires de la cité favorite de saint Mungo. Des bandes de bestiaux et de poneys [1] à l'aspect sauvage, au poil hérissé, à la taille rabougrie, conduits par des montagnards aussi sauvages, aussi velus, quelquefois même aussi rabougris que les animaux placés sous leur garde, traversaient souvent les rues de Glasgow. Les étrangers ne pouvaient sans surprise voir leur vêtement antique et bizarre, et entendre les sons inconnus et discordants de leur langage; tandis que les montagnards, toujours chargés de leur mousquet, de leurs pistolets, de l'épée, du poignard et de la targe [2], même au milieu de leurs paisibles transactions, examinaient avec étonnement les objets de luxe dont ils ignoraient l'usage, et avec un air de convoitise quelquefois alarmant, ceux qu'ils connaissaient et pouvaient apprécier. C'est toujours avec répugnance que le montagnard quitte ses déserts; à cette époque surtout, il était aussi difficile de le naturaliser ailleurs que d'arracher un pin de sa montagne pour le transplanter dans un autre sol. Même alors cependant les glens [3] des montagnes regorgeaient de population, quoique la famine ou la guerre l'éclaircît de temps à autre, et beaucoup de leurs habitants descendaient jusqu'à Glasgow. — Ils s'y établissaient, — ils y cherchaient et y trouvaient des occupations, bien différentes, à la vérité, de celles de leurs montagnes natives. Ce supplément de population robuste et utile servit beaucoup à la prospérité de Glasgow; il fournit les moyens de soutenir le petit nombre de manufactures déjà existantes, et devint le fondement de sa splendeur future.

L'extérieur de la cité répondait à ces circonstances favorables. La rue principale était large et d'un bel aspect; elle était décorée d'édifices publics, d'une architecture plutôt propre à frapper les yeux qu'à satisfaire le goût, et elle était bordée d'un double rang de maisons élevées construites en pierre, et dont la façade était parfois richement décorée d'ornements en maçonnerie, ce qui lui donnait un air imposant de grandeur et de dignité qui manque en partie à beaucoup de nos villes d'Angleterre, bâties en briques fragiles et de chétive apparence.

[1] Petits chevaux des montagnes. (L. V.)
[2] Petit bouclier rond, recouvert d'un cuir épais. (L. V.)
[3] Vallées. (L. V.)

Ce fut un samedi que mon guide et moi nous arrivâmes dans la métropole occidentale de l'Écosse, à une heure trop avancée pour penser à aucune affaire. Nous descendîmes à la porte d'une joyeuse hôtelière [1], comme l'appelait Andrew (ce qui me rappela l'*osteiere* du vieux Chaucer), par laquelle nous fûmes très-civilement reçus.

Le matin suivant, le carillon des cloches de toutes les églises annonça la sainteté du jour. Néanmoins, malgré ce que j'avais entendu dire de la sévérité avec laquelle le jour du repos est observé en Écosse, mon premier soin fut naturellement de m'informer d'Owen ; mais je vis que ma tentative serait sans résultat tant que « l'heure de l'Église » ne serait pas passée. Mon hôtesse et mon guide se réunirent pour m'assurer que je ne trouverais âme qui vive ni dans les bureaux, ni dans la maison de MM. Mac Vittie, Mac Fin et Cie, auxquels me renvoyait la lettre de M. Tresham. C'étaient, ajouta l'hôtesse, des hommes religieux, qui étaient où tout bon chrétien aurait dû être à cette heure, à l'église de la Baronnie.

Andrew Fairservice, dont le dégoût récent pour la jurisprudence nouvelle de l'Écosse ne s'étendait heureusement pas jusqu'aux autres professions savantes de son pays, se mit à chanter les louanges du prédicateur qui devait ce jour-là monter en chaire, louanges auxquelles l'hôtesse s'associa hautement. Il en résulta que je me décidai à me rendre à l'église, moins, à la vérité, dans l'attente d'une grande édification que dans le dessein de m'informer si Owen était arrivé à Glasgow. Mon espoir redoubla sur l'assurance que si M. Ephraïm Mac Vittie (le digne homme) était encore sur la terre des vivants, il aurait certainement honoré ce jour-là de sa présence l'église de la Baronnie, et que s'il eût eu chez lui un étranger, il n'aurait pas manqué de le conduire avec lui au service divin. Cette probabilité acheva de me décider, et sous l'escorte de mon fidèle Andrew, je me dirigeai vers l'église.

En cette occasion un guide m'eût été peu nécessaire : la foule qui se pressait dans une rue escarpée et mal pavée, pour aller entendre le prédicateur le plus populaire de l'Écosse occidentale, eût suffi pour m'y entraîner. En arrivant sur la hauteur, nous tournâmes à gauche, et une grande porte à deux battants nous donna entrée dans le vaste cimetière qui entoure le *Minster* ou église cathédrale de Glasgow. L'édifice, sombre et massif plutôt qu'élégant, appartient au style de l'architecture gothique ; mais le caractère spécial en a été si bien conservé, et il est en si parfaite harmonie avec tout ce qui l'entoure, que la première impression qu'il produisit sur moi fut réellement imposante. J'étais tellement dominé par cette impression solennelle, que pendant quelques minutes je résistai aux efforts que faisait Andrew

---

[1] Ostler-wife.

pour m'entraîner dans l'intérieur de l'église, tant j'étais absorbé dans la contemplation de son aspect extérieur.

Au milieu d'une ville grande et populeuse, cet antique et lourd édifice respire la solitude la plus complète. D'un côté, des murs élevés l'isolent de la cité ; de l'autre, il est bordé par un ravin au fond duquel court, invisible aux yeux, un ruisseau rapide, dont le murmure ajoute encore à la solennité imposante de la scène. Le côté opposé du ravin est dominé par une rive escarpée, couverte de sapins très-rapprochés, dont l'ombre épaisse étend jusque sur le cimetière son effet mélancolique. Le cimetière lui-même a un caractère particulier. Quoique réellement vaste, il semble petit en proportion du nombre d'habitants qui y sont enterrés, et dont les tombes sont pour la plupart recouvertes de pierres tumulaires. On n'y voit pas ces longues allées d'herbe touffue qui presque toujours couvrent en partie la surface de ces champs de repos, où le méchant cesse de pouvoir nuire, où l'opprimé trouve enfin la paix. Les plates et larges pierres monumentales sont tellement rapprochées, qu'elles semblent former une sorte de pavé qui, bien que recouvert seulement par la voûte du ciel, offre l'apparence de celui de nos vieilles églises d'Angleterre, dont les dalles sont couvertes d'inscriptions sépulcrales. Le contenu de ces tristes registres de la mort, les regrets inutiles qu'ils retracent, la leçon sévère qu'ils proclament du néant de la vie, l'étendue de terrain qu'ils abritent, leur style uniforme et triste : tout me rappela le tableau déroulé du prophète, « écrit en dedans et en dehors, et où étaient tracés les mots Lamentations, Regrets, Douleur. »

La majesté saisissante de l'édifice répond à ces dehors. L'aspect en est lourd, mais on sent que l'effet en serait détruit par des proportions plus légères et un caractère plus orné. C'est la seule église métropolitaine d'Écosse, sauf, à ce qu'on m'a rapporté, la cathédrale de Kirkwall dans les Orcades, qui ait survécu à la réforme ; Andrew Fairservice, qui vit avec orgueil l'effet qu'elle produisait sur moi, me raconta ainsi les circonstances de sa conservation :—Ah ! c'est une brave église ; — sans colifichets, sans enjolivements, sans ces vains ornements brodés ; — un bâtiment solide et bien bâti, qui durera autant que le monde, sauf la poudre à canon et la main des hommes. Il a couru de grands risques autrefois, à la réforme, quand on renversa les églises de Saint-Andrew et de Perth, et bien d'autres, pour les purger du papisme, et d'l'idolâtrie, et des images, et des surplis, et d'tous ces haillons d'la grande prostituée qui s'assoit sur sept collines, comme si une n'était pas assez large pour son vieux derrière[1].

[1] Andrew emploie ici, avec l'énergie de langage qui distingue les prédicateurs du temps, le jargon mystique des presbytériens. La prostituée assise sur sept collines, c'est le papisme, dont le siége est à Rome, la ville aux sept collines, *urbs septicollis*. (L. V.)

De sorte que l'peuple de Renfrew et de la Baronnie, et les Gorbals, et tous les environs, s'ingérèrent un beau matin de venir à Glasgow, pour purger la grande église d'ses balivernes papistes. Mais les bourgeois d'Glasgow, qui craignaient qu'leur vieille église n'rendît l'âme dans les mains d'pareils médecins, sonnèrent la grosse cloche et battirent le tambour pour rassembler leurs bandes. — Par bonheur, le digne James Rabat était cette année-là doyen des corporations, — (et comme c'était un bon maçon, il n'en tenait qu'plus à conserver la vieille église), et les métiers assemblés, on résolut de s'battre avec ceux qui arrivaient, plutôt que d'laisser mettre l'église sens dessus dessous, comme on avait fait d'tant d'autres. C'n'était pas par amour du papisme; — non, non! — on n'avait jamais pu dire ça des corporations d'Glasgow. — Ainsi ils en vinrent à un arrangement pour dénicher les statues des saints (malédiction sur eux!); — et ainsi les idoles de pierre furent brisées, selon la parole de l'Écriture, et jetées dans la fournaise de Molendinar; et la vieille église fut après ça ragaillardie comme un chat à qui on vient d'ôter les puces, et tout l'monde fut content. Et j'ai entendu dire à des gens sages que si on avait fait d'même pour toutes les églises en Écosse, la réforme en eût été tout aussi bonne, et que nous aurions d'plus des églises de chrétiens; car j'ai demeuré si longtemps en Angleterre qu'on n'm'ôtera pas d'la tête que le chenil d'Osbaldistone-Hall vaut mieux que beaucoup d'maisons du Seigneur en Écosse.

En parlant ainsi, Andrew me précédait vers l'entrée du temple.

CHAPITRE XX.

.....Mes yeux obscurcis sont frappés de respect et de terreur; les monuments funéraires et les tombeaux des morts portent jusqu'à mon âme un frisson glacial.
L'Épouse en deuil.

ALGRÉ l'impatience de mon conducteur, je ne pus m'empêcher de contempler encore pendant quelques minutes les dehors de l'édifice, dont l'effet était devenu plus imposant par la solitude où nous laissèrent les portes refermées, après qu'elles eurent en quelque sorte dévoré la multitude qui tout à l'heure se pressait dans l'enceinte extérieure, et qui, maintenant, resserrée dans l'église, élevait vers Dieu les chants solennels de son culte. Le concert de tant de voix, que la distance fondait en un chœur harmonieux dont les discordances ne parvenaient point à mon oreille, en se combinant avec le murmure du torrent et avec le sifflement du vent dans les vieux sapins, me frappaient d'une impression sublime. Il sem-

CHAPITRE XX.

blait que la nature entière, invoquée par le roi-prophète dont on chantait les psaumes, s'était jointe aux fidèles pour offrir à son Créateur ces solennelles actions de grâces dans lesquelles la joie se mêle a la crainte. J'avais entendu en France le service divin célébré avec toute la pompe que peuvent lui prêter la plus belle musique, les plus riches ornements, les cérémonies les plus imposantes ; mais l'effet du culte presbytérien m'a paru bien plus puissant. La prière à laquelle chaque fidèle unit sa voix me semblait tellement supérieure à celle que des chantres récitent comme une leçon dictée par la routine, que je donnais au culte écossais tout l'avantage de la réalité sur un jeu d'acteurs.

Comme je restais à écouter ces accents solennels, Andrew, dont l'impatience ne pouvait plus se contenir, me tira par la manche. — Venez donc, monsieur, — venez donc ; nous n'devons pas tarder plus longtemps, pour n'pas troubler l'culte. Si nous restions ici davantage, les bedeaux tomberaient sur nous et nous mèneraient au corps-de-garde, comme des gens qui musent pendant l'service divin.

Ainsi admonesté, je suivis mon guide, mais non, comme je l'avais supposé, dans le corps de la cathédrale. Par ici, — par ici, monsieur ! me dit-il en me prenant par le bras, comme je me dirigeais vers la grande porte de l'édifice ; — nous n'aurions par-là que d'froids discours, — une morale charnelle, aussi insipide et aussi sèche que les feuilles de rue à Noël. — Par ici est la vraie saveur de la doctrine.

En disant ces mots, il franchit une petite porte basse et voûtée, munie d'un guichet qu'un gardien à figure austère était sur le point de fermer, et il descendit plusieurs degrés qui semblaient nous conduire aux caveaux funéraires de l'église. C'était en effet dans cette enceinte souterraine, choisie, je ne sais pourquoi, pour un tel objet, qu'était disposé un lieu d'adoration religieuse des plus singuliers.

Figurez-vous, Tresham, une longue suite de voûtes basses et sombres, semblables à celles qui ailleurs sont consacrées aux sépultures, et qui de même ici avaient été jadis destinées à cet usage ; une partie de ces voûtes avait été garnie de bancs et convertie en église. La portion ainsi occupée, quoique pouvant contenir une assemblée de plusieurs centaines d'hommes, était loin d'égaler en étendue les galeries qui s'ouvraient autour de ce qu'on aurait pu appeler l'espace habité. Dans ces régions désertes de l'oubli, des bannières noircies et des écussons brisés indiquaient les tombeaux de ceux qui sans doute avaient autrefois été « princes dans Israël. » Des inscriptions, que de laborieux antiquaires pouvaient seuls déchiffrer, et qui étaient dans une langue non moins surannée que les actes de charité chrétienne qu'ils imploraient, invitaient les passants à prier pour l'âme de ceux dont elles recouvraient les dépouilles mortelles. Au milieu de ces réceptacles de la mort, une nombreuse congrégation était livrée à la prière. Les Écossais accomplissent ce devoir debout, et non agenouillés, plus peut-être pour s'éloigner autant que possible du rituel romain que par aucune autre raison plus valable, car j'ai observé que dans leurs dévotions de famille, de même sans doute que dans leurs prières privées, ils prennent, pour s'adresser à Dieu, la posture que les autres chrétiens ont adoptée comme la plus humble et la plus respectueuse. C'était donc debout, les hommes ayant la tête découverte, que plusieurs centaines de personnes des deux sexes et de tout âge écoutaient, avec attention et respect, la prière inspirée, ou du moins non écrite, d'un ministre déjà avancé en âge et très-populaire dans la cité [1]. Élevé dans la même communion, je m'unis de cœur au recueillement général, et ce fut seulement quand la congrégation s'assit que mon esprit fut distrait par l'examen de ce qui m'entourait.

Lorsque la prière fut finie, la plupart des hommes mirent leurs chapeaux ou leurs toques, et tous ceux qui étaient assez heureux pour avoir un siége s'assirent. Ni Andrew ni moi n'étions de ce nombre, étant arrivés trop tard pour prendre place sur les bancs. Nous restâmes debout, ainsi que beaucoup d'autres, formant comme un cercle autour de la partie assise de l'auditoire. Derrière et autour de nous s'étendaient les caveaux dont j'ai parlé tout à l'heure; devant nous se déployait la pieuse assemblée, à peine éclairée par le jour douteux qu'admettaient deux ou trois petites fenêtres gothiques, qui n'avaient été destinées qu'à renouveler l'air et la lumière de ce séjour des morts. La clarté, cependant, était suffisante pour permettre de remarquer la diversité de physionomies qui, en de telles occasions, généralement dirigées vers le ministre, expriment un profond recueillement, si ce n'est quand un père ou une mère rappellent les regards distraits d'un enfant trop vif ou troublent le sommeil d'un autre trop appesanti. La physionomie dure et fortement prononcée des Écossais, qu'anime fréquemment une expression d'intelligence et de finesse, se montre avec plus d'avantage dans l'accomplissement des actes de dévotion, ou sur un champ de bataille, que dans des réunions d'un caractère moins grave et moins sérieux. Le discours du prédicateur était tout à fait propre à captiver les sentiments et les facultés de son auditoire.

L'âge et les infirmités avaient affaibli la puissance d'un organe qui avait été fort et sonore. Il lut son texte d'une voix presque inarticulée; mais quand il ferma la Bible et commença son sermon, son ton

---

[1] J'ai vainement cherché à découvrir le nom de cet ecclésiastique et l'époque précise où il exerça son ministère. Je ne désespère pas, cependant, de voir ces points obscurs, ainsi que plusieurs autres qui ont échappé à ma sagacité, éclaircis d'une manière satisfaisante par quelqu'une des *Revues périodiques* qui ont consacré leurs pages à des commentaires sur ces volumes, et dont les recherches et la pénétration méritent de moi une gratitude toute particulière, pour avoir élucidé beaucoup de personnes et de circonstances liées à mes récits, et auxquels moi-même n'avais jamais songé. (W. S.)

s'affermit graduellement, et il s'engagea avec véhémence dans les arguments qu'il voulait soutenir. Ils se rapportaient principalement à des points abstraits de doctrine, à des sujets graves, profonds, inaccessibles à la seule raison, et que néanmoins, avec autant d'adresse que d'à-propos, il cherchait à expliquer par de nombreuses citations des saintes Écritures. Mon esprit n'était pas dans une situation à suivre tous ses raisonnements, et je n'étais pas même toujours sûr de les comprendre. L'enthousiasme ardent du bon vieillard était néanmoins singulièrement propre à impressionner ses auditeurs, et son mode d'argumentation était singulièrement ingénieux. On sait assez que les Écossais se font plus remarquer par l'intelligence que par la sensibilité; ils sont, par conséquent, plus accessibles à la logique qu'à la rhétorique, et ils cèderont plus aisément à une argumentation subtile sur un point de doctrine, qu'ils ne se laisseront entraîner par un appel chaleureux au cœur et à l'âme, artifice que les prédicateurs des autres pays emploient volontiers pour dominer leur auditoire.

Dans le groupe attentif que j'avais sous les yeux, on pouvait distinguer diverses expressions de physionomie qui rappelaient celles des figures de l'auditoire dans le fameux carton de Paul prêchant à Athènes [1]. Là, c'était un intelligent et zélé calviniste, aux sourcils rapprochés, indiquant l'attention profonde; les lèvres légèrement comprimées; les yeux attachés sur le ministre avec une expression de fierté tempérée, comme s'il se fût associé au triomphe de ses arguments; l'index de sa main droite se portant successivement sur les doigts de sa main gauche, à mesure que le prédicateur, d'argument en argument, approchait de la conclusion. Un autre, par son regard plus fier et plus sombre, manifestait à la fois son mépris pour ceux qui doutaient des paroles du pasteur, et sa joie des châtiments mérités dont ils étaient menacés. Un troisième, appartenant peut-être à une congrégation différente, et que le hasard ou la curiosité auraient seuls amené là, semblait accuser en lui-même la faiblesse d'un raisonnement; et dans le mouvement presque imperceptible de sa tête, on pouvait saisir clairement les doutes de son esprit sur la solidité des arguments du prédicateur. La plupart des assistants écoutaient d'un air calme et satisfait; on devinait qu'ils croyaient bien mériter de l'Église par leur présence et par l'attention qu'ils apportaient à un discours aussi ingénieux, quoique peut-être ils fussent absolument incapables de le comprendre. Les femmes, en général, appartenaient à cette dernière division de l'auditoire; les vieilles, cependant, semblant plus attentives à la doctrine abstraite déroulée devant elles, tandis que les jeunes permettaient parfois à leurs regards de se promener modestement

---

[1] Les cartons de Raphaël, au Vatican. (L. V.)

sur la congrégation; et même, mon cher Tresham (si je ne fus pas entièrement abusé par ma vanité), je crus m'apercevoir que quelques-unes d'entre elles avaient distingué dans votre ami et serviteur un jeune et bel Anglais. Quant au reste de l'assemblée, les uns ouvraient la bouche d'un air stupide, bâillaient et s'endormaient, jusqu'à ce qu'ils fussent réveillés par la pression vigoureuse du talon de quelque voisin plus attentif; les autres révélaient leur inattention par leurs regards errants, mais sans oser donner des marques d'ennui plus décidées. Au milieu des habits et des surtouts des basses-terres [1], je pouvais çà et là discerner un plaid montagnard, dont le porteur, appuyé sur la poignée de sa claymore, promenait sur l'auditoire des yeux où se peignaient la curiosité et un étonnement sauvage, et qui, très-probablement, était privé par une excellente raison de profiter des enseignements du ministre, — l'ignorance de la langue dans laquelle ils étaient débités. L'aspect âpre et martial de ces étrangers donnait à la scène un caractère qu'elle n'aurait pas eu sans cela. Ils étaient ce jour-là en plus grand nombre, comme Andrew me le fit observer plus tard, à cause d'une foire aux bestiaux qui devait se tenir dans les environs.

Telles étaient les groupes de physionomies, s'élevant de rang en rang, qu'offrait à mon inspection critique la lumière incertaine qui pouvait pénétrer à travers les étroites fenêtres gothiques de l'église souterraine de Glasgow, et qui, après avoir répandu quelque jour sur l'auditoire attentif, allait se perdre dans le vide des caveaux plus éloignés, jetant sur la partie antérieure de leur labyrinthe un imparfait crépuscule, et laissant tout ce qui s'étendait au delà dans une obscurité complète, qui le faisait paraître interminable.

J'ai déjà dit que j'étais debout, parmi beaucoup d'autres qui formaient le cercle extérieur, ayant la figure tournée vers le prédicateur et derrière moi ces caveaux dont j'ai si souvent parlé. Ma position me laissait exposé à toutes les distractions que pouvait m'occasionner le moindre bruit qui se faisait entendre sous ces voûtes désertes, où le plus léger son était répété par mille échos. Les gouttes d'eau qui, de moment en moment, pénétrant à travers quelque fissure de la voûte, tombaient derrière moi sur les dalles, me firent plus d'une fois tourner la tête vers le point d'où provenait ce bruit; et quand mes yeux prenaient cette direction, j'avais peine à les en détourner, tant notre imagination aime à pénétrer aussi loin que possible dans un tortueux labyrinthe, où les objets nous apparaissant sous un jour incertain irritent notre curiosité en raison même de cet

---

[1] *Lowland*. L'Écosse est naturellement partagée en deux grandes régions; les basses-terres, à l'E. et au S. (*lowland*), et la montagne ou haut pays (*highland*), à l'O. et au N. (L. V.)

intérêt mystérieux qu'ils doivent à l'indécision et au doute. Peu à peu mes yeux s'habituèrent à l'obscurité où je les plongeais, et insensiblement je m'intéressai davantage aux découvertes qu'ils y faisaient, qu'aux subtilités métaphysiques dans lesquelles s'enfonçait le prédicateur.

Plus d'une fois mon père m'avait reproché cette légèreté d'esprit, dont la source était peut-être dans une vivacité d'imagination à laquelle il était étranger ; et l'inattention à laquelle j'étais excité en ce moment me rappela l'époque où mon père avait coutume de me conduire, en me tenant par la main, à la chapelle de M. Shower, et les recommandations instantes qu'il me faisait de mettre le temps à profit. Mais ces souvenirs d'enfance que mon esprit me retraçait achevèrent de distraire mon attention, en me rappelant les dangers de la situation de mon père. Je tâchai, du ton le plus bas possible, d'obtenir d'Andrew qu'il s'informât autour de lui si quelqu'un de chez MM. Mac Vittie et Cie était présent à la congrégation. Mais Andrew, tout absorbé par le sermon, ne me répondait qu'en me repoussant rudement du coude, pour m'avertir de me taire. Je promenai mes yeux sans plus de succès sur cette foule de têtes dirigées vers la chaire comme vers un centre commun, pour voir si j'y découvrirais la physionomie posée et recueillie du bon Owen ; parmi les larges chapeaux des citoyens de Glasgow, et les coiffures encore plus larges des paysans lowlandais du Lanarkshire, je ne vis rien qui ressemblât à la perruque bien régulière, aux manchettes empesées et à l'ensemble uniforme de l'habit brun clair qui distinguaient le premier commis de la maison Osbaldistone et Tresham. Mon anxiété devint si forte qu'elle l'emporta sur la nouveauté du spectacle que j'avais sous les yeux, et même sur le sentiment du décorum. Je tirai brusquement Andrew par la manche, et lui dis que je voulais sortir pour continuer mes recherches. Non moins obstiné dans la basse église de Glasgow que dans les montagnes de Cheviot, Andrew fut quelque temps sans daigner me répondre ; et ce ne fut que lorsqu'il vit qu'il n'avait pas d'autre moyen d'être tranquille, qu'il voulut bien m'informer qu'une fois dans la chapelle, nous n'en pouvions sortir qu'après l'office, parce que les portes étaient fermées dès que les prières commençaient. Après m'avoir donné cet avis sèchement et à voix basse, Andrew reprit son air d'importance et d'attention critique au sermon du prédicateur.

Je m'efforçais de faire de nécessité vertu et de prêter quelque attention au discours, quand je fus troublé de nouveau par un singulier incident. Une voix derrière moi prononça à mon oreille ces mots bien distincts : Vous êtes en danger dans cette ville. — Je tournai la tête par un mouvement machinal.

Quelques ouvriers bien raides et à la figure commune étaient debout devant et derrière moi, traîneurs qui, comme nous-mêmes, étaient arrivés trop tard pour obtenir une place. Un regard jeté sur eux suffit pour me convaincre, sans que j'eusse su dire précisément pourquoi, que ce n'était aucun d'eux qui m'avait parlé. Ils semblaient tout occupés du sermon, et pas un ne parut même apercevoir le regard subit et scrutateur que je dirigeai sur eux. Un pilier massif qui se trouvait derrière moi pouvait avoir caché l'auteur de l'avis mystérieux que je venais de recevoir; mais pourquoi et par qui cet avis m'était-il donné dans un tel lieu, et quelle espèce de danger pouvait me menacer, c'était sur quoi mon imagination se perdait en conjectures. Peut-être me répètera-t-on l'avertissement, pensai-je; et, dans cette vue, je me tournai d'un air attentif vers le prédicateur, afin que mon protecteur secret pût croire que son premier avis n'avait pas été compris.

Mon plan réussit; quelques minutes s'étaient à peine écoulées, que la même voix me dit encore à l'oreille : Écoutez, — mais ne vous retournez pas. Je restai immobile. — Vous êtes en danger dans ce lieu, continua-t-on; moi-même n'y suis pas en sûreté. — Soyez à minuit précis sur le pont; je m'y trouverai. — Restez chez vous jusqu'à la nuit, et évitez d'être remarqué.

La voix se tut, et je me retournai brusquement; mais, avec encore plus de promptitude, celui qui m'avait parlé s'était glissé derrière le pilier pour échapper à ma vue. Résolu de le découvrir, s'il était possible, et me dégageant du rang extérieur des auditeurs, je fis rapidement le tour du pilier; il n'y avait personne. Seulement je pus voir une forme humaine se glisser comme un fantôme dans l'obscurité des dernières voûtes. Elle était enveloppée d'un manteau; mais était-ce un *cloak* des basses-terres ou un *plaid* des montagnes, c'est ce que je ne pus distinguer.

Par un mouvement instinctif, je m'élançai à la poursuite de cet être mystérieux qui s'évanouissait dans l'obscurité des voûtes comme le spectre d'un des morts nombreux qui reposaient dans cette enceinte. J'avais peu de chances d'arrêter dans sa fuite un homme évidemment déterminé à éviter une explication; mais j'avais à peine fait trois pas qu'il ne m'en resta aucune. Mon pied heurta contre un obstacle inaperçu, et je tombai lourdement. L'obscurité qui avait causé ma chute couvrit ma retraite; ce qui fut heureux, car le prédicateur, de ce ton d'autorité sévère avec lequel les ministres écossais maintiennent l'ordre dans leurs congrégations, interrompit son discours pour ordonner aux bedeaux d'arrêter celui qui avait causé ce trouble dans un lieu consacré au recueillement religieux. Cependant, comme le bruit avait cessé aussitôt, l'officier de la congrégation n'avait pas jugé nécessaire de chercher le coupable avec trop de rigueur; de sorte que je pus, sans attirer l'attention, reprendre ma place près d'Andrew. Le service se termina sans autre incident notable.

Comme la congrégation se dispersait, mon ami Andrew s'écria :

CHAPITRE XX.

Voyez; voilà l'digne monsieur Mac Vittie, et mistress Mac Vittie, et miss Alison Mac Vittie, et M. Thomas Mac Fin, qui doit, dit-on, épouser miss Alison, si la roue tourne bien. — Elle aura une bonne dot, si elle n'est pas jolie.

Mes yeux se dirigèrent vers le groupe qu'il me désignait : M. Mac Vittie était un homme grand et sec, déjà sur le retour. Ses traits durs, ses yeux enfoncés sous d'épais sourcils gris, et, à ce qu'il me sembla, l'expression sinistre de sa physionomie, m'inspirèrent un éloignement involontaire. Je me souvins de l'avis que j'avais reçu dans l'église, et j'hésitai à m'approcher de lui, quoique je n'eusse pu donner à ma répugnance, non plus qu'à mes soupçons, aucun motif raisonnable.

J'étais en suspens; Andrew, qui prit mon hésitation pour de la timidité, crut devoir m'exhorter à la bannir. Parlez-lui,—parlez-lui, M. Francis; — il n'est pas encore prevôt, quoiqu'on dise que ce sera un mylord l'année prochaine. Parlez-lui donc; — il vous recevra bien, tout riche qu'il est, à moins que vous n'ayez d'argent à lui demander : — car on dit qu'il est dur à la desserre.

Je fis sur-le-champ la réflexion que si ce marchand était réellement dur et avare comme me le représentait Andrew, il pouvait être bon de prendre quelque précaution avant de me faire connaître, puisque je ne pouvais dire quelles affaires existaient entre mon père et lui. Cette considération, jointe à l'éloignement que la physionomie de cet homme m'avait inspiré, vint en aide à l'avertissement secret que j'avais reçu. Au lieu de m'adresser directement à lui, comme ç'avait été mon dessein, je me bornai à donner à Andrew l'ordre d'aller s'enquérir chez M. Mac Vittie de l'adresse d'un Anglais nommé Owen, lui enjoignant de ne pas mentionner la personne qui l'avait chargé de cette commission, et de m'apporter la réponse à l'auberge où nous étions logés. Andrew me promit d'obéir. Il me dit quelques mots du devoir de tout bon chrétien d'assister à l'office du soir; mais il ajouta, avec sa causticité naturelle, qu'à la vérité, si les gens, au lieu de tenir leurs jambes tranquilles, avaient besoin de renverser les paniers sur les tombes, comme s'ils voulaient réveiller les morts, une église à cheminée était c'qui leur convenait le mieux.

CHAPITRE XXI.

> Sur le Rialto chaque soir, à minuit, je dirige ma promenade solitaire; nous nous y rencontrerons.
> *Venise sauvée.*

PLEIN de sinistres pressentiments, auxquels, cependant, je n'aurais pu assigner une cause satisfaisante, je m'enfermai dans ma chambre pour réfléchir sérieusement au parti que j'avais à prendre, après avoir renvoyé Andrew, qui essaya vainement de m'entraîner avec lui à l'église Saint-Énoch [1], où, me dit-il, un ministre dont la parole pénétrait jusqu'au fond des âmes devait se faire entendre. Je n'avais jamais été ce qu'on appelle superstitieux ; mais je crois que tous les hommes, dans une position difficile et embarrassante, quand ils se sont vainement adressés à leur raison, sont disposés, par une sorte de désespoir, à lâcher les rênes à leur imagination et à se laisser guider ou tout à fait par le hasard, ou par ces impressions fantastiques qui s'emparent de nos esprits et auxquelles nous cédons comme par une impulsion involontaire. Il y avait dans les traits austères du marchand écossais quelque chose de si répulsif, qu'il me semblait que je ne pouvais me confier à lui sans violer toutes les règles tirées de l'art physionomique ; et, d'un autre côté, cet avis mystérieux, et l'apparition que j'avais vue s'évanouir comme une ombre sous ces voûtes qu'on pouvait bien nommer « la vallée de l'ombre de la mort, » devaient agir sur l'imagination d'un jeune homme qui, vous voudrez bien vous le rappeler, était aussi un jeune poëte.

Si des dangers m'entouraient, comme j'en avais été si mystérieusement averti, comment en connaîtrai-je la nature, ainsi que les moyens de m'y soustraire, sans me rendre au rendez-vous de mon protecteur inconnu, auquel je ne pouvais supposer que des intentions bienveillantes? Rashleigh et ses machinations se présentèrent plus d'une fois à mon esprit ; mais mon voyage avait été si rapide, que je ne pouvais le supposer instruit de mon arrivée à Glasgow, et moins encore préparé à me dresser quelque embûche. Je ne manquais d'ailleurs ni de hardiesse, ni de confiance en moi-même ; j'étais vigoureux et alerte, et jusqu'à un certain point familiarisé avec le maniement des armes, auquel tous les jeunes Français étaient alors initiés. Je ne craignais personne corps à corps ; l'assassinat n'était dans les habitudes ni du temps, ni du pays ; le lieu désigné pour notre rencontre était trop en

---

[1] Ceci, je crois, est un anachronisme, car l'église Saint-Énoch n'était pas bâtie à l'époque où nous reporte notre histoire. (W. S.)

CHAPITRE XXI.

vue pour que je pusse concevoir le moindre soupçon d'une trahison méditée. Je résolus donc de me rendre sur le pont à l'heure indiquée, et de me laisser guider ensuite par les circonstances. Et je dois vous avouer, Tresham, — ce qu'alors je tâchais de me cacher à moi-même, — que dans mon esprit s'était élevé l'espoir bien faible, mais secrètement caressé, que Diana Vernon, — comment, c'est ce que j'ignorais, — par quels moyens, je ne pouvais le deviner, — mais enfin que Diana Vernon n'était pas étrangère à cet avis obscur et singulier, donné en un moment, dans un lieu et d'une manière si surprenants. Elle seule, me disais-je, connaît mon voyage; d'après son propre aveu, elle a en Écosse des amis et de l'influence; elle m'a confié un talisman auquel je dois recourir, si tout autre secours me manque : qui donc, si ce n'est elle, connaîtrait les dangers dont il semble que je sois menacé? Qui donc aurait la volonté et les moyens de les détourner de moi? Je revenais sans cesse à ce point de vue flatteur de ma position difficile. Cette idée s'insinua dans mon esprit presque à mon insu ; elle me préoccupa toute la journée, elle ne me quitta point durant le cours de mon frugal repas, et me domina tellement pendant la demi-heure qui suivit (aidé peut-être par quelques verres d'excellent vin), que, dans une sorte de désespoir d'échapper à une décevante séduction, à laquelle je sentais le danger de m'abandonner, je repoussai mon verre loin de moi, je me levai de table, pris mon chapeau et me précipitai dehors comme un homme qui veut échapper à ses propres pensées. Peut-être, cependant, cédai-je encore au sentiment que je paraissais vouloir fuir, puisque insensiblement mes pas se dirigèrent vers le pont de la Clyde, lieu désigné pour mon mystérieux rendez-vous.

Quoique je n'eusse dîné qu'après l'office du soir, — ce en quoi je m'étais conformé aux scrupules religieux de mon hôtesse, qui n'aurait pas volontiers préparé un repas chaud entre deux sermons, ainsi qu'à la recommandation de mon ami inconnu, de me tenir renfermé jusqu'à la chute du jour, — plusieurs heures devaient s'écouler encore avant celle assignée à notre rencontre, lorsque j'arrivai au pont de la Clyde. Le temps devait me sembler long, comme vous le croirez aisément, et je puis à peine vous dire comment je le passai. Divers groupes de promeneurs, qui tous, jeunes et vieux, portaient empreint sur leur figure le sentiment de la sainteté du jour, traversaient la vaste prairie découverte qui s'étend sur la rive septentrionale de la Clyde et qui sert à la fois aux habitants de promenade et de champ de blanchiment; d'autres parcouraient à pas lents la longueur du pont, qui établit une communication avec le sud du comté. Tout ce dont je me souviens, c'est ce caractère religieux commun à la généralité des promeneurs, caractère affecté par quelques-uns, peut-être, mais sincère chez le plus grand nombre, et qui tempérait la gaîté pétulante des jeunes gens, en même temps qu'il réprimait l'aigreur des discussions entre les gens plus avancés en âge. Quoique les groupes fussent nombreux, je n'entendis pas une seule conversation bruyante; bien peu d'entre eux revenaient sur leurs pas pour prendre quelques minutes d'un exercice volontaire, auquel semblaient les inviter le calme de la soirée et la beauté de la scène; tous se pressaient de regagner leurs demeures et d'aller se livrer au sommeil. Pour quelqu'un habitué à la manière dont on passe en d'autres pays la soirée du dimanche, même chez les calvinistes français, il pouvait y avoir quelque chose d'un peu judaïque, quoique non sans intérêt, dans cet emploi plus sévère du saint jour du repos. Je ne tardai pas à réfléchir qu'en allant et venant comme je le faisais sur le bord de la rivière, et en croisant ainsi tous les groupes qui se dirigeaient vers la ville, je m'exposais au moins à être remarqué, sinon censuré, et je m'écartai du chemin fréquenté, trouvant une sorte d'occupation pour mon esprit à régler ma promenade de façon à la rendre le moins possible exposée à l'observation. Les nombreuses avenues tracées à travers cette immense prairie, et qui sont plantées d'arbres comme celles du parc de Saint-James à Londres, me donnaient la facilité d'effectuer cette manœuvre puérile.

Comme je parcourais une de ces avenues, j'entendis une voix montée sur un diapason plus élevé que celle des autres passants, et à ma grande surprise, dans cette voix aigre et suffisante, je reconnus celle d'Andrew Fairservice. Me glisser derrière la rangée d'arbres qui ombrageait l'avenue, c'était peut-être compromettre un peu ma dignité; mais c'était aussi le meilleur moyen de ne pas être vu et de me soustraire ainsi à sa curiosité importune. Comme il passait non loin de moi, je l'entendis tracer l'esquisse suivante d'un caractère que mon amour-propre, tout en se révoltant contre ce qui lui semblait une caricature, ne pouvait cependant s'empêcher de trouver vrai au fond. L'individu à qui Andrew s'adressait était un homme d'un extérieur grave, vêtu d'un habit et d'un surtout ou manteau noir, et coiffé d'un chapeau à larges bords.

—Oui, oui, monsieur Hammorgaw, c'est comme je vous l'dis. Il n'est pas absolument privé de son bon sens; il a un sentiment vague de c'qui est raisonnable, — c'est-à-dire par-ci par-là, — un éclair et pas plus. — Mais il a l'cerveau fêlé et l'esprit gâté par ses babioles de poésie. — Il restera planté devant un vieux chêne tout pelé, tout rabougri, comme si c'était un beau prunier en pleine fleur; et un rocher nu, avec une source bouillonnante, est pour lui tout autant qu'un jardin garni d'belles fleurs et d'bons légumes. Et puis il bavardera avec une folle qu'on appelle Diana Vernon (et on pourrait bien l'appeler la Diane d'Éphèse, car elle ne vaut guère mieux qu'une païenne; — ou plutôt elle est pire : — une Romaine, — une vraie Romaine);

il bavardera avec elle, ou avec que'que autre femelle paresseuse, plutôt que de venir entendre ce que vous ou moi, monsieur Hammorgaw, ou toute autre personne posée et raisonnable, pourrions lui dire pour le bien de toute sa vie. La raison, monsieur, voilà c'qu'il ne peut souffrir. — Il est tout aux vanités et aux choses futiles; et il me disait un jour (pauvre aveugle créature!) que les Psaumes étaient d'excellente poésie! Comme si le saint Psalmiste avait pensé à aligner des rimes sur une vessie; comme ces choses clinquantes et boursoufflées qu'il appelle des vers. Que Dieu lui soit en aide! Deux lignes de Davie Lindsay valent mieux que tout c'qu'il a jamais écrit.

Vous ne serez pas étonné qu'en écoutant ce portrait défiguré de mon caractère et de mes goûts, je me promisse en moi-même de casser la tête à M. Fairservice à la première occasion décente. Son ami se contentait de manifester de temps à autre son attention par de simples exclamations : Vraiment! ah! jusqu'à ce qu'enfin, en réponse à quelque observation plus étendue, dont je ne pus deviner le sens que par la réplique de mon fidèle guide, l'honnête Andrew reprit: Lui dire c'que j'en pense, dites-vous? — Qui serait le fou, alors, sinon Andrew? — C'est un vrai diable, monsieur! — C'est comme le vieux sanglier de Giles Heathertap; — y'n'faut qu'lui montrer une toile pour qu'il se rue dessus. — Rester avec lui, dites-vous? — En vérité, je n'sais trop pourquoi j'reste avec lui; — mais après tout ça n'est pas un mauvais jeune homme; et il a besoin d'un homme soigneux autour de lui. Et puis il ne tient pas la main serrée; l'argent glisse à travers comme de l'eau, monsieur; et il ne fait pas mauvais d'être auprès d'lui quand il a sa bourse en main, et elle n'en sort presque pas. — J'suis attaché d'cœur au pauvre étourdi, monsieur Hammorgaw; — ça n'est pas pour les gages.....

Ici M. Fairservice baissa la voix et prit un ton plus convenable au jour et au lieu : lui et son compagnon furent bientôt hors de ma portée. Ma première colère ne tarda pas à se calmer, par cette réflexion qu'un écouteur, comme aurait pu dire Andrew, entendra toujours quelque chose sur lui qu'il n'aurait pas voulu entendre, et que quel que fût le maître qui écoutât les propos tenus sur son compte dans son antichambre, il faudrait qu'il se préparât à supporter le scalpel d'un anatomiste comme M. Fairservice. Cet incident me fut d'ailleurs utile; il m'aida à trouver moins longue une partie du temps que j'avais encore à attendre.

La nuit était close, et l'obscurité toujours croissante donnait graduellement à la vaste et calme étendue du fleuve d'abord une teinte sombre et uniforme, puis cet aspect vaguement effrayant d'une grande masse d'eau, seulement éclairée par la lueur pâle et blafarde de la lune. Le pont antique et massif jeté sur la Clyde était devenu à peine visible, et me rappelait celui que Mirza, dans son incomparable vision, vit au-dessus de la vallée de Bagdad. Les arches peu élevées, se confondant dans une même teinte noirâtre avec le fleuve qu'elles surmontaient, semblaient plutôt des cavernes où s'engouffraient les eaux, que des ouvertures destinées à leur donner passage. Chaque heure augmentait le silence de la scène. On n'apercevait plus que de loin en loin une lumière vacillante glissant le long de la Clyde, et précédant une ou deux familles regagnant leur logis après le repas du soir, seule réunion que tolère la rigidité presbytérienne, après l'abstinence et l'accomplissement des devoirs religieux du saint jour du dimanche. Çà et là aussi on entendait le pas d'un cheval, dont le maître, après avoir passé la journée à Glasgow, dirigeait ses pas vers sa résidence dans le pays. Ces distractions elles-mêmes devinrent de plus en plus rares, puis tout devint complètement obscur et silencieux, et je restai seul au milieu de ce calme solennel, ma promenade solitaire sur les bords de la Clyde n'étant plus interrompue que par le bruit monotone et régulier des horloges de la ville.

L'incertitude de ma situation faisait naître en moi une impatience qui s'augmentait d'heure en heure, et qui à la fin devint intolérable. Je me demandais si j'avais été le jouet d'un mauvais plaisant, ou des rêveries d'un fou, ou des machinations d'un ennemi, et je m'avançais, dans un état d'anxiété et d'irritation impossible à décrire, sur le quai qui conduit au pont. Enfin le premier coup de minuit se fit entendre au beffroi de l'église métropolitaine de Saint-Mungo, et fut bientôt répété par tous les clochers de la ville, comme une congrégation de fidèles répond au verset que le ministre vient d'entonner. Les échos avaient fini à peine de répéter le douzième coup, qu'une forme humaine, — la première que j'eusse aperçue depuis deux heures, — apparut sur le pont, venant de la rive du sud. Je m'avançai à sa rencontre, tremblant comme si le destin de ma vie eût été attaché à cette entrevue, tant mon agitation s'était graduellement accrue dans l'impatience d'une longue attente. Tout ce que je pus distinguer en m'approchant fut que la taille de l'étranger était plutôt au-dessous qu'au-dessus de la moyenne, mais d'une apparence nerveuse et musculaire. Il était enveloppé dans un manteau de cavalier. Je ralentis mon pas et je m'arrêtai presque, dans l'espoir qu'il allait m'adresser la parole; mais, à mon grand désappointement, il passa outre sans prononcer un mot. Je n'avais aucun prétexte pour l'accoster le premier; malgré la coïncidence de son arrivée avec l'heure même assignée au rendez-vous, ce pouvait ne pas être celui que j'attendais. Je regardai après lui quand il m'eut dépassé, incertain si je devais ou non le suivre. L'étranger s'avança jusqu'à l'extrémité du pont, puis il s'arrêta, regarda autour de lui, et revenant sur ses pas se dirigea vers moi. Je résolus cette fois de ne pas lui laisser l'excuse des apparitions qui, dit-on, ne peuvent parler avant qu'on leur parle. — Vous vous prome-

CHAPITRE XXI.

nez tard, monsieur? lui dis-je, quand nous nous rencontrâmes de nouveau.

— Je viens à un rendez-vous, répondit-il, et je pense que vous en faites autant, monsieur Osbaldistone.

— C'est vous qui ce matin m'avez assigné ce rendez-vous ici, à cette heure peu ordinaire?

— C'est moi, répondit-il : suivez-moi, et vous saurez quelles ont été mes raisons.

— Avant de vous suivre, je dois savoir qui vous êtes et quelles sont vos intentions.

— Je suis un homme, et mes intentions sont amicales.

— Un homme! La désignation est un peu vague.

— Elle convient à celui qui n'en a pas d'autre à donner. Celui qui n'a point de nom, point d'amis, point d'argent, point de patrie, est du moins un homme; celui qui a tout cela n'est pas davantage.

— C'est vous faire connaître en termes trop généraux, pour ne pas dire plus, pour m'inspirer de la confiance en un inconnu.

— C'est néanmoins tout ce que je puis vous dire; c'est à vous de voir si vous voulez me suivre, ou vous passer de l'avis que je voulais vous donner.

— Ne pouvez-vous me le donner ici?

— C'est de vos yeux, non de ma bouche que vous devez le recevoir. Il faut que vous m'accompagniez ou que vous vous passiez de l'information que j'avais à vous donner.

Il y avait dans les paroles de cet homme quelque chose de bref, de décidé, de brusque même, peu propre, à coup sûr, à commander la confiance.

— Que craignez-vous? me dit-il d'un ton d'impatience. A qui pensez-vous que votre vie importe assez pour qu'on veuille vous la ravir?

— Je ne crains rien, répondis-je avec fermeté, quoiqu'un peu précipitamment. Marchez; je vous suis.

Contre mon attente, nous rentrâmes dans l'intérieur de la ville; nous glissions comme deux spectres muets le long de ses rues désertes et silencieuses. Les hautes et sombres façades des maisons, avec leurs ornements variés et les frontons des fenêtres, semblaient encore plus élevées et plus noires à la lueur incertaine de la lune. Pendant quelques minutes, nous nous avançâmes dans un silence absolu, que mon conducteur rompit le premier.

— Avez-vous peur? me dit-il.

— Je vous répondrai par vos propres paroles; pourquoi craindrais-je?

— Parce que vous êtes avec un inconnu, peut-être un ennemi, en un lieu où vous en avez beaucoup, et pas un ami.

— Je ne crains ni vous, ni eux. Je suis jeune, vigoureux et bien armé.

— Moi je suis sans armes, répliqua mon guide; mais peu importe, un bras résolu n'en a jamais manqué. Vous ne craignez rien, dites-vous? si vous saviez qui est à vos côtés, peut-être concevriez-vous quelque crainte.

— Et pourquoi? Je vous le répète, je ne crains rien de vous.

— Rien de moi? — soit. Mais ne craindriez-vous pas d'être trouvé avec un homme dont le nom seul, prononcé à voix basse dans cette rue déserte, en ferait lever les pierres contre lui; — avec un homme sur la tête duquel la moitié des habitants de Glasgow bâtiraient leur fortune comme sur un trésor trouvé, s'ils parvenaient à le saisir; — un homme dont l'arrestation serait une nouvelle aussi agréable à la croix d'Édimbourg que celle d'une bataille gagnée en Flandre?

— Et qui donc êtes-vous, vous dont le nom inspire une semblable terreur?

— Je ne suis pas votre ennemi, puisque je vous conduis dans un lieu où, si j'étais reconnu, je ne tarderais pas à avoir les fers aux pieds et la corde au cou [1].

Je m'arrêtai et fis quelques pas en arrière, pour examiner mon compagnon autant que le permettait l'obscurité, me plaçant ainsi hors de la possibilité d'une attaque imprévue.

— Vous en avez dit trop ou trop peu, repris-je: — trop pour m'engager à donner ma confiance à un étranger qui a, selon son propre aveu, à redouter les lois du pays où nous sommes; — trop peu, si vous pouvez vous justifier d'être justement menacé par elles.

Il fit un pas vers moi. Je reculai par un mouvement d'instinct, et portai la main à mon épée.

— Eh quoi! dit-il; contre un homme sans armes, et votre ami?

— J'ignore encore si vous êtes l'un et l'autre, répliquai-je; et, à vrai dire, votre langage et vos manières pourraient me mettre en droit d'en douter.

— C'est parler en homme; je respecte celui dont le bras peut défendre la tête. — Je serai franc avec vous; — je vous conduis à la prison.

— A la prison! m'écriai-je. Par quel mandat et pour quel crime? — Vous aurez ma vie plutôt que ma liberté. — Je vous défie, et ne vous accompagnerai point un pas de plus.

— Mais je ne vous y conduis pas en prisonnier, dit-il. Je ne suis ni messager [2] ni officier du shériff, ajouta-t-il avec un mouvement de

---

[1] Il est à remarquer que l'auteur place de temps à autre, dans la bouche de l'inconnu, quelques mots qui accusent son origine écossaise. On sent que de telles nuances sont intraduisibles. (L. V.)

[2] Huissier. (L. V.)

CHAPITRE XXI.

fierté. Je vous conduis vers un prisonnier de qui vous apprendrez quels dangers vous menacent. *Votre* liberté est peu exposée dans cette visite; il n'en est pas de même de la mienne. Mais ce danger, je le braverai pour vous de grand cœur; car je me soucie peu des risques que je cours, et j'aime un jeune homme hardi, qui ne connaît de protecteur que la pointe de son épée.

En parlant ainsi, nous arrivâmes à la grande rue, et nous nous arrêtâmes devant un vaste bâtiment en pierres de taille, dont les fenêtres, autant que je pouvais les distinguer, étaient garnies de barreaux de fer.

— Que ne donneraient pas, dit alors l'étranger, dont l'accent écossais devint plus prononcé [1], en même temps qu'il prenait un ton plus libre et plus familier; — que ne donneraient pas le prévôt et les baillis de Glasgow, pour voir renfermé dans leur tolbooth [2], les jambes chargées de fers, celui qui en ce moment est à la porte extérieure, libre et alerte comme un daim! Et à quoi cela leur servirait-il? car m'y tiendraient-ils ce soir avec un poids de quarante livres à chaque pied, demain matin ils trouveraient la place vide et le prisonnier délogé. — Mais venez; que tardez-vous?

En même temps il frappa à un guichet bas, et une voix aigre, comme celle d'un homme qu'on réveille en sursaut, répondit de l'intérieur: — Qui va là? — Que diable voulez-vous à une pareille heure? — C'est contre la règle, — tout à fait contre la règle, comme ils disent.

Au ton dont ces derniers mots furent prononcés, on voyait que celui que nous avions ainsi réveillé se disposait à se rendormir. Mais mon guide, s'approchant de la porte, lui dit à demi-voix: Dougal! mon ami! avez-vous oublié le nom de Gregarach?

— Pas du tout, pas du tout, répondit-on vivement; et j'entendis le gardien intérieur de la prison se lever en grande hâte. Quelques mots furent encore échangés entre mon conducteur et le porte-clefs, dans une langue qui m'était totalement inconnue; puis les verroux furent tirés, mais avec une précaution qui indiquait la crainte que le bruit en fût entendu, et nous nous trouvâmes dans le vestibule de la prison de Glasgow, sorte de chambre de garde petite, mais forte. Un escalier étroit conduisait aux étages supérieurs, et une ou deux petites portes donnaient accès aux parties du bâtiment situées de plein pied avec la porte extérieure: le tout muni de guichets, de verroux et de barres de fer. Les murailles en étaient nues, sauf un agréable assortiment de ferrures destinées aux prisonniers, et d'autres ustensiles de forme plus étrange, réservés peut-être à des emplois encore

---

[1] Ici, en effet, l'auteur fait parler à l'inconnu un dialecte fortement imprégné d'écossais. (L. V.)

[2] Prison. *Voyez* le Cœur de Midlothian.

plus barbares, mêlés de pertuisanes, de mousquets et de pistolets antiques, et d'autres armes offensives et défensives.

Me trouvant ainsi, d'une façon si peu attendue et si fortuite, et en quelque sorte par fraude, introduit dans une des forteresses légales de l'Écosse, je ne pus m'empêcher de repasser dans mon esprit mon aventure du Northumberland, et de déplorer les incidents étranges qui encore une fois, et sans que j'eusse rien à me reprocher, menaçaient de me placer dans une opposition dangereuse et fort désagréable avec les lois d'un pays que je visitais comme étranger.

CHAPITRE XXII.

> Regarde autour de toi, Astolphe : c'est ici que les hommes accusés d'être pauvres viennent achever de mourir de faim ; — remède un peu rude, il me semble, pour un mal assez triste. Dans ces murailles, d'où s'exhale une humide puanteur, le flambeau de l'espérance s'éteint ; à sa lumière expirante les orgies effrénées du désespoir viennent, échevelées, et dans un emportement sauvage, allumer leur torche infernale, qui doit éclairer d'horribles débauches que le malheureux prisonnier serait mort avant d'avoir connues, si l'esclavage n'eût avili son âme.
>
> *La Prison*, acte Ier, scène 3.

Dès que je fus entré, je jetai un regard inquiet sur mon conducteur ; mais la lampe du vestibule répandait une clarté trop faible pour me permettre de distinguer parfaitement ses traits. Comme le geôlier tenait cette lampe à la main, ses rayons tombaient plus directement sur sa figure, que j'examinai avec non moins de curiosité. C'était une espèce d'animal sauvage, à l'aspect repoussant, dont une profusion de cheveux roux couvrait en partie les traits, qui s'animèrent, à la vue de mon guide, d'une joie extravagante. Je n'ai jamais rien rencontré qui se rapproche autant de l'idée que je me fais d'un étrange et hideux sauvage adorant le fétiche de sa tribu. Il grimaçait, il tremblait, il riait, il aurait presque pleuré, s'il ne pleura pas en effet. Toute sa physionomie semblait dire : où dois-je aller ? — que puis-je faire ? Il serait impossible d'exprimer l'abnégation absolue, le complet dévouement qui s'y peignaient. Dans son premier transport il semblait hors d'état d'articuler des mots, et il ne faisait entendre que des exclamations sans suite : Oigh, oigh ! — Oui, oui ! — il y a longtemps qu'*elle*[1] ne vous a vu ! — et d'autres interjections proférées

---

[1] Ce féminin qu'emploie Dougal est une locution familière aux Highlandais, comme signe de déférence et d'humilité. C'est ainsi que Dougal ne parle jamais de lui qu'à la troisième personne. (L. V.)

CHAPITRE XXII.

dans l'idiome inconnu dont il s'était déjà servi avec mon conducteur. Celui-ci recevait toutes ces démonstrations d'une joie excessive comme un souverain trop accoutumé aux hommages de tout ce qui l'approche pour s'en beaucoup émouvoir, mais qui pourtant veut les reconnaître par les formes ordinaires de la courtoisie royale. Il tendit gracieusement sa main au porte-clefs, en lui disant d'un ton de bienveillance : Comment cela va-t-il, Dougal ?

— Oigh, oigh ! fit Dougal, réprimant les éclats de sa surprise, tandis qu'il regardait autour de lui d'un air de crainte ; — oigh ! Vous voir ici, — vous voir ici ! — oigh ! qu'arriverait-il si les baillis venaient à le savoir, — les sales et vilains coquins qu'ils sont ?

Mon guide mit un doigt sur sa bouche. — Ne craignez rien, Dougal, jamais vos mains ne tireront un verrou sur moi.

— Ces mains ? oh non ! dit Dougal ; on les *lui* couperait auparavant.

— Mais quand retournerez-vous là-bas ? Vous n'oublierez pas de le lui faire savoir ; — *elle* est votre pauvre cousin, Dieu le sait, au septième degré.

— Je vous le ferai savoir, Dougal, dès que nos plans seront arrêtés.

— Et sur *son* âme, dès que vous le ferez, quand ce serait un dimanche à minuit, *elle* jettera les clefs à la tête du prévôt, ou *elle* lui jouera un autre tour ; — que le lundi matin ne vienne jamais, si *elle* ne le fait pas !

Mon mystérieux étranger coupa court aux transports du porte-clefs, en lui adressant de nouveau la parole dans une langue que j'ai su depuis être l'irlandais, l'erse ou le gaëlique, et lui expliquant probablement le service qu'il attendait de lui. La réponse : De tout *son* cœur, — de toute *son* âme, avec beaucoup d'autres exclamations indistinctes, proférées sur le même ton, annonça la disposition du porte-clefs de se conformer aux désirs de mon compagnon. — Il remonta la mèche de sa lampe, et me fit signe de le suivre.

— Ne venez-vous pas avec nous ? dis-je à mon conducteur.

— C'est inutile, répondit-il ; ma compagnie vous serait gênante, et il vaut mieux que je reste ici pour assurer notre retraite.

— Je ne puis croire que vous ayez l'intention de me livrer à un danger.

— A aucun que je ne partage doublement, reprit l'étranger, d'un ton d'assurance qui ne pouvait laisser place au doute.

Je suivis le porte-clefs, qui, laissant le guichet intérieur ouvert derrière lui, me fit gravir un escalier tournant (un *turnpike*, comme disent les Écossais), conduisant à un long corridor. Ouvrant alors une des portes qui donnaient sur cette étroite galerie, il me fit entrer dans une petite chambre, et jetant les yeux sur un grabat qui était dans un coin, il me dit à demi-voix, en plaçant la lampe sur une petite table de sapin : *Elle* dort.

— *Elle!* qui? Serait-ce Diana Vernon que je retrouverais dans ce séjour de misères?

Je tournai les yeux vers le lit, et ce fut avec une étrange sensation de plaisir et de désappointement que je m'assurai que mes craintes n'étaient pas fondées. J'aperçus une tête qui n'était ni jeune ni belle, ornée d'une barbe grise que le rasoir n'avait pas touchée depuis deux ou trois jours, et que couvrait un bonnet de laine rouge. Le premier regard me rassura donc à l'égard de Diana Vernon; le second, tandis que le dormeur, sortant d'un sommeil profond, se frottait les yeux en bâillant, me fit distinguer des traits bien différents, en effet, — ceux de mon pauvre ami Owen. Je me tins un instant à l'écart pour lui laisser le temps de reprendre ses sens, me souvenant heureusement que je ne me trouvais que par fraude dans ces retraites de douleur, et que la moindre alarme pourrait être suivie des plus fâcheuses conséquences.

Cependant l'infortuné formaliste, se soulevant sur sa paillasse à l'aide d'une main, tandis que de l'autre il écartait son bonnet de nuit, s'écria, d'une voix où tout ce qu'il pouvait accumuler en lui de mauvaise humeur se mêlait à un reste d'assoupissement : Je vous dirai, au total, M. Dugwell, ou quel que soit votre nom, que si mon repos naturel est ainsi troublé, je me plaindrai au lord maire.

— Un gentilhomme veut vous parler, répliqua Dougal, en reprenant la voix rude et bourrue d'un vrai geôlier, au lieu du ton de joie obséquieuse qu'il avait tout à l'heure, à la vue de mon guide mystérieux; et tournant sur ses talons, il sortit de la chambre.

Il s'écoula quelques moments avant que le dormeur fût assez bien éveillé pour me reconnaître; et quand il m'eut reconnu, la douleur de mon pauvre ami fut extrême, supposant naturellement qu'on m'envoyait là partager sa captivité.

— O monsieur Frank, quels malheurs vous avez amenés sur la maison et sur vous-même! — Je ne pense pas à moi, qui ne suis qu'un zéro, pour ainsi dire; mais vous, qui étiez la somme totale de votre père, — son *omnium*, — vous qui pouviez être le premier homme de la première maison de commerce de la première ville du monde, vous trouver renfermé dans une sale prison d'Écosse, où l'on ne peut pas même brosser ses habits!

Et il secouait, d'un air profondément chagrin, l'habit noisette jadis sans tache, qui avait ramassé quelques-unes des saletés de sa prison; — ses habitudes de propreté minutieuse ajoutant encore au désagrément de sa captivité.

— Que le Ciel nous protége! continua-t-il. Quelle sensation à la bourse! Il n'y en aura pas eu de semblable depuis la bataille d'Almanza, où la somme totale de la perte des Anglais fut de cinq mille hommes tués et blessés, sans faire entrer les prisonniers dans l'addition.

— Mais que sera-ce quand on annoncera que la maison Osbaldistone et Tresham a suspendu ses paiements !

J'interrompis ses lamentations pour lui apprendre que je n'étais pas prisonnier, quoique je ne pusse guère lui expliquer comment je me trouvais là à une pareille heure. Je ne pus mettre fin à ses questions qu'en lui adressant moi-même celles que sa situation me suggérait, et je ne parvins pas sans peine à obtenir de lui les informations qu'il pouvait me donner : elles n'étaient pas des plus claires. Owen, vous le savez, quoique habile et lucide dans tout ce qui se rapportait à sa routine d'opérations commerciales, n'avait pas une grande dose de pénétration en ce qui sortait de sa sphère.

Le résumé de ses informations fut que des deux correspondants que la maison de mon père avait à Glasgow, où elle faisait beaucoup d'affaires par suite des marchés sur les forêts d'Écosse que j'ai déjà mentionnés, mon père avait toujours trouvé, ainsi qu'Owen, que la plus obligeante et la plus accommodante était la maison Mac Vittie, Mac Fin et Cie. Ces messieurs avaient montré en toute occasion une déférence absolue pour la grande maison anglaise ; dans leurs relations et dans leurs marchés, ils prenaient toujours, sans se plaindre, le rôle du chacal, qui ne réclame jamais au delà de ce que le lion veut bien lui abandonner. Quelque minime que fût leur part de profits, ils en étaient toujours satisfaits ; quelque grands que fussent les embarras, « ils sentaient, écrivaient-ils toujours, qu'ils ne pouvaient trop faire pour continuer de mériter le patronage et la bonne opinion de leurs honorables amis de Crane-Alley.

Les ordres de mon père étaient pour la maison Mac Vittie et Mac Fin comme les lois des Mèdes et des Perses, qu'on ne pouvait ni altérer, ni modifier, ni discuter ; et la ponctualité exigée par Owen dans leurs relations d'affaires, car il était esclave des formes, surtout quand il parlait *ex cathedrâ*, ne semblait être guère moins sacrée à leurs yeux. Ce ton de soumission servile et respectueuse paraissait tout naturel à Owen ; mais mon père lisait de plus près dans la pensée des hommes ; et soit que cet excès de déférence éveillât ses soupçons, soit qu'ami de la brièveté et de la simplicité des formes en affaires, il fût fatigué de leurs interminables assurances de respect et de soumission, il s'était constamment refusé à leurs sollicitations de les constituer ses seuls agents en Écosse. Au contraire, il y confiait beaucoup de ses affaires à un correspondant d'un caractère tout différent ; — à un homme dont la bonne opinion de lui-même allait jusqu'à l'opiniâtreté, et qui, détestant les Anglais en général, autant que mon père les Écossais, n'acceptait aucune participation dans une affaire, si ce n'est sur le pied d'une égalité absolue ; outre cela, méfiant, souvent captieux, et non moins attaché à ses idées sur les choses de forme qu'Owen pouvait l'être aux siennes ;

au total, fort indifférent sur ce que tout Lombard-street pourrait penser de lui.

Comme un tel caractère rendait les relations difficiles avec M. Nicol Jarvie ; — comme il en résultait parfois entre la maison anglaise et son correspondant de la froideur et des discussions auxquelles leur mutuel intérêt pouvait seul mettre fin ; — comme, en outre, l'amour-propre d'Owen avait eu plus d'une fois à souffrir dans ces discussions, vous ne serez pas surpris, Tresham, que notre vieil ami eût en toute occasion employé toute son influence en faveur de la discrète, civile et respectueuse maison Mac Vittie, Mac Fin et Cie, et qu'il eût toujours parlé de Jarvie comme d'un boutiquier insolent et suffisant, avec lequel on ne pouvait traiter d'affaires.

Il n'est donc pas surprenant que dans ces circonstances, dont je n'appris le détail que plus tard, Owen, au milieu des embarras où la maison s'était trouvée réduite par l'absence de mon père et la disparition de Rasleigh, se fût décidé à recourir, dès son arrivée en Écosse, qui avait eu lieu deux jours avant la mienne, à l'amitié de ces correspondants qui s'étaient toujours montrés si dévoués à mon père, si satisfaits et si honorés de leurs relations avec lui. Il fut reçu chez MM. Mac Vittie et Mac Fin, comme pourrait l'être un saint se montrant chez un dévot catholique. Mais hélas ! ce ne fut qu'un rayon de soleil, qu'un nuage ne tarda pas à obscurcir, lorsque, encouragé par une réception si empressée, il dévoila les embarras de la maison à ses zélés correspondants, et leur demanda leurs conseils et leur assistance. Mac Vittie fut étourdi de cette communication inattendue, et elle n'était pas achevée que déjà Mac Fin compulsait son livre-journal et parcourait le dédale sans fin des relations multipliées des deux maisons, afin de s'assurer sans délai de quel côté penchait la balance. Hélas ! le bassin inclinait considérablement contre la maison de Londres ; les figures de Mac Vittie et de Mac Fin, déjà fort allongées, devinrent sombres, chagrines et refrognées. Ils ne répondirent a la demande de conseils et d'assistance que leur faisait M. Owen, qu'en demandant à leur tour une sûreté immédiate contre tout hasard de perte éventuelle ; et enfin, s'expliquant plus clairement, ils exigèrent qu'un dépôt de titres, destinés à un autre objet, fût à cet effet remis dans leurs mains. Owen repoussa cette demande avec indignation, comme injurieuse pour sa maison, préjudiciable aux autres créanciers d'Osbaldistone et Tresham, et comme une ingratitude de la part de ceux qui la lui faisaient.

Les associés écossais trouvèrent dans cette discussion, ce qu'aiment à rencontrer ceux qui sont dans leur tort, une occasion et un prétexte pour s'abandonner à une violente colère, et pour s'autoriser à prendre des mesures dont un sentiment de délicatesse, sinon leur conscience, aurait dû les détourner.

CHAPITRE XXII.

Owen, comme c'est, je crois, l'usage, avait une petite part dans les bénéfices de la maison dont il était le premier commis, et comme tel il se trouvait solidairement responsable des obligations qu'elle contractait. Cette circonstance était connue de MM. Mac Vittie et Mac Fin ; et dans un esprit de vengeance, ou plutôt pour le forcer, à cette extrémité, à consentir aux propositions qu'il avait si vivement repoussées, ils eurent recours à un procédé sommaire d'arrestation et d'emprisonnement qu'il paraît que la loi écossaise (en cela sûrement sujette à bien des abus) offre au créancier dont la conscience peut se prêter à faire serment que son débiteur a l'intention de sortir du royaume. En vertu d'un mandat de cette espèce, le pauvre Owen avait été conduit en prison la veille même du jour où moi-même m'y trouvais introduit d'une façon si étrange.

Ainsi mis au courant de cette alarmante série de faits, la question était de savoir ce qu'il convenait de faire, et cette question n'était pas facile à résoudre. Je voyais clairement les périls dont nous étions entourés, mais il était moins aisé d'y trouver un remède. L'avis secret que j'avais reçu semblait me faire entendre que ma sûreté personnelle serait compromise par des démarches ouvertes en faveur d'Owen. Owen avait la même crainte, et dans l'excès de sa terreur, il m'assura qu'un Écossais, plutôt que de risquer de perdre un farthing[1] avec un Anglais, saurait déterrer quelque loi pour faire arrêter sa femme, ses enfants, ses domestiques, ses servantes, et les étrangers qui se trouveraient chez lui. Les lois relatives aux débiteurs sont, dans quelques pays, tellement sévères, que je ne pouvais me refuser à croire au moins une partie de ce qu'il me disait ; et mon arrestation, dans les circonstances actuelles, eût été le coup de grâce pour les affaires de mon père. Dans cette perplexité, je demandai à Owen s'il n'avait pas songé à avoir recours au second correspondant de mon père à Glasgow, à M. Nicol Jarvie?

— Je lui ai écrit ce matin, répondit-il ; mais si les langues dorées de Gallowgate en ont ainsi agi, que peut-on attendre de ce rude et intraitable négociant de Salt-Market? Vous pourriez aussi bien demander à un courtier de renoncer à son *tant pour cent,* que d'attendre quelque chose d'un pareil homme. Il n'a pas même répondu à ma lettre, ajouta Owen, quoiqu'elle lui ait été remise en main propre ce matin comme il sortait de l'église. Se jetant alors sur son lit, avec toutes les marques du désespoir : Mon pauvre cher maître ! s'écria-t-il, — mon pauvre cher maître ! O monsieur Frank, monsieur Frank, tout cela vient de votre obstination ! — Mais que Dieu me pardonne de vous parler ainsi dans votre malheur ! C'est la volonté du Ciel, et nous devons nous y soumettre.

---

[1] La plus petite monnaie de cuivre anglaise. (L. V.)

Toute ma philosophie, Tresham, ne put m'empêcher de m'associer à la douleur du bon Owen, et nous confondîmes nos larmes. Les miennes étaient les plus amères, car ma conscience m'avertissait que les reproches que m'épargnait le bon cœur d'Owen n'eussent été que trop fondés, et que ma folle résistance aux volontés de mon père avait seule causé tous ces malheurs.

Tout à coup, au milieu des épanchements de notre douleur commune, un bruit violent à la porte extérieure de la prison nous fit tressaillir. Je courus à l'escalier pour écouter; mais j'entendis seulement le guichetier parlant alternativement à voix haute à ceux qui frappaient au dehors, et à voix basse à celui qui m'avait servi de guide. *Elle* y va! — *elle* y va! criait-il; puis baissant le ton : *O hon-a-ri! ô hon-a-ri!* que va-t-*elle* faire maintenant? — Montez l'escalier, et cachez-vous derrière le lit du gentilhomme sassenach[1]. — *Elle* y va aussi vite qu'*elle* peut. — *Ahellanay!* C'est mylord prévôt, et les baillis, et la garde. — Et le capitaine qui arrive de son côté! — Dieu nous assiste! Montez vite, ou ils vous trouveront ici. — *Elle* y va! — *elle* y va! — la serrure est toute rouillée.

Tandis que Dougal tirait les verroux bien à contre-cœur, et aussi lentement que possible, pour admettre ceux du dehors, dont l'impatience commençait à devenir bruyante, mon guide arrivait au haut de l'escalier tournant et se précipitait dans la chambre d'Owen, où je le suivis. Il la parcourut rapidement des yeux, y cherchant vainement une place pour se cacher. Prêtez-moi vos pistolets, me dit-il alors; — mais c'est inutile, je puis m'en passer. Quoi qu'il arrive, ne vous en inquiétez pas; ne vous mêlez pas dans la querelle d'un autre. — Cette affaire est la mienne, et il faut que je m'en tire comme je pourrai. J'ai été serré d'aussi près, de plus près peut-être qu'aujourd'hui.

En disant ces mots l'étranger se débarrassa de l'ample manteau dont il était enveloppé, et se plaça vis-à-vis de la porte de la chambre, sur laquelle il fixait son regard perçant et déterminé, repliant un peu son corps en arrière pour concentrer ses forces, comme un coursier prêt à franchir une barrière. Je ne doutai pas que son intention ne fût d'écarter l'obstacle, quel qu'il pût être, en s'élançant brusquement sur ceux qui se présenteraient au moment où la porte serait ouverte, et de se frayer ainsi par surprise et par force un chemin jusqu'à la rue. Il y avait en lui une telle apparence de vigueur et d'agilité, il y avait tant de détermination dans son regard et dans ses manières, qu'on pouvait aisément croire qu'il viendrait à bout de son hardi projet, à moins qu'on n'employât contre lui des moyens extrêmes.

Il s'écoula quelques instants d'attente solennelle après l'ouverture

---

[1] Sassenach ou Saxon est le titre par lequel les Ecossais désignent vulgairement les Anglais. (L. V.)

de la porte extérieure ; enfin la nôtre s'ouvrit, et nous vîmes entrer — non des soldats, la baïonnette au bout du fusil ; non des gardes armés de masses, de gourdins ou de pertuisanes, mais une fille de bonne mine, tenant d'une main son jupon rayé qu'elle avait relevé pour monter l'escalier, et de l'autre portant une lanterne. Cette jeune fille précédait un personnage plus important, homme petit, trapu, corpulent, la tête couverte d'une perruque ronde, et, dans son impatience bourrue, se démenant à en perdre haleine. Nous apprîmes bientôt que c'était un magistrat. A cette vue, mon conducteur se retira de côté comme pour échapper à l'observation ; mais il ne put longtemps éviter le coup d'œil investigateur que le nouvel arrivant jeta dans la chambre.

— Une jolie chose et bien convenable, que je sois tenu à la porte pendant une demi-heure, capitaine Stanchells, dit le dignitaire en s'adressant au geôlier en chef, qui en ce moment se montrait à la porte, comme pour accompagner le magistrat ; obligé de frapper aussi fort pour entrer dans la prison qu'un prisonnier pour en sortir, si ça pouvait leur servir à quelque chose, les pauvres créatures déchues ! — Eh ! qu'est ceci ? — qu'est ceci ? — Des étrangers dans la prison après l'heure de la clôture, et un soir de dimanche encore ! — J'éclaircirai cela, Stanchells, vous pouvez y compter. — Tenez les portes fermées ; je leur parlerai dans un instant. — Mais d'abord il faut que je dise un mot d'amitié à une vieille connaissance. — Monsieur Owen, monsieur Owen, comment cela va-t-il ?

— Assez bien de corps, je vous remercie, monsieur Jarvie, soupira le pauvre Owen ; mais bien mal d'esprit.

— Sans doute, sans doute, — oui, oui, — c'est un terrible revers ; — pour un homme surtout qui portait la tête si haute. — Nature humaine ! nature humaine ! — Oui, oui, nous sommes tous sujets aux accidents. M. Osbaldistone est un bon et honnête gentilhomme ; mais j'ai toujours dit qu'il était de ceux qui font une belle cuillère ou qui gâtent la corne, comme mon digne père le diacre[1] avait coutume de dire. Le diacre me disait : Nick, — jeune Nick (il s'appelait Nicol comme moi, de sorte qu'on nous avait surnommés par plaisanterie le jeune Nick et le vieux Nick), — Nick, me disait-il, n'enfoncez jamais votre bras plus avant que vous ne pourriez le retirer. C'est ce que je disais à M. Osbaldistone, et il ne paraissait pas prendre l'avis d'aussi bonne amitié que je le lui donnais ; — c'était pourtant à bonne intention, à bonne intention.

Cette tirade, débitée avec une prodigieuse volubilité et d'un ton de grande confiance en soi-même, tandis qu'il rappelait ses bons avis et ses prédictions, me donna peu d'espoir de tirer grand secours de

---

[1] Chef de la corporation des métiers. (L. V.)

M. Jarvie. Je vis pourtant bientôt qu'il y avait plutôt dans son fait manque de tact que mauvais cœur; car, Owen se montrant blessé de ce que de telles observations lui fussent faites dans sa situation, le digne bailli lui dit en lui prenant la main : Allons, un peu de courage! croyez-vous que je serais venu au milieu de la nuit, et que j'aurais presque oublié le respect dû au saint jour du dimanche, seulement pour reprocher à un homme tombé les fautes qu'il a pu faire? Non, non, ce n'est pas la manière du bailli Jarvie, pas plus que ce n'était avant lui celle de son digne père le diacre. Sachez donc que c'est ma règle invariable de ne songer à aucune affaire charnelle le jour du repos; et quoique j'aie fait tout ce que j'ai pu pour ne pas penser aujourd'hui à votre lettre de ce matin, j'y ai pourtant eu l'idée toute la journée plus qu'au sermon. — Et c'est ma règle d'aller me mettre au lit derrière mes rideaux jaunes à dix heures précises, — à moins que je ne sois à manger une morue chez un voisin, ou qu'un voisin ne soupe chez moi : — demandez à cette jeune égrillarde si ce n'est pas une règle fondamentale dans ma maison; eh bien! je me suis mis à lire de bons livres, bâillant comme si j'eusse voulu avaler l'église Saint-Énoch, jusqu'au coup de minuit, heure à laquelle je pouvais jeter un coup d'œil sur mes livres de compte, seulement pour voir un peu dans quelle situation les choses sont entre nous; et puis, comme le vent et la marée n'attendent personne, j'ai dit à cette bonne fille de prendre la lanterne et de m'éclairer jusqu'ici, pour voir un peu ce que nous pouvons faire pour vous. Le bailli Jarvie peut se faire ouvrir la tolbooth à toute heure de jour ou de nuit, comme pouvait le faire dans son temps mon père le diacre, digne homme, à qui Dieu fasse paix!

Quoique le soupir poussé par Owen quand il entendit mentionner les livres de compte me donnât tout lieu de craindre que de ce côté encore la balance ne fût pas en notre faveur, et bien que le discours du digne magistrat respirât un orgueil de soi-même assez inquiétant, on y sentait, néanmoins, une sorte de franchise et de simplicité qui me donnèrent quelque espoir. Il demanda à voir différents papiers qu'il désigna, et les ayant presque arrachés des mains d'Owen, il s'assit sur le bord du lit « pour reposer ses jambes », dit-il, sa servante lui tenant la lanterne haute, tandis que marmottant et grommelant, tantôt après la lanterne qui l'éclairait mal, tantôt à propos de ce qu'il lisait, il se mit à parcourir le contenu du paquet.

Le voyant ainsi occupé, mon guide paraissait disposé à prendre congé sans cérémonie. Il me fit signe de ne rien dire, et manifesta, par son changement d'attitude, l'intention de se faufiler vers la porte de manière à exciter le moins d'attention possible. Mais le vigilant magistrat (bien différent de ma vieille connaissance, M. le juge Inglewood) devina aussitôt son dessein et y mit obstacle. — Je vous ai dit

CHAPITRE XXII.

de fermer la porte, Stanchells; donnez un tour de clef, et veillez au dehors.

Les sourcils de l'étranger se froncèrent, et il parut un instant songer de nouveau à effectuer sa retraite de vive force; mais avant qu'il eût pris un parti, la porte se referma, et le lourd verrou glissa sur elle. Il proféra à voix basse une exclamation en gaëlic, et d'un air de sombre résolution, comme prenant son parti d'attendre la fin de la scène, il alla à l'autre extrémité de la chambre s'asseoir sur une table de chêne et se mit à siffler un air des montagnes.

M. Jarvie, qui semblait fort expéditif en affaires, et qui parut avoir saisi rapidement les détails qu'il venait de parcourir, ne tarda pas à reprendre la parole. — Eh bien, monsieur Owen, — votre maison est débitrice de certaines sommes envers MM. Mac Vittie et Mac Fin (les chiens couchants! C'est au sujet de cette affaire des bois de Glen-Cailziechat, qu'ils m'ont arrachée d'entre les dents, — un peu grâce à vous, il faut le dire, monsieur Owen; — mais ce qui est fait est fait). — Ainsi donc, monsieur, votre maison leur doit cet argent; et pour cela, ainsi qu'à raison d'autres engagements que vous avez envers eux, ils vous ont mis sous le double tour de la grande clef de Stanchells. — Eh bien! monsieur, vous devez cet argent, — et peut-être vous en devez encore à d'autres, — peut-être me devez-vous quelque chose à moi-même, bailli Nicol Jarvie.

— Je ne puis nier, monsieur Jarvie, que la balance ne soit aujourd'hui contre nous; mais veuillez considérer...

— Je n'ai le temps de rien considérer, monsieur Owen. — Encore si près du dimanche, hors de mon lit bien chaud, à cette heure de la nuit, et par l'humidité qu'il y a dans l'air, — ce n'est pas le moment de considérer. — Ainsi donc, monsieur, comme je disais, vous me devez de l'argent; — cela ne peut être nié, — vous me devez de l'argent, plus ou moins, ne sortons pas de là. — Cependant, monsieur Owen, je ne vois pas comment vous, homme actif et qui vous entendez en affaires, pourrez régler celles pour lesquelles vous êtes venu par ici, et nous désintéresser tous, — comme j'ai bon espoir que vous le ferez, — si on vous laisse pourrir dans la tolbooth de Glasgow. — Ainsi donc, monsieur, si vous pouviez trouver caution *judicio sisti*, c'est-à-dire que vous ne quitterez pas le pays, mais que vous paraîtrez devant la cour et relèverez votre caution quand vous y serez légalement appelé, vous seriez mis en liberté ce matin même.

— Bien certainement, monsieur Jarvie, si quelque ami voulait donner caution pour moi à cet effet, ma liberté serait utilement employée tant pour la maison que pour tous ceux qui ont des rapports avec elle.

— Eh bien! monsieur, reprit Jarvie, sûrement un tel ami pourrait être certain que vous comparaîtriez quand vous seriez cité, pour le dégager de sa responsabilité.

— Je le ferais, à moins de mort ou de maladie, aussi sûr que deux et deux font quatre.

— Eh bien! monsieur Owen, j'ai confiance en vous, et je vous le prouverai, monsieur; — je vous le prouverai. Je suis un homme soigneux, cela est bien connu; un homme industrieux, toute la ville pourrait l'attester; je puis gagner des écus et les garder, et en savoir le compte, aussi bien que pas un de Salt-Market, ou même de Gallowgate. Je suis un homme prudent, comme mon père le diacre l'était avant moi; — eh bien! plutôt que de laisser un honnête homme, qui entend les affaires, et qui est disposé à faire justice à chacun, plutôt que de le laisser cloué par les talons à cette porte, dans l'impossibilité d'être utile à lui ni aux autres, — sur ma conscience, monsieur! c'est moi qui serai votre caution. — Mais vous vous souviendrez que c'est une caution *judicio sisti*, comme disent nos hommes de loi, et non *judicatum solvi;* souvenez-vous de cela, car la différence est grande.

M. Owen lui répondit que dans l'état des choses, il ne pouvait s'attendre à ce que personne donnât sûreté pour le paiement actuel de la dette, mais qu'il n'y avait pas à craindre qu'il manquât de se présenter quand il en serait légalement requis.

— Je vous crois, — je vous crois; il suffit, — il suffit. Vous aurez les jambes libres à l'heure du déjeûner. — Et maintenant voyons ce que vos compagnons de chambrée auront à dire pour eux-mêmes, et comment il se fait que contre les règlements ils se trouvent ici à une pareille heure.

CHAPITRE XXIII.

> Le mari arrive un soir à la maison, et là il trouve un homme où un homme ne devait pas être. Oh, oh! qu'est ceci, commère? Qu'est ceci? demanda-t-il; — pourquoi ce compagnon est-il ici sans qu'on m'ait demandé avis?
> *Vieille chanson.*

Le magistrat prit la lanterne des mains de sa servante et commença son inspection, comme Diogène dans les rues d'Athènes, s'attendant sans doute aussi peu que le cynique à trouver un trésor dans le cours de ses recherches. Le premier dont il s'approcha fut mon guide mystérieux, qui, assis sur la table, comme je l'ai déjà dit, les yeux fixés sur la muraille, les traits parfaitement immobiles, les bras croisés sur la poitrine avec un air à la fois insouciant et déterminé, et battant du talon contre un des pieds

CHAPITRE XXIII.

de la table, comme pour accompagner en mesure l'air qu'il continuait de siffler, subit sans sourciller l'examen de M. Jarvie. Cette assurance mit en défaut pour un moment la mémoire et la pénétration du rusé magistrat.

— Ah ! — eh ! — oh ! fit enfin le bailli. Sur ma conscience ! — est-ce possible ? — Et pourtant..... mais non ! — En conscience, cela ne peut être ! — Voyons donc encore ; — le diable m'emporte ! — passez-moi l'expression, — c'est vous, brigand, — bandit — fils du diable que vous êtes, capable de tout, sauf du bien ! — Est-ce bien vous ?

— Comme vous voyez, bailli, répondit l'autre sans s'émouvoir.

— Conscience ! j'en reste stupéfié. — *Vous*, gibier de potence, vous être aventuré dans la tolbooth de Glasgow ! — Combien pensez-vous que vaut votre tête ?

— Umph ? — Pesée en conscience, elle peut valoir la tête d'un prévôt, de quatre baillis, d'un secrétaire du conseil de ville et de six diacres, sans compter les percepteurs de la capitation.....

— O l'effronté scélérat ! interrompit M. Jarvie. — Mais confessez vos péchés et préparez-vous ; car si je dis un mot.....

— C'est vrai, bailli, interrompit à son tour l'autre interlocuteur, en se croisant les mains derrière le dos avec une parfaite nonchalance ; mais, ce mot, vous ne le direz pas.

— Et pourquoi cela, monsieur ? s'écria le magistrat ; — pourquoi ne le dirai-je pas ? Dites : — pourquoi ne le dirai-je pas ?

— Pour trois bonnes raisons, bailli Jarvie. — D'abord parce que nous sommes de vieilles connaissances ; — ensuite à cause de la vieille femme de Stuckavrallachan, qui a un peu mêlé mon sang au vôtre, ce que je dis en rougissant : car il est honteux d'avoir un cousin qui ne songe qu'à ses comptes, et à ses navires, et à ses métiers, et à ses navettes, comme un misérable artisan ; — troisièmement, bailli, parce que si vous faites un mouvement pour me trahir, je vous brise la tête sur cette muraille avant qu'âme qui vive ait pu venir à votre secours !

— Vous êtes un hardi coquin, monsieur, répliqua l'intrépide bailli ; vous savez que je vous connais. On n'est pas en sûreté près de vous.

— Je sais, reprit l'autre, que vous avez de bon sang dans les veines, et je serais fâché de me porter à quelque extrémité contre un parent. Mais je sortirai d'ici aussi libre que j'y suis entré, ou les murs de la prison de Glasgow se souviendront dans dix ans de ce qu'ils auront vu cette nuit.

— Bien, bien, dit M. Jarvie ; le sang est plus précieux que l'eau, et il ne convient pas de voir une paille dans l'œil d'une connaissance, d'un parent ou d'un allié qui ne regarde pas la vôtre. Ce serait une triste nouvelle pour la vieille de Stuckavrallachan, d'apprendre que vous, qui êtes un peu des nôtres, vous m'ayez brisé la **tête**, ou que moi je vous ai envoyé à la potence. Mais vous conviendrez, mauvais démon, que si ce n'était pas vous, j'aurais happé le plus fameux homme des Highlands.

— Vous l'auriez essayé, cousin, je le sais bien ; mais je doute que vous en fussiez venu à bout. Nous autres alertes montagnards, nous sommes une race dangereuse quand on en veut à notre liberté. A nous, qui ne pouvons endurer la gêne de bonnes culottes bien larges et bien chaudes, vous voudriez donner des culottes de pierre et des jarretières de fer !

— Oui, oui, voisin ; nous leur trouverons à tous des culottes de pierre, et les jarretières de fer, et la cravate de chanvre par-dessus le marché. Personne dans un pays civilisé n'a joué les mauvais tours que vous avez joués. — Mais vous n'aurez plus à compter sur moi, — je vous en avertis.

— Eh bien! cousin, porterez-vous le deuil à mon enterrement?

— Le diable y sera en habit noir, Robin, avec les corbeaux et les corneilles, j'en lèverais la main. Mais où sont les mille bonnes livres d'Écosse que je vous ai prêtées, et quand les reverrai-je?

— Où elles sont? répondit mon guide, affectant de réfléchir un instant ; je ne saurais le dire au juste ; — probablement où est la neige de l'an dernier.

— C'est-à-dire sur le sommet du Schehallion[1], chien de montagnard. Il faudra que j'aille vous trouver pour me faire payer.

— Oui, répliqua l'Highlander, car je ne porte ni neige, ni argent dans ma poche. Quant à l'époque, ce sera quand le roi recouvrera ses droits, comme dit la vieille chanson.

— De mieux en mieux, Robin ; — je vois que vous êtes traître et déloyal, — le pis de tout ! — Voudriez-vous nous ramener le papisme, et le pouvoir arbitraire, et la bassinoire, et le formulaire, et les anciennes horreurs des surplis et du serment? Vous feriez mieux de vous en tenir à vos anciens métiers de receleur, de leveur de contributions forcées, de maraudeur et de voleur de bestiaux[2]. — Mieux vaut voler des vaches que ruiner des nations.

— Sottises, l'ami ; trêve à toutes vos whigeries, reprit le Celte ; nous nous connaissons l'un l'autre depuis longtemps. Je veillerai sur votre comptoir, quand Gillon-Naillie[3] viendra balayer les boutiques

---

[1] Proverbe écossais. Être sur le sommet du Schehallion, c'est être introuvable, inaccessible. (L. V.)

[2] Le bailli Jarvie emploie ici les expressions toutes locales de *theft-boot* (recel d'un vol), *black-mail* (la *rente noire*, contribution ou sorte de tribut payé par les propriétaires des basses-terres aux maraudeurs montagnards, pour se mettre à l'abri de leurs coups de main) ; *spreagh* et *gill-ravaging*, excursions de pillards pour enlever les bestiaux. (L. V.)

[3] Sobriquet des Highlanders. Ce terme signifie proprement un homme vêtu de la jupe courte ou pagne des montagnards. (L. V.)

de Glasgow et les nettoyer de leurs vieilles friperies. Jusque-là, à moins qu'il ne vous soit impossible de faire autrement, vous ne devez pas me voir plus souvent, Nicol, que je ne serai disposé à être vu..

— Vous êtes un audacieux coquin, Rob; vous serez pendu, c'est ce qui arrivera. Mais je ne serai jamais comme le mauvais oiseau qui salit son nid, à moins que la nécessité et un devoir absolu ne m'y forcent; car personne ne doit être sourd à la voix du devoir. — Mais qui diable est celui-ci? ajouta-t-il en se tournant vers moi; — quelque maraudeur que vous avez enrôlé, j'ose assurer. Il me paraît avoir une mine pour le grand chemin et un cou pour le gibet.

— Celui-ci, mon bon monsieur Jarvie, dit Owen, qui, ainsi que moi-même, était resté muet d'étonnement pendant cette étrange reconnaissance, et ce dialogue non moins étrange entre ces deux singuliers parents; — celui-ci est le jeune M. Francis Osbaldistone, le fils unique du chef de notre maison, qui y aurait tenu la place de M. Rasleigh Osbaldistone, son cousin, si le bonheur eût voulu... (ici Owen ne put réprimer un profond gémissement). Mais néanmoins.....

— Oui, oui, j'ai entendu parler de cet écervelé; c'est lui dont votre maître, comme un vieux fou obstiné, voulait faire un négociant, bon gré mal gré, et le gaillard s'est fait comédien ambulant, par pure aversion pour le travail qui doit nourrir un honnête homme. — Eh bien! monsieur, que dites-vous de votre besogne? sera-ce Hamlet le Danois ou l'ombre d'Hamlet qui serviront de caution à M. Owen, monsieur?

— Je ne mérite pas vos railleries, répondis-je, quoique j'en respecte le motif, et que je sois trop reconnaissant du service que vous rendez à M. Owen, pour en concevoir du ressentiment. Le seul motif qui m'ait amené ici était de voir ce que je pourrais faire (bien peu, je le crains) pour seconder M. Owen dans l'arrangement des affaires de mon père. Quant à mon éloignement pour la profession du commerce, c'est une manière de voir dont je suis le meilleur ou plutôt le seul juge.

— Je proteste, s'écria le montagnard, que j'aimais déjà ce jeune brave avant de le bien connaître; maintenant je l'honore à cause de son mépris pour les tisserands, les fileurs et tous les gens de cette sorte, et pour tout ce qui s'y rapporte.

— Vous êtes fou, Rob, dit le bailli, — fou comme un lièvre de mars; — pourquoi un lièvre de mars est-il plus fou qu'un lièvre de la Saint-Martin, c'est ce que je ne pourrais dire. — Les tisserands! que le diable, qui est un rusé tisserand, vous sorte de la toile qu'il vous tisse. Les fileurs! vous filerez et déviderez vous-mêmes un joli fuseau. Et ce jeune égrillard que vous mettez à l'affût sur le plus court chemin de la potence et de l'enfer, pensez-vous que ce seront ses comédies et ses vers qui le tireront d'affaire ici, ainsi que vos jurements et la lame nue de votre poignard, reprouvé que vous êtes? Sera-ce *Tityre, tu patulæ,* comme on dit, qui lui apprendra où est Rasleigh Osbaldistone? Macbeth et ses bandes, et les vôtres par-dessus le marché, Rob, lui procureront-ils les cinq mille livres [1] nécessaires pour faire honneur aux billets qui échoient d'ici à dix jours, quand on les vendrait tous à l'encan, avec leurs grands sabres, et leurs André-Ferrare, et leurs targes de cuir, et leurs brogues[2], et leur brochan[3], et leurs sporrans[4].

— Dix jours! m'écriai-je; et instinctivement je tirai de ma poche le paquet cacheté que m'avait remis Diana Vernon. Le délai durant lequel j'en devais respecter le sceau était expiré; je le rompis en tremblant. Dans ma précipitation, une lettre cachetée s'échappa de l'enveloppe, et, poussée par un léger souffle de vent, alla tomber aux pieds de M. Jarvie, qui la ramassa, en regarda l'adresse avec une curiosité peu cérémonieuse, et à mon grand étonnement la remit à son parent le montagnard, en lui disant : C'est un bon vent qui a poussé cette lettre à son adresse, car il y avait dix mille contre un qu'elle n'y arriverait pas.

Le Highlander, après avoir jeté les yeux sur la suscription, ouvrit la lettre sans la moindre cérémonie. J'essayai de l'arrêter.

— Il faut que je sois certain que cette lettre vous est adressée, monsieur, avant que je puisse permettre que vous en preniez lecture.

— Tranquillisez-vous, monsieur Osbaldistone, répondit le montagnard avec le plus grand sang-froid. — Rappelez-vous le juge Inglewood, le clerc Jobson et M. Morris; — rappelez-vous surtout votre très-humble serviteur Robert Campbell, et la belle Diana Vernon. Rappelez-vous tout cela, et vous ne douterez plus que la lettre ne soit pour moi.

Je restai confondu de mon manque de pénétration. Durant toute la nuit, la voix, et même le peu que j'avais pu distinguer des traits de cet homme, me rappelaient vaguement des souvenirs que je ne pouvais préciser. Mais en ce moment un trait de lumière frappa mes yeux ; — cet homme était Campbell lui-même ; je ne pouvais plus le méconnaître. — C'était bien sa voix forte, — ses traits durs et sévères et son air réfléchi; — c'était le *brogue* d'Écosse, c'était son dialecte et ses tours de phrase écossais, vifs et pleins d'images, qu'il savait dissimuler à volonté, mais qui lui revenaient naturellement dès qu'il s'échauffait, et qui donnaient plus de trait à ses sarcasmes, plus de véhémence à ses discours. Sa taille était plutôt petite que moyenne, mais ses membres avaient cette heureuse proportion qui allie au plus

---

[1] Sterling; à peu près 130,000 fr., au cours actuel. (L. V.)
[2] Brodequins. (L. V.)
[3] Espèce de bouillie. (L. V.)
[4] Sac à provisions chez les montagnards. L. V.)

haut degré l'agilité à la force. Deux choses seulement semblaient manquer de symétrie : — ses épaules étaient si larges, eu égard à sa grandeur, que, malgré son manque total d'embonpoint, elles donnaient à sa stature une apparence trapue et ramassée; et ses bras, quoique bien faits et fortement musculaires, étaient si longs, qu'on pouvait les regarder comme une difformité. J'appris plus tard qu'il s'enorgueillissait de cette particularité de conformation, et qu'il se vantait que lorsqu'il portait le vêtement de ses montagnes natives, il pouvait sans se baisser nouer les attaches des bandelettes qui enveloppent les jambes. Il prétendait aussi qu'il en avait plus de facilité pour manier la claymore, et il est vrai que personne n'y était plus habile. Mais à coup sûr ce manque de régularité nuisait aux droits qu'autrement il aurait eus d'être regardé comme un très-bel homme, et donnait à son apparence quelque chose de sauvage, d'extraordinaire, je dirais presque de surnaturel, qui me rappelait involontairement les histoires que la vieille Mabel avait coutume de me faire des anciens Pictes qui ravageaient autrefois le Northumberland, et qui, selon la tradition, étaient des êtres demi-humains, demi-diables, distingués (comme était Campbell) par leur force, leur ruse, leur férocité, la longueur de leurs bras et la largeur de leurs épaules.

Lors donc que je repassai dans mon esprit les circonstances dans lesquelles nous nous étions déjà rencontrés, je ne doutai pas que la lettre ne lui fût en effet adressée. Il avait paru être du nombre de ces mystérieux personnages sur lesquels Diana semblait exercer de l'influence, et qui, à leur tour, en exerçaient sur elle une non moins inexplicable. Il m'était pénible de penser que le destin d'une créature si aimable était lié à celui de gens tels que l'homme que j'avais sous les yeux; et pourtant il me paraissait impossible d'en douter. Mais en quoi cet homme pouvait-il être utile aux affaires de mon père? — Je ne vis qu'un seul cas possible : Rasleigh Osbaldistone, à l'instigation de miss Vernon, avait su trouver moyen de faire apparaître M. Campbell, alors que sa présence était nécessaire pour me laver de l'accusation de Morris; — ne se pouvait-il pas que par son influence elle pût, d'une façon quelconque, obtenir de Campbell qu'il me fît découvrir Rasleigh? Partant de cette supposition, je demandai à l'Highlander en quel lieu se trouvait mon dangereux parent, et depuis quand il l'avait vu. Il évita de me répondre directement.

— C'est un rôle un peu chatouilleux que celui dont elle me charge; pourtant il est honorable, et je ne tromperai pas sa confiance. Monsieur Osbaldistone, je ne demeure pas loin d'ici; — mon parent pourra vous montrer le chemin. — Laissez M. Owen à Glasgow; — venez me voir dans nos vallées; il est probable que je pourrai vous servir et être utile à votre père. Je ne suis qu'un pauvre homme; mais esprit vaut mieux que richesse. — Et vous, cousin, continua-t-il en s'adressant à M. Jarvie, si vous osez vous aventurer jusqu'à venir manger avec moi une tranche de mouton à l'écossaise et une cuisse de daim, venez avec ce gentilhomme sassenach jusqu'à Drymen, ou à Bucklivie, ou mieux encore jusqu'au clachan¹ d'Aberfoïl; j'aurai soin d'y aposter quelqu'un qui vous indiquera le lieu où je me trouverai alors. — Qu'en dites-vous, cousin? — Voilà mon pouce; je ne vous tromperai jamais².

— Non, non, Robin, répondit le défiant bourgeois; je n'aime guère à m'éloigner des Gorbals. Je ne me soucie pas d'aller au milieu de vos montagnes sauvages, Robin, et de vos jambes rouges en jupons courts³; — cela ne convient pas à ma place, l'ami.

— Au diable vous et votre place! s'écria Campbell. La seule goutte de sang noble qui coule dans vos veines vient de votre arrière-grand-oncle qui fut justicié à Dumbarton; et vous osez dire que vous dérogeriez à la dignité de votre place en me rendant visite! — Écoutez; ce sera un jour de récolte; — soyez un brave homme avec nous, et accompagnez ce Sassenach, et je vous paierai vos mille livres d'Écosse jusqu'à plack et bawbie⁴.

— Laissez donc là votre gentilhommerie, répliqua le bailli. Portez votre sang noble au marché, et vous verrez combien on vous l'achètera. — Mais si j'y allais, me payeriez-vous bien réellement cet argent?

— Je vous le jure, répondit le Highlander, sur l'âme de celui qui repose sous la pierre grise d'Inch-Cailleach⁵.

— Il suffit, Robin, — il suffit; — nous verrons ce que nous pourrons faire. — Mais ne vous attendez pas à ce que j'aille au delà de la frontière des Highlands; — je n'irai certainement pas au delà de vos frontières. Attendez-moi à Bucklivie ou au clachan d'Aberfoïl, et n'oubliez pas le nécessaire.

— N'ayez pas peur, — n'ayez pas peur; je serai aussi fidèle que la lame d'acier qui n'a jamais failli à son maître. — Mais il faut que je sorte d'ici, cousin, car l'air de la tolbooth de Glasgow ne convient pas du tout à la constitution d'un montagnard.

— Je le crois; et si j'avais fait mon devoir, vous n'auriez pas de si tôt changé d'atmosphère, comme dit le ministre. — Qui aurait jamais dit que moi, j'aiderais un homme à échapper à la justice! Ce sera une

---

¹ Village, en gaëlic. (L. V.)

² Formule highlandaise pour exprimer une assurance d'honneur. C'est ainsi que nous donnons la main pour gage de notre parole. (L. V.)

³ Le bailli Jarvie appelle les Highlanders *jambes rouges*, sans doute à cause des bandelettes rouges dont ils enveloppent leurs jambes nues. Leur jupon court (*kilt*) est la pagne dont ils se couvrent à demi le milieu du corps. (L. V.)

⁴ Phrase écossaise, comme nous disons jusqu'au dernier sou. (L. V.)

⁵ Inch-Cailleach est une île du Loch-Lomond où les Mac Gregor étaient enterrés, et où l'on peut encore voir leurs tombeaux. Elle avait autrefois renfermé un couvent : de là le nom d'*Inch-Cailleach*, c'est-à-dire *île des vieilles femmes*. (W. S.)

honte et un déshonneur éternels pour moi et les miens, et pour la mémoire de mon père.

— Ta, ta, bailli, quelle mouche vous pique ? Quand la boue est sèche, on la brosse. — Votre père, l'honnête homme, pouvait tout comme un autre fermer les yeux sur les fautes d'un ami.

— Vous pouvez avoir raison, Robin, répliqua le bailli après un moment de réflexion. Mon père le diacre était un homme sensé ; il savait que nous avons tous nos faiblesses, et il aimait ses amis. — Vous ne l'avez donc pas oublié, Robin ?

Cette question fut faite d'un ton pathétique, qui frisait de près le burlesque.

— L'oublier ! répondit le montagnard ; comment l'aurais-je oublié ? —C'était un honnête tisserand ; c'est lui qui m'a fait ma première paire de culottes. — Mais allons, cousin,

> Donnez-moi mon chapeau, et remplissez mon verre ;
> Qu'on selle mon cheval, appelez mon valet ;
> Ouvrez-moi votre porte et laissez-moi partir ;
> Je n'ose plus longtemps rester chez les Dundies.

— Paix donc, monsieur ! dit le magistrat d'un ton d'autorité ; — chanter des balivernes si près du dimanche ! Cette maison peut encore vous entendre chanter un autre air ; — il ne faut jurer de rien. — Stanchells, ouvrez la porte.

Le geôlier obéit, et nous sortîmes de la chambre. Stanchells parut surpris en apercevant deux étrangers, ne sachant, sans doute, comment expliquer leur présence dans la prison ; mais M. Jarvie prévint ses questions. — Ce sont de mes amis, Stanchells, ce sont de mes amis, dit-il. Arrivés au vestibule, on appela Dougal ; mais Dougal ne parut pas. — Si je connais bien Dougal, dit Campbell avec un sourire moqueur, il se sera peu soucié d'attendre les remercîments qu'on lui devait pour sa part dans la besogne de cette nuit, et très-probablement il a déjà pris sa course vers le défilé de Ballamaha.....

— Et il nous a laissés ici pour toute la nuit ! s'écria le bailli tout troublé et déjà furieux ; — et surtout moi, moi le bailli Jarvie ! — Qu'on aille chercher des marteaux, des leviers, des tenailles, des barres de fer ; qu'on aille chercher le diacre Yettlin le forgeron, et qu'on lui dise que le bailli Jarvie a été enfermé dans la tolbooth par un coquin d'Highlander, que je ferai pendre aussi haut qu'Aman......

— Quand vous le tiendrez, interrompit gravement Campbell ; mais un instant, la porte n'est sûrement pas fermée.

Et en effet, on reconnut que non-seulement la porte n'était pas fermée, mais que, dans sa retraite, Dougal, en emportant les clefs avec lui, avait eu soin qu'en cas de quelque alerte, personne ne pût le remplacer immédiatement dans son office.

— Ce Dougal a des éclairs de bon sens, dit Campbell; il savait qu'une porte ouverte pourrait m'être utile au besoin.

Nous nous trouvions alors dans la rue.

— Je vous dis, Robin, reprit le magistrat, qu'à mon humble avis, si vous continuez la vie que vous menez, il vous faudrait un de vos hommes geôlier dans chaque prison d'Écosse.

— Un de mes parents bailli dans chaque ville serait tout aussi bien, cousin Nicol. — Ainsi, bonne nuit, ou bonjour, et n'oubliez pas le clachan d'Aberfoïl.

Et sans attendre une réponse, il passa de l'autre côté de la rue et se perdit bientôt dans l'obscurité. Un instant après, nous l'entendîmes siffler d'une manière toute particulière, et un autre sifflet lui répondit aussitôt.

— Entendez-vous ces démons de montagnards? dit M. Jarvie; ils se croient déjà au pied du Ben-Lomond, où ils peuvent jurer et siffler sans s'inquiéter du samedi ni du lundi.... Ici il fut interrompu par le bruit retentissant de quelque chose qui tombait lourdement devant nous sur le pavé. — Dieu nous protége! s'écria-t-il, qu'est-ce que c'est encore? — Mattie, lève la lanterne. — Sur ma foi, ce sont les clefs! — Eh bien! du moins, à la bonne heure. — Il aurait fallu dépenser l'argent de la ville; et puis on aurait bien pu jaser sur la perte de ces clefs. — Oh! si le bailli Graham apprenait ce qui s'est passé cette nuit, ce serait une mauvaise affaire pour moi!

Comme nous n'étions qu'à quelques pas de la prison, nous y reportâmes aussitôt ces ustensiles indispensables, et nous les remîmes au geôlier en chef, qui, au lieu de n'avoir eu, selon son habitude, qu'à donner un tour de clef après notre départ, faisait sentinelle dans le vestibule, jusqu'à l'arrivée de l'aide qu'il avait fait appeler pour remplacer Dougal, le Celte fugitif.

Ce devoir envers la ville étant rempli, comme mon chemin était le même que celui de l'honnête magistrat, je profitai de sa lanterne et lui de mon bras, pour traverser un dédale de rues obscures, raboteuses et mal pavées. Les vieillards sont ordinairement sensibles aux attentions de la jeunesse. Le bailli me témoigna de l'intérêt, et ajouta que puisque je n'étais pas de cette race de comédiens ambulants qu'il détestait de toute son âme, il serait charmé que j'allasse le matin même manger avec lui un morceau de morue ou un hareng frais, et que j'y rencontrerais mon ami, M. Owen, qui serait alors rendu à la liberté.

— Mon cher monsieur, lui dis-je après avoir accepté son invitation avec les remercîments convenables, par quelle raison avez-vous supposé que je m'étais adonné au théâtre?

— Je ne sais trop, répondit M. Jarvie; c'est un imbécile de bavard, nommé Fairservice, qui est venu hier au soir réclamer un ordre d'envoyer le crieur public par la ville ce matin dès la pointe du jour, pour obtenir de vos nouvelles. Il m'a dit qui vous êtes, et comment vous auriez été renvoyé de la maison de votre père, parce que vous n'auriez pas voulu vous faire marchand et pour que vous ne déshonoriez pas votre famille en montant sur le théâtre. Il était accompagné d'un certain Hammorgaw, notre grand-chantre, qui m'a dit que l'autre était une de ses vieilles connaissances ; mais je leur ai donné à tous deux du balai dans les jambes pour leur apprendre que ce n'était pas l'heure de venir me faire une pareille demande. Mais je vois que ce n'est qu'un fou, tout à fait mal informé sur votre compte. Je vous aime, jeune homme, continua-t-il ; j'aime un garçon qui n'abandonne pas ses amis dans l'affliction. — C'est ce que j'ai toujours fait moi-même, et c'est ce que faisait mon père, le diacre, puisse son âme être en paix ! Mais ne fréquentez pas trop ce bétail sauvage des Highlands. Peut-on mettre la main dans le goudron sans se salir les doigts ? Souvenez-vous de cela. — Sans doute le meilleur et le plus sage peut errer ; — moi-même, jeune homme, j'ai fait cette nuit une, — deux, — trois choses... mon père n'en aurait pas cru ses yeux, s'il eût pu me les voir faire.

Pendant ce temps nous étions arrivés à la porte de sa maison. Il s'arrêta avant d'entrer, et ajouta d'un ton de profonde contrition : — D'abord, j'ai pensé à mes affaires temporelles un jour de repos ; — secondement, j'ai donné caution pour un Anglais ; — enfin, pour couronner l'œuvre, j'ai laissé un malfaiteur s'échapper de la prison ! — Mais il y a du baume à Giléad, monsieur Osbaldistone. — Mattie, je puis bien rentrer seul ; — éclaire monsieur Osbaldistone jusque chez la mère Flyter, au coin de la ruelle. Puis il ajouta tout bas : Monsieur Osbaldistone, vous serez sage avec Mattie ; — c'est la fille d'un honnête homme, et une proche parente du laird de Limmerfield.

CHAPITRE XXIV.

> Plairait-il à Votre Seigneurie d'accepter mes humbles services ? je vous en prie, faites-moi manger de votre pain, serait-ce du plus noir, et boire de votre boisson, quand ce serait de la plus faible. Je serai aussi utile à Votre Seigneurie pour quarante shillings, qu'un autre pour trois guinées.
>
> GREEN. *Tu quoque.*

Sans oublier la dernière recommandation de l'honnête bailli, je ne crus pas qu'il y eût un grand mal à accompagner d'un baiser la demi-couronne dont je récompensai la peine de Mattie ; et son — Fi donc, monsieur ! — n'exprima pas une colère bien terrible. Mes coups redoublés à la porte de mistress Flyter éveillèrent d'abord un ou deux chiens qui se mirent à aboyer de tous leurs poumons, puis deux ou trois têtes en bonnet de nuit, qui sortirent successivement des fenêtres du voisinage pour me reprocher de troubler la sainteté du dimanche par un semblable vacarme. Tandis que je tremblais que les tonnerres de leur fureur n'amenassent une pluie semblable à celle de Xantippe, mistress Flyter elle-même se réveilla, et d'un ton qui n'eût pas été indigne de la femme de Socrate, elle commença à gronder un ou deux traîneurs qui se trouvaient encore dans la cuisine, leur disant que s'ils avaient ouvert du premier coup, on n'aurait pas fait tout ce tapage.

Ces dignes personnages auraient pu, en effet, s'inquiéter davantage du fracas qu'occasionnait leur insouciance, car ce n'était autre que le fidèle Fairservice, avec son ami M. Hammorgaw et un autre individu que je sus ensuite être le crieur de la ville, attablés autour d'un pot d'ale (à mes dépens, comme me l'apprit mon mémoire) et s'occupant d'arrêter les termes d'une proclamation qui devait être faite le lendemain par les rues, afin que « l'infortuné jeune gentilhomme, » comme ils avaient l'impudence de me qualifier, fût rendu sans retard à ses amis. On peut bien supposer que je ne cachai pas le déplaisir que j'éprouvais qu'on se mêlât ainsi de mes affaires; mais Andrew poussa en m'apercevant des exclamations de joie qui couvrirent l'expression de mon ressentiment. — Ses extases pouvaient bien ne pas être sans quelque politique, et les larmes de joie qu'il versa sortaient certainement de cette noble source d'émotions, le pot de bière. Quoi qu'il en soit, la joie bruyante qu'Andrew ressentit, ou feignit de ressentir à mon retour, lui sauva la rude correction que deux fois je lui avais destinée : d'abord, pour les réflexions qu'il s'était permises sur mon compte avec le chantre; secondement, pour l'impertinente histoire qu'il avait été faire à M. Jarvie. Je me contentai de lui fermer la porte au nez quand il voulut me suivre, remerciant le Ciel de mon heureux retour, et mêlant à sa joie des recommandations de prendre garde à l'avenir de ne pas m'égarer dans mes promenades. Je me mis au lit, bien décidé à me débarrasser le lendemain d'un fâcheux drôle, pédant et plein de suffisance, qui semblait disposé à me servir de mentor plutôt que de valet.

En conséquence, dès le matin, j'appelai Andrew dans ma chambre, et je lui demandai combien je lui devais pour m'avoir guidé jusqu'à Glasgow. M. Fairservice pâlit à cette demande, jugeant avec raison que c'était le prélude de son congé.

— Vot' Honneur, répondit-il après quelque hésitation, Vot' Honneur ne pense pas..... ne pense pas que.....

— Parlez donc, misérable! ou je vous casse la tête! repris-je avec colère, tandis qu'Andrew, flottant entre la double crainte de tout perdre en demandant trop, ou de perdre une partie de son profit en demandant moins que je n'aurais été disposé à lui accorder, restait devant moi, placé dans un embarras cruel entre ses doutes et ses calculs.

Ma menace, cependant, lui arracha une réponse, comme on voit quelquefois un coup frappé à propos entre les deux épaules délivrer le gosier d'un malencontreux morceau qui s'y est engagé. — Dix-huit pences sterlings *per diem*, — c'est-à-dire par jour, — Vot' Honneur ne pense pas que c'soit déraisonnable.

— C'est le double du prix ordinaire et le triple de ce que vous méritez, Andrew ; n'importe, voici une guinée, et occupez-vous de vos affaires. Les miennes ne vous regardent plus.

— Le Seigneur nous pardonne ! Vot' Honneur est-il fou ? s'écria Andrew.

— Je le deviendrais avec vous. — Je vous donne un tiers de plus que vous ne me demandez, et vous restez là, ouvrant de grands yeux comme si vous n'aviez pas ce qui vous revient. — Prenez votre argent, et allez à vos affaires.

— Dieu nous protége ! continua Andrew ; en quoi puis-je avoir offensé Vot' Honneur ? — Certainement toute chair est fragile comme les fleurs d'un champ ; mais les services d'Andrew vous sont aussi nécessaires qu'une planche de camomille dans un jardin d'apothicaire. — Pour rien au monde vous n'devriez vous séparer d'moi.

— En honneur, il est difficile de dire si vous êtes plus fripon que fou.
— Ainsi votre dessein est de rester avec moi, que je le veuille ou non ?
— C'est justement ce que je pensais, répondit Andrew d'un ton dogmatique ; car si Vot' Honneur n'connaît pas l'prix d'un bon serviteur, moi j'connais l'prix d'un bon maître, et que le diable soit dans mes pieds si j'vous quitte ! — En deux mots comme en quatre voilà c'qui en est. — D'ailleurs, j'n'ai pas reçu d'avertissement régulier d'quitter ma condition.

— Votre condition, monsieur ! Mais vous n'êtes pas mon domestique à gages ; vous m'avez seulement servi de guide pour me conduire jusqu'ici.

— Je n'suis pas un domestique ordinaire, j'en conviens, monsieur ; mais Vot' Honneur sait qu'j'ai quitté une bonne place à vot'première demande, et par égard pour les sollicitations de Vot' Honneur. Un homme pouvait honnêtement et en toute conscience s'faire vingt livres sterling par an en bon argent, du jardin d'Osbaldistone-Hall, et il n'était guère vraisemblable, je crois, que j'change le tout contre une guinée. — J'comptais qu'en fin d'terme j'demeurerais avec Vot' Honneur, et qu'mes gages, gratifications, nourriture et profits m'vaudraient au moins autant.

— Allons, allons, monsieur, trêve à ces impudentes prétentions, repris-je ; autrement je vous ferais voir que le squire Thorncliff n'est pas le seul de son nom qui sache user de la force de son bras.

Tout en parlant ainsi, je fus tellement frappé du ridicule de la scène, que, bien que réellement en colère, j'avais peiné à m'empêcher de rire de la gravité avec laquelle Andrew soutenait une réclamation aussi extravagante. Le drôle s'en aperçut, et en tira un encouragement. Il jugea néanmoins à propos de le prendre sur un ton plus bas, pour ne pas excéder ma patience.

— En admettant qu'Vot' Honneur puisse se séparer dans un pays étranger, et sans l'en avoir averti, d'un serviteur fidèle, qui vous sert de jour et d'nuit, vous et les vôtres, depuis vingt ans, j'suis bien sûr qu'il n'est pas dans vot'cœur, non plus que dans l'cœur de tout vrai gentilhomme, d'laisser dans une telle extrémité un pauvre diable qui a fait quarante, cinquante, peut-être cent milles hors de son chemin, uniquement pour tenir compagnie à Vot' Honneur, et qui n'a rien au monde que la guinée qu'vous venez d'lui donner pour ses gages.

Je crois que c'est vous, Will, qui me disiez un jour qu'avec toute mon obstination, j'étais, en certains cas, l'homme le plus facile à tromper et à mener. Il est de fait que je ne me raidis que contre la contradiction, et que lorsque je ne me crois pas obligé de livrer bataille à une proposition, je suis bien plus disposé à l'admettre qu'à me donner la peine de la combattre. Je connaissais le drôle pour un homme avide, indiscret et fatigant ; mais j'avais besoin d'avoir près de moi un domestique et un guide, et j'étais déjà habitué à l'humeur d'Andrew, au point de finir quelquefois par m'en amuser. Dans l'indécision où ces réflexions me jetaient, je demandai à Andrew s'il connaissait les chemins et les villages du nord de l'Écosse, où m'appelleraient sans doute les affaires de mon père avec les propriétaires de forêts des montagnes. Je crois que si en ce moment je lui eusse demandé la route du Paradis terrestre, il eût entrepris de m'y conduire ; de sorte que plus tard j'eus lieu de me trouver heureux qu'il connût à peu près ce qu'en ce moment il prétendit parfaitement connaître. Je fixai le montant de ses gages, me réservant le droit de le congédier à volonté, en lui payant une semaine d'avance. Finalement, je lui fis une verte réprimande sur sa conduite de la veille ; et il me quitta le cœur joyeux, quoique l'oreille basse, pour aller sans doute raconter à son ami le chantre, qui l'attendait dans la cuisine en s'humectant les poumons, comment il était venu à bout du jeune fou d'Anglais.

Je me rendis ensuite chez le bailli Nicol Jarvie, où un déjeûner confortable m'attendait dans une salle qui servait de pièce à tout faire à cet honnête gentilhomme. L'empressé et bienveillant magistrat avait tenu parole. Je trouvai là mon ami Owen, dont le rasoir et la brosse avaient fait un homme tout différent d'Owen prisonnier, sale, abattu, désespéré. Cependant les embarras pécuniaires qui s'offraient à lui de toutes parts ne lui permettaient pas de déposer toutes ses inquiétudes, et l'embrassement presque paternel que me donna cet excellent homme fut accompagné d'un profond soupir; et quand il s'assit, la préoccupation de ses regards et de ses manières, si différente de l'air de satisfaction calme et posée qui lui était habituel, laissait assez voir que son esprit était occupé à supputer les jours, les heures, les minutes qui devaient s'écouler entre l'échéance de billets non acquittés et la chute du grand établissement commercial Osbaldistone et Tresham. Ce fut donc moi qui dus faire honneur à la réception hospitalière de notre hôte ; — à son thé, venu directement de la Chine, et qu'il avait reçu en présent d'un armateur de Wapping ; — à son café, provenant d'une jolie plantation appelée Salt-Market Grove, située à la Jamaïque et à lui appartenant, ajouta-t-il avec un petit mouvement d'orgueil ; — à ses rôtis et à son ale anglaise, à son saumon salé d'Écosse, à ses harengs du Loch-Fine, et même à la grande nappe de damas qui couvrait la table, travaillée des propres mains de feu son digne père le diacre.

M'étant concilié la bonne humeur de notre hôte par ces petites attentions auxquelles tant de gens sont sensibles, j'essayai à mon tour d'obtenir de lui quelques renseignements qui pussent servir à régler ma conduite, en même temps qu'ils satisferaient ma curiosité. Jusque-là il n'avait pas été fait la plus légère allusion aux incidents de la nuit précédente, circonstance qui fit paraître ma question quelque peu brusque, lorsque, sans aucun exorde, et profitant d'une pause entre l'histoire de la nappe, qu'il venait de finir, et celle des serviettes, qu'il allait entamer, je lui dis : Puis-je vous demander en passant, monsieur Jarvie, quel est ce M. Campbell avec lequel nous nous sommes trouvés cette nuit?

Cette question inattendue sembla, comme on dit, faire tomber de son haut l'honnête magistrat, qui, au lieu de me répondre directement, répéta : Qui est M. Robert Campbell? — hum, — hum! — qui est M. Robert Campbell, vous demandez?

— Oui, qui il est, quel est son état?

— Ah oui; il est — hum! — il est — hum, hum! — Où donc avez-vous rencontré M. Robert Campbell, comme vous l'appelez?

— Je me suis trouvé avec lui par hasard, il y a quelques mois, dans le nord de l'Angleterre.

— Eh bien! alors, monsieur Osbaldistone, reprit le bailli d'un ton bourru, vous en savez sur lui autant que moi.

— J'en douterais, monsieur Jarvie; vous êtes son parent, à ce qu'il me semble, et même son ami.

— Il y a quelque cousinage entre nous, sans doute, dit le bailli avec une répugnance manifeste; mais nous nous sommes très-peu vus depuis que Rob a quitté le commerce des bestiaux, pauvre garçon! Il a été malmené par des gens qui auraient pu en user mieux à son égard; — et ils n'y ont pas gagné grand'chose. Il y en a beaucoup qui voudraient bien aujourd'hui n'avoir pas chassé Robin du marché de Glasgow; — il y en a beaucoup qui aimeraient mieux le voir à la queue de trois cents bœufs qu'à la tête d'une trentaine de vauriens.

— Tout ceci ne m'apprend rien, M. Jarvie, du rang de M. Campbell, de ses habitudes, de ses moyens d'existence.

— Son rang? reprit M. Jarvie; c'est un gentilhomme highlander, sans aucun doute; — il n'y en a pas de plus noble. — Et pour ses habitudes, elles sont de porter le costume montagnard quand il est dans les montagnes, quoiqu'il ait des culottes quand il vient à Glasgow. — Et quant à sa subsistance, tant qu'il ne nous demande rien, que nous importe? Mais je n'ai pas le temps de jaser plus longtemps de lui; nous avons à nous occuper sans délai des affaires de votre père.

En même temps il mit ses lunettes et s'assit pour examiner les états de situation que M. Owen avait cru devoir lui communiquer sans réserve. Je m'entendais assez en affaires pour sentir que toutes ses observations sur les objets soumis à son examen étaient judicieuses et pleines de sagacité. A la vérité il se gratta plus d'une fois l'oreille en voyant la balance du compte établi entre la maison Osbaldistone et Tresham et la sienne.

— Il peut y avoir une grande perte; et, conscience! quoi qu'en puissent dire vos marchands d'argent de Lombard-street, ce serait une perte importante dans le Salt-Market de Glasgow. — Ce sera un lourd déficit, — un bon bâton hors de mon fagot. Mais qu'importe? — J'espère que la maison n'en restera pas moins sur ses pieds; et si cela arrive, je ne montrerai jamais un esprit aussi bas que ces corbeaux de Gallowgate. — Si je dois perdre avec vous, je n'oublierai pas que vous m'avez fait gagner de belles livres sterling. — Ainsi donc, au pis-aller, je n'attacherai pas la tête de la truie à la queue de son cochonnet[1].

Je ne comprenais pas parfaitement le sens des consolations proverbiales que M. Jarvie se donnait à lui-même; mais ce que je pouvais voir aisément, c'est qu'il prenait à l'arrangement de nos affaires un sincère et bienveillant intérêt. Il suggéra divers expédients, approuva plusieurs plans proposés par Owen, et, par sa contenance et ses conseils, réussit à dissiper en partie le nuage qui couvrait le front du fidèle délégué de la maison de mon père.

Comme j'étais en cette occasion un spectateur inutile, et que plus d'une fois j'avais tenté de ramener la conversation sur un sujet prohibé et qui semblait scabreux, sur M. Campbell, M. Jarvie me congédia sans beaucoup de cérémonie, en m'engageant à aller visiter le collége, où je trouverais des gens en état de me parler grec et latin,

---

[1] Je ne jetterai pas le manche après la cognée. (L. V.)

—à qui, du moins, on donnait assez d'argent pour que ce fût bien le diable s'il en était autrement, — et où je pourrais lire une belle traduction des saintes Écritures, par le digne M. Zacharie Boyd ; — la meilleure poésie qu'on ait jamais écrite, à ce que disent ceux qui s'y connaissent, ou qui du moins doivent s'y connaître. Seulement il accompagna ce congé d'une invitation de revenir dîner avec lui à une heure précise. — Nous aurons une cuisse de mouton, et peut-être une tête de bélier, car c'est l'époque ; mais surtout soyez de retour à une heure précise : — c'est l'heure à laquelle moi et mon père le diacre avons toujours dîné ; — nous ne l'avons jamais changée pour rien au monde.

CHAPITRE XXV.

> Tel le pasteur de Thrace, armé de sa pique aiguë, guette dans le vide d'un bois le sanglier poursuivi par le chasseur. Il entend au loin le bruit de sa course, il devine son approche au mouvement de la feuillée. — Voici, se dit-il, mon cruel ennemi ; lui ou moi devons succomber ici.
> *Palamon et Arcite.*

Je me dirigeai vers le collége, comme me l'avait recommandé M. Jarvie, moins dans l'intention d'y chercher des objets de curiosité ou de distraction que pour me livrer à mes réflexions et me tracer un plan de conduite. J'errai d'une partie à l'autre du vieil édifice, et de là dans les cours de récréation. Séduit par la solitude du lieu, la plupart des étudiants étant à leurs classes, j'y fis plusieurs tours en repassant dans mon esprit les accidents bizarres de ma destinée.

Je ne pouvais, d'après les circonstances de mes premières rencontres avec ce Campbell, me dissuader qu'il ne fût engagé dans quelque carrière étrangement suspecte ; et la répugnance avec laquelle M. Jarvie faisait allusion à sa personne ainsi qu'à ses affaires, aussi bien que toute la scène de la dernière nuit, tendait à confirmer ces soupçons. C'était pourtant à cet homme que Diana, à ce qu'il semblait, n'avait pas hésité à s'adresser en ma faveur ; et la conduite du magistrat lui-même envers lui montrait un singulier mélange de bonté et même d'égards, avec le blâme et la pitié. Il devait y avoir dans la position et le caractère de Campbell quelque chose d'extraordinaire, et ce qui l'était plus encore, c'étaient les rapports secrets qui semblaient soumettre ma destinée à la sienne. Je résolus de serrer de près M. Jarvie à la première occasion, et de tirer de lui tout ce qui serait possible au sujet de cet être mystérieux, afin de juger si je pouvais, sans danger pour ma réputation, avoir avec lui les relations auxquelles il paraissait m'inviter.

Tandis que je me livrais à ces pensées, mon attention fut attirée par l'apparition de trois personnes à l'autre extrémité de l'allée dans laquelle je me promenais; ils semblaient absorbés par une conversation animée. Ce sentiment intuitif qui nous annonce l'approche de ceux que nous aimons ou que nous haïssons avec force, longtemps avant que des yeux plus indifférents puissent distinguer leurs personnes, fit jaillir en moi la conviction certaine que l'un de ces hommes était Rasleigh Osbaldistone. Aller droit à lui fut mon premier mouvement; le second fut d'attendre qu'il fût seul, ou au moins de reconnaître ceux qui l'accompagnaient, avant de l'aborder. Ils étaient encore si éloignés et si occupés de leur discussion, que j'eus le temps, sans être vu, de me placer derrière une petite haie, qui n'interceptait qu'à demi la vue de l'allée.

C'était la mode alors, parmi les jeunes gens d'un certain ton, de porter par-dessus leurs habits, dans leurs promenades du matin, un manteau écarlate souvent brodé et galonné, et assez souvent on arrangeait ce manteau de manière à s'en couvrir une partie du visage. Imitant cette mode, et en partie protégé par la haie, je pus passer près de mon cousin, sans que ni lui ni les deux autres me remarquassent autrement que comme un promeneur amené là par le hasard. Je ne fus pas médiocrement surpris en reconnaissant dans ses compagnons ce même Morris à cause duquel j'avais été appelé devant le juge Inglewood, et M. Mac Vittie, le marchand, dont la physionomie raide et dure m'avait inspiré la veille tant d'éloignement.

On ne pouvait imaginer une réunion de plus mauvais augure pour mes affaires et celles de mon père. Je n'avais pas oublié l'accusation de Morris contre moi : il ne devait pas être plus difficile de la lui faire renouveler qu'il ne l'avait été de la lui faire retirer; je songeais à la disposition défavorable de Mac Vittie à l'égard de nos affaires, attestée par l'emprisonnement d'Owen ; et en ce moment, je les voyais réunis à un homme dont les talents pour le mal me semblaient peu inférieurs à ceux du malin esprit lui-même, et pour lequel mon aversion s'était changée en horreur.

Quand ils se furent éloignés de quelques pas, je me retournai pour les suivre sans être aperçu. Arrivés au bout de l'allée, ils se séparèrent; Morris et Mac Vittie sortirent du jardin, et Rasleigh revint seul sur ses pas. J'étais maintenant déterminé à l'aborder et à lui demander réparation de sa conduite envers mon père, quoique j'ignorasse en quoi cette réparation pourrait consister. Sur ce point, je m'en remis à la fortune ; et rejetant en arrière le manteau dont j'étais enveloppé, je m'offris tout à coup aux yeux de Rasleigh.

Rasleigh n'était pas homme à se laisser surprendre ou démonter par une rencontre inattendue. Cependant il ne put me voir ainsi inopinément paraître devant lui, le visage enflammé de colère, sans tressaillir à cette apparition soudaine et menaçante.

— Je vous rencontre à propos, monsieur, lui dis-je, au moment où j'allais entreprendre à votre recherche un voyage long et incertain.

— Vous connaissez donc bien peu celui que vous cherchiez, répondit Rasleigh, avec son imperturbable sang-froid. Mes amis me trouvent aisément ; — mes ennemis plus facilement encore. — Votre ton m'oblige à vous demander dans laquelle de ces deux classes je dois ranger M. Francis Osbaldistone.

— Parmi vos ennemis, monsieur, parmi vos ennemis mortels, à moins que vous ne répariez à l'instant même vos torts envers votre bienfaiteur, envers mon père, en lui restituant ce que vous lui avez dérobé.

— Et à qui, M. Osbaldistone, moi, associé à la maison de votre père, serai-je forcé de rendre compte d'affaires qui à tous égards sont devenues les miennes ? — Ce ne sera sûrement pas à un jeune homme à qui son goût exquis en littérature rendrait de telles discussions fastidieuses et inintelligibles.

— L'ironie, monsieur, n'est pas une réponse. Je ne vous quitterai pas que vous ne vous soyez pleinement expliqué sur la fraude que vous avez méditée. — Vous allez me suivre devant un magistrat.

— Très-volontiers, répondit Rasleigh ; et il fit quelques pas comme pour m'accompagner. Mais s'arrêtant tout à coup, il reprit : Si je faisais ce que vous désirez de moi, vous sauriez bientôt qui de nous deux a le plus à craindre la présence d'un magistrat. Mais je ne veux pas accélérer votre destin. Allez, jeune homme ! livrez-vous à vos distractions poétiques, et laissez les choses de la vie positive à ceux qui les comprennent et peuvent les diriger.

Son intention, je présume, était de me provoquer, et il en vint aisément à bout. — M. Osbaldistone, lui dis-je, ce ton de froide insolence ne vous réussira point. Vous devez savoir que le nom que nous portons l'un et l'autre ne souffre pas l'insulte, et il n'y sera jamais exposé en ma personne.

— Vous me rappelez qu'il a été déshonoré dans la mienne ! s'écria Rasleigh en me lançant un regard farouche ; — et vous me faites aussi ressouvenir par qui il l'a été ! — Pensez-vous que j'aie oublié cette soirée d'Osbaldistone-Hall, où vous avez impunément joué à mes dépens le rôle d'un bretteur ? Pour cette insulte, — qui ne peut se laver que dans le sang ; — pour l'obstination avec laquelle vous m'avez toujours contrecarré ; — pour la folle persévérance avec laquelle vous cherchez à vous jeter à la traverse de plans dont vous ne pouvez ni connaître ni apprécier la portée : — pour toutes ces injures, monsieur, vous me devez un long compte, et le jour est proche où je pourrai vous le demander.

— Que ce soit tôt ou tard, monsieur, je serai toujours prêt. Mais vous avez oublié le point le plus important : — c'est que j'ai eu le bonheur d'aider le bon sens et les vertueuses dispositions de miss Vernon à se dégager de vos piéges infâmes.

Ses yeux flamboyèrent à ce trait incisif; cependant sa voix conserva le même calme qu'auparavant.

— J'avais d'autres vues sur vous, jeune homme, répondit-il, des vues moins hasardeuses et plus convenables à ma position actuelle et à mes habitudes d'éducation. Mais je vois que vous voulez attirer sur vous le châtiment personnel que votre insolence d'enfant a mérité. Suivez-moi dans un endroit où nous soyons moins exposés à être interrompus.

Je le suivis, ayant l'œil sur chacun de ses mouvements, car je le croyais capable de tout. Nous arrivâmes à un endroit découvert, dans une sorte de désert disposé selon le goût hollandais, entouré de haies taillées et orné de quelques statues. J'étais sur mes gardes, et bien m'en prit; car l'épée de Rasleigh était hors du fourreau et menaçait ma poitrine avant même que j'eusse jeté mon manteau et tiré la mienne, de sorte que je ne dus la vie qu'à un saut en arrière que je fis avec promptitude. Il avait l'avantage des armes, car son épée, plus longue que la mienne, était à triple tranchant, comme on les porte généralement aujourd'hui, tandis que la mienne était ce qu'on appelait une lame saxonne, — étroite, plate, à deux tranchants, et moins aisée à manier que celle de mon ennemi. Sous les autres rapports, les chances étaient égales : car tout l'avantage que pouvait me donner une adresse supérieure et plus d'agilité était racheté par la vigueur plus grande et le sang-froid de Rasleigh. Il se battit cependant plutôt en démon qu'en homme, — avec une fureur concentrée et une soif de sang que tempérait seulement ce calme extérieur qui donnait à ses actions les plus noires quelque chose d'encore plus horrible, en les faisant paraître le résultat d'un froid calcul. Son emportement sanguinaire ne le mit pas un instant hors de garde, et il n'oublia jamais de se tenir sur la défensive, tout en méditant les plus vives attaques.

De mon côté, le combat fut soutenu d'abord avec plus de modération. Mes passions étaient violentes, mais non haineuses ; et une marche de deux ou trois minutes m'avait donné le temps de réfléchir que Rasleigh était le neveu de mon père, le fils d'un oncle qui ne m'avait montré que de l'amitié, et que si ma main lui donnait la mort, j'allais mettre toute une famille en deuil. Mon premier projet fut donc de chercher seulement à désarmer mon adversaire, et confiant dans la supériorité de mon adresse je ne croyais pas cette manœuvre bien difficile. Mais je vis bientôt que j'avais affaire à forte partie ; et une ou deux atteintes que je fus sur le point de recevoir m'obligèrent de changer de tactique. Peu à peu l'âpreté avec laquelle Rasleigh menaçait mes jours m'exaspéra, et je lui rendis ses passes avec une animosité presque égale à la sienne, de sorte que l'issue du combat semblait devoir être tragique. Peu s'en fallut que je ne fusse la victime. Mon pied glissa, et je ne pus me remettre assez promptement pour parer le coup que me porta Rasleigh; son épée m'effleura le côté et perça mon vêtement de part en part. Telle fut la force du coup, que la poignée, frappant contre ma poitrine avec violence, me causa une vive douleur, et me fit croire que j'étais mortellement blessé. Altéré de vengeance, j'embrassai mon ennemi corps à corps, et de la main gauche saisissant la poignée de son épée, je pris la mienne de court pour la lui passer au travers du corps. Mais en ce moment un homme qui se précipita vers nous interrompit notre lutte acharnée. — Eh quoi! s'écria-t-il d'une voix retentissante et d'un ton d'autorité, et en nous écartant l'un de l'autre d'un bras vigoureux; quoi! les enfants de deux pères qui ont sucé le même lait veulent s'abreuver du sang l'un de l'autre! — Par le bras de mon père! je fends la tête du premier des deux qui cherche à frapper l'autre!

Je me détournai; c'était Campbell. Il tenait nue à la main sa large claymore, dont il faisait en parlant un moulinet autour de sa tête, comme pour donner plus de poids à son intervention. Rasleigh et moi nous regardions en silence ce survenant inattendu, qui alors nous adressa successivement la parole : — Maître Francis, croyez-vous rétablir le crédit de votre père en coupant la gorge à votre cousin, ou en vous faisant tuer vous-même dans le parc du collége de Glasgow? — Et vous, monsieur Rasleigh, pensez-vous que des hommes reposeront leur vie et leur fortune sur quelqu'un qui, chargé de grands intérêts politiques, va se quereller comme un domestique ivre? — Ne me regardez pas de travers, l'ami; — si vous êtes fâché, vous savez comment on retourne la boucle de sa ceinture [1].

— Vous abusez de ma situation actuelle, dit Rasleigh; sans quoi vous n'auriez pas osé vous mêler d'une affaire où mon honneur est compromis.

— Ta, ta! — j'abuse de votre situation? — Et en quoi, s'il vous plaît? — Que vous soyez plus riche que moi, monsieur Osbaldistone, c'est probable; que vous soyez plus savant, je ne le nie pas : mais je ne pense pas que vous soyez ni plus beau, ni meilleur gentilhomme que moi, — et ce sera une nouvelle pour moi quand j'apprendrai que vous valez mieux. Je n'aurais pas *osé*, dites-vous? — L'audace ici n'est pas grande, en vérité. — Tel que je suis, je crois que de nous deux ce n'est pas moi qui ai vu les affaires les moins chaudes, et le soir je ne pensais plus à la besogne du matin. Si mon pied foulait nos bruyères, et non les rues de cette ville ou le sable de ces allées, ce qui ne vaut guère mieux, j'aurais eu bien du malheur si je ne vous avais donné à chacun votre compte.

[1] Proverbe écossais : Vous savez comment on peut changer de parti. (L. V.)

Pendant ce temps, Rasleigh avait complètement recouvré son calme habituel. — Mon cousin conviendra, dit-il, que c'est lui qui a provoqué cette querelle; je ne l'ai nullement cherchée. Je suis charmé que vous nous ayez séparés avant que j'aie plus sévèrement puni sa promptitude.

— Êtes-vous blessé, mon garçon? me demanda Campbell avec une apparence d'intérêt.

— Une égratignure, répondis-je, dont mon cher cousin ne se serait pas glorifié longtemps si vous n'étiez venu vous mettre entre nous.

— En conscience, c'est la vérité, maître Rasleigh, reprit Campbell; le fer allait faire connaissance avec le meilleur de votre sang, quand j'ai arrêté le bras de M. Frank. Ainsi, l'ami, ne faites donc pas sonner votre victoire comme une truie jouant de la trompette; — partons d'ici et venez avec moi, j'ai à vous apprendre des nouvelles qui vous refroidiront comme la soupe de Mac Gibbon quand il l'a mise à la fenêtre.

— Excusez-moi, monsieur, lui dis-je. En plus d'une occasion vos intentions m'ont paru amicales; mais je ne dois ni ne veux perdre de vue ce misérable avant qu'il m'ait restitué les valeurs qui doivent couvrir les engagements de mon père, et qu'il nous a volées.

— Êtes-vous fou, jeune homme? dit Campbell; je vous conseille de ne pas nous suivre. Vous aviez assez d'un ennemi tout à l'heure; vous en aurez deux sur les bras si vous ne vous tenez en repos.

— Vingt s'il le faut, m'écriai-je.

Et en même temps je saisis Rasleigh au collet. Il ne fit aucune résistance; et, se tournant vers Campbell, il lui dit avec un sourire de dédain : Vous l'entendez, Mac Gregor! il court au-devant de sa destinée; — sera-ce ma faute s'il en est victime? — Les mandats sont délivrés en ce moment, et tout est prêt.

L'Écossais était évidemment embarrassé. Il jeta les yeux autour de lui. — Je ne consentirai jamais qu'il soit tourmenté pour avoir défendu les intérêts de son père, dit-il; — je donne la malédiction de Dieu et la mienne aux magistrats de toute espèce, aux juges, baillis, shériffs, officiers du shériff, constables, enfin à tout le bétail noir qui depuis un siècle est la peste de la pauvre vieille Écosse! — C'était un heureux temps, quand chacun réglait ses propres affaires, et que ce côté des Cheviots n'était pas infesté de mandats, de saisies, de prises de corps, et de toute cette engeance de fripons. Mais, je vous le dis encore, ma conscience ne me permet pas de souffrir que ce pauvre écervelé soit tourmenté, surtout de cette manière. J'aimerais mieux vous revoir l'épée à la main, vous battre comme d'honnêtes gens.

— Votre conscience, Mac Gregor! dit Rasleigh; vous oubliez que nous nous connaissons depuis longtemps.

— Oui, ma conscience, répéta Campbell, Mac Gregor, ou quel que fût son nom. J'en ai une, maître Osbaldistone, et il pourrait bien se faire qu'elle valût mieux que la vôtre. Quant à notre connaissance, — si vous savez ce que je suis, vous savez aussi quelles causes m'y ont amené; et quoi que vous en pensiez, je ne changerais pas ma situation pour celle du plus orgueilleux des oppresseurs qui m'ont réduit à n'avoir pour abri que les bois de nos bruyères. Mais ce que vous êtes, *vous*, maître Rasleigh, et le motif qui vous a fait *ce que* vous êtes, c'est un secret entre votre conscience et Dieu. — Et maintenant, maître Francis, lâchez son collet : car il a raison de dire que vous avez plus à craindre que lui la présence d'un magistrat; et fussiez-vous blanc comme neige, il saurait vous faire paraître aussi noir qu'un corbeau. — Ainsi lâchez-le, je vous le répète.

Il accompagna ces mots d'un mouvement si brusque et si soudain, que Rasleigh m'échappa; et il me retint malgré mes efforts pour me dégager de son poignet d'Hercule. — Partez vite, monsieur Rasleigh! lui cria-t-il. Une paire de jambes vaut deux paires de bras; ce n'est pas la première fois que vous l'aurez éprouvé!

— Cousin, me dit Rasleigh, vous pouvez remercier ce gentilhomme si je ne vous paie pas ma dette tout entière. Si je vous quitte maintenant, c'est dans l'espoir que nous nous rencontrerons de nouveau sans courir le risque d'être interrompus.

Moitié par force, moitié par remontrances, l'Écossais m'empêcha de le suivre; et réellement je commençais à croire que cela ne me servirait pas à grand'chose.

— Vrai comme je me nourris de pain, dit Campbell quand je fus enfin devenu plus calme, je n'ai jamais vu fou plus obstiné! Je n'aurais pas été moitié si patient avec tout autre que vous, s'il m'avait donné moitié autant de peine. Qu'auriez-vous fait? — Auriez-vous suivi le loup dans sa tanière? — Je vous dis qu'il a de nouveau tendu son ancien piége contre vous. — Il a décidé ce Morris à renouveler sa vieille histoire, et je ne pourrais pas venir à votre secours ici comme chez le juge Inglewood; — il ne convient pas à ma santé de me trouver sur le chemin de ces whigs de baillis. Retournez donc chez vous comme un bon garçon; — laissez passer la vague. — Tenez-vous hors de la vue de Rasleigh, et de Morris, et de cet animal de Mac Vittie. — Souvenez-vous du clachan d'Aberfoïl, comme c'est convenu, et foi de gentilhomme, justice vous sera rendue. Mais tenez-vous en repos jusqu'à notre prochaine rencontre. — Il faut que je décide Rasleigh à quitter Glasgow avant qu'il n'arrive pis, car son esprit n'est porté qu'au mal. — Souvenez-vous du clachan d'Aberfoïl.

Il tourna les talons, et me laissa méditer sur les singuliers événements dans lesquels je venais de jouer un rôle. Mon premier soin fut de rajuster mes vêtements et de me couvrir de mon manteau, pour cacher le sang qui les avait tachés. J'avais à peine achevé, que le jardin se remplit des étudiants qui sortaient des classes. Je m'esquivai donc aussitôt; et en me dirigeant vers la demeure de M. Jarvie, dont l'heure du dîner s'approchait, je m'arrêtai à une boutique petite et sans grande apparence, sur l'enseigne de laquelle je lus *Christopher Nielson, chirurgien-apothicaire*. Je demandai à un jeune garçon qui pilait quelques drogues dans un mortier, qu'il m'introduisît près du savant pharmacopole. Il me fit entrer dans une arrière-boutique, où je trouvai un petit vieillard plein de vivacité, qui branla la tête d'un air incrédule au conte que je lui fis d'une partie d'escrime dans laquelle le fleuret de mon adversaire, s'étant déboutonné, m'avait légèrement blessé. — Il n'y a jamais eu de bouton au bout du fleuret qui a porté ce coup, me dit-il en y appliquant une compresse. Ah! jeune sang! — jeune sang! — Mais, nous autres chirurgiens, nous sommes une race discrète. — Sans le sang trop chaud et le mauvais sang, que deviendraient les deux savantes facultés?

Il me congédia avec cette réflexion morale, et c'est à peine si je pensai encore à l'égratignure que j'avais reçue.

CHAPITRE XXVI.

> Ennemie des habitants plus paisibles de la plaine, une race de fer habite les montagnes..... Derrière ces rochers, asile sauvage de l'indigence et de la liberté, et pleins de confiance dans la force de leurs bras, ils menacent les vallées fertiles qui s'étendent au-dessous d'eux. GRAY.

POURQUOI arrivez-vous si tard? me dit M. Jarvie, comme j'entrais dans la salle à manger de ce digne homme; il y a près de cinq minutes qu'une heure est sonnée. Mattie est déjà venue deux fois pour servir le dîner, et bien vous en prend que ce soit une tête de bélier, qui ne perd rien pour attendre un peu. Une tête de brebis trop cuite est un vrai poison, comme disait mon père le diacre. — Il en aimait bien l'oreille, le digne homme.

Je m'excusai de mon manque d'exactitude, et nous nous mîmes à table. M. Jarvie en fit les honneurs de la meilleure grâce du monde, nous excitant de tout son pouvoir à fêter les bonnes choses dont il chargeait nos assiettes et qui ne flattaient que médiocrement notre goût méridional. Je savais bien me soustraire à cette persécution bienveillante par l'habitude que j'avais du monde; mais il était plaisant de voir Owen, plus rigoureux et plus strict dans ses idées de politesse, et qui aurait craint de manquer d'égards à un ami de notre maison, avaler morceau sur morceau avec un dévouement sans égal, et faire l'éloge de chaque chose d'un ton où la politesse s'efforçait de surmonter la répugnance.

CHAPITRE XXVI.

Quand la nappe fut enlevée, M. Jarvie prépara lui-même un bol de punch à l'eau-de-vie; c'était la première fois que j'en voyais.

— Les citrons, nous dit-il, viennent de ma petite habitation là-bas (et il faisait un geste de l'épaule comme pour nous indiquer les Indes occidentales), et j'ai appris l'art de composer cette boisson, du vieux capitaine Coffinkey, — qui lui-même, à ce que pensaient bien des gens, l'avait appris parmi les boucaniers, ajouta-t-il en baissant la voix; c'est une excellente liqueur, continua-t-il en nous en servant à la ronde; bonne marchandise est souvent venue d'un mauvais marché. Et quant au capitaine Coffinkey, c'était, quand je l'ai connu, un digne et brave homme; seulement il jurait à faire trembler. — Mais il est mort, il a rendu ses comptes, et j'espère qu'ils ont été trouvés bons — j'espère qu'ils ont été trouvés bons.

Le breuvage nous parut excellent, et il servit de texte à une longue conversation entre Owen et notre hôte, sur le débouché que l'Union avait ouvert aux relations commerciales de Glasgow avec l'Amérique et les Indes occidentales, et sur les facilités qu'avait Glasgow de former des chargements sortables pour ces marchés. M. Jarvie combattait avec véhémence et volubilité quelques observations d'Owen sur la difficulté de compléter une cargaison convenable pour l'Amérique, sans en tirer une partie de l'Angleterre.

— Non, non, monsieur, disait-il, nous n'avons pas besoin de sortir de chez nous; — nous n'avons qu'à fouiller dans nos propres poches. — Nous avons nos serges de Stirling, nos stoffs de Musselburgh, nos bas d'Aberdeen, nos étoffes rases d'Édimbourg, et nos autres tissus de laine; — et nous avons nos toiles meilleures et moins chères que celles du marché de Londres même; — et nous pouvons acheter vos produits du nord de l'Angleterre, tels que ceux de Manchester, de Sheffield, de Newcastle, à aussi bon marché que vous pouvez le faire à Liverpool; — et nous commençons à travailler joliment les cotons et les mousselines. Non, non! que chaque hareng marche avec ses propres nageoires et chaque mouton avec ses propres jambes, et vous verrez, monsieur, que nous autres gens de Glasgow ne restons pas en arrière. — Tout ceci n'est guère amusant pour vous, monsieur Osbaldistone, ajouta-t-il en observant que depuis quelque temps je gardais le silence; mais vous savez qu'un charretier ne peut s'empêcher de parler de ses harnais.

J'alléguai, pour excuser ma distraction, les circonstances pénibles de ma situation, et de nouvelles aventures qui m'étaient arrivées le matin même. De cette façon je trouvai ce que je cherchais, — une occasion d'en raconter le détail sans être interrompu. Le seul point que je ne mentionnai pas fut ma blessure, ne jugeant pas que cette circonstance méritât d'être rapportée. M. Jarvie m'écoutait avec attention et avec les dehors de l'intérêt, clignant ses petits yeux gris, ayant fréquemment recours à sa tabatière et ne m'interrompant que par de courtes exclamations. Quand j'arrivai au chapitre du duel, Owen, dans sa surprise douloureuse, joignait les mains et levait les yeux au ciel; mais M. Jarvie m'interrompit en cet endroit.—Voilà qui est mal, s'écria-t-il,—très-mal.—Tirer l'épée contre votre parent est défendu par les lois divines et humaines; et tirer l'épée dans l'enceinte d'une ville royale est punissable d'amende et d'emprisonnement.—L'enceinte du collége n'est pas privilégiée;—ce devrait être, au contraire, un lieu de paix et de tranquillité. Le collége n'a pas été acheté autrefois six cents bonnes livres de rente à l'évêque (maudite soit la race des évêques et leurs rentes avec eux!) pour que des mauvaises têtes viennent s'y prendre de querelle. C'est bien assez que de mauvais garnements s'y battent à coups de boules de neige, comme il arrive parfois, de sorte que quand Mattie et moi nous passons par là, nous sommes obligés de faire la révérence et le salut, pour ne pas avoir la tête cassée,—ce qui arriverait [1].—Mais voyons la fin de votre histoire:—que s'en est-il suivi?

Lorsque je mentionnai l'apparition de M. Campbell, M. Jarvie se leva d'un air de surprise, et parcourut la chambre en s'écriant : Encore Robin!—Robert est fou,—tout à fait fou!—Et qui pis est, Rob se fera pendre, à la honte de toute sa parenté.—Mon père le diacre lui fit sa première paire de bas;—mais ce sera le diacre Threeplie le cordier qui lui fabriquera sa dernière cravate. Oui, oui, le pauvre Robin est en beau chemin d'être pendu.—Mais continuez,—continuez;—dites-nous la fin de l'histoire.

Je la lui rapportai dans tous ses détails; mais M. Jarvie y trouvait encore des points assez obscurs, et je fus obligé, quoique à contre-cœur, de reprendre toute l'histoire de Morris, et ma rencontre avec Campbell chez le juge Inglewood. M. Jarvie prêtait une attention sérieuse à ce récit, et resta encore quelques moments pensif après que je l'eus terminé.

—Sur tout ceci, M. Jarvie, je dois maintenant prendre vos avis, lesquels, je n'en doute pas, me montreront la meilleure route à suivre pour les intérêts de mon père et pour mon propre honneur.

— C'est bien parler, jeune homme,—c'est bien parler, répondit le bailli. Prenez toujours conseil de ceux qui sont plus âgés que vous et qui ont plus d'expérience, et ne faites pas comme l'impie Roboam, qui ne consultait qu'une troupe de jeunes imberbes, négligeant les vieux serviteurs de son père Salomon, lesquels participaient sans doute à sa sagesse, comme le remarque M. Meiklejohn, dans sa leçon

---

[1] Les enfants en Écosse avaient autrefois l'habitude en hiver de faire une espèce de saturnale en assaillant les passants à coups de boules de neige. Mais ceux qui se trouvaient exposés à cet inconvénient pouvaient s'en racheter, les femmes, par une révérence, les hommes par un salut. Les récalcitrants seuls étaient poursuivis à outrance. (W. S.)

sur ce chapitre. Il ne s'agit pas ici d'honneur ;— il s'agit seulement de crédit. Honneur est un homicide, un buveur de sang, qui s'en va faisant tapage par les rues ; Crédit est un homme honnête et décent, qui reste à la maison et fait les choses à propos.

— Assurément, M. Jarvie, dit notre ami Owen, crédit est un capital qu'il faut sauver, n'importe à quel escompte.

— C'est juste, M. Owen, — c'est très-juste ; vous parlez en homme de sens et de raison, et j'espère que la boule ira au but, quoiqu'en ce moment elle roule un peu de travers. Mais pour ce qui est de Robin, je crois qu'il rendra service à ce jeune homme s'il le peut. Le pauvre Robin a le cœur bon, et quoique j'aie autrefois perdu avec lui la valeur de deux cents livres, et que je n'aie guère d'espoir de revoir jamais les mille livres d'Écosse qu'il m'a promises, cela ne m'empêchera pas de lui rendre justice.

— Ainsi je dois le considérer comme un honnête homme? dis-je à M. Jarvie.

— Umph ! fit le digne bailli, avec une sorte de toux préparatoire ; — oui, il a un genre d'honnêteté highlandaise, — une honnêteté à sa manière, comme on dit. Mon père le diacre riait de bon cœur quand il me racontait l'origine de ce dicton. Un certain capitaine Costlett se vantait toujours de sa fidélité au roi Charles, et le clerc Pettigrew (dont on raconte bien des histoires) lui demandait un jour de quelle manière il servait le roi quand il se battait contre lui dans l'armée de Cromwell à Worcester. Le capitaine Costlett, qui ne restait jamais court, lui répliqua qu'il le servait *à sa manière,* et le mot est resté.—Mon père le diacre riait de bon cœur, quand il me rappelait cette histoire.

— Mais pensez-vous que cet homme puisse me servir *à sa manière,* et que je doive me rendre au rendez-vous qu'il m'a donné?

— Franchement et véritablement on peut en essayer. Vous voyez que vous courez quelques risques en demeurant ici. Ce Morris a obtenu un petit emploi dans les douanes, à Greenock,— un port ici près, à l'embouchure de la Clyde ; et tout le monde le connaît pour une bête à deux pieds avec une tête d'oie et un cœur de poule, toujours rôdant sur le quai et tourmentant les gens avec ses permis, ses acquits et ses marques en plomb, et autres vexations du même genre ; et cependant s'il dépose une plainte,— le devoir d'un magistrat est d'y donner suite, et vous pouvez être resserré entre quatre murailles, au grand préjudice des affaires de votre père.

— C'est vrai ; mais quel service serai-je à même de leur rendre en quittant Glasgow, qui est, selon toute probabilité, le théâtre principal des machinations de Rasleigh, et en me confiant à la foi suspecte d'un homme dont je ne sais rien, sinon qu'il craint la justice, qu'il a sans doute de bonnes raisons pour la craindre, et que dans un but secret, et probablement criminel, il est uni par une alliance étroite avec celui-là même qui aura été l'auteur de notre ruine?

— Vous jugez Rob sévèrement, reprit le bailli ; — vous le jugez sévèrement, le pauvre garçon; et la vérité est que vous ne connaissez pas nos montagnes, les Highlands, comme on les appelle. Les habitants ne nous ressemblent en rien ; il n'y a là ni baillis, ni magistrats qui tiennent le glaive de la justice, comme le faisait mon digne père le diacre, — et je puis dire comme je fais moi-même, ainsi que les autres magistrats de la cité. — Là on ne connaît que l'ordre du laird, auquel tout le monde doit obéir ; et ils n'ont d'autres lois que la pointe de leurs poignards. — Leur claymore est le plaignant, ou le demandeur, comme on dit en Angleterre; et leur bouclier est le défendeur : c'est la tête la plus dure qui l'emporte. — Voilà comment s'instruit un procès chez les Highlanders.

Owen poussa un profond soupir, et j'avoue que ce tableau n'accrut pas beaucoup mon désir de me risquer dans un pays sans lois, tel qu'il me dépeignait ses montagnes d'Écosse.

— Ici nous parlons peu de tout cela, reprit M. Jarvie, parce que ce sont des choses qui nous sont familières ; et où est la nécessité d'avilir son pays et de mal famer son parentage devant des étrangers, des gens du Sud [1] ? C'est un vilain oiseau que celui qui salit son nid.

— Fort bien, monsieur ; mais comme ce n'est pas une curiosité impertinente, mais bien une nécessité urgente, qui m'oblige à prendre ces informations, j'espère que vous me pardonnerez de vous en demander d'un peu plus précises. J'ai à traiter, pour les affaires de mon père, avec plusieurs des habitants de ce pays sauvage, et je dois me confier à vos lumières et à votre expérience pour m'éclairer sur ce sujet.

Cette petite dose de flatterie ne fut pas perdue.

— Mon expérience! dit le bailli ; j'ai acquis de l'expérience, sans doute, et j'ai fait quelques calculs en ma vie. Et, entre nous, je vous dirai même que j'ai pris quelques renseignements par le moyen d'André Wylie, mon ancien commis. Il est maintenant chez Mac Vittie et Cie ; — mais il vient volontiers trinquer le samedi soir avec son ancien patron. Et puisque vous vous montrez disposé à vous laisser guider par les avis du tisserand de Glasgow, je ne suis pas homme à les refuser au fils d'un ancien correspondant, et mon père le diacre ne vous les aurait pas refusés non plus. J'ai quelquefois songé à faire briller mes lumières devant le duc d'Argyle, ou devant son frère lord Ilay (car pourquoi les tiendrais-je sous le boisseau?); mais l'apparence que ces grands personnages fassent attention à ce que je pourrai leur dire,

---

[1] On a pu remarquer plus d'une fois que les Écossais désignent fréquemment les Anglais par cette épithète d'hommes du Sud, de même que ceux-ci ne donnent pas moins souvent aux premiers la qualification de gens du Nord. (L. V.)

moi pauvre tisserand? — Ils pensent plus à ce qu'est celui qui leur parle, qu'à la chose même qu'on leur dit. C'est grand dommage, — grand dommage. Ce n'est pas que je veuille mal parler de ce Mac Callum More; — ne maudissez pas le riche dans votre chambre à coucher, dit le fils de Sidrach, car un oiseau lui portera vos paroles à travers les airs.

J'interrompis ces prolégomènes, qui étaient toujours la partie la plus diffuse des discours de M. Jarvie, pour l'assurer qu'il pouvait entièrement compter sur la discrétion de M. Owen et sur la mienne.

— Ce n'est pas pour cela, répliqua-t-il; je ne crains personne. — Pourquoi craindrais-je? — je ne trahis personne. — Seulement ces Highlanders ont le bras long, et comme je vais de temps en temps dans leurs vallées rendre visite à quelques vieux parents, je ne voudrais pas me mettre mal avec aucun de leurs clans. Mais pour revenir à ce que nous disions..... vous saurez d'abord que toutes mes observations sont appuyées sur des chiffres, qui sont, comme M. Owen le sait bien, la véritable source et la seule base certaine de nos connaissances.

Owen fit un signe d'assentiment à une proposition si conforme à ses propres idées, et notre orateur continua.

— Ces Highlands d'Écosse, comme nous les appelons, messieurs, sont par eux-mêmes une espèce de terre sauvage, pleine de hauts et de bas; ce ne sont que bois, lacs, cavernes, rivières et montagnes, si élevées que les ailes du diable lui-même en seraient fatiguées s'il voulait voler jusqu'au sommet. Or, dans ce pays, y compris les îles, qui ne valent guère mieux, ou, à vrai dire, qui valent encore moins, il y a environ deux cent trente paroisses, en comptant les Orcades, où je ne sais si l'on parle ou non gaëlique, mais dont les habitants sont loin d'être un peuple civilisé. Maintenant, messieurs, je suppose, par un calcul modéré, que chaque paroisse compte huit cents personnes, déduction faite des enfants au-dessous de neuf ans; ajoutant un quart à ce nombre pour les enfants de neuf ans et au-dessous, le chiffre total de la population sera de...... Ajoutons un quart à 800 pour être le multiplicateur, 230 étant le multiplicande......

— Le produit sera 230,000, dit M. Owen, qui entrait avec bonheur dans ces estimations statistiques de M. Jarvie.

— C'est juste, monsieur, — parfaitement juste; et la partie militaire de cette population highlandaise, c'est-à-dire tous les hommes de dix-huit à cinquante-six ans en état de porter les armes, ne saurait guère être au-dessous de cinquante-sept mille cinq cents hommes. Maintenant, monsieur, c'est une triste et terrible vérité, que ce pays ne peut fournir d'occupation, pas l'ombre d'occupation, à la moitié de ces pauvres créatures; c'est-à-dire que l'agriculture, le pâturage, la pêche, et tout autre travail honnête connu dans le pays, ne peuvent employer la moitié des bras, quelque indolents qu'ils soient, car on dirait qu'une charrue ou une bêche leur brûlent les doigts. Eh bien! monsieur, cette moitié de la population inoccupée, montant à.....

— A cent quinze mille âmes, dit Owen, la moitié du produit ci-dessus.

— C'est cela, maître Owen, — c'est cela. — Ainsi donc il peut y avoir là vingt-huit mille sept cents hommes en état de porter les armes (et ils portent des armes) qui n'ont ni ne cherchent aucun moyen honnête de subsister, en existerait-il même à leur portée.

— Est-il possible, monsieur Jarvie, m'écriai-je, que ce soit là un tableau fidèle d'une portion si considérable de la Grande-Bretagne?

— Monsieur, je vais vous rendre mon calcul aussi sûr que le bâton de Peter Pasley. — J'admettrai que chaque paroisse emploie cinquante charrues, ce qui est beaucoup pour le misérable sol que ces pauvres montagnards ont à labourer, et qu'on y trouve assez de pâturages pour l'entretien des chevaux de travail, des bœufs, et de quarante ou cinquante vaches. Maintenant pour la conduite des charrues et le soin des bestiaux, nous mettrons soixante-quinze familles de six personnes, nous en ajouterons même cinquante pour faire un nombre rond, et nous trouverons encore cinq cents individus, c'est-à-dire la moitié de la population, employés, et pourvus jusqu'à un certain point de lait aigre et de bouillie. Je voudrais bien savoir ce que feront les cinq cents autres?

— Au nom du Ciel! m'écriai-je, *que* font-ils donc, monsieur Jarvie? Je frémis en pensant à leur situation.

— Monsieur, répliqua le bailli, vous frémiriez davantage si vous étiez leur voisin. Car, en supposant que la moitié d'entre eux se tire d'affaire honnêtement en faisant quelques petits travaux dans les Lowlands, en travaillant à la moisson, en faisant les foins, en conduisant les troupeaux, etc., il nous reste encore bien des centaines et des milliers de ces longues jambes highlandaises qui ne veulent ni travailler ni mourir de faim, et qui doivent aller quêter chez leurs connaissances [1], ou vivre en exécutant les ordres du laird, quels qu'ils soient. Ils descendent par centaines sur la lisière du bas pays, où il y a quelque chose à prendre, et vivent de vols de bestiaux et de déprédations de toute sorte. Chose déplorable dans un pays chrétien! — Et ce qu'il y a de pis, c'est qu'ils s'en font gloire, et prétendent que *chasser une proie* (c'est-à-dire, en bon écossais, voler des troupeaux) est une action courageuse et plus honorable pour des gentilshommes [2] (c'est ainsi qu'ils

---

[1] Ces sortes de mendiants sont désignés en Écosse sous les noms de *thiggers* et de *sorners*. *Thigg* et *sorn* sont des manières honnêtes de mendier, ou plutôt quelque chose entre l'aumône et le vol, par lesquelles les nécessiteux sont, en Écosse, dans l'usage de s'approprier les bestiaux d'autrui ou tout autre moyen de subsistance. (W. S.)

[2] *Pretty men.* Le mot *pretty* (gentil) est ou était usité en Écosse dans le sens de

se nomment eux-mêmes, les pillards!) que de gagner un salaire quotidien par quelque travail honnête. Et les lairds eux-mêmes ne valent pas mieux : car s'ils ne leur ordonnent pas de voler et de piller, du diable s'ils les en empêchent ; et quand la chose est faite, ils leur donnent ou les laissent chercher un asile dans leurs bois, dans leurs montagnes ou dans leurs forteresses. Et chacun d'eux entretiendra autant d'hommes de leur nom, ou de leur clan, comme nous disons, qu'ils pourront trouver moyen de le faire; ou, ce qui revient au même, autant qu'ils en trouvent qui, d'une manière ou d'une autre, pourront se suffire à eux-mêmes. — Et ils sont armés de fusils et de pistolets, de poignards et de dourlachs[1], et toujours prêts à troubler la paix du pays au premier signal du chef. Et voilà ce que sont depuis des siècles nos montagnards, un essaim de frelons sans foi ni loi, qui tient toujours en alarmes un voisinage tranquille, paisible et craignant Dieu, comme nous le sommes.

— Et votre parent, qui est mon ami, est-il un de ces grands propriétaires qui entretiennent ces troupes dont vous parlez? demandai-je.

— Non, non, il n'est nullement un de leurs grands chefs, comme ils les appellent. Il est néanmoins d'un sang noble, et il descend en ligne directe du vieux Glenstrae. — Je connais son lignage ; — il est mon proche parent, et, comme je le disais, du meilleur sang des montagnes, quoique vous puissiez bien croire que j'attache peu de prix à ces balivernes, — la lune dans un seau d'eau, — la perte du fil et de la trame, comme nous disons. — Mais je pourrais vous montrer des lettres que son père, qui était le troisième descendant de Glenstrae, écrivait à mon père le diacre Jarvie (paix à sa mémoire!), commençant par Mon cher diacre, et finissant par Votre affectionné parent et serviteur. — Elles ont rapport à de l'argent prêté, de sorte que le bon diacre les gardait comme pièces utiles. — C'était un homme soigneux.

— Mais s'il n'est pas un de leurs chefs, votre parent a au moins de l'influence dans les Highlands, je suppose ?

— Vous pouvez le dire ; — aucun nom n'est plus connu entre Lennox et Breadalbane. Robin était un des plus actifs et des plus laborieux marchands de bestiaux des montagnes. — C'était plaisir de le voir avec ses brogues[2] et son plaid retenu par un ceinturon, sa targe[3] au dos, sa claymore et son poignard au côté, conduisant une centaine de

---

l'allemand *prachtig*, et signifie un brave, un garçon alerte, prompt et habile à se servir de ses armes. (W. S.)

[1] *Dourlach* est un mot gaélique qui signifie littéralement un paquet de flèches, et par extension un faisceau quelconque, spécialement un fagot. Peut-être, dans ce dernier sens, le mot *dourlach* ne signifie-t-il plus que le bâton dont on se fait une arme. (L. V.)

[2] Chaussure des montagnes. (L. V.)

[3] Bouclier. (L. V.)

bouvillons montagnards, accompagné d'une douzaine de bouviers aussi sauvages et aussi mal peignés que leurs bêtes. Il faisait son commerce avec honneur et justice, et s'il croyait que son acheteur avait fait un mauvais marché, il lui donnait une indemnité. Je l'ai vu rendre cinq shellings par livre sterling.

— Vingt-cinq pour cent ! s'écria Owen ; c'est un fort escompte.

— Il le faisait pourtant comme je vous le dis, monsieur, surtout s'il pensait que l'acheteur était pauvre et ne pouvait supporter une perte. Mais les temps devinrent mauvais, et Rob s'aventura trop. Ce ne fut pas ma faute, — il ne voulut pas m'écouter. Je l'avais averti. — Ses créanciers, et principalement un de ses plus riches voisins, firent saisir ses bestiaux et ses terres ; et on dit que sa femme fut obligée d'abandonner sa maison et de se réfugier dans les montagnes, après avoir été maltraitée, qui plus est. C'est une honte, une grande honte ! — Je suis un homme paisible, un magistrat, mais si l'on avait traité ma servante Mattie comme ils ont traité la femme de Rob, je crois que j'aurais tiré de son vieux fourreau l'épée que mon père le diacre portait au pont de Bothwell. Alors donc Rob revint chez lui, et trouva la désolation, Dieu ait pitié de nous ! où il avait laissé l'abondance. Il regarda à l'est, à l'ouest, au sud et au nord, et n'y vit ni secours, ni espoir, — ni repos, ni asile. Il enfonça sa toque sur son front, ceignit sa claymore, prit le chemin des montagnes et devint un proscrit [1].

La voix du bon citadin devint tremblante à ces tristes souvenirs. Tout en affectant de dédaigner la généalogie de son parent des Highlands, il attachait évidemment une importance secrète à leur communauté de sang, et il parlait des temps prospères de la vie de son ami avec un entraînement affectueux qui rendait plus poignants les regrets que lui inspiraient ses malheurs et leurs suites.

— Ainsi poussé par le désespoir, repris-je, voyant que M. Jarvie gardait le silence, votre parent est devenu sans doute un de ces déprédateurs que vous nous avez dépeints ?

— Non, non, pas tout à fait, répondit le bailli ; ce n'a pas été tout à fait jusque-là ; mais il se mit à lever le black-mail, plus loin et sur une plus grande échelle qu'on ne l'avait jamais fait, dans tout le Lennox et le Menteith [2], et jusqu'aux portes du château de Stirling.

— Le black-mail ? Je ne vous comprends pas.

— Oh, voyez-vous, Rob eut bientôt rassemblé autour de lui une troupe de toques bleues plus nombreuse que tout ce qu'on avait vu jusqu'alors, car il porte un nom formidable quand il n'est pas obligé d'en changer, et un nom qui depuis longues années s'est montré avec

---

[1] *Broken-man*, outlaw.

[2] Deux provinces de l'Écosse. (L. V.)

éclat tant contre le roi et le parlement que contre l'Église elle-même, autant que je sache; — un ancien et honorable nom, quoiqu'on ait voulu l'abaisser et l'avilir par l'oppression. Ma mère était une Mac Gregor, — il m'est égal qu'on le sache. — Rob eut donc bientôt une troupe redoutable; et comme il regrettait, disait-il, de voir le pillage, la dévastation et la ruine du bas pays frontière des montagnes, il s'engagea envers tous les propriétaires et les fermiers qui voudraient lui payer quatre pour cent de leur fermage ou de leur revenu, ce qui sûrement n'était pas une demande exagérée, il s'engagea, dis-je, à les garantir de tout vol et de tout pillage; — si on leur enlevait la moindre partie de leurs propriétés, ils n'auraient qu'à envoyer vers Rob, qui la leur ferait rendre ou leur en paierait la valeur. — Et il a tenu sa parole; — je ne puis nier qu'il l'ait toujours tenue. — Il n'est personne qui l'accuse d'y avoir jamais manqué.

— C'est un singulier contrat d'assurance, dit M. Owen.

— Cela est tout à fait contre la loi établie, il faut en convenir, répondit Jarvie; tout à fait contre la loi; celui qui paie et celui qui lève le black-mail sont également punissables : mais si la loi ne peut protéger ni moi ni mes troupeaux, pourquoi ne m'entendrais-je pas avec un gentilhomme highlander qui le peut? — Répondez à cela.

— Mais du moins, repris-je, ce contrat de black-mail, comme vous l'appelez, est-il complètement volontaire de la part du propriétaire ou du fermier qui en acquitte la charge? Qu'arrive-t-il d'ordinaire si l'un d'eux se refuse à ce tribut?

— Aha, camarade! répondit le bailli en riant et portant son index le long de son nez, vous croyez me tenir là! Il est bien vrai que je conseillerais à mes amis de s'arranger avec Rob; car quoi qu'on fasse, et quelque vigilant qu'on puisse être, on est malheureusement bien exposé à être pillé quand sont venues les longues nuits. Les Graham et les Cohoon s'y étaient d'abord refusés; qu'arriva-t-il? — Dès le premier hiver ils perdirent tous leurs troupeaux. Aussi beaucoup de gens pensent-ils à présent que le plus sûr est d'accepter les conditions de Rob. Il est obligeant avec tous ceux qui le sont avec lui; mais si vous lui résistez, mieux vaudrait s'attaquer au diable!

— Et sûrement, dis-je, c'est par des exploits de ce genre qu'il s'est mis en opposition avec les lois du pays?

— En opposition? — Vous pouvez bien le dire; son cou connaîtrait le poids de son corps, s'ils pouvaient attraper Rob. Mais il a des amis parmi les gens puissants, et je pourrais vous citer une grande famille qui le soutient autant qu'elle peut décemment le faire, afin qu'il soit une épine dans le côté d'une autre. Et puis il est plus fin, plus rusé que pas un qui de notre temps ait fait le métier de cateran[1]; et il a

---

[1] Maraudeur. (L. V.)

joué des tours!.... plus qu'il n'en faudrait pour remplir un livre; et ce serait un drôle de livre, — aussi bon que les histoires de Robin Hood et de William Wallace; — on n'y verrait que des aventures les plus hardies, les plus hasardeuses, telles qu'on aime à en raconter l'hiver, au coin du feu, les jours de bonne humeur. C'est une chose singulière, messieurs, que moi, un homme de paix et fils d'un homme paisible, car mon père le diacre ne s'est jamais querellé avec personne, si ce n'est dans le conseil de ville, — c'est une singulière chose, dis-je, que je croie sentir le sang montagnard s'échauffer en moi quand j'entends de telles histoires, et j'y trouve plus de plaisir, Dieu me pardonne! qu'à écouter des discours édifiants. — Mais ce sont des vanités, — de coupables vanités; — et de plus, des fautes contre la loi, — contre la loi et l'Évangile.

Je revins alors à mes informations, en lui demandant quels moyens d'influence ce M. Robert Campbell pouvait avoir sur les affaires de mon père et sur les miennes.

— Il faut que vous sachiez, répondit M. Jarvie en baissant la voix, — je parle entre amis et *sous la rose* [1], — il faut que vous sachiez que les Highlanders sont restés en repos depuis 89 [2], — l'année de Killiecrankie. Mais comment pensez-vous qu'ils sont restés en repos? Par de l'argent, monsieur Owen, — par de l'argent, monsieur Osbaldistone. Le roi Guillaume fit distribuer parmi eux, par Breadalbane, vingt mille bonnes livres sterling, et on dit que le vieux comte montagnard en garda un bon lopin dans son sporran [3]. Ensuite défunte la reine Anne fit aux chefs de bonnes pensions, pour qu'ils pussent entretenir leurs gillies [4] et leurs caterans, qui ne savent ce que c'est que de travailler, comme je vous l'ai dit; alors ils restèrent assez tranquilles, sauf quelques excursions de pillards dans les basses terres, selon leur habitude, et quelques gorges coupées entre eux, ce dont les gens civilisés ne s'occupent et ne s'inquiètent guère. — C'était bien; mais tout est changé depuis le roi George, que Dieu protége! — il ne vient plus chez eux ni argent ni pensions; comme vous pouvez bien le supposer, d'après ce que je vous ai dit, ils n'ont plus les moyens d'entretenir les clans qui vivent à leurs dépens; ils n'ont plus de crédit dans les basses terres; et un homme qui peut vous rassembler d'un coup de sifflet mille ou quinze cents vigoureux gaillards, prêts à exécuter tous ses ordres, aurait peine à réunir cinquante livres au marché de Glasgow. — Ceci ne peut durer longtemps. — Il y aura un soulèvement en faveur des Stuarts; — ils redescendront dans les basses terres comme un torrent, ainsi qu'ils l'ont fait à l'époque des terribles guerres **de**

---

[1] Locution écossaise. En confidence. (L. V.)
[2] 1689, époque de la cessation des guerres de religion en Ecosse. (L. V.)
[3] Poche.
[4] Serviteurs.

Montrose; et vous en entendrez parler avant qu'il se passe encore un an.

— Mais je ne vois pas en quoi tout ceci regarde M. Campbell, et bien moins encore les affaires de mon père.

— Rob peut lever cinq cents hommes, monsieur, et par conséquent la guerre le touche d'aussi près que beaucoup d'autres; car cette puissance qu'il possède serait bien plus profitable en temps de guerre qu'en temps de paix. Et s'il faut vous dire ce que j'en pense, je crois qu'il a été un des principaux agents entre quelques-uns de nos chefs montagnards et les gentilshommes du nord de l'Angleterre. Nous avons tous entendu parler du vol d'argent qui a été fait à ce Morris quelque part du côté des Cheviots, par Rob et un Osbaldistone; et pour dire la vérité, le bruit courait que c'était vous, monsieur Francis; et j'étais fâché que le fils de votre père eût pris une telle voie. — Ne vous défendez pas; — je sais que je m'étais trompé; mais je pouvais tout croire d'un comédien, tel que je vous croyais être. Maintenant je n'ai pas le moindre doute que ce ne soit Rasleigh ou quelque autre de vos cousins; — on peut les mesurer tous à la même aune, — de fieffés papistes et jacobites, qui regarderaient comme de bonne prise l'argent et les papiers du Gouvernement. Et ce misérable Morris est un si lâche coquin qu'il n'oserait pas dire à présent que c'est Rob qui lui a enlevé sa valise; et peut-être a-t-il raison, après tout, car vos douaniers et tout le bétail de l'excise sont vus partout de mauvais œil; et Rob pourrait lui faire un mauvais parti avant que le conseil, comme ils appellent cela, fût venu à son secours.

— Il y a longtemps que je soupçonnais cela, monsieur Jarvie, et je suis complètement de votre opinion; mais quant aux affaires de mon père. . . . .

— Vous soupçonniez cela? — C'est certain, — bien certain. — Je connais des gens qui ont vu des papiers sortis du porte-manteau de Morris; — il est inutile de vous dire où. Mais quant aux affaires de votre père.... Vous devez bien penser que dans ces vingt dernières années, quelques-uns des lairds et des chefs highlanders n'ont pas tout à fait perdu de vue leurs intérêts. — Votre père et d'autres ont acheté les bois de Glen-Disseries, de Glen-Kissock[1], de Tober-na-Kippoch, et beaucoup d'autres, et la maison de votre père a donné pour une somme considérable de billets en paiement. — Et comme le crédit d'Osbaldistone et Tresham était bon, — car je le dirai devant M. Owen comme en arrière, avant les malheurs qui viennent de lui arriver, aucune maison n'était plus honorable en affaires, — les gentilshommes des Highlands, porteurs de ces billets, trouvèrent à escompter à Glasgow et à Édimbourg (je pourrais presque dire à Glasgow seulement, car on trouve

---

[1] *Glen,* en gaëlique, signifie vallée. (L. V.)

à Édimbourg plus d'orgueil que d'argent) la plus grande partie, sinon la totalité de ces valeurs. — De sorte que.... Aha! comprenez-vous, maintenant?

Je confessai que je ne saisissais pas encore parfaitement les conséquences de ces faits.

— Eh bien! voici, reprit-il. Si ces billets ne sont pas acquittés, les marchands de Glasgow retomberont sur les chefs montagnards, qui ne sont pas riches en argent comptant, et à qui le diable ne fera pas rendre celui qu'ils ont déjà mangé. — Ils seront ainsi poussés au désespoir; — cinq cents hommes qui seraient peut-être restés tranquilles chez eux se soulèveront; — le diable aura trouvé du fil à retordre pour Jack Wabster[1]; — et c'est ainsi que la chute de la maison de votre père hâtera les événements qui se préparent chez nous depuis longtemps.

— Vous pensez donc, lui dis-je, frappé du nouveau point de vue qu'il me présentait, que le crime de Rasleigh Osbaldistone envers mon père a eu seulement pour but d'accélérer le soulèvement des montagnards, en réduisant à la détresse les chefs à qui les billets ont été souscrits?

— Sans doute, — sans nul doute; — telle a été sa principale raison, M. Osbaldistone. Je ne doute pas non plus que l'argent comptant qu'il a apporté avec lui n'ait eu la même destination. Mais ce ne sera comparativement qu'une partie peu importante des pertes de votre père, quoique ce puisse être la meilleure partie du profit direct de Rasleigh. Les valeurs en papier qu'il a enlevées ne lui seront utiles qu'à allumer sa pipe. Il a bien essayé d'en faire escompter quelques-unes par Mac Vittie et Cie, — ce que j'ai su par André Wylie; — mais ce sont de trop vieux chats pour traîner cette paille après eux. — Ils ont payé de belles paroles et se sont tenus à l'écart. Rasleigh Osbaldistone est trop connu à Glasgow pour qu'on ait confiance en lui, car il est venu ici tramer je ne sais quoi avec les papistes et les jacobites, en 1707, et il a laissé des dettes après lui. Non, non, il n'a pu passer un seul des billets ici; on aurait eu peine à l'en croire possesseur légitime. Non, non; le paquet tout entier doit être déposé dans quelque place forte de leurs montagnes, et j'ose dire que mon cousin Rob pourrait le dénicher s'il voulait.

— Mais serait-il disposé à nous être utile dans cette extrémité, M. Jarvie? Vous me l'avez représenté comme un agent du parti jacobite, et mêlé de près à ses intrigues. Sera-t-il disposé, pour l'amour de moi, ou, si vous voulez, pour l'amour de la justice, à opérer une restitution qui, en la supposant en son pouvoir, serait, selon vous-même, en opposition avec leurs plans?

---

[1] Jean Tisserand. J'ai déjà dit, dans une des notes précédentes, que c'était là un des sobriquets populaires que les Écossais aiment à donner aux Anglais. (L. V.)

— Je ne puis répondre à cela avec certitude ; — les principaux chefs se méfient de Rob, et Rob se méfie d'eux ; — il a toujours été appuyé par la famille d'Argyle, qui, quant à présent, marche avec le Gouvernement. S'il était parfaitement libre de ses actions, il se tiendrait plutôt du côté des Argyle que du côté des Breadalbane, car il existe une vieille inimitié entre la famille Breadalbane et la sienne. La vérité est que Rob est de son propre parti, comme Henry Wynd[1] ; — il se rangera du côté qui lui conviendra le mieux. Si le diable était laird, Rob voudrait être son tenancier ; et vous ne pouvez l'en blâmer, le pauvre garçon, dans la situation où il se trouve. Mais il y a une mauvaise chose contre vous : — Rob a dans son écurie une jument grise.

— Une jument grise ? En quoi cela nous importe-t-il ?

— Sa femme, jeune homme, — sa femme ; — et une terrible femme. Elle ne peut voir un Écossais s'il vient des basses terres, et bien moins encore un Anglais. Le seul moyen d'en être bien venu est de crier vive le roi Jacques, et à bas le roi George !

— Il est bien étrange, répliquai-je, que les paisibles transactions commerciales des habitants de Londres se trouvent mêlées dans des révolutions et des rebellions.

— Du tout, jeune homme, — du tout, répondit M. Jarvie, c'est un préjugé de votre part. Je lis durant les longues soirées d'hiver, et j'ai lu dans la chronique de Baker, que les marchands de Londres trouvèrent le moyen d'obliger la banque de Gênes de manquer à la promesse qu'elle avait faite d'un prêt considérable au roi d'Espagne, ce qui retarda d'une année entière l'armement de la grande *armada* espagnole.

— Que pensez-vous de cela, monsieur ?

— Que les marchands rendirent à leur pays un service signalé, qui a dû être honorablement consigné dans nos annales.

— Je pense comme vous ; et je pense aussi qu'ils feraient une bonne action, et mériteraient bien du Gouvernement et de l'humanité, ceux qui empêcheraient trois ou quatre honnêtes gentilshommes de la montagne de se vouer à une destruction certaine, eux et les pauvres gens qui les suivront, uniquement parce qu'ils ne pourront rembourser un argent qu'ils devaient regarder comme leur propriété légitime ; — et qui sauveraient du même coup le crédit de votre père, — et le bon

---

[1] Deux clans nombreux vidèrent autrefois une querelle, trente hommes de chaque côté, en présence du roi, dans le *north-inch* de la ville de Perth. C'était vers l'année 1392. Un homme vint à manquer d'un côté, et sa place fut remplie par un boiteux, citoyen de Perth. Ce remplaçant, appelé Henry Wynd, ou, comme le nommaient les Highlanders, *Gow Chrom*, ou le forgeron boiteux, se battit bien, et contribua puissamment à décider le sort de la bataille, sans savoir quel parti il avait soutenu. Depuis lors, *combattre pour son propre parti comme Henry Wynd*, est passé en proverbe. (W. S.)

argent que me doit dans cette affaire la maison Osbaldistone et Tresham.

— Je dis que si quelqu'un pouvait faire tout cela, serait-ce un pauvre pousse-navette, il mériterait du roi honneur et récompense.

— Je ne puis dire jusqu'à quel point la reconnaissance publique lui serait acquise, repliquai-je; mais la nôtre, monsieur Jarvie, ne le céderait pas à la grandeur du service.

— Et nous nous efforcerions d'en établir la balance, ajouta M. Owen, dès que notre patron M. Osbaldistone serait revenu de Hollande.

— Je n'en doute pas, — je n'en doute pas; — c'est un très-digne gentilhomme, et un homme solide, et avec quelques bonnes directions que je pourrais lui donner, il ferait d'excellentes affaires en Écosse. — Eh bien! monsieur, si ces billets pouvaient être retirés des mains des Philistins, c'est du bon papier, — c'est une excellente étoffe, remis en bonnes mains; dans les vôtres, monsieur Owen. Et je vous trouverais trois maisons dans Glasgow, quelque mince opinion que vous puissiez avoir de nous, monsieur Owen, — Sandie Steenson dans le Trade's-Land, John Pirie dans le Candleriggs, et une autre que je ne vous nommerai pas quant à présent, qui vous feraient l'avance des sommes nécessaires pour assurer le crédit de votre maison, et ne demanderaient pas d'autres sûretés.

Les yeux d'Owen s'animèrent à cette perspective; mais sa physionomie se rassombrit bientôt, quand il réfléchit combien peu il était probable que nous pussions rentrer en possession de ces effets.

— Ne perdez pas espoir, monsieur, — ne perdez pas espoir, reprit M. Jarvie. J'ai pris jusqu'à présent assez d'intérêt à vos affaires pour ne pas les abandonner. Je suis comme mon père le diacre, que son âme soit en paix! je ne puis mettre le nez dans les affaires d'un ami, sans finir par en faire mes propres affaires. — Ainsi donc, demain matin je mets mes bottes, et je pars avec M. Frank du côté des bruyères de Drymen; et si je ne fais pas entendre raison à Rob, et même à sa femme, je ne sais qui en viendra à bout. — Je leur ai plus d'une fois rendu service, sans parler de la nuit dernière, où un mot de moi lui coûtait la vie; — peut-être m'en reviendra-t-il quelques mots dans le conseil, du bailli Graham, de Mac Vittie et de quelques autres. Ce ne serait pas la première fois qu'ils me jetteraient au nez ma parenté avec Rob; — mais je me moque de leurs caquetages. Je leur ai dit que je ne défendais les fautes de personne; mais qu'à part ce que Rob avait fait contre les lois du pays, et ses expéditions contre les troupeaux du Lennox, et le malheur qu'il avait eu de tuer quelques-uns de ses ennemis, c'était un plus honnête homme que ceux que portaient leurs jambes. — Et pourquoi m'inquiéterais-je de leurs bavardages? — Si Rob est un outlaw[1], qu'ils aillent le lui dire. — Il n'y a

---

[1] Hors la loi.

CHAPITRE XXVI.

plus de lois qui défendent de voir ses parents proscrits, comme dans les malheureux temps des derniers Stuarts. — Je crois avoir dans la bouche une langue écossaise ; — s'ils me parlent, je leur répondrai.

Ce fut avec joie que je vis le bailli surmonter graduellement les barrières de sa prudence habituelle, sous la double influence de son patriotisme et de l'intérêt que son bon cœur lui faisait prendre à nos affaires, fortifiée en outre par son désir bien naturel d'éviter les pertes qui l'auraient atteint, et de réaliser de nouveaux bénéfices, et par une assez bonne dose de vanité. Ces divers motifs réunis lui firent prendre à la fin la résolution courageuse de se mettre lui-même en campagne, pour m'aider à recouvrer la propriété de mon père. Tout ce qu'il m'avait dit me portait à croire que si les billets étaient entre les mains de l'aventurier highlander, il serait possible de le déterminer à rendre des papiers qui ne pouvaient lui être d'aucune utilité personnelle ; et je sentais que la présence de son parent serait probablement d'un grand poids près de lui. J'acquiesçai donc avec joie à la proposition de M. Jarvie, de nous mettre en route le lendemain matin.

Autant l'honnête bailli avait mis de lenteur et d'hésitation à former son projet, autant il mit d'activité et de zèle à en préparer l'exécution. Il ordonna à Mattie de faire prendre l'air à son surtout de voyage, de graisser ses grosses bottes et de les tenir toute la nuit devant le feu de la cuisine, et de veiller à ce que son cheval eût mangé l'avoine et à ce que son harnachement fût mis en ordre. Nous convînmes que je viendrais le prendre le lendemain à cinq heures, et nous décidâmes qu'Owen attendrait notre retour à Glasgow, sa présence ne pouvant nous être d'aucune utilité dans notre expédition. Owen et moi prîmes ensuite congé de cet ami zélé et si peu attendu. J'installai Owen dans mon auberge, près de mon propre appartement, et après avoir ordonné à Andrew Fairservice d'être prêt à me suivre le lendemain matin à l'heure indiquée, j'allai me livrer au repos avec plus d'espoir que je n'en avais eu depuis quelques jours.

CHAPITRE XXVII.

> Aussi loin que la vue peut s'étendre, le sol, aride et rougeâtre, est dépourvu d'arbres et de verdure vivifiante. Nul oiseau, si ce n'est un oiseau de passage, n'y paraît sur l'horizon ; on n'y entend ni le bourdonnement de l'abeille, ni le roucoulement de la colombe ; aucun ruisseau, — limpide comme l'ambre transparent, — ne fait entendre là le doux murmure de ses eaux. *Prédiction de famine.*

C'ÉTAIT par une belle matinée du mois d'août. J'avais recommandé à Fairservice de m'attendre avec les chevaux à la porte de M. Jarvie, peu éloignée de l'hôtellerie de mistress Flayter. La première chose que je remarquai en arrivant, fut que le poney si généreusement donné à Fairservice par son conseil le clerc Touthope, en échange de la jument de M. Thorncliff, était encore, tout mauvais qu'il pût être, un bucéphale en comparaison de celui contre lequel il avait imaginé de l'échanger. Il était boiteux au point que trois de ses jambes seulement paraissaient destinées à un service actif, tandis que la quatrième, se balançant en l'air, ne semblait là que pour servir d'accompagnement aux autres. — A quoi pensez-vous de nous amener un animal semblable, monsieur? Où est le poney sur lequel vous êtes arrivé à Glasgow?—Telles furent naturellement les premières questions que je lui adressai dans mon impatience.

— J'lai vendu, monsieur. C'était une mauvaise bête, qui nous aurait mangé gros comme elle si j'l'avais gardée à l'écurie d'la mère Flayter. J'ai acheté celui-ci au compte de Vot' Honneur. C'est une bonne affaire ; il ne coûte qu'une livre sterling par jambe, — c'est-à-dire quatre livres. Sa boiterie disparaîtra quand il aura fait un mille ; c'est un trotteur bien connu. On l'appelle Supple Tam.

— Sur mon âme, monsieur, m'écriai-je, vous ne serez content que quand ma houssine aura fait connaissance avec vos épaules. Si vous n'allez à l'instant chercher l'autre cheval, vous allez porter la peine de votre simplicité.

En dépit de mes menaces, Andrew continuait de défendre son acquisition, et il me dit qu'il lui en coûterait une guinée de dédit pour rompre le marché. Quoique je visse bien que j'étais pris pour dupe, j'allais, en véritable Anglais, me soumettre à l'exaction plutôt que de perdre du temps, quand M. Jarvie parut, couvert d'un surtout, d'un manteau et d'un capuchon, et chaussé d'énormes bottes, comme s'il allait braver un hiver de Sibérie. Deux apprentis, sous la direction immédiate de Mattie, conduisaient le cheval sage et paisible qui, en de telles occasions, avait l'honneur de porter le magistrat de Glasgow. Avant de « se hisser sur sa selle, » expression qui convient mieux à la manière dont le bailli se plaça sur sa bête, qu'aux chevaliers errants auxquels Spencer l'applique, il s'enquit de la cause de cette discussion entre mon domestique et moi. Lorsqu'il connut la manœuvre de l'honnête Andrew, il coupa court au débat en prononçant que, si Fairservice ne remmenait à l'instant l'animal tripède et ne ramenait en place le quadrupède qu'il avait vendu, il l'enverrait en prison et le condamnerait à l'amende de la moitié de ses gages. — Monsieur Osbaldistone vous paie pour votre service et celui de votre cheval, — pour le service de deux bêtes, entendez-vous, mauvais drôle? — J'aurai l'œil sur vous pendant le voyage.

— Ce serait une sottise de me mettre à l'amende, dit Andrew d'un ton bourru, moi qui n'ai pas le premier groat[1] pour la payer. — On aurait peine à prendre les culottes d'un Highlander.

— Mais à défaut d'argent pour payer vous avez une carcasse pour en répondre, et je veillerai à ce que vous soyez récompensé comme vous le méritez, d'une manière ou de l'autre.

Andrew fut pourtant obligé de se soumettre à l'ordre de M. Jarvie, tout en grommelant entre ses dents : C'est trop de plusieurs maîtres, — c'est trop de plusieurs maîtres, comme la grenouille disait à la herse, à chaque coup d'dent qu'elle recevait.

Il paraît qu'il trouva peu de difficultés à se débarrasser de Supple Tam et à reprendre possession de son premier bucéphale, car l'échange fut effectué en quelques minutes, et jamais je n'entendis parler du dédit qu'il prétendait devoir payer.

Nous partîmes enfin, mais nous n'étions pas au bout de la rue où demeurait M. Jarvie, que nous entendîmes derrière nous de grands cris : Arrêtez! arrêtez! Nous fîmes halte à l'instant, et nous fûmes rejoints par les deux apprentis de M. Jarvie, qui lui apportaient deux dernières marques de la sollicitude de Mattie pour son maître. La première se présentait sous la forme d'un immense mouchoir de soie, qui aurait pu servir de voile à un des navires que le bailli expédiait aux Indes Occidentales; Mattie lui faisait recommander de s'en entourer le cou par-dessus ses autres enveloppes, ce qu'il ne manqua pas de faire. Le second garçon (et je crus remarquer que le drôle, en s'acquittant de sa commission, avait grand' peine à s'empêcher de rire) était seulement chargé d'une recommandation verbale de la femme de charge, que son maître prît bien garde quand il aurait des rivières à traverser. — C'est bon, c'est bon! dit M. Jarvie; c'est une petite folle. Seulement il ajouta, en se tournant vers moi : cela prouve pourtant un bon cœur, — cela prouve un bon cœur dans une fille si jeune.

[1] Quatre pence ou huit sous. (L. V.)

— Mattie est une fille soigneuse. En même temps il pressait les flancs de sa monture, et nous sortîmes de la ville sans autre empêchement.

Tandis que nous cheminions paisiblement sur une route qui nous conduisait vers le nord-est de la ville, j'eus l'occasion de reconnaître et d'apprécier les bonnes qualités de mon nouvel ami. Quoique, de même que mon père, il regardât le commerce comme l'objet le plus important de la vie humaine, il n'en était pas engoué au point de mépriser des connaissances plus générales. Au contraire, malgré la bizarrerie et la vulgarité de ses manières, — malgré sa vanité, d'autant plus ridicule que de temps à autre il affectait de la cacher sous un voile bien transparent d'humilité, et privé comme il l'était de tous les avantages d'une éducation soignée, M. Jarvie, dans sa conversation, montrait un esprit fin, observateur, libéral, et même aussi cultivé que les circonstances le lui avaient permis. Il connaissait bien les antiquités locales, et me racontait, lorsque nous en rencontrions quelques-unes, les événements remarquables qui s'y rattachaient. Il n'était pas moins instruit dans l'ancienne histoire de son district, et sa sagacité patriotique entrevoyait déjà dans l'avenir, pour sa ville natale, les avantages qui ne devaient se développer que longtemps après. Je remarquai en outre, et avec un grand plaisir, que quoique Écossais dans toute la force du terme, et profondément pénétré de l'honneur de son pays, il n'en était pas moins disposé à rendre justice à l'Angleterre. Quand Andrew Fairservice (que, soit dit en passant, le bailli ne pouvait souffrir) s'avisait d'attribuer un accident du voyage, tel qu'un cheval déferré, à l'influence fatale de l'Union des deux royaumes, il recevait une sévère rebuffade de M. Jarvie.

— Paix, monsieur! — paix! lui disait-il. Ce sont de mauvaises langues comme la vôtre qui sèment la mésintelligence entre les voisins et entre les nations. Il n'est rien de si bon en ce monde qui ne pût être meilleur, et c'est ce qu'on peut dire de l'Union. Personne ne s'est plus fortement élevé contre elle que les gens de Glasgow, avec leurs attroupements, leurs soulèvements, leurs séditions, comme on dit aujourd'hui. Mais c'est un mauvais vent que celui qui ne souffle pour personne. — Chacun estime le gué ce qu'il le trouve. — Moi je dis : que Glasgow prospère! comme il est judicieusement et élégamment écrit autour des armes de la ville, par manière de dicton. — Depuis le temps où saint Mungo pêchait des harengs dans la Clyde, avait-on vu chez nous un commerce florissant comme celui du sucre et du tabac? Que quelqu'un me dise cela, et puisse se plaindre encore de l'Union, qui nous a ouvert la route de l'Amérique!

Andrew Fairservice était loin de se rendre à ces arguments d'utilité, et se hasardait même à protester entre ses dents « que c'était un triste changement d'voir les lois d'Écosse faites en Angleterre; et que, pour sa part, il ne voudrait pas, pour tous les barils de harengs d'Glasgow, et tous ses tonneaux d'tabac par-dessus l'marché, avoir renoncé au Parlement d'Écosse, et envoyé là-bas notre couronne, et notre glaive, et notre sceptre, et Mons-Meg [1], pour être gardés par ces sacs-à-poudding d'Anglais dans la tour de Londres. Qu'est-ce que sir William Wallace ou le vieux Davie Lindsay auraient dit d'l'Union et d'ceux qui l'ont faite? »

La route que nous parcourions, tout en nous livrant à ces discussions qui la faisaient paraître moins longue, traversait un pays qui s'était déjà montré sauvage et découvert presque aux portes de Glasgow, et qui devenait plus affreux à mesure que nous avancions. De vastes landes sans fin étendaient autour de nous, dans toutes les directions, leur aridité désolante, tantôt unies et entrecoupées de marécages ou *peat-bogs* [2], comme on les appelle en Écosse, recouverts d'une verdure perfide ou présentant aux yeux la teinte noirâtre de la tourbe qui les compose ; tantôt s'arrondissant en buttes énormes, auxquelles manque la dignité de montagnes, quoique plus pénibles encore à franchir. Pas un arbre, pas un buisson ne reposaient l'œil fatigué de cette stérilité absolue. La bruyère elle-même était de cette espèce rabougrie qui n'a que peu ou point de fleurs, et qui de tous les vêtements dont la terre, notre mère, n'est jamais complètement dépourvue (autant du moins que je puis en juger), est le plus grossier et le plus humble. Nous n'aperçûmes pas un être vivant, à l'exception çà et là de quelques moutons errants, d'une étrange diversité de couleurs, noirs, bleuâtres et oranges. La teinte noirâtre dominait pourtant sur leurs faces et sur leurs jambes. Les oiseaux même semblaient fuir ces déserts, où rien ne les attire ni ne les retient ; du moins n'y entendis-je que les cris plaintifs et monotones du vanneau et du courlis, auxquels mon compagnon donnait les noms de *peasweep* et de *whaup*.

Au dîner, cependant, pour lequel nous nous arrêtâmes vers midi dans un cabaret des plus misérables, nous eûmes la bonne fortune de trouver que ces hôtes criards des marais n'étaient pas les seuls habitants des bruyères. La vieille bonne femme nous dit « que le *bonhomme* [3] avait été à la montagne ; » et bien nous en prit, car nous nous régalâmes du produit de sa chasse, c'est-à-dire de quelques oiseaux de bruyères grillés, qui vinrent fort à propos augmenter la maigre pitance de fromage de brebis, de saumon grillé et de pain d'avoine que l'auberge pouvait nous offrir. De l'ale médiocre, dite à *deux pence* [4], et un verre d'excellente eau-de-vie couronnèrent notre

---

[1] *Voyez* la note B, à la fin du volume.
[2] Tourbières.
[3] *Gudeman.* Ce titre patriarcal de bonhomme est aussi généralement usité dans quelques-unes de nos provinces du nord, pour désigner le chef de la famille, mari de la *ménagère.* (L. V.)
[4] Quatre sous.

repas : et comme nos chevaux avaient fait le leur dans le même temps, nous nous remîmes en route avec une nouvelle ardeur.

J'avais besoin de toute la force que peut donner un bon dîner, pour surmonter l'abattement qui s'emparait insensiblement de mon esprit, quand j'associais dans ma pensée l'étrange incertitude de mon entreprise avec l'aspect de désolation du pays où elle me conduisait. Notre route devenait, s'il est possible, plus triste et plus sauvage encore que celle que nous avions parcourue le matin. Le peu de misérables huttes qui annonçaient la présence d'êtres humains étaient maintenant de plus en plus rares; elles disparurent totalement quand nous commençâmes à gravir une suite non interrompue de landes toujours montantes. Ma seule distraction était la vue partielle, que nous apportaient de temps à autre les détours du chemin, d'une vaste chaîne de montagnes bleuâtres, qui s'étendaient sur notre gauche au nord et au nord-ouest. Ces montagnes enveloppaient un pays aussi sauvage, peut-être, mais bien plus intéressant à coup sûr que celui que nous parcourions. Leurs crêtes étaient aussi pittoresquement variées et distinctes que les collines que nous avions vues sur notre droite étaient insignifiantes et monotones; et en contemplant cette région alpine, je ressentais une impatience d'en explorer les solitudes, quelques fatigues, quelques dangers qui pussent m'y attendre, comparable à celle qu'éprouve le marin fatigué de la monotonie d'un long calme, et appelant de tous ses vœux le mouvement et les périls d'un combat ou d'une tempête. J'adressai diverses questions à mon ami M. Jarvie sur les noms et la situation de ces montagnes remarquables; mais c'était un sujet sur lequel il ne pouvait ou ne voulait pas me répondre. — Ce sont les montagnes des Highlands, me disait-il seulement, — les montagnes des Highlands; — vous aurez tout le temps de les voir et d'en entendre parler avant que nous soyons de retour à Glasgow. — Je n'aime pas à les regarder; — je ne puis les voir sans devenir triste. — Ce n'est pas la crainte, au moins; — non, ce n'est pas la crainte, mais seulement la pitié que m'inspirent les pauvres créatures à demi mourant de faim qui les habitent. — Mais ne parlons pas de cela davantage; — il ne faut pas parler des Highlanders si près de leurs frontières. J'ai connu bien des honnêtes gens qui ne se seraient pas aventurés si loin, sans avoir fait leur testament. — Mattie était chagrine de me voir faire ce voyage, et elle a même pleuré, la pauvre folle; mais il n'est pas plus étonnant de voir une femme pleurer qu'une oie marcher sans souliers.

Je tâchai alors de ramener la conversation sur le caractère et l'histoire de celui que nous allions visiter; mais sur ce sujet, M. Jarvie ne fut pas moins inaccessible, retenu peut-être en partie par la présence de M. Andrew Fairservice, qui avait décidé de se tenir si près de nous que ses oreilles ne pouvaient laisser échapper aucune de nos paroles, et dont la langue prenait la liberté de se mêler à notre entretien, aussi souvent qu'il en trouvait l'occasion. Mais M. Jarvie ne manquait pas de le tancer vertement.

— Tenez-vous derrière, monsieur, à la distance qui vous convient, lui dit-il une fois, comme Andrew s'avançait près de nous pour entendre la réponse à une question que j'avais faite sur Campbell ; — vous vous tiendriez à côté de nous si vous osiez. — Ce drôle veut toujours sortir du moule à fromage dans lequel il a été jeté. — Maintenant qu'il ne peut plus nous entendre, — monsieur Osbaldistone, je vous dirai que vous pouvez me questionner, comme moi je peux vous répondre ou non. — Je ne puis dire beaucoup de bien de Rob, le pauvre garçon ; et je n'en veux pas dire de mal, d'abord parce qu'il est mon cousin, et puis parce que nous approchons de son canton, et qu'il peut y avoir un de ses hommes caché derrière chaque buisson.
— Et si vous voulez m'en croire, moins vous parlerez de lui, du lieu où vous allez et de l'objet de votre voyage, mieux ce sera pour sa réussite. Car il peut se faire que nous rencontrions quelqu'un de ses ennemis ; — il n'en manque pas par ici. — Il porte encore le bonnet droit devant eux tous ; mais je doute qu'ils soient longtemps en paix avec Rob. — Tôt ou tard la peau du renard trouve un couteau qui l'entame.

— Certainement, répondis-je, je me laisserai entièrement guider par votre expérience.

— Bien, monsieur Osbaldistone, — bien. — Mais il faut que je dise deux mots à ce mauvais bavard, car les enfants et les fous répètent sur le marché ce qu'ils ont entendu dire au coin du feu. — Écoutez, Andrew ! — Comment l'appelez-vous ? — Fairservice !

Andrew, qui, depuis la dernière semonce qu'il avait reçue, se tenait assez loin en arrière, jugea à propos de ne pas entendre cet appel.

— Andrew ! répéta M. Jarvie ; — maraud ! Ici, monsieur ! ici !

— C'est ce qu'on dit à un chien, répondit Andrew en s'approchant d'un air d'humeur.

— Et je vous donnerai les gages d'un chien, drôle, si vous ne faites attention à ce que je vais vous dire. — Nous allons visiter un bout des Highlands.....

— Je m'en doutais bien, interrompit Andrew.

— Ne m'interrompez pas, maraud ! et écoutez ce que j'ai à vous dire. — Nous allons visiter un bout des Highlands.....

— Vous me l'avez déjà dit, interrompit l'autre de nouveau.

— Je vous casserai la tête ! s'écria le bailli en colère, si vous ne tenez votre langue.

— Langue tenue fait bouche baveuse, répliqua l'incorrigible Andrew.

Je fus obligé d'intervenir, et d'ordonner à Andrew, du ton le plus impératif, de garder le silence, s'il ne voulait que je lui frotte les épaules.

— Je me tais, dit Andrew; j'écouterai tous vos ordres sans dire un mot. — Ma pauvre mère avait coutume de m'dire :

> « Qu'il ait raison ou qu'il ait tort,
> Obéis à qui tient la bourse. »

Ainsi vous pouvez maintenant parler l'un et l'autre aussi longtemps qu'vous voudrez; Andrew écoute.

M. Jarvie profita de la pause qu'il fit en effet après avoir cité ce proverbe, pour lui donner les instructions nécessaires.

— Ainsi donc, monsieur, si vous tenez à votre tête, quoique à coup sûr elle ne vaille pas grand argent, — mais enfin si vous y tenez, rappelez-vous de ce que je vais vous dire. Dans l'endroit où nous allons, et où il peut se faire que nous soyons obligés de passer une nuit, on trouve des gens de toute sorte, de tout clan et de tout parentage, — des Highlands et des Lowlands; — et là on voit plus de poignards hors du fourreau que de Bibles ouvertes, surtout quand l'usquebaugh a monté les têtes. Tâchez de ne pas vous mêler de leurs affaires, tenez en repos votre langue bavarde, entendez tout sans rien dire, et laissez les coqs se battre entre eux.

— Vous n'aviez pas besoin de m'dire tout ça, répondit Andrew d'un air de dédain, comme si j'n'avais jamais vu un Highlander en face, et qu'je n'sache pas comment on s'tient avec eux. Personne ne les connaît mieux qu'moi. — J'ai trafiqué avec eux, mangé avec eux, bu avec eux.....

— Vous êtes-vous quelquefois battu avec eux? interrompit M. Jarvie.

— Non, non; j'ai toujours fait attention à ça. Il serait malséant que moi, qui suis un artiste et demi-savant par métier, j'aille me battre avec un tas d'vauriens des montagnes, qui n'savent pas le nom d'une seule herbe ou d'une fleur en bon écossais, et encore bien moins en latin.

— Eh bien! si vous tenez à conserver votre langue et vos oreilles (et vous aimez un peu trop à vous en servir), je vous recommande de ne pas dire un mot, en bien ou en mal, à qui que ce soit que vous puissiez rencontrer dans le village. Et vous saurez surtout qu'il faut bien vous garder de colporter le nom de votre maître et le mien, et de dire : Celui-ci est M. le bailli Nicol Jarvie de Salt-Market, fils du digne diacre Nicol Jarvie, dont tout le monde a entendu parler; et celui-là est M. Frank Osbaldistone, fils du chef principal de la grande maison Osbaldistone et Tresham, dans la cité.

— En voilà assez, répondit Andrew; — en voilà assez! Pourquoi voulez-vous que j'aille parler de vos noms? — Je ne manque pas de choses plus importantes à dire, je pense.

— Et ce sont justement ces choses plus importantes, oison bavard que vous êtes! pour lesquelles je crains. Vous ne devez parler de rien, en bien ou en mal, de ce que vous pouvez savoir.

— Si vous ne me croyez pas capable de parler aussi bien qu'un autre, répliqua Andrew d'un air de morgue, payez-moi mes gages et ma nourriture, et je vais retourner à Glasgow. — Il n'y aura pas grands regrets à notre séparation, comme la vieille jument disait à la charrette brisée.

Voyant que l'insolence d'Andrew se réveillait et menaçait encore une fois de me devenir nuisible, je lui déclarai qu'il pouvait s'en retourner, s'il le jugeait à propos, mais que dans ce cas je ne lui paierais pas un farthing de ses gages. L'argument *ad crumenam*, comme l'ont qualifié certains logiciens plaisants, est tout-puissant sur la plupart des hommes, et Andrew, en cette occasion, ne se distingua pas du reste de l'humanité. Il rentra ses cornes, pour employer une expression du bailli, et se montra tout à coup soumis et silencieux.

La concorde étant ainsi heureusement rétablie dans notre petite caravane, nous poursuivîmes paisiblement notre voyage. La route, qui pendant six ou sept milles d'Angleterre avait toujours été en montant, commençait alors une descente à peu près d'égale longueur, à travers un pays aussi aride et aussi dépourvu d'intérêt que celui d'où nous sortions. Ici comme auparavant, rien ne venait nous distraire de la triste monotonie du paysage, si ce n'est quand un des pics sourcilleux des montagnes highlandaises nous apparaissait dans le lointain. Nous marchâmes sans nous arrêter; et cependant quand le jour tomba et que l'obscurité vint étendre son voile sur les tristes déserts que nous traversions, nous étions encore, à ce que m'apprit M. Jarvie, à trois milles et quelque chose du lieu où nous devions passer la nuit.

CHAPITRE XXVIII.

> Baron de Bucklivie, que le diable t'emporte et démolisse ta carcasse, pour avoir pu bâtir un tel endroit! Pas une poignée d'avoine pour les chevaux, pas un morceau de pain pour les hommes, pas une chaise pour s'asseoir!
>
> *Chanson populaire en Ecosse sur une mauvaise auberge.*

La soirée était belle, et la lune favorisait notre voyage. A demi-éclairé par ses rayons, le pays prenait un aspect plus intéressant qu'au milieu du jour, dont la clarté ne servait qu'à nous en découvrir la stérile étendue. L'opposition des ombres et de la lumière prêtait à ces lieux un charme qui leur est naturellement étranger, comme le voile dont se couvre une beauté commune, irrite en nous une curiosité que l'illusion entretient et qui serait tuée par la réalité.

Le chemin, cependant, continuait à descendre en serpentant, et sorti des landes découvertes il était entré dans des ravins plus profonds, qui semblaient nous indiquer la proximité de quelque ruisseau ou d'une rivière. Ce présage ne fut pas trompeur. Nous arrivâmes sur les bords d'un courant d'eau, qui ressemblait aux rivières de mon pays natal plus qu'aucune de celles que jusque-là j'avais rencontrées en Écosse. Il coulait sans bruit dans un lit étroit et profond ; la demi-lumière que réfléchissait son sein paisible, nous permit d'apercevoir que nous étions au milieu des montagnes élevées qui formaient son berceau. — C'est le Forth, me dit le bailli de ce ton de respect avec lequel j'ai remarqué plus d'une fois que les Écossais parlent de leurs rivières principales. La Clyde, la Tweed, le Forth, le Spey, sont ordinairement nommés par ceux qui demeurent dans le pays qu'ils arrosent, avec une sorte de respect et d'orgueil, et je pourrais citer des duels occasionnés par un mot irrévérencieux à leur égard. Je ne saurais critiquer cet innocent enthousiasme, et je reçus l'information de mon ami avec l'importance qu'il paraissait y attacher. Dans le fait, ce n'était pas une satisfaction médiocre pour moi, après un voyage si long et si ennuyeux, d'approcher enfin d'un pays qui promettait d'occuper mon imagination. Mon fidèle écuyer Andrew ne semblait pas être tout à fait de la même opinion, car il entendit cette annonce solennelle : — Voici le Forth, — avec un « Umph ! — s'il avait dit voici une auberge, c'eût été une meilleure nouvelle. »

Le Forth semblait pourtant, autant que la nuit me permit d'en juger, mériter l'admiration qu'il inspire aux Écossais. Une belle éminence régulièrement arrondie, ombragée d'un taillis de coudriers, de frênes des montagnes et de chênes nains, dominés çà et là par quelques arbres séculaires, qui étendaient au loin, sous la lueur argentée de la lune, leurs rameaux branchus et dépouillés, semblait protéger les sources où la rivière prend naissance. Si j'avais pu ajouter foi au récit de mon compagnon de voyage, qui, tout en assurant qu'il ne croyait pas un mot de ce que rapportaient à ce sujet les gens du voisinage, n'en parlait qu'à voix basse et d'un ton peu rassuré, cette éminence, si régulièrement formée, ornée d'une si riche verdure et parée d'une si belle variété d'arbres de tout âge, aurait contenu, dans ses cavités profondes, les palais des fées, race d'êtres aériens, tenant le milieu entre les hommes et les démons, et qui, sans être positivement ennemis du genre humain, devaient cependant être craints et évités, à raison de leur caractère capricieux, irritable et vindicatif[1].

— On les appelle *Daoine Schie*, continua M. Jarvie en baissant la voix

---

[1] *Voyez* la note C à la fin du volume.

encore davantage, ce qui signifie, dit-on, hommes de paix; on a voulu sans doute, en les nommant ainsi, s'assurer leur bienveillance. Et nous pouvons tout aussi bien les appeler ainsi, M. Osbaldistone, car il n'est pas sage de parler mal du laird dans ses domaines. Mais un instant après, apercevant une ou deux lumières à quelque distance devant nous, il ajouta d'un ton plus ferme : Mais, après tout, ce sont des déceptions de Satan, je ne crains pas de le dire ; car nous voici près du presbytère, et j'aperçois là-bas les lumières du clachan d'Aberfoïl.

Je fus, j'en conviens, enchanté de cette annonce; moins parce qu'elle rendait à M. Jarvie la liberté d'exprimer en toute sûreté ses véritables sentiments touchant les *Daoine Schie*, que parce qu'elle promettait à nous et à nos montures un repos dont, après une traite de cinquante milles et plus, nous avions les uns et les autres grand besoin.

Nous passâmes le Forth naissant sur un vieux pont de pierre, haut et étroit. Mon conducteur m'apprit que pour traverser cette rivière devenue importante et profonde après qu'elle a reçu ses eaux tributaires, le passage général entre les Highlands et le pays du Sud avait lieu par ce qu'on appelait les gués de Frew[1], passage en tout temps difficile et dangereux, et quelquefois tout à fait impraticable. Au-dessous de ces gués, il n'y a plus de passage général jusqu'au pont de Stirling, beaucoup plus loin à l'est; de sorte que le Forth forme une frontière de défense naturelle entre les deux grandes divisions de l'Écosse, les Highlands et les Lowlands, depuis sa source jusqu'à peu de distance du Frith ou estuaire par lequel il va se déverser dans l'Océan. Les événements subséquents dont nous fûmes témoins rappellent à ma mémoire une qualification expressive et proverbiale employée par le bailli Jarvie, qui appelait le Forth « la bride des sauvages Highlanders. »

Un demi-mille de chemin au-delà du pont nous conduisit à la porte de l'auberge où nous devions passer la nuit. C'était une vraie hutte, plus misérable encore que celle où nous avions dîné ; mais ses petites fenêtres étaient éclairées, des voix se faisaient entendre de l'intérieur, et tout nous donnait l'espoir que nous y trouverions un gîte et un souper, ce qui ne nous était nullement indifférent. Andrew fut le premier à remarquer qu'une branche de saule pelée était placée en travers de la porte entr'ouverte de la petite auberge. Il revint en arrière et nous conseilla de ne pas aller plus loin de ce côté. — N'entrez pas, nous dit-il, car quelques-uns de leurs chefs et de leurs lairds sont là qui boivent l'usquebaugh[2], et ils ne veulent pas être dérangés; et le moins que nous puissions gagner, si nous allons nous fourrer au

---

[1] *Fords of Frew.*
[2] Eau-de-vie de grain. (L. V.)

milieu d'eux, sera d'avoir la tête cassée pour nous apprendre à vivre, si même nous n'attrapons pas quelque bon coup de leurs dirks[1], ce qui pourrait bien arriver.

Je jetai un coup d'œil sur le bailli, qui, se penchant à mon oreille, reconnut « que le coucou pouvait avoir raison de chanter une fois l'an. »

Pendant ce temps, quelques filles à demi vêtues sortaient d'un air effaré du cabaret et des chaumières voisines, attirées par le bruit des pas de nos chevaux. Quoique nous eussions mis pied à terre, pas une ne nous dit un mot de bienvenue, ni ne s'offrit pour nous débarrasser de nos montures; et tout ce que nos diverses questions purent tirer d'elles, fut cette réponse décourageante : « Ha niel sassenach, » je ne sais pas l'anglais. Le bailli sut pourtant trouver un moyen de leur faire parler anglais. — Si je vous donne un bawbee[2], dit-il à un enfant d'une dixaine d'années, couvert d'un lambeau de plaid, comprendrez-vous le sassenach?

— Oui, oui, je le comprendrai, répondit le marmot, dans un anglais très-passable.

— Alors, allez dire à votre maman, mon ami, qu'il y a ici deux gentilshommes sassenachs venus pour lui parler.

L'hôtesse parut aussitôt après, tenant en main une sorte de torche allumée, faite d'un éclat de bois de sapin. La térébenthine de ces espèces de torches (qu'on tire généralement des tourbières), leur donne un éclat pétillant, qui les fait souvent employer dans les Highlands au lieu de chandelle. En cette occasion, la lumière éclairait les traits hagards d'une femme pâle, maigre, d'une taille au-dessous de la moyenne, dont les vêtements sales et déguenillés, quoique en partie suppléés par un plaid ou tartan, répondaient à peine aux nécessités de la décence et non certainement à celles du confort. Ses cheveux noirs dont les mèches en désordre s'échappaient de sa coiffe, et l'expression étrange du regard embarrassé qu'elle jetait sur nous, me donnaient l'idée d'une sorcière interrompue au milieu de ses coupables rites. Elle refusa nettement de nous recevoir. Nous insistâmes avec force, en alléguant la longueur de notre course, la fatigue de nos chevaux et la certitude qu'il n'y avait pas d'autre gîte où nous pussions être reçus avant d'atteindre Callender, qui, d'après le calcul de M. Jarvie, était encore éloigné de sept milles d'Écosse. Je n'ai jamais su positivement à combien de milles anglais répond cette distance; mais je ne crois pas qu'on risque beaucoup à en mettre le double. L'hôtesse obstinée n'eut aucun égard à nos remontrances. — Mieux valait aller plus loin que de s'attirer malheur, nous dit-elle dans le dialecte écossais des basses-terres (elle était née en effet dans la pro-

---

[1] Poignards.

[2] Petite monnaie de cuivre, un sou environ. (L. V.)

vince de Lennox); — sa maison était occupée par des gens qui ne verraient pas de bon œil des étrangers. — Elle ne savait pas précisément qui ce pouvait être; — peut-être des habits rouges de la garnison (elle prononça ces derniers mots en baissant la voix, et d'un ton d'emphase très-marqué). La nuit était belle et le ciel pur, ajouta-t-elle; — une nuit passée dans les bruyères nous rafraîchirait le sang. — Nous pouvions dormir dans nos manteaux comme beaucoup de bonnes lames dans leur fourreau. — En choisissant bien nos quartiers, nous éviterions aisément les fondrières du bois, et nous pourrions laisser paître nos chevaux sur la hauteur, où personne ne les inquièterait.

— Mais, ma bonne femme, lui dis-je, tandis que le bailli soupirait et restait indécis, il y a six heures que nous avons dîné, et nous n'avons rien mangé depuis. Je meurs véritablement de faim, et n'ai nullement envie d'aller sans souper coucher dans vos montagnes. Il faut absolument que j'entre; faites à vos hôtes la meilleure excuse que vous pourrez, pour introduire deux étrangers dans leur compagnie. — Andrew, veillez à ce que les chevaux soient abrités.

L'Hécate me regarda d'un air surpris, et s'écria : Il faut céder à un entêté; — que ceux qui veulent aller à Cupar aillent à Cupar! — Voyez ces gloutons d'Anglais! — En voici un qui a déjà fait aujourd'hui un bon repas, et il risquerait sa vie et sa liberté plutôt que de se passer de souper! Mettez du rostbeef et du poudding de l'autre côté du précipice de Tophet, et un Anglais sautera par-dessus pour y atteindre. — Mais je m'en lave les mains. — Vénez avec moi, ajouta-t-elle en s'adressant à Andrew, et je vais vous montrer où mettre vos bêtes.

Je fus, je l'avoue, quelque peu effrayé des expressions de l'hôtesse, qui semblaient annoncer un danger imminent. Je ne voulus cependant pas reculer, après avoir annoncé hautement ma résolution, et j'entrai hardiment dans la cabane. Après avoir failli me rompre les jambes contre un baquet à tourbe et une cuve à sel placés à droite et à gauche de l'étroit passage extérieur, j'ouvris une mauvaise porte construite en osier, et, suivi du bailli, je me trouvai dans la pièce principale du caravansérail écossais.

L'intérieur offrait un aspect propre à surprendre des yeux anglais. Un feu de tourbe et de branches sèches brillait au centre de la chambre; et la fumée, n'ayant d'autre issue qu'un trou pratiqué dans la toiture, tournoyait autour des solives de la cabane, et restait suspendue en noirs flocons à cinq pieds au-dessus du plancher. L'espace intermédiaire était, à la vérité, tenu assez clair par d'innombrables courants d'air qui arrivaient sur le feu, par les fentes du panneau d'osier servant de porte, par deux trous carrés destinés à servir de fenêtres, bien que l'un fût bouché par un plaid et l'autre par les débris d'une capote; et enfin par les nombreuses crevasses des murailles construites en cailloux et en fragments de tourbe cimentés avec de la boue.

Autour d'une vieille table de chêne, placée près du feu, étaient assis trois hommes, les hôtes, selon toute apparence, et qu'il était impossible de regarder d'un œil indifférent. Deux avaient le costume montagnard. L'un de ceux-ci, homme de petite taille, au teint basané, à l'œil vif, aux traits animés, à l'air irritable, portait les *trews* ou pantalon serré fait d'une sorte de tricot de couleurs bigarrées. Le bailli me dit à l'oreille que ce devait être un homme de quelque conséquence, parce que personne autre que leurs *duinewassels*[1] ne portait des trews, et qu'il était même assez difficile de les faire exactement au goût highlandais.

L'autre montagnard était, au contraire, un homme grand et fort, dont la face, aux pommettes saillantes, au menton alongé, était marquetée de rousseurs et surmontée d'une abondante chevelure rousse ; — espèce de caricature du type écossais. Son tartan différait de celui de son compagnon par une plus grande quantité de carreaux rouges, tandis que le noir et le vert foncé dominaient dans le tissu de l'autre.

Le troisième occupant de la table était vêtu du costume des Lowlands. Son apparence était imposante ; son regard fier et hardi respirait l'audace militaire. Sa capote était couverte d'une profusion de galons, et son chapeau à cornes avait de formidables dimensions. Son grand sabre et une paire de pistolets étaient placés sur la table devant lui ; les deux Highlanders avaient aussi à côté d'eux leurs dirks nus, la pointe enfoncée dans la table. J'appris ensuite que c'était un signe (assez bizarre assurément) que leurs libations ne devaient être troublées par aucune querelle. Un grand pot d'étain, contenant bien quatre pintes d'Angleterre, était placé entre ces dignes convives ; il était rempli d'usquebaugh, liqueur presque aussi forte que l'eau-de-vie, que les Highlanders distillent de l'orge, et dont ils boivent pure des quantités excessives. Un verre cassé monté sur un pied de bois servait de coupe commune, et circulait avec une rapidité qui pouvait paraître merveilleuse, vu la nature de la boisson. Ces hommes parlaient tous ensemble, haut et vite, tantôt en gaëlic, tantôt en anglais. Un autre Highlander, enveloppé dans son plaid, était étendu sur le plancher, la tête posée sur une pierre avec une botte de paille pour oreiller. Il dormait ou semblait dormir, sans s'inquiéter de ce qui se passait autour de lui. Il était probablement aussi étranger à la famille, car il portait un costume complet, avec l'épée et le bouclier, armes ordinaires des montagnards en voyage. Des espèces de crèches de différentes dimensions étaient suspendues contre les murs, les unes fai-

---

[1] Gentilhomme montagnard, généralement le cadet d'une famille de distinction. Duinewassel est formé de deux mots gaëliques : *duine*, un homme, et *wasal*, bien né, noble. (L. V.)

tes avec de vieilles planches, les autres avec des fragments de claies d'osier ou des branchages entrelacés; c'était là que dormait la famille entière, hommes, femmes et enfants, n'ayant d'autres rideaux que l'épaisse fumée qui les enveloppait.

Nous avions fait si peu de bruit en entrant, et les buveurs que j'ai décrits étaient si vivement engagés dans leur discussion, que nous échappâmes à leur attention pendant une ou deux minutes. Mais je remarquai que l'Highlander couché près du feu s'était soulevé sur le coude, et après avoir eu la précaution de se couvrir de son plaid le bas du visage, avait porté les yeux sur nous durant quelques secondes; puis il avait repris sa première posture et paraissait s'être de nouveau abandonné au repos que notre arrivée avait interrompu.

Nous nous approchâmes du feu, voisinage agréable après notre course prolongée dans les montagnes par une fraîche soirée d'automne. Ce fut en appelant l'hôtesse que nous attirâmes sur nous l'attention des trois convives. Elle s'approcha, en portant de nous à l'autre groupe un regard de doute et de crainte, et à la demande que je lui fis de quelques provisions pour notre souper, elle ne répondit qu'en hésitant et d'une manière ambiguë.

—Elle ne savait pas, dit-elle,—elle n'était pas certaine qu'il y eût quelque chose dans la maison; puis se reprenant : —c'est-à-dire quelque chose qui puisse vous convenir.

Je l'assurai que nous étions très-indifférents sur la délicatesse de notre souper; puis cherchant des yeux les moyens de nous établir, ce qui n'était pas facile à trouver, je disposai pour servir de siége à M. Jarvie une vieille cage à poules, et pour moi-même un baquet renversé. Andrew Fairservice, qui entrait en ce moment, se tint en silence derrière nous. Les naturels, comme je puis bien les appeler, nous regardaient avec étonnement et semblaient confondus de notre assurance; tandis que nous-mêmes, moi du moins, nous déguisions autant qu'il nous était possible, sous un air d'indifférence, la secrète inquiétude que nous pouvions éprouver sur la manière dont nous serions accueillis par ceux dont nous avions dérangé le tête-à-tête.

A la fin, le moins grand des montagnards, s'adressant à moi en très-bon anglais, me dit d'un air de hauteur : Je vois que vous vous mettez à votre aise, monsieur.

—C'est mon habitude, monsieur, répondis-je, quand j'arrive dans une maison ouverte au public.

—Et n'avez-vous pas vu, dit le plus grand, par la baguette blanche placée à la porte, que des gentilshommes avaient pris la maison publique pour y traiter de leurs affaires privées?

—Je ne me donne pas pour connaître tous les usages de ce pays; mais il me reste à apprendre de quel droit trois personnes exclueraient tous les autres voyageurs du seul lieu d'abri et de rafraîchissement qu'il y ait à plusieurs milles à la ronde.

— Cela n'est pas raisonnable, messieurs, dit le bailli. Nous ne voulons pas vous offenser; — mais cela n'est ni raisonnable ni légal. — Mais autant qu'une bouteille de bonne eau-de-vie peut apaiser un différend, nous ne demanderons pas mieux, nous qui sommes des gens pacifiques.....

— Au diable votre eau-de-vie, monsieur! dit le Lowlander en enfonçant fièrement son chapeau sur sa tête, nous ne voulons pas plus de votre eau-de-vie que de votre compagnie! et il se leva de son siège. Ses compagnons l'imitèrent, en se parlant à demi-voix, ajustant leurs plaids et aspirant l'air, selon l'habitude de leurs compatriotes quand ils sont prêts à se mettre en colère.

— Je vous ai prévenus de ce qui arriverait, messieurs, dit l'hôtesse; vous auriez dû vous tenir pour avertis. — Sortez de ma maison, et n'apportez pas de querelles ici; — des gentilshommes ne seront pas troublés chez Jeanie Mac Alpine, si elle peut l'empêcher. Des rôdeurs anglais, courant le pays pendant la nuit, viendront déranger d'honnêtes et paisibles gentilshommes qui boivent leur petite goutte au coin du feu!

Dans un autre moment j'aurais pensé au vieil adage latin

Dat veniam corvis, vexat censura columbas [1]....

mais ce n'était pas l'instant de songer aux citations classiques, car il était clair qu'on allait nous chercher querelle. Pour moi je m'en inquiétais peu, tant j'étais indigné de l'insolence inhospitalière avec laquelle on nous traitait; mais j'en étais fâché à cause du bailli, qui, au physique non plus qu'au moral, n'était guère propre à jouer un rôle dans une telle aventure. Je me levai, pourtant, quand je vis les autres se lever, et je me débarrassai de mon manteau, afin d'être plus libre pour ma défense.

— Vous êtes trois contre trois, dit le plus petit montagnard en nous comptant des yeux; si vous êtes des gentilshommes, dégaînez! et tirant sa claymore, il avança sur moi. Je me mis en défense, sans craindre beaucoup l'issue du combat, comptant sur la supériorité de ma rapière [2]. Le bailli montra une résolution à laquelle je ne me serais pas attendu. Voyant le gigantesque Highlander vis-à-vis de lui, son arme à la main, il secoua avec effort la poignée de ce qu'il appelait sa *shabble* [3]; mais la trouvant paresseuse à quitter le fourreau, où la rouille la tenait fixée depuis longtemps, il saisit pour la remplacer un

---

[1] Indulgente aux corbeaux, la censure s'attaque aux colombes.
[2] Epée courte.
[3] Expression gaëlique. Une rapière ou petite épée. (L. V.

coutre de charrue qui avait servi de poker[1] pour arranger le feu, et qui était chauffé au rouge, et il s'en servit avec tant d'efficacité qu'à la première passe le plaid du montagnard prit feu et le força de se reculer à distance pour éteindre l'incendie. Andrew, au contraire, au lieu de faire face au champion lowlander, s'était éclipsé, je le dis à regret, dès le commencement de l'action. Son antagoniste s'écria alors, Franc jeu! Franc jeu! et parut disposé à rester spectateur désintéressé du combat. La bataille s'engagea donc à termes égaux, quant au nombre. Mon dessein était seulement de chercher à désarmer mon ennemi; mais je n'osais l'approcher de trop près, pour ne pas m'exposer au dirk qu'il tenait de la main gauche, et dont il se servait pour parer les coups de ma rapière. Le bailli, cependant, malgré son premier succès, était dans une assez triste position. La pesanteur de l'arme, sa propre corpulence et son emportement avaient promptement épuisé ses forces et son haleine, et il allait se trouver à la merci de son adversaire, lorsque le Highlander couché sur le plancher se leva tout à coup, la claymore nue d'une main et la targe de l'autre, et se jetant entre le bailli à demi vaincu et son assaillant, il s'écria: *Elle a mangé le pain de la ville à Glasgow, et sur sa foi, elle se battra pour le bailli Jarvie au clachan d'Aberfoïl; — elle le fera!* Et joignant le geste aux paroles, cet auxiliaire inattendu fit siffler sa lame aux oreilles de son compatriote, qui, sans se déconcerter, lui rendit ses coups avec usure. Mais étant armés l'un et l'autre de petits boucliers ronds de bois, ou targes, garnis de lames de cuivre et recouverts de cuir, avec lesquels ils paraient aisément les coups qu'ils se portaient l'un l'autre, leur combat faisait plus de bruit qu'il ne présentait de danger. Il paraît, au reste, qu'il y avait dans tout ceci plus de bravade que d'intention sérieuse de nous blesser; car le gentleman lowlander, qui, ainsi que je l'ai dit, s'était tenu à l'écart faute d'adversaire dès le commencement de la bataille, parut vouloir alors remplir l'office de pacificateur.

— Retenez vos bras, cria-t-il, — retenez vos bras; — en voilà assez, — bien assez. — Ce n'est pas une querelle à mort. Les gentlemen étrangers se sont montrés hommes d'honneur, et nous ont donné satisfaction raisonnable. Je suis aussi chatouilleux que qui que ce soit sur le point d'honneur; mais je n'aime pas le sang versé inutilement.

Je ne tenais nullement à continuer la lutte; — mon adversaire semblait également disposé à rengaîner; — le bailli haletant pouvait être regardé comme hors de combat, et nos deux hommes à l'épée et au bouclier cessèrent le leur avec autant d'indifférence qu'ils l'avaient commencé.

— Et maintenant, dit le digne gentleman qui agissait comme

---

[1] Fer à tisonner. (L. V.)

arbitre, trinquons et faisons la paix comme d'honnêtes compagnons. — La maison nous contiendra tous. Je propose que ce gros petit gentleman qui paraît avoir perdu le souffle dans la bagarre, paie un pot d'eau-de-vie; j'en paierai un autre par manière de représaille¹, et pour le reste, nous ferons sonner nos bawbies comme des frères.

— Et qui paiera mon beau plaid tout neuf, dit le plus grand Highlander, où le feu a fait un trou par où on passerait une marmite? A-t-on jamais vu un homme de bon sens se battre avec un tison?

— Que ce ne soit pas un obstacle, s'écria le bailli qui avait enfin repris haleine, et qui tout en paraissant disposé à jouir du triomphe de s'être conduit avec bravoure, ne semblait pas se soucier beaucoup de s'en remettre de nouveau à la dangereuse médiation des armes: — si j'ai fait la blessure, j'appliquerai l'emplâtre. Vous aurez un plaid neuf, et des plus beaux. — Donnez-moi seulement les couleurs de votre clan, l'ami, — et dites-moi où je pourrai vous le faire tenir de Glasgow.

— Je n'ai pas besoin de dire le nom de mon clan, répondit le montagnard; — je suis du clan du roi; c'est assez connu. Mais vous pouvez prendre un morceau du plaid; — pouah! il sent le roussi, comme une tête de mouton enfumée! — vous verrez par là l'étoffe qu'il faut choisir. — Et un gentilhomme de Glencroe, un de mes cousins, qui doit aller porter des œufs là-bas à la Saint-Martin, ira le prendre chez vous. Mais, brave homme, la première fois que vous vous battrez, si vous avez quelque égard pour votre adversaire, servez-vous de votre épée, l'ami, puisque vous en portez une, et non de coutres rouges et de tisons, comme un Indien sauvage.

— Conscience! répliqua le bailli; chacun fait comme il peut; — mon épée n'a pas vu le jour depuis le pont de Bothwell², où mon défunt père la portait; et je ne sais même pas au juste si elle fut tirée ou non, car le combat fut des plus brefs. — Enfin elle était tellement collée au fourreau, que je n'ai jamais pu l'en arracher; là-dessus j'ai empoigné pour me défendre la première chose qui m'est tombée sous la main. Je crois au surplus que le temps de me battre est passé, quoique je ne me laisserais marcher sur le pied par personne, au moins. — Mais où donc est l'honnête garçon qui a pris mon parti si chaudement? Je boirai un verre d'eau-de-vie avec lui, quand ce serait le dernier que je devrais boire de ma vie.

---

¹ *By way of archilowe*, par manière d'*archilowe*. Archilowe, dit l'auteur dans une note, est un mot dont l'étymologie est inconnue, et qui signifie *offrande de paix*. (L. V.)

² Combat qui consomma la ruine des presbytériens d'Écosse (1679). L'armée royale était commandée par le duc de Monmouth, fils naturel de Charles II. Voy. les *Puritains d'Écosse*. (L. V.)

CHAPITRE XXVIII.

Mais le champion qu'il cherchait avait disparu, et on ne le revit plus. Il s'était esquivé, sans que le bailli l'eût remarqué, immédiatement après la suspension des hostilités, mais non assez vite pour que je n'eusse pu reconnaître en lui, à ses traits sauvages et à sa rude chevelure rousse, notre ancienne connaissance Dougal, le porte-clef fugitif de la prison de Glasgow. Je fis à voix basse part de cette observation au bailli, qui me répondit du même ton : C'est bon, c'est bon ; je vois que celui que vous savez bien a dit vrai. Il y a chez ce Dougal quelques éclairs de bon sens. Je penserai à faire quelque chose pour lui.

En disant ces mots, il s'assit, et après avoir à deux reprises aspiré fortement l'air comme pour recouvrer toute son haleine, il appela l'hôtesse. — Maintenant, la mère, lui dit-il, que je vois que je n'ai pas la bedaine percée, comme j'ai eu de bonnes raisons de le craindre d'après ce qui s'est passé chez vous, je serais charmé d'avoir quelque chose à y mettre.

Dès que l'orage avait été apaisé, la dame était devenue toute complaisance, et elle se mit immédiatement en devoir de nous préparer quelque chose de réconfortant pour notre souper. Du reste, rien ne m'avait plus étonné, dans tout le cours de la bagarre, que le sang-froid impassible avec lequel elle et les siens avaient paru voir le tumulte presque sanglant qui avait eu lieu. Je l'avais seulement entendue, en bonne ménagère, crier à quelqu'un de ses aides : Fermez la porte ! — fermez la porte ! N'importe qui soit tué, ne laissez sortir personne avant que l'écot soit payé ! Et quant aux dormeurs étendus dans les crèches qui servaient de lit à la famille, ils soulevèrent seulement à demi leurs corps sans chemises pour voir d'où venait le bruit, crièrent : Oigh ! oigh ! d'un ton en rapport avec leur âge et leur sexe, et je crois qu'ils étaient déjà rendormis avant que les épées fussent rentrées dans le fourreau.

Notre hôtesse cependant n'avait pas perdu de temps pour se procurer quelques provisions, et à ma grande surprise, elle eut bientôt après préparé pour nous, dans sa poêle à frire, un plat savoureux de venaison, apprêté de manière à satisfaire, sinon des épicuriens, au moins des estomacs affamés. L'eau-de-vie fut en même temps placée sur la table, et les Highlanders, malgré leur partialité pour les liqueurs fortes apprêtées dans leurs montagnes, y firent convenablement honneur. Quand le verre eut circulé à la ronde, le gentleman des Lowlands exprima le désir de connaître notre profession et l'objet de notre voyage.

— Nous sommes de petits citoyens de Glasgow, s'il plaît à Votre Honneur, répondit le bailli en affectant une grande humilité ; nous allons à Stirling toucher quelque argent qui nous est dû.

Je fus assez simple pour me sentir humilié de la place modeste que le bailli jugeait à propos de nous assigner dans le monde; mais je me souvins que je lui avais promis de garder le silence, et de lui laisser la conduite de nos affaires. Et réellement, Will, c'était bien le moins que je pusse faire pour l'honnête homme que j'avais entraîné loin de chez lui, dans un long voyage, qui en lui-même n'était pas sans inconvénients (comme on en pouvait juger à la peine évidente et à la répugnance avec lesquelles il s'asseyait ou se levait), et qui, de plus, l'avait conduit à deux doigts de la mort. L'orateur de l'autre parti, en aspirant l'air par les narines, répéta la réponse du bailli, et ajouta avec une espèce de ricanement : — Vous autres marchands de Glasgow ne faites que parcourir l'Écosse d'un bout à l'autre, pour tourmenter d'honnêtes gens comme moi qui peuvent se trouver un peu en retard.

— Si nos débiteurs, répliqua le bailli, étaient tous d'aussi honnêtes gens que vous, Garschattachin, conscience! nous aurions une peine de moins, car ce sont eux qui viendraient nous trouver.

— Eh quoi! comment! s'écria celui à qui il s'adressait; comme je me nourris de pain[1] (sans oublier le bœuf et l'eau-de-vie), c'est mon vieil ami Nicol, le plus brave homme qui ait jamais avancé de bons écus sur une signature à un gentilhomme dans l'embarras. Est-ce que vous veniez chez moi? Alliez-vous traverser l'Endrick pour venir à Garschattachin?

— Vraiment non, maître Galbraith, répondit le bailli; j'ai d'autres œufs à la broche[2]. — Eh mais! j'y pense; vous me demandiez si j'allais m'informer de la rente annuelle qui m'est due sur le bout de contrat qu'il y a entre nous.

— Au diable la rente! s'écria le laird, de l'air du monde le plus jovial; — du diable si vous ou moi disons un mot d'affaires, maintenant que nous sommes si près du pays! — Combien un trot-cosey et un joseph[3] peuvent changer un homme! — Ne pas avoir reconnu mon vieil et loyal ami le diacre!

— Le bailli, s'il vous plaît, reprit mon compagnon; mais je vois ce qui cause votre erreur. — C'est à mon père le diacre, d'heureuse mémoire, que le billet fut souscrit; il s'appelait Nicol comme moi. Je ne me souviens pas, en effet, que depuis sa mort il ait été rien payé ni du capital ni des intérêts, et c'est là sûrement ce qui fait votre erreur.

— Eh bien! que le diable emporte l'erreur et tout ce qui l'a occasionnée! s'écria M. Galbraith. Mais je suis charmé que vous soyez

[1] Locution familière aux Écossais. En français on dit communément : Vrai comme je vis! (L. V.)

[2] Locution écossaise. (L. V.)

[3] Le *trot-cosey* est une espèce de grand collet de drap; le *joseph* est un pardessus de voyage. (L. V.)

bailli. Messieurs, remplissez vos verres; — à la santé de mon excellent ami le bailli Nicol Jarvie! — lui ou son père, je le connais depuis vingt ans. Avez-vous bu? — une autre santé. A sa prochaine nomination à la dignité de prévôt! — Je dis prévôt, — le lord prévôt Nicol Jarvie! — Et ceux qui prétendront qu'il y a dans tout Glasgow un homme plus propre à cet office, feront bien de ne pas le dire devant moi, Duncan Galbraith de Garschattachin; — voilà tout! Et en même temps Duncan Galbraith enfonça fièrement son chapeau sur sa tête, et le plaça de côté d'un air de défi.

L'eau-de-vie était probablement, pour les deux Highlanders, la meilleure recommandation des toasts qu'on venait de porter, et tout en buvant ils avaient l'air de fort peu s'inquiéter de ce dont il s'agissait. Ils commencèrent ensuite une conversation en gaëlic avec M. Galbraith, qui parlait couramment cette langue, sa demeure, comme je l'appris ensuite, étant très-rapprochée des Highlands.

— Je l'ai bien reconnu en entrant, me dit tout bas le bailli; mais tandis que les têtes étaient échauffées et les épées hors du fourreau, qui pouvait savoir comment il voudrait payer ses dettes? Il se passera encore du temps avant qu'il ne les paie en bonne forme. Mais au fond c'est un honnête garçon, et qui a bon cœur; il ne vient pas souvent au marché de Glasgow, mais il nous envoie par-ci par-là de ses montagnes un daim et un coq de bruyère. Je puis me passer de cet argent. Mon père le diacre avait beaucoup d'estime pour les Garschattachin.

Le souper étant prêt, je cherchai des yeux Andrew Fairservice, mais personne, depuis le commencement de la bagarre, n'avait aperçu mon fidèle écuyer. L'hôtesse, cependant, le croyait dans l'écurie, et elle m'offrit de m'y éclairer, en me disant qu'elle et ses enfants l'avaient appelé inutilement, et qu'elle ne se souciait pas d'aller elle-même à cette heure à l'écurie. Elle était seule, ajouta-t-elle, et on savait bien comment le brownie[1] de Ben-Ey-Gask avait mené la bonne femme d'Ardnagowan; et son écurie passait pour être hantée par un brownie, ce qui l'avait toujours empêchée de conserver un garçon d'écurie.

Elle me précéda, sa torche à la main, vers la misérable hutte où on avait entassé nos malheureux chevaux, qui s'y régalaient d'un foin dont chaque brin aurait pu, pour la grosseur, passer pour un tuyau de plume; mais elle me montra bientôt qu'elle avait eu pour m'attirer à l'écart un autre motif que celui qu'elle avait mis en avant.

— Lisez ceci, me dit-elle, en me glissant dans la main un morceau de papier plié, comme nous arrivions à la porte de l'appentis; Dieu soit loué! m'en voilà débarrassée. Placée entre les Montagnards et les Saxons, entre les caterans et les voleurs de bestiaux, entre le vol et

[1] Lutin domestique. (L. V.)

le meurtre, une honnête femme vivrait plus tranquille en enfer qu'aux frontières des Highlands!

En disant ces mots, elle me remit sa torche et rentra dans la maison.

CHAPITRE XXIX.

<blockquote>La cornemuse et non la lyre orne les montagnes des Highlands; là retentit le nom des Mac Lean et le cor des Mac Gregor. Réplique de John Cooper à Allan Ramsay.</blockquote>

JE m'arrêtai à la porte de l'écurie, si on peut décorer de ce nom un lieu où les chevaux étaient entassés pêle-mêle avec les chèvres, la volaille, les cochons et les vaches, sous le même toit que le reste de l'habitation, quoique par un raffinement inconnu au reste du hameau, et qui, comme je l'ai appris plus tard, faisait accuser d'orgueil notre hôtesse Jeanie Mac Alpine, cette partie du bâtiment eût une entrée différente de celle de ses pratiques bipèdes. A la lueur de ma torche, je déchiffrai le billet tracé sur un chiffon de papier humide et sale, et adressé « à l'honorable M. F. O., jeune gentilhomme saxon. » Il contenait ce qui suit :

Monsieur,

« Il y a dans la contrée beaucoup d'oiseaux de nuit, de sorte que je ne pourrai vous rencontrer au clachan d'Aberfoïl, vous et mon honoré parent B. N. J., comme c'était mon dessein. Je vous prie, pour vous éviter tout désagrément, de n'avoir que les rapports indispensables avec ceux que vous y pourrez rencontrer. Celui qui vous remettra ce billet est un homme sûr ; vous pouvez vous fier à lui. Il vous conduira jusqu'au lieu où, avec la volonté de Dieu, je pourrai vous voir en sûreté, vu que j'espère que mon parent et vous viendrez visiter ma pauvre demeure, où, en dépit de mes ennemis, je puis vous promettre encore aussi bonne chère qu'un Highlander puisse offrir à ses amis, et où nous porterons une santé solennelle à une certaine D. V., et où nous parlerons de certaines affaires pour lesquelles j'ai l'espoir de vous être utile. Je suis, comme c'est l'usage entre gentilshommes, votre humble serviteur,

R. M. G. »

Je fus sensiblement contrarié du contenu de cette lettre, qui semblait ajourner à un lieu et à une époque plus éloignés le service que j'attendais de ce Campbell. J'éprouvai pourtant quelque consolation de voir qu'il continuait d'être dans mes intérêts, puisque sans lui je n'a-

CHAPITRE XXIX.

vais nul espoir de recouvrer les papiers de mon père. Je résolus donc de me conformer à ses instructions, et, avec les précautions nécessaires vis-à-vis des trois étrangers, de saisir la première occasion de m'informer à notre hôtesse des moyens d'arriver jusqu'à ce mystérieux personnage.

Mon premier soin fut de me livrer à la recherche d'Andrew Fairservice. Je l'appelai plusieurs fois par son nom, sans recevoir de réponse, tout en explorant l'écurie, non sans courir le risque d'y mettre le feu, si l'énorme quantité de litière humide et d'immondices n'eût été un préservatif suffisant pour deux ou trois bottes de paille et de foin. Enfin mes cris répétés Andrew Fairservice!—Andrew! stupide! — âne! où êtes-vous? provoquèrent un dolent « par ici » prononcé d'un ton lugubre qu'on aurait pu attribuer au brownie lui-même. Guidé par le son, j'avançai vers un coin du hangar, où, blotti dans l'angle du mur, derrière un baril plein de plumes de volailles, je trouvai l'intrépide Andrew. En partie par force, en partie par persuasion et par autorité, je l'obligeai de sortir de son réduit.—J'suis un honnête garçon, monsieur! telle fut sa première exclamation.

—Qui diable met en doute votre honnêteté, répondis-je, et qu'a-t-elle à faire ici en ce moment? Nous allons souper; suivez-moi.

—Oui, répéta Andrew, sans paraître avoir compris ce que je lui avais dit; oui, j'suis un honnête garçon, quoi qu'en dise le bailli. J'conviens que l'monde et les biens du monde me tiennent au cœur, ainsi qu'à bien d'autres; — mais j'suis un honnête garçon. Et quoique j'aie parlé d'vous laisser dans les bruyères, Dieu sait qu'c'était loin d'ma pensée, et que j'n'disais cela que comme on dit bien des choses dans une affaire pour en tirer l'meilleur parti qu'on peut. — J'aime Vot' Honneur, tout jeune que vous soyez, et je n'me séparerais pas d'vous légèrement.

— Où diable en voulez-vous venir? Tout n'a-t-il pas été réglé tant et plus à votre satisfaction? Me parlerez-vous à toute heure de me quitter, sans rime ni raison?

— Oh! tantôt je n'faisais qu'semblant; mais à présent c'est tout d'bon. — Perte ou gain, j'n'ose pas aller plus loin avec Vot' Honneur; et si vous voulez écouter mes humbles avis, vous en resterez sur un rendez-vous manqué, plutôt qu'd'aller plus avant. — J'ai une sincère estime pour vous, et j'suis sûr qu'vous feriez plaisir à vos amis si vous vous attachiez à extirper l'ivraie de votre bon grain, et à acquérir plus de sens et de raison. — Mais je n'puis vous accompagner plus loin, dussiez-vous périr en route faute de guide et d'conseils. — Aller dans le pays d'Rob Roy, c'est tenter Dieu.

— Rob Roy? je ne connais personne de ce nom. Quelle est cette nouvelle invention, Andrew.

— Il est dur, répondit Andrew, — il est bien dur qu'un homme ne puisse être cru quand il dit vrai, uniquement parce qu'il fait quelquefois de petits mensonges, quand le besoin l'y oblige. Vous n'avez pas besoin de demander ce que c'est que Rob Roy, le voleur qu'il est, — Dieu me pardonne! j'espère que personne ne nous entend! — quand vous avez une lettre d'lui dans vot' poche. J'ai entendu un d'ses hommes recommander à cette vieille haridelle d'hôtesse de vous la remettre. Ils croyaient que je n'comprenais pas leur jargon; mais quoique je n'puisse guère le parler, j'ai deviné à peu près c'qu'ils disaient. — Je n'pensais pas vous dire jamais ça, mais la frayeur fait sortir tout c'qui devrait rester renfermé. O maître Frank, toutes les folies de votre oncle, toutes les frasques de vos cousins n'sont rien en comparaison de c'que vous voulez faire! — Enivrez-vous comme sir Hildebrand; commencez la bienheureuse journée par une soupe à l'eau-de-vie, comme le squire Percy; querellez-vous comme le squire Thorncliff; courez les filles comme le squire John; jouez comme Richard; gagnez des âmes au pape et au diable, comme Rasleigh; jurez, extravaguez, n'observez point le dimanche, et soyez aussi papiste que tous vos cousins ensemble; — mais, pour l'amour du Ciel! méfiez-vous de votre jeune sang, et n'allez point auprès de Rob Roy!

Les alarmes d'Andrew étaient trop vives pour que je pusse supposer qu'elles n'étaient pas sincères. Je me contentai cependant de lui dire que je comptais passer la nuit dans cette auberge, et qu'il eût bien soin de nos chevaux. Quant au reste, je lui recommandai un silence absolu sur le sujet de ses craintes, l'assurant que je ne m'exposerais pas inconsidérément à un danger sérieux. Il m'accompagna dans la maison d'un air consterné, murmurant entre ses dents : — Il faut penser aux hommes avant de penser aux bêtes. De toute cette sainte journée, j'n'ai rien mis sous ma dent qu'les deux cuisses de cette vieille poule de bruyère.

La bonne harmonie semblait s'être un peu altérée parmi les convives depuis ma sortie, car je trouvai M. Galbraith et mon ami le bailli engagés dans une discussion des plus chaudes.

— Je ne puis entendre parler ainsi, disait M. Jarvie, ni du duc d'Argyle, ni du nom des Campbell. Le duc est un digne seigneur, un bon patriote, un homme utile au pays, l'ami et le protecteur du commerce de Glasgow.

— Je ne dirai rien contre Mac Callum More, répliqua en riant le plus petit des deux montagnards, ni contre les fils de Diarmid [1]; je ne demeure pas du côté du Glencroe où on peut chercher querelle à Inverara [2].

---

[1] *Slioch-nan-Diarmid,* les enfants de Diarmid, un des titres du clan des Campbell, qui faisaient remonter leur origine à Diarmid, un des héros ossianiques. (L. V.)

[2] Proverbe écossais. Je demeure trop près de lui pour en dire du mal. (L. V.)

CHAPITRE XXIX.

— Notre loch¹ n'a jamais vu les lymphades² des Campbell, ajouta le plus grand. *Elle*³ dira ce qu'elle pense et ne craint personne. — *Elle* ne se soucie pas plus d'un Cawmil⁴ que d'un Cowan; vous pouvez dire à Mac Callum More que c'est Allan Iverach qui l'a dit. — Il y a loin jusqu'à Lochow⁵.

M. Galbraith, dont les libations répétées avaient échauffé la tête, frappa du poing sur la table avec violence et s'écria d'une voix sombre : Il y a une dette de sang dans cette famille, et elle la paiera un jour. — Les os du brave et loyal Graham s'agitent depuis longtemps au fond de leur cercueil, et crient vengeance contre ce duc de Guyle⁶ et tout son clan. Il n'y a jamais eu de trahison en Écosse qu'un Cawmil n'y ait été mêlé; et maintenant que le mauvais côté l'emporte, qui a délaissé la bonne cause, si ce ne sont les Cawmils? Mais ceci ne durera pas longtemps, et le moment viendra d'aiguiser la *pucelle*⁷ pour raser les têtes sur les épaules. J'espère voir encore la vieille fille se dérouiller pour une moisson de sang.

— C'est une honte, Garschattachin, s'écria le bailli; c'est une grande honte, monsieur! pouvez-vous dire de pareilles choses devant un magistrat, et risquer de vous attirer de mauvaises affaires? — Croyez-vous soutenir votre famille et satisfaire vos créanciers (moi et les autres) en vous engageant dans une fausse voie, qui ne peut que vous conduire sous le coup de la loi, au grand préjudice de tout ce qui a quelque liaison avec vous?

— Au diable mes créanciers, et vous, si vous êtes du nombre! Je vous dis qu'il y aura bientôt du nouveau. — Et nous ne verrons plus les Cawmils enfoncer si fièrement leur bonnet sur leur tête, et envoyer leurs chiens où ils n'oseraient aller eux-mêmes, ni encourager des voleurs, des meurtriers, des oppresseurs, à piller et à dépouiller des gens qui valent mieux qu'eux et des clans plus loyaux que le leur.

Le bailli avait grande envie de répondre; mais le fumet savoureux d'un plat de venaison, que notre hôtesse plaça devant nous, opéra une heureuse diversion, et il s'empressa de saisir son couteau, laissant les étrangers continuer le débat entre eux.

---

¹ Lac.

² La galère que la famille d'Argyle et d'autres familles du clan des Campbell portent sur leurs armes. (W. S.)

³ Ce féminin est, comme on l'a déjà vu, une locution familière aux Écossais parlant soit à la première personne, soit à la troisième. (L. V.)

⁴ Prononciation gaëlique du nom de Campbell. (L. V.)

⁵ Lochow et les cantons adjacents furent la demeure primitive des Campbell. L'expression : Il y a loin jusqu'à Lochow (*far cry to Lochow*) était proverbiale. (W. S.)

⁶ Le vindicatif Écossais altère sans doute à dessein le nom du duc d'Argyle : *guyle* signifie fraude, fourberie. (L. V.)

⁷ *Maiden*. Sorte de guillotine grossière, autrefois usitée en Écosse. (W. S.)

— Et cela est vrai, dit le plus grand des deux montagnards, dont le nom était Stewart; car nous n'aurions pas en ce moment la peine et la fatigue de courir le pays pour nous emparer de Rob Roy, si les Cawmils ne lui avaient donné un refuge. Nous étions un jour, moi trentième, tous hommes de mon nom [1], — venus en partie de Glenfillas, en partie d'Appine. Nous donnâmes la chasse aux Mac Gregor, comme à autant de daims, jusqu'à ce que nous fussions arrivés dans le Glenfalloch, où les Cawmils se levèrent contre nous et nous empêchèrent d'aller plus loin ; et ainsi nous perdîmes notre peine. Mais *elle* donnerait bien trois placks pour être aussi près de Rob qu'*elle* l'était ce jour-là.

Il semblait que dans chaque sujet de discours entre ces hommes mon ami le bailli dût malheureusement trouver une nouvelle offense. — Vous me pardonnerez de vous dire mon sentiment, monsieur ; mais vous pourriez peut-être donner le plus beau gland de votre bonnet pour être toujours aussi loin de Rob que vous l'êtes en ce moment. — Mon coutre rouge n'est rien auprès de sa claymore.

— *Elle* ferait mieux de ne plus parler de *son* coutre chauffé, ou, par Dieu, *elle* lui fera rentrer ses paroles dans le gosier avec deux doigts de ce fer froid ! Et de l'air le plus sinistre et le plus menaçant, le montagnard, en prononçant ces paroles, portait la main à son poignard.

— Pas de querelle, Allan, dit son compagnon ; et puisque le gentleman de Glasgow a quelque amitié pour Rob Roy, il le verra peut-être cette nuit avec de bonnes menottes, et demain matin faisant des gambades au bout d'une corde, car ce pays est depuis assez longtemps tourmenté par lui, et sa course est finie. — Il est temps, Allan, que nous rejoignions nos compagnons.

— Folies, Inverashalloch, dit Galbraith. Souviens-toi du vieux proverbe, ami : « C'est une lune couchée, dit Bennygask ; — une autre pinte, dit Lesley. » — Nous n'aurons pas peur d'une autre chopine.

— Assez de chopines, répondit Inverashalloch ; je bois volontiers mon quart d'usquebaugh ou d'eau-de-vie avec un honnête camarade, mais du diable si j'en prends une goutte de plus quand j'ai de la besogne pour le lendemain matin. Et, à mon avis, Garschattachin, vous feriez mieux de penser à faire entrer avant le jour vos cavaliers dans le clachan, afin que nous soyons tous prêts à partir.

— Qui diable vous presse ainsi? reprit Garschattachin ; un dîner ni une messe n'ont jamais retardé une affaire. Si on m'eût écouté, du diable si on vous eût dérangés de vos glens pour venir nous aider. La garnison et nos cavaliers eussent bien suffi pour prendre Rob Roy. Voici la main qui l'étendra sur le pré, ajouta-t-il en levant le bras, et jamais elle ne demandera pour cela le secours d'un montagnard.

---

[1] De mon clan. Le nom du clan est commun à tous ceux qui le composent. (L. V.)

CHAPITRE XXIX.

—Vous auriez dû alors nous laisser où nous étions, reprit Inverashalloch. Je n'aurais pas fait soixante milles si on ne m'avait pas appelé ici. Mais si vous voulez avoir mon avis, je vous conseille de mieux retenir votre langue, si vous voulez réussir. Homme qu'on menace vit longtemps, et c'est ce qui peut arriver à celui que vous savez. Le moyen de prendre un oiseau n'est pas de lui jeter votre bonnet. Et puis ces gentilshommes ont entendu des choses qu'ils n'auraient pas entendues si l'eau-de-vie ne vous avait pas un peu frappé la cervelle, major Galbraith.—Vous n'avez pas besoin d'enfoncer votre chapeau et de me regarder ainsi, l'ami, car je ne le supporterai pas.

—J'ai dit, répondit Galbraith avec la gravité solennelle d'un ivrogne, que je ne me querellerais plus cette nuit, ni avec un habit de drap ni avec un tartan. Quand je serai hors du service, je ne craindrai pas plus un homme des Highlands qu'un homme des Lowlands; mais pas de querelles pendant le service;—non, non.—Je voudrais bien voir arriver ces habits rouges.—Si c'était pour quelque chose contre le roi Jacques, il y a longtemps qu'ils seraient ici;—mais quand il ne s'agit que de la paix du pays, ils dorment aussi tranquilles que leurs voisins.

Il parlait encore, que la marche cadencée d'un corps de fantassins se fit entendre; et un officier, suivi de deux ou trois soldats, entra bientôt après dans la chambre. Mes oreilles, accoutumées depuis si longtemps aux différents dialectes de la haute et basse Écosse, entendirent avec bonheur le pur accent anglais que parlait cet officier.

—Vous êtes, je suppose, dit-il, Major Galbraith, de l'escadron de Lennox, et ces deux gentilshommes highlanders sont ceux que je dois rencontrer ici?

Ils répondirent affirmativement, et pressèrent l'officier d'accepter quelques rafraîchissements, ce qu'il refusa.

—Je suis un peu en retard, messieurs, et je désire réparer le temps perdu. J'ai ordre de chercher et d'arrêter deux personnes accusées de trahison.

—Nous nous lavons les mains de cela, dit Inverashalloch. Je suis venu ici avec mes hommes pour combattre Mac Gregor qui a tué à Invernenty mon cousin au septième degré, Duncan Mac Laren [1]; mais je n'ai rien à démêler avec d'honnêtes gentilshommes qui parcourraient le pays pour leurs affaires.

—Ni moi, dit Inverach.

Le major Galbraith le prit sur un ton plus solennel, et après un hoquet en guise d'exorde, il parla ainsi :

---

[1] D'après l'Introduction de cette histoire, ceci serait un anachronisme. Le meurtre de Mac Laren, qui faisait partie de la suite du chef d'Appine, par les Mac Gregor, n'eut lieu qu'en 1736, après la mort de Rob Roy. (W. S.)

— Je ne dirai rien contre le roi Georges, capitaine, parce que, comme cela est, ma commission pourrait bien être en son nom; — mais une commission peut être bonne, monsieur, sans pour cela que les autres soient mauvaises; et il y a des gens qui pensent que le nom de Jacques peut valoir celui de Georges. D'un côté est le roi de fait, — de l'autre le roi de droit; — je dis qu'un honnête homme peut et doit être loyal envers tous les deux, capitaine. — Mais je suis pour le moment de l'opinion du lord lieutenant, comme il convient à un officier de milice et à un sous-lieutenant. — Mais quant aux trahisons et aux choses du même genre, c'est temps perdu que d'en parler; — le moins qu'on en dit est le mieux.

— Je vois avec peine, monsieur, la manière dont vous avez employé votre temps, reprit l'officier anglais; — et en vérité, le raisonnement de l'honnête gentleman a un fort arrière-goût de la liqueur qu'il a bue. — Je voudrais, monsieur, que dans une occasion de cette importance, vous eussiez agi autrement. Je vous conseille de tâcher de dormir une heure. — Ces messieurs sont de votre société? ajouta-t-il en nous regardant le bailli et moi, qui, tout occupés de notre souper, avions fait peu d'attention à l'officier lors de son arrivée.

— Ce sont des voyageurs, monsieur, répondit Galbraith, — des voyageurs qui ont le droit d'aller par mer et par terre, comme dit le livre de prières.

— Mes instructions, dit le capitaine en prenant une lumière pour nous examiner de plus près, me prescrivent de mettre en état d'arrestation un jeune homme et un plus âgé, et ces messieurs me paraissent exactement correspondre au signalement.

— Prenez garde à ce que vous dites, monsieur, s'écria M. Jarvie; ce ne seront ni votre habit rouge ni votre chapeau galonné qui pourront vous protéger, si vous me faites quelque injure. Je vous intenterai à la fois une action en diffamation et en détention arbitraire. — Je suis bourgeois de Glasgow et magistrat, monsieur; je me nomme Nicol Jarvie, comme mon père, monsieur. — Je suis bailli, monsieur, et mon père était diacre.

— C'était un chien aux oreilles en arrêt[1], dit le major Galbraith, et il se battit contre le roi au pont de Bothwell.

— Il payait ce qu'il devait et ce qu'il achetait, monsieur Galbraith, répondit le bailli; c'était un plus honnête homme que n'en ont jamais porté vos deux jambes.

— Je n'ai pas le temps d'écouter tout cela, dit l'officier; mon devoir précis est de vous arrêter, messieurs. à moins que vous n'ayez à pro-

---

[1] Un presbytérien ou Tête-Ronde. La coutume qu'avaient les ministres presbytériens de porter les cheveux ras et de se couvrir la tête d'une calotte juste et serrée, sur laquelle se détachaient les deux oreilles, leur avait fait donner par leurs adversaires l'épithète de *prick-eared*, oreilles dressées. (L. V.)

duire quelque témoin respectable que vous êtes de loyaux sujets.

— Je demande à être conduit devant un magistrat civil, reprit le bailli; — devant le shériff ou le juge de ce canton. — Je ne suis pas obligé de répondre à chaque habit rouge qui voudrait me questionner.

— Fort bien, monsieur; je sais comment il faut traiter ceux qui ne veulent pas parler. — Et vous, monsieur (s'adressant à moi), quel est votre nom?

— Francis Osbaldistone, monsieur.

— Quoi! un fils de sir Hildebrand Osbaldistone du Northumberland?

— Non, monsieur, interrompit le bailli; c'est le fils de M. William Osbaldistone, chef de la maison Osbaldistone et Tresham de Londres.

— J'en suis fâché, monsieur, reprit l'officier, mais votre nom ne peut qu'accroître les soupçons qui planaient sur vous, et me met dans la nécessité de vous demander à voir vos papiers.

A cette demande, je remarquai que les deux montagnards échangèrent un regard d'inquiétude. — Je n'en ai pas à vous livrer, répondis-je.

L'officier donna ordre qu'on me désarmât et qu'on me fouillât. La résistance eût été une folie. Je remis donc mes armes, et me soumis à une recherche qui fut faite avec autant d'égards qu'en comporte une opération de cette nature. On ne trouva sur moi que le billet que j'avais reçu des mains de l'hôtesse quelques moments auparavant.

— Ceci n'est pas ce que j'attendais, dit l'officier; mais j'y trouve un motif de plus de m'assurer de votre personne. Je vois par là que vous êtes en correspondance avec le brigand proscrit Robert Mac Gregor Campbell, qui depuis si longtemps est le fléau de ces cantons. — Comment expliquerez-vous la possession de cet écrit, monsieur?

— Des espions de Rob! s'écria Inverashalloch; — nous leur donnerons ce qui leur revient en les accrochant au premier arbre.

— Nous sommes en course pour des affaires personnelles, messieurs, dit le bailli; et ce billet est tombé dans ses mains par hasard. — Il n'y a pas de loi qui défende aux gens de s'occuper de leurs affaires, je pense?

— De qui tenez-vous cette lettre? me demanda de nouveau l'officier.

Je ne voulus pas trahir la pauvre femme qui me l'avait remise, et je gardai le silence.

— En savez-vous quelque chose, camarade? reprit l'officier en regardant Andrew, dont les mâchoires claquaient comme des castagnettes depuis la menace proférée par les Highlanders.

— Oh! oui, j'puis vous dire ce qui en est; — c'est un coquin de hielandais qui a remis la lettre à cette vieille cavale de bonne femme, a la langue si bien pendue; — j'puis jurer qu'mon maître n'en savait rien. Mais il veut aller dans les montagnes parler à Rob; ô monsieur, ce serait une charité de l'envoyer à Glasgow, bon gré mal gré, sous une escorte de vos habits rouges. — Pour M. Jarvie, vous pouvez l'garder aussi longtemps que vous voudrez : — il peut répondre de toutes les amendes auxquelles vous pourrez le condamner ; — et mon maître aussi. — Mais quant à moi, je n'suis qu'un pauvre jardinier, et je n'suis pas digne de votre surveillance.

— Je crois, dit l'officier, que le mieux que j'aie à faire est d'envoyer ces messieurs sous escorte à la garnison. Ils paraissent être en correspondance directe avec l'ennemi, et je n'encourrai pas la responsabilité de les laisser libres. — Messieurs, vous devez vous considérer comme mes prisonniers. Dès que le jour paraîtra, je vous enverrai en lieu de sûreté. Si vous êtes ce que vous prétendez, on le saura bientôt, et une détention d'un ou deux jours ne sera pas un grand inconvénient. — Je ne puis rien entendre, continua-t-il en tournant le dos au bailli, dont la bouche s'ouvrait pour répondre ; le service dont je suis chargé ne me laisse pas de temps pour des discussions oiseuses.

— C'est bien, c'est bien, monsieur, dit le bailli : jouez maintenant de votre violon ; mais vous verrez si je ne vous fais pas danser avant peu.

Une sorte de conseil fut tenu alors entre l'officier et les Highlanders, mais d'un ton si bas, quoiqu'en apparence animé, que je n'en pus rien saisir. Immédiatement après, tous quittèrent la chambre. — Ces montagnards, me dit le bailli dès qu'ils furent sortis, appartiennent à des clans de l'ouest, et ils ont la main aussi leste que leurs voisins, si tout ce qu'on en dit est vrai ; et pourtant vous les voyez accourir ici du fond de l'Argyleshire pour faire la guerre au pauvre Rob, uniquement pour quelque vieille querelle entre leurs clans et le sien. — Je vois là les Graham et les Buchanan, et la gentilhommerie¹ du Lennox, tous équipés et en bon ordre. — Il est bien de soutenir sa cause ; — je ne les blâme pas : — personne n'aime à perdre ses vaches. — Et puis voilà des soldats, pauvres gens, qui sont obligés de louvoyer dans le pays pour obéir aux ordres qu'on leur donne. — Le pauvre Rob aura fort à faire, quand le soleil se sera montré sur les montagnes. — Eh bien ! — il est mal à un magistrat de souhaiter quelque chose contre le cours de la justice ; mais du diable si je me casserais la tête parce que j'apprendrais que Rob leur aurait donné sur les oreilles !

¹ *Gentry*, petite noblesse, gentilshommes terriens. (L. V.)

CHAPITRE XXX.

> Écoute, général, et regarde-moi bien; regarde-moi en face. — Je ne suis qu'une femme, mais vois si la terreur, si le moindre signe de frayeur se peint sur mon visage. Si je pâlis, c'est de rage de me voir ta prisonnière.
>
> *Bonduca.*

On nous permit de prendre quelque repos pendant le reste de la nuit, autant que nous pourrions le faire dans ce misérable cabaret dénué de toute commodité. Fatigué de la route et des scènes qui venaient de se passer, moins intéressé en outre à l'issue de notre arrestation, qui ne pouvait occasionner pour lui qu'un inconvénient temporaire, moins délicat que moi peut-être sur la bonté et la propreté de sa couche, le bailli se jeta dans une des crèches que j'ai décrites, et fit bientôt entendre un ronflement formidable. Pour moi, la tête appuyée sur la table, je ne goûtai qu'un sommeil léger et fréquemment interrompu. Dans le cours de la nuit, j'eus occasion de remarquer qu'il semblait y avoir du doute et de l'hésitation dans les mouvements de la troupe. Des détachements étaient de temps à autre envoyés en éclaireurs, et ne paraissaient rapporter à l'officier commandant aucune information satisfaisante. Il était évidemment sous le poids d'une anxiété toujours croissante, et envoyait de nouveau en reconnaissance de petits partis de deux ou trois hommes, plusieurs desquels, à ce que je pus comprendre d'après les chuchotements des autres, ne revinrent pas au clachan.

Le jour venait de paraître, quand un caporal et deux hommes entrèrent dans la hutte, traînant après eux, comme en triomphe, un Highlander, que je reconnus immédiatement pour notre connaissance l'exporte-clefs. Le bailli, qui se réveilla en sursaut au bruit qu'ils firent en entrant, le reconnut de même aussitôt et s'écria : Merci de Dieu! ils ont attrapé ce pauvre Dougal. — Capitaine, je donnerai caution, — une caution suffisante, pour ce pauvre garçon.

A cette offre, dictée sans doute par le souvenir reconnaissant de la récente intervention du montagnard en sa faveur, le capitaine ne répondit qu'en recommandant à M. Jarvie de se mêler de ses propres affaires, et de se souvenir que lui-même en ce moment était prisonnier.

— Je vous prends à témoin, monsieur Osbaldistone, s'écria le bailli, qui probablement connaissait mieux les lois civiles que les formes de la jurisprudence militaire, je vous prends à témoin qu'il a refusé une caution suffisante; bien certainement Dougal aura contre lui une bonne action en dommages-intérêts pour emprisonnement illégal, en vertu de l'acte de 1701, et j'aurai soin que justice lui soit rendue.

L'officier, dont j'appris que le nom était Thornton, sans faire plus d'attention aux menaces qu'aux réclamations du bailli, soumit Dougal à un interrogatoire très-serré sur sa vie et ses relations, et successivement il fut obligé de convenir, quoique avec une répugnance apparente, — qu'il connaissait Rob Roy Mac Gregor, — qu'il l'avait vu dans le cours de l'année, — depuis six mois, — depuis un mois, — dans la semaine même; enfin qu'il venait de le quitter une heure auparavant. Tous ces détails tombaient un à un de la bouche du prisonnier, et, selon toute apparence, n'étaient arrachés que par la vue d'une corde que le capitaine Thornton jurait de faire servir à le pendre au prochain arbre, s'il ne répondait d'une manière claire et précise.

— Et maintenant, mon ami, dit l'officier, pourriez-vous me dire combien d'hommes votre maître a avec lui en ce moment?

Dougal, promenant ses yeux dans toutes les directions, excepté dans celles de l'interrogateur, commença par répondre « qu'*elle* ne pouvait être sûre de cela. »

— Regardez-moi, chien d'Highlander, dit l'officier, et souvenez-vous que votre vie dépend de votre réponse. Combien de coquins ce misérable proscrit avait-il avec lui quand vous l'avez quitté?

— Ah! pas plus de six coquins quand je suis parti.

— Et où est le reste de ses bandits?

— Ils sont partis avec le lieutenant contre les brutes de l'ouest.

— Contre les clans de l'ouest? Umph! — cela est assez vraisemblable. Et de quelle commission le bandit vous avait-il chargé?

— Seulement de voir ce que Votre Honneur et ces gentilshommes en habits rouges faisaient par ici dans le clachan.

— Cette créature va se montrer faux-frère, me dit le bailli, qui s'était placé derrière moi; il est heureux que je ne me sois pas mis plus en frais pour lui.

— Et maintenant, mon ami, reprit le capitaine, entendons-nous bien. Vous vous êtes reconnu pour un espion, et comme tel, vous devez être accroché à l'arbre le plus prochain; — mais voyons : si vous voulez me rendre un service, je vous en rendrai un autre. Vous, Donald, — vous me conduirez seulement, de bonne amitié, moi et quelques-uns de mes compagnons, à l'endroit où vous avez laissé votre maître, vu que je désire lui dire quelques mots pour des affaires sérieuses; moi, je vous laisserai aller à vos affaires, et je vous donnerai cinq guinées par-dessus le marché.

— Oigh! oigh! s'écria Dougal, en se tordant les bras d'un air de détresse, *elle* ne peut faire cela, — *elle* ne peut faire cela; — *elle* sera plutôt pendue.

— Eh bien donc, vous serez pendu, mon ami, répliqua l'officier, et que votre sang retombe sur votre tête. — Caporal Cramp, vous remplirez les fonctions de grand-prévôt; — emmenez-le!

Depuis quelques moments, le caporal, placé vis-à-vis de Dougal, s'occupait avec affectation à former un nœud coulant à une corde qu'il avait trouvée dans un coin. Sur l'ordre du capitaine, il la jeta autour du cou du patient, et, avec l'assistance de deux soldats, il l'avait déjà entraîné jusqu'à la porte, quand Dougal, vaincu par la crainte d'une mort imminente, s'écria : Schentlemans, arrêtez, — arrêtez! — *Elle* fera ce que veut Son Honneur ; — arrêtez!

— Emmenez cette créature! cria le bailli ; maintenant plus que jamais il mérite d'être pendu. — Emmenez-le donc, caporal ; — pourquoi ne l'emmenez-vous pas?

— M'est avis, honnête gentleman, répondit le caporal, que si vous étiez vous-même en route vers la potence, vous seriez diablement moins pressé.

Ce dialogue détourna mon attention de ce qui se passait entre le prisonnier et le capitaine Thornton ; mais j'entendis bientôt après le premier dire à l'autre, d'un ton tout à fait subjugué : Et vous *la* laisserez aller dès qu'*elle* vous aura montré où est Mac Gregor ! — hélas ! hélas!

— Cessez donc vos hurlements, drôle ; — oui, je vous donne ma parole que vous serez libre aussitôt après. — Caporal, faites ranger vos hommes sur le front de la maison. Faites sortir de l'écurie les chevaux de ces messieurs. — Vous nous suivrez, messieurs, je ne puis détacher personne de ma troupe pour vous garder ici. — Allons, camarades, sous les armes.

En un clin d'œil les soldats furent prêts à marcher. Nous les suivîmes, comme prisonniers, ainsi que Dougal. Comme nous sortions de la maison j'entendis notre compagnon de captivité rappeler au capitaine « ces cinq guinées. »

— Les voici, dit l'officier ; mais faites attention que si vous essayez de me tromper, je vous fais sauter la cervelle.

— La créature, dit le bailli, est pire que je ne l'avais jugée ; — c'est un traître et un misérable. — Oh! à quelle impure soif de lucre les hommes s'abandonnent ! Mon père le diacre avait coutume de me dire que l'argent perdait plus d'âmes que le fer ne tue de corps.

L'hôtesse s'avança alors, et demanda le paiement de l'écot, en y comprenant tout ce qui avait été consommé par le major Galbraith et ses amis les montagnards. L'officier anglais dit que cela ne le regardait point ; mais mistress Mac Alpine lui assura que si elle n'avait entendu le nom de Son Honneur prononcé par eux, elle ne leur aurait pas servi un seul pot de boisson : car qu'elle revît M. Galbraith ou qu'elle ne le revît pas, elle n'en aurait pas plus de chance de jamais voir son argent ; — qu'elle était une pauvre veuve, et que, pour vivre, elle ne pouvait compter que sur ses pratiques.

Le capitaine Thornton coupa court à ses lamentations en acquittant le montant du mémoire, qui n'était que de quelques shellings anglais, quoique en monnaie du pays l'addition parût formidable. Le généreux officier voulait nous comprendre, M. Jarvie et moi, dans cet acquit général ; mais le bailli, sans égard pour l'avis de l'hôtesse, qui lui disait tout bas : « Laissez-le faire, laissez payer les Anglais, ils nous tourmentent assez, » exigea le compte particulier de notre dépense, et le solda. Le capitaine saisit cette occasion de nous faire avec civilité quelques excuses des mesures auxquelles il avait été contraint. — Si vous êtes, nous dit-il, de loyaux et paisibles sujets, vous ne regretterez pas un jour perdu, alors que cette précaution était exigée par le service du roi ; dans le cas contraire, j'aurai fait mon devoir.

Il fallut bien nous contenter d'une excuse qu'il nous eût été inutile de refuser ; et nous montâmes à cheval pour l'accompagner dans sa marche.

Je n'oublierai jamais la sensation délicieuse que j'éprouvai lorsque, sortant de l'atmosphère épaisse, étouffante et enfumée de la hutte highlandaise dans laquelle nous avions si désagréablement passé la nuit, je respirai l'air suave et rafraîchissant du matin et pus voir les brillants rayons du soleil levant sortir comme d'un tabernacle de nuages d'or et de pourpre, pour éclairer le plus beau paysage qui eût jamais ravi mes yeux. A gauche se déroulait la vallée au fond de laquelle le Forth naissant prenait sa course vers l'orient, enveloppant la belle colline isolée si richement parée de ses guirlandes de verdure ; à droite, au milieu d'une profusion de bouquets de bois, de rochers et de collines, s'étendait le lit d'un grand lac des montagnes, dont la surface, légèrement ridée par la brise matinale, étincelait sous les rayons du soleil. De hautes collines, des rocs escarpés, et des rives où se balançaient les rameaux onduleux du bouleau et du chêne, encadraient cette magnifique nappe d'eau, et le frémissement harmonieux des feuilles, où scintillait la rosée, semblait donner une sorte de vie et de mouvement à cette solitude calme et profonde. L'homme seul paraissait petit au milieu de cette scène où tous les traits de la nature étaient empreints de grandeur et de majesté. Les misérables huttes ou les *bourocks*, comme les appelait le bailli, dont une douzaine environ composait le village ou clachan d'Aberfoïl, étaient formées de pierres entassées sans ordre et cimentées avec de la boue au lieu de mortier ; des plaques de gazon, grossièrement disposées sur des branches non taillées de chêne et de bouleau tirées des bois voisins, servaient de toiture. Le bord de ces toits s'approchait si près de terre qu'Andrew fit la remarque que nous aurions pu, au milieu de la nuit, passer sur le village sans nous douter que nous en fussions si près, jusqu'à ce que les jambes de nos chevaux eussent traversé les toits.

D'après tout ce que nous pûmes voir, la maison de mistress Mac

Alpine, qui nous avait paru si misérable, l'emportait de beaucoup sur le reste du hameau ; et je crois pouvoir assurer (si ma description vous donnait la curiosité de visiter ces lieux) que vous trouveriez encore les choses à peu près dans le même état, car l'Écossais n'est pas un peuple qui admette aisément une innovation, même quand le changement est une amélioration [1].

Le bruit de notre départ donna l'éveil aux habitants de ces misérables demeures; et pendant que notre troupe, d'une vingtaine de soldats environ, se rangeait en ordre avant de se mettre en marche, plus d'une vieille femme vint faire une reconnaissance par sa porte entr'ouverte. Tandis que ces sibylles, avançant au-dehors leurs longs bras décharnés et leurs têtes grises et ridées, à peine couvertes d'étroits bonnets de laine, se faisaient l'une à l'autre divers signes peu bienveillants et échangeaient entre elles des exclamations en gaëlic, mon imagination se reportait aux sorcières de Macbeth, et je croyais lire dans la physionomie de ces vieilles la méchanceté des fatales sœurs. Les enfants eux-mêmes, qui commençaient à fourmiller au-dehors, les uns absolument nus, d'autres imparfaitement couverts de quelques lambeaux de tartan, frappaient leurs petites mains l'une contre l'autre et faisaient des grimaces aux soldats anglais, avec une expression de malignité et de haine nationale qui semblaient au-dessus de leur âge. Je remarquai que dans ce village, qui paraissait populeux pour son étendue, pas un seul homme ne se montra, ni même un enfant au-dessus de dix ou douze ans ; et l'idée ne manqua pas de me venir que sûrement dans le cours de notre expédition nous recevrions d'eux des marques de malveillance plus directes et plus efficaces que celles qui se peignaient autour de nous sur tous les visages, et qui dictaient les murmures des femmes et des enfants.

Mais ce fut surtout lorsque nous commençâmes notre marche que les sentiments des habitants se manifestèrent plus librement. Nous venions de dépasser les dernières huttes du village, et nous étions entrés dans un mauvais sentier rempli d'ornières profondes, qui conduisait au bois dont la partie inférieure du lac était bordée, lorsque nous entendîmes derrière nous un bruit aigre et perçant de voix de femmes, mêlé aux cris et aux huées des enfants, et aux battements de mains

---

[1] J'ignore comment les choses pouvaient être à l'époque dont parle M. Osbaldistone ; mais je puis donner au lecteur qui par curiosité voudrait visiter la scène de ces aventures romanesques, l'assurance que le clachan d'Aberfoïl possède maintenant une petite auberge très-confortable. Si c'est un antiquaire écossais, ce sera pour lui une autre recommandation de savoir qu'il s'y trouvera dans le voisinage du Rév. Dr Patrick Grahame, ministre de l'Évangile à Aberfoïl, dont l'obligeance à communiquer ses recherches sur les antiquités nationales n'est pas moins inépuisable que les trésors de traditions locales qu'il a recueillies. (W. S.)

Une note subséquente de l'auteur nous apprend que l'homme savant et vénérable ici mentionné est mort depuis quelques années. (L. V.)

dont les femmes highlandaises accompagnent toujours leurs exclamations de douleur ou de colère. Je demandai à Andrew, dont les joues étaient devenues d'une pâleur mortelle, ce que tout cela signifiait.

— Je crains qu'nous ne l'sachions trop tôt, me répondit-il. Ce qu'ça signifie? — Ça signifie que les femmes highlandaises agonisent les habits rouges de malédictions, et qu'elles leur souhaitent malheur, ainsi qu'à tout c'qui a jamais parlé saxon. J'ai entendu des criailleries d'femmes en Angleterre et en Écosse, — ça n'est une merveille nulle part d'entendre crier des femmes ; mais des langues aussi affilées qu'celles de ces brutes highlandaises, — et des souhaits aussi atroces qu'ceux dont elles nous saluent, comme de nous voir tous égorgés comme des moutons, — et d'pouvoir s'laver les bras jusqu'au coude dans not' sang, — et qu'nous puissions tous périr d'la mort de Walter Cuming de Guiyock, dont il n'resta plus d'tout son corps de quoi suffire au souper d'un chien[1] : — c'est c'que j'n'ai vu ni entendu nulle part ; des paroles si horribles n'ont jamais passé par d'autres gosiers qu'les leurs ; — et à moins que l'diable en personne n'vienne leur donner des leçons, je n'crois pas qu'elles puissent se perfectionner dans l'talent d'jurer et d'maudire. Le pis d'tout, c'est qu'elles nous crient d'remonter le lac, et d'bien voir où nous aborderons.

Les observations que j'avais faites, et ce qu'Andrew venait de me dire, ne me laissaient guère de doute qu'une attaque fût méditée contre nous. A mesure que nous avancions, la route semblait offrir plus de facilités pour cette interruption désagréable. Après s'être détournée du lac, pour entrer dans une prairie marécageuse parsemée de touffes d'arbres, elle traversait d'épais et sombres taillis qui auraient permis de disposer une embuscade à quelques toises du sentier que nous suivions, et elle était fréquemment coupée par de profonds ravins, dans plusieurs desquels les soldats avaient de l'eau jusqu'aux genoux, et où l'eau descendant des montagnes roulait avec une telle rapidité, que les hommes n'en pouvaient surmonter la violence qu'en se tenant deux ou trois par le bras. Quel que fût mon peu d'expérience dans l'art militaire, il me semblait que des soldats à demi sauvages, tels qu'on m'avait dépeint les Highlanders, pourraient aisément, dans un lieu tel que celui où nous nous trouvions, attaquer avec avantage un parti de troupes régulières. Le bon sens et les remarques du bailli l'avaient conduit à la même conclusion, comme je le vis lorsqu'ayant demandé à parler au capitaine, il s'adressa à lui à peu près dans les termes suivants : — Capitaine, ce n'est pas

---

[1] Walter de Guiyock était un grand oppresseur féodal, qui, faisant route à travers la forêt de Guiyock pour mettre à exécution quelque cruel dessein, fut renversé par son cheval, et son pied s'étant embarrassé dans l'étrier, traîné par l'animal effrayé jusqu'à ce qu'il fût mis en pièces. La *malédiction de Walter de Guiyock* est devenue une expression proverbiale. (W. S.)

CHAPITRE XXX.

pour réclamer de vous aucune faveur, car je la repousserais, — et je fais toutes mes réserves d'action en détention arbitraire et oppressive ; — mais, comme ami du roi Georges et de ses soldats, je prends la liberté de vous demander si vous ne pensez pas pouvoir choisir un moment plus convenable pour remonter cette vallée? — Si vous cherchez Rob Roy, on sait assez qu'il n'a jamais avec lui moins d'une cinquantaine d'hommes déterminés, et s'il y joint les gens de Glengyle et ceux de Glenfinlas et de Balquidder, il pourrait bien arriver qu'il vous servît un plat de son métier qui ne serait pas de votre goût ; et c'est mon sincère avis, comme ami du roi, que vous feriez mieux de retourner au clachan, car ces femmes d'Aberfoïl sont comme les cormorans et les goëlands des Cumries, dont les cris annoncent toujours une tempête.

— Soyez tranquille, monsieur, répliqua le capitaine Thornton ; je dois exécuter mes ordres. Et puisque vous vous dites ami du roi Georges, vous serez charmé d'apprendre qu'il est impossible que cette bande de pillards, qui depuis si longtemps trouble le repos du pays, échappe cette fois aux mesures qui ont été prises pour la détruire. L'escadron de milice à cheval commandé par le major Galbraith, et auquel deux autres compagnies au moins de cavalerie ont déjà dû s'être réunies, occupera tous les passages inférieurs de ce pays sauvage. Trois cents Highlanders, sous les ordres des deux chefs que vous avez vus à l'auberge, se sont mis en possession des parties hautes, et plusieurs forts détachements de la garnison gardent dans différentes directions toutes les montagnes et les vallées. Nos dernières informations s'accordent avec l'aveu de ce coquin, que Rob Roy, se voyant cerné de tous côtés, a congédié la plus grande partie de ses hommes, dans l'espoir de se cacher plus aisément, ou de s'évader, grâce à sa parfaite connaissance des lieux.

— Je croirais, dit le bailli, qu'il y a ce matin dans la tête de Garschattachin plus d'eau-de-vie que de bon sens ; — et à votre place, capitaine, je ne me reposerais guère sur les Highlanders. — Les faucons ne crèvent pas les yeux des faucons. Ils peuvent se chamailler entre eux, s'injurier les uns les autres, et peut-être se donner de bons coups de claymore ; mais, en fin de compte, ils se réuniront toujours contre les gens civilisés qui portent des culottes au derrière et ont une bourse dans leur poche.

Il y a apparence que ces observations firent quelque effet sur le capitaine Thornton. Il reforma sa ligne de marche, donna ordre aux soldats d'armer leurs fusils et d'y fixer la baïonnette, et disposa une avant et une arrière-garde, composée l'une et l'autre de deux hommes et commandée par un sous-officier, avec la stricte injonction de se tenir sur le qui-vive. Dougal subit un nouvel et très-rigoureux interrogatoire, dans lequel il soutint constamment la vérité de ses premières déclarations; et comme le capitaine lui reprochait de les conduire par un chemin qui paraissait suspect et dangereux, il répondit, avec une sorte de brusquerie qui semblait très-naturelle, « que ce n'était pas *elle* qui avait fait la route;—que si les schentlemans aimaient les grandes routes, ils pouvaient reprendre celle de Glasgow. »

Tout ceci se passa assez bien, et nous nous remîmes en marche.

Notre route, quoique dirigée vers le lac, avait été jusque-là continuellement couverte par l'épaisseur du bois, et nous n'avions pu qu'entrevoir cette belle nappe d'eau à travers quelques percées. Mais la route débouchant tout à coup sur le lac, dont elle côtoyait la rive, nous permit alors d'en contempler l'étendue, miroir spacieux dont la surface, maintenant calme et unie, réfléchissait dans toute leur sombre magnificence les hautes montagnes couvertes de bruyères, les rocs grisâtres et les rives accidentées qui lui servaient d'enceinte. Une chaîne de hauteurs escarpées s'avançait en cet endroit si près du bord, qu'il ne restait pour le passage que l'étroit sentier que nous suivions et que dominaient des rochers, d'où il aurait suffi de rouler des pierres pour nous écraser, sans qu'il nous fût possible d'opposer la moindre résistance. Ajoutez à cela que le chemin décrivant de nombreux replis autour des promontoires et des enfoncements de la côte, il nous était rarement possible d'étendre notre vue à cent pas devant nous. Cette passe dangereuse parut causer quelque inquiétude à l'officier commandant, qui réitéra à sa troupe l'injonction d'avoir constamment l'œil au guet, et qui menaça de nouveau Dougal de lui faire sauter le crâne au premier indice de trahison. Dougal écouta ces menaces avec un air d'impassibilité stupide, qu'on pouvait également attribuer à une conscience sans reproche ou à une résolution déterminée.—Si les schentlemans, ajouta-t-il, cherchaient *la* terrible Gregarach[1], ils ne pouvaient s'attendre à *la* trouver sans quelque petit danger.

Comme le montagnard prononçait ces paroles, notre avant-garde fit halte, et le caporal qui la commandait envoya un de ses hommes prévenir le capitaine qu'il venait d'apercevoir les Highlanders stationnés sur le point le plus dangereux de la route que nous avions à traverser. Presqu'au même instant un des soldats de l'arrière-garde vint l'avertir qu'un son de cornemuse venait de se faire entendre dans le bois d'où nous sortions. Le capitaine Thornton, homme de tête et de cœur, prit aussitôt la résolution de forcer le passage en avant, sans attendre qu'il fût assailli par derrière; et assurant à ses soldats que les cornemuses qu'on avait entendues étaient celles du corps d'auxiliaires highlanders, qui venait les appuyer, il leur fit sentir combien il leur importait de hâter leur marche et de s'emparer de Rob Roy, s'il était

---

[1] Orthographe gaëlique de Gregor, nom patronymique (Mac Gregor) de Rob Roy. (L. V.)

CHAPITRE XXX.

possible, avant que leurs alliés vinssent partager avec eux l'honneur et la récompense de cette capture. En conséquence, il donna l'ordre à l'arrière-garde de rejoindre le centre; puis il fit avancer rapidement vers le petit corps d'avant-garde, et là il déploya ses files de manière à faire occuper par sa colonne toute la largeur du chemin, et à présenter un front aussi étendu que possible. Dougal, à qui il dit encore à l'oreille : Toi, chien, si tu m'as trompé, tu le paieras de ta vie! — Dougal fut placé au centre, entre deux hommes particulièrement chargés de surveiller ses mouvements. La même place nous fut assignée, comme étant la moins dangereuse, et le capitaine Thornton, prenant sa demi-pique des mains du soldat qui la portait, se mit à la tête de sa petite armée, et donna l'ordre d'aller en avant.

Le détachement avança avec la bravoure naturelle aux soldats anglais. Il n'en était pas de même d'Andrew Fairservice, à qui la frayeur avait fait perdre la tête; et même, s'il faut le dire, le bailli et moi, sans éprouver le même degré de terreur, ne pouvions voir avec une stoïque indifférence notre vie exposée aux hasards d'une querelle qui nous était étrangère. Mais il nous fallait faire de nécessité vertu.

Nous approchâmes jusqu'à vingt pas de l'endroit où l'avant-garde avait aperçu l'ennemi. C'était un de ces promontoires qui se projetaient dans le lac, et dont la route, comme je l'ai dit, avait jusque-là tourné la base. Mais ici le sentier, au lieu de suivre le bord de l'eau, s'élevait en brusques zigzags sur le rocher même, qui sans cela eût été absolument inaccessible. Le caporal dit avoir aperçu sur le sommet de ce rocher dangereux, auquel conduisait une route si difficile et si périlleuse, les toques et les longs fusils de plusieurs montagnards couchés apparemment dans les hautes bruyères et les broussailles qui couronnaient l'éminence. Le capitaine donna au caporal l'ordre d'aller en avant avec quelques hommes, pour débusquer l'ennemi, et lui-même avec le reste de sa troupe s'avança en bon ordre pour le soutenir.

L'attaque fut prévenue par l'apparition soudaine d'une femme sur le sommet du rocher. — Arrêtez! cria-t-elle d'un ton impérieux, et dites-moi ce que vous cherchez dans le pays de Mac Gregor?

J'ai rarement vu une figure plus noble et plus imposante que celle de cette femme. Elle pouvait avoir de quarante à cinquante ans, et sa physionomie avait dû être autrefois d'une beauté mâle; mais les intempéries y avaient creusé des rides profondes, et peut-être en ce moment la douleur et la colère donnaient-ils à ses traits une expression particulièrement dure et farouche. Elle portait son plaid, non sur sa tête et ses épaules selon l'usage des Écossaises, mais enroulé autour du corps comme les soldats highlanders portent les leurs. Elle avait sur la tête une toque d'homme surmontée d'une plume, à sa main elle tenait une épée nue, et une paire de pistolets était passée à sa ceinture.

— C'est Hélène Campbell, la femme de Rob, me dit à l'oreille le bailli effrayé ; il y aura parmi nous plus d'une tête cassée avant qu'il soit longtemps.

— Nous cherchons le proscrit Rob Roy Mac Gregor Campbell, répondit l'officier, et nous ne faisons pas la guerre aux femmes ; n'opposez donc pas aux troupes du roi une vaine résistance, et vous n'éprouverez de nous aucun mauvais traitement.

— Oui, oui, répliqua l'amazone, je connais depuis longtemps votre magnanimité. Vous ne m'avez laissé ni nom ni réputation ; — les ossements de ma mère se soulèveront dans leur tombeau quand les miens iront l'y rejoindre. — A moi et aux miens vous n'avez laissé ni toit ni possessions, ni lit ni couverture, ni bestiaux pour nous nourrir, ni troupeau pour nous vêtir. — Vous nous avez tout enlevé, — tout ! — Vous nous avez enlevé jusqu'au nom de nos ancêtres, et maintenant vous menacez notre vie !

— Je n'en veux à la vie de personne, dit le capitaine, je ne fais qu'exécuter mes ordres. Si vous êtes seule, brave femme, vous n'avez rien à craindre ; — s'il y a avec vous quelqu'un assez insensé pour opposer une résistance inutile, que son sang retombe sur sa tête ! — Sergent, en avant !

— En avant ! répéta celui-ci. — Hourrah, enfants ! La tête de Rob Roy et une bourse d'or !

Il s'élança au pas de course, suivi de six soldats ; mais dès qu'il eut atteint le premier détour de la montée, l'explosion successive d'une douzaine de coups de feu se fit entendre de divers points du défilé. Le sergent, atteint au milieu de la poitrine, s'efforça encore de gravir le sentier en s'accrochant aux aspérités du roc ; mais les forces lui manquèrent, et lâchant prise après une dernière et convulsive étreinte, il roula dans les eaux profondes du lac, où il disparut. Trois des soldats tombèrent morts ou hors de combat ; les trois autres se replièrent sur le corps principal, atteints tous de blessures plus ou moins graves.

— Grenadiers, sur le front ! cria le capitaine. — Vous devez vous rappeler qu'à cette époque les grenadiers étaient munis de l'arme destructive d'où ils ont tiré leur nom. Les quatre grenadiers se placèrent en tête de la colonne. L'officier les suivit avec toute sa troupe pour les appuyer. — Pourvoyez à votre sûreté, messieurs, nous dit-il à la hâte ; et en même temps il commandait rapidement à ses grenadiers : Ouvrez vos gibernes ! — Grenades en main ! - Soufflez vos mèches ! — En avant !

La troupe tout entière poussa un grand cri, et se précipita en avant, le capitaine en tête, les grenadiers prêts à lancer leurs grenades au milieu des broussailles qui couvraient l'embuscade, et les fantassins se disposant à les soutenir par un assaut impétueux. Dougal, oublié dans le tumulte, se glissa prudemment dans les halliers qui couronnaient la partie du sentier où nous avions fait notre première halte, et se mit à gravir les rochers avec l'agilité d'un chat sauvage. Je suivis son exemple, certain que le feu des Highlanders balayerait toute l'étendue du chemin découvert. Je grimpai jusqu'à ce que j'eusse perdu haleine, car un feu roulant de mousquets répété par mille échos, le sifflement des grenades, et leur explosion successive, mêlés aux hourrahs des soldats et aux hurlements des montagnards, formaient un ensemble qui, je l'avoue sans honte, donnait des ailes au désir que j'avais d'atteindre un lieu de sûreté. Mais les difficultés de l'ascension devinrent bientôt telles que je perdis l'espoir de rejoindre Dougal, qui sautait de roc en roc et de touffe en touffe avec la légèreté d'un écureuil. Je tournai les yeux en arrière, pour voir ce qu'étaient devenus mes autres compagnons. Tous deux se trouvaient dans une triste situation.

Le bailli, à qui la frayeur avait donné sans doute une agilité qui lui était peu ordinaire, était déjà arrivé à une assez grande hauteur, quand le pied lui glissant au moment où il enjambait d'un fragment du rocher à un autre, il aurait à coup sûr été rejoindre son père le diacre, dont il aimait tant à citer les faits et les paroles, sans une grosse branche d'épine à laquelle s'accrochèrent les pans de sa redingote et à laquelle il resta suspendu, se balançant dans l'air et ne ressemblant pas mal à l'enseigne de la Toison-d'Or peinte au-dessus de la porte d'un mercier de Trongate, dans sa ville natale.

Pour Andrew Fairservice, il était arrivé sans accident jusqu'au sommet d'un rocher nu qui, s'élevant au-dessus des broussailles, le laissait exposé, au moins dans son opinion, à tous les dangers de la bataille; tandis que, d'un autre côté, le rocher était si escarpé et si impraticable, que le malheureux Andrew n'osait plus ni avancer ni reculer. Il allait et venait sur son étroite plate-forme, assez semblable aux danseurs de corde de la foire, et criant merci aux deux partis, soit en gaëlic, soit en anglais, selon le côté vers lequel semblait pencher la victoire. M. Jarvie seul répondait à ses cris par des gémissements que lui arrachait non-seulement la frayeur, mais aussi la gêne atroce de sa situation aérienne.

A la vue de cette situation précaire, mon premier mouvement fut de lui porter secours ; mais du lieu où j'étais c'est ce qu'il m'était impossible de faire, et ni signes, ni ordres, ni prières, ne purent décider Andrew à descendre de son dangereux piédestal, sur lequel, comme l'homme d'état inhabile qui ne peut se dérober à l'évidence de la situation éminente où l'a conduit sa présomption, il continuait de se démener en poussant des cris de détresse, se contournant en contorsions ridicules pour éviter les balles qu'il croyait entendre siffler a ses oreilles.

Au bout de quelques minutes, le feu, d'abord si bien nourri, cessa tout-à-coup, signe évident que le combat était terminé. Gagner une place d'où je pusse apercevoir l'issue du conflit fut alors ma première pensée, afin d'implorer la pitié des vainqueurs, quels qu'ils fussent, en faveur de l'honnête bailli, qu'on ne voudrait sûrement pas laisser suspendu, comme le cercueil de Mahomet, entre ciel et terre, sans lui envoyer un bras secourable. Enfin, après beaucoup d'efforts, j'atteignis un lieu d'où je dominais le champ de bataille. L'engagement était terminé, en effet, et comme je l'avais auguré, terminé par la défaite du capitaine Thornton. Je vis un parti de Highlanders occupé à désarmer cet officier et une douzaine d'hommes qui lui restaient, la plupart blessés. Exposée presque sans défense, et sans pouvoir ni avancer ni faire retraite, au feu meurtrier d'un ennemi trois fois plus nombreux qu'elle, la petite troupe du capitaine Thornton avait dû mettre bas les armes, par ordre de son chef lui-même, qui, n'ayant nul espoir de retraite, n'avait pas voulu, par une plus longue résistance, sacrifier inutilement la vie de ses braves compagnons. Les montagnards, protégés par leurs positions, n'eurent qu'un seul homme tué et deux blessés par les grenades. J'appris plus tard tous ces détails. En ce moment je compris seulement le résultat général de l'affaire en apercevant l'officier anglais, dont la figure était couverte de sang, dépouillé de son chapeau et de ses armes, et ses hommes, l'air morne et profondément abattu, entourés de leurs sauvages ennemis, dont la figure exprimait une joie féroce, et forcés d'endurer les précautions rigoureuses auxquelles les lois de la guerre soumettent le vaincu pour la sécurité du vainqueur.

CHAPITRE XXXI.

> Malheur au vaincu! tel fut le cri terrible de Brennus, lorsque Rome succomba sous le glaive gaulois.—Malheur au vaincu! s'écria-t-il en jetant sa lourde épée dans la balance où était pesée la rançon de l'orgueilleuse cité. Et de nos jours encore, sur un champ de bataille, n'est-ce pas toujours la devise du vainqueur ? *La Gauliade.*

Je m'efforçai de distinguer Dougal parmi les vainqueurs. Je ne doutais pas que le rôle qu'il avait joué n'eût été concerté d'avance pour amener les Anglais dans ce défilé, et je ne pus m'empêcher d'admirer l'adresse avec laquelle cet homme grossier et en apparence à demi sauvage, avait su cacher son dessein, et la répugnance affectée avec laquelle il s'était fait arracher les fausses informations que son but était de donner. Je sentais que nous ne pourrions sans danger nous approcher des vainqueurs au milieu du premier enivrement de leur succès, qu'avaient souillé des actes de cruauté, car un ou deux soldats qui respiraient encore furent poignardés par les montagnards, ou plutôt par quelques enfants déguenillés qui les avaient suivis. J'en conclus qu'il ne serait pas prudent de nous présenter sans quelque médiateur; et comme je n'apercevais pas Campbell, en qui je devais reconnaître alors le fameux Rob Roy, j'avais résolu de réclamer la protection de son émissaire Dougal.

Après l'avoir inutilement cherché des yeux, je revins sur mes pas pour voir quel secours je pourrais porter moi-même à mon malheureux ami M. Jarvie; à ma grande satisfaction, je le trouvai sorti de sa situation aérienne, et assis en sûreté, quoique fort en désordre et la face animée, au pied du rocher en avant duquel il était naguère suspendu. Je me hâtai de le joindre et de lui offrir mes félicitations, qu'il ne reçut pas d'abord aussi cordialement que je les lui présentais. Une forte quinte de toux ne lui permit qu'à peine de m'exprimer ses doutes sur leur sincérité.

— Uh! uh! uh! uh! — ils disent qu'un ami, — uh! uh! — qu'un ami est plus attaché qu'un frère, — uh! uh! uh! uh! — Je ne suis venu ici, maître Osbaldistone, dans ce pays maudit de Dieu et des hommes, — uh! uh! — le ciel me pardonne de jurer, — pour personne autre que pour vous. — Uh! uh! — M'exposer d'abord à être tué ou noyé par ces enragés d'Highlanders ou par les habits rouges; et ensuite me laisser suspendu entre le ciel et la terre comme un épouvantail pour les oiseaux, sans même essayer — uh! uh! — sans même essayer de me secourir!

Je lui fis mille excuses, et réussis enfin, non sans peine, à lui démontrer l'impossibilité où j'aurais été de le secourir seul. Il était aussi prompt à s'apaiser que facile à se mettre en colère; il me tendit la main d'un air amical. Je lui demandai alors comment il était parvenu à se dégager.

— Me dégager! j'aurais bien pu, avant de me dégager moi-même, rester suspendu là jusqu'au jour du jugement dernier, la tête pendante d'un côté et les pieds de l'autre, comme les deux bassins d'une balance. C'est la créature Dougal qui m'a dégagé, comme il l'avait déjà fait hier; — il a coupé avec son dirk les pans de ma redingote, et avec l'aide d'un de ses camarades il m'a remis sur mes jambes aussi d'aplomb qu'auparavant. — Voyez pourtant combien il est utile de porter du bon drap! — Si ma redingote eût été de vos mauvais camelots ou de vos draps légers [1] de France, elle serait partie comme une vieille loque sous un poids comme le mien. — Béni soit le tisserand

---

[1] *Drab-de-Berries*, dit le texte, évidemment pour draps de Berry. (L. V.)

qui en a tissu la trame!—Je me balançais là-haut aussi en sûreté qu'un gabbart¹ amarré au Broomielaw par un câble à trois cordes.

Je lui demandai ce qu'était devenu son libérateur.

—La créature (c'est ainsi qu'il aimait à désigner les Highlanders) m'a donné à entendre qu'il y aurait du danger à se présenter à la dame avant qu'il revînt me prendre, et il m'a engagé à l'attendre ici. —J'ai dans l'idée, continua-t-il, qu'il cherche après vous. —C'est une créature avisée;—et je jurerais qu'il a raison quant à la *dame*, comme il l'appelle. —Hélène Campbell, étant fille, n'était pas des plus douces, et depuis qu'elle est femme elle n'est pas devenue plus commode; bien des gens disent qu'elle impose à Rob lui-même.—Je doute qu'elle me reconnaisse, car il y a bien des années que nous ne nous sommes vus. —Je suis décidé à attendre la créature Dougal avant de me montrer à elle.

J'approuvai hautement sa résolution; mais ce jour-là le destin avait décidé que la prudence du bailli ne serait utile ni à lui, ni à d'autres.

Quoiqu'Andrew Fairservice eût discontinué, dès que le feu avait cessé de se faire entendre, le bizarre exercice auquel il s'était livré sur son pinacle, pendant toute la fusillade, il était trop en évidence, ainsi perché sur le haut de son rocher, pour échapper aux yeux de lynx des montagnards, quand ils eurent le loisir de les promener autour d'eux. Un cri sauvage poussé par les vainqueurs nous apprit qu'il était découvert. Aussitôt trois ou quatre d'entre eux, s'enfonçant dans le taillis, se dirigèrent, dans plusieurs directions, vers la partie du rocher où cette apparition fantastique leur était apparue.

Ceux qui arrivèrent les premiers à portée du pauvre Andrew ne se mirent pas en peine de lui porter secours pour le tirer de sa position difficile; mais, dirigeant sur lui leurs fusils espagnols à longs canons, ils lui firent entendre, par des signes non équivoques, qu'il eût à descendre immédiatement et à se livrer à leur merci, s'il ne voulait servir de but à leur exercice au fusil. Quelque périlleuse que fût l'entreprise, Andrew ne pouvait résister à un ordre donné de cette façon; des deux périls, le plus grand lui fit oublier l'autre, et, à tout risque, il se mit à descendre, s'accrochant avec une force convulsive aux tronçons de chênes, aux touffes de lierre et aux anfractuosités du rocher, et ne manquant pas, chaque fois qu'il se trouvait une main libre, de l'étendre d'un air suppliant vers la gent montagnarde qui le regardait d'en bas, comme pour les conjurer de baisser leurs armes qu'ils tenaient toujours en joue. Le pauvre diable accomplit ainsi, sans accident, sous l'influence d'une inexprimable terreur, une descente périlleuse que rien au monde, sauf la crainte d'une mort imminente,

---

¹ Sorte de toue ou bâtiment de navigation fluviale usité sur la Clyde; probablement du français *gabare*. (W. S.)

n'eût été, je crois, capable de lui faire entreprendre. La manière ridicule dont Andrew effectua sa descente amusa beaucoup les montagnards, qui tirèrent un ou deux coups de fusil tandis qu'il était encore suspendu aux flancs du rocher, non, à ce que je pense, dans l'intention de l'atteindre, mais uniquement pour s'amuser de son extrême frayeur et des prodiges d'agilité qu'elle lui faisait faire.

Enfin il atteignit la terre ferme, ou, pour parler plus exactement, ses pieds échappant à un dernier point d'appui, il se laissa glisser de toute sa longueur et fut relevé par les Highlanders qui étaient là pour le recevoir, et qui l'avaient déjà débarrassé, avant qu'il fût remis sur ses jambes, non-seulement de tout ce que contenaient ses poches, mais de sa perruque, de son chapeau, de sa veste, de son pourpoint, de ses bas et de ses souliers, et cela avec une telle dextérité, que, tombé sur son dos bien vêtu et avec tout l'extérieur d'un serviteur de bonne maison, il se releva quasi nu et la tête pelée, comme une de ces figures en guenilles qu'on place à califourchon sur une perche pour effrayer les animaux pillards. Sans égard pour la douleur que faisait éprouver à ses pieds nus le sol rocailleux sur lequel ils l'entraînaient, ceux qui avaient découvert Andrew se mirent en devoir de lui faire regagner le chemin d'en bas, à travers tous les obstacles qui les en séparaient encore.

Ce fut tandis qu'ils l'emmenaient ainsi, que les montagnards nous aperçurent, M. Jarvie et moi; à l'instant une demi-douzaine d'entre eux accoururent vers nous, nous menaçant de leurs poignards, de leurs claymores et de leurs pistolets. Résister eût été folie, surtout avec les armes que nous avions. Nous nous soumîmes donc à notre sort, et plusieurs aides officieux se mirent en devoir, avec des manières qui n'étaient rien moins que douces, de nous réduire à un état aussi dénué d'ornements trompeurs (pour employer l'expression du roi Lear) que celui du bipède sans plumes[1] Andrew Fairservice, qui était non loin de là, tremblant de froid et de peur. Un heureux hasard, cependant, nous épargna cette humiliation; car au moment même où je venais d'abandonner ma cravate (cravate des plus à la mode, par parenthèse, et richement brodée), et où le bailli venait d'être dépouillé des restes de sa redingote, Dougal parut et la scène changea. Il pria, jura, menaça, autant que je pus en juger par la nature de ses gestes, et obligea les pillards, quoique bien malgré eux, non-seulement de suspendre le cours de leurs déprédations, mais de nous rendre ce qu'ils nous avaient pris. Il arracha ma cravate des mains de celui qui l'avait saisie, et, dans son ardeur de restitution,

---

[1] On sait que Platon avait défini l'homme *un animal à deux pieds, sans plumes.* Diogène pluma un coq, et le poussant devant lui, criait : *Voilà l'homme de Platon.* (L. V.)

la tortilla autour de mon cou avec une telle energie, qu'à demi suffoqué, je pensai que durant son séjour à Glasgow il n'avait pas seulement servi d'aide au geôlier de la prison, mais qu'il avait en outre pris quelques leçons de l'exécuteur des hautes-œuvres. Il replaça de même sur les épaules de M. Jarvie les lambeaux de ce qui avait été sa redingote, et comme un grand nombre d'Highlanders commençaient à se diriger de notre côté, il partit au-devant d'eux, recommandant aux autres de nous donner, surtout au bailli, l'assistance nécessaire pour que nous pussions descendre avec aussi peu de peine et de danger que possible. Néanmoins ce fut en vain qu'Andrew Fairservice déploya toute son éloquence pour obtenir sa part de la protection de Dougal, ou au moins son intervention pour lui faire restituer ses souliers.

— Non, non, dit Dougal, *celle-là* n'est pas un gentilhomme; de meilleurs qu'*elle* ont marché pieds nus. Et laissant Andrew nous suivre à sa volonté, ou plutôt à la volonté de ceux qui l'entouraient, il pressa notre marche vers l'endroit où le combat avait eu lieu, afin de nous présenter comme de nouveaux captifs à la femme qui commandait la bande.

Nous fûmes donc entraînés devant elle, Dougal criant, luttant et s'agitant comme si de nous quatre il eût été celui qui avait le plus à craindre quelque approche un peu trop rude, et repoussant, par ses efforts et ses menaces, tous ceux qui paraissaient vouloir prendre à notre capture plus d'intérêt que lui-même. Enfin nous arrivâmes devant l'héroïne de la journée. Son extérieur, aussi bien que l'aspect des figures sauvages, rudes et martiales qui l'entouraient, me frappa, je l'avoue, d'un vif sentiment de crainte. J'ignore si Hélène Mac Gregor avait personnellement pris part au combat; plus tard même on m'a assuré le contraire; et cependant le sang qui souillait son front, ses bras, son poignard et l'épée qu'elle tenait encore nue à la main; — son teint animé et le désordre de sa chevelure dont les longues mèches s'échappaient de dessous la toque rouge surmontée d'une plume, qui formait sa coiffure, tout semblait indiquer qu'elle n'en était pas restée spectatrice inactive. Le feu de ses yeux noirs et l'expression de ses traits respiraient l'orgueil de la victoire et le triomphe de la vengeance satisfaite. Sa physionomie, cependant, n'était ni cruelle ni sanguinaire; et quand je fus remis de mon premier trouble, elle me rappela quelques-unes des héroïnes inspirées dont j'avais vu les portraits dans les églises catholiques de France. Elle n'avait, à la vérité, ni la beauté d'une Judith, ni l'expression inspirée que les peintres ont donnée à Débora et à la femme d'Héber le Cinéen, aux pieds de laquelle le cruel oppresseur d'Israël, qui demeurait dans l'Haroseth des Gentils, baissa le front, tomba et ne se releva plus : et pourtant l'enthousiasme dont elle était agitée donnait à sa physionomie et à sa contenance, déjà naturellement empreintes d'une sorte de dignité sauvage, quelque chose qui rappelait l'expression que les héroïnes de l'Écriture-Sainte ont prise sous le pinceau des grands artistes

Je ne savais trop par quelles paroles aborder cette femme extraordinaire, lorsque M. Jarvie, entrant en matière par une toux préparatoire (car la rapidité de sa course forcée l'avait de nouveau mis hors d'haleine), commença la harangue. — Uh! uh! uh! — Je suis vraiment charmé d'avoir cette heureuse occasion (le tremblement de sa voix démentait singulièrement l'emphase qu'il s'était étudié à donner au mot heureuse) — cette *heureuse* occasion, répéta-t-il en appuyant sur l'adjectif avec plus de force, de souhaiter le bonjour à la femme de mon cousin Robin. — Uh! uh! — Comment cela va-t-il? — (et en même temps il reprenait le ton d'importance et de familiarité qui lui était habituel) — comment cela va-t-il depuis tout ce temps? — Vous m'aurez oublié, cousine Mac Gregor Campbell; — uh! uh! — mais vous vous souviendrez de mon père, le diacre Nicol Jarvie de Salt-Market, à Glasgow? — C'était un honnête homme, un homme solide, qui respectait vous et les vôtres. — Ainsi, comme je vous le disais, je suis vraiment charmé de vous voir, mistress Mac Gregor Campbell, comme femme de mon cousin. Je vous demanderais la permission de vous embrasser, en qualité de cousin, si vos hommes ne me tenaient les bras d'une manière un peu gênante; et pour dire la vérité, comme il convient à un magistrat, un peu d'eau ne vous serait pas inutile avant d'embrasser vos amis.

Il y avait dans la familiarité de ce discours quelque chose qui s'accordait mal avec l'état d'exaltation de celle à qui il était adressé, échauffée qu'elle était alors par une sanglante victoire et prête à porter sur les prisonniers un arrêt de vie ou de mort.

— Quel homme êtes-vous, s'écria-t-elle, vous qui osez prétendre à la parenté des Mac Gregor, sans porter leur habit, ni parler leur langage? — Qui êtes-vous, vous qui avez la langue et les dehors du limier, et qui venez vous reposer avec le daim?

— Il peut se faire, cousine, répliqua le bailli sans se déconcerter, que vous n'ayez jamais été bien mise au fait de notre parenté; — mais elle est certaine et facile à prouver. Ma mère, Elspeth Mac Farlane, était la femme de mon père, le diacre Nicol Jarvie, — que la paix soit avec eux! — et Elspeth était la fille de Parlane Mac Farlane, du moulin de Loch Sloy. Or, après la mort de Parlane Mac Farlane, sa fille Maggy Mac Farlane, qu'on nomme aussi Mac Nab, épousa Duncan Mac Nab de Stuckavrallachan, on peut le prouver; de sorte que ce Parlane Mac Farlane se trouve cousin au quatrième degré de votre mari Robin Mac Gregor, car.....

La virago coupa court à cette généalogie en demandant avec hauteur si l'eau pure et libre d'un ruisseau des montagnes reconnaît quelque parenté avec la portion qu'on en a puisée pour de vils usages domestiques.

— Vous avez raison, cousine; mais après tout, quand le ruisseau desséché montre au soleil les cailloux de son lit, il ne serait pas fâché que le meunier rouvrît son écluse. Je sais bien que vous autres gens des Highlands faites peu de cas de ceux de Glasgow, à cause de notre langage et de nos habits; mais chacun parle la langue qu'il a apprise dans son enfance, et je crois qu'il serait assez plaisant de me voir, avec mon gros ventre et mes jambes courtes, porter votre cotte montagnarde et vos lanières rouges au-dessous du genou, comme un de vos Highlanders long-jambés. — D'ailleurs, cousine, continua-t-il sans s'arrêter aux signes par lesquels Dougal semblait l'engager à se taire, non plus qu'aux marques d'impatience que sa loquacité arrachait à l'amazone, si vous honorez votre mari, comme c'est le devoir de toute femme, et comme l'ordonne l'Écriture; si vous l'honorez, comme je vous disais, j'aurais voulu vous rappeler que j'ai quelquefois rendu service à Rob; — sans parler d'un collier de perles que je vous envoyai à l'époque de votre mariage, et quand Rob faisait honnêtement son commerce de bestiaux, et ne s'occupait pas à se battre, à piller, à troubler la paix du roi et à désarmer ses soldats, ce qui n'est pas légal.

Il avait apparemment touché une corde sensible. Elle se dressa de toute sa hauteur, et trahit par un rire empreint à la fois de dédain et d'amertume la violence des sentiments qui l'agitaient.

— Oui, sans doute, dit-elle, vous et vos pareils pouviez tenir à des rapports avec nous tant que nous n'avons été que de pauvres misérables, assez bons pour être vos esclaves, vos fendeurs de bois et vos porteurs d'eau, vos pourvoyeurs de bestiaux pour vos banquets et les victimes de vos lois oppressives et tyranniques. — Mais maintenant nous sommes libres — libres par l'acte même qui ne nous a laissé ni terres, ni maison, ni vêtements, ni nourriture; — qui m'a dépouillée de tout, — de tout! — et qui ne m'a laissé qu'une pensée, la vengeance. — Je couronnerai l'ouvrage de cette heureuse journée par une action qui rompra les derniers liens entre les Mac Gregor et les rustres des Lowlands. — Approchez! — Allan! — Dougal! — liez ensemble ces Sassenachs par le cou et les pieds, et envoyez-les chercher dans ce lac des Highlands leurs parents highlandais.

Le bailli, vivement alarmé, allait hasarder quelques observations, qui sûrement n'auraient fait qu'enflammer davantage les passions violentes de celle à qui il s'adressait, quand Dougal se jeta entre eux, et, dans son langage natif, qu'il parlait avec une abondance et une rapidité formant un singulier contraste avec la manière lente, défectueuse et presque stupide dont il s'exprimait en anglais, il adressa à Hélène des paroles qui étaient, je n'en doutai pas, un plaidoyer chaleureux en notre faveur.

CHAPITRE XXXI.

Sa maîtresse lui répliqua, ou plutôt coupa court à sa harangue, en s'écriant en anglais (comme si elle eût voulu nous donner un avant-goût de l'amertume de la mort): Vil chien et fils de chien, osez-vous résister à mes ordres? — Si je vous disais de leur arracher la langue, et de la leur faire entrer de force dans le gosier, pour voir lequel d'entre eux avalerait le mieux une langue anglaise; si je vous disais de leur ouvrir la poitrine et de leur arracher le cœur, afin de voir dans lequel d'entre eux il y a le plus de trahison contre les Mac Gregor, — et de telles choses ont été faites autrefois par nos pères, dans les jours de vengeance; — si je vous ordonnais de faire cela, serait-ce à vous de vous y refuser?

— C'est sûr, c'est sûr, répondit Dougal, d'un ton de soumission profonde, *son* devoir serait d'obéir; — cela est trop juste. — Mais si c'était, — c'est-à-dire si ce pouvait être la même chose pour *elle* de prendre en place ce mauvais coquin de capitaine des habits rouges, et son caporal Cramp, et deux ou trois habits rouges, pour les faire jeter dans le lac, *elle* le ferait avec bien plus de plaisir qu'*elle* ne toucherait à ces honnêtes schentlemans, qui sont des amis de Gregarach, et qui sont venus ici sur l'assurance du chef, et non dans un dessein de trahison, comme *elle* peut l'affirmer.

La dame allait répondre, lorsqu'on entendit, dans la direction d'Aberfoïl, le son rauque d'un pibroch, le même probablement qui avait frappé les oreilles de l'arrière-garde du capitaine Thornton, et déterminé celui-ci à forcer le passage en avant, plutôt que de revenir au clachan, dont le chemin était intercepté. Le combat n'ayant duré que peu d'instants, la troupe armée qui suivait cette mélodie guerrière n'avait pu, quoiqu'elle eût doublé le pas au bruit de la fusillade, arriver à temps pour prendre part à l'affaire. La victoire fut donc consommée sans eux, et ils n'arrivèrent que pour s'associer au triomphe de leurs compatriotes.

Il y avait une différence notable entre l'apparence de ces nouveaux arrivants et celle de la troupe par laquelle notre escorte avait été défaite; et cette différence était tout à fait en faveur des premiers. Parmi les Highlanders qui entouraient la commandante [1], si je puis la désigner ainsi sans offenser la grammaire, il y avait des vieillards, des enfants à peine capables de soulever une épée, et même des femmes, — tous ceux, en un mot, qu'une nécessité extrême peut seule pousser aux armes; et c'est ce qui ajouta encore à l'amertume des regrets du capitaine Thornton et à l'abattement qui contristait sa mâle physionomie, quand il vit que ses braves vétérans avaient été écrasés par des ennemis si méprisables. Mais les trente ou quarante montagnards qui en ce moment rejoignaient les autres étaient tous des hommes dans la fleur ou la force de l'âge, actifs et bien faits, et dont le cos-

---

[1] *Chieftainess.*

tume faisait d'autant mieux ressortir la vigueur musculaire de leurs membres. Aussi supérieurs au premier parti par leurs vêtements et leur apparence, ils ne l'étaient pas moins par leurs armes. Avec leurs fusils, les gens de l'amazone portaient des haches, des faux et d'autres armes antiques; quelques-uns avaient seulement des bâtons noueux, des poignards et de longs coutelas. Mais dans le second parti la plupart avaient des pistolets à leur ceinture, et presque tous un dirk ou poignard suspendu au sachet qu'ils portaient devant eux. Chacun d'eux avait en main un bon fusil, une claymore au côté, et de plus une forte targe ronde, faite de bois léger recouvert d'un cuir épais et soigneusement garni de cuivre, avec un piquant d'acier fixé au centre. Pendant la marche, ou quand ils combattaient à l'arme à feu, ils assujettissaient ce bouclier derrière leur épaule gauche; ils le passaient au bras gauche, lorsqu'ils chargeaient à l'arme blanche.

Il était aisé de voir, cependant, que ces guerriers d'élite n'avaient pas à s'enorgueillir d'une victoire pareille à celle que venaient de remporter leurs compagnons mal équipés. Le pibroch ne faisait entendre de temps à autre que des sons lugubres, exprimant des sentiments bien différents de ceux du triomphe; et quand ils arrivèrent devant la femme de leur chef, ce fut en silence, l'air abattu et les yeux baissés. Ils s'arrêtèrent à quelque distance, et les sons rauques de la cornemuse firent de nouveau entendre le même air mélancolique.

Hélène s'avança rapidement vers eux; un mélange de crainte et de colère se lisait sur sa physionomie.—Que veut dire ceci, Allaster, cria-t-elle au ménestrel? pourquoi ces sons lugubres après une victoire?— Robert,—Hamish,—où est Mac Gregor? où est votre père?

Ses deux fils, qui étaient à la tête de la troupe, s'approchèrent d'un pas lent et craintif, et murmurèrent quelques mots en gaëlic. Hélène poussa un cri perçant qui retentit dans les rochers et auquel se joignirent toutes les femmes et les enfants en frappant des mains et en proférant d'affreux hurlements. Les échos des montagnes, silencieux depuis la fin du combat, répétèrent ces cris discordants d'une douleur frénétique, qui chassèrent de leurs retraites les oiseaux nocturnes, comme s'ils eussent été effrayés d'entendre proférer à la face du jour, des sons plus affreux et d'un plus mauvais augure que leurs propres cris.

—Pris! répéta Hélène quand la clameur fut apaisée;—pris!—captif! —et vous vivez pour me l'annoncer!—Chiens! lâches! vous ai-je nourris de mon lait pour que vous ménagiez votre sang devant les ennemis de votre père?—pour le voir prisonnier, et venir, vous, m'en apporter la nouvelle?

Les fils de Mac Gregor, à qui s'adressait cette apostrophe, étaient deux jeunes gens, dont l'aîné paraissait avoir à peine atteint sa vingtième année. Hamish ou James, l'aîné des deux, était aussi le plus grand et beaucoup plus beau que son frère ; ses yeux bleu-tendre, et la profusion de cheveux noirs dont les boucles s'échappaient de sa toque bleue, donnaient à sa physionomie un aspect plus favorable que celui de la plupart des jeunes Highlanders. Le plus jeune s'appelait Robert ; mais pour le distinguer de son père, les montagnards ajoutaient à ce nom l'épithète de *oig,* ou le jeune. Ses cheveux étaient foncés, ses traits durs, son teint brillant des couleurs de la santé, et ses formes plus vigoureuses et plus développées que ne le comporte son âge.

Tous deux restaient debout devant leur mère, le front baissé et rouge de honte ; et ils écoutaient avec respect et soumission les reproches dont elle les accablait. Lorsqu'enfin sa colère parut moins violente, l'aîné s'efforça respectueusement de se justifier lui et son frère. Il s'exprimait en anglais, sans doute pour ne pas être compris de ceux qui les entouraient. J'étais assez rapproché de lui pour entendre presque tout ce qu'il disait ; et comme il m'importait beaucoup d'être au fait des particularités de cet étrange événement, je prêtai à son récit une oreille attentive.

— Mac Gregor, dit-il, avait été appelé à un rendez-vous par un fourbe des basses-terres, qui vint le trouver avec une lettre de la part de... (je ne pus distinguer le nom, dont le son me parut se rapprocher du mien). — Mac Gregor avait accepté cette invitation, en ordonnant que le Saxon qui avait apporté le message fût retenu comme otage jusqu'à son retour. Il s'était donc rendu au lieu désigné (il prononça un nom barbare, dont je ne puis me souvenir), accompagné seulement d'Angus Breck et du petit Rory, et défendant que personne autre le suivît. Au bout d'une demi-heure, Angus Breck était revenu leur apporter la douloureuse nouvelle que Mac Gregor avait été surpris et fait prisonnier par un parti de la milice de Lennox, commandé par Galbraith de Garschattachin. Il ajouta que Mac Gregor ayant dit que l'otage répondait sur sa tête du traitement qu'il essuierait, Galbraith avait entendu cette menace avec un grand mépris, et avait répondu : — Eh bien ! Rob, que chaque parti pende son homme ; nous pendrons le voleur, vos caterans pendront le jaugeur, et le pays sera débarrassé du même coup de deux fléaux, un pillard highlandais et un officier de l'excise. Angus Breck, surveillé de moins près que son maître, avait pu s'échapper de leurs mains, après être resté assez longtemps captif pour entendre cette discussion et leur en rapporter le détail.

— Et en apprenant cette nouvelle, traître sans cœur ! s'écria la femme de Mac Gregor, vous n'avez pas couru sur-le-champ à son secours, pour le délivrer ou périr ?

Le jeune Mac Gregor représenta modestement combien la force des ennemis était supérieure, et il ajouta que sachant qu'ils ne quittaient pas immédiatement le pays, il s'était hâté de revenir aux vallées, pour réunir un nombre d'hommes qui permît de tenter la délivrance de Mac Gregor avec quelque chance de succès.—Je sais, ajouta-t-il, que les hommes de la milice doivent passer la nuit dans quelque place forte du voisinage, soit à Gartartan, soit au Port de Monteith ; et ces places, quoique fortes et d'une défense facile, peuvent cependant être emportées par surprise, si nous pouvons réunir assez de monde.

J'appris ensuite que le reste des troupes du maraudeur des Highlands avait été partagé en deux fortes bandes, l'une destinée à surveiller les mouvements de la garnison d'Inversnaid, dont une partie, sous les ordres du capitaine Thornton, venait d'être défaite ; l'autre devant tenir tête aux clans montagnards qui s'étaient joints aux troupes régulières lowlandaises pour envahir simultanément le territoire aride et montagneux s'étendant entre le Loch-Lomond, le Loch-Katrine et le Loch-Ard, et qu'on nommait alors habituellement le pays de Rob Roy Mac Gregor[1]. Des messagers furent expédiés en grande hâte pour concentrer toutes ces forces, je le supposai du moins, dans le dessein de tomber sur les Lowlanders ; et l'abattement du désespoir fit place alors, sur toutes les physionomies, à l'espoir de délivrer le chef et à la soif de la vengeance. Ce fut sous l'ardente influence de ce dernier sentiment que la femme de Mac Gregor ordonna d'amener en sa présence le malheureux resté en otage. Je crois que ses fils l'avaient tenu par pitié loin de la vue de leur mère ; s'il en fut ainsi, leur précaution généreuse ne fit que reculer de quelques instants sa destinée. Sur l'ordre d'Hélène on traîna devant elle un homme déjà à demi mort de terreur, et dans les traits profondément altérés duquel je reconnus, avec autant d'horreur que de surprise, mon ancienne connaissance Morris.

Il tomba prosterné aux pieds de la femme du chef, dont il cherchait à embrasser les genoux ; elle se recula, comme si elle eût craint la souillure de cet attouchement, de sorte que tout ce qu'il put faire dans l'extrémité de son humiliation fut de baiser le bord de son plaid. Je n'ai jamais entendu demander la vie avec un accent si déchirant. L'excès de sa terreur était telle, qu'au lieu de paralyser sa langue, comme il est assez ordinaire, elle le rendit presque éloquent. Les joues couver-

---

[1] On peut voir sur la carte jointe à cet ouvrage la position respective des différents lieux nommés ici. Un point cependant nous a paru obscur dans la description topographique donnée par l'auteur, du théâtre de la dernière partie des aventures de Rob Roy : c'est ce qui est dit, dans un des chapitres précédents, de la source du Forth, source qui, d'après notre texte, serait ainsi très-rapprochée du hameau d'Aberfoïl, tandis que d'après les meilleures cartes d'Écosse, sur lesquelles nous avons dressé la nôtre, elle en est assez éloignée vers l'ouest. Y a-t-il en effet près d'Aberfoïl une source que les habitants du voisinage regarderaient comme celle du Forth, quoiqu'une autre rivière venant de plus loin vînt s'y joindre, ou bien l'auteur n'a-t-il eu pour but que de jeter dans son récit la riche description qu'il en a donnée ? C'est ce que nous ne sommes pas à même de décider. (L. V.)

CHAPITRE XXXI.

tes d'une pâleur livide, les yeux égarés, les mains jointes avec une force convulsive, il protesta, par les serments les plus solennels, qu'il était absolument étranger à la trahison méditée contre la personne de Rob Roy, qu'il aimait et honorait de toute son âme. Par une inconséquence, suite du désordre de ses idées, il dit qu'il était seulement l'agent d'autres personnes, et il bégaya le nom de Rasleigh. Il conjurait qu'on lui laissât la vie ; — pour la vie il donnerait tout ce qu'il possédait au monde. — Il ne demandait que la vie, — dût-elle être remplie de tortures et de privations, — dût-elle s'écouler dans la profondeur de leurs plus sombres cavernes.

Il serait impossible d'exprimer avec quel dégoût et quel dédain méprisant la femme de Mac Gregor regardait ce malheureux demandant grâce de la vie.

— Je te laisserais vivre, dit-elle, si la vie devait être pour toi un fardeau aussi lourd, aussi insupportable que pour moi, — que pour toute âme noble et fière. Mais toi, — misérable ! tu ramperais sur la terre, insensible aux malheurs qui la désolent, à ses misères sans nombre, à la masse toujours croissante de crimes et de douleurs qui s'y accumulent ; tu pourrais vivre et te réjouir, tandis que les hommes courageux sont trahis, — tandis que des gens sans naissance et sans nom foulent aux pieds des hommes braves et nobles ! Tu pourrais te réjouir comme le chien du boucher s'engraissant de débris et de sang, tandis qu'on égorgerait autour de toi les plus nobles et les plus braves ! Cette joie ignoble, tu ne vivras pas pour la ressentir ; tu vas mourir, chien sans cœur, tu vas mourir avant que ce nuage ait passé sur le soleil.

Elle donna brièvement un ordre en gaëlic à ceux qui l'entouraient ; deux des montagnards saisirent le suppliant prosterné sur la terre, et l'entraînèrent au bord d'un rocher suspendu sur le lac. Il poussait les cris les plus perçants et les plus horribles qu'ait jamais arrachés la crainte ; — je puis bien dire les plus horribles, car après des années je m'éveillais encore en sursaut croyant toujours les entendre. — Tandis que les assassins, ou les exécuteurs, nommez-les comme vous voudrez, le traînaient vers le lieu du supplice, il me reconnut, même dans ce moment d'horreur, et s'écria d'un ton lamentable : O monsieur Osbaldistone, sauvez-moi ! — sauvez-moi ! Ce furent les derniers mots que je lui entendis prononcer.

Je fus tellement ému par cet affreux spectacle que je ne pus m'empêcher, quoique m'attendant à chaque instant à partager son sort, de parler en sa faveur ; mais, comme je pouvais m'y attendre, mon intercession fut sévèrement repoussée. Quelques montagnards tenaient la victime avec force, tandis que d'autres lui attachaient au cou une grosse pierre roulée dans un plaid, en même temps qu'on le dépouillait de ses vêtements. Ainsi lié et à demi nu, il fut lancé dans le lac, qui avait bien en cet endroit douze pieds de profondeur, avec un hurlement de vengeance satisfaite, au-dessus duquel, cependant, on put entendre son dernier cri d'agonie. La chute du lourd fardeau retentit sur les eaux du lac, et les Highlanders, leurs haches et leurs épées à la main, veillèrent quelques instants pour voir si, se dégageant du poids auquel elle était attachée, la victime ne tenterait pas de regagner le bord. Mais le nœud avait été bien assujetti; le malheureux enfonça sans même se débattre. Les eaux, que sa chute avait troublées, se refermèrent sur lui en reprenant leur premier calme, et cette existence dont il avait si ardemment imploré la conservation fut pour jamais rayée du livre de la vie!

CHAPITRE XXXII.

> Qu'avant ce soir il nous soit rendu sain et sauf, ou si le désir de vengeance que nourrit un cœur offensé peut être satisfait par les armes, votre pays sentira le poids de mon bras.
> *Ancienne Comédie.*

COMMENT se fait-il qu'un acte isolé de cruauté ou de violence nous affecte plus péniblement que s'il se produit sur une plus vaste échelle? J'avais vu, quelques heures auparavant, plusieurs de mes braves compatriotes succomber dans la bataille: leur mort ne m'avait paru que la dette commune de l'humanité, et mon cœur, quoique agité d'une vive émotion, ne s'était pas soulevé d'horreur comme au spectacle de l'infortuné Morris mis à mort de sang-froid et sans résistance. Je regardai M. Jarvie; ses yeux exprimaient les sentiments qui se peignaient dans les miens. Son émotion l'emporta même sur sa prudence, et il laissa échapper à demi-voix ces mots entrecoupés:

— Je proteste contre cette action, c'est un meurtre cruel et sanguinaire;—c'est un crime abominable, et tôt ou tard le Ciel en tirera vengeance.

— Ne craignez-vous donc pas d'aller le rejoindre? s'écria la **virago** en lançant sur lui un regard sinistre, tel que celui du faucon qui va saisir sa proie.

— Cousine, dit le bailli, personne n'aime à couper le fil de sa vie avant que sa bobine ne soit entièrement déroulée. — Si je vis, j'ai bien des choses encore à faire dans ce monde, — des affaires publiques et privées, soit comme marchand, soit comme magistrat; — et il y a des gens aussi qui ont encore besoin de moi, comme la pauvre Mattie, qui est orpheline; — c'est une petite cousine du laird de Limmerfield. —

CHAPITRE XXXII.

Ainsi, tout bien considéré, — il est permis à un homme de regretter la vie.

— Mais si je vous rendais la liberté, quel nom donneriez-vous à la noyade de ce chien de Saxon?

— Uh! uh! — hem! hem! répondit le bailli dont le gosier paraissait ne laisser sortir les paroles qu'à regret, je tâcherais d'en parler aussi peu que possible; — le moins qu'on parle est souvent le meilleur.

— Mais si vous étiez interrogé par ce que vous appelez, je crois, les cours de justice, que répondriez-vous?

Le bailli jeta les yeux de côté et d'autre, comme s'il eût médité une retraite; puis il répondit du ton d'un homme qui, ne voyant nul moyen de fuir, se détermine à affronter la bataille : — Je vois que vous voulez me pousser au pied du mur. Mais je vous dirai simplement, cousine, que je ne sais parler que d'après ma conscience; et quoique votre mari[1], que pour lui comme pour moi je voudrais voir ici, puisse dire, de même que la pauvre créature Dougal, que Nicol Jarvie sait, aussi bien que qui que ce soit, fermer les yeux sur les fautes d'un ami, je vous répondrai cependant, cousine, que jamais ma langue ne démentira ma pensée; et plutôt que de dire que ce pauvre misérable a été assassiné légalement, je consentirais à être jeté à côté de lui; — quoique je pense que vous êtes la première femme highlandaise qui voudriez traiter ainsi un cousin au quatrième degré de son mari.

Il est probable que le ton ferme avec lequel le bailli prononça ces derniers mots était plus capable de faire impression sur le cœur impitoyable de sa parente, que le ton de prière qu'il avait pris jusque-là, de même que l'acier peut entamer un corps qui résisterait à un métal moins dur. Elle nous ordonna de nous avancer devant elle. — Votre nom est Osbaldistone? me dit-elle; — le chien de la mort duquel vous venez d'être le témoin vous a nommé ainsi.

— Mon nom *est* Osbaldistone, répondis-je.

— Je suppose alors que votre nom de baptême est Rasleigh?

— Non; mon nom de baptême est Francis.

— Mais vous connaissez Rasleigh Osbaldistone? C'est votre frère, si je ne me trompe, ou tout au moins votre parent et votre ami intime.

— Il est mon parent, mais non mon ami. Nos épées se croisaient, il n'y a pas longtemps, lorsqu'une personne que j'apprends être votre mari nous sépara. Son épée est peut-être encore tachée de mon sang, et la blessure qu'il me fit au côté est encore saignante. Vous voyez que je n'ai guère de raisons de le regarder comme un ami.

— En ce cas, répliqua-t-elle, si vous êtes étranger à ses intrigues,

---

[1] En parlant à Hélène de Rob Mac Gregor, le bailli se sert presque toujours de l'expression *gudeman*, le bonhomme, terme que nous avons déjà vu être familièrement employé en Écosse pour désigner le chef de famille. (L. V.)

vous pouvez aller sans crainte trouver Garschattachin et sa troupe, et, sans courir le risque d'être arrêté, lui porter un message de la femme de Mac Gregor?

Je répondis que je ne connaissais aucune raison qui pût me faire craindre d'être arrêté par la milice de Lennox ; que rien, quant à moi, ne pouvait m'empêcher de me remettre entre les mains du gentilhomme qui la commandait ; et que si ma condescendance à son désir pouvait étendre sa protection sur mon ami et sur mon domestique, comme moi ses prisonniers, j'étais prêt à aller le trouver immédiatement. Je saisis cette occasion pour lui dire que j'étais venu dans ce pays sur l'invitation même de son mari, et sur l'assurance qu'il m'avait donnée qu'il m'aiderait dans une affaire importante où j'étais fortement intéressé, et que mon compagnon, M. Jarvie, m'avait accompagné pour le même objet.

— Et plût au Ciel que les bottes de M. Jarvie eussent été pleines d'eau bouillante, quand il les a mises pour ce malheureux voyage! interrompit le bailli.

— Dans ce que vient de nous dire ce jeune Saxon, reprit Hélène Mac Gregor en se tournant vers ses fils, vous pouvez reconnaître votre père. — Il n'a de sagesse que la toque en tête et la claymore en main ; dès qu'il change le tartan pour l'habit, il se mêle aux misérables intrigues des Lowlanders, et après tout ce qu'il a souffert, il devient encore leur agent, leur instrument, leur esclave.

— Ajoutez, et leur bienfaiteur, dis-je.

— Soit, répliqua-t-elle, car ce titre est le plus vide de tous, puisqu'il a toujours semé les bienfaits pour ne recueillir que l'ingratitude. — Mais assez là-dessus. — Je vais vous faire conduire aux avant-postes ennemis ; — vous demanderez à parler au commandant, et vous lui remettrez ce message de ma part, de la part d'Hélène Mac Gregor ! — Vous lui direz que s'il touche à un seul cheveu de la tête de Mac Gregor, et que si dans l'espace de douze heures il ne le met en liberté, il n'y aura pas dans tout le Lennox une femme qui d'ici à Noël n'ait entonné le chant funèbre pour tout ce qui lui est cher ; — pas un fermier qui n'ait vu ses greniers incendiés et ses étables pillées ; — pas un laird, pas un homme riche qui se couche le soir avec la certitude de revoir le lendemain la lumière du soleil. — Et pour commencer comme nous finirons, dès que le délai sera expiré, je leur enverrai ce bailli de Glasgow, et ce capitaine saxon, et tout le reste de mes prisonniers, enveloppés chacun dans un plaid, et hachés en autant de morceaux qu'il y a de carreaux dans un tartan.

Quand elle eut cessé de parler, le capitaine Thornton, qui l'avait entendue, ajouta du plus grand sang-froid : Présentez mes compliments à l'officier commandant, — les compliments du capitaine Thornton de la garde royale, — et dites-lui de faire son devoir vis-à-vis du prison-

CHAPITRE XXXII.

nier, sans s'inquiéter de mon sort. Si j'ai été assez fou pour m'être laissé conduire dans une embuscade par ces rusés sauvages, je sais du moins comment il faut mourir sans porter atteinte à son devoir. Je n'ai de regrets que pour mes pauvres compagnons, qui sont tombés entre des mains si barbares.

— Paix! s'écria le bailli; paix donc! — Êtes-vous las de vivre? — Vous présenterez mes salutations à l'officier commandant, monsieur Osbaldistone, — les salutations du bailli Nicol Jarvie, magistrat de Glasgow, comme son père le diacre l'était avant lui. — Vous lui direz qu'il y a ici nombre d'honnêtes gens dans un grand embarras, et qui peuvent s'y trouver encore plus; et que ce qu'il peut faire de mieux pour le bien commun est de laisser Rob revenir à ses montagnes, sans s'en mettre plus en peine. — Il y a eu déjà bien assez de malheurs ici; mais comme cela regarde surtout le jaugeur, ce n'est guère la peine que vous en parliez.

Chargé de ces deux commissions d'une nature si opposée, par les deux personnes le plus particulièrement intéressées au succès de mon ambassade, et après avoir reçu de la femme de Mac Gregor des injonctions réitérées de ne pas omettre un mot de son message, je pus enfin partir, et on permit même à Andrew Fairservice de m'accompagner, pour se délivrer, je crois, de ses supplications étourdissantes. Soit qu'on craignît, cependant, que je ne profitasse de ma monture pour échapper à mes guides, soit qu'on fût bien aise de garder une prise de quelque valeur, on me fit savoir que je ferais le voyage à pied, escorté par Hamish Mac Gregor, le plus âgé des deux frères, et par deux de ses hommes, tant pour me montrer le chemin que pour reconnaître la force et la position de l'ennemi. Dougal avait été d'abord commandé pour ce service; mais il trouva moyen de s'en faire dispenser, dans le dessein, comme je le sus ensuite, de veiller sur la sûreté de M. Jarvie, qu'il considérait, dans ses grossiers principes de fidélité, comme ayant droit à ses bons offices, parce qu'à Glasgow le bailli s'était trouvé, jusqu'à un certain point, son supérieur et son patron.

Après une heure environ d'une marche très-rapide, nous arrivâmes à une éminence couverte de broussailles; de ce point nous voyions d'un côté se dérouler la vallée d'où nous sortions, et de l'autre nous apercevions le poste qu'occupait la milice. Composé principalement de cavalerie, ce corps n'avait pas cru devoir s'engager dans le défilé qui avait été si funeste au capitaine Thornton. Comme situation militaire, leur camp avait été judicieusement choisi sur un terrain en pente, au centre de la petite vallée d'Aberfoïl, au fond de laquelle coule le Forth naissant entre deux rangées de hauteurs parallèles, composées de roches calcaires mêlées d'énormes masses de brèches ou de cailloux incrustés dans une terre plus molle qui s'est durcie autour d'eux comme un ciment; à l'horizon, se dessinaient les sommets de montagnes plus élevées. Ces deux rangs de collines laissaient assez de largeur à la vallée pour assurer la cavalerie contre une surprise des montagnards; et on avait en outre posé dans toutes les directions des sentinelles avancées, de façon à ce que la troupe fût avertie à la moindre alarme et eût le temps de se mettre sous les armes. On ne pensait pas alors, à la vérité, que les Highlanders osassent attaquer la cavalerie en rase campagne, quoique des événements plus récents aient fait voir qu'ils pouvaient le faire avec succès[1]. Mais à l'époque où pour la première fois je me trouvai en rapport avec les Highlanders, la cavalerie leur inspirait encore une crainte presque superstitieuse, les chevaux de bataille ayant en effet une apparence beaucoup plus terrible et plus imposante que les petits *shelties*[2], de leurs montagnes, et de plus ayant été dressés, à ce que croyaient les montagnards les plus ignorants, à combattre des dents et des pieds.

Les chevaux attachés à des piquets, et paissant dans le vallon, et les différents groupes de soldats, assis, debout ou se promenant sur les bords riants de la rivière ou sur les rochers dépouillés, mais pittoresques, qui à droite et à gauche encadraient le paysage, formaient le premier plan d'un riche tableau, dans le lointain duquel, vers l'orient, les yeux apercevaient le lac de Menteith, et plus loin encore, à l'extrémité de l'horizon, le château de Stirling qu'on distinguait à peine, et la ligne bleuâtre des hauteurs d'Ochill.

Après avoir contemplé quelques instants ce paysage, le jeune Mac Gregor me dit de descendre au camp de la milice et de m'acquitter de ma mission près du commandant, m'enjoignant en même temps avec un geste de menace de ne dire ni qui m'avait servi de guide, ni en quel lieu je m'étais séparé de mon escorte. Je me dirigeai alors vers le premier poste, suivi d'Andrew, qui n'ayant conservé du costume anglais que ses culottes et sa chemise, sans chapeau, les jambes nues, avec des brogues aux pieds, présent qu'il devait à la compassion de Dougal, et sur les épaules un plaid en haillons, pour suppléer au reste de ses vêtements, semblait un échappé de Bedlam jouant le rôle d'un montagnard. Nous ne tardâmes pas à être aperçus par une des vedettes, qui, poussant son cheval vers nous, nous commanda de nous arrêter, en nous présentant le bout de sa carabine. J'obéis à l'instant, et quand le soldat fut près de nous, je le priai de nous conduire à son commandant. Il nous mena aussitôt vers un cercle d'officiers qui, assis sur le gazon, paraissaient former l'escorte d'un officier supérieur. Ce dernier portait une cuirasse d'acier poli sur laquelle étaient incrustés les insi-

---

[1] Cette phrase fait probablement allusion aux affaires de Prestonpans et de Falkirk, ce qui prouve que ces mémoires ont été écrits après 1745. (W. S.)

[2] Poneis ou bidets. (L. V.)

gnes de l'ancien ordre du Chardon [1]. Mon ami Garschattachin, et beaucoup d'autres gentilshommes, les uns en uniforme, les autres vêtus de leur costume ordinaire, mais tous bien armés et bien équipés, semblaient prendre les ordres de ce haut personnage. Un grand nombre de domestiques en riche livrée, faisant sûrement partie de sa suite, étaient debout à quelque distance.

Après avoir salué ce seigneur avec le respect que son rang semblait commander, je l'informai que j'avais été, sans le vouloir, témoin de la défaite des soldats du roi par les montagnards dans le défilé de Loch-Ard (c'est le nom du lieu où M. Thornton avait été fait prisonnier), et que les vainqueurs menaçaient de se porter aux dernières extrémités sur ceux qui étaient tombés en leur pouvoir, ainsi que sur tout le bas pays, si leur chef, qui le matin même avait été fait prisonnier, ne leur était renvoyé sain et sauf. Le duc (car celui à qui je parlais n'était pas d'un moindre rang) m'écouta avec le plus grand calme; puis il répondait que ce serait avec une extrême douleur qu'il laisserait les malheureux prisonniers exposés à la cruauté des barbares entre les mains desquels ils étaient tombés, mais qu'il y aurait folie à supposer qu'il relâchât l'auteur même de tous ces désordres et de tous ces malheurs, et encourageât ainsi ses partisans à persévérer dans leurs brigandages. — Vous pouvez retourner vers ceux qui vous envoient, continua-t-il, et leur faire savoir que demain, à la pointe du jour, je ferai certainement exécuter Rob Roy Campbell, qu'ils appellent Mac Gregor, comme un homme mis hors la loi, pris les armes à la main, et à qui mille crimes ont mérité la mort; que je serais indigne de la place que j'occupe, et de la mission qui m'a été confiée, si j'agissais autrement; que je saurai bien protéger le pays contre leurs insolentes menaces de violence, et que s'ils font éprouver le moindre mauvais traitement à aucun de ceux qu'un malheureux accident a fait tomber en leur pouvoir, j'en tirerai une vengeance si terrible, que les pierres même de leurs vallées en gémiront encore dans cent ans.

Je lui remontrai humblement à quels dangers imminents m'exposait la mission qu'il voulait m'imposer; sur quoi le noble personnage répondit que puisqu'il en était ainsi, je pouvais y envoyer mon domestique.

— Que le diable soit dans mes jambes, s'écria Andrew, sans être retenu par le respect et sans même attendre ma réponse, — que le diable soit dans mes jambes si j'avance d'un pouce du côté des montagnes! Est-ce qu'on croit qu'j'ai dans ma poche un cou de rechange, pour celui que John Highland [2] me coupera avec son joc-

---

[1] Ou de Saint-André. (L. V.)

[2] Jean Montagnard, expression familière aux Écossais des basses terres quand ils parlent des Highlanders (L. V.)

taleg¹? Ou bien croit-on que j'plongerais comme un canard d'un côté du lac, pour aller aborder d'l'aut'côté? Non, non; — chacun pour soi, et Dieu pour tous. Qu'les gens qui sont las d'vivre fassent eux-mêmes leurs commissions; c'n'est pas Andrew qui les fera pour eux. Rob Roy n'a jamais approché d'la paroisse de Dreepdaily et n'm'a jamais volé ni poire ni pepin.

Imposant, non sans peine, silence à mon valet, je représentai de nouveau au duc le danger imminent auquel le capitaine Thornton et M. Jarvie allaient certainement être exposés, et je le suppliai de me charger d'un message qui pût leur sauver la vie. Je l'assurai que pour leur être utile je ne redouterais aucun danger; mais qu'après ce que j'avais vu et entendu, je n'avais pas le moindre doute qu'ils fussent massacrés à l'instant, dès que les montagnards apprendraient la mort de leur chef.

Le duc était évidemment affecté. — C'est une circonstance pénible, dit-il, et je la ressens douloureusement; mais j'ai un devoir impérieux à remplir envers le pays : — Rob Roy doit mourir!

J'avoue que je ne pus entendre sans émotion cette menace de mort proférée contre un homme qui si souvent avait manifesté son intérêt pour moi. Je n'éprouvai pas seul ce sentiment, car plusieurs de ceux qui entouraient le duc se hasardèrent à intercéder pour Campbell. — Ne vaudrait-il pas mieux, dirent-ils, l'envoyer au château de Stirling, où il resterait comme otage jusqu'à ce que sa bande fût dispersée et soumise. Il est triste de livrer le pays au pillage, ce qu'il sera bien difficile d'empêcher, maintenant que les longues nuits approchent, car il sera impossible de garder tous les points, et les Highlanders ne manqueront pas de tomber sur ceux qui seront laissés sans défense. Ils ajoutèrent qu'il était cruel de laisser les malheureux prisonniers sous le coup d'une mort à peu près certaine, car on ne pouvait douter que la menace des montagnards à leur égard ne fût mise à exécution, comme premier signal de leur vengeance.

Garschattachin alla plus loin encore, confiant en l'honneur du noble personnage à qui il s'adressait, quoiqu'il sût qu'il avait contre le prisonnier des motifs particuliers d'animosité. — Rob Roy, dit-il, quoiqu'un mauvais voisin pour les basses-terres, et en particulier pour Votre Grâce, et bien que peut-être il ait porté le métier de cateran plus loin qu'on ne l'avait jamais fait, Rob Roy est un drôle intelligent, et il y aurait peut-être encore quelques moyens de lui faire entendre raison; tandis que sa femme et ses fils sont des diables incarnés, qui ne connaissent ni la crainte ni la pitié, et qui, à la tête de leurs bandits sans feu ni lieu, seraient pour la contrée une peste plus redoutable que Rob lui-même ne l'aurait jamais été.

¹ Couteau fermant des montagnards. (L. V.)

CHAPITRE XXXII.

—Bah! bah! répliqua Sa Grâce, c'est précisément le bon sens et l'adresse de cet homme qui ont si longtemps maintenu son règne; — un voleur highlandais ordinaire aurait été pris en moins de semaines que celui-ci n'a résisté d'années. Privée de son chef, sa bande ne sera plus longtemps à craindre; — elle n'existera plus longtemps. — Une guêpe peut nous piquer de son aiguillon; mais arrachez-lui la tête, elle est aussitôt écrasée et anéantie.

Garschattachin ne fut pas si aisément réduit au silence. — Bien certainement, mylord duc, dit-il, je ne suis pas plus l'ami de Rob qu'il n'est le mien; il a deux fois vidé mes étables, sans parler du tort qu'il a fait à mes tenants; et cependant.....

— Et cependant, Garschattachin, interrompit le duc avec un sourire d'une expression singulière, vous pensez, j'imagine, que de telles libertés peuvent être pardonnées à un ami de nos amis, et on regarde Rob comme n'étant pas ennemi des amis d'outre-mer[1] du major Galbraith.

— Si cela est, mylord, répliqua Garschattachin du même ton de plaisanterie, ce n'est pas ce que j'ai entendu de pis sur son compte. Mais je voudrais bien avoir quelques nouvelles des clans que nous attendons depuis si longtemps. Je prie Dieu qu'ils nous tiennent leur parole de Highlanders. — Je n'ai jamais beaucoup compté sur eux; des bottes vont mal sur les trews[2].

— Je ne puis le croire, répondit le duc; ces gentilshommes sont connus pour gens d'honneur, et je dois croire qu'ils seront fidèles à leur parole. Envoyez deux cavaliers pour voir s'ils arrivent; jusqu'à ce qu'ils nous aient rejoints, nous ne pouvons songer à attaquer le défilé où le capitaine Thornton s'est laissé surprendre, et où je sais que dix fantassins déterminés pourraient tenir tête à un régiment de la meilleure cavalerie d'Europe. — Pendant ce temps vous ferez rafraîchir nos gens.

Je participai au bénéfice de ce dernier ordre, d'autant plus nécessaire et mieux venu que je n'avais rien pris depuis notre court repas au clachan d'Aberfoïl, le soir précédent. Les vedettes qu'on avait envoyées à la découverte revinrent sans nouvelles des auxiliaires attendus, et le soleil approchait de son déclin, quand un montagnard, appartenant aux clans sur la coopération desquels on avait compté, arriva au camp porteur d'une lettre qu'il remit au duc de l'air le plus respectueux.

---

[1] On sait que Jacques II, dernier prince de la maison des Stuarts, et auquel se rattachaient les espérances des ennemis de la maison de Hanovre (lesquels étaient désignés par l'épithète de *Jacobites*) s'était réfugié en France à la cour de Louis XIV. (L. V.)

[2] Nous avons déjà vu que les *trews* étaient une partie du costume particulier des montagnards, et les bottes sont exclusives aux Écossais des basses-terres. Le sens de ce proverbe est donc que Montagnards et Lowlanders s'accordent difficilement. (L. V.)

— Je parierais un tonneau du meilleur vin, dit Garschattachin, que c'est un message pour nous avertir que ces maudits hommes des Highlands, que nous avions eu tant de peine à décider à venir, sont en route pour retourner chez eux, et nous laissent le soin de nous tirer d'affaire comme nous pourrons.

— C'est cela même, messieurs, dit le duc, rougissant d'indignation après avoir lu la dépêche écrite sur un mauvais chiffon de papier, mais très-respectueusement adressée « Au très-honorable, haut et puissant prince, le duc, etc., etc., etc. » Nos alliés nous ont abandonnés, messieurs, et ils ont fait une paix séparée avec l'ennemi.

— C'est précisément le sort de toutes les alliances, dit Garschattachin ; les Hollandais allaient nous jouer le même tour, si nous ne les eussions prévenus à Utrecht.

— Vous êtes facétieux, monsieur, dit le duc, avec un froncement de sourcils qui montrait combien peu il goûtait la plaisanterie ; mais cette affaire est sérieuse. Je ne pense pas que personne soit d'avis que nous nous hasardions plus avant dans le pays, sans être soutenus ou par des Highlanders auxiliaires, ou par de l'infanterie d'Inversnaid[1] ?

Tout le monde s'accorda à regarder une telle entreprise comme une démence complète.

— Il ne serait non plus guère sage de rester ici exposés à une attaque de nuit, continua le duc. Je propose donc de nous retirer sur Duchray ou sur Gartartan, et d'y faire bonne garde jusqu'au matin. Mais avant de nous séparer, je veux interroger Rob Roy en votre présence, afin de vous prouver, par vos propres yeux et vos propres oreilles, combien il serait imprudent de lui laisser la possibilité de continuer ses déprédations.

Il donna des ordres en conséquence, et le prisonnier fut amené devant lui, les bras liés ensemble jusqu'au coude, et assujettis contre son corps par une forte sangle bouclée par derrière. Il marchait entre deux caporaux, et un détachement de soldats, la baïonnette au bout du fusil, complétait son escorte.

Je ne l'avais jamais vu revêtu du costume de son pays ; ce costume faisait ressortir d'une manière frappante les particularités de sa conformation. Une forêt de cheveux roux, que m'avaient cachés en grande partie le chapeau et la perruque du costume lowlandais, s'échappait de dessous sa toque, et justifiait l'épithète de *Roy* ou le Roux, par laquelle il était beaucoup plus connu dans le bas pays que sous son nom véritable, et qu'on n'y a sûrement pas encore oublié. La justesse de ce surnom était en outre justifiée par la vue de la partie de ses membres que la mode de son pays laissait à découvert, depuis le

---

[1] Fort construit non loin de la source du Forth, entre le Loch Katrine et le Loch Lomond. Il y avait une garnison anglaise. (L. V.)

bas de sa cotte ou kilt jusqu'au-dessus de ses courtes chaussettes. Ses cuisses et ses jambes étaient couvertes d'un poil roux court et épais, spécialement autour des genoux, et ressemblaient à cet égard, aussi bien que par leur apparence fortement musculaire, aux jambes d'un taureau rouge des Highlands. L'effet produit par ce changement de costume, et la connaissance que j'avais acquise de son véritable caractère, contribuèrent également à le faire paraître à mes yeux plus sauvage et plus farouche qu'il ne m'avait paru l'être auparavant, et même au premier abord j'eus peine à le reconnaître.

Ses manières étaient hardies et aussi peu contraintes que le comportaient les liens dont il était chargé; ses traits exprimaient la fierté, et même une certaine dignité. Il salua le duc, fit un signe de tête à Garschattachin et aux autres assistants, au nombre desquels il montra quelque surprise de me voir.

— Il y a longtemps que nous ne nous sommes vus, monsieur Campbell, dit le duc.

— C'est vrai, mylord duc; et j'aurais désiré, ajouta-t-il en jetant les yeux sur ses bras liés, que c'eût été dans un moment où j'eusse pu, mieux qu'à présent, offrir à Votre Grâce les compliments que je lui dois. — Mais un meilleur temps viendra.

— Rien de tel que le présent, monsieur Campbell, reprit le duc, car les heures qui vous restent pour régler vos affaires en ce monde s'écoulent rapidement. Je ne veux pas insulter à votre malheur; mais vous devez sentir que vous touchez au terme de votre carrière. Je ne nie pas que vous vous soyez parfois montré moins cruel que d'autres qui, comme vous, se sont livrés à ce malheureux métier, et que parfois aussi vous n'ayez donné des preuves de talent et montré même des dispositions qui permettaient d'espérer mieux de vous; mais vous savez combien, depuis longtemps, vous êtes la terreur et le fléau d'un voisinage paisible, et par quels actes de violence vous avez établi et accru votre autorité usurpée. Vous savez, en un mot, que vous avez mérité la mort, et qu'il faut vous y préparer.

— Quoique je pusse, mylord, rejeter sur Votre Grâce une partie de mes malheurs, je ne dirai pas cependant que vous en ayez été la cause volontaire et préméditée. Si je l'eusse pensé, mylord, Votre Grâce ne serait pas aujourd'hui assise devant moi comme mon juge; car trois fois vous vous êtes trouvé à portée de ma carabine, quand vous ne songiez qu'à chasser le daim, et on sait que je ne manque guère mon but. Mais quant à ceux qui ont surpris l'oreille de Votre Grâce, et qui vous ont excité contre un homme jadis aussi paisible que qui que ce fût dans la contrée, et qui ont fait de votre nom l'arme avec laquelle on m'a réduit au désespoir : — ceux-là m'ont en partie déjà payé leur dette, et pour tout ce que me dit maintenant Votre Grâce, l'avenir est là, et j'y compte.

— Je sais, s'écria le duc, dont l'irritation allait croissant, que vous êtes un impudent et déterminé scélérat, qui tiendra son serment s'il jure de faire le mal; mais c'est à moi de vous en empêcher. Vous n'avez d'autres ennemis que vos crimes.

— Vous me les eussiez moins reprochés si je m'appelais Grahame et non Campbell, dit Rob Roy d'un air déterminé.

— Vous ferez bien, monsieur, reprit le duc, d'avertir votre femme, votre famille et tous les vôtres, de faire attention à la manière dont ils traiteront les prisonniers qui sont tombés entre leurs mains, et que je leur rendrai au décuple, à eux, à leurs parents et à leurs alliés, la moindre injure qu'ils feraient aux fidèles sujets de Sa Majesté.

— Mylord, répondit Rob Roy, aucun de mes ennemis ne peut dire que j'aie jamais été un homme sanguinaire, et si j'étais en ce moment à la tête de mes compagnons, je me ferais obéir par quatre ou cinq cents redoutables Highlanders, aussi aisément que Votre Grâce par ces huit ou dix laquais. Mais si Votre Grâce est déterminée à retrancher la tête de la famille, elle peut bien compter qu'il y aura du désordre parmi les membres. — Cependant, quoi qu'il en soit, il y a là-bas un honnête homme, un parent, à qui je ne veux pas qu'il arrive malheur. — Y a-t-il ici quelqu'un qui veuille rendre service à Mac Gregor? — Il pourra l'en récompenser, quoique ses mains soient enchaînées.

Le montagnard qui avait apporté la lettre au duc s'avança. — Je suis tout à votre service, Mac Gregor; je suis prêt à aller dans votre vallée.

Il reçut alors du prisonnier un message verbal pour sa femme. Comme Rob Roy employait l'idiome gaëlic, je ne pus comprendre ce qu'il disait; mais je ne doutai pas qu'il ne prît des mesures pour la sûreté de M. Jarvie.

— Voyez-vous l'impudence de ce coquin? s'écria le duc; il se fie sur son caractère d'envoyé. Sa conduite, au surplus, s'accorde avec celle de ses maîtres, qui nous invitent à faire cause commune avec eux contre ces brigands, et qui nous abandonnent dès que les Mac Gregor consentent à leur livrer les terres de Balquidder pour lesquelles ils étaient en dispute. — Ne vous confiez, dit le proverbe, ni aux plaids ni aux trews; ils sont changeants comme le caméléon.

— Votre illustre ancêtre n'aurait point parlé ainsi, mylord, dit le major Galbraith; et j'ose dire que Votre Grâce tiendrait un autre langage si elle commençait par rendre justice à qui de droit. — Rendez à l'honnête homme la jument qui est à lui; — laissez chaque tête porter son propre bonnet, et les malheurs du Lennox seront réparés en même temps que ceux du pays[1].

---

[1] Il est aisé de voir sous quelles préoccupations politiques parle le jacobite Garschattachin. (**L. V.**)

CHAPITRE XXXIII.

—Paix, paix! Garschattachin, dit le duc; vous tenez là un langage dangereux, surtout devant moi; mais sans doute vous vous regardez comme privilégié. Veuillez conduire votre troupe à Gartartan, je ferai moi-même escorter le prisonnier jusqu'à Duchray, et demain matin vous recevrez mes ordres. Vous n'accorderez de permission d'absence à aucun de vos soldats.

—Des ordres, des contre-ordres! murmura Galbraith entre ses dents. Mais patience! patience!—Nous pourrons quelque jour jouer à Changez-de-place, le roi revient.

Les deux corps de cavalerie se reformèrent et se préparèrent à se mettre en marche, afin de profiter du reste du jour pour gagner leurs quartiers de nuit. Je reçus l'ordre, plutôt que l'invitation, de suivre la troupe du duc; et je m'aperçus que sans être précisément considéré comme prisonnier, j'étais pourtant l'objet d'une sorte de surveillance. Les temps étaient à la vérité si dangereux;—les querelles animées des Jacobites et des Hanovriens divisaient si profondément les esprits;—enfin les disputes et les rivalités incessantes des Highlanders et des Lowlanders, indépendamment des autres causes de querelles aussi nombreuses qu'inexplicables, qui s'élevaient comme autant de barrières entre les grandes familles d'Écosse, occasionnaient tant de soupçons de part et d'autre, qu'un étranger seul et sans protection pouvait difficilement terminer une course dans le pays sans être exposé à quelque interruption désagréable.

Je me soumis donc de la meilleure grâce qu'il me fut possible, et je me consolai par la pensée que peut-être je pourrais obtenir du prisonnier quelques renseignements sur Rasleigh et ses machinations. Je serais cependant injuste envers moi-même si je n'ajoutais que mes vues n'étaient pas complètement égoïstes. Je prenais au sort du malheureux captif un trop vif intérêt pour ne pas désirer de lui rendre tous les services que sa situation exigerait, ou qu'il lui serait permis de recevoir.

CHAPITRE XXXIII.

Et quand il arrive au vieux pont, il se courbe et se jette à la nage; — son pied touche bientôt le rivage, et il fuit rapidement à travers la prairie.
Gil Morrice.

LES échos des rochers et des ravins, des deux côtés de la vallée, répondirent aux trompettes de la cavalerie, laquelle, se formant en deux corps distincts, descendit la colline au petit trot. Celui que commandait le major Galbraith prit bientôt à droite et traversa le Forth, se dirigeant vers les quartiers qui lui étaient assignés pour la nuit, dans un vieux château du voisinage. Le tableau animé que présentait cette troupe tandis qu'elle passait la rivière, ne tarda pas à nous être masqué par les détours boisés de la rive opposée.

Nous continuâmes d'avancer en très-bon ordre. Pour ôter au captif tout moyen d'évasion, le duc avait ordonné qu'on le plaçât en croupe derrière un soldat, nommé Ewan de Brigglands, un des hommes les plus grands et les plus vigoureux de la troupe. Une sangle les entourait l'un et l'autre et se bouclait sur la poitrine du soldat, de sorte que Rob Roy ne pouvait faire un mouvement sans que son gardien en fût averti. On me fit placer à leur côté, monté sur un cheval de troupe qu'on m'avait fourni. Nous étions entourés d'une escorte qui nous serrait d'aussi près que le permettait la largeur du chemin, et un soldat au moins, sinon deux, était toujours tout près de nous, le pistolet au poing. Andrew Fairservice, muni d'un poney highlandais qu'on s'était procuré je ne sais comment, alla se mêler aux autres domestiques qui suivaient en grand nombre le détachement, sans pourtant se confondre avec lui.

Nous parcourûmes ainsi une certaine distance, jusqu'à ce que nous fussions arrivés à l'endroit où nous devions aussi traverser la rivière. Le Forth, formé par le trop-plein d'un lac, a toujours une profondeur considérable, même dans les endroits où il est le moins large, et on descendait vers le gué par un ravin escarpé et inégal, qui ne permettait pas à deux cavaliers d'y avancer de front; le centre et l'arrière-garde de notre petite armée firent halte, tandis que les premiers rangs passaient à tour de rôle, ce qui entraîna un délai considérable, comme il est ordinaire en de tels cas : il en résulta même un peu de confusion, car nombre de cavaliers, qui, à proprement parler, ne faisaient pas partie de l'escadron, se pressèrent en foule vers le gué, et occasionnèrent ainsi quelque désordre dans la cavalerie de la milice, quoiqu'assez bien disciplinée d'ailleurs.

Tandis que nous étions ainsi pressés sur la rive, j'entendis Rob Roy dire à voix basse à l'homme derrière lequel il était placé : Votre père, Ewan, n'aurait pas mené ainsi un vieil ami à la boucherie, comme un veau, pour tous les ducs de la chrétienté.

Ewan ne répondit pas, mais il fit un mouvement d'épaules, comme un homme qui veut exprimer par ce signe que ce qu'il fait il le fait bien malgré lui.

— Et quand les Mac Gregor descendront dans la vallée, et que vous verrez vos bergeries pillées, et le sang répandu sur votre foyer, et la flamme s'échapper en tourbillons entre les poutres de votre chaumière, peut-être penserez-vous alors, Ewan, que si votre ami Rob eût été vivant, vous n'auriez pas eu à déplorer tant de pertes.

Ewan de Brigglands fit le même mouvement d'épaules et soupira, mais il resta encore silencieux.

CHAPITRE XXXIII.

— C'est une triste chose, continua Rob, glissant ses insinuations si bas à l'oreille d'Ewan, que ce dernier seul et moi pouvions l'entendre, et ce n'était certainement pas moi qui aurais traversé son projet d'évasion ; — c'est une triste chose de voir Ewan Brigglands, que Roy Mac Gregor a soutenu de son bras, de son épée et de sa bourse, faire plus de cas du regard favorable d'un grand que de la vie d'un ami.

Ewan paraissait fortement affecté, mais il gardait toujours le silence. Nous entendîmes alors de la rive opposée la voix du duc, qui criait : Faites passer le prisonnier !

Ewan donna de l'éperon à son cheval, et au même instant j'entendis Rob qui lui disait : Ne mettez pas en balance le sang d'un Mac Gregor avec quelques coups de lanières que vous pourriez recevoir, car vous aurez un compte terrible à en rendre en ce monde et dans l'autre. — Ils passèrent rapidement devant moi, et poussant en avant avec une extrême précipitation, ils entrèrent dans la rivière.

— Pas encore, monsieur, — pas encore, me dit un des soldats, comme je me disposais à les suivre, en même temps que devant eux d'autres se pressaient dans le gué.

A la lueur affaiblie du jour qui baissait, je vis le duc, de l'autre côté, occupé à remettre de l'ordre dans sa troupe, les cavaliers prenant terre sur différents points, ceux-ci plus haut, ceux-là plus bas. Beaucoup étaient déjà passés, quelques-uns étaient encore dans l'eau, et le reste était prêt à les suivre, quand tout à coup le bruit d'un corps qui tombait lourdement dans la rivière vint m'avertir que l'éloquence de Mac Gregor avait enfin déterminé Ewan à lui laisser une chance de salut. Le duc entendit aussi le bruit de la chute, et en devina aussitôt la cause. — Chien ! cria-t-il à Ewan, au moment où celui-ci abordait à l'autre rive, où est votre prisonnier ? et sans attendre la réponse embarrassée que le soldat terrifié se préparait à lui faire, il lui tira vers la tête un coup de pistolet, dont je ne sais si l'autre fut atteint, et s'écria en même temps : Messieurs ! dispersez-vous à la poursuite du scélérat ! — Cent guinées à celui qui reprendra Rob Roy !

Alors commença une scène de la plus extrême confusion. Rob Roy, délivré de ses liens par le secours d'Ewan, s'était laissé glisser du cheval, et, plongeant aussitôt, avait passé sous le ventre des chevaux qui nageaient à sa gauche ; mais comme il fut obligé de reparaître un instant à la surface de l'eau pour respirer, la vue de son plaid de tartan attira l'attention des soldats. Plusieurs d'entre eux firent aussitôt entrer leurs chevaux dans la rivière et s'abandonnèrent au fil de l'eau, sans songer au danger qu'ils pouvaient courir ; quelques chevaux, en effet, se noyèrent, et ce ne fut pas sans peine que leurs cavaliers échappèrent au même sort. D'autres, moins zélés ou plus prudents, se partagèrent en différentes directions, descendirent et remontèrent la rive, guettant l'instant où le fugitif essaierait de prendre terre. Les cris, les clameurs, les acclamations bruyantes de ceux qui apercevaient ou croyaient apercevoir quelque indice de celui qu'ils cherchaient; — l'explosion fréquente des coups de pistolets et de carabines tirés à chaque objet qui excitait le moindre soupçon; — la vue de tant de cavaliers galopant çà et là, et frappant de leurs longues épées chaque place où leur attention avait été attirée; — les vains efforts des officiers pour rétablir l'ordre, tout ce mouvement, tout ce bruit, toute cette confusion dans un lieu d'une nature si sauvage, formaient la scène la plus extraordinaire que j'aie jamais vue. J'étais, au reste, seul à l'observer, car la troupe tout entière était ou dispersée à la poursuite, ou attentive à l'issue des recherches. A la vérité, comme je le soupçonnai alors, et comme je l'ai su plus tard avec certitude, beaucoup de ceux qui montraient le plus d'ardeur à la recherche de Rob Roy ne désiraient rien moins que sa capture, et n'avaient d'autre but que d'accroître la confusion générale, afin d'augmenter les chances de salut du fugitif.

Il ne fut pas difficile à un nageur aussi habile que l'était Rob Roy, après le feu de la première poursuite, d'échapper à ses ennemis. Une fois, pourtant, il fut serré de près, et plusieurs coups de feu faillirent l'atteindre; involontairement mon esprit se rappela quelqu'une des chasses à la loutre que j'avais vues à Osbaldistone-Hall, alors que l'animal, découvert par les chiens quand le besoin de respirer l'oblige d'élever le nez au-dessus de l'eau, échappe à leur poursuite en plongeant de nouveau, dès qu'il a rafraîchi ses poumons. Mac Gregor, cependant, eut recours à un stratagème que la loutre ne peut employer : au moment où il se sentit poursuivi de plus près, il imagina de détacher son plaid et de l'abandonner au cours de l'eau; tous les yeux, en effet, se portèrent sur ce point. Beaucoup de cavaliers furent ainsi déroutés par ce faux indice, et bon nombre de coups de fusils et de coups d'épées furent détournés de celui à qui on voulait les adresser.

Dès qu'on l'eut perdu de vue, il fallut à peu près renoncer à tout espoir de reprendre le fugitif, car en beaucoup d'endroits la rivière était rendue inaccessible par l'escarpement de ses rives, et par d'épaisses rangées d'aunes, de peupliers et de bouleaux dont elles étaient couvertes et qui en interdisaient l'approche aux cavaliers. Plus d'un accident était arrivé parmi ceux-ci, dont l'obscurité toujours croissante rendait de moment en moment les recherches plus infructueuses. Plusieurs se trouvèrent pris dans différentes passes dangereuses de la rivière, et ne durent qu'à l'assistance de leurs camarades de ne pas y trouver la mort. D'autres, atteints et blessés dans la confusion, imploraient des secours ou proféraient des menaces, et une ou deux fois même ces accidents dégénérèrent en véritables combats. Enfin les trompettes, en sonnant la retraite, annoncèrent que le commandant, quelques regrets qu'il en éprouvât, renonçait à l'espoir de recouvrer la prise importante qui lui était échappée d'une manière si inattendue ; et les cavaliers, avec une répugnance évidente et en se querellant entre eux, vinrent lentement reprendre leurs rangs. Je les vis, malgré l'obscurité, se reformer en ordre de marche sur le côté méridional de la rivière, et leurs murmures, longtemps étouffés par les cris acharnés de la vengeance, se mêlaient alors plus librement à leurs paroles de désappointement, de mécontentement et de reproches.

Jusque-là je n'avais été que simple spectateur de la scène extraordinaire qui venait de se passer, quoique j'eusse été loin de la voir avec indifférence. Mais en ce moment une voix s'écria : Où est l'étranger anglais?—c'est lui qui a donné à Rob-Roy un couteau pour couper ses liens.

— Fends le sac à poudding jusqu'à la mâchoire! dit une autre voix.

— Envoie-lui une couple de balles dans le crâne! cria un troisième.

— Plonge-lui trois pouces de fer entre les côtes! vociféra un quatrième.

Et j'entendis plusieurs chevaux galoper çà et là, dans l'intention, sans doute, de réaliser ces charitables intentions. Je fus rappelé alors au sentiment de ma situation, et je ne doutai pas que des hommes armés, dont les passions irritées n'étaient contenues par aucun frein, ne commençassent par me punir d'un crime imaginaire, sauf à examiner ensuite si j'en étais en effet coupable. Sous l'impression de cette crainte, je sautai de cheval et m'enfonçai dans un bouquet d'aunes, où je crus pouvoir, favorisé par la nuit, échapper aisément aux recherches. Si je me fusse trouvé assez près du duc pour me placer sous sa protection immédiate, je n'aurais pas hésité à le faire ; mais il était déjà en marche, et je ne vis sur la rive gauche où je me trouvais aucun officier à l'autorité duquel je crusse pouvoir remettre avec confiance le soin de ma sûreté. Je ne pensai pas qu'aucun point d'honneur m'obligeât, dans une telle circonstance, d'exposer inutilement ma vie. Dès que le tumulte commença à s'apaiser, et que les pas des chevaux se firent entendre moins fréquemment dans le voisinage immédiat de mon lieu de refuge, ma première idée fut de me rendre au quartier-général du duc, lorsque tout serait tranquille, et de me remettre entre ses mains, comme un sujet loyal qui n'avait rien à redouter de sa justice, et qui, comme étranger, avait droit de réclamer de lui protection et hospitalité. Dans ce dessein, je sortis de ma cachette et je promenai mes regards autour de moi.

L'obscurité était alors presque complète. Il ne restait plus qu'un très-petit nombre de soldats sur la rive gauche du Forth, et de ceux qui l'avaient traversé je n'entendais plus qu'un bruit lointain de pas de chevaux et le son triste et prolongé des trompettes qui appelaient les traîneurs égarés dans les bois. Je me trouvais donc dans une position fort difficile. Je n'avais plus de cheval, et le cours profond et tournoyant de la rivière, que venait de troubler le passage tumultueux de la cavalerie, et qui me semblait encore plus effrayant à la lueur douteuse de la lune, n'avait rien d'engageant pour un voyageur pédestre, nullement accoutumé à traverser à gué les rivières, et qui venait de voir des cavaliers enfoncer, dans cette passe dangereuse, jusqu'au niveau de leur selle. D'un autre côté, en demeurant sur la rive où je me trouvais, je n'avais d'autre perspective, pour couronner les fatigues de cette journée et de la nuit précédente, que de passer celle qui commençait, *al fresco,* sur le flanc de quelque colline highlandaise.

Je réfléchis ensuite que Fairservice, selon sa louable coutume de toujours se mêler aux plus avancés, avait sans doute passé le gué en même temps que les autres domestiques, et qu'il ne manquerait pas d'informer le duc ou les autorités compétentes de mon état et de ma position; et que, par conséquent, le soin de ma réputation n'exigeait pas ma réapparition immédiate, au risque de me noyer en traversant la rivière, — ou de ne pas retrouver les traces de la colonne, dans le cas où j'atteindrais sain et sauf l'autre rive, — ou finalement d'être tué ou blessé par quelque traîneur, qui croirait trouver dans cet exploit une excuse pour n'avoir pas plus tôt rejoint les rangs. Je me déterminai donc à diriger mes pas vers la petite auberge où j'avais passé l'autre nuit. Je n'avais rien à craindre de Rob Roy; il était maintenant en liberté, et je ne doutais pas, au cas où je tomberais entre les mains de quelqu'un des siens, que la nouvelle de son évasion ne fût pour moi une protection. Je ne voulais pas d'ailleurs abandonner M. Jarvie dans la situation délicate où il s'était engagé à cause de moi. Enfin, c'était seulement de ce côté que je pouvais espérer des nouvelles de Rasleigh et des papiers de mon père, cause première d'une expédition si féconde en aventures périlleuses. Je renonçai en conséquence à l'idée de passer le Forth cette nuit, et tournant le dos aux gués de Frew, je repris le chemin du petit village d'Aberfoïl.

Un vent pénétrant et glacial, qui de temps à autre se faisait entendre et sentir, éloigna un épais brouillard qui, sans cela, eût couvert la vallée jusqu'au matin; et quoiqu'il ne pût disperser complètement ces nuages de vapeurs, il les divisait en masses confuses et mobiles, qui tantôt couronnaient le sommet des hauteurs, tantôt remplissaient comme d'une fumée épaisse et volumineuse les profonds enfoncements par où d'énormes fragments de rochers ou de brèches, détachés des montagnes, se sont précipités dans la vallée, laissant après eux des traces de déchirures semblables aux ravins creusés par un torrent. La lune, alors élevée sur l'horizon, et brillante de l'éclat que lui prête une atmosphère condensée par le froid, répandait une lueur argentée sur les détours du fleuve et sur les sommets et les anfractuosités que

CHAPITRE XXXIII.

les vapeurs n'enveloppaient pas, tandis que ses rayons semblaient comme absorbés par les flocons blanchâtres du brouillard, là où il subsistait encore en masses épaisses ; çà et là quelques parties moins condensées se laissaient pénétrer par ses molles clartés, qui leur donnaient la transparence légère d'un voile de gaze et d'argent. Malgré l'incertitude de ma situation, un coup d'œil si romantique, joint à l'active influence du froid de la nuit, releva mes esprits abattus, en rendant la vigueur à mes membres. Je me sentis disposé à oublier mes soucis et à défier le danger, et machinalement je me mis à siffler, comme pour accompagner la cadence de mes pas accélérés par le froid. Je sentis le sentiment de l'existence renaître en moi plus fort et plus vif, à mesure que je reprenais confiance dans ma vigueur, mon courage et mes ressources. J'étais tellement absorbé dans ces pensées et dans les impressions qu'elles faisaient naître en moi, que deux personnes à cheval arrivèrent derrière moi sans que je me fusse aperçu de leur approche avant qu'elles fussent à mes côtés. — Eh ! l'ami, où allez-vous si tard? me dit alors l'une d'elles en bon anglais.

— Je vais chercher un souper et un gîte à Aberfoïl, répondis-je.

— Les passages sont-ils libres? me demanda le même personnage d'un ton d'autorité.

— Je l'ignore ; je le saurai quand j'y serai. Mais le destin de Morris se présentant à mon esprit, j'ajoutai : Si vous êtes étranger et Anglais, je vous conseille de ne pas aller plus loin avant que le jour soit revenu ; il y a eu quelques désordres dans ces environs, et je ne voudrais pas affirmer qu'ils fussent parfaitement sûrs pour des étrangers.

— Les troupes ont-elles eu le dessous?

— Oui ; un officier et son détachement ont été tués ou faits prisonniers.

— En êtes-vous certain ?

— Aussi sûr que je vous entends : j'ai été, sans le vouloir, témoin de l'engagement.

— Sans le vouloir? Vous n'y avez donc pas pris part?

— Non certainement ; j'étais retenu prisonnier par l'officier des troupes du roi.

— Sur quel soupçon? qui êtes-vous? quel est votre nom?

— Je ne vois pas, monsieur, pourquoi je répondrais à de telles questions adressées par un inconnu. Je vous en ai dit assez pour vous convaincre que vous vous dirigez vers des cantons soulevés et dangereux. Si vous jugez devoir continuer votre route, cela vous regarde ; mais comme je ne vous interroge ni sur votre nom ni sur vos affaires, vous m'obligerez en imitant ma réserve.

— Monsieur Francis Osbaldistone, dit le second cavalier, dont la voix me fit tressaillir jusqu'au fond du cœur, ne devrait pas siffler ses airs favoris quand il désire rester inconnu.

Et Diana Vernon, — car c'était elle-même qu'enveloppait un vaste manteau,—se mit à siffler comme par plaisanterie la fin de l'air que leur approche avait interrompu.

—Grand Dieu! m'écriai-je, frappé d'étonnement. est-ce bien vous, miss Vernon? vous, dans un tel lieu,—à une telle heure,—dans un tel pays—et sous un tel...

—Sous un tel costume, voulez-vous dire?—Que voulez-vous?—la philosophie du bon caporal Nym est la meilleure, après tout :—il faut laisser les choses aller comme elles peuvent; —*pauca verba* [1].

Tandis qu'elle parlait, je cherchai, à la clarté imparfaite de la lune, à distinguer les traits de son compagnon; car on peut aisément supposer que rencontrer miss Vernon en un lieu aussi solitaire, engagée dans un voyage si dangereux et sous la protection d'un seul homme, étaient autant de circonstances propres à exciter ma jalousie non moins que ma surprise. La voix du cavalier n'avait rien de la douceur mélodieuse de celle de Rasleigh; son organe était plutôt impérieux et dur, et d'ailleurs sa taille était plus élevée que celle de cet objet principal de mes soupçons et de ma haine. Rien non plus dans l'étranger ne rappelait aucun de mes autres cousins; dans son ton et ses manières il avait ce je ne sais quoi d'indéfinissable qui nous fait reconnaître au premier mot l'homme d'une éducation distinguée.

Il s'aperçut de mon inquiète investigation, et parut désirer de s'y soustraire.

—Diana, dit-il d'un ton d'autorité quoique amical, remettez à votre cousin ce qui lui appartient, et ne perdons pas notre temps ici.

Miss Vernon, pendant ce temps, avait tiré un petit portefeuille, et se penchant sur son cheval pour me le remettre, et d'un ton où la légèreté et la gaîté un peu bizarre qui lui étaient habituelles étaient en partie dominées par un sentiment plus profond et plus grave, elle me dit : Vous voyez, mon cher cousin, que j'étais née pour être votre bon ange. Rasleigh a été forcé de lâcher sa proie, et si nous eussions pu, comme c'était notre dessein, arriver la nuit dernière à ce village d'Aberfoïl, j'aurais chargé quelque sylphe des montagnes de vous porter ces signes représentatifs de la richesse commerciale. Mais il n'y avait sur le chemin que des géants et des dragons; et les chevaliers errants ainsi que les demoiselles des temps actuels, quel que soit leur courage, ne doivent pourtant pas, comme ceux d'autrefois, se jeter à travers des dangers inutiles.—Faites de même, mon cher cousin.

— Diana, reprit son compagnon, souffrez que je vous avertisse de nouveau que la soirée s'avance, et que nous sommes loin encore du but de notre voyage.

—Me voici, monsieur, me voici. — Songez, ajouta-t-elle en soupirant, à quelle gêne j'échappe à peine;—d'ailleurs je n'ai pas encore

---

[1] *Peu de paroles.* Voyez l'*Henry V* de Skaksneare. (L. V.)

remis le paquet à mon cousin. Je dois lui faire mes adieux, — pour jamais : oui, Frank, continua-t-elle, *pour jamais!* — Il y a un précipice entre nous, — un précipice de perdition absolue. — Où nous allons, vous ne devez pas nous suivre ; — ce que nous faisons, vous ne devez pas y prendre part. — Adieu ! — soyez heureux !

En se penchant sur son petit cheval des montagnes, sa bouche, non peut-être sans quelque intention, vint rencontrer la mienne ; — elle pressa ma main, et une grosse larme qui roulait dans ses yeux tomba sur ma joue. Ce fut un de ces moments qui ne s'oublient jamais, — un de ces moments d'une inexprimable amertume et d'un inexprimable plaisir, où les sensations les plus opposées nous dominent en même temps, et qui font résonner à la fois toutes les fibres de l'âme. Mais ce ne fût *qu'un* moment : car se remettant aussitôt du trouble dont elle n'avait pas été maîtresse, elle dit à son compagnon qu'elle était prête à le suivre ; et mettant leurs chevaux au galop, ils furent bientôt loin de la place où j'étais resté immobile. Dieu sait si ce fut une indifférence apathique qui enchaîna mes mouvements et ma langue au point que je ne fus en état ni de rendre à miss Vernon son embrassement, ni même de répondre à son adieu. Les mots n'avaient pu arriver jusqu'à mes lèvres ; ils semblaient retenus dans ma gorge, comme l'aveu fatal qui doit entraîner la condamnation du coupable. La surprise, — la douleur, m'avaient presque terrifié. Je demeurai sans mouvement, le portefeuille entre les mains, les suivant des yeux, comme si j'eusse voulu compter les étincelles que faisaient jaillir les pieds de leurs chevaux. Je regardais encore longtemps après qu'ils eurent cessé d'être visibles ; j'écoutais encore le bruit éloigné de leurs montures longtemps après qu'il eut cessé de pouvoir frapper mon oreille. Enfin des larmes jaillirent de mes yeux fatigués d'une tension pénible. Je les essuyai instinctivement, sans presque en avoir conscience, et cependant elles coulaient de plus en plus abondantes. J'éprouvai ce resserrement de la gorge et de la poitrine, et toutes les angoisses de la passion que ressentit le pauvre roi Lear[1] ; et en m'asseyant sur le bord du chemin, je versai enfin sans contrainte les pleurs les plus amers qui eussent coulé de mes yeux depuis mon enfance.

[1] *Hysterica passio*, dit le texte, et non *historica passio*, comme le lui fait dire plaisamment la précédente traduction de notre auteur. (L. V.)

CHAPITRE XXXIV.

Dangle. — Mais il me semble que des deux, c'est le commentateur qui est le plus difficile à comprendre.
Le Critique.

A PEINE m'étais-je abandonné à ce paroxisme de douleur, que je fus honteux de ma faiblesse. Je me souvins que depuis un temps je m'étais attaché à regarder Diana Vernon, quand son image se glissait dans mes pensées, seulement comme une amie dont le destin m'intéresserait toujours vivement, quoique je ne dusse plus songer à la revoir. Mais la tendresse qu'elle m'avait montrée tout à l'heure, presque sans déguisement, et le romanesque de notre rencontre soudaine en un lieu où je pouvais si peu m'y attendre, étaient des circonstances qui m'avaient mis tout à fait hors de garde. Je repris le dessus, cependant, plutôt qu'on n'aurait pu s'y attendre, et sans me donner le temps de descendre dans mon cœur, pour en faire l'examen, je me remis en route dans le sentier où j'avais été surpris par cette étrange et subite apparition.

— Je n'enfreins pas sa défense, pensai-je, puisque je ne fais que continuer mon voyage par le seul chemin que je puisse prendre. Si j'ai recouvré les papiers de mon père, n'est-ce pas un devoir pour moi de voir mon ami de Glasgow sorti de la situation dangereuse où il s'est engagé pour m'être utile? Et puis, quel autre lieu de repos pourrais-je trouver pour la nuit, que la petite auberge d'Aberfoïl? Ils doivent s'y arrêter aussi, car il est impossible que des voyageurs à cheval aillent plus avant; — eh bien! nous nous rencontrerons encore; — nous nous rencontrerons pour la dernière fois, peut-être. — Mais je la verrai, je l'entendrai encore une fois; — je saurai quel est cet heureux mortel qui exerce sur elle l'autorité d'un époux. — Je saurai s'il y a dans l'excursion dangereuse qu'elle paraît avoir entreprise quelque obstacle que je puisse éloigner d'elle, ou quelque chose que je puisse faire pour lui exprimer ma gratitude pour sa générosité, — pour son amitié désintéressée.....

Tandis que je me faisais à moi-même ces beaux raisonnements, cherchant à colorer de tous les prétextes qui se présentaient à mon esprit le désir ardent que j'éprouvais de revoir encore ma cousine, de m'entretenir encore avec elle, je sentis tout à coup une main se poser sur mon épaule, et un Highlander qui marchait plus vite encore que moi, quoique j'avançasse d'un bon pas, m'accosta en même temps par

CHAPITRE XXXIV.

ces mots : Une belle nuit, maître Osbaldistone ; — nous nous sommes déjà rencontrés à la brune.

Je ne pus méconnaître la voix de Mac Gregor ; il avait échappé à la poursuite de ses ennemis, et il retournait vers ses montagnes rejoindre ses partisans. Il avait trouvé moyen de se procurer des armes, probablement chez quelqu'un de ses amis secrets, car il portait un mousquet sur l'épaule, et à son côté les autres armes habituelles des montagnards. Dans une situation d'esprit ordinaire, il ne m'eût été nullement agréable de me trouver seul et à une pareille heure avec un tel homme ; car bien que je n'eusse pu juger Rob Roy par rapport à moi que sous un point de vue favorable, j'avouerai franchement que je ne l'avais jamais entendu parler sans éprouver un frisson involontaire. Les intonations des montagnards donnent à leur voix un son dur et sourd, dû aux articulations gutturales si communes dans leur langage natif ; et d'ailleurs ils parlent ordinairement avec une sorte d'emphase. A ces particularités nationales, Rob Roy joignait, dans son accent et ses manières, une sorte d'indifférence empreinte de rudesse ; c'était l'expression d'une âme que nul événement ne peut ni abattre, ni surprendre, ni affecter, quelque terrible, quelque soudain, quelque fâcheux qu'il puisse être. Un état de danger habituel, en même temps qu'une confiance sans bornes dans sa force et son adresse, l'avaient rendu étranger à la crainte ; et la vie précaire et misérable qu'il menait avait émoussé sa sensibilité pour les peines des autres, quoiqu'elle n'eût pu la détruire entièrement. Il ne faut pas oublier, d'ailleurs, que tout récemment j'avais vu la troupe de cet homme immoler sans pitié un malheureux suppliant et désarmé.

Cependant telle était la situation de mon esprit que je me félicitai de la rencontre de ce chef proscrit, comme d'un soulagement à mes pensées confuses et pénibles ; et ce ne fut pas même sans quelque espoir secret qu'il pourrait me fournir un fil pour me diriger dans le labyrinthe où le destin m'avait conduit. Je répondis donc cordialement à son salut, et je le félicitai de sa fuite récente, au milieu de circonstances où la fuite semblait impossible.

— Oh ! répondit-il, il y a autant de distance entre le cou et la potence [1], qu'entre la coupe et les lèvres. Mais mon danger était moins grand que vous avez pu le penser, vous étranger au pays. De ceux qu'on avait rassemblés là pour me prendre, et pour me garder, et pour me reprendre, il y en avait la moitié qui ne me voulaient voir ni pris, ni gardé, ni repris, et la moitié des autres n'aurait pas osé remuer ; vous voyez donc que je n'avais affaire qu'au quart tout au plus d'une soixantaine d'hommes.

---

[1] *Between the craig and the woodie*, littéralement entre le cou et l'osier. Des baguettes de saule, tordues comme des harts de fagots, servaient fréquemment autrefois en guise de cordes, en Écosse et en Irlande. C'était une sage économie de chanvre. (W. S.)

—J'aurais cru que c'était bien assez.

—Je n'en sais rien; mais ce que je sais, c'est que s'ils veulent venir tous l'un après l'autre sur le pré d'Aberfoïl, je me charge de leur parler à tous, la claymore et la targe en main.

Il s'enquit alors des divers incidents de mon voyage, depuis que j'étais entré dans son pays, et il rit de bon cœur au récit que je lui fis de notre bataille dans l'auberge, et des exploits du bailli avec son coutre rougi.

—Vive Glasgow! s'écria-t-il; que la malédiction de Cromwell tombe sur moi, si j'eusse désiré un plus grand plaisir au monde que de voir le cousin Nicol Jarvie tenir au bout de son fer rouge le plaid d'Inverach, comme une tête de mouton entre une paire de pincettes! Mais mon cousin Jarvie, ajouta-t-il plus gravement, a dans les veines quelque peu de sang noble, quoique malheureusement il ait été élevé à un métier mécanique et sédentaire, qui ne peut que dégrader l'esprit d'un homme. —Vous pouvez maintenant apprécier la raison pour laquelle je ne vous ai pas reçu au clachan d'Aberfoïl, comme je me l'étais proposé. Ils m'avaient préparé un joli filet pendant les deux ou trois jours que j'ai passés à Glasgow pour les affaires du roi. —Mais je crois que je leur ai assez donné sur les oreilles; —ils ne pourront plus soulever un clan contre l'autre, comme ils l'ont fait cette fois. —J'espère voir bientôt le jour où tous les Highlanders marcheront côte à côte. —Mais que vous est-il arrivé ensuite?

Je lui racontai alors l'arrivée du capitaine Thornton et de sa troupe, et notre arrestation sous prétexte que nous paraissions suspects. Ses questions plus spéciales me firent souvenir en outre que l'officier, indépendamment des soupçons que mon nom avait éveillés en lui, avait dit avoir des ordres pour s'assurer d'un homme âgé et d'un jeune homme, dont le signalement se rapportait au bailli et à moi. Cette circonstance excita de nouveau l'hilarité du proscrit.

—Par le pain qui nourrit l'homme, s'écria-t-il, les butors ont pris mon ami le bailli pour Son Excellence, et vous pour Diana Vernon!
— O les fins chasseurs!

— Miss Vernon? dis-je en hésitant, et tremblant d'entendre sa réponse; —porte-t-elle encore ce nom? —Elle a passé ici il n'y a qu'un instant, seule avec un homme qui semblait avoir de l'autorité sur elle.

— Oui, oui, répondit Rob, elle est à présent sous une autorité légitime; et il était temps, car c'est une tête un peu folle; —mais c'est une bonne fille. C'est dommage que Son Excellence soit un peu trop vieux. Votre compagnie ou celle de mon fils Hamish lui conviendrait mieux du côté de l'âge.

Je vis en ce moment s'écrouler tous les châteaux de cartes que mon imagination, en dépit de ma raison, s'était si souvent amusée à construire. Quoique je ne pusse guère m'attendre à autre chose, puisqu'il n'était pas supposable que Diana voyagerait dans un tel pays et à une telle heure avec quelqu'un qui n'aurait pas sur elle un droit légal de protection, le coup n'en fut pas moins sensible. Mac Gregor me pressait de continuer mon histoire, mais sa voix frappait mon oreille sans arriver jusqu'à mon esprit.

— Vous êtes mal, me dit-il enfin, après m'avoir parlé deux fois sans recevoir de réponse ; la fatigue de cette journée a sûrement été trop forte pour quelqu'un qui n'est pas habitué à de telles choses.

Le ton d'intérêt avec lequel il prononça ces mots me rappela à moi-même et à ma situation ; je continuai ma narration aussi bien qu'il me fut possible. — Rob Roy prit un air de triomphe, en apprenant l'issue du combat dans le défilé.

— Ils disent que la paille du roi vaut mieux que le blé des autres ; mais je ne pense pas qu'on en puisse dire autant des soldats du roi, s'ils se laissent battre par une poignée de vieillards qui ont passé l'âge de porter les armes, d'enfants qui ne savent pas encore les manier, et de femmes avec leurs quenouilles : tout ce qu'on pouvait trouver de moins redoutable dans le pays. — Et Dougal Gregor, qui aurait cru qu'il y eût autant de bon sens dans pareille tête ! — Mais continuez ; — quoique je craigne pour ce qui peut suivre, — car mon Hélène est un vrai diable quand elle a le sang échauffé. — Pauvre femme, elle n'en a que trop de raisons !

Je mis autant de réserve que possible dans le récit de la réception qu'on nous avait faite ; mais il me fut aisé de voir qu'il en éprouvait une vive contrariété.

— Pour mille livres je voudrais m'être trouvé là ! s'écria-t-il. Mal recevoir des étrangers, et surtout mon propre cousin, un homme qui m'a montré tant d'amitié ! J'aimerais mieux qu'ils eussent saccagé la moitié du Lennox. Mais voilà ce que c'est que de s'en rapporter à des femmes et à leurs enfants, qui ne connaissent ni raison ni mesure. — Tout cela vient pourtant de ce chien de jaugeur, qui m'a trahi en m'apportant un prétendu message de votre cousin Rasleigh, où il m'engageait à l'aller trouver pour les affaires du roi ; j'ai cru qu'il s'agissait de l'adhésion de Garschattachin et d'une partie du Lennox à la cause du roi Jacques. — Ma foi, je ne me suis aperçu que j'avais été trompé que lorsque j'ai su que le duc était là ; et quand ils m'ont enchaîné avec leur courroie, j'ai pu juger de ce qu'on me destinait. Car je connais votre cousin, qui n'est, je vous en demande pardon, qu'un homme sans foi, et qui ne se fait pas faute d'avoir recours à des gens de son espèce. — Je désire qu'il n'ait pas trempé dans ce tour.

— Je me souviens de la piteuse figure qu'a faite ce Morris, quand j'ai ordonné qu'il restât comme un gage, ou un otage, jusqu'à mon retour. — Je suis revenu, mais ce n'est pas lui que j'en dois remercier, non plus que ceux qui l'ont employé ; et la question est de savoir maintenant comment le collecteur s'en retournera lui-même. — Je lui promets que ce ne sera pas sans rançon.

— Morris a déjà payé la dernière rançon qu'on puisse exiger d'un homme.

— Quoi! s'écria vivement mon compagnon; que dites-vous? J'espère que c'est dans l'escarmouche qu'il a été tué?

— Il a été tué de sang-froid, monsieur Campbell, après la fin du combat.

— De sang-froid? — Damnation! ajouta-t-il à demi-voix et comme à part lui. — Et comment cela est-il arrivé, monsieur? — Parlez donc, monsieur, et ne m'appelez ni monsieur, ni Campbell. — J'ai le pied sur mes bruyères natales, et mon nom est Mac Gregor!

Ses passions étaient évidemment montées à un haut degré d'irritation; mais sans m'arrêter à la rudesse de son ton, je lui fis un récit bref et fidèle de la mort de Morris. Il frappa violemment la terre de la crosse de son fusil, en s'écriant : Je jure Dieu qu'une telle action ferait abandonner à un homme parents, clan, patrie, femme et enfants! — Et cependant le coquin travaillait depuis longtemps pour cela. — Au surplus, être envoyé sous l'eau avec une pierre au cou, ou nager dans l'air le cou serré par une corde, quelle différence y a-t-il? Ce n'est toujours que mourir, et il n'a eu que ce qu'il m'avait préparé. — J'aurais mieux aimé pourtant qu'on lui eût logé deux balles dans la tête ou la lame d'un dirk dans le cœur; car la manière dont on l'a expédié donnera lieu à bien des clabauderies. — Mais notre destin à tous est marqué, et il faut partir quand notre jour est venu. — Et personne ne niera qu'Hélène Mac Gregor n'ait bien des outrages à venger.

En parlant ainsi, il parut détourner son esprit de ce sujet, et il reprit la parole pour me demander comment je m'étais dégagé des mains de ceux avec qui il m'avait vu.

Ce récit ne fut pas long, et je lui appris aussi comment j'avais recouvré les papiers de mon père; mais je n'eus pas la force de prononcer une seconde fois le nom de Diana.

— J'étais sûr que vous les auriez, reprit Mac Gregor; la lettre que vous m'aviez apportée contenait les ordres de Son Excellence à ce sujet, et bien certainement mon intention était de vous aider en cela. C'était dans ce dessein que je vous avais fait venir dans ces vallées. Mais il paraît que Son Excellence a rencontré Rasleigh plutôt que je ne pensais.

La première partie de cette réponse fut ce qui me frappa le plus.

— Ainsi, dis-je, la lettre que je vous ai remise était de la personne que vous appelez Son Excellence? Quel est-il? Quel est son rang, son nom?

— Puisque vous n'êtes pas au fait de tous ces détails, répondit Mac Gregor, je crois qu'il vous importe assez peu de les connaître; je ne

CHAPITRE XXXIV.

vous en dirai donc pas davantage. Mais la lettre était en effet de sa propre main ; sans cela, ayant sur les bras, comme vous pouvez voir, assez d'affaires pour mon propre compte, je ne puis dire que je me serais autant occupé des vôtres.

Je me ressouvins alors des lumières aperçues dans la bibliothèque, — des diverses circonstances qui avaient excité ma jalousie, — le gant, — le mouvement de la tapisserie qui couvrait le passage secret de l'appartement de Rasleigh ; par-dessus tout, je me rappelai que Diana m'avait quitté pour écrire, à ce que j'avais pensé, la lettre à laquelle je devais recourir en cas d'absolue nécessité. Ses heures ne s'écoulaient donc pas dans la solitude, mais bien à écouter les discours de quelque agent secret d'une trahison jacobite, caché dans la maison même de son oncle ! D'autres jeunes filles s'étaient vendues pour de l'or, ou avaient accordé leur premier amour aux séductions de la vanité ; mais Diana avait sacrifié mon affection et son propre penchant, pour partager la fortune de quelque misérable aventurier, — pour errer au milieu des nuits dans ce pays sauvage, repaire de maraudeurs, sans pouvoir espérer d'autre fortune et d'autre rang que les vains simulacres qu'en pouvait accorder la prétendue cour des Stuarts de Saint-Germain.

— Je la verrai, me dis-je en moi-même ; je la verrai encore une fois, s'il est possible. Je lui parlerai comme un ami, — comme un parent ; — je lui montrerai les risques qu'elle court, et je l'aiderai à se retirer en France, où elle pourra, d'une manière plus convenable, moins précaire et plus sûre, attendre l'issue des troubles que l'intrigant politique auquel elle a uni son sort est sans doute occupé à susciter.

— Je conclus de tout ceci, dis-je à Mac Gregor après quelques instants d'un silence mutuel, que Son Excellence, puisque c'est le seul nom par lequel vous veuillez me le faire connaître, résidait à Osbaldistone-Hall en même temps que moi.

— Certainement, — certainement ; — et dans l'appartement de la jeune dame, comme de raison.

Cette information gratuite était un nouveau coup de poignard.

— Mais peu de personnes, continua Mac Gregor, savaient qu'il fût caché là, sauf Rasleigh et sir Hildebrand ; car vous étiez en dehors de tout cela, et les jeunes gens n'ont pas assez d'esprit pour chasser le chat du pot à crème. — C'est une bonne maison, bâtie à l'ancienne mode ; et ce que j'en admire le plus, c'est le grand nombre de cachettes qui s'y trouvent. — Vous pourriez y mettre vingt ou trente hommes dans un coin, et toute une famille vivre près d'eux durant une semaine sans qu'elle pût les découvrir ; — cela peut être utile dans l'occasion. Je voudrais que nous eussions quelque autre Osbaldistone-Hall dans nos braes[1]

---

[1] Coteaux, pentes de montagnes (L. V.)

de Craig Royston;— mais il faut que les bois et les cavernes nous en servent, à nous autres pauvres gens des montagnes.

— Je suppose que Son Excellence n'était pas étrangère au premier accident qui arriva..... Je ne pus m'empêcher d'hésiter un moment.

— A Morris, voulez-vous dire? interrompit Rob Roy avec le plus grand sang-froid, car il était trop habitué aux scènes de violence pour que l'émotion qu'il avait manifestée dans le premier moment fût de longue durée; — j'ai ri de bon cœur de l'aventure; mais je n'ai plus la force d'en rire depuis ce malheureux accident du lac. — Non, non, Son Excellence ne savait rien de ce tour; — il avait été concerté entre Rasleigh et moi. Mais ce qui s'ensuivit, — la ruse de Rasleigh de détourner les soupçons de lui sur vous, qu'il n'avait jamais aimé dès l'origine; — puis miss Die, qui vient nous forcer de détruire nos propres trames, et de vous tirer des griffes du juge; — et ce poltron de Morris perdant la tête, quand il aperçoit son véritable voleur, au moment où il accusait un étranger innocent; — et cet imbécile de greffier, — et cet ivrogne de juge : — ha! ha! ha! — j'en ai bien ri. — Maintenant tout ce que je puis faire pour le pauvre diable, c'est de faire dire quelques messes pour le repos de son âme.

— Puis-je vous demander comment miss Vernon put avoir assez d'influence sur Rasleigh et son complice, pour les décider à déranger ainsi vos plans?

— Mes plans? Je n'en étais pas l'auteur. — Personne ne peut dire que j'aie jamais rejeté mon fardeau sur les épaules d'un autre. — Tout était sorti du cerveau de Rasleigh. — Mais sans aucun doute elle avait sur nous deux beaucoup d'influence, à cause de l'affection de Son Excellence, et puis parce qu'elle était au courant de beaucoup plus de choses qu'il n'eût fallu dans des affaires de cette importance.
—Au diable soient, ajouta-t-il dans une sorte d'*à-parte,* ceux qui donnent aux femmes ou des secrets à garder, ou un pouvoir dont elles puissent abuser. — Il ne faut pas mettre un bâton dans les mains d'un fou.

Nous n'étions plus qu'à un quart de mille du village, lorsque trois montagnards, se montrant tout à coup à nous, nous ordonnèrent, en nous présentant le bout de leurs fusils, de nous arrêter et de dire qui nous étions. Au nom de *Gregarach* prononcé par mon compagnon d'une voix forte et impérieuse, un cri ou plutôt un hurlement d'allégresse fut poussé par les sentinelles. L'un d'eux, jetant son mousquet et se précipitant aux pieds de son chef, lui embrassait les genoux avec tant d'effusion que Mac Gregor eut grand'peine à se dégager; et en même temps il lui adressait en gaëlic, avec une extrême volubilité, des félicitations qui parfois se changeaient en cris de bonheur. Les deux autres, après ce premier moment de manifestations bruyantes, se mirent à courir avec la rapidité du daim, luttant à qui porterait le premier au village, qu'un fort parti du clan des Mac Gregor occupait en ce moment, l'heureuse nouvelle de la fuite et du retour de Rob Roy. Cette nouvelle excita des cris de joie qui firent retentir les échos ; jeunes et vieux, hommes, femmes et enfants, tous, sans distinction de sexe ni d'âge, se ruèrent au-devant de nous avec l'impétuosité tumultueuse et la clameur d'un torrent de leurs montagnes. A l'approche de cette multitude poussant des hurlements de joie, je crus devoir pour ma sûreté rappeler à Mac Gregor que j'étais étranger et sous sa protection. Aussi me tint-il par le bras, tandis que la foule se serrait autour de lui avec des démonstrations de joie et d'attachement réellement attendrissantes ; et quoique tous s'efforçassent de lui toucher la main, il ne la présenta à personne avant de leur avoir fait comprendre qu'ils devaient me traiter avec bienveillance et amitié.

Un ordre du sultan de Dehly n'entraînerait pas une plus prompte obéissance. A la vérité, leurs attentions me devinrent presque aussi gênantes qu'auparavant leur rudesse. A peine permettaient-ils à l'ami de leur chef de se servir de ses jambes, tant ils s'empressaient autour de moi pendant le chemin ; et enfin, profitant d'un faux pas que me fit faire une pierre que la foule ne m'avait pas permis d'apercevoir, ils me soulevèrent dans leurs bras, et me portèrent comme en triomphe vers l'auberge de mistress Mac Alpine.

A notre arrivée devant cette demeure hospitalière, je m'aperçus que le pouvoir et la popularité ont leurs inconvénients dans les Highlands aussi bien que partout ailleurs ; car avant que Mac Gregor pût pénétrer dans la maison où il devait goûter quelque repos et trouver des rafraîchissements, il fut obligé de recommencer dix à douze fois au moins l'histoire de son évasion, ce que j'appris d'un officieux vieillard qui, pour mon édification, se donna la peine de m'expliquer chaque fois le récit du chef, et à qui, par politesse, j'étais obligé de paraître prêter une attention convenable. L'auditoire étant enfin satisfait, les groupes se dispersèrent l'un après l'autre pour aller passer la nuit, ou sur la bruyère, ou dans les huttes du voisinage, les uns maudissant le duc et Garschattachin, les autres déplorant la triste fin que l'amitié d'Ewan de Brigglands pour Mac Gregor paraissait lui avoir value, tous s'accordant à reconnaître que l'évasion de Rob Roy ne le cédait aux exploits d'aucun de leurs chefs, à commencer par Dougal Ciar, le fondateur de leur clan.

Mon protecteur, me prenant alors par le bras, me fit entrer dans l'intérieur de la cabane. Mes yeux en parcoururent rapidement les recoins enfumés, pour y découvrir Diana et son compagnon ; mais je ne les aperçus pas, et je sentis que des questions à ce sujet pourraient trahir des sentiments secrets qu'il valait mieux renfermer en moi-même. La seule physionomie de connaissance que mes regards rencontrèrent fut celle du bailli, qui, assis sur une escabelle auprès du feu, reçut avec une sorte de réserve et de dignité le salut et les excuses de Rob Roy, et les questions qu'il lui adressa sur l'état de sa santé.

— Elle est assez bonne, cousin, passablement bonne, répondit-il ; je vous remercie. Et quant à la manière dont on est ici, on ne peut apporter sur son dos sa maison de Salt-Market, comme un limaçon sa coquille. — Mais je suis charmé que vous vous soyez tiré des mains de vos ennemis.

— Eh bien, eh bien ! alors, reprit Rob Roy, qu'est-ce qui vous tourmente, cousin ? — Tout ce qui finit bien est bien ! — Le monde durera autant que nous. — Allons, acceptez un verre d'eau-de-vie ; — c'était toujours la consolation de votre père le diacre.

— Il se peut qu'il y eût recours après des fatigues, Robin ; — et j'en ai éprouvé aujourd'hui de plus d'une sorte. Mais, continua-t-il en emplissant lentement une tasse en bois qui pouvait bien contenir trois verres, c'était un homme modéré sur la boisson, comme je le suis moi-même. — A votre santé, Robin (et il avala un petit coup) ; et à votre bonheur dans ce monde et dans l'autre (il but un second coup) ; et à ma cousine Hélène, — et à vos deux garçons, dont j'aurai à vous parler tout à l'heure.

En même temps il acheva d'un air grave et délibéré de vider la coupe, tandis que Mac Gregor me jetait un regard à la dérobée, comme pour me faire remarquer le ridicule de cet air d'autorité magistrale que le bailli semblait vouloir prendre avec lui, alors qu'il était à la tête de son clan armé, comme s'il était encore dans la tolbooth de Glasgow. Il me parut que Mac Gregor voulait me faire entendre, à raison de ma qualité d'étranger, que s'il souffrait le ton que prenait son parent, c'était en partie par respect pour les droits de l'hospitalité, et plus encore pour s'en faire un amusement.

En reposant sa tasse sur la table, le bailli me reconnut. Il me félicita cordialement de mon retour, mais il ne me fit aucune question sur ma course.

— Nous causerons tout à l'heure de vos affaires, me dit-il ; comme de raison, je dois commencer par celles de mon parent. — Je présume, Robin, qu'il n'y a ici personne qui puisse aller rapporter rien de ce que j'ai à vous dire au conseil de ville ou ailleurs, à mon préjudice et au vôtre ?

— Soyez tranquille, cousin Nicol, la moitié de ceux qui sont ici ne comprendront pas ce que vous direz, et l'autre moitié n'y prendra pas garde ; — outre que j'arracherais la langue à celui qui oserait répéter une seule parole qui me serait adressée devant lui.

— Eh bien ! cousin, puisqu'il en est ainsi, et M. Osbaldistone étant un jeune homme prudent et un ami sûr, — je vous dirai simplement que vous élevez votre famille dans de mauvaises voies. — Alors s'éclaircissant la voix par un hem ! préliminaire, et, comme Malvolio[1] au

---

[1] Personnage de la *Soirée des Rois* de Shakspeare. (L. V.)

milieu de sa grandeur, tempérant la familiarité de son sourire par la sévérité de son regard, il continua, en s'adressant à son parent : — Vous savez que vous pesez peu de chose aux yeux de la loi ; — et quant à ma cousine Hélène, outre l'accueil qu'elle m'a fait aujourd'hui, accueil que j'excuse à cause du trouble où était son esprit, mais qui a été tout l'antipode d'une réception amicale, j'ai à vous dire — mettant de côté ce sujet personnel de plainte, — j'ai à vous dire de votre femme....

— Ne dites *rien* d'elle, cousin, interrompit Rob d'un ton grave et sévère, qu'un ami ne puisse dire et que son mari ne puisse entendre. Quant à moi, dites-en tout ce qu'il vous plaira.

— Fort bien, fort bien, reprit le bailli un peu déconcerté ; nous passerons sur ce chapitre. — Je n'aime pas d'ailleurs à semer la zizanie dans les familles. — Mais il y a vos deux fils, Hamish et Robin, ce qui signifie, à ce qu'on m'a dit, James[1] et Robert ; — j'espère que vous les appellerez ainsi à l'avenir : — on ne trouve rien de bon des Hamishs, des Eachins, des Angus, si ce n'est que ce sont les noms qu'on retrouve le plus souvent, pour des vols de bestiaux, devant les tribunaux des districts de l'ouest, dans la bouche de l'avocat du roi plaidant pour les intérêts de Sa Majesté. — Mais pour en revenir à vos deux garçons, ils n'ont pas même reçu, cousin, les premiers éléments d'une éducation libérale. — Ils ne connaissent même pas la table de multiplication, qui est la racine des connaissances humaines, et ils n'ont fait que rire et se moquer de moi, quand je leur ai dit ma façon de penser de leur ignorance. — Je croirais qu'ils ne savent ni lire, ni écrire, ni compter, si je pouvais penser une telle chose de mes propres parents, dans un pays chrétien.

— S'ils savaient lire et écrire, répondit Mac Gregor de l'air le plus indifférent, leurs connaissances seraient donc venues les trouver toutes seules, car où diable leur aurais-je trouvé un précepteur ? — Voudriez-vous que j'eusse fait afficher sur la porte de votre collége de Glasgow : « On demande un instituteur pour les enfants de Rob Roy ? »

— Non, cousin ; mais vous auriez pu les envoyer où ils apprendraient la crainte de Dieu et les usages de créatures civilisées. Ils sont aussi ignorants que les bœufs que vous conduisiez au marché, et que les rustres anglais à qui vous les vendiez, et ils ne pourront jamais faire rien qui vaille.

— Umph ! fit Rob ; Hamish peut abattre une perdrix au vol, avec une seule balle, et Rob peut traverser d'un coup de son dirk une planche de deux pouces d'épaisseur.

— Tant pis pour eux, cousin ! tant pis pour eux ! répliqua le marchand de Glasgow d'un ton tranchant ; s'ils ne savent que cela, mieux vaudrait qu'ils ne sussent rien du tout. Dites-moi vous-même, Rob,

---

[1] Jacques.

vous qui avez aussi tous ces talents de fusil et de dirk, ce qu'ils vous ont valu de bon? N'étiez-vous pas plus heureux quand vous conduisiez vos troupeaux et que vous faisiez un métier honnête, que vous ne l'avez jamais été depuis, à la tête de vos pillards highlanders et de tout votre gibier de potence?

Je remarquai que Mac Gregor, tandis que son parent lui parlait ainsi, sous l'inspiration d'intentions serviables, se contraignait péniblement, comme un homme qui éprouve une peine violente, mais qui ne veut pas qu'un seul gémissement la trahisse. Je cherchais une occasion d'interrompre les remontrances, bienveillantes sans doute, mais évidemment déplacées, que M. Jarvie croyait pouvoir adresser à cet homme extraordinaire; mais l'entretien se termina sans qu'il fût besoin de mon intervention.

— Ainsi donc, continua le bailli, j'ai pensé, Rob, que si votre nom est peut-être écrit en trop gros caractères sur le livre noir pour qu'on puisse l'en effacer, et que vous-même vous vous fassiez trop vieux pour vous amender, c'est grand dommage d'habituer deux garçons pleins d'espérance à un métier tel que le vôtre, en dehors de la crainte de Dieu et des hommes, et je les prendrai bien volontiers pour apprentis dans mon métier de tisserand, comme j'ai commencé et comme avait commencé mon père le diacre, quoique, grâces à Dieu, je ne fasse plus maintenant que le commerce en gros; — et... et...

Il vit un orage s'amasser sur le front de Rob, ce qui probablement le détermina à mettre en avant, comme palliatif d'une proposition malsonnante, ce qu'il tenait en réserve pour couronner son offre généreuse, dans le cas où elle eût paru acceptable. — Allons, Robin, mon garçon, ne me regardez pas d'un air si sombre; je me charge de tous les frais d'apprentissage, et je ne vous inquiéterai jamais non plus pour les mille livres.

— *Ceade millia diaoul!* cent mille diables! s'écria Rob en se levant brusquement et parcourant la chambre à pas précipités; — mes fils tisserands! — *Millia molligheart!* j'aimerais mieux voir tous les métiers, tout le fil, tout le coton, toutes les navettes de Glasgow au milieu du feu de l'enfer.

Je parvins, non sans peine, à faire comprendre au bailli, qui se disposait à répondre, le danger et l'inconvenance de presser plus longtemps Mac Gregor sur ce sujet; et, au bout d'une minute, celui-ci redevint calme, du moins extérieurement.

— Vos intentions sont bonnes, dit-il, — vos intentions sont bonnes; ainsi, donnez-moi la main, Nicol, et si jamais je mets mes fils en apprentissage, je penserai à vous. Mais, comme vous disiez, il y a l'affaire des mille livres à régler entre nous. — Holà! Eachine Mac Analeister, apporte-moi mon sporran.

Celui à qui il s'adressait, grand et robuste montagnard qui semblait remplir près de Mac Gregor les fonctions de lieutenant, tira d'un lieu de sûreté un grand sac fait d'une peau de loutre de mer, et garni d'ornements d'argent et de cuivre, semblable à ceux que les Highlanders de distinction portent devant eux quand ils sont en costume complet.

— Je ne conseillerais à personne, dit Rob Roy, d'essayer d'ouvrir ce sporran sans en avoir le secret; — et alors faisant glisser, poussant et tirant à lui tour à tour différents boutons, la bourse, dont l'entrée était garnie d'argent massif, s'ouvrit d'elle-même pour livrer passage à la main. Il me fit remarquer, comme pour couper court à ce que disait le bailli Jarvie, qu'un petit pistolet d'acier caché dans l'intérieur, et dont la détente était mise en rapport avec la monture, faisait partie du mécanisme de la bourse, de sorte que l'arme ne pouvait manquer de partir, et, selon toute probabilité, d'atteindre celui qui tenterait, sans connaître le secret, de forcer l'ouverture du trésor. — Ceci, dit-il, en touchant du doigt le pistolet, ceci est le gardien de ma caisse privée.

L'ingénuité de cette invention, destinée à assurer l'intégrité d'une bourse en cuir, qu'on pouvait aisément fendre ou découdre sans essayer de l'ouvrir, me rappela ce passage de l'Odyssée où Ulysse, dans un siècle encore plus grossier, se contente, pour protéger son trésor, d'entourer de nœuds compliqués la cassette qui le contient.

Le bailli mit ses lunettes pour examiner le mécanisme, puis en souriant et en soupirant tout à la fois, il dit à Mac Gregor, en lui rendant le sac: — Ah! Rob, si la bourse des autres eût été aussi bien gardée, je doute que votre sporran fût aussi bien garni qu'il l'est, à en juger par le poids.

— Soyez tranquille, cousin, dit Rob en riant; il s'ouvrira toujours pour secourir un ami, ou pour payer une dette légitime. — Voici, ajouta-t-il en prenant un rouleau d'or, voici vos mille livres; — vérifiez-les, et voyez si vous avez votre compte.

M. Jarvie prit le rouleau sans répondre, et après l'avoir pesé un instant dans sa main, il le posa sur la table. — Rob, dit-il, je ne puis le prendre, — je ne puis prendre cet or. — Il ne me porterait pas bonheur; — j'ai trop bien vu aujourd'hui par quelle porte l'or vous arrive. — Bien mal acquis ne prospère jamais; je vous dis que je n'y toucherai pas! Il me semble y voir des taches de sang.

— Bah! dit l'outlaw avec plus d'indifférence apparente que peut-être il n'en ressentait réellement, c'est du bon or de France; regardez-les, bailli; — tous louis d'or beaux et brillants comme le jour où on les a frappés.

— Tant pis, tant pis; — c'est justement là le pis, reprit Robin, dont les yeux se détournaient du rouleau, tandis que, comme César aux Lupercales, les doigts lui démangeaient de l'envie d'y toucher. — Rebellion est pis que vol et sorcellerie; c'est l'Évangile qui le dit.

— Ne parlez pas de rebellion[1], cousin, dit le chef de maraudeurs; cet or ne vous arrive-t-il pas honnêtement et en paiement d'une dette légitime? — Il sort de la poche d'un roi; vous pouvez, si bon vous semble, le faire entrer dans celle de l'autre : ce sera affaiblir l'ennemi par son côté déjà le plus faible; car, Dieu le sait, ce pauvre roi Jacques ne manque ni de cœurs ni de bras dévoués, mais je crois qu'il manque un peu d'argent.

— Il ne faut donc pas qu'il compte beaucoup sur les Highlanders, Robin, dit M. Jarvie, en même temps que remettant ses lunettes et défaisant le rouleau, il se mettait en devoir d'en vérifier le contenu.

— Autant au moins que sur les Lowlanders, répliqua Mac Gregor en fronçant le sourcil; et dirigeant ses yeux sur moi, il les reporta sur M. Jarvie, tout occupé, sans songer au ridicule qu'il se donnait en ce moment, à examiner chaque pièce l'une après l'autre, avec l'attention scrupuleuse qu'il y aurait apportée dans son comptoir de Salt-Market. Après avoir compté deux fois la somme, qu'il trouva égale au montant de sa créance, principal et intérêts, il rendit trois pièces à Rob pour acheter, lui dit-il, une robe à sa cousine, et un couple d'autres pour les deux enfants, comme il les appelait encore, afin qu'ils puissent en acheter ce qui leur plairait, excepté de la poudre à tirer. Le montagnard ouvrit de grands yeux, à cette générosité inattendue de son parent; mais il accepta poliment le cadeau, et fit rentrer les cinq pièces dans sa bourse si bien défendue.

Le bailli tira de sa poche le billet de son cousin. Il avait écrit au dos son acquit en bonne forme; il le signa et me pria d'y apposer aussi ma signature comme témoin : ce que je fis. Le bailli Jarvie promenait ses regards autour de lui, cherchant un second témoin qui pût signer avec nous, les lois d'Écosse en exigeant deux pour valider soit une reconnaissance, soit un acquit. — Excepté nous, lui dit Rob, vous auriez peine à trouver à trois milles à la ronde un seul homme qui sache écrire; mais je vais arranger l'affaire; — et prenant le papier des mains de M. Jarvie, il le jeta au feu. Le bailli ouvrit de grands yeux à son tour; mais son cousin reprit : — C'est une manière highlandaise de régler un compte. — Un moment pourrait venir, cousin, si je conservais des papiers de cette nature, que des amis fussent inquiétés pour avoir eu des rapports avec moi.

Le bailli n'essaya pas de répondre à cet argument, et l'on nous servit en ce moment un souper où régnaient une abondance et même une recherche qui, eu égard au lieu, pouvaient paraître extraordinaires.

---

[1] Il y a là, dans le texte, un jeu de mots intraduisible. « *Gospel warrant* », dit le bailli, « l'Évangile l'assure ». — « *Never mind the warrant* », répond le chef de maraudeurs, « ne parlez pas de warrant. » L'équivoque repose sur le double sens du mot *warrant*, qui signifie à la fois, comme verbe, *assurer, garantir*, et, comme substantif, *mandat d'arrêt, prise de corps*. (L. V.)

La plus grande partie des provisions étaient froides : ce qui semblait indiquer qu'elles avaient été préparées à quelque distance ; plusieurs bouteilles d'excellent vin de France servaient d'accompagnement à différents pâtés de venaison et à divers autres plats. Je remarquai que Mac Gregor, tout en faisant avec une grande sollicitude les honneurs de sa table, nous priait de l'excuser si quelques-uns des mets avaient été entamés avant de nous être présentés. — Il faut que vous sachiez, dit-il à M. Jarvie sans me regarder, que vous n'êtes pas cette nuit les seuls hôtes de Mac Gregor, et vous n'en douterez pas, car sans cela ma femme et mes deux fils seraient ici pour vous faire honneur, comme c'est leur devoir.

Le bailli Jarvie ne parut pas trop fâché que quelque circonstance les eût empêchés de remplir ce devoir ; et j'aurais été tout à fait du même avis, si l'excuse de Rob Roy ne m'avait paru indiquer qu'ils étaient en compagnie de Diana et de son compagnon, que je ne pouvais m'empêcher de regarder comme son époux.

Tandis que les tristes idées que cette allusion avait réveillées en moi paralysaient tout à coup les agréables dispositions où m'avaient mis un excellent appétit, le bon accueil et la bonne chère, je m'aperçus que l'attention de Rob Roy s'était étendue jusqu'à nous pourvoir de lits meilleurs que ceux que nous avions eus l'autre nuit. Deux des moins mauvais grabats disposés contre le mur de la hutte avaient été garnis de bruyère, alors en fleur, dont on nous avait formé des matelas à la fois moelleux et aromatiques. Des manteaux avaient été étendus sur cette couche végétale, aussi douce que chaude. Le bailli semblait épuisé de fatigue ; je l'engageai à se mettre au lit dès qu'il eut fini de souper, renvoyant au lendemain matin les diverses informations que j'avais à lui communiquer. Quoique harassé moi-même, je ne me sentais aucune disposition à dormir. J'étais agité d'une sorte d'inquiétude fiévreuse, et je restai à table avec Mac Gregor,

CHAPITRE XXXV.

> Une ombre sans espoir s'étend sur ma destinée. J'ai reçu le dernier regard de ses yeux célestes, — j'ai entendu les derniers accents de sa voix chérie, — j'ai vu s'éloigner cet être charmant : mon sort est fixé. *Le comte Basile.*

JE ne sais que faire de vous, monsieur Osbaldistone, me dit Mac Gregor en me passant la bouteille. Vous ne mangez pas, vous ne paraissez pas avoir envie de dormir, et vous ne buvez point, quoique ce flacon de Bordeaux soit digne de la cave même de sir Hildebrand. Si vous eussiez toujours été aussi sobre, vous n'auriez pas encouru la haine mortelle de votre cousin Rasleigh.

— Si j'avais toujours été prudent, répondis-je, en rougissant au souvenir de la scène qu'il me rappelait, je n'aurais pas encouru un mal plus grand, — les reproches de ma conscience.

Mac Gregor jeta sur moi un regard soupçonneux et interrogateur, comme pour deviner l'intention de ce reproche, dont il sentit la portée. Il vit que je ne pensais qu'à moi-même, et il tourna sa chaise vers le feu, en poussant un profond soupir. Je suivis son exemple, et nous demeurâmes ainsi pendant quelques minutes, plongés l'un et l'autre dans de tristes réflexions. Excepté nous-mêmes, tout le monde en ce moment dormait dans la cabane; tout, du moins, était silencieux.

Mac Gregor rompit le premier le silence, du ton d'un homme qui se décide avec effort à entamer un sujet pénible. — Mon cousin Nicol Jarvie a de bonnes intentions, dit-il, mais il n'a pas assez égard au caractère et à la position d'un homme comme moi, considérant ce que j'ai été, — ce qu'on m'a forcé de devenir, — et, surtout, ce qui m'a fait ce que je suis.

Il s'arrêta; et quoique je sentisse combien était délicat le sujet que notre entretien semblait aborder, je ne pus m'empêcher de répondre que je ne doutais pas que sa situation actuelle dût l'affecter péniblement. — Je serais heureux d'apprendre, ajoutai-je, qu'il y ait pour vous une honorable chance d'en sortir.

— Vous parlez comme un enfant, répliqua Mac Gregor, d'un ton de voix sourd, semblable au roulement d'un tonnerre éloigné; — vous parlez comme un enfant, qui croit que le tronc noueux d'un vieux chêne peut se plier aussi aisément que le jeune arbrisseau. Puis-je oublier que j'ai été flétri du titre d'outlaw¹ et stigmatisé comme un

---

¹ Proscrit, hors la loi. (L. V.)

traître? — qu'on a mis ma tête à prix comme celle d'un loup? — que ma famille a été traitée comme on traite la femelle et les petits du renard des montagnes, que chacun peut tourmenter, avilir, insulter et dégrader? — que le nom même que m'a transmis une longue et noble suite d'ancêtres valeureux a été frappé de proscription, comme si c'était un charme pour conjurer le démon?

Tandis qu'il parlait ainsi, il me fut aisé de voir que par cette énumération des injures qu'il avait reçues, il cherchait lui-même à réveiller sa fureur, afin de justifier à ses propres yeux le genre de vie où elles l'avaient entraîné. Il y réussit parfaitement. Ses yeux gris, contractant et dilatant alternativement leurs prunelles, devinrent étincelants; il balançait violemment une de ses jambes, sa main se porta sur la poignée de son dirk, il étendit les bras en serrant le poing, puis enfin il se leva brusquement.

— Ils *verront*, dit-il, avec le même accent de fureur concentrée, ils verront que le nom qu'ils ont osé proscrire, — le nom de Mac Gregor, — est en effet un talisman qui peut évoquer les enfers. — *Ils* entendront parler de ma vengeance, ceux qui dédaigneraient d'écouter l'histoire de mes malheurs. — Le misérable bouvier montagnard, le banqueroutier, le va-nu-pieds, — dépouillé de tout, déshonoré, chassé, fondra sur ceux dont l'avarice ne se contenta pas de ce qui lui restait; ce sera une revanche terrible. Ceux qui ont méprisé le ver de terre, et qui l'ont foulé aux pieds, pousseront des lamentations et des hurlements quand ils le verront changé en serpent monstrueux et menaçant. — Mais pourquoi parler de tout cela? reprit-il d'une voix plus calme et en se rasseyant. — Seulement vous devez bien penser, monsieur Osbaldistone, que la patience d'un homme est à bout quand il se voit chassé comme une loutre, un saumon ou un veau marin, et cela par ses amis mêmes et ses voisins. Se voir traqué, poursuivi à coups d'épée et de pistolet, comme je l'ai été aujourd'hui au gué d'Avondow, excèderait la patience d'un saint, à plus forte raison celle d'un Highlander, qui ne possède pas à un haut degré ce don précieux, comme vous pouvez savoir, monsieur Osbaldistone. — Mais je pense encore à ce que m'a dit le cousin Nicol; — je suis tourmenté pour mes fils; — je ne puis voir sans regret Hamish et Robert condamnés à la vie de leur père. — Et le sort de ses enfants le plongeant dans une affliction à laquelle il ne se serait pas abandonné pour lui-même, il laissa tomber sa tête dans ses deux mains.

Je ne puis vous dire, Will, combien je fus attendri à la vue de cette douleur paternelle. J'ai toujours été plus profondément ému des chagrins sous lesquels est forcé de se courber un esprit fier, noble et courageux, que des douleurs d'une âme plus faible. Je sentis un vif désir de soulager sa peine, malgré la difficulté probable, l'impossibilité peut-être d'y parvenir.

—Nous avons des relations étendues, lui dis-je ; vos fils ne pourraient-ils pas, avec quelque assistance, — et ils ont droit à toute celle que pourrait leur donner la maison de mon père, — trouver dans le service à l'étranger une honorable ressource?

Mes traits devaient exprimer une émotion sincère. Mon compagnon m'interrompit : — Merci, me dit-il en me prenant la main ; — merci ; — ne parlons plus de cela maintenant. Je n'aurais pas cru que les yeux d'un homme dussent jamais voir une larme dans ceux de Mac Gregor ; — et en même temps il essuyait, du revers de sa main, celles qui mouillaient encore ses longues paupières grises. — Demain matin, ajouta-t-il, nous en reparlerons, et nous parlerons aussi de vos affaires ; — car nous sommes toujours levés avec l'aurore, dans nos montagnes, même quand le hasard nous a favorisés d'un bon lit. Voulez-vous boire avec moi le coup de grâce?

Je le priai de m'en dispenser.

— Eh bien, par l'âme de saint Maronoch! je me ferai raison à moi-même ; — et se versant au moins une demi-pinte de vin, il l'avala d'un trait.

Je me jetai sur mon lit, résolu d'ajourner mes questions à un moment où son esprit serait plus calme. Cet homme extraordinaire s'était si bien emparé de mon imagination, qu'il me fut impossible, lorsque je fus étendu sur ma couche de bruyère, de ne pas observer ses mouvements pendant quelques minutes. Il parcourut la chambre de long en large, faisant de temps à autre le signe de la croix, et murmurant en latin quelque prière de l'Église catholique ; puis, s'enveloppant de son plaid, il s'étendit sur un lit, son épée nue d'un côté et un pistolet de l'autre, et disposa son manteau de façon à ce que la moindre alarme le trouvât prêt et tout armé pour le combat. Au bout d'un instant, sa respiration m'annonça qu'il était endormi. Accablé de fatigue et l'esprit plein encore des diverses scènes de la journée, je me laissai bientôt aller moi-même à un profond sommeil, dont, malgré toutes les causes d'inquiétude qui me restaient encore, je ne sortis qu'assez tard dans la matinée.

Qand j'ouvris les yeux, Mac Gregor était déjà sorti de la hutte. J'éveillai le bailli, qui, après force bâillements, accompagnés de soupirs et de plaintes douloureuses sur sa lassitude à peine diminuée, suite de l'exercice inaccoutumé du jour précédent, fut enfin en état d'entendre et de comprendre l'heureuse nouvelle que les billets enlevés par Rasleigh étaient retrouvés. Oubliant aussitôt toutes ses souffrances, il sauta de son lit et s'empressa de comparer le contenu du paquet que je lui remettais, avec la note que lui en avait donnée M. Owen. Tout en faisant sa vérification, il murmurait à demi-voix : — Bien, bien ; — c'est bien cela. — Baillie et Whittington..... où est Baillie et Whittington? — Six cents livres, six shillings, huit pence ; — parfaitement

CHAPITRE XXXV.

exact. — Polloch et Peelman, — vingt-huit livres, six shillings; — exact. — Dieu soit loué! — Grub et Grinder ; — on ne peut meilleur; — trois cent soixante-dix livres. — Gilblad, — vingt livres ; — douteux. — Slypprytongue; en faillite ; — mais ce sont de petites sommes, — des bagatelles ; — le reste est excellent. — Dieu soit loué ! Nous avons notre affaire, et rien ne nous retient plus dans ce triste pays. Je ne penserai jamais au Loch-Ard sans frissonner.

— Je suis fâché, cousin, dit Mac Gregor qui entrait en ce moment, de ne m'être pas trouvé tout à fait en position de vous recevoir comme je l'aurais voulu ; — néanmoins, si vous voulez bien venir visiter ma pauvre demeure....

— Bien obligé, bien obligé, interrompit vivement M. Jarvie. Il faut que nous repartions ; — il faut que nous nous remettions en route, M. Osbaldistone et moi. — Les affaires n'attendent point.

— Eh bien! cousin, répliqua le Highlander, vous connaissez notre maxime : — Accueille l'hôte qui arrive ; — ouvre la porte à celui qui veut partir. — Mais vous ne pouvez retourner par Drymen. — Je vous conduirai jusqu'au Loch Lomond, je vous ferai embarquer sur le bac de Balloch, et j'aurai soin que vous y trouviez vos chevaux. C'est la maxime d'un homme sage de ne jamais revenir par la même route, quand il y en a une autre de libre.

— Oui, oui, Rob, dit le bailli ; c'est une des maximes que vous avez apprises quand vous faisiez votre commerce de bestiaux ; — vous ne vous souciez pas de rencontrer les fermiers dont vos bêtes avaient mangé l'herbe chemin faisant. — Je crains bien que votre route ne soit à présent encore plus mal marquée.

— Raison de plus de n'y pas repasser trop souvent, cousin. J'enverrai donc vos chevaux jusqu'au bac, sous la conduite de Dougal Gregor, que j'ai transformé à cette occasion en un serviteur du bailli, venant — non, comme vous pourriez croire, du clachan d'Aberfoïl ou du pays de Rob Roy, mais d'une paisible excursion à Stirling. — Eh! tenez, le voilà !

— Je n'aurais pas reconnu la créature, s'écria M. Jarvie ; et, de fait, il n'aurait pas été aisé de reconnaître le montagnard à demi sauvage, quand il parut devant la porte du cottage, couvert du chapeau, de la perruque et de la redingote qui autrefois avaient eu pour maître Andrew Fairservice ; il montait le cheval du bailli et conduisait le mien en laisse. Son maître lui donna ses dernières instructions, pour éviter certaines places où il aurait pu exciter les soupçons, pour recueillir pendant son voyage autant d'informations que possible, et pour attendre notre arrivée à un lieu désigné, dans le voisinage du bac de Balloch.

Mac Gregor nous offrit ensuite de nous accompagner dans le trajet ; et nous avertissant que nous aurions à faire quelques milles avant le déjeûner, il nous recommanda un verre d'eau-de-vie, comme une préparation convenable pour le voyage ; en quoi il fut appuyé par le bailli, qui affirma que c'était une mauvaise et pernicieuse habitude de commencer la journée par des liqueurs spiritueuses, si ce n'est pour défendre l'estomac, qui est une partie délicate, contre le brouillard du matin ; auquel cas son père le diacre recommandait un verre d'eau-de-vie, par précepte et par exemple.

— C'est très-vrai, cousin, répliqua Rob ; et c'est pour cela que nous, qui sommes les Enfants du Brouillard, nous avons le droit d'en boire du matin au soir.

Ainsi réconforté, le bailli fut placé sur un petit poney montagnard. Une monture semblable me fut offerte, mais je la refusai, et nous reprîmes, sous des auspices bien différents, notre route du matin précédent.

Notre escorte se composait de Mac Gregor, de cinq ou six montagnards, les plus dispos, les mieux armés et les plus vigoureux de sa bande, et qui restaient habituellement près de sa personne.

Quand nous approchâmes du défilé où avait eu lieu le combat de la veille, et qui avait été témoin d'une action plus horrible encore, Mac Gregor se hâta de prendre la parole, plutôt pour répondre à ce qu'il supposait devoir occuper mon esprit, qu'à ce que j'avais pu lui dire ; — il s'adressait à mes pensées, non à mes paroles.

— Vous devez penser mal de nous, monsieur Osbaldistone ; il ne serait pas naturel qu'il en fût autrement. Mais souvenez-vous du moins que nous avons été provoqués. — Nous sommes un peuple rude, ignorant, violent et passionné peut-être ; mais nous ne sommes pas cruels. — Nous n'aurions songé à troubler ni la paix, ni les lois du pays, si l'on nous avait permis de jouir des bienfaits de la paix et des lois. Mais nous avons été une race persécutée.

— Et la persécution rend fous les hommes les plus sages, dit le bailli.

— Quel effet devait-elle donc produire sur des hommes comme nous, vivant comme vivaient nos pères il y a mille ans, et à peine plus éclairés qu'eux ? — Pouvions-nous voir d'un œil ami leurs édits sanguinaires contre nous ? Pouvions-nous voir se dresser les potences et les échafauds, pouvions-nous être traqués par des chiens, dépouillés même d'anciens et honorables noms, et ne pas rendre à nos ennemis le mal que nos ennemis nous faisaient ? — Tel que vous me voyez, je me suis trouvé à vingt combats sans jamais avoir de sang-froid porté la main sur un homme ; et cependant on me livrerait au premier seigneur qui aurait contre moi quelque animosité, pour être pendu, comme un chien errant, à la porte de son château.

Je répondis que la proscription de son nom et de sa famille serait regardée par tout Anglais comme un acte cruel et arbitraire ; et ayant ainsi calmé l'amertume de ses idées, je renouvelai les offres que je lui avais faites, d'obtenir pour ses fils et pour lui-même, s'il le désirait, quelque emploi militaire à l'étranger. Mac Gregor me serra la main avec effusion, et me retenant un peu en arrière, de façon à ce que M. Jarvie nous précédât, manœuvre à laquelle le rétrécissement du sentier servait d'excuse, il me dit : Vous êtes un bon et honorable jeune homme ; vous comprenez ce qui s'accorde avec les sentiments d'un homme d'honneur. — Mais la bruyère que j'ai foulée pendant ma vie doit fleurir sur moi quand je serai mort ; — mon cœur resterait sans courage, mon bras se dessècherait, se flétrirait comme la fougère pendant la gelée, si je ne voyais plus les montagnes qui m'ont vu naître ; il n'y a pas au monde une scène qui pût me consoler de la perte des cairns [1] et des rochers, tout sauvages qu'ils sont, que vous voyez autour de nous. — Et Hélène, — que deviendrait-elle, si je la laissais exposée à de nouvelles insultes et à de nouvelles atrocités ? — ou comment pourrait-elle supporter d'être éloignée de ces lieux où le souvenir de ses outrages est adouci, du moins, par le souvenir de sa vengeance ? — Je fus une fois serré de si près par mon Grand ennemi, ainsi que je puis bien l'appeler, que je fus obligé de céder au flot, d'abandonner, moi et les miens et ma famille, les demeures où nous étions nés, et de nous réfugier pour un temps dans le pays de Mac Callum More : — Hélène composa sur notre départ un chant de lamentations, tel que Mac Rimmon [2] lui-même n'aurait pu mieux faire ; — c'était un chant si triste, si touchant, que nos cœurs se brisèrent quand nous l'entendîmes chanté par elle ; — c'étaient les gémissements du fils qui pleure la mère qui l'a porté dans son sein. — Les rudes figures de nos gillies [3] étaient inondées de larmes, tandis qu'ils l'écoutaient. — Je ne voudrais pas revoir une scène aussi douloureuse, non, au prix de toutes les terres que posséda jadis Mac Grégor.

— Mais vos fils ? repris-je. Ils sont encore dans l'âge où vos compatriotes eux-mêmes n'ont pas de répugnance à voir le monde.

— Aussi verrais-je avec plaisir qu'ils allassent pousser leur fortune au service de France ou d'Espagne, comme le font tant d'honorables cavaliers écossais, et cette nuit votre plan me semblait assez praticable ;

---

[1] Petit monticule conique de pierres amoncelées en mémoire de quelque fait remarquable, ou pour recouvrir la tombe d'un guerrier. Ces monuments grossiers sont communs dans les montagnes d'Écosse, ainsi que dans beaucoup d'autres pays barbares. (L. V.)

[2] Les Mac Rimmons ou Mac Crimmons étaient les ménestrels héréditaires des chefs de Mac Leod, et renommés pour leurs talents. Le pibroch qu'on dit avoir été composé par Hélène Mac Gregor subsiste encore. — *Voyez* l'Introduction de ce roman. (W. S.)

[3] Serviteurs, gens attachés aux Highlanders de distinction. On conçoit que l'idée qui doit s'attacher à ce mot, en se reportant aux mœurs patriarcales d'un pays à demi civilisé, est fort éloignée de celle que comporte pour nous celui de domestique. (L. V.)

—mais j'ai vu Son Excellence ce matin, avant que vous fussiez levé.

—S'était-il donc arrêté si près de nous? demandai-je; et mon cœur battait avec violence.

—Plus près que vous ne pensez, répondit Mac Gregor; mais il ne paraissait pas se soucier que vous parliez à la jeune dame. Ainsi vous voyez....

—Il avait tort de craindre, répondis-je avec quelque hauteur; je ne me serais pas introduit malgré lui dans son intimité.

—Il ne faut pas vous offenser, ni prendre l'air d'un chat sauvage dans un buisson de lierre, — car vous devez savoir qu'il vous veut sincèrement du bien, et il l'a prouvé. Et c'est en partie ce qui a mis le feu aux bruyères[1].

—Le feu aux bruyères? Je ne vous comprends pas.

—Écoutez, reprit Mac Gregor. Vous devez savoir que tous les maux de ce monde sont causés par les femmes et par l'argent; — je me suis toujours méfié de votre cousin Rasleigh depuis qu'il a vu qu'il ne pouvait avoir Die Vernon pour femme, et je crois qu'il a conservé à ce sujet quelque rancune contre Son Excellence. Alors est venue l'affaire de vos papiers; — nous savons maintenant avec certitude que dès qu'il s'est vu forcé de les restituer, il est parti en toute hâte pour Stirling, et a révélé au Gouvernement tout ce qui se préparait à petit bruit parmi nous autres gens des montagnes, et peut-être plus encore, et c'est là sûrement ce qui a donné l'éveil et fait prendre des mesures pour arrêter Son Excellence et la jeune dame, et pour me préparer à moi-même un tel traquenard. Et je ne doute pas non plus que ce pauvre diable de Morris, à qui il faisait croire tout ce qu'il voulait, n'ait été dressé par lui, ainsi que quelques-uns des petits lairds des basses terres, pour m'attirer au piége où l'on voulait me prendre. Mais Rasleigh Osbaldistone serait-il à la fois le dernier et le meilleur de sa race, si jamais nous nous rencontrons, je veux que le diable m'entre dans le gosier une épée nue à sa ceinture, si nous nous séparons avant que mon dirk ait fait connaissance avec le plus pur de son sang!

En prononçant cette menace, il fronçait le sourcil d'un air sinistre, et sa main se portait à son poignard.

—Je me réjouirais presque de ce qui est arrivé, lui dis-je, si je pouvais espérer que la trahison de Rasleigh donnât les moyens de prévenir l'explosion d'un complot téméraire et désespéré dont je le soupçonnais depuis longtemps d'être un des agents principaux.

—Ne le croyez pas, répondit Rob Roy; la langue d'un traître ne perdra pas la bonne cause. Il était fort avant dans nos secrets, cela est vrai; sans cela, les châteaux de Stirling et d'Édimbourg seraient maintenant ou n'auraient pas tardé à être en notre pouvoir, ce que nous

---

[1] C'est ainsi que nous disons, dans le même sens, mettre le feu aux étoupes (**L. V.**)

ne pouvons plus guère espérer maintenant. Mais notre cause est trop juste, et trop de gens y sont engagés pour que les paroles d'un traître puissent la faire avorter ; on en entendra parler avant qu'il soit longtemps. Ainsi donc, je vous remercie sincèrement de vos offres pour mes fils, et, comme je vous le disais, j'étais cette nuit assez disposé à les accepter. Mais je vois que la trahison de ce scélérat va obliger tous les chefs de nos montagnes à se réunir pour frapper un grand coup, s'ils ne veulent être pris dans leurs châteaux, accouplés comme des chiens et traînés à Londres, comme cela est arrivé en 1707 à tant d'honnêtes seigneurs et gentilshommes. La guerre civile est comme le basilic ; nous avions couvé pendant dix ans l'œuf qui la contient, et nous aurions pu le couver encore pendant dix autres années, mais Rasleigh est venu briser la coquille, et a ainsi accéléré la naissance du serpent. Maintenant le cri Aux armes ! va retentir parmi nous. Or, dans une telle crise, j'ai besoin de réunir autant de bras que possible ; et sans manquer aux rois de France et d'Espagne, auxquels je souhaite toute sorte de bonheur, je crois que le roi Jacques les vaut bien, et il a plus de droit qu'eux aux services de Rob et de Hamish, qui sont nés ses sujets.

Il me fut aisé de voir que ces mots présageaient une convulsion générale ; et comme il eût été inutile, et peut-être dangereux, de combattre, en un tel lieu et dans un tel moment, les opinions politiques de mon guide, je me contentai de déplorer, en termes généraux, les malheurs qui seraient la suite inévitable d'un mouvement général en faveur de la famille royale exilée.

— Laissez faire, jeune homme, — laissez faire, répliqua Mac Gregor ; vous ne voyez jamais le mauvais temps s'éclaircir qu'après l'orage ; et si le monde est retourné sens dessus dessous, eh bien ! les honnêtes gens n'en auront que plus de chance d'y trouver un morceau de pain.

J'essayai de ramener la conversation sur Diana ; mais bien qu'en beaucoup d'occasions et sur beaucoup de sujets il parlât avec plus de liberté que je ne l'eusse désiré, sur celui-là seul, bien plus intéressant pour moi qu'aucun autre, il se tint scrupuleusement sur la réserve ; tout ce qu'il voulut bien me dire fut qu'il espérait que la dame serait bientôt dans un pays plus tranquille que ne le serait probablement le sien pendant un certain temps. Il fallut me contenter de cette réponse, sauf à espérer qu'un heureux hasard pourrait me favoriser encore et me procurer du moins la triste satisfaction de faire un dernier adieu à celle qui occupait dans mon cœur une place plus grande que je ne le croyais moi-même avant qu'il eût fallu m'en séparer pour jamais.

Nous longeâmes les bords du lac pendant environ six milles d'Angleterre, en suivant un sentier sinueux et abondant en riches points de vue, jusqu'à ce que nous atteignîmes une sorte de village highlandais, ou plutôt un assemblage de huttes, situé près de la tête de cette belle nappe d'eau, laquelle porte, si je ne me trompe, le nom de Lediart ou quelque autre semblable. Un nombreux parti du clan de Mac Gregor nous y attendait. Les tribus sauvages, ou, pour parler plus exactement, les peuplades à demi civilisées, ont ordinairement le goût sûr, de même que leur éloquence est précise et nerveuse, parce que l'un et l'autre sont purs de toute idée conventionnelle et de toute affectation; j'en eus un exemple dans le choix qu'avaient fait ces montagnards du lieu où ils devaient recevoir leurs hôtes. On a dit qu'un roi d'Angleterre devrait recevoir les ambassadeurs d'une puissance rivale à bord d'un vaisseau de ligne; de même un chef highlander ne pouvait faire un choix plus convenable que celui d'un lieu où les traits de grandeur propres à son pays doivent produire le plus d'effet sur l'esprit d'un étranger.

Nous montâmes environ deux cents pas en quittant les bords du lac, guidés par un ruisseau au cours murmurant, et nous laissâmes à droite quatre ou cinq chaumières highlandaises entourées de pièces de terres labourables, assez peu étendues pour faire supposer qu'elles avaient été travaillées à la bêche et non à la charrue, et qui paraissaient avoir été défrichées aux dépens des bois environnants. Elles étaient encore couvertes de gerbes d'orge et d'avoine. Au-dessus de cet espace limité, la colline devenait plus escarpée; et de ce point nous aperçûmes sur le sommet les armes étincelantes et les plaids flottants d'une cinquantaine de montagnards faisant partie de la troupe de Mac Gregor. Ils étaient stationnés en un lieu dont le souvenir me frappe encore d'admiration. Le ruisseau, précipitant son cours du haut de la montagne, avait rencontré en cet endroit une barrière de rochers, au-dessus de laquelle il s'était frayé une issue par deux chutes distinctes. La première n'avait guère qu'une douzaine de pieds de hauteur; un vieux et gigantesque chêne, s'élançant obliquement de la rive inférieure, semblait ensevelir sous l'épaisseur de son ombre les sombres flots de la cataracte, dont les eaux écumeuses étaient reçues dans un bassin naturel, formé par le rocher, et presque aussi régulier que s'il eût été creusé par la main des hommes; puis cette masse d'eau se précipitait en tournoyant vers une étroite et sombre issue que lui présentait l'enceinte du bassin. Là, elle formait une seconde cataracte de cinquante pieds de hauteur au moins, d'où, se resserrant en un cours moins bruyant et moins tumultueux, elle allait enfin se mêler aux eaux du lac.

Avec ce tact naturel qui appartient aux montagnards, et notamment aux Highlanders écossais, dont les idées revêtent souvent une forme poétique et romanesque, la femme de Rob Roy et sa suite avaient disposé notre repas du matin dans ce lieu tout à fait propre à produire sur des étrangers une impression formidable. Les Highlanders sont naturellement graves et fiers; et quoique nous les regardions comme un peuple grossier, ils portent leurs idées de politesse et leurs démonstrations cérémonieuses à un point qui pourrait nous paraître exagéré, sans l'appareil de force qui les accompagne; car il faut convenir que les formes de déférence ponctuelle et de rigide étiquette, qui nous sembleraient ridicules dans un paysan ordinaire, prennent un caractère martial comme le salut militaire, quand on les rencontre chez un Highlander complètement armé. Nous fûmes donc reçus avec un assez grand déploiement de cérémonial.

Les Highlanders, qui s'étaient dispersés sur la colline, se rassemblèrent dès qu'ils nous aperçurent et se formèrent en une colonne serrée et immobile, à la tête de laquelle se trouvaient trois personnes dans lesquelles je ne tardai pas à reconnaître Hélène Mac Gregor et ses deux fils; Rob Roy fit alors écarter notre escorte en arrière, et faisant descendre M. Jarvie de sa monture quand la pente devint plus rapide, il s'avança lentement avec nous, suivi de toute sa troupe. A mesure que nous approchions, nous entendions les accords sauvages des cornemuses, dont les sons nous semblèrent moins rudes et moins discordants, mêlés ainsi au bruit de la cascade. Lorsque nous ne fûmes plus qu'à quelques pas, Hélène Mac Gregor vint à notre rencontre. Ses vêtements plus soignés que la veille lui donnaient un caractère plus féminin; mais ses traits avaient le même caractère de fierté et de résolution inflexible; et lorsqu'ouvrant les bras, elle y pressa mon ami M. Jarvie, je vis, à son agitation nerveuse, que cet embrassement, aussi inattendu que peu désiré, lui faisait éprouver quelque chose de la sensation que ressentirait un homme serré tout à coup entre les pattes d'un ours, sans savoir précisément si l'animal veut jouer ou l'étouffer.

— Cousin, lui dit-elle, soyez le bienvenu; — et vous aussi, étranger, ajouta-t-elle, en se tournant vers moi, tandis que mon compagnon peu rassuré avait instinctivement fait deux pas en arrière, et s'occupait à rajuster sa perruque; — vous aussi, soyez le bienvenu. — Vous avez visité notre malheureux pays dans un moment où les esprits étaient échauffés et où le sang teignait nos mains. Excusez la rudesse de notre premier accueil; n'en accusez pas nos cœurs, mais les circonstances. — En prononçant ces mots, Hélène semblait une princesse parlant au milieu de sa cour. Rien dans ses expressions ni dans ses manières ne rappelait cette vulgarité dont nous sommes naturellement portés à accuser les Écossais des basses terres. A part un accent provincial fortement prononcé, l'anglais dans lequel Hélène Mac Gregor nous traduisait la hardiesse poétique de son idiome naturel, le gaëlic, anglais qu'elle avait appris comme nous apprenons les langues étrangères, et que probablement elle n'avait jamais entendu employer dans les usages ordinaires de la vie commune, était gracieux, abondant et quelque peu emphatique. Son mari, qui, à diverses époques de sa vie, avait fait plus d'un métier, employait un dialecte moins élevé et moins déclamatoire; — et, cependant, son langage à lui-même devenait pur et expressif, comme vous avez pu le remarquer si j'ai réussi à en rendre les nuances [1], lorsqu'il s'agissait d'une affaire importante, et à laquelle il prenait un vif intérêt. Il me parut aussi que, comme d'autres Highlanders que j'ai connus, il se servait, dans une conversation familière et enjouée, du dialecte écossais des Lowlands; mais que sur des sujets graves et passionnés, il pensait, si je puis ainsi dire, dans sa langue naturelle, et qu'alors son langage, quoiqu'anglais quant aux formes, devenait comme un reflet animé, plein d'élévation et de poésie, de son idiome natif. Dans le fait, le langage de la passion est presque toujours pur autant que véhément, et il n'est pas rare d'entendre un Écossais, qu'un de ses compatriotes aura accablé de reproches et de sarcasmes, lui répondre en plaisantant : Vous l'avez emporté par votre anglais.

Quoi qu'il en soit, l'épouse de Mac Gregor nous invita à un déjeûner disposé sur le gazon, et qui se composait de ce que leurs montagnes peuvent offrir de plus recherché; mais la sombre gravité répandue sur le front de notre hôtesse, non moins que le pénible souvenir de ce qui avait eu lieu la veille, bannirent toute gaîté de ce repas. Ce fut en vain que le chef s'efforça d'exciter l'enjouement parmi nous; un froid mortel glaçait nos cœurs, comme si nous eussions assisté à un repas funèbre, et chacun de nous se sentit soulagé d'un grand poids quand il fut terminé.

— Adieu, cousin, dit-elle alors à M. Jarvie; le meilleur souhait qu'Hélène Mac Gregor puisse faire à un ami, c'est qu'il ne la revoie jamais.

Le bailli cherchait une réponse, probablement quelque lieu commun de morale; mais la sévérité calme et mélancolique de la physionomie de sa parente déconcerta complètement l'importance mesurée du formaliste magistrat. Il toussa, — toussa encore, — salua, — et se tut.

— Quant à vous, étranger, reprit-elle, j'ai pour vous un gage de souvenir de la part d'une personne que jamais.....

---

[1] Ces nuances sont très-sensibles dans l'original, mais il était impossible d'en faire passer toute la délicatesse dans une traduction, le Rob Roy de Walter Scott employant tour à tour, selon les circonstances et la situation d'esprit où il se trouve, soit un anglais pur et plein d'énergie, soit le style plus commun et les expressions déjà fort altérées de l'anglais parlé dans la Basse-Écosse, soit enfin un dialecte encore plus mêlé d'expressions et de tournures gaéliques. Il est aisé de sentir qu'il n'était pas plus possible de rendre en français une partie de ces nuances toutes locales, qu'il ne serait possible à un écrivain étranger de faire passer dans sa propre langue toutes les tournures de phrase, toutes les expressions, et surtout la prononciation d'un habitant de quelqu'une de nos provinces éloignées du centre. Il n'y a pas là d'équivalents possibles. (L. V.)

— Hélène, interrompit Mac Gregor d'une voix sévère, qu'est ceci? — Avez-vous oublié la recommandation?

— Mac Gregor, répondit-elle, je n'ai rien oublié de ce dont je dois me souvenir. Ce ne sont pas des mains comme celles-ci, ajouta-t-elle en étendant ses longs bras nus et nerveux, qu'il faudrait employer pour transmettre des gages d'amour, si le présent devait réveiller d'autres pensées que des pensées de douleur. — Jeune homme, continua Hélène, en me présentant une bague que je reconnus pour un des ornements peu nombreux que portait quelquefois miss Vernon, ceci vient d'une personne que vous ne devez plus revoir. Si c'est un gage de peines, il n'en était que plus propre à passer par les mains d'une femme à qui la joie est désormais étrangère. Ses dernières paroles ont été : — Qu'il m'oublie pour toujours!

— Et peut-elle croire que ce soit possible! m'écriai-je involontairement.

— Tout peut s'oublier, répondit cette femme extraordinaire, — tout, — excepté le sentiment du déshonneur et le désir de la vengeance.

— *Seid suas*[1]! cria Mac Gregor, en frappant la terre avec impatience. Les cornemuses se firent entendre, et leurs sons pénétrants coupèrent court à notre conférence. Nous prîmes en silence congé de notre hôtesse, et nous nous remîmes en route. Dans ce qui venait de se passer, je voyais une nouvelle preuve qu'aimé de Diana, j'en étais séparé pour toujours.

CHAPITRE XXXVI.

Adieu, pays où les nuages aiment à envelopper, comme d'un linceul mortuaire, les flancs arides de la montagne, adieu, rugissements de la cataracte, auxquels répond le cri de l'aigle; adieu, lac solitaire, qui déploies ta surface limpide sous la voûte du ciel!

NOTRE route traversait une contrée sauvage, mais romantique, que l'état de mon esprit ne me permit pas d'observer avec attention, et que par conséquent je n'essaierai pas de vous décrire. Le pic élevé du Ben-Lomond, le monarque des montagnes, se dessinait à notre droite, comme une imposante limite. Je ne sortis de mon apathie que lorsque, après une marche longue et pénible, nous sortîmes d'un défilé des montagnes, et que le Loch[2] Lomond se développa devant nous. Je ne chercherai pas à vous

[1] Sonnez, cornemuses! (W. S.)
[2] Lac.

peindre ce dont vous ne vous feriez, ne l'ayant pas vu, qu'une idée imparfaite. Mais certainement ce noble lac, parsemé d'un si grand nombre d'îles charmantes, offrant toutes les formes, tous les aspects que l'imagination peut se figurer, — son extrémité, du côté du nord, se rétrécissant jusqu'à ce qu'il se perde solitairement au loin entre de sombres montagnes, — tandis qu'au sud il s'élargit de plus en plus, et va se terminer de ce côté sur des bords riants et fertiles, découpés en un grand nombre d'anses et de promontoires : — voilà ce qui forme un des spectacles les plus surprenants, les plus beaux, les plus sublimes de la nature. La rive orientale, particulièrement agreste et sauvage, était alors la demeure principale de Mac Gregor et de son clan ; une petite garnison, destinée à les maintenir, avait été placée dans un lieu central, entre le Loch Lomond et un autre lac. Mais telle était la force naturelle du pays, avec ses nombreux défilés, ses marécages, ses cavernes et ses autres lieux de retraite et de défense, que l'établissement de ce petit fort semblait un aveu du danger plutôt qu'un moyen efficace de le prévenir.

En plus d'une occasion semblable à celle dont j'avais été témoin, la garnison avait eu à souffrir de l'esprit aventureux de l'outlaw et de ses compagnons. Quand lui-même était à leur tête, les avantages n'étaient jamais souillés par des actes de férocité ; la cruauté ne lui était pas naturelle, et il avait assez de sagacité pour sentir le danger de s'exposer à des haines inutiles. J'appris avec plaisir qu'il avait rendu la liberté aux prisonniers du jour précédent ; et on rapporte de cet homme remarquable, en de semblables occasions, un grand nombre de traits d'humanité et même de générosité.

Une barque et quatre vigoureux rameurs highlandais nous attendaient dans une crique abritée par un énorme rocher ; notre hôte prit ici congé de nous avec tous les signes de la cordialité et de l'affection. Entre lui et M. Jarvie il semblait exister un degré de considération mutuelle qui formait un singulier contraste avec la nature si opposée de leurs occupations et de leurs habitudes. Après s'être embrassés avec effusion, et au moment même de nous séparer, le bailli l'assura, dans la plénitude de son cœur et d'une voix émue, que si jamais une centaine de livres, et même le double, pouvaient l'aider, lui et sa famille, à se fixer dans une meilleure route, il n'avait qu'à écrire un mot à Salt-Market ; et Rob, appuyant une main sur la garde de sa claymore, et secouant cordialement de l'autre celle de M. Jarvie, lui protesta que si jamais personne faisait quelque injure à son cousin, et qu'il voulût seulement le lui faire savoir, il irait couper les oreilles de l'insolent, serait-ce le plus brave de Glasgow.

Après ces mutuelles assurances de secours et d'amitié, nous quittâmes le rivage et prîmes notre direction vers l'angle sud-ouest du lac, où il donne naissance à la rivière Leven. Rob Roy resta debout quelque temps encore sur le rocher d'où nous étions partis; il était aisé de le reconnaître à son long fusil, à son tartan flottant, et à la plume qui surmontait sa toque, emblème qui, à cette époque, dénotait le gentilhomme et le guerrier des Highlands. Je remarque que de nos jours le goût militaire actuel a décoré la toque highlandaise d'une profusion de plumes noires, semblables à celles qu'on porte aux funérailles. Lorsqu'enfin la distance ne nous permit plus de le distinguer qu'à peine, nous le vîmes descendre lentement du rocher, suivi des montagnards spécialement attachés à sa personne.

Nous gardâmes longtemps un silence qu'interrompait seulement le chant gaëlic par lequel un des rameurs marquait une mesure lente et irrégulière, se changeant de temps en temps en un chœur sauvage auquel se joignaient ses compagnons.

Malgré la tristesse de mes pensées, je me sentais en quelque sorte soulagé par la magnificence du paysage qui se développait autour de nous; dans l'enthousiasme du moment, il me semblait que si ma croyance eût été celle de Rome, j'aurais consenti à vivre et à mourir ermite dans une des îles, d'une beauté si romantique, entre lesquelles notre barque glissait sur la surface du lac.

Le bailli se livrait aussi à ses pensées, mais elles étaient d'un genre tout différent, comme je m'en aperçus lorsqu'après une heure de réflexions silencieuses il entreprit de me démontrer la possibilité de dessécher le lac et de rendre à la charrue tant de centaines, tant de milliers d'acres, qui maintenant n'étaient utiles à personne, sauf un plat de brochet ou de perche qu'on en tirait de temps en temps.

D'une longue dissertation — qui venait frapper mon oreille sans que mon esprit y prît part, — tout ce dont je me souviens, c'est que dans son projet on ne conservait du lac qu'une portion tout juste assez profonde et assez large pour qu'elle servît de canal, de telle sorte que les bateaux à charbon et les gabares de transport pussent circuler aussi aisément entre Dunbarton et Glenfalloch, qu'entre Glasgow et Greenoch.

Nous atteignîmes enfin le lieu de notre débarquement, près des ruines d'un ancien château, au point même où le lac décharge dans le Leven le trop-plein de ses eaux. Nous y trouvâmes Dougal et les chevaux. Le bailli avait formé un projet à l'égard de « la créature » de même que pour le desséchement du lac; et peut-être, dans les deux cas, avait-il plus considéré l'utilité que la possibilité d'exécution. — Dougal, lui dit-il, vous êtes une bonne créature; vous avez le sens et l'intelligence de ce qui est dû à vos supérieurs. — Et j'en suis d'autant plus peiné pour vous, Dougal : car, dans la vie que vous menez, il est impossible que vous ne finissiez pas mal un jour, plus tôt ou plus tard. Je me flatte que mes services comme magistrat, et ceux de mon père le diacre avant moi, m'ont donné assez de crédit dans le conseil pour obtenir qu'on ferme les yeux sur des fautes pires que les vôtres. J'ai donc pensé que si vous vouliez venir avec nous à Glasgow, créature robuste comme vous l'êtes, vous pourriez être employé dans le magasin jusqu'à ce qu'on trouve quelque chose de mieux.

— *Elle* est bien obligée de l'honneur que *lui* fait le bailli, répondit Dougal ; mais que le diable soit dans *ses* jambes si *elle* va dans une rue pavée, à moins qu'*elle* ne soit encore traînée de force à Gallowgate, comme *elle* l'a déjà été.

J'appris, en effet, que Dougal avait été amené à Glasgow comme prisonnier, accusé d'avoir pris part à quelque déprédation ; et qu'ayant su inspirer de la confiance au geôlier, celui-ci avait eu l'imprudence de le garder à son service en qualité de porte-clefs, fonction qu'au reste il avait remplie assez fidèlement, autant du moins qu'on pouvait le savoir, jusqu'à ce que ses affections de clan eussent repris le dessus, à l'apparition inattendue de son chef.

Surpris de voir refuser si rondement une offre si favorable, le bailli se tourna vers moi en disant : — La créature n'est au fond qu'un idiot. Je témoignai ma gratitude à Dougal d'une manière qu'il apprécia beaucoup mieux, en lui glissant dans la main une couple de guinées. Il n'eut pas plus tôt senti le contact de l'or qu'il fit deux ou trois bonds avec l'agilité d'un chevreuil, en rejetant alternativement ses jambes en dehors, d'une manière qui aurait étonné un maître de danse français. Il courut montrer aux bateliers les pièces dont je l'avais gratifié, et une petite part qu'il leur en distribua excita chez eux les mêmes transports. Alors, pour employer l'expression favorite du dramatique John Bunyan [1], « il suivit son chemin et je ne le vis plus. »

Le bailli et moi montâmes à cheval, et prîmes la route de Glasgow. Quand nous eûmes perdu de vue le lac et son magnifique amphithéâtre de montagnes, je ne pus m'empêcher d'exprimer avec enthousiasme mon admiration pour ces beautés de la nature, quoique je sentisse bien que M. Jarvie était l'homme le moins propre à sympathiser avec moi sur un tel sujet.

— Vous êtes un jeune homme, me dit-il, et vous êtes Anglais. Tout cela peut vous paraître très-beau ; mais pour moi, qui suis un homme tout simple, et qui sais quelque chose de la valeur des terres, je donnerais le plus beau site des Highlands pour le coup d'œil des Gorbals de Glasgow. Une fois que j'y serai de retour, je vous réponds que le premier étourdi, je vous en demande pardon, monsieur Frank, ne me fera plus aisément perdre de vue le clocher de Saint-Mungo.

Les vœux de l'honnête homme furent bientôt satisfaits ; car, en voyageant sans interruption, nous arrivâmes chez lui la nuit même,

---

[1] Auteur du *Voyage du Pélerin*. Voyez le chap. XXX du *Cœur de Middlothian*. (L. V.)

CHAPITRE XXXVI.

ou plutôt le lendemain matin. Je laissai mon digne compagnon de route aux soins empressés de l'officieuse Mattie, et je me rendis à l'auberge de mistress Flyter, où, malgré l'heure indue, une lumière brûlait encore. Ce ne fut rien moins qu'Andrew Fairservice lui-même qui vint m'ouvrir la porte; au premier son de ma voix, il poussa un cri de joie, et sans prononcer un mot il monta précipitamment l'escalier jusqu'à une salle du second étage, d'où j'avais vu la lumière. Pensant avec raison qu'il courait annoncer mon retour à M. Owen, je montai derrière lui. Owen n'était pas seul; — mon père était avec lui.

Son premier mouvement fut de conserver la dignité de son calme habituel. — Francis, je suis charmé de vous voir. — Le second fut de m'embrasser tendrement: — Mon fils, — mon cher enfant! — Owen avait saisi une de mes mains et la mouillait de ses larmes, en me félicitant de mon retour. Ce sont là de ces scènes qui s'adressent aux yeux et au cœur, mais qu'on ne peut raconter. — Depuis tant d'années, mes yeux se remplissent encore de larmes à ce souvenir, que votre sensibilité, mon cher Tresham, se représentera bien mieux que je ne pourrais vous le dépeindre.

Après les premiers transports de notre joie, j'appris que mon père était revenu de Hollande presque immédiatement après le départ d'Owen pour l'Écosse. Prompt et résolu dans toutes ses déterminations, il ne resta dans la capitale que le temps qu'il fallut pour réunir les moyens de faire face aux obligations de sa maison. Ses immenses ressources, son crédit et le succès de ses opérations sur le continent l'eurent bientôt mis à même de surmonter des embarras qui n'étaient peut-être dus qu'à son absence, et il partit aussitôt après pour l'Écosse, dans le double but d'y poursuivre judiciairement Rasleigh Osbaldistone, et de régler ses affaires dans ce pays. L'arrivée de mon père dans une situation aussi florissante que jamais, et avec d'amples moyens de remplir honorablement tous ses engagements, aussi bien que de créer de nouvelles relations profitables à ses correspondants, fut un coup de foudre pour Mac Vittie et Cie, qui avaient cru son étoile à jamais éteinte. Irrité du traitement qu'ils avaient fait subir à son agent et commis de confiance, mon père refusa d'entendre leurs excuses et leurs offres d'accommodement, et après avoir soldé la balance de leur compte, il leur annonça qu'il les avait pour jamais rayés du nombre de ses correspondants.

Tout en jouissant de ce triomphe sur de faux amis, mon père éprouvait sur mon compte de vives alarmes. Le bon Owen n'aurait pas supposé qu'un voyage de cinquante ou soixante milles, si sûr et si aisé à faire en partant de Londres, n'importe dans quelle direction, pût entraîner le moindre danger. Mais, par sympathie, il partagea les inquiétudes de mon père, à qui la contrée et le caractère dangereux des habitants étaient mieux connus.

Ces craintes devinrent bien plus vives lorsque, peu d'heures avant mon arrivée, Andrew Fairservice reparut à l'auberge, où il rendit un compte exagéré et tout à fait sinistre de la situation incertaine dans laquelle il m'avait laissé. Le duc, dont nous avions été en quelque sorte les prisonniers, l'ayant interrogé, non-seulement l'avait laissé libre, mais lui avait procuré les moyens de revenir en toute hâte à Glasgow, afin d'informer mes amis de ma situation précaire et dangereuse.

Andrew était un de ces hommes qui ne sont pas fâchés d'obtenir cette attention temporaire et cette espèce d'importance qu'on accorde au porteur d'une mauvaise nouvelle; il n'avait donc nullement cherché à affaiblir l'impression que pouvait produire son récit, surtout lorsqu'il sut que le riche marchand de Londres se trouvait au nombre de ses auditeurs. Il raconta fort longuement les périls auxquels j'avais échappé, grâce surtout, donna-t-il à entendre, à son expérience, à son activité et à son adresse.

— Mais qu'allait-il arriver, à présent que mon ange gardien, dans la personne de M. Andrew Fairservice, n'était plus près de moi? c'était, dit-il, c'qui était triste et chagrinant à penser; car le bailli n'était absolument bon à rien dans l'besoin, à moins que rien, car c'n'était qu'un homme suffisant, — et Andrew détestait la suffisance; — mais certainement entre les pistolets et les carabines des soldats, qui faisaient pleuvoir les balles comme la grêle, les dirks et les claymores des Hielandais, les eaux profondes et les gouffres d'Avondow, on devait penser qu'il n'y avait qu'un triste compte à rendre du pauvre gentleman.

Cette relation aurait jeté le désespoir dans l'âme d'Owen, s'il eût été seul et livré à lui-même; mais la connaissance que mon père avait des hommes le mit aisément à même d'apprécier à leur juste valeur le narrateur et le récit. Dépouillé de toute exagération, cependant, il y restait encore pour un père assez de sujets d'alarmes. Il se détermina donc à venir en personne réclamer ma liberté, par rançon ou par négociation. Il était resté avec Owen, jusqu'à cette heure avancée, afin de rédiger quelques courriers, et de lui donner quelques instructions nécessaires pour conduire diverses affaires en son absence, et c'est pour cela que je les avais encore trouvés sur pied.

Nous ne nous séparâmes que fort tard pour nous mettre au lit; mais, trop agité pour goûter un long repos, j'étais levé de fort bonne heure. Andrew parut aussitôt, et au lieu de la figure d'épouvantail à laquelle il avait été réduit à Aberfoïl, il se présenta complètement vêtu de noir, comme s'il eût porté un grand deuil. Ce fut seulement après plusieurs questions, que le drôle affecta aussi longtemps qu'il put de ne pas comprendre, que j'appris enfin « qu'il avait cru convenable de se mettre en deuil, à cause de mon inexprimable perte; et comme le fripier à la boutique duquel il s'était équipé refusait de reprendre les habits, et que d'ailleurs ses propres vêtements avaient été gâtés ou perdus au service d'mon Honneur, sûrement ni moi ni mon honorable père, que la Providence avait béni d'toutes les manières, n'souffriraient pas qu'un pauvre homme supportât la perte; un habillement complet n'était pas une grande affaire pour un Osbaldistone (Dieu en soit béni!), surtout quand il s'agissait d'un vieux et fidèle serviteur d'la maison. »

Comme il y avait quelque chose de juste dans la réclamation d'Andrew, au sujet des vêtements qu'il avait perdus pendant notre excursion, sa finesse lui réussit; et il conserva un habillement de deuil complet, avec le chapeau et tous les accessoires, emblèmes extérieurs de ses regrets pour la perte d'un maître qui était plein de vie et de santé.

Le premier soin de mon père en se levant fut de rendre visite à M. Jarvie, dont les bons procédés l'avaient pénétré d'une reconnaissance qu'il lui exprima en peu de mots, mais avec force. Il lui expliqua la cause de ses embarras momentanés, et il lui offrit, à des conditions fort avantageuses, de le charger de la partie de ses affaires qui jusque-là avait été confiée à la maison Mac Vittie. Le bailli félicita de bon cœur mon père et Owen de l'heureux changement de leurs affaires, et sans affecter de disconvenir qu'il eût fait de son mieux pour les servir, alors que les choses s'offraient sous un tout autre aspect, il dit seulement qu'il n'avait fait que ce qu'il eût voulu qu'on fît pour lui; — et que, quant à l'extension de leurs anciennes relations, il acceptait franchement et avec reconnaissance. Si les Mac Vittie s'étaient conduits comme d'honnêtes gens doivent le faire, ajouta-t-il, il n'eût pas été convenable à lui d'aller sur leurs brisées et de les supplanter; mais il n'en a pas été ainsi, et ils ne doivent accuser qu'eux de ce qui arrive.

Le bailli me tira alors par la manche dans un coin, et après m'avoir de nouveau félicité cordialement, il continua d'un ton plus embarrassé :

— Je voudrais de tout mon cœur, mon cher monsieur Francis, qu'on parlât le moins possible des étranges choses que nous avons vues là-bas. — A quoi bon, si nous ne sommes pas interrogés judiciairement, parler de la malheureuse affaire de ce Morris? — Et puis les membres du conseil ne jugeraient pas qu'il soit très-convenable qu'un des leurs se soit battu avec des Hielandais, et ait mis le feu à leurs plaids. — Et par-dessus tout, quoique je sois un homme assez solide quand je suis d'aplomb sur mes jambes, je crois réellement que je devais faire une singulière figure, suspendu par le milieu du corps, sans chapeau et sans perruque, comme un vieux manteau accroché pour enseigne. Le bailli Graham aurait trouvé un beau cheveu dans mon cou [1], s'il connaissait toute cette histoire.

---

[1] Proverbe écossais. Trouver à redire sur quelqu'un, avoir un avantage sur lui. (L. V.)

Je ne pus m'empêcher de sourire en me rappelant la situation du bailli, quoiqu'au moment même je n'y eusse certainement pas trouvé matière à rire. Le bon marchand en fut un peu confus, mais il finit par en rire lui-même en hochant la tête. — Je vois ce que c'est, dit-il, — je vois ce que c'est. Mais n'en dites rien ; — ce sera d'un bon garçon. Et recommandez à cette langue affilée, à ce suffisant de valet que vous avez à votre service, de n'en rien dire non plus. Je ne voudrais même pas que cette petite folle de Mattie en entendît parler ; ce serait à n'en plus finir.

Il fut évidemment très-soulagé du fardeau de ses inquiétudes, lorsque je lui appris que l'intention de mon père était de quitter Glasgow presque immédiatement. Rien en effet ne l'y retenait plus longtemps, puisque la plus grande partie des effets soustraits par Rasleigh avaient été recouvrés. Quant à ce qu'il en avait pu convertir en argent comptant, et qu'il avait employé soit à ses propres dépenses, soit à la conduite de ses intrigues politiques, on ne pouvait en obtenir la restitution que par le secours des lois, et des avocats furent chargés de continuer avec activité l'action déjà intentée à ce sujet.

En conséquence, nous acceptâmes pour cette journée l'hospitalité du digne bailli, puis nous prîmes congé de lui, comme ma relation elle-même va le faire. Il continua de croître en richesses, en honneurs et en crédit, et il s'est depuis élevé au premier rang parmi les magistrats fonctionnaires de sa ville natale. Environ deux ans après l'époque à laquelle mon récit se rapporte, fatigué de sa vie de garçon, il fit quitter à Mattie son humble rouet au coin du feu de la cuisine, et lui fit prendre place au haut bout de sa table, en qualité de mistress Jarvie. Le bailli Graham, les Mac Vittie et d'autres (car qui n'a pas des ennemis, surtout dans un conseil de ville royale?) cherchèrent à ridiculiser cette métamorphose. — Mais, disait M. Jarvie, laissons-les dire. Je ne m'en inquiète pas, et ce ne sont pas leurs bavardages de quelques jours qui me feront maigrir de chagrin. Mon honnête père le diacre avait un adage :

> Beau front et teint de lis,
> Cœur aimant et sincère
> Valent or et noblesse.

D'ailleurs, et c'était sa conclusion habituelle, Mattie n'était pas une servante ordinaire : elle était parente du laird de Limmerfield.

Qu'elle dût son élévation à son lignage ou à ses bonnes qualités, c'est ce que je n'entreprendrai pas de décider ; mais Mattie tint une conduite parfaite dans sa nouvelle position, et dissipa les appréhensions de quelques amis du bailli, qui avaient jugé son expérience quelque peu hasardeuse. Je ne sache pas que dans la vie calme et bien employée de M. Jarvie, aucun autre incident mérite une mention particulière.

CHAPITRE XXXVII.

> Venez ici, mes six braves garçons. Vous êtes tous, j'espère, des hommes de courage. Combien de vous, mes chers enfants, veulent nous soutenir, ce bon comte et moi?
> — Cinq d'entre eux s'avancèrent; — cinq répondirent, pleins d'ardeur : O mon père, jusqu'à notre dernier souffle, nous vous défendrons, ce bon comte et toi.
>
> *L'Insurrection du Nord.*

Le lendemain matin, au moment où nous nous disposions à quitter Glasgow, Andrew Fairservice se précipita dans ma chambre d'un air effaré, et, tout en gesticulant, se mit à chanter, avec plus de véhémence que d'accord :

> Le four chauffe, le four chauffe,
> Le four chauffe et chauffe bien.

Ce ne fut pas sans peine que je fis cesser ses maudites clameurs, et que je parvins à savoir ce dont il s'agissait. Il m'apprit alors, comme la plus belle chose du monde, « que les Hielands étaient en pleine insurrection, et que Rob Roy, à la tête de toutes ses bandes de sans-culottes, serait à Glasgow avant vingt-quatre heures. »

— Retenez votre langue, drôle! Vous êtes ivre ou fou; et s'il y a quelque chose de vrai dans vos nouvelles, y a-t-il là de quoi chanter, bélitre?

— Ivre ou fou? oh! sans doute, répliqua-t-il impudemment; on est toujours ivre ou fou quand on annonce c'que les gens d'importance n'aiment pas à entendre. — Chanter? Oh! les clans nous feront chanter sur une aut' gamme, si nous sommes assez ivres ou assez fous pour les attendre.

Je me levai précipitamment, et trouvai mon père et Owen aussi sur pied, et fort alarmés.

Les nouvelles d'Andrew ne se trouvèrent, du moins en grande partie, que trop vraies. La grande insurrection qui, en 1715, agita l'Angleterre, venait d'éclater, par la levée de boucliers de l'infortuné comte de Mar, qui avait arboré l'étendard des Stuarts; heure fatale, qui causa la ruine de tant d'honorables familles d'Angleterre et d'Écosse! La trahison de quelques agents du parti jacobite (notamment celle de Rashleigh) et l'arrestation de plusieurs autres avaient mis le gouvernement de Georges Ier sur la trace d'une conspiration préparée de longue main, et dont les ramifications étaient fort étendues. Cette découverte en hâta l'explosion, qui eut lieu dans une partie du royaume trop éloignée du centre pour avoir exercé sur le pays une action bien dangereuse, mais qui n'en eut pas moins pour résultat de jeter le royaume dans une extrême confusion.

Ce grand événement confirma et m'expliqua en même temps les obscures insinuations de Mac Gregor. Je vis clairement alors pourquoi les clans de l'ouest, qui s'étaient levés contre lui, avaient fait céder leur querelle privée à la considération que bientôt ils allaient tous combattre pour la même cause. Mais ce fut pour moi une idée pénible, de songer que Diana Vernon était la femme d'un des plus actifs agitateurs de son pays, et qu'elle allait se trouver exposée à toutes les privations et à tous les périls que devait entraîner une aussi hasardeuse entreprise.

Nous tînmes une consultation sur les mesures à prendre dans cette crise, et nous acquiesçâmes au plan de mon père, qui était de nous munir immédiatement des passeports nécessaires et de prendre aussitôt la route de Londres. J'informai mon père de l'intention où j'étais d'offrir mes services au Gouvernement pour entrer dans quelque corps de volontaires, dont plusieurs se formaient déjà. Il y consentit sans peine : car, bien qu'ennemi par principes de la profession des armes, personne n'eût plus volontiers exposé sa vie pour la défense des libertés civiles et religieuses.

Nous traversâmes en grande hâte, et non sans quelque danger, le Dumfrieshire et quelques-uns des comtés limitrophes dans le nord de l'Angleterre. Tous les seigneurs du parti tory y étaient en mouvement, et avaient fait prendre les armes à leurs vassaux, tandis que les whigs se réunissaient dans les principales villes, armaient les habitants et se préparaient pour la guerre civile. Plus d'une fois nous faillîmes d'être arrêtés, et nous fûmes souvent forcés de prendre des routes détournées, pour éviter les points de rassemblement.

A notre arrivée à Londres, nous nous réunîmes immédiatement à l'association des banquiers et des principaux négociants qui s'étaient entendus pour soutenir le crédit du Gouvernement, et pour prévenir la baisse des fonds publics, sur laquelle les conspirateurs avaient grandement compté pour servir leurs projets, en obligeant le Gouvernement à une sorte de banqueroute. Mon père devint un des membres influents de ce formidable corps de capitalistes, car tous avaient la plus grande confiance dans son zèle, ses talents et son activité. Il fut l'intermédiaire des rapports de l'association avec le Gouvernement, et il trouva moyen, tant de ses propres deniers que par ceux dont il pouvait disposer, de faire acheter une masse considérable d'effets publics qui afflua sur le marché au premier bruit de la rebellion. Moi-même ne restai pas oisif. J'obtins une commission, et, aux frais de mon père, j'équipai un corps de deux cents hommes, avec lequel je me rendis au camp du général Carpenter.

Cependant, la rebellion s'était étendue sur l'Angleterre. L'infortuné comte de Derwentwater avait pris les armes pour les Stuarts, conjointement avec le général Foster. Mon pauvre oncle, sir Hildebrand, dont les domaines étaient presque réduits à rien par suite de son insouciance, de l'inconduite de ses fils et du désordre de sa maison, fut aisément entraîné à se réunir à ce malheureux étendard. Mais auparavant il avait eu une précaution que personne n'aurait attendue de lui : — il avait fait son testament !

Par cet acte, il léguait son domaine d'Osbaldistone-Hall et tous ses biens à ses enfants successivement et à leurs héritiers mâles, en commençant par l'aîné, jusqu'à ce qu'il arrivât à Rasleigh, qu'il détestait de toute son âme depuis son apostasie politique : — il lui attribuait un shelling de légitime et m'instituait son légataire universel, comme son plus proche héritier, en cas de mort de ses cinq autres enfants. J'avais toujours été en faveur près du vieux gentilhomme ; mais il est probable qu'entouré comme il l'était alors de cinq fils gigantesques et vigoureux, il regardait cette dernière disposition comme une lettre morte, qui ne devait avoir d'autre résultat que de témoigner de son mécontentement contre Rasleigh, à raison de sa trahison publique et domestique. Il y avait un article par lequel il léguait à la nièce de sa femme, à Diana Vernon, maintenant lady Diana Vernon Beauchamp, quelques diamants qui avaient appartenu à sa tante, et un grand vase d'argent sur lequel étaient gravées les armes réunies des Vernon et des Osbaldistone.

Mais il était entré dans les décrets du Ciel que sa famille, si nombreuse et si florissante, s'éteindrait beaucoup plus tôt que sans doute il ne l'avait présumé. A la première revue des conspirateurs, en un lieu appelé Green-Rigg, Thorncliff Osbaldistone se prit de querelle pour la préséance avec un gentilhomme des frontières northumbriennes, aussi arrogant et aussi intraitable qu'il l'était lui-même. En dépit de toutes les remontrances, ils donnèrent à leur commandant un échantillon de la bonne discipline sur laquelle il pouvait compter ; ils se battirent, et mon cousin fut tué sur la place. Sa mort fut une grande perte pour sir Hildebrand : car, malgré son caractère querelleur, Thorncliff avait quelques grains de bon sens de plus que ses autres frères, en exceptant toujours Rasleigh.

Perceval l'ivrogne eut une fin digne de ses goûts. Il défia un autre gentilhomme qui, d'après ses exploits en ce genre, avait reçu le formidable surnom de Brandy Swalewell[1], à qui boirait le plus de liqueurs fortes quand le roi Jacques serait proclamé par les insurgés

---

[1] Gouffre à eau-de-vie.

à Morpeth. L'exploit fut quelque chose d'énorme. J'ai oublié la quantité exacte d'eau-de-vie que Percie absorba ; mais elle lui occasionna une fièvre dont il mourut le troisième jour, en criant : De l'eau !. de l'eau !

Dick se rompit le cou près de Warrington-Bridge, en essayant de faire valoir une jument usée qu'il voulait vendre à un marchand de Manchester qui avait rejoint les insurgés. En franchissant une barrière, l'animal fit un faux pas, et l'infortuné jockey fut tué dans sa chute.

Wilfred le sot fut, comme il arrive quelquefois, le mieux partagé de la famille. Il fut tué à Proud-Preston, dans le Lancashire, le jour où le général Carpenter attaqua les barricades. Il avait combattu avec une grande bravoure, quoiqu'on m'ait assuré qu'il n'avait pu comprendre exactement le sujet de la querelle, et qu'il ne se souvînt pas toujours pour lequel des deux rois il était engagé. John se montra bien aussi dans la même affaire, et y reçut plusieurs blessures dont il n'eut pas le bonheur de mourir sur la place.

Le cœur brisé par ces pertes successives, le vieux sir Hildebrand se trouva, par suite de la reddition du lendemain, au nombre des malheureux prisonniers qui furent conduits à Newgate. Son fils blessé, John, y fut relégué avec lui.

Je me trouvais libre alors de mes devoirs militaires, et je ne perdis pas de temps pour tâcher d'alléger la détresse de deux si proches parents. Les rapports de mon père avec le Gouvernement et la compassion générale excitée par tant de pertes qu'un père avait éprouvées en si peu de temps, eussent pu sauver mon oncle et mon cousin d'un jugement pour haute trahison ; mais leur arrêt était porté par un tribunal plus puissant. John mourut de ses blessures à Newgate, me recommandant à son dernier soupir un couple de faucons qu'il avait laissés à Osbaldistone-Hall, et une épagneule noire, appelée Lucy.

Mon pauvre oncle semblait tout à fait abattu sous le poids de ses malheurs domestiques, et des circonstances où lui-même se trouvait entraîné. Il parlait peu, mais il se montrait reconnaissant des attentions que je lui témoignais. Je ne fus pas témoin de sa première entrevue avec mon père, après une si longue séparation, et dans un si triste moment ; mais, à en juger d'après l'état où je trouvai mon père, elle dut avoir été très-pénible. Sir Hildebrand ne parlait qu'avec amertume de Rasleigh, le seul fils qui lui restât ; il lui imputait la ruine de sa maison et la mort de tous ses frères, et déclara que ni lui, ni eux n'auraient pris part à ces intrigues politiques, sans les instigations de celui-là même qui avait été le premier à déserter leur cause. Plusieurs fois il mentionna Diana, et toujours avec une grande affection ; et un jour, tandis que j'étais assis près de son lit, il me dit : —

CHAPITRE XXXVII.

Neveu, puisque Thorncliff et tous les autres sont morts, je regrette qu'elle ne puisse être à vous.

Cette expression *tous les autres* m'affecta vivement : car c'était l'habitude du pauvre vieux baronnet, quand le matin il partait joyeusement pour la chasse, de distinguer nominalement son favori Thorncliff, tandis qu'il réunissait le reste de ses enfants sous une appellation générale; et le ton de gaîté bruyante avec lequel il avait coutume de crier : Appelez Thornie, — appelez tous les autres, — formait en ce moment un pénible contraste avec l'accent morne et abattu des paroles qu'il venait de répéter. Ce fut alors qu'il me parla de son testament, et qu'il m'en remit une copie. L'original était déposé entre les mains de mon ancienne connaissance, M. le juge Inglewood, sorte de terrain neutre qui n'était craint de personne, et en qui tous avaient confiance. Je crois qu'il était dépositaire des testaments de la moitié des gentilshommes du comté de Northumberland, qui combattaient pour l'un ou l'autre des deux partis.

Mon oncle consacra la plus grande partie de ses derniers moments à l'accomplissement des devoirs religieux de sa croyance; nous avions obtenu, quoiqu'avec difficulté, que le chapelain de l'ambassadeur de Sardaigne vînt l'assister à cette heure suprême. Je ne pus acquérir la certitude, ni par mes propres observations, ni en interrogeant ses médecins, que sir Hildebrand Osbaldistone eût succombé à une maladie bien décidée, portant un nom dans la nomenclature médicale. C'était un tempérament complètement épuisé par les fatigues du corps et les peines de l'âme; il s'éteignit plutôt qu'il ne mourut, de même qu'un vaisseau, longtemps agité par les vents et battu par de longues tempêtes, livre parfois passage à l'eau par mille fentes imperceptibles, et coule à fond sans cause apparente de destruction.

Il est assez remarquable que mon père, lorsque les derniers devoirs furent rendus à son frère, montra tout à coup une vive impatience de me voir prendre, au nom du testament, possession du domaine, et de me voir ainsi devenir le représentant de la maison de son père, ce qui, jusqu'alors, semblait avoir été la chose du monde la plus indifférente à ses yeux. N'avait-il donc été jusque-là que le renard de la fable, dédaignant ce qu'il ne peut atteindre? Je ne doute pas, d'ailleurs, que la haine qu'il avait conçue contre Rasleigh Osbaldistone, lequel menaçait hautement d'attaquer le testament de sir Hildebrand, n'augmentât le désir qu'avait mon père de le voir maintenu.

— Leur père, disait-il, l'avait très-injustement déshérité; — le testament de son frère avait réparé l'injustice, sinon le tort, en transmettant à Frank, qui en était l'héritier légitime, les débris de la fortune paternelle, et il ferait tout pour que le legs eût son effet plein et entier.

Rasleigh n'était cependant pas un adversaire dont on pût entièrement mépriser les menaces. Les révélations qu'il avait faites au Gouvernement dans un moment difficile, son adresse consommée, l'étendue de ses intelligences, et les artifices par lesquels il avait su se faire de sa conduite un mérite et un moyen d'influence, lui avaient, jusqu'à un certain point, assuré des protecteurs au sein du ministère. Nous étions déjà en procès contre lui au sujet des valeurs qu'il avait soustraites la maison Osbaldistone et Tresham; et à en juger par la lenteur des progrès de cette affaire, cependant si simple, nous courions le risque de ne pas voir, avant de mourir, l'issue de ce second procès.

Pour abréger ces délais autant que possible, mon père, d'après l'avis d'un savant jurisconsulte, racheta en mon nom des hypothèques considérables qui grévaient Osbaldistone-Hall. Peut-être aussi l'occasion qui se présentait de placer une grande partie des immenses bénéfices que lui avait valus la hausse rapide des fonds publics après la compression de la révolte, et l'épreuve qu'il avait récemment faite des périls du commerce, le poussèrent-ils à réaliser ainsi une portion notable de sa fortune. Quoi qu'il en soit, il en résulta qu'au lieu de me reléguer dans ses bureaux, comme je m'y attendais, lui ayant déclaré que j'étais prêt à me soumettre à tout ce qu'il voudrait de moi, je reçus ses ordres et ses instructions pour me rendre à Osbaldistone-Hall et en prendre possession, comme héritier et représentant de la famille. Je devais réclamer du squire Inglewood l'original du testament déposé entre ses mains, et prendre toutes les mesures nécessaires pour entrer en possession, ce qui, suivant les sages, est avoir en sa faveur neuf points de la loi.

A une autre époque j'aurais été transporté de ce changement de situation. Mais alors Osbaldistone-Hall me rappelait trop de souvenirs douloureux. Je réfléchis néanmoins que ce n'était guère que dans ce voisinage que je pouvais espérer de recueillir quelques informations sur le sort de Diana Vernon. J'avais toute raison de craindre qu'il ne fût bien différent de ce que je l'aurais voulu voir; mais jusque-là je n'avais pu obtenir aucun renseignement précis sur ce sujet.

Ce fut en vain que, par toutes les attentions que leur situation comportait, je m'efforçai de gagner la confiance de quelques parents éloignés retenus prisonniers à Newgate. Une fierté que je ne pouvais condamner, et le soupçon qui s'attachait naturellement au whig Frank Osbaldistone, cousin du double traître Rasleigh, me fermaient tous les cœurs et enchaînaient toutes les langues; les services même que j'étais en position de leur rendre n'obtenaient d'eux que des remerciments froids et contraints. Le glaive de la loi atteignait d'ailleurs un à un ceux que j'avais tenté de me concilier, et les survivants n'en concevaient que plus d'éloignement pour tout ce qui, à leurs yeux, se rattachait au gouvernement existant. Comme on les conduisait au supplice successivement et par groupes, les derniers finirent par ne plus prendre aucun intérêt au genre humain, et perdirent même jusqu'au désir de communiquer avec leurs semblables. Je me souviendrai toujours que l'un d'eux, appelé Ned Shafton, sur la sollicitude que je lui témoignais pour lui procurer quelques douceurs, me répondit : M. Frank Osbaldistone, je dois croire que vos intentions partent d'un bon cœur, et je vous en remercie. Mais, par Dieu, des hommes ne peuvent se laisser engraisser comme de la volaille, quand ils voient leurs compagnons traînés chaque matin au supplice, et qu'ils savent qu'eux-mêmes n'attendent que leur tour pour avoir la corde passée au cou.

Je fus donc surtout charmé d'échapper aux scènes douloureuses de Londres et de Newgate, pour aller respirer l'air pur et libre du Northumberland. Andrew était resté à mon service, plutôt d'après le désir de mon père que d'après le mien. En cette circonstance, ses connaissances locales d'Osbaldistone-Hall et des environs semblaient pouvoir m'être utiles ; naturellement donc il m'accompagna dans mon voyage, et je me réjouissais de la pensée de me débarrasser de lui en le rétablissant dans ses anciennes fonctions. Je ne conçois pas comment il était parvenu à intéresser ainsi mon père en sa faveur, à moins que ce n'eût été par l'art, qu'il possédait à un haut degré, d'affecter un extrême attachement pour son maître, attachement tout théorique et que, dans la pratique, il savait parfaitement concilier avec les tours de toute espèce qu'il me jouait sans scrupule, veillant seulement à ce que son maître ne fût dupé par personne autre que par lui.

Nous terminâmes notre voyage vers le Nord sans incident notable ; la contrée, si récemment agitée par la rébellion, était redevenue calme et paisible. Plus nous approchions d'Osbaldistone-Hall, plus mon cœur se resserrait à la pensée de revoir ces lieux maintenant déserts. Afin de reculer ce moment pénible, je résolus de faire d'abord ma visite à M. le juge Inglewood.

Ce vénérable personnage avait été, pendant les derniers troubles, fort tourmenté par la pensée de ce qu'il avait été et de ce qu'il était alors ; et ses souvenirs avaient naturellement dû contribuer à ralentir l'activité qu'il eût été de son devoir de déployer en une telle circonstance. Il en était pourtant résulté une bonne fortune pour lui. Le clerc Jobson, fatigué de la tiédeur de son patron, l'avait quitté pour remplir ses fonctions de greffier près d'un certain squire Standish, récemment promu à la charge de juge de paix d'un canton voisin, et qui, bien différent du juge Inglewood, déployait pour le roi Georges et pour la succession protestante un zèle que M. Jobson lui-même avait moins à stimuler qu'à contenir parfois dans des bornes légales

Le vieux juge me reçut avec beaucoup de politesse, et me remit sans difficulté le testament parfaitement en règle de mon oncle. Il fut d'abord évidemment embarrassé, ne sachant pas comment il devrait parler et agir en ma présence; mais quand il vit que, bien qu'ami par principes du gouvernement actuel, j'étais disposé à la pitié et à l'indulgence pour ceux que des sentiments exagérés de devoir et de loyauté avaient entraînés dans une route opposée, ses discours devinrent un très-divertissant mélange de ce qu'il avait fait et de ce qu'il n'avait pas fait, — des peines qu'il avait prises soit pour empêcher quelques squires d'aller se réunir aux insurgés, soit pour fermer les yeux sur la fuite de quelques autres qui avaient eu le malheur de rejoindre leur drapeau.

Nous étions tête à tête, et déjà plusieurs toasts avaient été portés par le juge, quand tout à coup il me dit de remplir mon verre, *bonâ fide*[1], afin de boire à la santé de la pauvre chère Die Vernon, la rose du désert et des bruyères de Cheviot, la fleur qui allait être transplantée dans un maudit cloître!

— Miss Vernon n'est donc pas mariée? m'écriai-je fort étonné. Je croyais que Son Excellence......

— Bah! bah! Son Excellence, Sa Seigneurie, pures billevesées! Vous savez, — titres de la cour de Saint-Germain. — C'est le comte de Beauchamp, ambassadeur plénipotentiaire de France à une époque où l'on peut dire que le duc d'Orléans, le régent, connaissait à peine son existence. Mais vous devez avoir vu le vieux sir Frédéric Vernon au château, quand il y jouait le rôle du père Vaughan?

— Juste Ciel! mais alors, Vaughan était donc le père de miss Vernon?

— Sans doute, répondit froidement le juge. Il est inutile d'en faire un secret maintenant, car il doit être à présent hors du pays, — sans quoi mon devoir serait sans doute de le faire arrêter. — Allons, videz votre verre à ma chère Die, qui est perdue pour nous!

> A sa santé buvons tous à la ronde,
> A la ronde, à la ronde, à la ronde;
> A genoux donc pour porter sa santé:
> C'est à genoux qu'on fête la beauté[2].

Vous croirez sans peine que j'étais peu en état de me joindre au joyeux refrain du juge. J'étais étourdi de ce que je venais d'apprendre. Je n'avais jamais entendu dire, repris-je, que le père de miss Vernon fût encore vivant.

— S'il l'est, ce n'est pas la faute de notre gouvernement, car du

---

[1] En conscience, jusqu'aux bords.

[2] Ces vers se trouvent, à ce qu'on croit, dans une pièce de Shadwell, intitulée: *Bury fair*. (W. S.)

CHAPITRE XXXVII.

diable s'il est un homme de la tête duquel on donnerait un plus haut prix! Il fut condamné à mort pour le complot de Fenwick, et on crut qu'il eut quelque part à l'affaire de Knightsbridge, du temps du roi Guillaume; et comme il avait épousé en Écosse une parente des Breadalbane, il avait une grande influence près de tous les chefs du pays. On dit même que son extradition fut demandée lors du traité de Ryswick; mais il feignit une maladie, et le bruit de sa mort fut répandu par les papiers de France. Mais quand il est revenu dans nos cantons pour la vieille cause, nous autres vieux cavaliers nous le reconnûmes parfaitement; — c'est-à-dire que sans être cavalier je le reconnus bien. Mais comme il n'y eut pas de dénonciation portée contre le pauvre vieux gentilhomme, et que de fréquentes attaques de goutte m'avaient altéré la mémoire, je n'aurais pu attester son identité sous serment, vous comprenez.

— Il n'était donc pas connu à Osbaldistone-Hall?

— De personne, si ce n'est de sa fille, du vieux chevalier et de Rasleigh, qui avait pénétré ce secret, comme il en a découvert tant d'autres, et qui s'en servait comme d'une corde passée au cou de la pauvre Die. Je l'ai vue cent fois prête à lui rompre en visière, si la crainte pour son père ne l'eût retenue, car sa vie n'aurait pas été cinq minutes en sûreté, s'il eût été découvert par le gouvernement. — Comprenez-moi bien, monsieur Osbaldistone; je dis que le gouvernement est un gouvernement bon, juste et clément; et s'il a fait pendre la moitié des rebelles, pauvres gens! tout le monde conviendra que cela ne leur serait point arrivé s'ils étaient restés paisiblement chez eux.

Détournant la conversation de ces questions politiques, je ramenai M. Inglewood à son sujet, et j'appris que Diana, ayant nettement refusé d'épouser aucun des Osbaldistone, et manifesté pour Rasleigh en particulier une invincible aversion, celui-ci avait commencé dèslors à se refroidir pour la cause du prétendant, qu'il avait embrassée comme le seul moyen de fortune qui s'offrît au plus jeune de la famille, hardi d'ailleurs, adroit, entreprenant. Probablement la manière dont il s'était vu forcé par l'autorité réunie de sir Frédéric Vernon et des chefs écossais, de rendre les valeurs qu'il avait soustraites de la caisse de mon père, l'avait décidé à prendre une voie de fortune plus rapide, en changeant de parti et en trahissant sa foi. Peut-être aussi, car peu d'hommes étaient doués de plus de pénétration en tout ce qui touchait à ses intérêts, peut-être avait-il reconnu que les conspirateurs n'avaient, ce que l'événement a justifié, ni les moyens ni les talents suffisants pour accomplir la tâche difficile de renverser un gouvernement établi. Ce n'était pas sans peine que sir Frédéric Vernon, ou, comme on le nommait parmi les jacobites, Son Excellence le vicomte de Beauchamp, avait échappé avec sa fille aux conséquences de la trahison de Rasleigh. Là se bornaient les informations de M. Inglewood; mais il ne doutait pas, puisqu'il n'avait nullement été question de son arrestation, qu'il dût être retourné sur le continent, où, en vertu d'un pacte cruel qui existait entre lui et son beau-frère sir Hildebrand, Diana devait être confinée dans un cloître, d'après son refus d'épouser un des Osbaldistone. M. Inglewood ne put m'expliquer complètement la cause première de ce singulier pacte; mais il pensait que c'était une convention de famille, dont le but était d'assurer à sir Frédéric les revenus de ce qui restait de ses vastes domaines, débris que quelque manœuvre légale avait fait passer entre les mains des Osbaldistone; c'était, en un mot, un de ces pactes de famille, si fréquents à cette époque, dans lesquels on n'avait pas plus d'égard aux sentiments des parties intéressées, que s'il s'était agi du bétail attaché au domaine.

Je ne puis dire, tant est grande la bizarrerie du cœur humain, si ces informations me causèrent plus de joie que de peine. La certitude que miss Vernon était à jamais séparée de moi, non par un autre mariage, mais par les grilles d'un cloître, en vertu d'une aussi absurde convention, semblait accroître, loin de les diminuer, les regrets que me faisait éprouver sa perte. Je devins distrait, triste et rêveur, et je me sentis hors d'état de supporter plus longtemps la tâche d'une conversation avec le juge Inglewood, lequel bâilla à son tour et proposa de nous retirer de bonne heure. Je pris congé de lui dès que la nuit fut venue, dans l'intention de partir le lendemain de très-bonne heure pour Osbaldistone-Hall.

M. Inglewood approuva mon dessein. Il était bon, me dit-il, que j'y fisse mon apparition avant que mon arrivée dans le pays fût connue; car il savait que Rasleigh était chez M. Jobson, où sans doute ils tramaient quelque complot. — Ils sont faits l'un pour l'autre, ajouta-t-il, car sir Rasleigh a perdu le droit de se mêler à la société de gens d'honneur; mais il n'est guère possible que deux pareils misérables se réunissent sans méditer quelque chose contre les honnêtes gens.

Il conclut en me recommandant instamment pour le lendemain, avant que je me misse en route, un bon verre de vin et une attaque sur son pâté de venaison, seulement pour me fortifier l'estomac contre l'air froid du matin.

CHAPITRE XXXVIII.

> Son maître n'est plus; personne aujourd'hui n'habite les salles du château d'Ivor. Hommes, chiens, chevaux, tout est mort; lui seul est resté vivant. WORDSWORTH.

Il est peu de sensations plus tristes que celles que nous éprouvons quand nous retrouvons abandonnés et déserts des lieux qui furent le théâtre de nos plaisirs passés. En me dirigeant vers Osbaldistone-Hall, je revis les mêmes objets que le jour mémorable où j'étais revenu d'Inglewood-Place, en compagnie de miss Vernon. Son souvenir ne me quitta pas pendant tout le chemin; et quand j'approchai du lieu où je l'avais vue pour la première fois, je crus presque entendre encore les aboiements des chiens et le son du cor, et je promenai mes yeux dans cet espace vide, comme si la belle chasseresse devait m'apparaître de nouveau sur la colline d'où je l'avais vue descendre; mais tout était silencieux et solitaire. En arrivant au château, les fenêtres et les portes fermées, l'herbe qui croissait dans les cours où régnait maintenant un calme profond, tout m'offrait un pénible contraste avec les scènes de gaîté bruyante dont si souvent je les avais vues le théâtre, quand les joyeux chasseurs se préparaient à partir pour leur passe-temps du matin, ou quand ils revenaient pour le repas du soir. Les clameurs impatientes des chiens découplés, les cris des piqueurs, le piétinement des chevaux, le rire bruyant du vieux chevalier, à la tête de ses nombreux et robustes descendants, tout était rentré dans un silence éternel.

En contemplant cette scène muette et déserte, je fus douloureusement affecté même par le souvenir de ceux qui, vivants, n'avaient pu m'inspirer que peu d'affection. Mais la pensée que tant d'hommes jeunes et vigoureux, pleins de vie, de santé et d'avenir, étaient tous, et en si peu de temps, descendus au tombeau, par des genres de morts divers, mais tous également violents et inattendus, cette pensée apportait avec elle une image de destruction qui remplissait l'âme d'une irrésistible terreur. C'était pour moi une faible consolation de rentrer en maître dans ces salles que j'avais quittées presque en fugitif. N'étant pas habitué à me regarder comme le propriétaire de ce qui m'entourait, je me considérais comme un usurpateur, au moins comme un étranger indiscret, et je pouvais à peine me défendre de l'idée que l'ombre formidable de quelqu'un de mes cousins, semblable aux spectres gigantesques des romans, allait m'apparaître à la porte du château pour m'en disputer l'entrée.

Tandis que j'étais livré à ces sombres pensées, mon suivant, Andrew, dont les idées étaient de tout autre nature, frappait à coups redoublés à toutes les portes, appelant en même temps d'un ton assez haut pour montrer que *lui*, du moins, comprenait sa nouvelle importance comme écuyer du nouveau maître du manoir. Enfin le vieux sommelier et majordome de mon oncle, Anthony Syddall, se montra comme à regret à une fenêtre basse, bien défendue par des barreaux de fer, et s'enquit de ce que nous demandions.

— Nous sommes venus vous débarrasser de votre charge, mon vieil ami, répondit Andrew Fairservice; vous pouvez nous remettre vos clefs dès qu'il vous conviendra;—chaque chien a son jour. J'vous relèverai du soin d'l'argenterie et d'la lingerie. Vous avez eu votre temps pour cela, M. Syddall; mais chaque fève a son point noir, et tout sentier son bourbier; ce sera à vous maintenant d'vous asseoir au bas bout d'la table, comme Andrew s'y est placé si longtemps.

Imposant avec quelque peine silence à ce bavardage impertinent, j'expliquai à Syddall la nature de mes droits, et le titre que j'avais à demander l'entrée du château devenu ma propriété. Le vieillard parut inquiet et agité, et manifesta une répugnance évidente à m'obéir, quoique son ton fût humble et respectueux. J'attribuai cette répugnance à un attachement pour ses anciens maîtres, qui lui faisait honneur; mais je n'en réclamai pas moins péremptoirement l'ouverture immédiate des portes, lui expliquant que son refus m'obligerait de recourir au mandat de M. Inglewood et à l'autorité d'un constable.

— Nous arrivons d'chez M. l'juge Inglewood, dit Andrew, pour appuyer ma menace, et j'ai vu en chemin Archie Rutledge le constable. — L'pays n'est plus sans lois comme il l'a été, monsieur Syddall. Les rebelles et les papistes n'peuvent plus lever la tête comme autrefois.

La menace d'une intervention légale effraya le vieillard, qui sentait à quels soupçons l'exposaient sa religion et son dévouement à sir Hildebrand et à ses fils. Il ouvrit donc, en tremblant de crainte, une des petites portes d'entrée, solidement assujettie par de nombreux verrous et des barres de fer, et il me supplia de l'excuser s'il avait voulu s'acquitter fidèlement de son devoir. — Je le rassurai, et lui dis que sa prudence l'honorait à mes yeux.

— Je n'pense pas d'même, dit Andrew. Syddall est un vieux routier; il ne serait pas blanc comme un linge, et ses genoux n'trembleraient pas ainsi, s'il n'y avait là-dessous quelque chose de plus qu'il ne veut nous en dire.

— Le Seigneur vous pardonne, monsieur Fairservice, répliqua le sommelier, de dire de telles choses d'un ancien ami et d'un camarade!

— Où Votre Honneur veut-il que je lui allume du feu? continua-t-il en me suivant dans l'étroit corridor. Je crains que vous ne trouviez la maison bien triste et bien sombre.— Mais peut-être votre intention est-elle de retourner dîner à Inglewood-Place ?

— Allumez du feu dans la bibliothèque, lui dis-je.

— Dans la bibliothèque ! Mais personne n'y est entré depuis longtemps ; la cheminée fume, car les chouettes y ont fait leur nid ce printemps, et je n'ai eu personne au château pour la faire ramoner.

— Not' fumée vaut mieux que l'feu des autres, dit Andrew ; Son Honneur aime la bibliothèque. C'n'est pas un d'vos papistes, qui s'plaisent à croupir dans l'ignorance, monsieur Syddall.

Bien à contre-cœur, comme il était aisé de le voir, le sommelier prit le chemin de la bibliothèque, dont l'intérieur, tout à l'opposé de ce qu'il venait de me dire, me parut récemment mis en ordre et mieux disposé même que de coutume. Un excellent feu brûlait dans la cheminée, en dépit de la prédiction du vieux Syddall. Il prit les pincettes comme pour arranger les tisons, mais bien plutôt, peut-être, pour cacher son embarras. — Il brûle bien maintenant, dit-il, et cependant ce matin la fumée était fort incommode.

Désirant être seul, jusqu'à ce que je me fusse remis des pénibles sensations que réveillait en moi tout ce qui m'entourait, je chargeai Syddall d'aller prévenir de mon arrivée l'intendant du domaine, qui demeurait à un quart de mille environ du château. Il partit avec une répugnance manifeste. Je recommandai ensuite à Andrew de faire venir au château une couple de vigoureux gaillards sur lesquels on pût compter, la population environnante étant papiste, et sir Rasleigh, qu'on pouvait croire capable de tout, se trouvant dans le voisinage. Andrew Fairservice se chargea de la commission avec joie, et promit de m'amener, de Trinlay-Knowe, deux vrais presbytériens comme lui, en état de tenir tête à la fois au pape, au diable et au prétendant.
— Et moi-même, ajouta-t-il, je serai bien aise d'avoir leur compagnie, car la dernière nuit qu'j'ai passée à Osbaldistone-Hall, j'veux qu'toutes les fleurs d'mon petit jardin coulent si j'n'ai pas vu cette peinture-là même (et il me désignait du doigt le portrait en pied du grand-père de miss Vernon) s'promenant au clair de la lune dans l'jardin ! Vot' Honneur n'voulut pas m'croire quand j'lui dis qu'j'avais cette nuit-là été tourmenté par un esprit. — J'avais toujours pensé qu'il y avait d'la sorcellerie et d'la diablerie parmi les papistes, mais j'en ai eu la preuve d'mes propres yeux pendant cette terrible nuit.

— Partez vite, monsieur, lui dis-je, et amenez ces deux hommes. Tâchez surtout qu'ils aient plus de bon sens que vous, et qu'ils ne s'effraient pas de leur ombre.

— On m'a toujours regardé comme en valant bien un autre, répliqua vivement Andrew ; mais je n'prétends pas m'battre avec les esprits d'l'enfer. Il sortit alors, en même temps que l'intendant Wardlaw entrait dans la bibliothèque.

C'était un homme de sens et de probité, sans les soins duquel il eût été difficile à mon oncle de rester aussi longtemps en possession du château. Il examina avec attention le testament de sir Hildebrand, et en reconnut la validité. Pour tout autre, c'eût été une assez pauvre succession, tant le domaine était grevé de dettes et d'hypothèques. Beaucoup, cependant, avaient déjà été rachetées par mon père, et il négociait le rachat du reste, rachat que les bénéfices considérables que lui avait procurés la hausse récente des fonds publics le mettaient à même de faire aisément.

Je réglai avec M. Wardlaw beaucoup d'affaires urgentes, et je le retins à dîner avec moi. Je fis servir dans la bibliothèque, malgré les instances de Syddall pour nous faire descendre à la salle à manger, qu'il avait préparée en conséquence. Sur ces entrefaites, Andrew arriva avec ses deux *vrais bleus*[1], dont il me fit l'éloge dans les termes les plus chauds, me les présentant comme des hommes sobres, honnêtes, fermes sur les points de doctrine, et, par-dessus tout, braves comme des lions. Je recommandai qu'on les fît rafraîchir, et ils quittèrent la salle. Je remarquai que le vieux Syddall avait hoché la tête au moment où ils sortaient; j'insistai pour en connaître la raison.

— Je n'ai pas lieu d'espérer, répondit-il, que Votre Honneur ajoute foi à mes paroles, et cependant c'est la pure vérité. — Ambroise Wingfield est un aussi honnête homme qu'âme qui vive; mais s'il est un perfide coquin dans le pays, c'est son frère Lancie! — Tout le pays sait que c'est un espion du clerc Jobson, contre les pauvres gentilshommes qui ont pris part aux troubles; — mais il est protestant, et il paraît que c'est assez par le temps qui court.

Après avoir ainsi exprimé ses sentiments, auxquels j'étais cependant assez peu disposé à prêter attention, le vieux sommelier plaça le vin sur la table et quitta la bibliothèque.

M. Wardlaw demeura avec moi assez tard après dîner; enfin il rassembla ses papiers et prit congé de moi, me laissant dans cette disposition douteuse où l'esprit flotte incertain entre le besoin du monde et le désir de la solitude. Je n'avais pas le choix, cependant; car j'étais resté seul dans un appartement plus propre qu'aucun autre du château à m'inspirer des réflexions mélancoliques.

Comme le jour commençait à baisser, Andrew eut la prévoyance d'avancer sa tête à la porte, non pour s'informer si je voulais des lumières, mais pour me recommander d'en prendre, comme mesure de précaution contre les esprits qui assiégeaient encore son imagination. Je le renvoyai assez brusquement, et ranimant le feu, je me plaçai dans un des larges siéges en cuir qui flanquaient la vieille cheminée gothique, et je m'abandonnai à la contemplation nonchalante

---

[1] *True-blue*, purs presbytériens. (L. V.)

des jeux bizarres des charbons et de la flamme. — Voilà bien, me dis-je à haute voix, l'image des progrès et du résultat des désirs de l'homme! Enfants du hasard ou du caprice, l'imagination les allume, et ils se nourrissent des vapeurs de l'espérance, jusqu'à ce qu'ils aient consumé la substance qui les alimente ; puis l'homme, et ses espérances, et ses passions, et ses désirs, s'anéantissent à la fois, ne laissant après eux qu'un vil amas de cendres!

Un profond soupir parti du côté opposé de la chambre sembla répondre à mes réflexions. Je me retournai précipitamment ; — Diana Vernon était debout devant moi, appuyée sur le bras d'un homme si ressemblant au portrait dont il a été souvent question, qu'involontairement je portai les yeux vers le cadre, comme si j'avais dû le trouver vide. Ma première idée fut que j'étais le jouet d'une illusion, ou que j'avais devant les yeux deux ombres sorties du tombeau ; un second coup d'œil me convainquit que je n'étais pas hors de mes sens, et que j'avais devant moi deux êtres réels. C'était bien Diana elle-même, plus pâle seulement et plus maigre que je ne l'avais encore vue ; ce n'était pas une ombre qui se tenait derrière elle, mais le père Vaughan, ou plutôt sir Frédéric Vernon, revêtu d'un costume presque semblable à celui du portrait de son aïeul. Il fut le premier qui prit la parole, car Diana tenait les yeux fixés à terre, et l'étonnement avait enchaîné ma langue.

— Vous voyez deux suppliants, M. Osbaldistone, me dit-il ; nous implorons de vous un refuge et la protection de votre toit, jusqu'à ce que nous puissions reprendre un voyage où les cachots et la mort m'attendent à chaque pas.

— Sans doute, répondis-je avec effort, — miss Vernon ne peut supposer, — et vous, monsieur, vous ne pouvez croire que j'aie oublié les services que vous m'avez rendus, ni que je sois capable de trahir qui que ce soit, vous moins que personne?

— Je le sais, dit sir Frédéric ; cependant c'est avec une extrême répugnance que je vous impose une confidence désagréable peut-être, — à coup sûr dangereuse, — et pour laquelle j'aurais voulu pouvoir me reposer sur un autre. Mais le sort qui m'a lancé dans une vie de périls et d'agitations me presse en ce moment au point de ne pas me laisser l'alternative.

En cet instant la porte s'ouvrit, et j'entendis la voix de l'officieux Andrew : — J'apporte des chandelles ; — vous pourrez les allumer si vous voulez.

Je m'élançai vers la porte, assez à temps, je l'espérai, pour l'empêcher de voir qui était avec moi dans la chambre. Je le repoussai vivement, refermai la porte sur lui et tirai le verrou ; — mais me rappelant aussitôt ses deux compagnons, connaissant son humeur bavarde et me souvenant aussi de la remarque de Syddall, que l'un d'eux passait pour un espion, je descendis immédiatement après lui dans la salle des domestiques, où tous les trois étaient réunis. Andrew parlait haut quand j'ouvris la porte, mais à mon apparition inattendue il se tut aussitôt.

— Qu'avez-vous donc, imbécile? lui dis-je; vous me regardez avec un air effaré, comme si vous aviez vu un esprit.

— Ri...en, — rien, répondit-il; mais Vot' Honneur a été un peu vif.

— Parce que vous m'avez dérangé d'un profond sommeil, sot que vous êtes. Syddall vient de me dire qu'il n'avait pas de lits cette nuit pour ces deux braves garçons, et M. Wardlaw ne pense pas que ce soit la peine de les retenir ici plus longtemps. Voici une couronne[1] pour boire à ma santé, et les remercier de leur bonne volonté. — Vous pouvez partir à l'instant même, mes amis.

Les hommes me remercièrent, prirent l'argent et sortirent, en apparence satisfaits et sans soupçons. Je restai jusqu'à ce que je les eusse vus dehors, pour être sûr qu'ils n'auraient pas cette nuit-là d'autres rapports avec l'honnête Andrew. Je l'avais suivi de si près que je ne crus pas qu'il eût eu le temps de leur dire deux mots avant que je l'eusse interrompu. Mais deux mots peuvent causer bien des malheurs; en cette occasion ils coûtèrent la vie à deux personnes.

Après avoir pris ces mesures, qui, dans ce moment de trouble, me parurent les plus convenables pour la sécurité de mes hôtes, je revins leur en rendre compte, et j'ajoutai que j'avais chargé Syddall de monter quand je sonnerais, dans la persuasion où j'étais qu'il n'ignorait pas leur présence au château. Un regard de Diana me remercia de ces précautions.

— Maintenant, me dit-elle, vous connaissez mes mystères. Vous savez sans doute quels liens étroits m'unissent à ce parent qui si souvent trouva ici un refuge; et vous ne serez plus surpris que, maître d'un tel secret, Rasleigh me gouvernât avec une verge de fer.

Son père ajouta que leur intention était de me laisser le moins longtemps possible l'embarras de leur présence.

Je suppliai les deux fugitifs d'écarter toute considération autre que celle de leur sûreté, et de se reposer sur mes efforts pour l'assurer. Ceci les amena à m'expliquer les circonstances dans lesquelles ils se trouvaient.

— Je me suis toujours défié de Rasleigh Osbaldistone, me dit sir Frédéric; mais sa conduite envers ma fille restée sans protection, conduite dont j'ai eu peine à obtenir l'aveu d'elle, et l'abus de confiance dont il se rendit coupable envers votre père, m'inspirèrent pour lui du mépris et de la haine. — Lors de notre dernière entrevue, je lui laissai voir des sentiments que la prudence eût dû me faire dissimu-

---

[1] Un écu. (L. V.)

ler; pour se venger du dédain que je lui témoignai, il ajouta à ses autres crimes la trahison et l'apostasie. J'espérais alors que sa défection serait pour nous de peu de conséquence. Le comte de Mar avait en Écosse une bonne armée; lord Derwentwater, avec Forster, Kenmure, Winterton et d'autres, réunissait des forces sur les frontières. Comme j'avais avec ces seigneurs et ces gentilshommes anglais des relations étendues, on crut convenable que je me joignisse à un détachement de Highlanders qui, sous les ordres du brigadier Mac Intosh et de Borlum, passa le golfe de Forth, traversa la Basse-Écosse et vint se réunir, sur la frontière, aux insurgés anglais. Ma fille partagea avec moi les fatigues et les dangers de cette marche longue et pénible.

— Et jamais elle n'abandonnera un père tendrement aimé! s'écria miss Vernon en se précipitant dans ses bras.

— J'avais à peine rejoint nos amis d'Angleterre, que je ne doutai pas que notre cause fût perdue.—Notre nombre diminuait au lieu de s'accroître, et nous ne recrutions que ceux de notre croyance religieuse. Les tories protestants restaient généralement indécis, et à la fin nous nous trouvâmes enveloppés par des forces supérieures, dans la petite ville de Preston. Le premier jour nous nous défendîmes avec résolution. Le jour suivant, le courage de nos chefs principaux faiblit, et ils résolurent de se rendre à discrétion. M'adjoindre à de pareilles conditions, c'était porter ma tête sous la hache. Vingt ou trente gentilshommes se trouvèrent de mon sentiment; nous montâmes à cheval, et nous plaçâmes ma fille, qui avait voulu partager mon sort, au centre de notre petit parti. Frappés de son courage et de sa piété filiale, mes compagnons jurèrent tous qu'ils mourraient plutôt que de l'abandonner. Nous parcourûmes en corps une rue appelée Fishergate, qui conduit à une prairie marécageuse sur les bords de la Ribble, où l'un de nous avait promis de nous montrer un gué praticable. Notre marche fut peu inquiétée par l'ennemi, et nous n'eûmes affaire qu'à un détachement de dragons d'Honeywood, que nous dispersâmes aisément. Nous traversâmes la rivière, gagnâmes la grande route de Liverpool, et là nous nous séparâmes, pour chercher, chacun de notre côté, des lieux de refuge et de sûreté. Ma fortune me conduisit dans le pays de Galles, où je savais trouver beaucoup de gentilshommes de ma croyance et de mes opinions politiques. Je ne pus cependant avoir une occasion convenable de gagner la côte, et je me vis obligé de revenir vers le nord. Un ami sûr doit me rejoindre dans ces environs, et me conduire jusqu'à un port du Solway, où m'attend un bâtiment qui m'emportera pour toujours loin de ma patrie. Comme Osbaldistone-Hall se trouvait inhabité, et sous la garde du vieux Syddall, qui, en d'autres occasions, avait été notre confident, nous vînmes y chercher un refuge connu et sûr. Je repris les habits que j'avais portés avec succès, pour effrayer les paysans superstitieux ou les domestiques que le hasard pouvait me faire rencontrer; et de moment en moment nous attendions l'arrivée de notre guide, quand votre arrivée subite, et le choix que vous avez fait de cet appartement, nous ont mis dans la nécessité de nous livrer à votre générosité.

Tel fut le récit de sir Frédéric : je me croyais encore, en l'écoutant, sous l'empire d'une vision, et c'est à peine si je pouvais me persuader que c'était bien réellement sa fille que je revoyais. Les fatigues et l'abattement avaient altéré les traits de Diana. Sa vivacité pétillante avait fait place à un air de résolution intrépide, mêlée d'une résignation calme. Son père, quoiqu'il connût et redoutât l'effet que devaient produire sur moi les louanges dont elle serait l'objet, ne put cependant retenir quelques mots d'éloge.

— Elle a subi, me dit-il, des épreuves qui auraient fait honneur à a constance d'un martyr; — plus d'une fois, elle a fait face aux dangers et bravé la mort; — elle a soutenu des travaux et des privations devant lesquels les hommes les plus robustes auraient reculé. Elle a eu des jours sans lumière et des nuits sans sommeil, et jamais un souffle de plainte ni de murmure ne s'est échappé de sa bouche. En un mot, monsieur Osbaldistone, continua-t-il en se signant, elle est digne du Dieu à qui je vais l'offrir, comme ce qui reste de plus cher et de plus précieux à Frédéric Vernon.

Ces paroles furent suivies d'un silence dont je ne compris que trop bien le sens fatal. Ici, comme lors de notre courte rencontre en Écosse, l'intention de sir Frédéric était de détruire en moi toute espérance d'union avec sa fille.

— Maintenant, continua-t-il en s'adressant à Diana, nous n'abuserons pas plus longtemps des moments de M. Osbaldistone, puisque nous l'avons instruit de la situation des misérables hôtes qui réclament sa protection.

Je les priai de rester, et j'offris de quitter moi-même l'appartement. Sir Frédéric me fit observer que par là je ne pourrais qu'éveiller les soupçons de mon domestique, et que le lieu de leur retraite, aussi sûr que commode, était fourni par Syddall de tout ce qui pouvait leur être nécessaire. — Peut-être, continua-t-il, aurions-nous pu y rester cachés même pour vous; mais c'eût été vous faire injure, que de ne pas nous confier entièrement en votre honneur.

— Vous m'avez rendu justice, répliquai-je. Je suis peu connu de vous, sir Frédéric; mais miss Vernon, j'en suis sûr, me rendra cette justice....

— Je n'ai pas besoin du témoignage de ma fille, interrompit-il poliment, mais de manière à m'empêcher de m'adresser directement à elle, pour croire tout ce qui est digne de M. Francis Osbaldistone. Souffrez que nous nous retirions; nous devons prendre quelque repos, puisqu'il faut que nous nous tenions toujours prêts à continuer notre périlleux voyage.

Il prit le bras de sa fille, me fit un profond salut, et disparut avec elle derrière la tapisserie.

CHAPITRE XXXIX.

>Maintenant la main du destin soulève le rideau et nous découvre la scène. *Don Sébastien.*

JE me sentis étourdi et le cœur glacé, lorsqu'ils se furent retirés. Quand l'imagination s'arrête sur l'objet absent de nos affections, elle nous le représente non-seulement sous le jour le plus beau, mais avec les traits que nous lui désirons le plus. L'image de Diana était restée en moi telle que je l'avais vue lorsqu'en nous séparant j'avais senti ses larmes mouiller mon visage, telle aussi que je me l'étais représentée quand la bague que m'avait remise la femme de Mac Gregor avait pu me faire croire qu'elle voulait conserver du moins dans son exil et jusque dans la solitude du cloître le souvenir de mon amour. Je venais de la revoir; et ses manières froides et contraintes, qui ne me laissaient lire en elle qu'une mélancolie tranquille, avaient détruit mes illusions, m'avaient presque offensé. Dans l'égoïsme de mon cœur, je l'accusai d'indifférence, — d'insensibilité. J'accusai son père d'orgueil, de cruauté, de fanatisme; j'oubliai que tous deux sacrifiaient leurs intérêts, et Diana son inclination, à l'accomplissement de ce qu'ils regardaient comme un devoir.

Sir Frédéric Vernon était un catholique rigide, qui croyait le chemin du salut trop étroit pour qu'un hérétique pût y pénétrer; et Diana, pour qui depuis longtemps la sûreté de son père était l'objet dominant de ses pensées, le mobile de ses actions et de ses espérances, regardait comme un devoir sacré de sacrifier à sa volonté non-seulement les biens de ce monde, mais les plus chères affections du cœur. On s'étonnera peu que je n'aie pu, dans un tel moment, apprécier avec calme ces motifs honorables. Mon ressentiment, toutefois, ne voulait qu'une vengeance généreuse.

— Je suis donc méprisé! m'écriai-je après avoir repassé dans mon esprit les communications de sir Frédéric; je suis méprisé, et regardé même comme indigne d'échanger quelques paroles avec elle. N'importe, ils ne m'interdiront pas, du moins, de veiller à leur sûreté. Je resterai ici comme une garde avancée, et tandis que mon toit les abritera, aucun danger ne pourra les atteindre, si le bras d'un homme déterminé peut le détourner d'eux.

J'appelai Syddall à la bibliothèque. Il vint, mais suivi de l'éternel Andrew, qui, dans les rêves d'ambition que lui avait inspirés ma prise de possession du château et du domaine, avait résolu de ne laisser perdre aucune occasion de se mettre en évidence. Comme il arrive souvent à ceux qui s'abandonnent aux inspirations de leur égoïsme, il dépassa le but et me rendit ses attentions importunes et fatigantes.

Sa présence m'empêcha de parler librement à Syddall, et je n'osais le renvoyer, de crainte d'augmenter les soupçons que la manière brusque dont je l'avais expulsé déjà une fois avait pu lui faire concevoir.

— Je dormirai ici, monsieur, dis-je à Syddall, en leur faisant rouler près de la cheminée un lit de repos ou canapé à l'ancienne mode. J'ai beaucoup à faire, et ne me coucherai que tard.

Syddall parut comprendre mon regard; il offrit de m'apporter un matelas et des couvertures. J'acceptai son offre, fis allumer deux chandelles, et, en les renvoyant, donnai l'ordre qu'on ne me dérangeât pas avant sept heures du matin.

Ils se retirèrent, et je restai livré au désordre de mes pénibles réflexions, jusqu'à ce que la nature fatiguée exigeât quelque repos.

Je m'efforçai pourtant de détourner mon esprit de la situation bizarre dans laquelle je me trouvais placé. Les sentiments que j'avais courageusement combattus, alors que l'objet qui les faisait naître était loin de moi, se réveillaient plus vifs que jamais, maintenant que je me savais si près de celle dont bientôt j'allais être séparé pour toujours. Si je prenais un livre, son nom y était écrit à chaque ligne; son image me suivait malgré moi, sur quelque sujet que je tâchasse de diriger mes pensées. Elles étaient comme cette esclave empressée du *Salomon* de Prior :

« A peine appelée, Abra était près de moi; si j'en nommais une autre, c'était encore Abra qui accourait. »

Tour à tour je m'abandonnais à ces pensées, et je me raidissais contre elles, tantôt cédant à une émotion et à une tristesse qui ne m'étaient guère naturelles, quelquefois appelant à mon secours toute ma fierté blessée par l'outrage immérité que je croyais avoir reçu. Je parcourus la bibliothèque à grands pas, plein d'une agitation fiévreuse; puis je me jetai sur mon lit, et m'efforçai de m'abandonner au sommeil. Mais ce fut en vain que je l'appelai par tous les moyens, — que je restai sans mouvement comme un corps privé de vie, — que je cherchai à éloigner ou à changer un cours d'idées importunes, soit en récitant des vers de mémoire, soit en appliquant mon esprit à la solution de quelque problème d'arithmétique. Mon sang enflammé parcourait mes veines comme un feu liquide, et les pulsations de mes artères retentissaient comme le bruit sourd et régulier d'un moulin à foulon entendu dans l'éloignement.

CHAPITRE XXXIX.

Je me levai enfin ; j'ouvris une fenêtre, et j'y restai quelque temps à la clarté de la lune. Le calme et la beauté de la scène rafraîchirent mon sang et calmèrent en partie l'agitation tumultueuse de mes idées. Je me jetai de nouveau sur ma couche, le cœur sinon plus léger, du moins plus ferme et plus résigné. Bientôt le sommeil s'empara de moi ; mais ce sommeil des sens laissa mon âme en proie au sentiment douloureux de ma situation, et fut troublé par des songes effrayants.

Un de ces rêves bizarres et pénibles est encore présent à ma mémoire. Je me voyais avec Diana au pouvoir de la femme de Mac Gregor, et sur le point d'être précipités d'un rocher dans le lac ; le signal était un coup de canon que devait tirer sir Frédéric Vernon, lequel, en habit de cardinal, semblait présider à la cérémonie. Je ne saurais vous dire combien fut vive l'impression que je reçus de cette scène imaginaire. Je vois encore, même en ce moment, l'expression muette et pleine d'une soumission courageuse, qu'exprimaient les traits de Diana ; — les figures sauvages de nos bourreaux se pressant autour de nous, et dont les traits hideux se contournaient en grimaces toujours changeantes, chacune plus épouvantable que celle qui l'avait précédée. Je vois encore le rigide et inflexible fanatisme empreint sur la physionomie de son père ; — je le vois lever la fatale mèche ; — j'entends retentir le terrible signal, répété cent fois d'écho en écho par les rochers environnants ; — et je m'éveillai pour passer d'une terreur imaginaire à des craintes plus réelles.

Ce n'était pas un bruit purement idéal qui m'avait effrayé dans mon rêve. Éveillé, il continua de vibrer à mon oreille, et ce ne fut qu'après deux ou trois minutes que je fus assez revenu à moi pour discerner nettement que ce bruit provenait de coups violents frappés à la porte. Rempli de craintes, je sautai de mon lit, et, mon épée sous le bras, je me hâtai de descendre pour donner ordre de n'admettre personne. Mais il me fallait faire un long circuit, parce que la bibliothèque, qui donnait sur les jardins, était assez éloignée du corps de logis principal. Lorsque j'arrivai à l'escalier, dont les fenêtres regardaient la cour d'entrée, j'entendis la voix faible et timide de Syddall aux prises avec des voix rudes du dehors, réclamant l'entrée du château au nom du roi et d'un warrant du juge Standish, et qui menaçaient le vieux serviteur des plus terribles conséquences légales, s'il n'obéissait à l'instant. Presque en même temps, je distinguai, à mon inexprimable déplaisir, la voix d'Andrew ordonnant à Syddall de se tenir en repos, et de le laisser ouvrir la porte.

— S'ils viennent au nom du roi Georges, disait-il, nous n'avons rien à craindre ; — nous lui avons donné notre sang et notre argent. — Nous n'avons pas besoin de nous cacher comme certaines gens, monsieur Syddall ; — nous n'sommes ni papistes, ni jacobites, j'espère.

Ce fut en vain que je descendis avec toute la précipitation possible ; j'entendis les verrous tirés l'un après l'autre par l'officieux drôle, tout en proclamant son dévouement et celui de son maître au roi Georges ; et il me fut aisé de comprendre que je ne pourrais arriver à temps à la porte pour prévenir l'entrée des arrivants. Dévouant les épaules d'Andrew Fairservice au bâton, dès que j'aurais le temps de le payer selon ses mérites, je revins en toute hâte à la bibliothèque, dont je barricadai la porte aussi solidement que possible, et, frappant vivement à celle du passage secret, je demandai à être reçu sur-le-champ. Ce fut Diana elle-même qui l'ouvrit. Elle était tout habillée, et son visage ne trahissait ni trouble ni crainte.

— Le danger nous est devenu si familier, me dit-elle, que nous y sommes toujours préparés. — Mon père est levé ; — il est dans l'appartement de Rasleigh. — Nous gagnerons le jardin, et de là, par la petite porte dont Syddall nous a remis la clef en cas de nécessité, le bois voisin ; — j'en connais les détours mieux que personne. — Retenez-les seulement pendant quelques minutes. — Adieu, cher Frank ; encore une fois, adieu !

Elle disparut comme un météore pour aller rejoindre son père. Je rentrais à peine dans la bibliothèque, qu'on y frappa à coups redoublés, et qu'on en ébranla la porte avec violence.

— Chiens de voleurs ! m'écriai-je, feignant de me méprendre sur leurs intentions, si vous ne quittez la maison à l'instant même, je fais feu sur vous de ma carabine à travers la porte.

— N'faites pas d'folies ! cria Andrew Fairservice ; c'est monsieur l' clerc Jobson, avec un warrant légal.....

— Pour rechercher et appréhender, dit la voix de cet exécrable procureur, certaines personnes nommées dans mon warrant, et accusées de haute trahison, aux termes du chapitre trois de la loi rendue la treizième année du roi Guillaume.

Et on s'efforça de nouveau d'ouvrir la porte de force. — Messieurs, leur criai-je, désirant gagner autant de temps que possible, je me lève ; — pas de violence ; — laissez-moi examiner votre mandat ; s'il est légal et en bonne forme, je n'y opposerai pas de résistance.

— Vive not' grand roi Georges ! vociféra Andrew. J'vous disais bien qu'vous n'trouveriez pas d'jacobites ici.

Après avoir, autant que possible, prolongé le délai, je fus enfin forcé d'ouvrir la porte, qu'ils allaient enfoncer.

M. Jobson entra, suivi de plusieurs assistants, parmi lesquels je reconnus Lancie Wingfield, dont les informations l'avaient sans doute dirigé. Il me montra le warrant qu'il était chargé d'exécuter, non-seulement contre Frédéric Vernon, dont la trahison était flagrante, mais en outre contre Diana Vernon, fille mineure, et contre Francis Osbaldistone, gentleman, accusé d'être leur fauteur et complice. La résistance eût été insensée ; après avoir encore gagné quelques minutes, je me rendis prisonnier.

J'eus ensuite la mortification de voir Jobson aller droit à la chambre de miss Vernon, et je sus que de là il s'était rendu, sans difficulté ni hésitation, au réduit secret de sir Frédéric. — Le lièvre est échappé, dit la brute en rentrant dans la bibliothèque ; mais le gîte était encore chaud ; — les lévriers l'atteindront encore.

Des cris partis du jardin annoncèrent que la prophétie n'était que trop juste. Cinq minutes après, Rasleigh entra dans la bibliothèque, suivi de ses prisonniers, sir Frédéric Vernon et sa fille. — Le renard, dit-il, connaissait son vieux terrier ; mais il ne pensait pas qu'il pût être gardé par un bon chasseur. — Je n'avais pas oublié la porte du jardin, sir Frédéric, — ou, si ce titre vous convient mieux, très-noble lord Beauchamp.

— Rasleigh, dit sir Frédéric, tu es un détestable scélérat !

— Je méritais mieux ce titre, sir chevalier, ou mylord, quand, sous la direction d'un maître habile, je cherchais à exciter la guerre civile au sein d'une contrée paisible. Mais j'ai fait de mon mieux, ajouta-t-il en levant les yeux au ciel, pour expier mes erreurs.

— Je ne pus me contenir plus longtemps. J'aurais voulu garder le silence, mais je sentis qu'il fallait parler ou étouffer. — Les traits les plus hideux que l'enfer puisse vomir, m'écriai-je, sont ceux de l'hypocrisie masquant la scélératesse.

— Ha ! c'est vous, mon aimable cousin, dit Rasleigh en levant une lumière vers moi, et en m'examinant de la tête aux pieds ; soyez le bienvenu à Osbaldistone-Hall ! — Je dois excuser votre mauvaise humeur ; — il est dur de perdre en une même nuit un domaine et une maîtresse ; car nous allons prendre possession de ce pauvre manoir au nom de l'héritier légitime, sir Rasleigh Osbaldistone.

Tandis que Rasleigh m'apostrophait ainsi, je pus voir qu'il se faisait violence pour dissimuler les sentiments soit de honte, soit de colère, dont il était agité. Mais cette agitation devint plus évidente quand Diana Vernon lui adressa la parole. — Rasleigh, lui dit-elle, j'ai pitié de vous ; car quel que soit le mal que vous ayez voulu me faire, quel que soit le mal que vous me fassiez en ce moment, je ne puis vous haïr autant que je vous méprise et que je vous plains. Ce que vous venez de faire a pu être l'ouvrage d'une heure ; mais le souvenir en assiégera votre vie entière. — De quelle nature seront vos pensées, c'est ce que je laisse à votre conscience, qui se réveillera un jour.

Rasleigh parcourut une ou deux fois la chambre, s'approcha d'une petite table où du vin était resté de la veille, et s'en versa un grand verre d'une main tremblante ; mais s'apercevant que son agitation ne nous avait pas échappé, il fit un violent effort sur lui-même, et fixant sur nous un regard ferme et intrépide, il porta le verre plein à ses lèvres sans en répandre une goutte.

— C'est le vieux bourgogne de mon père, dit-il en regardant Jobson; je suis charmé qu'il en reste encore. — Vous aurez soin de choisir des gens convenables pour prendre soin, en mon nom, de la maison, et de mettre à la porte ce vieux radoteur de sommelier et cet imbécile d'Écossais. Nous allons aussi conduire ces trois personnes en un lieu de sûreté plus convenable. — J'ai fait disposer pour vous le vieux carrosse de la famille, ajouta-t-il, quoique je n'ignore pas que cette dame elle-même pourrait braver l'air de la nuit, à pied aussi bien qu'à cheval, si le voyage était plus de son goût.

Andrew se tordait les mains. — J'ai seulement dit qu'mon maître parlait sûrement avec un esprit dans la bibliothèque; — et ce scélérat d'Lancie a trahi un vieil ami, qui chante avec lui depuis vingt ans dans l'même livre de psaumes!

— Sans lui donner le temps de finir ses lamentations, on le chassa de la maison avec Syddall. Son expulsion, cependant, eut de singulières conséquences. Se décidant, comme il me le conta ensuite, à aller demander à la mère Simpson, en faveur de leur ancienne connaissance, un gîte pour la nuit, il venait de sortir de l'avenue et d'entrer dans ce qu'on nommait encore le Vieux-Bois, quoiqu'alors ce fût un terrain consacré au pâturage, quand tout à coup il tomba au milieu d'un troupeau de bétail écossais, qui se reposait là du voyage de la journée. Andrew n'en fut nullement surpris, car il était bien au fait de la coutume de ceux de ses compatriotes qui font le commerce de bestiaux, de s'établir chaque soir dans le meilleur pâturage non clos qu'ils peuvent trouver, et d'en partir avant l'aurore pour ne rien payer. Mais il fut aussi surpris qu'effrayé quand un Highlander, accourant à lui, l'accusa de déranger le troupeau, et refusa de lui laisser continuer son chemin avant qu'il eût parlé à son maître. Le montagnard conduisit Andrew dans un hallier, où se trouvaient trois ou quatre autres de ses compatriotes. — Et, dit Andrew, j'vis bientôt qu'ils étaient trop d'gens pour un troupeau; et aux questions qu'ils me firent, j'jugeai qu'ils avaient d'autre fil sur leur bobine.

Ils l'interrogèrent en détail sur tout ce qui s'était passé à Osbaldistone-Hall, et parurent intéressés non moins que surpris par le récit qu'il leur en fit.

— Et vraiment, me dit Andrew, j'leur dis tout c'que j'savais; car j'n'ai pu d'ma vie rien refuser à des dirks et à des pistolets.

Ils conférèrent ensemble à voix basse; puis, rassemblant leur bétail ils le chassèrent devant eux jusqu'à l'entrée de l'avenue, éloignée du château d'un demi-mille environ. Ils y traînèrent quelques vieux arbres qui gisaient abattus non loin de là, de manière à établir en travers de la route une barricade temporaire, à une quinzaine de pas en

CHAPITRE XXXIX.

avant de l'avenue. Le jour commençait à poindre, et un pâle rayon de l'aube se mêlant aux clartés faiblissantes de la lune, les objets devenaient un peu plus distincts. Le bruit sourd d'une voiture traînée par quatre chevaux et escortée par six hommes à cheval se fit alors entendre de l'avenue. Les Highlanders prêtèrent une oreille attentive. Le carrosse contenait M. Jobson et ses malheureux prisonniers. L'escorte était formée par Rasleigh et plusieurs cavaliers, officiers de paix et assistants. Dès que nous eûmes franchi la barrière de l'avenue, elle fut refermée derrière la cavalcade par un montagnard posté là à cet effet. Aussitôt après, la voiture se trouva arrêtée par le troupeau, qui nous enveloppait, et en avant par la barricade. Deux des hommes de l'escorte mirent pied à terre pour ranger les arbres, qu'ils pouvaient croire avoir été laissés là par accident ou par négligence. Les autres commencèrent à frapper les bœufs de leurs fouets pour les écarter de la route.

— Qui ose maltraiter notre bétail? dit une voix rude. — Feu sur lui, Angus!

Rasleigh au même instant se mit à appeler : Au secours! au secours! et d'un coup de pistolet il blessa celui qui avait parlé.

— *Claymore!* cria le chef des Highlanders; et un combat s'engagea aussitôt. Les officiers de justice, surpris d'une attaque si soudaine, et qui d'habitude ne sont pas doués de la bravoure la plus intrépide, ne firent qu'une faible défense, eu égard à la supériorité de leur nombre. Quelques-uns tentèrent de tourner bride vers le château, mais un coup de pistolet tiré de la barrière leur fit croire qu'ils étaient cernés, et ils ne tardèrent pas à s'enfuir dans diverses directions. Rasleigh, cependant, avait mis pied à terre, et soutenait corps à corps un combat désespéré contre le chef de la bande. Enfin Rasleigh tomba.

— Demandez-vous pardon pour l'amour de Dieu, du roi Jacques et de notre ancienne amitié? dit une voix que je reconnus bien.

— Non, jamais! répondit Rasleigh avec fermeté.

— Eh bien! traître, meurs dans ta trahison! s'écria Mac Gregor; et il plongea son épée dans le corps de son antagoniste abattu.

Puis il accourut à la portière de la voiture, — aida miss Vernon à en sortir, ainsi que son père et moi, et arrachant de son coin le procureur Jobson, la tête la première, il le lança sous la roue.

— Monsieur Osbaldistone, me dit-il à voix basse, vous n'avez rien à craindre : — je dois m'occuper de ceux qui seraient en danger. — Bientôt vos amis seront en sûreté. — Adieu; n'oubliez pas Mac Gregor.

Il fit entendre un coup de sifflet; — sa troupe se rassembla autour de lui. Ils partirent rapidement, accompagnés de Diana et de son père; presque au même instant ils disparurent dans les détours du bois. Le cocher et le postillon avaient abandonné leurs chevaux et pris la fuite au premier feu; mais ces animaux, arrêtés par les barricades, étaient restés immobiles, fort heureusement pour Jobson, car au moindre mouvement les roues lui passaient sur le corps. Mon premier soin fut de lui porter secours, car telle était la terreur du lâche coquin, que jamais il ne se serait tiré de là sans aide. Je lui fis observer, dès qu'il fut sur ses jambes, que je n'avais pris aucune part à ce qui venait de se passer, et que je n'avais fait aucune tentative de fuite, et je lui enjoignis de retourner au château pour en ramener quelques-uns de ses hommes qu'il y avait laissés, afin qu'ils nous aidassent à secourir les blessés. Mais la frayeur avait tellement dompté et paralysé tout son être, qu'il lui était impossible de faire un mouvement. Je pris la résolution d'y aller moi-même. A quelques pas, je trébuchai contre un corps gisant à terre, que je crus être celui d'un mort ou d'un mourant; ce n'était pourtant qu'Andrew Fairservice, aussi sauf et bien portant qu'il l'eût été de sa vie, et qui avait pris cette posture pour se mettre à l'abri des claymores, des dirks et des balles qui, pendant quelques instants, avaient sifflé de toutes parts. Je fus charmé de le rencontrer en ce moment, et sans m'arrêter à lui demander comment il se trouvait là je lui ordonnai de me suivre.

Je m'occupai d'abord de Rasleigh. Il poussa, quand je m'approchai de lui, un profond gémissement, arraché par la rage autant que par la douleur, et il ferma les yeux, comme si, semblable à Iago, il eût résolu de ne plus dire une parole. Nous le transportâmes dans le carrosse, ainsi qu'un autre blessé de notre escorte, qui était resté étendu sur le champ de bataille. Je fis comprendre à Jobson, non sans peine, qu'il fallait qu'il y montât aussi pour soutenir sir Rasleigh. Il obéit de l'air d'un homme qui n'a qu'à demi compris ce qu'on ui demande. Andrew et moi fîmes tourner les chevaux, et ouvrant la barrière de l'avenue, il les conduisit, au pas, vers Osbaldistone-Hall.

Quelques-uns des fuyards y étaient déjà arrivés par différents détours, et y avaient répandu l'alarme en rapportant que sir Rasleigh, le clerc Jobson et toute leur escorte, à l'exception de ceux qui apportaient cette nouvelle, avaient été attaqués et taillés en pièces, à la tête de l'avenue, par tout un régiment de féroces Highlanders. Aussi, en arrivant à la porte du château, entendîmes-nous un bourdonnement semblable à celui d'un essaim troublé dans sa ruche. M. Jobson, qui commençait à reprendre ses sens, trouva pourtant assez de voix pour se faire reconnaître. Il était d'autant plus impatient de sortir de la voiture, que l'un de ses deux compagnons, l'officier de paix, venait, à son inexprimable terreur, de rendre à ses côtés le dernier soupir, avec un râle effroyable.

Sir Rasleigh Osbaldistone respirait encore, mais sa blessure était si terrible que le fond de la voiture était rempli de son sang, et qu'une longue trace en marqua l'espace depuis la porte extérieure jusqu'à la salle de pierre. Là, il fut placé sur une chaise, quelques-uns de ceux qui l'entouraient s'efforçant avec des linges d'arrêter l'hémorrhagie, d'autres criant qu'il fallait faire venir un chirurgien, et personne ne semblant disposé à l'aller querir.

— Ne me tourmentez pas, dit le blessé, je sens que nul secours ne peut me sauver. Je suis un homme mort. Il se redressa sur sa chaise, et quoique le froid humide de la mort fût déjà sur son front, il parla avec une fermeté qui semblait au-dessus de ses forces. — Cousin Francis, me dit-il, approchez-vous de moi. Je m'approchai comme il le demandait : — Je veux seulement que vous sachiez, continua-t-il, que les approches de la mort ne changent rien à mes sentiments pour vous. Je vous hais ! Et une expression de rage fit briller d'un hideux éclat ses yeux qui allaient se fermer pour jamais. — Je vous hais d'une haine aussi forte, en ce moment que je suis mourant devant vous, que si mon pied foulait votre poitrine.

— Je ne vous ai donné nul motif de haine, monsieur, et, pour vous, je voudrais vous voir dans une disposition d'esprit plus calme.

— Vous m'en *avez* donné trop de causes, reprit-il. — En amour, en ambition, dans le chemin de la fortune, partout vous avez croisé ma route et traversé mes desseins. J'étais né pour être l'honneur de la maison de mon père ; — j'en ai été l'opprobre ; — vous seul en êtes la cause. — Mon patrimoine même est devenu le vôtre. — Jouissez-en, et puisse la malédiction d'un mourant s'y attacher !

Un moment après avoir proféré cet épouvantable vœu, il tomba renversé sur sa chaise. Ses yeux devinrent ternes et vitreux, ses membres se raidirent ; mais la sinistre expression de la haine survécut même au dernier souffle de vie. Je ne m'arrêterai pas sur un tableau si repoussant. Je dirai seulement que la mort de Rasleigh mit un terme aux contestations soulevées contre mes droits à la succession de son père, et que Jobson lui-même fut obligé d'avouer que l'accusation ridicule de complicité de haute trahison, dirigée contre moi, n'avait été que le résultat d'une trame concertée avec Rasleigh pour m'éloigner d'Osbaldistone-Hall. Le nom du coquin fut rayé de la liste des attorneys, et il fut réduit à l'indigence et au mépris.

Je revins à Londres, dès que j'eus mis ordre aux affaires d'Osbaldistone-Hall, heureux de m'éloigner de lieux qui me rappelaient tant de souvenirs pénibles. Mes inquiétudes se reportaient toutes maintenant sur le destin de Diana et de son père. Un Français, que des affaires de commerce appelaient à Londres, m'apporta enfin une lettre de miss Vernon, qui me rassura quant à leur sûreté.

J'appris par cette lettre que l'apparition si opportune de Mac Gregor et de ses gens n'était pas due au hasard. Les seigneurs et les petits gentilshommes d'Écosse, compromis dans la dernière insurrection, aussi bien que dans les troubles d'Angleterre, désiraient ardemment favoriser la fuite de sir Frédéric Vernon, qui pouvait avoir entre les mains, comme agent des Stuarts, des pièces capables de perdre la moitié de la noblesse écossaise. Rob Roy, dont l'adresse et le courage étaient connus, fut choisi pour aider à sa fuite, et le lieu du rendez-vous fixé à Osbaldistone-Hall. Vous savez combien peu il s'en fallut que ce plan ne fût déconcerté par le misérable Rasleigh. Il réussit néanmoins parfaitement ; sir Frédéric et sa fille, tirés des mains de leurs gardiens, trouvèrent des chevaux préparés pour eux, et grâces à la parfaite connaissance du pays que possédait Mac Gregor, — à qui toutes les parties de l'Écosse et le nord de l'Angleterre étaient familiers, — ils arrivèrent sans encombre à la côte de l'ouest, où ils s'embarquèrent pour la France. Le même Français m'apprit qu'on désespérait que sir Frédéric pût résister longtemps à une maladie de langueur qui le minait, conséquence des peines et des privations qu'il avait éprouvées. Sa fille était placée dans un couvent, et quoique le désir de son père fût qu'elle prît le voile, cette détermination, cependant, paraissait avoir été laissée à sa propre volonté.

Dès que ces nouvelles me furent parvenues, j'avouai franchement à mon père les secrets sentiments de mon cœur. Il fut d'abord un peu effrayé de l'idée de me voir épouser une catholique romaine ; mais il désirait me voir établi dans le monde, comme il disait, et il sentit qu'en me livrant d'esprit et de corps aux travaux de sa maison de commerce, j'avais fait le sacrifice de mes goûts. Après une courte hésitation, il conclut en me disant : Je n'aurais guère pensé que mon fils devînt seigneur d'Osbaldistone, et moins encore qu'il eût été chercher une femme dans un couvent de France. Mais une fille aussi dévouée ne peut être que bonne épouse. En travaillant au pupitre, Frank, vous vous êtes conformé à mes goûts ; il est juste que pour vous marier vous consultiez le vôtre.

Je n'ai pas besoin de vous dire, mon cher Tresham, combien je hâtai l'accomplissement de mes vœux. Vous savez aussi combien j'ai longtemps vécu heureux avec Diana ; vous savez combien je l'ai pleurée. Mais vous ne savez pas, Will, — vous ne pouvez savoir à quel point elle méritait les regrets de son époux.

Il ne me reste plus d'aventures romanesques à vous raconter, et je puis terminer ici mon récit ; car les derniers incidents de ma vie vous sont bien connus, vous qui avez partagé, avec une amitié si dévouée, les joies et les douleurs dont elle a été semée. J'ai souvent visité l'Écosse, mais je n'ai jamais revu le hardi Highlander qui eut tant d'influence sur le destin de ma jeunesse. J'ai su cependant de temps à autre qu'il continuait de se maintenir dans ses montagnes du Loch Lomond, en dépit de ses puissants ennemis, et qu'il avait même obtenu, en quelque sorte, que le gouvernement fermât les yeux sur l'audace avec laquelle il s'était érigé en protecteur du Lennox, titre en vertu duquel il levait son *black-mail* avec autant de régu-

CHAPITRE XXXIX.

larité qu'un propriétaire ses revenus. Il semblait impossible qu'une telle existence n'eût pas une fin violente ; et cependant il mourut vieux, et d'une mort paisible, vers l'année 1736. Son souvenir vit encore dans le pays, comme le Robin Hood [1] de l'Écosse, la terreur du riche et l'ami du pauvre. Il possédait réellement de nombreuses qualités de cœur et d'esprit, qui eussent honoré une profession moins équivoque que celle à laquelle son destin l'avait condamné.

Le vieux Andrew Fairservice disait souvent « qu'il y avait beaucoup de choses trop mauvaises pour en dire du bien, et trop bonnes pour en dire du mal, telles que Rob Roy. »

[1] Héros populaire du centre de l'Angleterre. *Voyez* les Notes d'Ivanhoé. (L. V.)

Ici finit brusquement le manuscrit. J'ai quelques raisons de croire que la suite avait exclusivement rapport à des affaires privées.

FIN DE ROB ROY.

NOTES

SUR

ROB ROY.

(A)

ANECDOTES SUR ROB ROY.

Le récit suivant, rempli d'intérêt, est extrait de l'ouvrage du colonel Stewart sur les Highlands.

« Le père de M. Stewart d'Ardvorlich, actuellement vivant, a connu intimement Rob Roy, et se trouvait à ses funérailles en 1736 ; — ce furent les dernières auxquelles assista un joueur de pibroch, dans les Highlands du Perthshire. Feu M. Stewart de Bohallie, M. Mac Nab d'Inchewan et plusieurs autres gentilshommes de ma connaissance, ont aussi connu Rob Roy et sa famille. Alexandre Steward, un de ses *suivants*, s'enrôla plus tard dans le régiment *Black watch*. Il fut blessé à Fontenoy et eut sa retraite avec une pension, en 1748. Quelque temps après, il fut engagé par ma grand'mère, veuve alors, en qualité de *grieve* ou intendant, pour diriger et surveiller les serviteurs de la ferme. Il se montra digne de ce poste de confiance, dans lequel il fut maintenu par mon père jusqu'à sa mort. Il racontait une foule d'anecdotes sur Rob Roy et sa troupe. Il avait reçu parmi les gens de Rob Roy le surnom de *bailli*, qui lui resta ; c'était devant lui qu'ils prêtaient serment, quand il fallait enchaîner leur parole.

« Robert Mac Gregor Campbell était le plus jeune fils de Donald Mac Gregor de Glengyle dans le Perthshire ; sa mère était une fille de Campbell de Glenlyon et sœur de celui qui commandait au massacre de Glencoe. Il naquit entre les années 1657 et 1660, et épousa Hélène Campbell, de la famille de Glenfalloch. Comme les troupeaux étaient alors la principale richesse des montagnes, les fils cadets de familles nobles n'avaient guère d'autres moyens, pour s'assurer une existence indépendante, que de se livrer à ce genre de trafic. Dans les premiers temps, Rob Roy fut un des marchands de bestiaux les plus riches et les plus considérés de son district. Antérieurement à 1707, il avait acheté de la famille de Montrose les terres de Craigrostane, sur les bords du Loch Lomond, et avait acquitté des charges considérables qui grevaient le domaine de son neveu de Glengyle. A cette époque de sa vie, il était également respecté dans les hautes et les basses terres. Avant l'Union, le bétail ne pouvait franchir la frontière anglaise ; lors de ce grand acte politique, le gouvernement voulut se concilier l'affection des Écossais en levant cette prohibition. Le marquis de Montrose, qui avait été créé duc la même année, et qui était un des plus zélés partisans de l'Union, fut le premier à profiter de ce nouveau privilége ; il s'associa à cet effet avec Rob Roy, qui devait acheter des bestiaux en Écosse et les conduire sur les marchés d'Angleterre ; — le duc et Rob Roy apportèrent chacun à l'association une somme de 10,000 livres d'Écosse (somme considérable à cette époque, où rarement le prix d'une tête de bétail, bœuf ou vache, s'élevait à 20 shillings) ; toutes les transactions au-delà de cet apport devaient être réglées en valeurs négociables. Les achats complétés, Mac Gregor partit pour l'Angleterre ; mais tant de gens s'étaient jetés à la fois sur la même spéculation, que les marchés furent encombrés et les bestiaux vendus à un taux fort inférieur au prix d'achat. Mac Gregor, de retour au pays, fut trouver le duc pour régler leurs comptes et lui rembourser son avance dans l'association, déduction faite des pertes éprouvées. Le duc, dit-on, ne voulait pas entendre parler de réduction et exigeait un remboursement intégral, capital et intérêts. « En ce cas, mylord, dit Mac Gregor, si tels sont vos principes, les miens me défendront de payer les intérêts, et mon intérêt de solder le capital ; ainsi votre Grâce n'aura rien de moi si elle ne consent à partager la perte. » On se sépara là-dessus, et l'on ne put s'entendre ensuite, — l'un persistant à tout garder jusqu'à ce que l'autre consentît à supporter sa part du déficit. Les choses restèrent en cet état jusqu'à la rébellion de 1715, qui amena la ruine de Rob Roy, — son neveu Glengyle commandant, sous la direction immédiate de son oncle, un corps nombreux de Mac Gregors. En cette occasion, ce qui revenait au duc de Montrose de son association avec Rob Roy fut dépensé comme tout le reste. L'année d'ensuite, sa Grâce eut recours, pour recouvrer sa créance, à des moyens légaux, et fit saisir en conséquence les terres de Craigrostane. Déterminé à ne pas laisser le duc jouir avec impunité de ce qu'il considérait comme une usurpation, Rob Roy assembla autour de lui une vingtaine d'hommes résolus, lui déclara une guerre ouverte, et abjura son ancien commerce, — protestant qu'à l'avenir les terres de Montrose le fourniraient de bétail, et qu'il forcerait le duc de maudire le jour où il lui avait suscité une injuste querelle. Il tint parole. — Pendant près de vingt ans, c'est-à-dire jusqu'au jour de sa mort, il leva sur les domaines du duc et sur ses fermiers une contribution annuelle, non par un brigandage et des déprédations nocturnes, mais au grand jour et avec une sorte de régularité ; — faisant, à une époque déterminée, une rafle complète de tout le bétail d'un district, mais sans toucher à rien de ce qui n'appartenait pas au duc, et sans jamais pénétrer sur les terres de ses amis et adhérents ; puis ayant fait publiquement savoir où il devait se trouver à un jour déterminé avec ses bestiaux, les habitants de toutes les parties du pays se trouvaient au rendez-vous et il leur vendait régulièrement le produit de sa contribution forcée. Ces sortes de foires, ou ces *trystes*[1], comme on les appelait, se tenaient en différentes parties de la contrée ; quelquefois le bétail était conduit vers le sud, mais plus souvent dans les districts du nord-ouest, où il était protégé par l'influence de son ami le duc d'Argyle.

« C'est ainsi que vécut cet homme extraordinaire, en lutte ouverte avec les

---

[1] Lieu de réunion, rendez vous. (L. V.)

lois, et il mourut tranquillement dans son lit, âgé de près de quatre-vingts ans. Tout le pays environnant, haut et bas, se trouvait à ses funérailles, — le duc de Montrose et ses dépendants immédiats seuls exceptés.

On conçoit à peine comment de telles choses ont pu avoir lieu à une époque si rapprochée, et cela à trente milles des garnisons de Stirling et de Dumbarton. et de la populeuse cité de Glasgow, alors surtout qu'une petite garnison était stationnée à Inversnaid, au centre du pays, et sur les dépendances mêmes du domaine de Mac Gregor, dans le dessein exprès de réprimer ses déprédations. Le fait est qu'un tel état de choses n'aurait pu exister, n'eût été le caractère tout particulier de cet homme; car malgré ses spoliations arbitraires et ses actes d'une vengeance implacable et de brigandage contre la famille de Montrose, il n'avait pas, en dehors de la sphère de leur influence, un seul ennemi dans le pays. Jamais il ne porta la main sur la propriété du pauvre, et, comme je l'ai dit, il s'attacha toujours à ce que son grand ennemi fût la principale, sinon la seule victime de ses déprédations. S'il en eût été autrement, si les habitants ne l'eussent pas favorisé et eussent voulu mettre un terme à son genre de vie, il eût été tout à fait impossible, malgré son audace, son adresse, son intrépidité et sa vigilance, qu'il pût longtemps se maintenir au sein d'une contrée populeuse, habitée par une race belliqueuse, et tout à fait propre à exécuter un exploit tel que la prise de cet homme.—Mais au contraire, il vivait familièrement au milieu d'eux,— autant du moins que peut le faire un outlaw, toujours sous un certain degré d'alarme. — Il donnait à ses fils une éducation de gentilshommes, — il fréquentait les villes les plus populeuses, — dans toutes également en sûreté, à Édimbourg, à Perth et à Glasgow, — en même temps qu'il montrait une adresse consommée, soit pour éviter, soit pour éveiller l'attention publique.

« Tout ce qu'on rapportait de lui avait frappé de terreur l'esprit des troupes qu'il avait souvent battues et dispersées. Un des plus remarquables exemples de son adresse eut lieu dans le Breadalbane, un jour qu'une quarantaine d'hommes choisis, conduits par un officier, étaient partis à sa recherche. Le détachement se rendait de Glenfalloch à Tyndrum, et Mac Gregor, exactement informé de tous leurs mouvements, se tenait dans le voisinage avec ses gens. Il se déguisa en mendiant, et chargea ses épaules d'un sac de farine (à cette époque les aumônes étaient faites en nature). —Arrivé à l'auberge de Tyndrum, où la troupe était stationnée, il fut droit à la cuisine de l'air le plus indifférent, — et là il s'assit au milieu des soldats. Ceux-ci, trouvant dans le mendiant ce qu'on appelle un bon compagnon, voulurent par des saillies et des sarcasmes s'amuser à ses dépens.

« Il se montra alors très en colère, et les menaça d'en informer Rob Roy, qui leur ferait bien voir qu'on ne devait point traiter ainsi un pauvre homme qui ne leur faisait point injure. On lui demanda alors s'il connaissait Rob Roy et s'il pouvait dire où il était? Sur sa réponse affirmative, le sergent fit savoir ce qui se passait à l'officier, qui appela aussitôt le prétendu mendiant devant lui.

« Celui-ci, après quelques difficultés, consentit à les conduire à Creanlarich, lieu éloigné de quelques milles, où, disait-il, on trouverait Rob Roy et sa bande, et où il croyait que leurs armes étaient déposées dans une maison autre que celle où eux-mêmes étaient logés. Il ajouta que Rob le traitait avec beaucoup d'amitié, qu'il plaisantait quelquefois avec lui et qu'il le faisait asseoir au haut bout de la table. Quand la brune sera venue, leur dit-il, je partirai en avant ;—

une demi-heure après vous vous mettrez en route, — et quand vous serez près de la maison, vous vous lancerez en avant ; vous aurez soin de placer des hommes sur les derrières, prêts à tomber sur les Highlanders, tandis qu'avec le sergent et deux hommes, vous entrerez dans la maison, où vous vous emparerez sans peine de ceux qui s'y trouveront. Ne soyez pas surpris si vous me voyez à leur tête. Tandis que les soldats se dirigeaient vers Creanlarich, ils eurent à traverser un torrent rapide à Dabrie, lieu célèbre par la victoire qu'y remporta, en 1306, Mac Dougal de Lorn sur Robert Bruce. Les soldats prièrent leur joyeux ami le mendiant de les passer sur son dos. Il y consentit et les passa tous, en portant quelquefois deux d'un coup, et leur demandant à chacun un penny pour sa peine. Quand il fut nuit, ils se remirent en marche (le mendiant avait pris les devants), l'officier se conformant aux instructions de son guide, et il se précipita dans la maison avec le sergent et trois soldats. Ils avaient à peine eu le temps de jeter les yeux sur la table, où le mendiant était assis, que la porte se referma derrière eux, et que saisis par les montagnards ils furent garrottés, en même temps que le pistolet sur la gorge on leur défendait de proférer un mot. Le mendiant sortit alors et fit encore entrer dans la maison deux autres hommes de la troupe, dont on s'assura aussitôt, comme on l'avait fait des premiers. Il réussit de la même manière à s'emparer de tous ceux qui composaient le détachement ; on les désarma, on les mit pour la nuit sous une forte garde, et le lendemain matin, après un copieux déjeuner, on les relâcha tous sur la parole qu'on leur fit donner (le bailli faisant prêter serment à l'officier sur son dirk) qu'ils retourneraient immédiatement à leur garnison, sans rien tenter de plus pour le moment. Rob Roy assura d'ailleurs l'exécution de cette promesse en gardant, comme de bonne prise, leurs munitions et leurs armes.

« Quelque temps après, le même officier fut de nouveau chargé d'une expédition contre le célèbre outlaw, probablement pour lui donner occasion de se laver de son premier affront. Cette fois il fut plus heureux, car il fit prisonniers trois des hommes de Rob Roy, dans la partie supérieure du Breadalbane, non loin du lieu de la scène précédente ; — la fin de cette seconde expédition fut cependant presque semblable à l'issue de la première. Il se dirigeait rapidement vers Perth, dans le dessein d'y mettre ses prisonniers en sûreté ; mais Rob Roy ne fut pas moins alerte à sa poursuite. Ses hommes marchaient sur une ligne parallèle à la route tenue par les soldats, lesquels suivaient le fond de la vallée, sur le bord méridional du Loch Tay, tandis que les autres s'avançaient sur les hauteurs, guettant avec impatience le moment de tomber sur l'escorte et de délivrer leurs camarades. Aucune occasion favorable ne s'était encore présentée, et la troupe venait de passer le pont de la Tay, près duquel elle fit halte pour la nuit. Mac Gregor jugea que c'était ou jamais le moment de tenter quelque chose, car ils allaient gagner le pays plat où ils seraient hors d'atteinte. Pendant la nuit, il se procura un certain nombre de peaux de boucs et de cordes, avec lesquelles il s'accoutra, lui et ses gens, de la manière la plus bizarre possible, et poussant en avant, il fut se poster avant le jour dans un épais bouquet de bois, devant Grandtully Castle, non loin de la route. Lorsque les soldats approchèrent de l'embuscade, les Highlanders tombèrent sur eux d'un bond, avec de tels cris et de tels hurlements que les soldats effrayés se laissèrent prendre et désarmer sans qu'un coup de fusil eût été tiré de part ni d'autre. Rob Roy garda les armes et les munitions, relâcha les soldats, et partit en triomphe avec les hommes qu'il avait délivrés.

« La terreur de son nom fut singulièrement accrue par divers exploits de ce genre, qui, peut-être, ne perdaient rien en passant de bouche en bouche, les soldats n'étant pas non plus sans doute enclins à diminuer les dangers et les fatigues de ces expéditions, où ils avaient si souvent le dessous. Mais il n'est pas nécessaire de rapporter les histoires conservées par la tradition sur ce chef célèbre, dont on raconte une foule de traits brillants d'audace et d'adresse, et dont les expéditions, presque toujours heureuses, n'étaient jamais dirigées contre les pauvres, ni inspirées par la vengeance (si ce n'est contre le duc de Montrose). Jamais on ne lui reprocha, non plus qu'à ceux qui lui obéissaient, d'avoir versé le sang inutilement, et en dehors de la nécessité de leur propre défense. Dans sa longue querelle armée contre Montrose, Rob Roy fut soutenu et encouragé par le duc d'Argyle, qui lui donna toujours une retraite quand il se trouva trop vivement pressé. Ces deux familles puissantes n'avaient pas cessé d'être rivales, quoique Montrose eût abandonné le parti tory et se fût réuni au duc d'Argyle dans la cause populaire des whigs. On dit que Montrose ayant reproché publiquement au duc d'Argyle, dans la chambre des pairs, de protéger le voleur Rob Roy, d'Argyle, avec son éloquence et son adresse ordinaires, riposta à cette accusation (qu'il ne pouvait nier) par une plaisanterie, en disant que s'il protégeait un voleur, l'autre le soutenait [1]. » (L. V.)

(B)

MONS-MEG.

Mons-Meg était une vieille et grosse pièce d'artillerie, en grande faveur parmi le bas peuple d'Écosse; elle avait été fondue à Mons, en Flandre, sous le règne de Jacques IV ou sous celui de Jacques V d'Écosse. Ce canon figure fréquemment sur les registres publics du temps, où nous trouvons, aux comptes des dépenses, la graisse pour graisser la bouche de Meg (afin d'augmenter, comme le savent tous les écoliers, la force de la détonation), les rubans pour orner son affût, et les cornemuses pour en jouer devant elle, quand elle sortait du château pour accompagner l'armée d'Écosse à quelque expédition éloignée. Après l'acte d'Union, le peuple éprouvait de grandes craintes que les *regalia* d'Écosse, et le second palladium, Mons-Meg, fussent transportés en Angleterre pour compléter l'odieux sacrifice de l'indépendance nationale. Les *regalia*, soustraits à la vue du public, furent généralement supposés avoir été enlevés de cette manière. Quant à Mons-Meg, elle demeura dans le château d'Édimbourg, jusqu'à ce que, par une ordonnance du conseil, elle fut transportée à Woolwich,

---

[1] En anglais (*support*) comme en français, ce mot, outre son acception naturelle, d'appuyer, défendre, signifie aussi par extension, entretenir, alimenter, aider; le jeu de mots, assez pauvre d'ailleurs, prêté au duc d'Argyle, roule sur cette double entente, faisant allusion aux contributions forcées que Rob Roy levait sur les domaines de Montrose, et qui étaient ses seuls moyens de subsistance. (L V.)

vers 1757. Les *regalia,* par ordre spécial de S. M., ont été retirés du lieu où ils etaient déposés, en 1818, et exposés à la vue du peuple, en qui ils doivent réveiller de puissants souvenirs. Dans l'hiver de 1828-29, Mons-Meg a été aussi rendue au pays; et ce qui ne serait partout ailleurs qu'une simple masse de fer rouillé, est ici redevenu de nouveau un monument curieux d'antiquité. (W. S.)

(C)

LES FÉES ÉCOSSAISES.

Les lacs et les précipices au milieu desquels l'Avon-Dhu ou Forth prend naissance sont encore, selon la tradition populaire, hantés par la race des Elfins, la plus riante des créations particulières à la théogonie celtique. Les opinions reçues sur ces êtres imaginaires se rapprochent beaucoup de celles des Irlandais, si bien exposées par M. Crofton Croker. Une charmante petite colline de forme conique, située vers l'extrémité orientale de la vallée d'Aberfoïl, est regardée comme une de leurs retraites favorites : c'est celle-là même qui éveille, dans Andrew Fairservice, la terreur de leur pouvoir. Il est à remarquer que deux desservants de la paroisse d'Aberfoïl ont successivement écrit sur ces superstitions féeriques. Le plus ancien est Robert Kirke, homme de quelque talent, qui a transcrit les psaumes en vers gaëliques. Antérieurement, il avait été ministre de la paroisse voisine de Balquidder, et mourut à Aberfoïl, en 1688, âgé seulement de quarante-deux ans.

Il est auteur de la *République secrète,* ouvrage qui ne fut imprimé qu'après sa mort, en 1691; je n'ai jamais vu cette édition. Le livre a été réimprimé à Édimbourg, en 1815. Il traite de la race des fées, à l'existence desquelles M. Kirke paraît avoir cru dévotement. Il les décrit comme ayant la puissance et les qualités que leur attribue la tradition highlandaise.

Mais ce qui est assez singulier, c'est que le révérend Robert Kirke, auteur dudit traité, passa pour avoir été lui-même enlevé par les fées, par vengeance, peut-être, de ce qu'il avait jeté trop de jour sur les secrets de leur république. Nous devons la connaissance de cette catastrophe à un de ses successeurs, dont nous déplorons la perte récente, l'aimable et savant docteur Patrick Grahame, ministre d'Aberfoïl, qui, dans ses *Esquisses du Perthshire,* n'a pas oublié de mentionner les *Daoine Shie,* ou Hommes de paix.

Il paraît que le révérend Robert Kirke, se promenant sur une petite éminence à l'ouest du presbytère actuel, et qu'on regarde encore comme un *Dun Shie* ou rempart des fées, fit une chute qui fut regardée comme un accès, et dont on supposa qu'il était mort. Ce ne fut pourtant pas là son véritable sort. Voici, à ce sujet, ce qu'on trouve dans l'ouvrage cité de M. Patrick Grahame [1].

« M. Kirke était proche parent de Grahame de Duchray, un des aïeux du général actuel Grahame Stirling. Peu de temps après ses funérailles, il apparut, couvert des habits qu'il portait au moment de sa chute, à un médecin, son parent et celui de Duchray. — Allez, lui dit-il vers mon cousin Duchray, et dites-lui

---

[1] *Sketches of Perthshire,* page 254.

que je ne suis pas mort. Je tombai dans un évanouissement, durant lequel j'ai été transporté au pays des fées, où je suis maintenant. Dites-lui que lorsque lui et mes amis seront rassemblés pour le baptême de mon enfant (il avait laissé sa femme enceinte) j'apparaîtrai dans la chambre, et que s'il jette par-dessus ma tête le couteau qu'il tiendra dans sa main, je serai rendu à la société des hommes. — Le médecin, à ce qu'il paraît, négligea de s'acquitter du message. M. Kirke lui apparut une seconde fois, le menaçant de le tourmenter nuit et jour jusqu'à ce qu'il eût rempli sa commission, ce que l'autre fit enfin. Le jour du baptême arriva. On était à table; la figure de M. Kirke apparut, mais par une inconcevable fatalité le laird de Duchray négligea d'accomplir la cérémonie prescrite. M. Kirke se retira par une autre porte, et on ne l'a plus revu. On croit fermement qu'il est encore aujourd'hui dans le pays des fées. » (W. S.)

FIN DES NOTES.

www.ingramcontent.com/pod-product-compliance
Lightning Source LLC
Chambersburg PA
CBHW060934230426
43665CB00015B/1944